Ernst A. Kramer
Thomas Probst

GRUNDKURS

Obligationenrecht – Allgemeiner Teil

D1735018

Ernst A. Kramer
Thomas Probst

GRUNDKURS

Obligationenrecht
Allgemeiner Teil

3., aktualisierte Auflage

Helbing Lichtenhahn Verlag

Bibliografische Information der Deutschen Nationalbibliothek
Die Deutsche Nationalbibliothek verzeichnet diese Publikation in der
Deutschen Nationalbibliografie; detaillierte bibliografische Daten sind im
Internet über http://dnb.d-nb.de abrufbar.

© 2018 Helbing Lichtenhahn Verlag, Basel
ISBN 978-3-7190-4063-5

www.helbing.ch

Vorwort zur dritten Auflage

Die 3. Auflage des Lehrbuchs zum Allgemeinen Teil des OR ist aktualisiert, teilweise erweitert und punktuell vertieft worden, ohne das Ziel einer konzisen (rechtsvergleichend unterlegten) Einführung ins Obligationenrecht in Frage zu stellen. Der mit der Vorauflage vollzogene Schritt zum *E-Learning* hat sich bewährt. Das Lehrbuch erscheint erneut sowohl als Druckausgabe als auch in digitalisierter Form *(E-Book)* mit diversen Zusatzfunktionen (z.B. integrierte Verfügbarkeit der zitierten Gesetzestexte und wichtiger Bundesgerichtsentscheide; digitale Lernkartei mit Kontrollfragen und Antworten). Diese erleichtern es Studierenden, die Materie – auch im Selbststudium – zu erarbeiten. Mit der Druckversion des Lehrbuches erhalten Studierende über den Lehrstuhl von Prof. Probst zudem Zugriff auf eine E-Learning-Plattform *(«E-Repetitorium OR AT Probst»)* an der Universität Fribourg. Diese Plattform ermöglicht es, parallel zur Vorlesung, den eigenen Wissensstand jederzeit am Mobiltelefon oder Computer zu überprüfen und gezielt zu vertiefen. Die Registrierung für das *«E-Repetitorium OR AT»* erfolgt über die Website des Lehrstuhls von Prof. Probst (www.unifr.ch/ius/probst).

Zu danken haben wir Frau Daniela *De Marco* (St. Gallen) für die kompetente Nachführung des Manuskripts und Herrn Piotr *Gotowko* (MLaw, Assistent am Lehrstuhl von Prof. Probst) für die sorgfältige Erstellung des Gesetzesregisters. Dem Verlag sei für die speditive Drucklegung bestens gedankt.

Anregungen und Kritik zur Neuauflage nehmen die Autoren gerne entgegen.

St. Gallen/Freiburg, im Juli 2018

Ernst A. *Kramer*
kv.kramer@hispeed.ch

Thomas *Probst*
thomas.probst@unifr.ch

Auszug aus dem Vorwort zur 1. Auflage

Für Studierende seien folgende Ratschläge zur Benützung des Buchs angefügt:

– Lesen Sie die zitierten Gesetzesstellen im *Originaltext* aufmerksam nach und fragen Sie sich jeweils selbstkritisch, ob Sie deren Sinngehalt tatsächlich verstanden haben.

– Die Erläuterungen enthalten einige vergleichende Hinweise auf *ausländische Rechtsordnungen*. In der ersten Lernphase, während der Sie wohl schon Mühe genug haben werden, sich mit den schweizerischen Rechtsquellen vertraut zu machen, brauchen Sie den rechtsvergleichenden Angaben noch nicht nachzugehen. Im weiteren Verlauf Ihres Studiums sollten Sie aber – und dazu will dieses Buch anregen – Ihren Blick unbedingt über die engen Grenzen des schweizerischen Rechts hinaus öffnen. Angesichts der zunehmenden Globalisierung der Rechts- und Wirtschaftsbeziehungen wird der Einblick in ausländische Rechtsordnungen immer wichtiger, und für die Praxis immer unverzichtbarer.

– Beachten Sie im Anhang des Buchs die *Fälle*, auf die im Text zur Illustration des Gedankengangs jeweils verwiesen wird, und versuchen Sie, diese zu lösen. Die Tragweite von Rechtsnormen versteht man am konkreten Fall besser.

– Lesen Sie, wenn Sie zu begreifen beginnen, um was es geht, auch die im Anhang – teilweise gekürzt – abgedruckten *Leiturteile* des Bundesgerichts. Man kann nicht früh genug damit beginnen, sich in der Lektüre von Bundesgerichtsentscheidungen zu üben.

Inhaltsverzeichnis

Vorwort zur dritten Auflage V

Auszug aus dem Vorwort zur 1. Auflage VII

Abkürzungsverzeichnis XXI

Literatur zum Allgemeinen Teil des OR XXVII

Kapitel 1
Zur Einstimmung für die Studierenden 1

Kapitel 2
Rechtsquellen des Obligationenrechts 3

§ 1 OR als wichtigste Rechtsquelle 3

§ 2 Entstehung des OR 3

§ 3 Systematik des OR 5

§ 4 Gesamtverweisung des Art. 7 ZGB auf das OR 5

§ 5 Teilrevisionen im OR (Auswahl) 6

§ 6 Laufende Revisionen 7

§ 7 Nebengesetze zum OR (Auswahl) 8

§ 8 Die Bedeutung der für das OR wichtigsten Einleitungsartikel des ZGB .. 8

§ 9 Weitere Rechtsquellen des Obligationenrechts (neben OR und
   Nebengesetzen zum OR) 11

   A. Begriffliche Klarstellung zur Frage nach weiteren Rechtsquellen 11

   B. Verordnungen 11

   C. Verkehrssitten und Handelsbräuche; Abgrenzung zum
      Gewohnheitsrecht 12

      I.   Verkehrssitten und Gewohnheitsrecht 12

      II. Der Rechtsquellencharakter der Verkehrssitten: Objektive oder
           bloss subjektive Geltung? 13

      III. Die Vereinbarung vertragsergänzender Handelsbräuche 13

      IV. Prozessuale Behandlung der Verkehrssitten 14

   D. Allgemeine Geschäftsbedingungen (AGB) 14

      I.   Begriff und Rechtsnatur der AGB 14

      II. Funktion der AGB und rechtspolitische Problematik 15

      III. Kontrollansätze im Überblick 17

   E. Richterrecht (Gerichtsgebrauch) 18

Kapitel 3
**Charakteristika des OR; Ordnungsfunktion und
Entwicklungstendenzen** 23
§ 1   Inspirationsquellen des OR 23
§ 2   Die gesellschaftliche Ordnungsfunktion des OR 24
§ 3   Das liberale Modell des OR und seine Grenzen 25
       A. Vorbemerkung 25
       B. Vertragsrecht 26
             I.   Grundsatz der Vertragsfreiheit 26
             II. Schutzmodelle 27
             III. Rechtspolitische Bewertung 29
       C. Haftpflichtrecht 29
             I.   Haftungsprinzipien und Haftungsfunktionen 29
             II. Rechtspolitische Bewertung 31
§ 4   Europäisierung und Internationalisierung des OR 32
       A. Europäisierung 32
       B. Internationalisierung 33
       C. «Gemeineuropäisches» Privatrechtsverständnis 34

Kapitel 4
Grundbegriffe des Obligationenrechts 37
§ 1   Obligation, Forderung, Schuld, Schuldverhältnis 37
§ 2   Das Schuldverhältnis als relatives Rechtsverhältnis 44
       A. Die Relativität des Forderungsrechts im Allgemeinen 44
       B. Verträge und Dritte 45
             I.   Vertrag zulasten eines Dritten 45
             II. Vertrag auf Leistung eines Dritten (Garantievertrag): Art. 111 OR   46
             III. Echter Vertrag zugunsten Dritter: Art. 112 Abs. 2 OR 47
             IV. Unechter Vertrag zugunsten Dritter: Art. 112 Abs. 1 OR 48
             V.   Vertrag mit Schutzwirkung zugunsten Dritter 49
       C. Funktionelle Zusammenhänge zwischen Sachen- und
             Obligationenrecht 50
             I.   Widerrechtlichkeit nach Art. 41 Abs. 1 OR 50
             II. Die «Kausalität» der «Tradition» 51
       D. Verdinglichung obligatorischer Rechte 51
§ 3   Schuld und Haftung 52

§ 4   Unvollkommene Verbindlichkeiten und Obliegenheiten 54

      A. Unvollkommene Verbindlichkeiten 54

      B. Obliegenheiten 55

§ 5   Abwehrinstrumente des Schuldners: Einreden und Einwendungen 56

Kapitel 5

Die Entstehungsgründe der Schuldverhältnisse: Einleitung 59

§ 1   Vorbemerkung 59

§ 2   Rechtsgeschäfte als Entstehungsgrund 60

      A. Begriff und Abgrenzungen 60

         I.   Begriff 60

         II. Abgrenzung zur unverbindlichen Gefälligkeit 60

         III. Abgrenzung zu vorvertraglichen Interessenbekundungen 61

         IV. Abgrenzung zu rechtsgeschäftsähnlichen Erklärungen 62

      B. Typen des Rechtsgeschäfts 62

         I.   Unterscheidung nach Anzahl der Willenserklärungen 62

            1. Einseitige Rechtsgeschäfte 62

            2. Zweiseitige bzw. mehrseitige Rechtsgeschäfte: Verträge 63

            3. Beschlüsse 64

         II. Unterscheidung nach der Rechtswirkung der Rechtsgeschäfte:
Verpflichtungsgeschäfte und Verfügungsgeschäfte 65

         III. Abschliessende Übersicht zur Einteilung der Rechtsgeschäfte im
OR 66

§ 3   Faktische Vertragsverhältnisse 67

§ 4   Vertrauenshaftung 67

Kapitel 6

**Vorstufen des Vertragsschlusses: «Culpa in contrahendo»,
Vorvertrag und andere Figuren** 73

§ 1   «Culpa in contrahendo» (Verschulden im Verhandlungsstadium) 73

      A. Grundgehalt und Legitimation des allgemeinen Haftungsprinzips;
Sanktionierung 73

      B. Typologie der Pflichten im Verhandlungsstadium 75

      C. Leitsatz zur Aufklärungspflicht «in contrahendo» 76

      D. Schematische Zusammenfassung der Voraussetzungen einer Haftung
aus cic 77

§ 2   Vorvertrag 77

§ 3   Verhandlungsprotokoll (Punktation)   78
§ 4   Verhandlungsvertrag (Vorfeldvereinbarung)   79
§ 5   Letter of Intent   79

Kapitel 7
Vertragsfreiheit und ihre Aspekte   81
§ 1   Grundlagen   81
§ 2   Elemente der Vertragsfreiheit   82

Kapitel 8
Ausdrückliche und konkludente Willenserklärung; Austausch von
Angebot und Annahme   87
§ 1   Vorbemerkung   87
§ 2   Ausdrückliche Willenserklärung   87
§ 3   Konkludente Willenserklärung   87
§ 4   Empfangsbedürftigkeit der Willenserklärung   90
§ 5   Vertragsschluss durch Austausch von Angebot und Annahme   90
        A. Vorbemerkung   90
        B. Angebot   90
        C. Annahmeerklärung   94
        D. Zustandekommen («Perfektion») des Vertrages   96
        E. Sonderfälle   97
              I. Verspätet eingetroffene Annahmeerklärung   97
             II. Inhaltlich abweichende Annahmeerklärung   97
            III. Verbindliche Offerte an die Allgemeinheit   99
            IV. Freibleibende Offerte und Offerte mit Widerrufsvorbehalt   99
             V. Kreuzofferte 100
        F. Einige wichtige Bestimmungen des UN-Kaufrechts (CISG) zum
            Vertragsschluss 100

Kapitel 9
Form des Vertrages 103
§ 1   Formfreiheit und Zweck von Formerfordernissen 103
§ 2   Formtypen 104
§ 3   Umfang des Formzwangs 105
§ 4   Rechtsfolgen bei Nichteinhaltung von Formvorschriften 106
        A. Nichteinhaltung gesetzlicher Formvorschriften 106
        B. Nichteinhaltung eines vertraglichen Formvorbehalts 107

Kapitel 10
Konsens und Dissens 109
§ 1   Vorbemerkung 109
§ 2   Natürlicher Konsens 109
§ 3   Normativer Konsens 111
§ 4   Offener Dissens 113
§ 5   Versteckter Dissens 113

Kapitel 11
Auslegung und Ergänzung des Vertrags 117
§ 1   Vertragsauslegung 117
§ 2   Vertragsergänzung zur Füllung von Vertragslücken 119

Kapitel 12
Vertragsinhaltskontrolle (inkl. Übervorteilung) und deren
Rechtsfolgen 123
§ 1   Überblick 123
§ 2   Widerrechtlichkeit und öffentliche Ordnung 124
      A. Widerrechtlichkeit 124
      B. Öffentliche Ordnung 125
§ 3   Gute Sitten 126
      A. Vorbemerkung 126
      B. Fallgruppen sittenwidriger Verträge 127
§ 4   Persönlichkeitsverletzende Verträge 128
      A. Vorbemerkung 128
      B. Fallgruppen persönlichkeitsverletzender Verträge 129
§ 5   Übervorteilende Verträge 130
§ 6   Unmöglicher Vertragsinhalt 131
§ 7   Total- bzw. Teilnichtigkeit; Begriffsmerkmale der Nichtigkeit 132
§ 8   Konversion (Umdeutung) 135
§ 9   Einseitige Unverbindlichkeit bei Übervorteilung 135
§ 10 Sekundärrechtsfolgen bei Nichtigkeit des Vertrags 136

Kapitel 13
AGB-Kontrolle; Widerrufsrecht bei «Haustürgeschäften» 139
§ 1   Vorbemerkungen zur AGB-Kontrolle 139
§ 2   AGB-Kontrollinstrumente 139

A. Konsenskontrolle (Einbeziehungskontrolle) 139

B. Auslegungskontrolle (spezielle Interpretationsregeln) 144

C. Inhaltskontrolle 145

    I. Allgemeine Gültigkeitskontrolle 145

    II. Offene Inhaltskontrolle 145

§ 3 Widerrufsrecht bei «Haustürgeschäften» 149

Kapitel 14
Willensmängel 151

§ 1 Grundsätzliche Fragestellung 151

§ 2 Überblick über die Willensmängel i.w.S. (ausser Übervorteilung) 152

A. Mentalreservation (geheimer Vorbehalt) 152

B. Scheingeschäft (Simulation) 153

C. Scherzerklärung 154

D. Drohung (Furchterregung) 154

E. Mangelndes Erklärungsbewusstsein 155

F. Absichtliche Täuschung 156

§ 3 Der Irrtum 158

A. Begriff; Beweislast 158

B. Erklärungsirrtum 159

C. Sachverhaltsirrtum 160

    I. (Unwesentlicher) Irrtum im Beweggrund oder Motivirrtum 160

    II. (Wesentlicher) Grundlagenirrtum 161

D. Erläuterungen zum Irrtumsrecht im Einzelnen 162

E. Exkurs 1: Theorienstreit zur rechtlichen Natur der «einseitigen
Unverbindlichkeit» (Art. 23 OR) 167

    I. Anfechtungstheorie 167

    II. Ungültigkeitstheorie 167

F. Exkurs 2: Irrtumstatbestand der UPICC (Fassung 2010) 168

Kapitel 15
Das Problem der «Veränderung der Umstände» («clausula rebus sic stantibus») 171

§ 1 Ausgangslage 171

§ 2 Richterliche Vertragsanpassung oder Vertragsaufhebung wegen
veränderter Umstände 172

Kapitel 16

Stellvertretung 177

§ 1   Begriff und Arten der Stellvertretung; Abgrenzungen 177

     A. Grundprinzip, Funktion und Geschichte 177

     B. «Gewillkürte» und gesetzliche Stellvertretung 177

     C. Aktive und passive Stellvertretung 178

     D. Echte (direkte, unmittelbare) und unechte (indirekte, mittelbare)
        Stellvertretung 178

     E. Botenschaft 181

     F. Vertretung ohne Vertretungsmacht (Handeln eines *falsus procurator*) 181

§ 2   Vollmacht 182

     A. Begriff 182

     B. Erteilung der Vollmacht (Bevollmächtigung = Ermächtigung) 182

     C. Spezielle Arten der Vollmacht 183

          I. Spezial-, Gattungs- und Generalvollmacht 183

         II. Einzel- und Kollektivvollmacht 183

     D. Duldungs- und Anscheinsvollmacht 184

          I. Duldungsvollmacht 184

         II. Anscheinsvollmacht 184

§ 3   Missbrauch der Vertretungsmacht 185

§ 4   Selbstkontrahieren und Doppelvertretung 186

§ 5   Beendigung der Vertretungsmacht 186

Kapitel 17

**Überblick-Schema zur Nichtigkeit und Anfechtbarkeit
von Verträgen** 189

Kapitel 18

Überblick über das schweizerische Haftpflichtrecht 191

Kapitel 19

Unerlaubte Handlung 195

§ 1   Begriff und Funktion der Deliktshaftung 195

     A. Ausservertragliches Haftpflichtrecht 195

     B. Funktion des Schadenersatzes 196

§ 2   Anspruchsvoraussetzungen der Deliktshaftung nach der Generalklausel
     von Art. 41 Abs. 1 OR 197

A. «Checkliste» zu Art. 41 Abs. 1 OR im Überblick 197

B. Eintritt eines Schadens 197

    I. Allgemeine Begriffsbestimmung des Schadens 198

    II. Nähere Erläuterungen zum Schadenserfordernis 198

    III. Problematische Fallgruppen 200

C. Rechtswidrigkeit (Widerrechtlichkeit, Unerlaubtheit); sittenwidrige
Schädigung 204

    I. Allgemeines 204

    II. Der Tatbestand absichtlicher sittenwidriger Schädigung im
Besonderen 207

D. Kausalzusammenhang 208

    I. Allgemeines 208

    II. Natürlicher Kausalzusammenhang 209

    III. Adäquater Kausalzusammenhang 214

    IV. Einzelfragen zum adäquaten Kausalzusammenhang 217

        1. Sog. Unterbrechung des adäquaten Kausalzusammenhangs . . 217

        2. Reflexschaden (Drittschaden; dommage par ricochet;
dommage réflechi) 218

        3. Kasuistik: «Allgemeines Lebensrisiko», «Verfolgerfälle»,
«Hilfeleistungsfälle» 220

E. Verschulden 221

    I. Vorsatz 222

    II. Fahrlässigkeit 222

F. Verjährung der Ansprüche aus Art. 41 ff. OR 224

§ 3 Der Inhalt der Schadenersatzpflicht, Schadensberechnung und
Schadenersatzbemessung 225

A. Arten des Schadenersatzes 225

B. Berechnung des Schadens und Beweislast 226

    I. Sachschaden 226

    II. Körperschaden 227

    III. Versorgungsschaden 227

C. Richterliche Schadenersatzbemessung 228

§ 4 Genugtuung 229

A. Im Allgemeinen 229

B. Anspruchsvoraussetzungen 230

    I. Art. 47 OR 230

    II. Art. 49 OR 230

C. Einige strittige Fragen zu Art. 47 und Art. 49 OR 231

D. Art und Zumessung der Genugtuung 231

§ 5 Die Haftung Mehrerer 232

§ 6 Kausalhaftung 233

A. Im Allgemeinen 233

B. «Milde» («gewöhnliche» oder «einfache») Kausalhaftung im
Allgemeinen 234

   I. Die Geschäftsherrenhaftung des Art. 55 OR (Abgrenzung zu
Art. 101 OR) 234

   II. Die Werkeigentümerhaftung nach Art. 58 OR 237

C. «Scharfe» Kausalhaftung (Gefährdungshaftung) 239

   I. Grundsätzliches 239

   II. Haftpflichtgesetze 240

   III. Haftung des Motorfahrzeughalters nach Art. 58 ff. SVG 241

   IV. Produktehaftpflicht 242

Kapitel 20
Ungerechtfertigte Bereicherung 249

§ 1 Im Allgemeinen 249

§ 2 Anspruchsvoraussetzungen 250

A. Überblick 250

B. Bereicherung 251

C. Rechtsgrundlosigkeit der Bereicherung («in ungerechtfertigter
Weise») 252

D. Der Ausschluss des Bereicherungsanspruchs 252

§ 3 Die beiden Haupttypen des Bereicherungsanspruchs 253

A. Leistungskondiktion 253

B. Eingriffskondiktion 255

§ 4 Subsidiarität des Kondiktionsanspruchs? 255

Kapitel 21
Erfüllung und Nichterfüllung der Schuldpflicht 257

§ 1 Vorbemerkung 257

§ 2 Erfüllungsanspruch 257

§ 3 Erfüllung der Schuldpflicht 258

A. Modalitäten der Erfüllung im Überblick 258

B. Leistungserbringung durch die richtige Person 259

C. Leistungserbringung an die richtige Person 259

D. Leistungserbringung am richtigen Ort 260

E. Leistung zum richtigen Zeitpunkt 261

F. Inhaltlich richtige Leistung 263

§ 4 Nichterfüllung der Schuldpflicht i.w.S.; Gläubigerverzug 265

A. Überblick und Typologie 265

   I. Vorbemerkungen 265

   II. Nichterfüllung i.e.S. 266

   III. Schlechterfüllung 268

B. Rechtsfolgen bei Unmöglichkeit der Leistung im Einzelnen 270

   I. Gemäss Art. 97 Abs. 1 OR verschuldete oder gemäss Art. 101 OR
     zu verantwortende Unmöglichkeit 270

     1. Voraussetzungen der Haftung 270

     2. Die Verweisung des Art. 99 Abs. 3 OR 272

     3. Haftung für Hilfspersonen 272

   II. Unverschuldete bzw. nicht anderweitig zu verantwortende
     Unmöglichkeit 274

C. Rechtsfolgen bei Schuldnerverzug im Einzelnen 276

   I. Voraussetzungen 276

   II. Rechtsfolgen 277

   III. Verzugsfolgen bei vollkommen zweiseitigen (synallagmatischen)
     Verträgen 278

   IV. Spezialregelungen beim Kaufvertrag 282

D. Gläubigerverzug 284

   I. Tatbestand 284

   II. Rechtsfolgen 285

Kapitel 22
Erlöschen der Obligation 287

§ 1 Erfüllung 287

§ 2 Schulderlass- bzw. Aufhebungsvertrag 288

§ 3 Novation (Neuerung) 288

§ 4 Konfusion (Vereinigung) 289

§ 5 Nachträgliche Unmöglichkeit 289

§ 6 Verrechnung 289

§ 7 Weitere Erlöschensgründe 290

Kapitel 23
Verjährung (Art. 127–142 OR) 291

§ 1 Grundsätzliches 291

§ 2 Voraussetzungen der Verjährung 292

§ 3 Verzicht auf die Verjährung 295

§ 4 Vereinbarungen über Verjährungsfristen 296

§ 5 Beginn des Laufs der Verjährung 297

§ 6 Fristberechnung 297

§ 7 Unterbrechung der Verjährung 297

§ 8 Verjährungshemmung 298

§ 9 Verwirkung («Präklusion») im Unterschied zu Verjährung 298

Kapitel 24
Bedingungen (Art. 151–157 OR) 301

§ 1 Vorbemerkung 301

§ 2 Begriff und Arten der Bedingung 301

    A. Begriff 301

    B. Arten 302

§ 3 Bedingungsfeindliche Geschäfte; Bedingungsverbote;
    unmögliche Bedingungen 303

§ 4 Die Behandlung des aufschiebend bedingten Geschäfts 303

§ 5 Die Behandlung des auflösend bedingten Geschäfts 303

§ 6 Fiktion der Erfüllung einer Bedingung (Art. 156 OR) 304

Kapitel 25
Mehrzahl von Gläubigern und Schuldnern 305

§ 1 Vorbemerkung 305

§ 2 Mehrzahl von Gläubigern 305

§ 3 Mehrzahl von Schuldnern 306

    A. Im Allgemeinen 306

    B. Solidarschuldnerschaft im Besonderen 307

Kapitel 26
Wechsel der am Schuldverhältnis Beteiligten 311

§ 1 Abtretung von Forderungen: Art. 164 ff. OR 311

    A. Begriff und Funktion der Abtretung 311

    B. Der Abtretungsvertrag 312

    C. Zedierbarkeit aller Forderungen? 313

    D. Rechtswirkungen der gültigen Abtretung 314

        I. Verhältnis Zessionar – Schuldner 314

        II. Verhältnis Zedent – Zessionar 315

    E. Legalzession («Subrogation») 315

§ 2 Schuldübernahme 315

    A. Externe (privative) Schuldübernahme 315

    B. Interne Schuldübernahme 316

    C. Schuldbeitritt (kumulative Schuldübernahme) 317

    D. Art. 181 OR als Fall einer gesetzlichen Schuldübernahme 318

Fallsammlung 319

Wie löse ich im Privatrecht einen Rechtsfall? (Falllösungsschema) . . 349

Anwendung des Falllösungsschemas auf einen konkreten Sachverhalt 355

Einige Leiturteile zum OR AT 361

BGE 105 II 23 361

BGE 110 II 456 364

BGE 114 II 131 370

BGE 121 III 350 378

BGE 123 III 292 383

    Besprechung von Peter GAUCH 392

BGE 127 III 300 408

BGE 129 III 320 414

BGE 132 III 359 421

Register der zitierten Bundesgerichtsentscheide 435

Gesetzesregister 441

Sachregister 451

Abkürzungsverzeichnis

A	Österreich
a.A.	andere(r) Ansicht
a.a.O.	am angeführten Ort
ABGB	Allgemeines Bürgerliches Gesetzbuch für Österreich vom 1. Juni 1811
Abs.	Absatz
Abt.	Abteilung
AcP	Archiv für die civilistische Praxis (Tübingen)
ADHGB	Allgemeines Deutsches Handelsgesetzbuch von 1861
a.E.	am Ende
AEUV	Vertrag über die Arbeitsweise der EU vom 1.12.2009
AG	Aktiengesellschaft
AGB	Allgemeine Geschäftsbedingungen
AJP	Aktuelle Juristische Praxis (Zürich)
allg.	allgemein
aOR	BG über das Obligationenrecht vom 14. Juni 1881 (altes OR)
AppGer	Appellationsgericht
ArG	BG vom 13. März 1964 über die Arbeit in Industrie, Gewerbe und Handel (Arbeitsgesetz, SR 822.11)
arg.	argumentum
Art.	Artikel
ARV	Zeitschrift für Arbeitsrecht und Arbeitslosenversicherung (Zürich)
AT	Allgemeiner Teil
ATF	Recueil officiel des arrêts du Tribunal fédéral suisse (= BGE)
Aufl.	Auflage
ausf.	ausführlich
AVB	Allgemeine Vertragsbedingungen
BAG	Bundesarbeitsgericht (Deutschland)
BBl.	Bundesblatt
Bd.	Band
Bde.	Bände
BG	Bundesgesetz
BGB	Bürgerliches Gesetzbuch für das Deutsche Reich vom 18. August 1896 i.d.F. der Bekanntmachung vom 2. Januar 2002
BGE	Entscheidungen des Schweizerischen Bundesgerichts (amtliche Sammlung)
BGer	Bundesgericht
BGG	BG vom 17. Juni 2005 über das Bundesgericht (Bundesgerichtsgesetz, SR 173.110)
BGH	Bundesgerichtshof (Deutschland)
BGHZ	Entscheidungen des Bundesgerichtshofes in Zivilsachen (Deutschland)

BJM	Basler Juristische Mitteilungen (Basel)
BS	Basel-Stadt
BR	Baurecht (Fribourg)
BV	Bundesverfassung der Schweizerischen Eidgenossenschaft vom 18. April 1999 (SR 101)
bzw.	beziehungsweise
ca.	circa
Cal	Kalifornien
cic	culpa in contrahendo
CIF	cost, insurance, freight
CISG	United Nations Convention on Contracts for the International Sale of Goods/Übereinkommen der Vereinten Nationen vom 11. April 1980 über Verträge über den internationalen Warenkauf (SR 0.221.221.1)
Co.	Company
D	Deutschland
d.h.	das heisst
DES	Diäthylstilböstrol
Dez.	Dezember
Dig.	Digesta Justiniani («Digesten»)
Diss.	Dissertation
E	electronic
E.	Erwägung
EBG	Eisenbahngesetz vom 20.12.1957 (SR 742.101)
ecolex	Fachzeitschrift für Wirtschaftsrecht (Wien)
EGMR	Europäischer Gerichtshof für Menschenrechte (Strassbourg)
EleG	BG vom 24. Juni 1902 betreffend die elektrischen Schwach- und Starkstromanlagen (Elektrizitätsgesetz, SR 734.0)
EM	Europameisterschaft
EMRK	Europäische Menschenrechtskonvention
etc.	et cetera
EU	Europäische Union
EuGH	Europäischer Gerichtshof (Luxembourg)
EvBl	Evidenzblatt der Rechtsmittelentscheidungen (Teil der Österreichischen Juristen-Zeitung [Wien])
EWR	Europäischer Wirtschaftsraum
F	Frankreich
f./ff.	und folgende (Seite/Seiten)
Fn.	Fussnote
FOB	free on board
Fr.	Schweizer Franken
FusG	BG vom 3. Oktober 2003 über Fusion, Spaltung, Umwandlung und Vermögensübertragung (Fusionsgesetz, SR 221.301)
GAV	Gesamtarbeitsvertrag
GlG	BG vom 24. März 1995 über die Gleichstellung von Frau und Mann (Gleichstellungsgesetz, SR 151.1)

GTG	BG vom 21. März 2003 über die Gentechnik im Aussenhumanbereich (Gentechnikgesetz, SR 814.91)
h.A.	herrschende Auffassung
h.L.	herrschende Lehre
HGB	Handelsgesetzbuch für das Deutsche Reich vom 10. Mai 1897
HGer	Handelsgericht
HRegV	Handelsregisterverordnung vom 17. Oktober 2007 (SR 221.411)
Hrsg.	Herausgeber
I	Italien
i.d.F.	in der Fassung
i.e.S.	im engeren Sinne
i.S.	im Sinne
i.S.v.	im Sinne von
i.V.m.	in Verbindung mit
i.w.S.	im weiteren Sinne
IHR	Internationales Handelsrecht (München)
inkl.	inklusive
Inst.	Institutiones Justiniani
IPRG	BG vom 18. Dezember 1987 über das Internationale Privatrecht (SR 291)
Jb	Jahrbücher
JdT	Journal des Tribunaux (Abt. 1: droit fédéral, civil, public, administratif, Lausanne)
Jh.	Jahrhundert
JuS	Juristische Schulung (München)
JZ	Juristenzeitung (Tübingen)
KG	BG vom 6. Oktober 1995 über Kartelle und andere Wettbewerbsbeschränkungen (Kartellgesetz, SR 251)
kg	Kilogramm
KHG	Kernenergiehaftpflichtgesetz vom 18. März 1983 (SR 732.44)
KKG	BG vom 23. März 2001 über den Konsumkredit (SR 221.214.1)
km/h	Stundenkilometer
KMU	Kleine und mittlere Unternehmen
LFG	BG vom 21. Dezember 1948 über die Luftfahrt (Luftfahrtgesetz, SR 748.0)
LPG	BG vom 4. Oktober 1985 über die landwirtschaftliche Pacht (SR 221.213.2)
LugÜ	Übereinkommen vom 30. Oktober 2007 über die Zuständigkeit und die Anerkennung und Vollstreckung von Entscheidungen in Zivil- und Handelssachen («Lugano-Übereinkommen» [SR 0.275.12])
m.E.	meines Erachtens
NBW	Burgerlijk Wetboek (Niederländisches Bürgerliches Gesetzbuch). 6. Buch in Kraft seit 1.1.1992
NJW	Neue Juristische Wochenschrift (München/Frankfurt a.M.)
NL	Niederlande

Nr.	Nummer
NZZ	Neue Zürcher Zeitung (Zürich)
OGer	Obergericht
OGH	Oberster Gerichtshof (Österreich)
OLG	Oberlandesgericht
OR	BG vom 30. März 1911 betreffend die Ergänzungen des Schweizerischen Zivilgesetzbuches, Fünfter Teil: Obligationenrecht (SR 220)
PartG	BG vom 18. Juni 2004 über die eingetragene Partnerschaft gleichgeschlechtlicher Paare (Partnerschaftsgesetz, SR 211.231)
PauRG	BG vom 18. Juni 1993 über Pauschalreisen (SR 944.3)
PBG	BG vom 20.3.2009 über die Personenbeförderung (SR 745.1)
PC	Personal Computer
PECL	Principles of European Contract Law
PETL	Principles of European Tort Law
PGB	Zürcherisches Privatrechtliches Gesetzbuch von 1854/56
PKW	Personenkraftwagen
pr.	principium
Pra	Die Praxis des Schweizerischen Bundesgerichts (Basel)
PrHG	BG vom 18. Juni 1993 über die Produktehaftpflicht (Produktehaftpflichtgesetz, SR 221.112.994)
PrSG	BG vom 12. Juni 2010 über die Produktesicherheit (Produktesicherheitsgesetz, SR 930.11)
RGZ	Entscheidungen des Reichsgerichts in Zivilsachen (Deutschland)
RLG	BG vom 4. Oktober 1963 über Rohrleitungsanlagen zur Beförderung flüssiger oder gasförmiger Brenn- oder Treibstoffe (Rohrleitungsgesetz, SR 746.1)
RTDciv.	Revue Trimestrielle de Droit civil (Paris)
Rz.	Randziffer
S.	Seite
SAC	Schweizerischer Alpen Club
SchKG	BG vom 11. April 1889 über Schuldbetreibung und Konkurs (SR 281.1)
SchlT	Schlusstitel zum ZGB (Anwendungs- und Einführungsbestimmungen)
SemJud	La Semaine Judiciare (Genf)
SIA	Schweizerischer Ingenieur- und Architektenverein
SO	Solothurn
sog.	sogenannt
SprstG	BG vom 25. März 1977 über explosionsgefährliche Stoffe (Sprengstoffgesetz, SR 941.41)
SR	Systematische Sammlung des Bundesrechts (Systematische Rechtssammlung)
SVG	Strassenverkehrsgesetz vom 19. Dezember 1958 (SR 741.01)
SZ	Entscheidungen des österreichischen OGH in Zivilsachen
SZW	Schweizerische Zeitschrift für Wirtschaftsrecht (Zürich)
T	Tonne

Teilbd.	Teilband
u.a.	unter anderem
u.U.	unter Umständen
UN	United Nations
UNIDROIT	International Institute for the Unification of Private Law/Institut International pour l'Unification du Droit Privé UN-Kaufrecht (siehe CISG)
UPICC	UNIDROIT Principles of International Commercial Contracts
US	United States
USG	BG vom 7. Oktober 1983 über den Umweltschutz (Umweltschutzgesetz, SR 814.01)
usw.	und so weiter
UWG	BG vom 19. Dezember 1986 gegen den unlauteren Wettbewerb (SR 241)
v.	versus
v.a.	vor allem
vgl.	vergleiche
VMWG	Verordnung vom 9. Mai 1990 über die Miete und Pacht von Wohn- und Geschäftsräumen (SR 221.213.11)
VO	Verordnung
VVG	BG vom 2. April 1908 über den Versicherungsvertrag (Versicherungsvertragsgesetz, SR 221.229.1)
VW	Volkswagen
WM	Weltmeisterschaft
z.B.	zum Beispiel
z.T.	zum Teil
ZBGR	Schweizerische Zeitschrift für Beurkundungs- und Grundbuchrecht (Zürich)
ZBJV	Zeitschrift des Bernischen Juristenvereins (Bern)
ZertES	BG vom 19. Dezember 2003 über Zertifizierungsdienste im Bereich der elektronischen Signatur (Bundesgesetz über die elektronische Signatur, SR 943.03)
ZGB	Schweizerisches Zivilgesetzbuch vom 10. Dezember 1907 (SR 210)
Ziff.	Ziffer
ZIP	Zeitschrift für Wirtschaftsrecht (Köln)
zit.	zitiert
ZPO	Schweizerische Zivilprozessordnung vom 19. Dezember 2008 (SR 272)
ZR	Blätter für Zürcherische Rechtsprechung (Zürich)
ZSR	Zeitschrift für Schweizerisches Recht (Basel)
ZVR	Zeitschrift für Verkehrsrecht (Wien)

Literatur zum Allgemeinen Teil des OR

I. Lehrbücher und systematische Darstellungen

BERGER Bernhard, Allgemeines Schuldrecht, 3. Aufl. Bern 2018

BUCHER Eugen, Schweizerisches Obligationenrecht: Allgemeiner Teil, 2. Aufl. Zürich 1988

VON BÜREN Bruno, Schweizerisches Obligationenrecht: Allgemeiner Teil (2 Bde.), Zürich 1964

ENGEL Pierre, Traité des obligations en droit suisse, 2. Aufl. Bern 1997

FELLMANN Walter/KOTTMANN Andreas, Schweizerisches Haftpflichtrecht, Bd. I, Bern 2012

FELLMANN Walter, Schweizerisches Haftpflichtrecht, Bd. II, Bern 2014

FURRER Andreas/MÜLLER-CHEN Markus, Obligationenrecht – Allgemeiner Teil, 3. Aufl. Zürich 2018

GAUCH Peter/SCHLUEP Walter/SCHMID Jörg/EMMENEGGER Susan, Schweizerisches Obligationenrecht, Allgemeiner Teil (2 Bde.), 10. Aufl. Zürich 2014 (Bd. II zit. GAUCH/SCHLUEP/EMMENEGGER)

GUHL Theo/KOLLER Alfred/SCHNYDER Anton K./DRUEY Jean Nicolas, Das Schweizerische Obligationenrecht, 9. Aufl. Zürich 2000

HONSELL Heinrich/ISENRING Bernhard/KESSLER Martin A., Schweizerisches Haftpflichtrecht, 5. Aufl. Zürich 2013

HUGUENIN Claire, Obligationenrecht, Allgemeiner und Besonderer Teil, 2. Aufl. Zürich 2014

HUGUENIN Claire, Obligationenrecht Allgemeiner Teil in a nutshell, Zürich/St. Gallen 2016

KELLER Alfred, Haftpflicht im Privatrecht, Band I, 6. Aufl. Bern 2001

KELLER Alfred, Haftpflicht im Privatrecht, Band II, 2. Aufl. Bern 1998

KELLER Max/GABI Sonja/GABI Karin, Haftpflichtrecht, 3. Aufl. Basel 2012

KELLER Max/SCHÖBI Christian, Das Schweizerische Schuldrecht, Bd. I: Allgemeine Lehren des Vertragsrechts, 3. Aufl. Basel 1984

KELLER Max/SCHAUFELBERGER Peter, Das Schweizerische Schuldrecht, Bd. III: Ungerechtfertigte Bereicherung, 3. Aufl. Basel 1990

KELLER Max/SCHÖBI Christian, Das Schweizerische Schuldrecht, Bd. IV: Gemeinsame Rechtsinstitute für Schuldverhältnisse aus Vertrag, unerlaubter Handlung und ungerechtfertigter Bereicherung, 2. Aufl. Basel 1985

KOLLER Alfred, Schweizerisches Obligationenrecht: Allgemeiner Teil, 4. Aufl. Bern 2017 (zit. A. KOLLER)

KRAMER Ernst A./PROBST Thomas/PERRIG Roman, Schweizerisches Recht der Allgemeinen Geschäftsbedingungen, Bern 2016

LANDOLT Hardy/ROBERTO Vito, Haftpflichtrecht in a nutshell, 2. Aufl. Zürich 2016

MERZ Hans, Obligationenrecht: Allgemeiner Teil (1. Teilbd.), in: Schweizerisches Privatrecht, Bd. VI, Basel 1984

MERZ Hans, Vertrag und Vertragsschluss, 2. Aufl. Fribourg 1992

MÜLLER Christoph, La responsabilité civile extracontractuelle, Basel 2013

OFTINGER Karl/STARK Emil W., Schweizerisches Haftpflichtrecht, Allgemeiner Teil, Band I, 5. Aufl. Zürich 1995 (zit. OFTINGER/STARK I)

OFTINGER Karl/STARK Emil W., Schweizerisches Haftpflichtrecht, Besonderer Teil, Band II/1, 4. Aufl. Zürich 1987

OFTINGER Karl/STARK Emil W., Schweizerisches Haftpflichtrecht, Besonderer Teil, Band II/2, 4. Aufl. Zürich 1989

OFTINGER Karl/STARK Emil W., Schweizerisches Haftpflichtrecht, Besonderer Teil, Band II/3, 4. Aufl. Zürich 1991

REY Heinz/WILDHABER Isabelle, Ausservertragliches Haftpflichtrecht, 5. Aufl. Zürich 2018

ROBERTO Vito, Haftpflichtrecht, 2. Aufl., Bern 2018

SCHNYDER Anton K./PORTMANN Wolfgang/MÜLLER-CHEN Markus, Ausservertragliches Haftpflichtrecht, 2. Aufl. Zürich 2013

SCHWENZER Ingeborg, Schweizerisches Obligationenrecht, Allgemeiner Teil, 7. Aufl. Bern 2016 (zit. SCHWENZER)

TERCIER Pierre/PICHONNAZ Pascal, Le droit des obligations, 5. Aufl. Genf/Zürich 2012

VON TUHR Andreas/ESCHER Arnold, Allgemeiner Teil des Schweizerischen OR (2. Bd.), 3. Aufl. Zürich 1974

VON TUHR Andreas/PETER Hans, Allgemeiner Teil des Schweizerischen OR (1. Bd.), 3. Aufl. Zürich 1979

VON TUHR Andreas/PETER Hans/ESCHER Arnold, Allgemeiner Teil des Schweizerischen OR, Supplement, 3. Aufl. Zürich 1984

WERRO FRANZ, La résponsabilité civile, 3. Aufl. Bern 2017

II. Kommentare

Berner Kommentar

BECKER Hermann, in: Kommentar zum schweizerischen Privatrecht, 2. Aufl. Bern 1941, Art. 1–183 OR

KRAMER Ernst A./SCHMIDLIN Bruno, in: Kommentar zum schweizerischen Privatrecht, Bern 1986, Allg. Einleitung in das Schweizerische OR und Kommentar zu Art. 1–18 OR

KRAMER Ernst A., in: Kommentar zum schweizerischen Privatrecht, Bern 1991, Art. 19–22 OR

MÜLLER Christoph, in: Kommentar zum schweizerischen Privatrecht, Bern 2018, Art. 1–18 OR mit allgemeiner Einleitung in das Schweizerische Obligationenrecht

SCHMIDLIN Bruno, in: Kommentar zum schweizerischen Privatrecht, 2. Aufl. Bern 2013, Art. 23–31 OR

ZÄCH Roger/KÜNZLER Adrian, in: Kommentar zum schweizerischen Privatrecht, 2. Aufl. Bern 2014, Art. 32–40 OR

BREHM Roland, in: Kommentar zum schweizerischen Privatrecht, 3. Aufl. Bern 2006, Art. 41–61 OR

RÜEDI Yves, in: Kommentar zum schweizerischen Privatrecht, Bern 2011, Art. 66 OR

WEBER Rolf H., in: Kommentar zum schweizerischen Privatrecht, 2. Aufl Bern 2005, Art. 68–96 OR

WEBER Rolf H., in: Kommentar zum schweizerischen Privatrecht, Bern 2000, Art. 97–109 OR

WEBER Rolf H., in: Kommentar zum schweizerischen Privatrecht, Bern 2002, Art. 110–113 OR

ZELLWEGER-GUTKNECHT C., in: Kommentar zum schweizerischen Privatrecht, Bern 2012, Art. 120–126 OR

KRATZ Brigitte, in: Kommentar zum schweizerischen Privatrecht, Bern 2015, Art. 143–149 OR

Zürcher Kommentar

OSER Hugo/SCHÖNENBERGER Wilhelm, in: Kommentar zum schweizerischen Zivilgesetzbuch, 2. Aufl. Zürich 1929, Art. 1–183 OR

SCHÖNENBERGER Wilhelm/JÄGGI Peter, in: Kommentar zum schweizerischen Zivilgesetzbuch, 3. Aufl. Zürich 1973, Allg. Einleitung in das Schweizerische OR und Art. 1–17 OR

JÄGGI Peter/GAUCH Peter/HARTMANN Stephan, in: Kommentar zum schweizerischen Zivilgesetzbuch, 4. Aufl. Zürich 2014, Art. 18 OR

LANDOLT Hardy, in: Kommentar zum schweizerischen Zivilgesetzbuch, 3. Aufl. Zürich 2007, Art. 45–49 OR

SCHRANER Marius, in: Kommentar zum schweizerischen Zivilgesetzbuch, 3. Aufl. Zürich 2000, Art. 68–96 OR

AEPLI Viktor, in: Kommentar zum schweizerischen Zivilgesetzbuch, 3. Aufl. Zürich 1991, Art. 114–126 OR

BERTI Stephen V., in: Kommentar zum schweizerischen Zivilgesetzbuch, 3. Aufl. Zürich 2002, Art. 127–142 OR

KRAUSKOPF Frédéric, in: Kommentar zum schweizerischen Zivilgesetzbuch, 3. Aufl. Zürich 2016, Art. 143–150 OR

SPIRIG Eugen, in: Kommentar zum schweizerischen Zivilgesetzbuch, 3. Aufl. Zürich 1993, Art. 164–174 OR

SPIRIG Eugen, in: Kommentar zum schweizerischen Zivilgesetzbuch, 3. Aufl. Zürich 1994, Art. 175–183 OR

Basler Kommentar

HONSELL Heinrich/VOGT Nedim Peter/WIEGAND Wolfgang (Hrsg.), Kommentar zum Schweizerischen Privatrecht: Obligationenrecht I, 6. Aufl. Basel 2015, Art. 1–529 OR

NIGGLI Marcel/PROBST Thomas/WALDMANN Bernhard (Hrsg.), Kommentar zum Strassenverkehrsgesetz, Basel 2014

Commentaire Romand

THEVENOZ Luc/WERRO Franz (Hrsg.), Commentaire Romand, Code des obligations I, 2. Aufl., Basel 2012, Art. 1–529 CO

Haftpflichtkommentar

FISCHER Willi/LUTERBACHER Thierry, Haftpflichtkommentar. Kommentar zu den schweizerischen Haftpflichtbestimmungen, Zürich/St. Gallen 2016

Hand- und Kurzkommentare

AMSTUTZ Marc/BREITSCHMID Peter/FURRER Andreas/GIRSBERGER Daniel/HUGUE-NIN Claire/JUNGO Alexandra/MÜLLER-CHEN Markus/ROBERTO Vito/SCHNYDER Anton K./TRUEB Hans Rudolf, Handkommentar zum Schweizer Privatrecht, 3. Aufl., Zürich 2016

HONSELL Heinrich (Hrsg.), Obligationenrecht, Kurzkommentar, Basel 2014, Art. 1–528

KREN KOSTKIEWICZ Jolanta/WOLF Stephan/AMSTUTZ Marc/FANKHAUSER Roland (Hrsg.), OR Kommentar, 3. Aufl. Zürich 2016

III. Anleitungen zur Falllösung, Fallsammlungen, Repetitorien, Skripten, Tafeln

AEBI Martin/FISCHER Michael, Repetitorium Obligationenrecht, Allgemeiner Teil, 3. Aufl. Zürich 2012

BERCHTOLD Sonja, Repetitorium zum Schweizerischen Obligationenrecht, 1. Teil, 11. Aufl. Bern 2015

BUCHER Eugen/WIEGAND Wolfgang, Übungen im Obligationenrecht, 3. Aufl. Zürich 2001

FEIT Michael/PEYER Patrik R./STAUBER Demian, Übungsbuch Obligationenrecht Allgemeiner Teil, 2. Aufl. Zürich 2013

GERHARDT Gregory/LEISINGER Benjamin K., Schweizerisches Obligationenrecht Allgemeiner Teil – Fragen und Antworten, Bern 2005

HOLTZ-MAIHOLD Rahel Rabea, Obligationenrecht. Allgemeiner Teil. Fragen, Fälle und Lösungen zur Prüfungsvorbereitung, 2. Aufl. Basel 2014

HONSELL Heinrich/ISENRING Bernhard/KESSLER Martin A./RAIBER Beda M.M., Fälle mit Lösungen zum Obligationenrecht, 4. Aufl. Zürich 2017

HUGUENIN Claire/HOTZ Basil M. (Hrsg.), Fälle zum Obligationenrecht, Bd. I: Allgemeiner Teil, Zürich 2014

HÜRZELER Marc. M./CHEVALIER Marco/BIAGGI Raffaella, Repetitorium zum ausservertraglichen Haftpflichtrecht, Bern 2015

KELLER Max/SCHMIED-SYZ Carole, Haftpflichtrecht, Ein Grundriss in Schemen und Tabellen, 5. Aufl. Zürich 2001

KÖNIG Roger/MAAS THURNHERR Sanna/THURNHERR Christoph, Repetitorium Haftpflichtrecht, Zürich 2014

OTT Walter/HOTZ Sandra, Fälle zum Haftpflichtrecht mit Lösungen, Zürich 2006

ROBERTO Vito, Haftpflichtrecht – Fragen und Antworten – Fiktive Einstiegsfälle – Leading Cases, Bern 2013

ROBERTO Vito, Haftpflichtrecht, Stämpfli-Skriptum, Bern 2013

SCHULIN Hermann/VOGT Nedim P., Tafeln zum Schweizerischen Obligationenrecht I: Allgemeiner Teil ohne Deliktsrecht, 5. Aufl. Zürich 2012

SCHWENZER Ingeborg/CHEVALLEY Cyrill, Fallübungen Obligationenrecht. Allgemeiner Teil, Bern 2018

SPICHTIN Nicolas/MOSER Nicola, Fallübungen Obligationenrecht AT, Bern 2015

VOSER Nathalie/WEBER Flavia, Übungen zum OR Allgemeiner Teil und zum Kaufrecht, Zürich 2014

IV. Rechtsprechungsübersichten in Buchform[*]

BRACONI Andrea/CARRON Blaise, Code civil suisse et code des obligations annotés, 10. Aufl. Basel 2016

GAUCH Peter/AEPLI Viktor/STÖCKLI Hubert (Hrsg.), Präjudizienbuch zum OR – Rechtsprechung des Bundesgerichts, 9. Aufl. Zürich 2016

---

[*] Angaben zur laufenden Veröffentlichung von Bundesgerichtsentscheiden unten Rz. 31.

Koller Thomas/Schwander Ivo/Krauskopf Frédéric (Hrsg.), Bundesgerichtsentscheide zum -Allgemeinen Teil des OR und zum Kaufrecht, 3. Aufl. St. Gallen 2015

Kramer Ernst A./Probst Thomas, Bundesgerichtspraxis zum Allgemeinen Teil des Schweizerischen Obligationenrechts, Zürich 2003

Werro Franz, Le droit des contrats. Jurisprudence fédérale choisie et annotée, Bern 2012

V. Ausländische Literatur

Deutschland

Bork Reinhard, Allgemeiner Teil des Bürgerlichen Gesetzbuchs, 4. Aufl. Tübingen 2016

Esser Josef/Schmidt Eike, Schuldrecht, Bd. 1, Allgemeiner Teil (Durchführungshindernisse und Vertragshaftung, Schadenausgleich und Mehrseitigkeit beim Schuldverhältnis), 2. Teilbd., 8. Aufl. Heidelberg 2000

Esser Josef/Schmidt Eike, Schuldrecht, Bd. 1, Allgemeiner Teil (Entstehung, Inhalt und Beendigung von Schuldverhältnissen), 1. Teilbd., 8. Aufl. Heidelberg 1995

Harke Jan Dirk, Allgemeines Schuldrecht, Berlin/Heidelberg 2010

Köhler Helmut, BGB Allgemeiner Teil, 41. Aufl. München 2017

Kötz Hein, Vertragsrecht, 2. Aufl. Tübingen 2012

Looschelders Dirk, Schuldrecht Allgemeiner Teil, 15. Aufl. Berlin 2017

Medicus Dieter/Lorenz Stephan, Schuldrecht I: Allgemeiner Teil, 21. Aufl. München 2015

Schlechtriem Peter/Schmidt-Kessel Martin, Schuldrecht, Allgemeiner Teil, 6. Aufl. Tübingen 2005

Wertenbruch Johannes, BGB. Allgemeiner Teil, 3. Aufl. München 2014

Wolf Manfred/Neuner Jörg, Allgemeiner Teil des Bürgerlichen Rechts, 11. Aufl. München 2016

Österreich

Gschnitzer Franz, Österreichisches Schuldrecht: Allgemeiner Teil, 2. Aufl. Wien 1991, bearbeitet von Faistenberger Christoph/Barta Heinz/Eccher Bernhard

Koziol Helmut/Welser Rudolf, Grundriss des bürgerlichen Rechts, Band I, bearbeitet von Kletečka Andreas, 14. Aufl. Wien 2014

Welser Rudolf/Zöchling-Jud Brigitta, Grundriss des bürgerlichen Rechts, Band II, 14. Aufl. Wien 2015

VI. Wichtigste, alle Rechtsgebiete ansprechende schweizerische Fachzeitschriften

AJP	Aktuelle Juristische Praxis
ius.full*	Forum für juristische Bildung
JdT	Journal des Tribunaux (Abt. 1: droit fédéral, civil, public, administratif)
Jusletter	www.weblaw.ch
recht*	recht, Zeitschrift für juristische Ausbildung und Praxis
SemJud	Semaine Judiciaire
SJZ	Schweizerische Juristen-Zeitung
ZBJV	Zeitschrift des Bernischen Juristenvereins
ZSR	Zeitschrift für Schweizerisches Recht

Beachte: Zur Frage, wie juristische Fachliteratur (Bücher und Zeitschriftenartikel) korrekt zu zitieren ist, und zu vielen weiteren Fragen der juristischen Arbeitstechnik wichtig: FORSTMOSER/OGOREK/SCHINDLER, Juristisches Arbeiten. Eine Anleitung für Studierende, 5. Aufl. (Zürich/Genf/Basel 2014); HAAS/BETSCHART/THURNHERR, Leitfaden zum Verfassen einer juristischen Arbeit, 3. Aufl. (Zürich/St. Gallen 2015); TERCIER/ROTEN, La recherche et la rédaction juridique, 5. Aufl. (Genf/Zürich/Basel 2007).

---

* Auf das Studium ausgerichtet.

Kapitel 1
Zur Einstimmung für die Studierenden

Wozu lerne ich Obligationenrecht? Was nützt mir die beträchtliche intellektuelle Anstrengung, obligationenrechtliche Regeln und Konzepte zu erfassen und möglichst zu verstehen? Um welche konkreten Probleme geht es eigentlich? Ein Blick in die Zeitung genügt ...

Sturz in die Tiefe

Verletzte bei Deckeneinsturz im Wallis

Auf einer Baustelle in Stalden im Oberwallis stürzte eine Betondecke ein, auf der sich sieben Arbeiter aufhielten.

Sieben Bauarbeiter sind am Mittwoch in Stalden beim Einsturz einer frisch gegossenen Betondecke verletzt worden. Ein Arbeiter erlitt einen offenen Unterschenkelbruch, die anderen kamen mit Prellungen davon. Die Bauarbeiter befanden sich gegen 11.00 Uhr auf der rund 30 Meter langen Decke einer Lastwagengarage, um das bereits gegossene Drittel auszuglätten, wie der Polizeisprecher Renato Kalbermatten auf Anfrage sagte.

Plötzlich stürzte der bereits gegossene Teil ab und riss auch den zum Guss vorbereiteten armierten Teil der Decke ein. Alle sieben Männer stürzten rund sechs Meter in die Tiefe. Einer erlitt laut Polizei einen offenen Unterschenkelbruch, während die anderen wie durch ein Wunder nur Prellungen erlitten. Sie wurden mit drei Ambulanzen ins Spital transportiert.

Wie es zum Absturz kam, war vorerst nicht geklärt. Das Untersuchungsrichteramt leitete Ermittlungen ein. Für den Bau verantwortlich ist laut Kalbermatten eine Bauunternehmung aus der Region. Die Garage sollte für private Zwecke genutzt werden.

Deckeneinstürze kommen in der Schweiz immer wieder vor. Nicht immer gehen diese so glimpflich aus. Das folgenschwerste Unglück mit einer herabstürzenden Betondecke ereignete sich am 9. Mai 1985 in einem Hallenbad im zürcherischen Uster mit zwölf Toten. Am 27. November 2004 starben in Gretzenbach (SO) sieben Feuerwehrleute, als sie einen Brand in einer Tiefgarage löschten, welche verschiedene planerische und bauliche Mängel aufwies. Am vergangenen 6. Dezember kamen zwei Arbeiter in Strengelbach (AG) ums Leben, als beim Giessen einer Tiefgaragendecke die Schalungskonstruktion über ihnen zusammenbrach. AP

Basler Zeitung vom 22. Mai 2008

Welche Ansprüche haben die verletzten Arbeiter? Gegen wen können sie allfällige Ansprüche geltend machen? Welche Bedeutung kommt in diesem Zusammenhang den Versicherungsleistungen zu?

Im Obligationenrecht geht es neben aufsehenerregenden Unfällen (wie im obigen Zeitungsausschnitt) sehr oft um ganz alltägliche, aber dennoch – oder gerade deshalb – praktisch ausserordentlich wichtige Fragen des gesellschaftlichen Zusammenlebens. Zwei *Beispiele* mögen dies illustrieren:

1. Sie wollen einen gebrauchten PKW bei einem Garagisten kaufen und führen mit dessen Angestellten Verhandlungen. Sie einigen sich mit ihm mündlich über den zu kaufenden PKW und den Preis. Ist der Vertrag damit (bevor eine Vertragsurkunde unterschrieben wird) verbindlich? Ist der Angestellte, mit dem Sie in der Garage verhandelt haben, überhaupt berechtigt, den PKW für seine Firma zu verkaufen?

2. Sie sind über Ihren Kauf nicht lange glücklich. Während Ihnen bei den Verhandlungen zugesichert worden ist, dass sich der PKW in einem «Topzustand» befinde, stellt sich heraus, dass es ein «Unfallwagen» ist, für den Sie zu viel bezahlt haben. Können Sie den Vertrag rückgängig machen und ihr Geld zurückfordern?

Wie solche – oder ähnliche – Probleme rechtlich zu beurteilen sind, bildet Gegenstand des Obligationenrechts.

Die besondere Schwierigkeit des «Allgemeinen Teils» des Obligationenrechts, den das vorliegende Lehrbuch zum Gegenstand hat, liegt darin, dass es um Fragen und Konzepte auf *hoher Abstraktionsstufe* geht. So ist zum Beispiel das Grundelement des Obligationenrechts, die Forderung (auch: Forderungsrecht) ein *gedankliches Konstrukt*, dem – sofern es nicht in einem Wertpapier, wie etwa einer Aktie verkörpert ist – *keine empirisch greifbare, konkrete Realität* zukommt. Bei vertragsrechtlichen Problemen äussert sich der Abstraktionsgrad des Allgemeinen Teils insbesondere darin, dass nicht Einzelfragen zu konkreten Verträgen (wie etwa dem Kauf-, Arbeits- oder Werkvertrag) behandelt werden – was Gegenstand des «Besonderen Teils» des Obligationenrechts (2. Abteilung des OR [siehe Rz. 3]) ist –, sondern Probleme, die den Vertrag als Rechtsinstitut und damit alle Verträge gleichermassen betreffen. Es sind dies Fragen wie: Wie kommt der Vertrag zustande? Was ist, wenn sich ein Vertragspartner über vertragswesentliche Umstände geirrt hat? Was passiert, wenn ein Vertrag von einem Partner (dem Schuldner) nicht erfüllt wird? Wie kann der Gläubiger vorgehen? Oder gar: Wie können Forderungsrechte auf andere übertragen werden und wie erlischt eine «Schuldverbindlichkeit»?

Die beträchtliche Abstraktionshöhe solcher Fragen bereitet am Anfang des Studiums erfahrungsgemäss einige Mühe. Das vorliegende Lehrbuch zum Allgemeinen Teil des Obligationenrechts will darüber nicht hinwegtäuschen. Es redet nicht der Illusion das Wort, dass alles «ganz einfach» ist. Der Allgemeine Teil des Obligationenrechts (kurz «OR AT») ist und bleibt eine *schwierige Materie*, vielleicht die anspruchsvollste und zentralste im Rechtsstudium überhaupt, da die obligationenrechtlichen Grundkonzepte auch für andere Rechtsbereiche wegleitend sind. Die Verfasser des vorliegenden Lehrbuches hoffen dennoch, dass gerade die bewusste Beschränkung auf die *Kernelemente* sowie die *Illustrierung* durch viele (im Lehrbuchtext und in der Fallsammlung des Anhangs wiedergegebene) praktische Beispiele eine willkommene Hilfe zum besseren Verständnis der Materie sind.

Kapitel 2
Rechtsquellen des Obligationenrechts

§ 1   OR als wichtigste Rechtsquelle

Das **Bundesgesetz über das Obligationenrecht** (OR) vom 30.3.1911 ist die wich-   1
tigste Rechtsquelle[1] des Obligationenrechts. Die darin enthaltenen Bestimmungen
sind zum grössten Teil *nicht zwingendes,* sondern *dispositives*[2] Recht, von dem die
Parteien durch *vertragliche Abrede abweichen* können.[3] Etliche Bestimmungen des
OR sind allerdings im öffentlichen Interesse zwingender Natur, weshalb die Parteien
nicht gültig etwas davon Abweichendes vereinbaren können.[4]

Beachte: Die Dispositivität des Obligationenrechts ist eine Eigenheit dieses
Rechtsgebiets. In anderen Rechtsgebieten sind die Gesetzesvorschriften
grundsätzlich zwingend, d.h. unabdingbar. So etwa im Strafrecht, Steuerrecht
oder Sozialversicherungsrecht.

---

§ 2   Entstehung des OR

Das heute geltende OR ist im Wesentlichen in **3 Etappen** entstanden: 2

– Das *alte Obligationenrecht (aOR)* vom 14. Juni 1881

In Kraft getreten am 1. Januar 1883. Erlassen aufgrund von Art. 64 BV (1874),
worin dem *Bund* – denn früher waren die *Kantone* für die Gesetzgebung im Gebiet des Privatrechts zuständig – die Kompetenz zur Gesetzgebung für «alle auf
den Handel und Mobiliarverkehr bezüglichen Rechtsverhältnisse (Obligationenrecht, mit Inbegriff des Handels- und Wechselrechts)» zugestanden wurde. Das
aOR war die erste gesamtschweizerische Privatrechtskodifikation.[5] Wichtiger
Redaktor: Walther MUNZINGER (1830–1873).

---

1   Zum Begriff der Rechtsquelle unten Rz. 15.
2   Damit wird zum Ausdruck gebracht, dass die Bestimmungen zur Disposition der Parteien stehen,
diese also darüber «verfügen» können, indem davon etwas Abweichendes vereinbaren.
3   Zu diesem für Laien eher befremdlichen, aber für das Verständnis des Obligationenrechts zentralen
Umstand, dass Gesetzesrecht nur bedingte Geltung hat, also nur subsidiär gilt, wenn die Parteien
nicht vertraglich etwas anderes vereinbart haben, unten bei Rz. 40 und 141.
4   Dazu Rz. 43 und 203 ff.
5   «Kodifikation»: Zusammenfassende Regelung eines relativ grossen Ausschnitts der Rechtsordnung in einem systematisch geordneten Gesetz.

Merke: In der heutigen Bundesverfassung (BV) ist die Bundeskompetenz für das gesamte Privatrecht in Art. 122 Abs. 1 BV verankert.[6] Als Ausnahmen zu beachten sind einerseits der (unechte) gesetzgeberische Vorbehalt in Art. 6 ZGB, wonach die Kantone (unter gewissen Voraussetzungen) öffentlichrechtliche Bestimmungen auf dem Gebiete des Privatrechts erlassen können, und andererseits der (echte) Vorbehalt des Gesetzgebers in Art. 5 Abs. 1 ZGB, welcher es den Kantonen vereinzelt erlaubt, zivilrechtliche Bestimmungen zu erlassen. *Beispiele*: Art. 186 und Art. 236 OR sowie Art. 55 Abs. 1 SchlT.

– *OR vom 30. März 1911*

In Kraft getreten am 1. Januar 1912, also vor über hundert Jahren, gleichzeitig mit dem Zivilgesetzbuch (ZGB), für das die Bundeskompetenz erst 1898 geschaffen worden war.

Historischer Hintergrund: Der Erlass des ZGB, das von den Räten am 10. Dezember 1907 beschlossen wurde, machte eine Revision des aOR erforderlich, mit welcher der über die Grenzen der Schweiz hinaus angesehene Redaktor des ZGB, Eugen HUBER (1849–1923), beauftragt wurde. Unter seiner Leitung wurde das aOR an das ZGB angepasst. Das OR bildet als «Bundesgesetz betreffend die Ergänzung des Schweizerischen Zivilgesetzbuches» zwar seither den 5. Teil des schweizerischen Zivilgesetzbuches, ist davon aber *formell getrennt* und hat eine eigene Systematik und Artikelzählung. Die «innere» Verknüpfung von ZGB und OR wird vor allem durch Art. 7 ZGB hergestellt.[7]

Merke: Die vier Teile des ZGB sind das *Personenrecht*, das *Familienrecht*, das *Erbrecht* und das *Sachenrecht*. Vor dem Personenrecht stehen die neun «Einleitungsartikel».[8]

– *Bundesgesetz vom 18. Dezember 1936*

In Kraft getreten am 1. Juli 1937.

Revision der handels- und gesellschaftsrechtlichen Titel 24–33 mit Einbau des international vereinheitlichten («Genfer») Wechsel- und Checkrechts.

---

6 Ebenso schon – seit 1898 – Art. 64 aBV. Die Einheit des Prozessrechts für privatrechtliche Angelegenheiten wurde erst durch die ZPO vom 19.12.2008 (in Kraft seit 1.1.2011) hergestellt. Vorher galten kantonale Zivilprozessordnungen.
7 Dazu unten Rz. 5.
8 Zu diesen Rz. 5, 10 ff.

§ 3 Systematik des OR

Das OR besteht aus **5 Abteilungen**:   3

1. Abteilung Titel 1–5: Art. 1–183 «Allgemeine Bestimmungen» über Entstehung, Wirkung, Erlöschen der Obligation, über «besondere Verhältnisse bei Obligationen» (z.B. Solidarität, Bedingungen, Haft- und Reugeld) sowie über Abtretung (Zession) von Forderungen und Schuldübernahme.

2. Abteilung Titel 6–23: Art. 184–551 Einzelne Vertragsverhältnisse (z.B. Kauf, Werkvertrag, Auftrag).

3. Abteilung Titel 24–29: Art. 552–926 Die Handelsgesellschaften und die Genossenschaft.

4. Abteilung Titel 30–32: Art. 927–964 Handelsregister, Geschäftsfirma, kaufmännische Buchführung.

5. Abteilung Titel 33–34: Art. 965–1186 Die Wertpapiere.

Beachte: Aus der Systematik ist ersichtlich, dass das OR (3.–5. Abteilung)   4
auch das **Handelsrecht**, also das auf spezifisch unternehmerische Probleme
bezogene Privatrecht, regelt. Es gibt *kein eigenes Handelsgesetzbuch* neben
dem ZGB/OR; also keinen sog. «Dualismus» der Privatrechtskodifikationen
wie etwa in Deutschland (HGB neben dem BGB), Frankreich (Code de Commerce neben dem Code Civil), Österreich (Unternehmensgesetzbuch neben
dem ABGB), Spanien und Portugal (Código de Comercio neben dem Código
Civil), vielmehr gilt das System des *Code unique* (wie etwa auch in Italien und
den Niederlanden).

---

§ 4 Gesamtverweisung des Art. 7 ZGB auf das OR

Gemäss Art. 7 ZGB gelten die allgemeinen Bestimmungen des OR, also die gesamte   5
1. Abteilung des OR, sinngemäss (= entsprechend) auch für andere, nicht im OR geregelte **zivilrechtliche Verhältnisse**. Dies gilt namentlich für die allgemeinen vertragsrechtlichen Regeln der Art. 1 ff. OR, die – sofern nichts anderes bestimmt ist –
auch auf Verträge des ZGB, d.h. auf nicht obligationenrechtliche Verträge entsprechend anzuwenden sind.[9]

---

9 Etwa auf Erbvertrag, Ehevertrag (i.S.v. Art. 182 Abs. 2 ZGB [nicht mit Eheschliessung zu verwechseln!]) oder sachenrechtliche Verträge, z.B. über die Begründung einer Grunddienstbarkeit (Art. 732 ZGB) oder eines Baurechts (Art. 779a ZGB). Die Art. 1 ff. OR über die Verträge gelten entsprechend auch für die einseitigen Rechtsgeschäfte des OR und des ZGB (zum Begriff des einseitigen Rechtsgeschäfts unten Rz. 106). *Beispiel* für die Anwendung der Art. 1 ff. OR auf ein ein-

6   Damit gelten die allgemeinen Bestimmungen der Art. 1 ff. OR als allgemeines Regelungsmodell für privatrechtliche Verhältnisse. Anders als im deutschen BGB gibt es im schweizerischen Privatrecht **keinen «Allgemeinen Teil»** des Privatrechts, welcher im BGB als 1. Buch des fünfteiligen Gesetzbuches nicht nur die im Obligationenrecht, sondern auch die in anderen Teilen des Privatrechts relevanten Rechtsfiguren, wie unter anderem das Rechtsgeschäft, den Vertrag und die Stellvertretung abstrahierend regelt («vor die Klammer zieht»). Vor diesem Hintergrund fungiert die Gesamtverweisung des Art. 7 ZGB in – typisch helvetischer Weise – als pragmatischer Ersatz für einen «Allgemeinen Teil», indem es die Figuren des Allgemeinen Teils des OR auch für die anderen Bereiche des Privatrechts für (entsprechend) anwendbar erklärt.

Der fünfteilige Aufbau des deutschen BGB (Allgemeiner Teil, Schuldrecht, Sachenrecht, Familienrecht, Erbrecht) folgt dem sog. «Pandektensystem» des Privatrechts. Die schweizerische Privatrechtskodifikation – die vier Teile des ZGB sowie das OR – folgt einer Variante dieses zu Beginn des 19. Jahrhunderts in der deutschen Lehre entwickelten Systemansatzes.

▶ Zu Art. 7 ZGB **Fall 1**

§ 5   Teilrevisionen im OR (Auswahl)

7   1941   Bürgschaftsrecht (Art. 492 ff.).

1949   Agenturvertrag (Art. 418a–v).

1949   Gläubigergemeinschaft bei Anleihensobligationen (Art. 1156 ff.).

1962   Abzahlungs- und Vorauszahlungsvertrag (Art. 226a ff.).

1970   Mietrecht (Art. 267a ff.).

1971   Arbeitsvertrag (Art. 319 ff.).

1984   Persönlichkeitsverletzung (Art. 49).

1988   Kündigungsschutz im Arbeitsrecht (Art. 334 ff.).

1990   Teile des Mietrechts (Art. 253 ff.).

1991   Haustürgeschäfte (Art. 40a ff.); Zusendung unbestellter Sachen (Art. 6a).

1992   Teile des Rechts der Aktiengesellschaft (Art. 621 ff.).

1994   Arbeitsvertrag (Art. 333 ff.).

2000   Auftrag zur Ehe- und Partnerschaftsvermittlung (Art. 406a–h).

---

seitiges Rechtsgeschäft des ZGB: Art. 23 ff. OR über die Irrtumsanfechtung sind auf die Erbausschlagung (Art. 566 ff. ZGB) entsprechend anzuwenden.

2001 Abzahlungs- und Vorauszahlungsgeschäfte (Art. 226a–d [aufgehoben], Art. 227a–228 [revidiert und später aufgehoben]).

2005 Elektronische Signatur (neu Art. 14 Abs. 2bis und Art. 59a; Aufhebung von Art. 13 Abs. 2).

2007 Transparenz betreffend Vergütungen an Mitglieder des Verwaltungsrates und der Geschäftsleitung (Art. 663b^{bis}).

2008 Recht der Gesellschaft mit beschränkter Haftung (Art. 772 ff.) und -Revisionspflicht im Gesellschaftsrecht (Art. 727 ff.).

2011 Revision des Rechnungslegungsrechts (Art. 957 ff.).

2012 Revision der kauf- und werkvertraglichen Mängelhaftung (Art. 210; Art. 371).

2013 Revision einzelner obligationenrechtlicher Bestimmungen im Rahmen des neuen Erwachsenenschutzrechts (Art. 35, 134, 240, 397a, 405, 545, 619, 928 OR).

2014 Aufhebung der Bestimmungen über den Vorauszahlungsvertrag (Art. 227a–228 OR).

2015 Revision des Widerrufsrechts bei Haustürgeschäften (Art. 40b, 40d, 40e OR).

2016 Anpassung des Firmenrechts (Art. 945, 950, 951 OR).

2018 Revision des Verjährungsrechts[10] (Art. 60, 67, 128a, 134, 136, 139, 141, 760, 878, 919 OR).

§ 6 Laufende Revisionen

– Gesetzesentwurf und Botschaft zur Teilrevision des Versicherungsvertragsgesetzes vom 28.6.2017, BBl. 2017, 5089 ff. 8

– Entwurf und Botschaft zu einer Aktienrechtsreform vom 23.11.2016, BBl. 2017, 399 ff., 683 ff.

– Vernehmlassungsentwurf und erläuternder Bericht zur Änderung der Zivilprozessordnung (Verbesserung der Praxistauglichkeit und der Rechtsdurchsetzung) vom 2. März 2018, BBl. 2018, 1229 (Vernehmlassungsverfahren).

---

10 Vgl. Botschaft und Gesetzesentwurf zur Revision des Verjährungsrechts vom 29.11.2013, BBl. 2014, 235 ff. und 287 ff. – Der endgültige Revisionstext wurde vom Parlament in der Sommersession 2018 verabschiedet.

§ 7 Nebengesetze zum OR (Auswahl)

9   Das Obligationenrecht ist nicht nur im OR geregelt, sondern findet sich auch in diversen, praktisch z.T. sehr wichtigen **Nebengesetzen** zu Einzelmaterien.

–   «Haftpflichtgesetze»[11] (z.B.: Produktehaftpflichtgesetz [PrHG], Strassenverkehrsgesetz [SVG], Umweltschutzgesetz [USG], Kernenergiehaftpflichtgesetz [KHG]). Weitere Angaben in Rz. 414.

–   Versicherungsvertragsgesetz (VVG) von 1908. Eine Teilrevision ist zur Zeit hängig. Vgl. Gesetzesentwurf und Botschaft zur Teilrevision des Versicherungsvertragsgesetzes vom 28.6.2017 (BBl. 2017, 5089 ff.).

–   Bundesgesetz über die landwirtschaftliche Pacht (LPG) von 1985.

–   Bundesgesetz gegen den unlauteren Wettbewerb (UWG) von 1986; zuletzt revidiert 2011 (zu Art. 8 unten Rz. 246).

–   UN-Kaufrecht (= Wiener Kaufrecht oder in der international gebräuchlichen Abkürzung: CISG, für: United Nations Convention on Contracts for the International Sale of Goods vom 11.4.1980), in der Schweiz in Kraft seit 1.3.1991.

–   Bundesgesetz über Pauschalreisen (PauRG) von 1993.

–   Gleichstellungsgesetz (GlG) von 1995.

–   Bundesgesetz über den Konsumkredit (KKG) von 2001.

–   Fusionsgesetz (FusG) von 2003.

–   Bundesgesetz über die elektronische Signatur (ZertES) von 2003.

–   Bundesgesetz über Bucheffekten (BEG) von 2008.

§ 8 Die Bedeutung der für das OR wichtigsten Einleitungsartikel des ZGB[12]

10   **Ausgangsüberlegung**: Die Einleitungsartikel des ZGB (Art. 1–9 ZGB) gelten für das **gesamte Privatrecht**, also auch für das OR und seine Nebengesetze. Teilweise kommt ihnen, wie vor allem dem **«Methodenartikel» des Art. 1 ZGB**, für das ganze schweizerische Recht, also auch das öffentliche Recht, Bedeutung zu.

---

11 Als Haftpflichtgesetze bezeichnet man Nebengesetze zum Haftpflichtrecht des OR (Art. 41 ff.), die nicht vom Prinzip der Verschuldenshaftung, sondern vom Prinzip der (meist scharfen) Kausalhaftung ausgehen. Dazu unten Rz. 46 ff.; 410 ff.

12 Zu Art. 1 Abs. 2 ZGB s. Rz. 29; zu Art. 6 ZGB oben Rz. 2; zu Art. 7 ZGB oben Rz. 5. Zu den Einleitungsartikeln näher etwa das Lehrbuch von Hürlimann-Kaup/Schmid, Einleitungsartikel des ZGB und Personenrecht, 3. Aufl. Zürich 2016.

– **Art. 2 ZGB**: Treu und Glauben-Gebot, Rechtsmissbrauchsverbot   11

Die Generalklausel[13] des **Abs. 1 (Treu und Glauben-Gebot)** beherrscht das ganze Privatrecht[14] und erlaubt in ihrer Weite und Vagheit dem Gericht als gesetzeskonkretisierender Instanz, im Gesetz nicht ausdrücklich verankerte Rechtssätze ohne Eingreifen des Gesetzgebers richterrechtlich zu entwickeln. Man spricht in dieser Hinsicht von einer rechtsfortbildenden Funktion der Generalklausel.

> *Beispiel*: Haftung aus *cic*, wozu es keine ausdrückliche allgemeine Regelung im OR gibt. Dazu unten Rz. 124 ff.

Abs. 2 regelt einen qualifizierten Fall des Verstosses gegen Treu und Glauben, den **Rechtsmissbrauch**. Abs. 2 hat eine korrektive Funktion. Es ist nicht erlaubt, formal bestehende Rechte (vor allem Ansprüche), rechtsmissbräuchlich auszuüben. Art. 2 Abs. 2 ZGB dient damit als – mit Zurückhaltung zu handhabende – rechtliche «Notbremse» *(ultima ratio)*, wenn es darum geht, die Geltendmachung formal bestehender Rechtspositionen in Situationen zu verhindern, in denen dies anderen gegenüber stossend erscheint. Der alte Grundsatz: *Neminem laedit qui suo iure utitur*[15] gilt hier ausnahmsweise nicht. Ergebnisse, die mit dem alten Satz *summum ius summa iniuria* (perfektes Recht, perfekte Ungerechtigkeit) angesprochen werden, sollen damit vermieden werden. Art. 2 Abs. 2 ZGB setzt – so das Bundesgericht[16] – «der formalen Rechtsordnung eine ethische materielle Schranke».

> *Beispiele*: Verbot des widersprüchlichen Verhaltens (des *venire contra factum proprium*), das für eine spezifische Situation u.a. eine Regelung in Art. 25 Abs. 2 OR gefunden hat.[17] Um eine Sanktionierung widersprüchlichen Verhaltens geht es auch bei der Verwirkung von Ansprüchen durch langandauernde Untätigkeit, die beim Schuldner nach Treu und Glauben den Eindruck erweckt, man werde diese Ansprüche – obwohl noch nicht verjährt – nicht mehr geltend machen.[18] Ein weiteres *Beispiel* eines Rechtsgedankens, der aus Art. 2 Abs. 2 ZGB entwickelt worden ist, stellt nach traditioneller Auffassung auch das Institut der *clausula rebus sic stantibus* dar.[19]

---

13 Eine Generalklausel ist eine Norm (Normbestandteil) mit sehr allgemeinem, prinzipienhaft formuliertem Gehalt, der vom Gericht im Einzelfall «konkretisiert» werden muss; sie ist «wertausfüllungsbedürftig». Vorschriften, die dagegen die erfassten Sachverhalte relativ konkret auflisten, nennt man «kasuistische» Tatbestände. *Beispiel* Art. 128 OR.

14 In der BV statuiert Art. 5 Abs. 3: «Staatliche Organe und Private handeln nach Treu und Glauben». S. auch Art. 9 BV (Wahrung von Treu und Glauben).

15 Übersetzt: Wer sein Recht benutzt, kann niemanden (rechtswidrig) verletzen.

16 BGE 125 III 257 (261).

17 Dazu unten Rz. 282.

18 Dazu unten Rz. 528 f. Zur rechtsmissbräuchlichen Berufung auf einen Formmangel des Geschäfts unten Rz. 180a, 253.

19 Dazu unten Rz. 293 ff.

12 – **Art. 3 ZGB: Begriff und Vermutung des guten Glaubens**

Gutgläubig im Rechtssinn ist, wer gewisse Tatsachen, die rechtlich relevant sind, als gegeben annimmt, und nicht weiss, dass seine Annahme nicht der Wirklichkeit entspricht. Man kann sich nach Art. 3 Abs. 2 ZGB aber nicht auf seine Gutgläubigkeit berufen, wenn man bei normaler, gebotener Aufmerksamkeit von der wahren Sachlage hätte wissen müssen; fahrlässige Unkenntnis schliesst die Berufung auf guten Glauben aus.

Derjenige, der im Streitfall behauptet, die Gegenpartei sei bösgläubig, habe also die wahren Umstände gekannt oder hätte diese zumindest kennen müssen, ist beweispflichtig: Es gilt die durch Gegenbeweis widerlegbare **gesetzliche Vermutung der Gutgläubigkeit** (Art. 3 Abs. 1 ZGB); sozusagen als eine Art zivilrechtliche Unschuldsvermutung.

> *Beispiele* (wo das Gesetz auf Gut- oder Schlechtgläubigkeit abstellt): Art. 26 Abs. 1 (letzter Halbsatz) OR; Art. 34 Abs. 3 OR; Art. 36 Abs. 2 OR; Art. 64 OR; Art. 167 OR; Art. 460 Abs. 3 OR.

13 – **Art. 4 ZGB: Richterliches Ermessen**

Verglichen mit entsprechenden Gesetzen anderer Staaten ist das OR durch viele Bestimmungen geprägt, die das Gericht auf sein eigenes Ermessen, auf die Abwägung aller Umstände des Einzelfalles, auf «wichtige Gründe» oder schlicht auf die «Billigkeit» verweisen. In dieser **bewusst eingeplanten Lückenhaftigkeit der Gesetzgebung** («Delegationslücken» bzw. «Lücken *intra legem*») äussert sich das Bestreben des Gesetzgebers, Einzelfallgerechtigkeit zu gewährleisten. Gleichzeitig offenbart dies ein bemerkenswertes Vertrauen des Gesetzgebers in unsere (durch Richterwahlen in der Schweiz demokratisch legitimierte) Justiz. Die materielle Normbildung wird an sie delegiert.

Art. 4 ZGB sagt, wenn auch nicht sehr hilfreich, dass das Gericht in solchen Fällen **«nach Recht und Billigkeit»** zu entscheiden habe.

> *Beispiele*: Art. 26 Abs. 2 OR; Art. 29 Abs. 2 OR; Art. 39 Abs. 2 OR; Art. 43 Abs. 1 OR; Art. 54 Abs. 1 OR.

14 – **Art. 8 ZGB: Allgemeine privatrechtliche Beweislastregel**

Wer im Prozess behauptet, er habe gewisse Rechte – im OR also vor allem Ansprüche (Forderungen) gegen seinen Schuldner –, muss die von ihm behaupteten Tatsachen, aus denen er sein Recht ableitet (sog. «rechtsbegründende Tatsachen»), beweisen. Er trägt deshalb das **Risiko der Beweislosigkeit**. Dies ist die beweisrechtliche Grundregel. Einzelne gesetzliche Sonderregeln sehen Ausnahmen vor (etwa die Beweislastumkehr in Art. 97 Abs. 1 OR [unten Rz. 480]).

Beispiel: Anspruch auf Bezahlung des Kaufpreises (Art. 184 Abs. 1 OR): Beweislast beim Verkäufer, dass der Vertrag tatsächlich mit dem von ihm behaupteten Inhalt gültig geschlossen worden ist.

Beachte: Art. 8 ZGB bezieht sich auf den Beweis von Tatsachen («Tatfrage»). Die Rechtslage («Rechtsfrage») hat das Gericht von Amtes wegen zu prüfen: *Iura novit curia* (das Gericht kennt das Recht. Vgl. Art. 57 ZPO).

§ 9 Weitere Rechtsquellen des Obligationenrechts (neben OR und Nebengesetzen zum OR)

A. Begriffliche Klarstellung zur Frage nach weiteren Rechtsquellen

Rechtsquellen sind – rechtlich betrachtet[20] – die in einer Rechtsordnung für jedermann verbindlichen, d.h. unabhängig von seiner Zustimmung und daher objektiv geltenden, generell-abstrakten Rechtsnormen (vor allem Verfassung, [formelles] Gesetz, Verordnung).   15

B. Verordnungen

Verordnungen (zumeist in der Form «gesetzesvollziehender» Verordnungen) sind generell-abstrakte Rechtsquellen wie (formelle) Gesetze, werden aber im Gegensatz zu diesen *nicht im Gesetzgebungsverfahren*, sondern in der Regel von der *Exekutive*, namentlich dem Bundesrat (oder seiner Departemente), erlassen. Für den Bereich des OR ist etwa die Handelsregisterverordnung (HRegV)[21] wichtig, für das Miet- und Pachtrecht die Verordnung über Miete und Pacht von Wohn- und Geschäftsräumen (VMWG) von 1990.   16

---

20   Zum unterschiedlichen, auf faktische Effektivität von Verhaltensregeln abstellenden *soziologischen* Rechtsquellenbegriff vgl. Rz. 25.
21   Neufassung trat am 1.1.2008 in Kraft.

C. Verkehrssitten und Handelsbräuche; Abgrenzung zum Gewohnheitsrecht

I. Verkehrssitten und Gewohnheitsrecht

17 **Verkehrssitten** (speziell: Ortsgebräuche sowie Handelsbräuche bzw. Usancen) sind in privatrechtlichen Beziehungen **faktisch** (regelmässig und allgemein befolgte) gleichartige Verhaltensweisen oder Übungen, die sich auf den Inhalt und die Interpretation von rechtsgeschäftlichem Verhalten beziehen. Bei **Sprachregelungen** durch **Verkehrssitten**, wo der Bedeutungsgehalt rechtsgeschäftlichen Verhaltens sozusagen «normiert» wird, ist vor allem auf die (im Zweifel handelsüblich zu interpretierenden, abgekürzt formulierten) **«Handelsklauseln»** zu verweisen, z.B. «Lieferung unfrei», «Lieferung franco Haus». Im internationalen Handel wird in den Verträgen oft auf internationale Handelsklauseln («Incoterms») wie etwa die «cif»- und die «fob»-Klausel verwiesen.[22] Eine «Bedeutungsnormierung» durch Verkehrssitte findet nicht nur bei ausdrücklich vereinbarten Vertragsklauseln statt, sondern auch die Interpretation anderen rechtsgeschäftlich relevanten Verhaltens («konkludenten» Verhaltens, vgl. Rz. 149 ff.) kann durch Übungen (vor allem Handelsbräuche) normiert sein.

> Allgemeine Regel dazu, die auch einen für das schweizerische Recht richtigen Gedanken ausdrückt, in § 346 deutsches HGB: «Unter Kaufleuten ist in Ansehung der Bedeutung und Wirkung von Handlungen und Unterlassungen auf die im Handelsverkehr geltenden Gewohnheiten und Gebräuche Rücksicht zu nehmen». *Beispiel* unten in Rz. 163.

18 Von den Verkehrssitten – manchmal auch «Übungen» oder «Gewohnheiten» genannt – ist das **Gewohnheitsrecht** zu unterscheiden (Art. 1 Abs. 2 ZGB), bei dem es zusätzlich neben der langjährigen faktischen Übung *(longa inveterata consuetudo)* der **Rechtsüberzeugung** *(opinio necessitatis)* der Bevölkerung bedarf, also der Überzeugung, dass das geübte Verhalten auf rechtlicher Verbindlichkeit beruht. Gewohnheitsrecht – dem nach Art. 1 Abs. 2 ZGB lückenfüllende Funktion zukommt[23] und das damit echte, allerdings nur subsidiäre (= in Ermangelung von Gesetzesrecht massgebliche) Rechtsquelle ist – hat im Gebiet des **Obligationenrechts** heute **praktisch keine Bedeutung mehr**[24]. Die privatrechtlichen (vor allem vermögensrechtlichen) Rechtsprobleme unserer heutigen Industriegesellschaft sind im Allgemeinen zu komplex, um sozusagen «von unten», aus der Gesellschaft selbst heraus, verlässlich und verbindlich gelöst werden zu können.

---

22 «Cif» ist die Abkürzung für *cost, insurance, freight*; «fob» für *free on board*. Die Incoterms werden von der Internationalen Handelskammer (IHK = ICC) in Paris herausgegeben (zuletzt 2010) und erläutert.

23 S. Rz. 29.

24 In anderen Gebieten des Rechts schaut dies teilweise ganz anders aus. So ist das Gewohnheitsrecht im Völkerrecht eine sehr wichtige Rechtsquelle.

II. Der Rechtsquellencharakter der Verkehrssitten: Objektive oder bloss subjektive Geltung?

Verkehrssitten werden als **mittelbare Rechtsquellen** bezeichnet, wenn das Gesetz   19
auf sie verweist (z.B. Art. 81 Abs. 2, 189 Abs. 1, 262 Abs. 1, 266 lit. b, c und d, 429
Abs. 2, 430 Abs. 1 OR). Sie gelten in solchen Fällen kraft der gesetzlichen Verweisung (die sie mittelbar zum Gesetzesinhalt erhebt) **objektiv**, also unabhängig von der
Kenntnis oder dem rechtsgeschäftlichen Willen der Parteien. Im Allgemeinen haben
Verkehrssitten im Unterschied zum Gewohnheitsrecht aber nur **subjektive Geltung**,
d.h. sie gelten nicht unabhängig vom Willen der Parteien, sie müssen **vertraglich
vereinbart** werden und sind daher keine echten Rechtsquellen.[25]

III. Die Vereinbarung vertragsergänzender Handelsbräuche

Von dieser subjektiven Geltung ist grundsätzlich auch für die praktisch wichtigsten   20
Verkehrssitten, die **vertragsergänzenden** (= den Vertragsinhalt ergänzenden) **Handelsbräuche** auszugehen[26]. Diese müssen von den Parteien zum Bestandteil des Vertrages gemacht, es muss also ein **Konsens** (Willensübereinstimmung) darüber erzielt
werden. Dieser Konsens kann gemäss Art. 1 Abs. 2 OR nicht nur ausdrücklich, sondern auch **stillschweigend** gebildet werden: Handelsbräuche gelten als stillschweigend vereinbart, wenn eine Partei subjektiv von deren Geltung für den Vertrag ausging
und gleichzeitig, objektiv betrachtet, nach Treu und Glauben auch darauf vertrauen
durfte, dass die andere Partei damit stillschweigend einverstanden sei[27]. Dies ist der
Fall, wenn von dieser angenommen werden konnte, dass sie, – da professionell versiert – die Handelsbräuche kennen musste und sich ausdrücklich dagegen ausgesprochen hätte, wenn sie nicht mit ihnen einverstanden gewesen wäre. Konkret setzt dies
im Allgemeinen voraus, dass der Partner des sich auf den Handelsbrauch Berufenden
örtlich im «Geltungsbereich» des (regelmässig örtlich begrenzten) Handelsbrauchs tätig war und sich dieser sachlich auf seinen Geschäftsbereich (auf die Branche, in der er
geschäftlich tätig ist) bezieht. In diesem Fall geht der Handelsbrauch, wenn seiner Einbeziehung (seiner «Geltung») nicht anlässlich des Vertragsschlusses widersprochen
worden ist, dem dispositiven (vertraglich abdingbaren) Gesetzesrecht vor. Ähnlich ist
die vertragsergänzende Einbeziehung von Handelsbräuchen im Falle von Vertragslücken zu begründen.[28]

> Siehe zum Konsenserfordernis bei Handelsbräuchen in internationalen Waren-
> kaufverträgen **Art. 9** des **UN-Kaufrechts**: «Die Parteien sind an die Handels-
> bräuche, mit denen sie sich einverstanden erklärt haben, und an die Gepflogen-
> heiten gebunden, die zwischen ihnen entstanden sind» (Abs. 1). «Haben die

---

25 S. zu deren Definition Rz. 15.
26 Zu den Sprachregelungen durch interpretierende Handelsbräuche schon oben Rz. 17.
27 Zum vertraglichen Konsens aufgrund des sog. Vertrauensprinzips im Einzelnen unten Rz. 189 ff.
28 S. Rz. 200.

Parteien nichts anderes vereinbart, so wird angenommen, dass sie sich in ihrem Vertrag oder bei seinem Abschluss stillschweigend auf Handelsbräuche bezogen haben, die sie kannten oder kennen mussten und die im internationalen Handel den Parteien von Verträgen dieser Art in dem betreffenden Geschäftszweig weithin bekannt sind und von ihnen regelmässig beachtet werden» (Abs. 2). Ähnlich Art. 23 Abs. 1 lit. c. LugÜ.

IV. Prozessuale Behandlung der Verkehrssitten

21 Im **Prozess** ist die Feststellung von Verkehrssitten (Handelsbräuchen), die nicht ausnahmsweise mittelbare Rechtsquellen sind (oben Rz. 19), keine Rechtsfrage, sondern eine **Tatfrage** (Sachverhaltsfrage), die von jener Partei zu beweisen ist, die sich darauf beruft (vgl. Art. 97, 105 BGG). Beweislast gemäss Art. 8 ZGB (oben Rz. 14).

22 ▶ Zum Ganzen **Fall 2**

D. Allgemeine Geschäftsbedingungen (AGB)

I. Begriff und Rechtsnatur der AGB

23 Allgemeine Geschäftsbedingungen (AGB) sind «generell-abstrakte», also standardisierte Vertragsbedingungen, die – namentlich von Unternehmern – im Hinblick auf **Nebenbestimmungen** des Vertrags[29] (meist für eine Vielzahl späterer Vertragsschlüsse) vorformuliert und vom Verwender als einseitige Vertragsbestimmungen vorgegeben werden, also mit dem Vertragspartner **nicht individuell ausgehandelt** worden sind.

Beispiele: Allgemeine Versicherungsbedingungen; allgemeine Transportbedingungen.

Eine für die Schweiz ebenfalls nützliche **Legaldefinition der AGB** ist in § 305 Abs. 1 **BGB** zu finden:

§ 305 Einbeziehung Allgemeiner Geschäftsbedingungen in den Vertrag
[1]Allgemeine Geschäftsbedingungen sind alle für eine Vielzahl von Verträgen vorformulierten Vertragsbedingungen, die eine Vertragspartei (Verwender) der anderen Vertragspartei bei Abschluss eines Vertrages stellt.

---

29 Es handelt sich hier um sog. «objektive Nebenpunkte» des Vertrags. Zu diesem Begriff unten Rz. 155. Es geht in den AGB also nicht um Regelungen über die objektiv wesentlichen Hauptpunkte des Vertrags, wie den Preis oder das Leistungsobjekt (z.B. Kaufgegenstand), sondern um Fragen wie die Festlegung des Gerichtsstands oder Regelungen über Haftung und Gewährleistung im Fall der Nicht- oder Schlechterfüllung eines Vertrags. Auch diese Nebenpunkte regeln für die Parteien oft subjektiv ganz wichtige Fragen.

²Gleichgültig ist, ob die Bestimmungen einen äußerlich gesonderten Bestandteil des Vertrages bilden oder in die Vertragsurkunde selbst aufgenommen werden, welchen Umfang sie haben, in welcher Schriftart sie verfasst sind und welche Form der Vertrag hat.

³Allgemeine Geschäftsbedingungen liegen nicht vor, soweit die Vertragsbedingungen zwischen den Vertragsparteien im Einzelnen ausgehandelt sind.

Äusserlich gleichen die AGB wegen ihres generell-abstrakten Charakters und der Gliederung in (oft mit Überschriften versehenen) Artikel den gesetzlichen Vorschriften. Deshalb werden sie manchmal ungenau als «Normen» bezeichnet (z.B. die «SIA-Normen» im Bauvertragswesen[30]). Das darf aber nicht darüber hinwegtäuschen, dass sie nur dann rechtlich relevant werden, wenn der Kunde das Regelwerk des AGB-Verwenders, das den Vertrag in Nebenpunkten ergänzt, akzeptiert hat[31], also die AGB durch **Konsens** der **vertragsschliessenden Parteien** integraler Bestandteil des Vertrages geworden sind (*lex contractus* [= vereinbartes Gesetz]). Sie haben, grundsätzlich gleich wie die gerade behandelten Verkehrssitten (Rz. 17 ff.), nur subjektive (vom Willen der Parteien abhängige), also keine objektive Geltung und sind daher, rechtlich betrachtet (Rz. 15), keine Rechtsquellen. Dies gemäss der heute weitgehend unbestrittenen sog. **Vertragstheorie** zur Rechtsnatur der AGB. Nach der **Normentheorie** würde den AGB Gesetzeskraft zukommen. Eine derartige «Privatgesetzgebung» ohne spezielle gesetzliche Ermächtigung gibt es aber nach der schweizerischen Verfassung nicht.[32] 24

> *Beachte* zur vertragsrechtlichen Rechtsnatur der AGB im Vergleich zum Gesetzesrecht folgende «**Geltungsskala**»: AGB gelten nur kraft Zustimmung (Konsens) der Vertragspartner (*opting in*-Modell); dispositives Gesetzesrecht gilt «objektiv», d.h. ohne Zustimmung, kann aber von den Kontrahenten durch Konsens abbedungen werden (*opting out*-Modell); zwingendes Gesetzesrecht gilt ohne Zustimmung und kann auch nicht abbedungen werden (weder *opting in* noch *opting out*).

II. Funktion der AGB und rechtspolitische Problematik

Die AGB dienen, indem sie Massengeschäfte vorbereiten, der **Rationalisierung** des **Geschäftsverkehrs** (sie vermindern, wie die Ökonomen sagen, die «Transaktionskosten» der Vertragsschliessenden) und haben gleichzeitig eine «**Modernisierungs-** 25

---

30 Die SIA-Norm 118 für Bauwerkverträge ist 2013 in erneuerter Fassung erschienen.

31 Im französischen Recht (Art. 1171 Code Civil in der Fassung von 2016) wird der unter Zugrundelegung von AGB geschlossene Vertrag als *contrat d'ahésion* bezeichnet, weil der Kunde sich dem Regelwerk des AGB-Verwenders gewissermassen anschliesst.

32 S. Art. 164 Abs. 2 BV: «Rechtsetzungsbefugnisse können durch Bundesgesetz übertragen werden, soweit dies nicht durch die Bundesverfassung ausgeschlossen wird». Zur Möglichkeit einer «Allgemeinverbindlichkeitserklärung» von Gesamtarbeitsverträgen (GAV) das BG über die Allgemeinverbindlicherklärung von GAV vom 28.9.1956 und von Rahmenmietverträgen das BG über Rahmenmietverträge und deren Allgemeinverbindlichkeitserklärung vom 23.6.1995.

funktion», weil sie Regelungen für moderne, gesetzlich nicht (oder jedenfalls nicht konkret) erfasste Vertragstypen (sog. Innominatverträge [Rz. 144]) treffen. Faktisch spielen die AGB als **«selbstgeschaffenes Recht der Wirtschaft»** (GROSSMANN-DOERTH) im modernen Vertragsrecht eine eminente Rolle. **Soziologisch** betrachtet – also nicht normativ-juristisch – sind sie insofern Rechtsquellen, als sie **effektiv** in vielen Branchen die Vertragswirklichkeit prägen, manchmal sogar stärker als die grundsätzlich abdingbaren (dispositiven) Gesetzesbestimmungen. AGB finden sich z.B. in Versicherungspolicen, in Verträgen mit Banken und Telekommunikationsunternehmen, mit Speditionen, in Bauverträgen (SIA-Normen), um nur einige wenige Branchen zu nennen, die massenhaft AGB verwenden.

26 Warum sind die AGB trotz des Erfordernisses des Konsenses (Rz. 24) **rechtspolitisch bedenklich**? Das Problem liegt darin, dass – oft mit erheblichem juristischem Formulierungsaufwand – dispositives Gesetzesrecht **einseitig zu Lasten des Vertragspartners** des AGB-Verwenders **wegbedungen** oder **abgeändert** wird, ohne dass sich der Kunde in der Regel der Bedeutung dieses Vorgehens ausreichend bewusst ist. Der Kunde liest die oft sehr umfangreichen Bestimmungen der AGB meist nicht oder bestenfalls flüchtig und, falls er sie ausnahmsweise studiert, versteht er ihre juristische und wirtschaftliche Tragweite nicht. Folglich wird über AGB auch kaum je verhandelt. Dies umso weniger als der AGB-Verwender dazu meist nicht bereit ist, weil er die AGB als «Bedingungen» (im untechnischen Sinn) für den Vertragsabschluss versteht. Aus seiner Sicht gilt die Devise: *Take it or leave it*; der Kunde solle die AGB also akzeptieren oder auf den Vertragsabschluss verzichten. Vor diese Alternative gestellt «unterwirft» sich der Kunde den AGB, er akzeptiert sie sog. **«global»**.[33] Der für die Übernahme der AGB in den jeweiligen Vertrag nötige Konsens der Parteien (siehe Rz. 24) ist daher namentlich bei Konsumentenverträgen (zum Begriff unten Fn. 58) eher oberflächlich und vordergründig, da inhaltlich ein *«Konsensgefälle»*[34] zwischen den Vertragsparteien besteht. Diese Situation nutzt der Verwender der AGB einseitig zu seinen Gunsten aus. Man spricht von der **«Risikoabwälzungsfunktion»** der AGB zugunsten ihrer Verwender: Das «Vertragsrisiko» (die Verantwortung für rechtliche oder faktische Schwierigkeiten, die sich bei der

---

33 Selbst für einen Kunden, der als gänzlich rationaler *homo oeconomicus* handeln würde, zahlte es sich regelmässig nicht aus, die AGB eines Anbieters im Einzelnen zu studieren, sie mit den AGB anderer Anbieter zu vergleichen und auf dieser Basis dann zu versuchen, darüber zu verhandeln. Treffend KÖTZ, JuS 2003, S. 209: «Wenn sich der Kunde den Vertragsbedingungen des Unternehmens ‹unterwirft›, so deshalb, weil es sich für ihn nicht lohnt, Zeit und Geld in diejenigen Bemühungen zu investieren, derer es bedürfte, um entweder durch Vertragsverhandlungen mit ihm eine Abänderung der AGB zu erreichen oder andere Anbieter ausfindig zu machen, deren Vertragsbedingungen in diesem oder jenem Punkt eine für ihn günstigere Regelung enthalten». EIDEN-MÜLLER, JZ 2009, S. 650, spricht hier von «rationaler Apathie»; im englischen Sprachgebrauch ist von *rational ignorance* die Rede. Aus den angeführten Gründen ergibt sich ökonomisch betrachtet, dass es im Hinblick auf AGB keine effektive Bedingungstransparenz und daher auch keinen Konditionenwettbewerb gibt. Es geht daher um ein Phänomen des «Marktversagens». Zu beachten ist, dass selbst unternehmerisch kontrahierende Vertragspartner, für die der Inhalt der AGB tatsächlich u.U. von grossem geschäftlichen Interesse ist, oft der psychologischen «Sogwirkung» einseitig von der Gegenpartei vorformulierter Vertragsbedingungen erliegen.

34 A. KOLLER § 23 Rz. 33.

Vertragsabwicklung ergeben) wird, wie namentlich durch formularmässige Abbedingung der Haftung aus Vertragsverletzung (Art. 97 ff. OR [dazu Rz. 480 ff.]) in «Haftungsfreizeichnungsklauseln», systematisch auf den Kunden abgewälzt. Statt von «Allgemeinen» Geschäftsbedingungen könnte manchmal auch von «gemeinen» Geschäftsbedingungen gesprochen werden.

III.   Kontrollansätze im Überblick

Die richterliche **Kontrolle von AGB** findet auf verschiedenen Ebenen statt: 27

–   Ebene der vertraglichen Übernahme der AGB: **Konsenskontrolle** (auch «Einbeziehungskontrolle»). Hier geht es um die Frage, ob die AGB bei Vertragsschluss von den Kontrahenten durch Konsens vereinbart worden sind. Zum Beispiel: Waren die AGB erst auf der nachträglichen Rechnung abgedruckt?

–   Ebene der Auslegung der AGB: **Auslegungskontrolle** (auch «Interpretationskontrolle»). Z.B. bei objektiver Zwei- oder Mehrdeutigkeit einer AGB-Klausel wird diese z.B. zulasten des AGB-Verwenders bzw. zugunsten des Kunden interpretiert.

–   Ebene der (allgemeinen) **Gültigkeitskontrolle**: Hier geht es – wie bei allen Vertragsbestimmungen (namentlich auch bei den Individualabreden) – um die allgemeine obligationenrechtliche Überprüfung des **Inhalts** der AGB auf ihre rechtliche Gültigkeit. Diese Kontrolle richtet sich nach den **allgemeinen Kriterien** des **zwingenden** (nicht abdingbaren) Rechts (z.B. Art. 19/20 OR).

–   Ebene der (lauterkeitsrechtlichen) **offenen Inhaltskontrolle**: Hier findet eine **verschärfte, AGB-spezifische** Kontrolle nach Art. 8 UWG statt, ob der Inhalt der AGB **missbräuchlich** ist.

Zu all diesen Fragen eingehend unten Rz. 234 ff.

▶   Zum Ganzen **Fälle 3** und **41**

E. Richterrecht (Gerichtsgebrauch)

28 Auch im OR ist das Gesetzesrecht **interpretationsbedürftig**[35]. Nicht nur wegen der sich laufend entwickelnden Gesellschaft, Wirtschaft und Technik, sondern auch wegen seines beträchtlichen Alters[36] ist das OR als Privatrechtskodifikation lückenhaft. Diese Situation zu bewältigen, ist tägliches Brot unserer Gerichte, die dabei von der Theorie («Lehre») unterstützt werden.[37] Von **Richterrecht** spricht man dann, wenn der Wortlaut des Gesetzes keine Anhaltspunkte für die Lösung eines Falles gibt, und anzunehmen ist, dass der Gesetzgeber für diesen Fall eine bestimmte Rechtsfolge nicht bewusst ausschliessen wollte und sie deshalb nicht erwähnt,[38] sondern das Gesetz (unbeabsichtigt) lückenhaft, d.h. «**planwidrig**» unvollständig ist. In solchen Situationen versucht das Gericht oft, gesetzliche Regelungen, die den zu lösenden Fall zwar nicht erfassen, aber wertungsmässig doch ähnliche und vergleichbare Situation regeln, entsprechend (= «**analog**») anzuwenden.

> *Beispiele*: Analoge Anwendung der Teilnichtigkeit gemäss Art. 20 Abs. 2 OR auf die Teilunverbindlichkeit nach Art. 21 und 23 ff. OR;[39] analoge Anwendung von Art. 679 ZGB (Grundeigentümerhaftung) auf Pächter von Grundstücken.[40] Der Analogieschluss gehört methodologisch zum Bereich des «gebundenen Richterrechts», d.h. zum Richterrecht, das sich an klar positivierten (aber nicht direkt anwendbaren) gesetzlichen Regelungen und deren Zwecksetzung *(ratio legis)* orientiert.

29 Manchmal gibt es aber, nüchtern betrachtet, einfach keine gesetzlichen Anhaltspunkte für analog anzuwendende Bestimmungen. Dann soll das Gericht, **sofern**

---

35 Die wichtigsten Hilfsmittel (Auslegungselemente bzw. Auslegungskriterien) für die (im Ansatz in Art. 1 Abs. 1 ZGB geregelte) **Interpretation der Gesetze**: Wortlaut (sprachlich-grammatikalische Interpretation), Systematik (systematische Interpretation), Entstehungsgeschichte (historische Interpretation), Zweck des Gesetzes (teleologische Interpretation). Dazu wird im Rahmen dieses Grundrisses nicht weiter Stellung genommen. Vgl. dazu und auch zu den in Rz. 28 ff. angesprochenen Fragen KRAMER, Juristische Methodenlehre, 5. Aufl. Bern 2016.

36 Noch älter als das ZGB und das OR sind die Privatrechtskodifikationen in einigen unserer Nachbarstaaten: In Frankreich (Code Civil = «Code Napoléon» von 1804), in Österreich und dem Fürstentum Liechtenstein (ABGB von 1811) und in Deutschland (BGB von 1900). Jünger etwa der Codice Civile (Italien) von 1942. Viele neue Zivilgesetzbücher gibt es heute in den Nachfolgestaaten der ehemals sozialistischen Staaten Osteuropas.

37 Zur Orientierung der Gerichte an «bewährter Lehre» s. Art. 1 Abs. 3 ZGB. S. auch unten Rz. 30 (a.E.).

38 In einer solchen Situation der bewussten (gewollten) Nichtregelung spricht man vom «qualifizierten Schweigen» (auch «beredten Schweigen») des Gesetzes. Davon ist vor allem dann auszugehen, wenn ein gesetzlicher Tatbestand abschliessend («taxativ») gefasst ist. So sind etwa die Eheungültigkeitsgründe in Art. 105 ZGB abschliessend und nicht nur beispielhaft («demonstrativ») aufgezählt. *Beispiel*: Keine Analogie aus Art. 105 Ziff. 1 ZGB auf den nichterwähnten Fall der Verlobung, sondern Umkehrschluss *(argumentum e contrario = silentio)*, dass die Verlobung eben nicht erfasst werden soll.

39 Dazu unten Rz. 229.

40 BGE 104 II 15.

kein Gewohnheitsrecht (dazu oben Rz. 18) vorhanden ist, nach der berühmten, Eugen HUBER zu verdankenden Formulierung des **Art. 1 Abs. 2 ZGB** «nach der Regel entscheiden, die es als Gesetzgeber aufstellen würde». Man spricht insoweit von «gesetzesübersteigendem» Richterrecht bzw. Richterrecht *modo legislatoris* (nach gesetzgeberischer Methode), wobei das Bundesgericht in erfreulich «internationalistischer» Haltung relativ grosszügig in ausländischen Rechtsordnungen getroffene, auch für die Schweiz vernünftig erscheinende Regelungen übernimmt.[41] Zu beachten ist aber, dass diese Vorgangsweise nur dann legitim ist, wenn tatsächlich eine «planwidrige» (ungewollte) Lücke der geltenden Rechtsordnung vorliegt und es nicht um ein offenes rechtspolitisches Desiderat geht, für dessen Beurteilung nach dem staatsrechtlichen Prinzip der Gewaltenteilung der Gesetzgeber zuständig ist.[42]

Beispiele: Zur Lückenfüllung *modo legislatoris* gibt es etliche wichtige Entscheide zum OR, so etwa die Rechtsprechung des Bundesgerichts zur Vertrauenshaftung, womit unser höchstes Gericht ohne eigentliche gesetzliche Grundlage ein neues Haftungsprinzip kreiert hat. Dazu die Nachweise unten Rz. 117 ff. Zur richterrechtlichen Konkretisierung von Generalklauseln oben Rz. 11.

Aus dem Gesagten ergibt sich – und dies erklärt die Zitierung einiger aktueller Gerichtsentscheidungen in diesem Lehrbuch[43] –, dass das Obligationenrecht ohne die einschlägige Gerichtspraxis, vor allem des Bundesgerichts, nicht wirklich erfasst werden kann.[44] Im Gebiet des Richterrechts *modo legislatoris* wird das Bundesgericht geradezu als *«Komplementärgesetzgeber»* tätig. Eine Rechtsquelle wie das Gesetzesrecht ist dieses Richterrecht nach h.L. dennoch nicht und es ist auch nicht Gewohnheitsrecht i.S.v. Art. 1 Abs. 2 ZGB. Es besteht keine formelle Bindung an eine einschlägige Vorentscheidung (Präjudiz), wie dies im vom Richterrecht geprägten englischen Recht mit seinem *stare decisis*-Prinzip (Prinzip der Präjudizienbindung) der Fall ist, doch darf das Bundesgericht eine **«Praxisänderung»** (= Abweichen von der früheren Rechtsprechung) aus Gründen der Rechtsgleichheit und des Vertrauensschutzes nur mit grosser Zurückhaltung vornehmen. Es müssen sachlich zwingende Gründe vorliegen, wenn einer «bewährten» Gerichtspraxis nicht gefolgt wird (vgl. Art. 1 Abs. 3 ZGB [Stichwort «Überlieferung»]). Bezüglich des schweizerischen Rechts kann daher insgesamt nicht von einer «Präjudizienbindung», aber

30

---

41 *Beispiele* für Übernahmen ausländischen Rechts etwa in Rz. 160, 227.
42 Zur Unterscheidung zwischen einer Argumentation *de lege lata* (auf Basis der geltenden Rechtslage) und einer rechtspolitischen Wunschäusserung *de lege ferenda* das *Beispiel* unten Rz. 243 f. (mit Fn. 282).
43 Siehe einige *Leitentscheide* im Anhang (S. 361 ff.).
44 Dem Studierenden sei dazu zusätzlich folgendes, für sie erst in der Zukunft liegendes Szenario vor Augen gehalten: Ab Publikation in der Amtlichen Sammlung (s. Rz. 31) sollten Anwälte die Bundesgerichtsentscheide kennen. Sie haften ihren Klienten wegen unsorgfältiger Erfüllung ihres Auftrags, wenn sie wegen Unkenntnis einer amtlich publizierten Entscheidung einen Prozess verlieren (so BGE 134 III 534 [539]). Aber auch schon im Studium kann es dem Prüfungserfolg abträglich sein, wenn berühmte Leitentscheidungen (wie etwa der *Picasso*-Entscheid [abgedruckt unten S. 370 ff.] oder der *FC Lohn*-Entscheid [abgedruckt unten S. 383 ff.]) nicht gekannt werden.

doch von einer «**Präjudizienvermutung**» (Vermutung, dass dem Präjudiz gefolgt werden sollte) gesprochen werden.

Beachte: An Lehrmeinungen von Professoren oder anderen juristischen Autoren sind die Gerichte von vornherein nicht gebunden. Die Lehre stellt daher zweifellos keine Rechtsquelle dar. «Bewährte Lehre» ist aber gemäss Art. 1 Abs. 3 ZGB immerhin *Inspirationsquelle* (Interpretationshilfe) für die Gerichte, die in der Schweiz auch tatsächlich bereitwillig in Anspruch genommen wird. Die «h.L.» (gängige Abkürzung für «herrschende Lehre») hat in der Gerichtspraxis grosses Gewicht.

---

31   *Praktische Hinweise*: Wo sind Bundesgerichtsentscheide publiziert? In gedruckter Form: BGE = Entscheidungen des Schweizerischen Bundesgerichts (Amtliche Sammlung), 1. Jahrgang = 1874, 144. Jahrgang = 2018. Im Internet ist diese Amtliche Sammlung mit den Entscheidungen seit 1954 abrufbar unter: http://www.bger.ch. Die Bandeinteilung der BGE-Sammlung lautet seit 1995:

– Band I: Staatsrecht

– Band II: Verwaltungsrecht

– Band III: Privatrecht; Schuldbetreibungs- und Konkursrecht

– Band IV: Strafrecht

– Band V: Sozialversicherungsrecht

Auch die in der Amtlichen Sammlung nicht abgedruckten Bundesgerichtsentscheidungen sind im Internet unter http://www.bger.ch auffindbar. Ab Beginn 2000 sind dort alle vom Bundesgericht gefällten Entscheide publiziert, und zwar auf der Datenbank «Weitere Urteile ab 2000».

Wichtigste nicht offizielle Sammlung von Bundesgerichtsentscheiden: Pra = Die Praxis des Bundesgerichts, welche deutsche Übersetzungen von offiziell französisch und italienisch redigierten Entscheiden enthält.

In den meisten der oben S. XXXIII angeführten Fachzeitschriften finden sich ebenfalls Entscheidungen oder Zusammenfassungen neuester Gerichtspraxis, zuweilen auch Anmerkungen oder eigentliche Besprechungsaufsätze zu wichtigen neuen Entscheidungen. Besonders wertvoll sind die Jahresüberblicke über die Judikatur des Bundesgerichts (geordnet nach den einzelnen Rechtsgebieten) in der ZBJV.

Kontrollfragen zu Kapitel 2:

1. Wann ist das OR entstanden?

2. Welche Teile enthält das OR?

3. Gilt das OR auch im Anwendungsbereich des ZGB?

4. Welche Rechtsquellen gibt es im Obligationenrecht?

5. Nennen Sie obligationenrechtliche Regelungen ausserhalb des OR.

6. Sind AGB Rechtsquellen?

7. Was heisst: Handelsbräuche haben «subjektive Geltung»?

8. Wo sind Bundesgerichtsentscheide zum OR abgedruckt?

Kapitel 3
Charakteristika des OR; Ordnungsfunktion und Entwicklungstendenzen

§ 1   Inspirationsquellen des OR

Das OR beruht, wie auch schon das aOR von 1881, vor allem auf folgenden **Inspira-**   32
tionsquellen:

– **Römisches Recht**, das ab dem frühen Mittelalter in weiten Teilen Europas[45] übernommen («rezipiert») wurde (Epoche des «Gemeinen Rechts» *[Ius Commune]*)
   und im 19. Jahrhundert in der deutschen Wissenschaftsschule der «Pandektistik»,[46] die auch auf die Schweiz einwirkte, auf hohem wissenschaftlichem Niveau
   gepflegt wurde[47]. Auf der Pandektistik beruhte auch der «Dresdner Entwurf» zu
   einem allgemeinen deutschen Gesetz über das Recht der Schuldverhältnisse
   (1866), der als Vorlage für MUNZINGER (siehe Rz. 2) besonders wichtig war.

– **Deutschrechtliche Traditionen** (zuweilen bis auf alte germanische Rechtsvor-
   stellungen zurückführende Rechtsgedanken), die etwa in Art. 261, Art. 321a und
   Art. 328 OR eine Rolle spielen, jedoch im ZGB erheblich wichtiger sind als im OR.

– Einfluss des **französischen Code Civil** (1804), vor allem im Haftpflichtrecht
   (Art. 41 ff. OR).

– Einfluss des **ADHGB** (Allgemeines Deutsches Handelsgesetzbuch von 1861) für
   die handelsrechtlichen Teile des OR.

Selbstverständlich waren auch die kantonalen Privatrechtskodifikationen des   33
19. Jahrhunderts, wie vor allem das ausgezeichnete Zürcher PGB von 1854/56, als
Vorlagen wichtig. Diese beruhten aber ihrerseits stark auf den gerade aufgelisteten

---

45 Nicht aber (oder nur marginal) in England mit seinem unabhängig entwickelten *Common Law.*
     Auch die Schweiz war im Mittelalter und in der frühen Neuzeit grundsätzlich kein eigentliches
     Rezeptionsgebiet. Vor allem in Basel hatte das römische Recht aber subsidiäre Bedeutung erlangt.
46 Im Anschluss an den berühmten Begründer der «Historischen Rechtsschule» Friedrich Carl VON
     SAVIGNY (1779–1861) sind als Vertreter der in der 2. Hälfte des 19. Jahrhunderts florierenden
     Pandektistik vor allem Georg Friedrich PUCHTA und Bernhard WINDSCHEID zu nennen. Pandek-
     tistik (Pandektenwissenschaft) heisst diese Wissenschaftsrichtung, weil ihre wichtigste römische
     Rechtsquelle die «Pandekten» (= «Digesten») waren. Diese sind ihrerseits der wichtigste Be-
     standteil des unter Kaiser JUSTINIAN erlassenen Corpus Iuris Civilis (533/534 n.Chr.).
47 Grundlegend zur römischrechtlichen Tradition des Obligationenrechts Reinhard ZIMMERMANN,
     The Law of Obligations. Roman Foundations of the Civilian Tradition (Cape Town u.a. 1990).
     Vgl. auch Pascal PICHONNAZ, Les fondements romains du droit privé (Zürich 2008). Der römisch-
     rechtlichen Tradition des Obligationenrechts entspricht es, dass weit über Europa hinaus in der
     rechtswissenschaftlichen Literatur, aber auch in der Rechtsprechung viele lateinische Wendungen
     oder Rechtssprichwörter weiterhin verwendet werden. Auch ohne Lateinkenntnisse sollten Juris-
     ten wenigstens die gängigsten verstehen und richtig verwenden können.

Einflussfaktoren. Die westschweizerischen Zivilgesetzbücher lehnten sich an den französischen Code Civil an.

34   Anlässlich der Revision des OR (siehe Rz. 2) wurde auch das deutsche BGB von 1900 relativ stark berücksichtigt. Deutsche Lehrmeinungen und Rechtsprechung werden in der Schweiz (vor allem in der deutschen Schweiz) seit jeher bei der Interpretation und Fortbildung des OR stark beachtet. Angesichts der vielen Gemeinsamkeiten und gegenseitigen Beeinflussungen zählt man das schweizerische Privatrecht – gemeinsam mit dem deutschen, österreichischen und dem (zwischen dem österreichischen und schweizerischen stehenden) liechtensteinischen – in der rechtsvergleichenden Forschung zum sog. «**deutschen Privatrechtskreis**»[48]. Deshalb wird in der Literaturübersicht (S. XXXII) auch auf deutsche und österreichische Lehrbücher hingewiesen. Bedauernswerterweise ist das (im Bereich des Obligationenrechts des Code Civil 2016 grundlegend reformierte) französische Privatrecht, welches für die Entwicklung des schweizerischen Haftpflichtrechts wichtig war, in der schweizerischen Lehre und Praxis stark in den Hintergrund geraten.

35   Seit Beginn der neunziger Jahre ist das OR immer stärker dem Einfluss der «**Europäisierung**» und **Internationalisierung** ausgesetzt. Dazu unten Rz. 51 ff.

36   Insgesamt kann man das OR als eher «**eklektisches**» **Gesetzbuch** bezeichnen, also als eine Kodifikation, die eine helvetische Auswahl aus vielerlei Inspirationsquellen getroffen hat. Darin widerspiegelt sich nicht zuletzt die Offenheit des schweizerischen Gesetzgebers gegenüber der **Rechtsvergleichung**. Auch wenn das OR nicht so eigenständig und originell ist wie das ZGB, stellt es doch eine auch international sehr geachtete Privatrechtskodifikation dar.[49]

§ 2   Die gesellschaftliche Ordnungsfunktion des OR

37 Das **Obligationenrecht** (in Deutschland und Österreich meist «Schuldrecht» genannt) hat den **vermögenswerten Leistungsaustausch** unter **Lebenden**[50] zum Gegenstand, handelt also von den **Rechtsgründen** (Verpflichtungsgründen) **für den privaten Gütertransfer**. Rechtsgründe sind vor allem Verpflichtungen durch Rechtsgeschäfte, durch Schädigungen infolge unerlaubter Handlungen oder, ohne entsprechenden Rechtsgrund, wegen Fehlallokationen von Vermögenswerten («ungerechtfertigte Bereicherung»). Mit andern Worten: Das Obligationenrecht «be-

---

48 In diesem Zusammenhang ist darauf hinzuweisen, dass das ZGB und die beiden ersten Abteilungen des OR 1926 in der Türkei als türkisches ZGB und OR eingeführt (rezipiert) worden sind und dort (in revidierter Form) weiterhin gelten. Das türkische Privatrecht muss daher, genau genommen, ebenfalls zum «deutschen Privatrechtskreis» (schweizerische Variante!) gezählt werden. Die einschlägigen schweizerischen Kommentare zum ZGB/OR werden in der Türkei in Lehre und höchstgerichtlicher Judikatur stark beachtet.

49 Zur recht häufigen Vereinbarung des OR als massgebendes Gesetz in internationalen Verträgen (selbst wenn keine schweizerischen Parteien beteiligt sind) unten Fn. 158.

50 Im Unterschied zum gesetzlichen Erbrecht und zu den letztwilligen Verfügungen des Erbrechts, welches das Schicksal des Vermögens (= Nachlass) einer Person *nach deren Tod* regelt.

herrscht ... die Phase des Leisten- und Bekommensollens von Geld, Waren, Dienst-
und Werkleistungen, ... also von Gütern aller Art, und bezeichnet so das bis zur
endgültigen Schuldtilgung andauernde Verpflichtungsstadium» (ESSER/SCHMIDT,
Schuldrecht, Bd. I, Teilbd. 1, Heidelberg 1995, § 1 III).

§ 3   Das liberale Modell des OR und seine Grenzen

A. Vorbemerkung

Ausgangspunkt bildet die Erkenntnis, dass das Privatrecht im Allgemeinen und das   38
Obligationenrecht im Besonderen **keine weltanschaulich wertfreie Ordnung** darstellt, sondern **zentrale politische Weichenstellungen** für unsere Gesellschaft regelt,
die man mit gutem Grund als «Privatrechtsgesellschaft» (Franz BÖHM) bezeichnet
hat. Zum Beispiel: Wie weit soll im Vertragsrecht die Privatautonomie der Kontrahenten gehen und wie weit sollen Schutzbedürfnisse schwacher Rechtssubjekte durch
zwingende (nicht abdingbare) gesetzliche Bestimmungen berücksichtigt werden? Inwieweit sollen Unternehmen einer scharfen, verschuldensunabhängigen Haftung für
durch ihre Aktivitäten verursachte Schäden unterstellt werden?

Unser OR ist in der Blütezeit des **Liberalismus**[51] entstanden und hat auch heute   39
noch eine grundsätzlich liberale Prägung. Dies äussert sich etwa im Vertragsrecht im
zentralen Gedanken der Vertragsfreiheit und im Haftpflichtrecht im Verschuldensprinzip (Rz. 40 ff.),

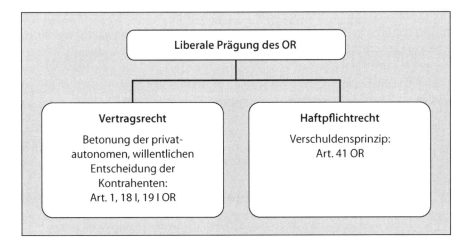

---

51 Kennzeichnend ist, dass das aOR von 1881 noch keinen Übervorteilungstatbestand (dazu unten
    Rz. 216 f.) kannte. Dieser wurde mit Art. 21 erst im revidierten OR von 1911 eingeführt. Program-
    matisch für die liberale Rechtsverfassung der Schweiz z.B. BGE 106 IV 138 (141): «In der
    Schweiz gilt, dass gestattet ist, was nicht ausdrücklich verboten wurde».

B. Vertragsrecht

I. Grundsatz der Vertragsfreiheit

40 Das Vertragsrecht ist durch den Grundsatz der **Vertragsfreiheit**, insbesondere durch die «Inhaltsfreiheit» (Art. 19 Abs. 1 OR) geprägt. Die Vertragspartner können den Inhalt des Vertrages grundsätzlich nach ihrem Belieben, «**privatautonom**», festlegen: Es gilt das Modell der «**Selbstregulierung**». Die Vorschriften des Vertragsrechts sind folglich meist bloss subsidiärer[52] bzw. **dispositiver** Natur, weil sie zur Disposition der Parteien stehen, welche eine eigenständige, abweichende Regelung vereinbaren können. Die Kontrahenten können auch neue Vertragstypen («Innominatverträge») kreieren, die in der 2. Abteilung des OR nicht spezifisch geregelt sind.[53] Grundsätzlich erfolgt also keine hoheitliche Einmischung in die rechtsgeschäftlichen Dispositionen der Parteien (*Laissez faire*-Prinzip). Zur Vertragsfreiheit und ihren einzelnen Aspekten (z.B. Kündigungsfreiheit) näher Rz. 137 ff.

41 Eine Rechtfertigung findet dieses liberale Verständnis der Vertragsfreiheit in der Hypothese der «**Richtigkeitsgewähr**» des Vertrags:[54] Der Vertrag verbürgt – sofern Handlungsfähigkeit (Art. 13 ZGB) besteht und keine Beeinträchtigungen der Entscheidungsfreiheit (Art. 21 OR) und auch keine Willensmängel (Art. 23 ff. OR) vorliegen – ein für beide Kontrahenten **relativ gerechtes, ausgewogenes Ergebnis**. Weil beide Vertragspartner die Möglichkeit haben, ihre Interessen in die Vertragsverhandlungen einzubringen, wird am Ende – so die Idee – in Form des Konsenses ein fairer Kompromiss erzielt. Voraussetzung für Richtigkeitsgewähr ist aber ein relatives **Machtgleichgewicht** der Parteien (Äquivalenz der *bargaining power*, relative *equality in exchange*), ein Faktor, der im klassischen Marktliberalismus des 19. Jahrhunderts[55] weitgehend ausgeblendet worden ist und als «blinder Fleck» liberaler Vertragstheorie bezeichnet werden kann[56]. Das Machtgleichgewicht fehlt bei wirtschaftlich, intellektuell oder in anderer Weise strukturell ungleichgewichtigen Verträgen, bei denen einer Partei lediglich in einem formalen Sinn «gleiche» Vertragsfreiheit zukommt wie ihrem Partner, mit dem sie somit nicht auf «Augenhöhe» verhandeln kann und daher Gefahr läuft, unter dessen «Vertragsdiktat» zu geraten.[57]

---

52 Sie gelten «subsidiär», das sei nur zur Anwendung gelangen, wenn nichts anderes vereinbart worden ist.

53 S. dazu näher unten Rz. 144.

54 SCHMIDT-RIMPLER, AcP 147 (1941) 130 ff.

55 Gegen Ende des 19. Jahrhunderts war es namentlich der grosse deutsche Rechtsgelehrte Otto VON GIERKE, der meinte, das Vertragsrecht benötige einige Tropfen «sozialistischen Öls», um akzeptabel zu sein (Die soziale Aufgabe des Privatrechts [1889, Neudruck Frankfurt/M. 1948]).

56 Kennzeichnend für diesen «blinden Fleck» die 1881 in Frankreich geäusserte Sentenz: *«Qui dit contractuel, dit juste»* (FOUILLÉ). Kurz und bündig zu dieser liberalen Illusion HONSELL: «Der Markt ist sozial blind» (ZSR 130 II [2011] 25).

57 Oft zitiert wird in diesem Zusammenhang (rein formales Rechts- und Freiheitsverständnis) die sarkastische Bemerkung des französischen Romanciers Anatole FRANCE (1844–1924). Er sprach von der *«majestueuse égalité des lois, qui interdit au riche comme au pauvre de coucher sous les ponts, de mendier dans les rues et de voler du pain»*. Plastisch auch Otto VON GIERKE (s. Fn. 55),

Siehe zum Machtungleichgewicht zwischen den Kontrahenten **BGE 142 III 442 (453)**: «Es ist ... eine Binsenweisheit, dass Konsumenten im Allgemeinen und Mieter im Besonderen keine den Anbietern vergleichbare Stellung einnehmen, die ihnen die Verhandlung eines ausgewogenen Vertrags ermöglichen können».

Im 20. Jahrhundert erfolgte schrittweise eine gewisse **Korrektur** des liberalen Modells eines rein «kompetitiven Vertragsrechts» in Richtung eines (namentlich aus sozialen Gründen entwickelten) Leitbildes der «**regulierten Selbstregulierung**». Dazu diente bei tendenziell «**asymmetrischen**» Verträgen (wie Arbeitsvertrag, Wohnungsmiete, Pacht oder Konsumentenvertrag[58]) vor allem **zwingendes Recht** zum – auch verfassungsrechtlich (vgl. Art. 97, 109 BV) abgesicherten – Schutz der «schwächeren» Vertragspartei.[59]   42

II. Schutzmodelle

Zwecks «Kompensation gestörter Vertragsparität» (G. Hönn) stehen folgende **Korrekturmodelle** zur Gewährleistung einer **materialen** (= inhaltlichen) «**Vertragsgerechtigkeit**»[60] im Vordergrund. Während die ersten drei beim Vertrags*abschluss* («Vertragsabschlusskontrolle») ansetzen, betrifft das letztgenannte den Vertrags*inhalt*:   43

– **Zwingende Formvorschriften**, die dem Übereilungsschutz dienen (z.B. Art. 216, 243, 493 OR).[61] Über die wesentlichen Vertragspunkte hinaus, die nach den klassischen Formvorschriften festgehalten werden müssen, hat der Inhalt des Vertrages bei gewissen Konsumentenverträgen (z.B. nach Art. 9 Abs. 2 KKG, Art. 6 PauRG) ausführlicher in der Vertragsurkunde dokumentiert zu sein. Damit soll für den Konsumenten «**Bedingungstransparenz**» gewährleistet werden.

– **Zwingende Informationspflichten**, wonach über wichtige Parameter schon vor Vertragsschluss informiert werden muss: Z.B. Art. 4 PauRG, Art. 3 VVG. Mit solchen Regeln soll gewährleistet werden, dass der Kunde dem Vertragsschluss in Kenntnis aller relevanten Tatsachen zustimmt. Zu umfangreiche und komplexe

---

der davon sprach, dass die Vertragsfreiheit «eine furchtbare Waffe in der Hand des Starken und ein stumpfes Werkzeug in der Hand des Schwachen» sei.

58 Konsumentenverträge sind Verträge zwischen unternehmerisch (und daher professionell) kontrahierenden Parteien auf der einen Seite und für persönliche (private) Zwecke kontrahierenden Parteien auf der anderen Seite. In der internationalen Diskussion wird von *business-to-consumer-contracts* (= *b2c-contracts*) gesprochen. Ihre rechtliche Kontrolle ist eine besonders intensiv betriebene (von der Schweiz teilweise übernommene) Politik in der EU, so dass es hier eine ganze Reihe von Richtlinien gibt (zu diesen unten Rz. 51 mit Fn. 71).

59 Zur speziellen Problematik der ABG-Inhaltskontrolle ausführlich unten Rz. 242 ff.

60 Auch das BGer betont im *FC Lohn*-Entscheid (BGE 123 III 292 [298]), dass die formale Vertragsfreiheit zunehmend durch das Streben nach materialer Vertragsgerechtigkeit verdrängt werde. Abdruck der Entscheidung unten S. 383 ff.

61 Wer einen Vertrag unterschreiben muss oder gar eine öffentliche Beurkundung (z.B. nach Art. 216 OR) vorzunehmen hat, überlegt sich den Vertragsschluss tendenziell besser, als wenn er schon aufgrund einer mündlichen Abrede gebunden wäre. Näher dazu unten Rz. 175.

Informationen nützen freilich wenig, da sie erfahrungsgemäss nicht gelesen bzw. beachtet werden.

– **Zwingende Widerrufsrechte**: Art. 40a ff. OR; Art. 406e OR; Art. 16 KKG. Dem Verbraucher, dessen Entscheidungsfreiheit in gewissen Situationen eingeschränkt erscheint – bei Art. 40b OR geht es um «psychologischen Kaufzwang» –, soll eine Art befristetes «Reurecht» zustehen, womit er den Vertragsschluss wieder rückgängig machen kann. Es handelt sich dabei um eine Durchbrechung des grundlegenden Rechtsprinzips *pacta sunt servanda* (Verträge sind einzuhalten).[62] Zu Art. 40a ff. OR näher unten Rz. 247 f.

> Siehe **BGE 142 III 442 (452 f.)**: «Der Grundsatz *pacta sunt servanda* gilt uneingeschränkt und gehört gar zum *ordre public*, wenn gleichberechtigte und vergleichbar marktmächtige Kontrahenten einen Vertrag schliessen ... Um den Missbrauch eines *Marktungleichgewichts* zu verhindern, hat sich der Gesetzgeber ... gezwungen gesehen, die herkömmlichen Anfechtungsgründe wegen Willensmängeln ... und Übervorteilung ... zu ergänzen (vgl. etwa Art. 40a ff. OR für Haustürgeschäfte und ähnliche Verträge)».

▶ Dazu **Fall 4**

– **Zwingende Vertragsinhaltsnormen**: Über gewisse gesetzlich vorgegebene Vertragsinhalte können die Parteien, auch wenn sie sich noch so einig sind, nicht (gültig) vertraglich disponieren (dazu Rz. 203 ff.; wichtiges Beispiel: Art. 100 Abs. 1 und 2 OR für Haftungsfreizeichnungen). Viele zwingende Vertragsinhaltsbestimmungen finden sich aus Sozialschutzerwägungen bei typischerweise «**ungleichgewichtigen**» **Verträgen** (z.B. Art. 361 OR mit einem Katalog «absolut» (d.h. beiderseitig) zwingender Bestimmungen im Arbeitsvertragsrecht; Art. 362 OR mit einem Katalog «relativ» (einseitig) zwingender Bestimmungen, von denen vertraglich nur zugunsten des Arbeitnehmers, nicht aber zugunsten des Arbeitgebers abgewichen werden kann. Im Mietrecht: Art. 256 OR i. V. m. Art. 258, 259 ff. OR; im Konsumentenvertragsrecht: z.B. Art. 37 KKG, wobei KKG-Bestimmungen wiederum relativ zwingend sind, also nur zugunsten der Konsumenten eingreifen.

▶ Dazu **Fall 5**

44 Weitere Korrekturmodelle:

– **Aushandeln** von (grundsätzlich) unabdingbaren **kollektiven Mindestbedingungen durch Verbände** (vor allem GAV[63]). Dahinter steht der Gedanke, dass auf kollektiver Ebene (Arbeitgeberverbände, Gewerkschaften) eine relativ ausgeglichene Verhandlungsmacht bestehe.

---

62 Ein weiterer, aus dem Römischen Recht (Dig. 42, 8, 24) stammender Rechtsspruch wird durch das Widerrufsrecht in Frage gestellt: *Ius civile scriptum est vigilantibus et non dormientibus* (das Privatrecht ist für aufmerksame und nicht für schlafende Personen geschrieben). Diese Aufmerksamkeit (und Fachkunde) kann bei vielen komplexen Verträgen des Wirtschaftslebens von Laien heute jedoch realistischerweise nicht erwartet werden.

63 Nach Art. 357 Abs. 2 OR kann der Einzelarbeitsvertrag zugunsten der Arbeitnehmer vom GAV abweichen, aber nicht zu Ungunsten.

- **Kontrolle wirtschaftlicher Machtkonzentration** mit den Mitteln des **Wettbewerbsrechts** (Kartellrecht, Preisüberwachung). Danach sind erhebliche Beeinträchtigungen des Wettbewerbs auf einem bestimmten Markt durch Abreden der Konkurrenten unzulässig; ebenso die missbräuchliche Ausnützung einer marktbeherrschenden Stellung. Der **funktionierende Wettbewerb**, den das Wettbewerbsrecht sicherstellen will, soll als «Entmachtungsinstrument» wirken. Auf diese Weise will das Wettbewerbsrecht (vor allem das KG) die Problematik ungleichgewichtiger Verträge direkt an der Wurzel angegangen.

III. Rechtspolitische Bewertung

Ob der Einsatz dieser rechtlichen Kontrollmodelle tatsächlich angebracht ist, muss in   45
jedem Einzelfall **induktiv** beurteilt werden. Generalisierende Pauschalurteile (wie etwa die Warnung vor einer völligen «Lähmung» des Vertragsrechts durch «paternalistische» staatliche «Überregulierung»), die den Eindruck erwecken, durch jede neue Schutzbestimmung werde der «Weg in die Knechtschaft» (F.A. HAYEK) beschritten, helfen nicht weiter. Ebenso wenig sind pauschale, ideologisch befeuerte Schutzpostulate zielführend, welche die legitimen Interessen der Gegenseite und der Gesamtwirtschaft in Abrede stellen.

C. Haftpflichtrecht

I. Haftungsprinzipien und Haftungsfunktionen

Das **Verschuldensprinzip** (Art. 41 Abs. 1 OR) ist ein «weiches» Haftungsprinzip,   46
das die **wirtschaftliche Betätigungsfreiheit** nicht übermässig einengt und insofern liberal geprägt ist. Nach diesem Prinzip tritt eine Haftung nur dann ein, wenn – neben der Kausalität des (rechtswidrigen) schädigenden Verhaltens – den Schädiger an der Schadenszufügung nachweisbar ein **Verschulden** trifft (vgl. Art. 8 ZGB, Rz. 14).

Die schrittweise Abkehr vom Verschuldensprinzip, das lange Zeit als naturrecht-   47
lich sakrosanktes Dogma verstanden worden war, ist vor allem eine Folge des **technischen Fortschritts**, welcher in unserer technisierten «**Risikogesellschaft**» (Ulrich BECK) eine markante Erhöhung des Gefahrenpotenzials zur Folge hatte (z.B. Eisenbahn, Motorfahrzeuge, Atomkraftwerke) und auch weiterhin haben wird (Nanotechnologie, Robotik, künstliche Intelligenz). Vor die Alternative gestellt, gefährliche Tätigkeiten wie etwa das Autofahren zu verbieten, lässt der Gesetzgeber sie zu, unterstellt sie aber einer schärferen Haftung. Die Unterstellung unter eine (verschuldensunabhängige) **Kausalhaftung**[64] ist sozusagen der Preis für die Möglichkeit, die Vorteile der Technik trotz ihres Risikopotenzials zu nutzen (sog. «Utilitätsprinzip»[65]).

---

64 Vor allem unter die scharfe Kausalhaftung. Dazu unten Rz. 410 ff.

65 *Cuius commodum eius periculum* (wer den Vorteil hat, soll auch das Risiko tragen); oder altes deutsches Rechtssprichwort: «Guter Tropfen, böser Tropfen».

Rechtsgeschichtlich zum ersten Mal wurde dieser Gedanke im Hinblick auf die kausale (= verschuldensunabhängige) Eisenbahnhaftung im preussischen Eisenbahngesetz von 1838 realisiert.

Die Haftung hat in erster Linie **Kompensationsfunktion**, soll also einen Ausgleich für den eingetretenen Schaden leisten. Gleichzeitig hat die Haftung zur Folge, dass Schäden – als negative «externe Effekte» einer Tätigkeit – die Dritten zugefügt worden sind, in die **Kostenrechnung** des schadenersatzpflichtigen Verursachers (v.a. Unternehmers) einfliessen, d.h. sog. «internalisiert» werden. Dadurch wirkt die Haftung auch **verhaltenssteuernd**, indem sie – wenigstens *idealiter* – einen gesellschaftlich erwünschten **Präventionseffekt** zur Folge hat; dies nach dem Motto: «Schaden verhüten ist besser als Schaden vergüten». Nach der ökonomischen Analyse des Rechts ist die Haftung des Unternehmers in vielen Fällen auch deswegen zu befürworten, weil er der *«cheapest cost avoider»* ist, also derjenige, der durch Schutzmassnahmen den Schaden am effizientesten (kostengünstigsten) verhindern kann.

48 **Abgehen vom Verschuldensprinzip im Haftpflichtrecht**:

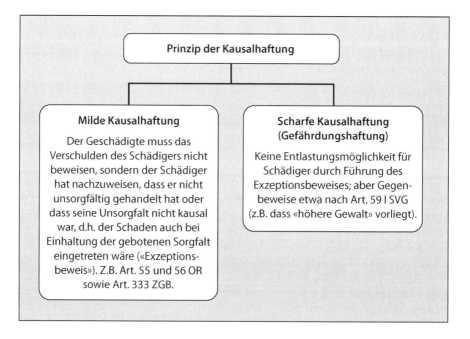

▶ Dazu **Fälle 6** und **7** und im Einzelnen die Erläuterungen in Rz. 401 ff.

Beispiele für **scharfe Kausalhaftungen** finden sich im SVG, EBG, LFG, USG, PrHG oder KHG. Siehe die Liste der wichtigsten Haftpflichtgesetze unten Rz. 414.[66]

---

[66] Zum Fehlen einer gesetzlichen Generalklausel zur scharfen Kausalhaftung s. unten Rz. 412.

II. Rechtspolitische Bewertung

Die Tendenz zur Verschärfung der Haftung darf nicht naiv-euphorisch begrüsst wer- 49
den, weil damit dem «armen Geschädigten» geholfen wird. Aus **ökonomischer Sicht**
ist zu beachten, dass der Schaden durch die Leistung von Schadenersatz nicht einfach
aus der Welt geschafft, sondern lediglich verlagert wird; dies regelmässig unter An-
fall erheblicher Zusatzkosten, wie Zeitverlust oder hohen Anwalts- und Prozesskos-
ten. Es bedarf daher besonderer Rechtfertigungsgründe, weshalb der Geschädigte
den Schaden auf einen anderen soll überwälzen können (dazu Rz. 47). Vor diesem
Hintergrund wird der viel zitierte (aber zu undifferenzierte) Satz von O.W. HOLMES
verständlich: *«Sound policy lets losses lie where they fall».* Die manchmal bizarr er-
scheinenden US-amerikanischen Auswüchse des Haftpflichtrechts – und der dahinter
stehenden gewinnmaximierenden Anwaltsfirmen – bieten Beispiele für *unsound
policy.*[67] Aus der Sicht der schweizerischen Wirtschaft ist jeweils auch zu bedenken,
dass eine zu weitgehende Verschärfung der Haftung im internationalen Wettbewerb
einen Nachteil für den «Wirtschaftsplatz Schweiz» bedeuten könnte. Auch bestehe
die Gefahr, dass innovative Akteure wegen der Gefahr einer schwer versicherbaren
Haftpflicht zu einer defensiven Haltung verleitet werden,[68] was volkswirtschaftlich
ungünstig wäre. Aus **sozialpsychologischer Sicht** kann die Haftpflicht einer anderen
Person unter Umständen ein ungesundes «Opferbewusstsein» fördern und damit das
Bewusstsein für die Eigenverantwortung schwächen.[69] Man denke etwa an die kontroverse Problematik des «Schleudertraumas» bei sich nur minimal auswirkenden
Kollisionen und – allgemein – an das Problem der «Begehrungsneurosen». Der Gedanke, dass man für Schäden auch selbst verantwortlich sein könnte, das alte Prinzip
des *casum sentit dominus* (den zufällig eintretenden Schaden trägt der Eigentümer),[70]
gerät immer mehr in Vergessenheit. Die «Vollkaskomentalität» ist, wie folgender
Auszug eines Berichts aus der Tageszeitung belegt, heute weit verbreitet.

---

67 Wichtige, hier nicht weiter verfolgte Stichworte zur US-amerikanischen *tort law* Praxis: *Punitive
damages* (Strafschadenersatz), *jury trials* (Geschworenengerichte), *class actions* (Gruppenkla-
gen). Zuweilen beruhen die schockierenden Beispiele aus der US-amerikanischen Haftpflichtpraxis (zur Produktehaftpflicht [unten Rz. 416 ff.]) allerdings auf Legenden. So das Beispiel von der
regennassen Katze, die zum Trocknen in die Mikrowelle gesetzt wurde, was zur Forderung exor-
bitanter *punitive damages* geführt haben soll, weil der Eigentümer der Katze vom Produzenten
der Mikrowelle nicht vor einem solchen Gebrauch seines Produkts gewarnt worden sei. Kein
Wunder, dass diese Mentalität zu absurden Warnhinweisen führt: *«Remove baby before folding»*
lautet etwa eine Empfehlung für zusammenklappbare Kinderwagen; *«do not use while sleeping»*
die Instruktion für einen Föhn!

68 Im Hinblick auf die Diskussion über eine verschärfte Arzthaftung wird von der Gefahr einer «defensiven Medizin» gesprochen: Der Arzt wage sich nur noch mit seinem Anwalt ans Krankenbett!

69 In diesem Sinn ist in der US-amerikanischen Diskussion etwa schon argumentiert worden: *«Tort
law is encouraging people to be victims».*

70 S. ausdrücklich § 1311 S. 1 österreichisches ABGB: «Der blosse Zufall trifft denjenigen, in dessen Vermögen oder Person er sich ereignet».

NZZ, 20./21. Juli 1991, Nr. 166, S. 39. Keine Haftpflicht für fallende Kastanien
(aus dem Jahresbericht des Stadtzürcher Ombudsmanns)

«Der Ombudsmann geht in seinem Bericht auch mit jenen Mitbürgerinnen und Mitbürgern ins Gericht, die glauben, ihre Begehrlichkeiten dem Staat gegenüber ins Phantastische treiben zu können. Gemäss seinen Beobachtungen wächst deren Zahl, und er beklagt, dass oft sogar mit ‹verblüffender Unbekümmertheit› von ihm verlangt wird, seinen Klienten gegen klare Gesetze und Vorschriften vom Staat Vorteile zu verschaffen.
Ein Beispiel ist der Fall jenes Automobilisten, der seinen Wagen in einer von Alleebäumen gesäumten Strasse geparkt hatte. Nachdem er ausgestiegen war, schaute er in die Krone eines der Bäume hinauf und wurde dabei von einer herabfallenden Kastanie so unglücklich am rechten Auge getroffen, dass er sich einer längeren Behandlung unterziehen musste. Bei der Vorsprache beim Ombudsmann machte der Automobilist geltend, dass die Stadt für den Schaden haftbar sei, der durch ihr gehörende Kastanienbäume angerichtet werde und deshalb für die Behandlungskosten von rund 1000 Franken aufzukommen habe. Kastanienbäume trügen schliesslich ‹Früchte mit hohem Gefahrenpotential›, und es sei vom Bauamt zu erwarten, dass es an den Ästen vor der Fruchtreife ‹Sicherheitskappungen› vornehme.
Zum Schluss hält der Ombudsmann nicht ohne Ironie fest, dass, ‹wer in der Befürchtung, es könnten Kastanien herunterfallen, zur Baumkrone emporblickt, sich nicht wundern darf, wenn ihm tatsächlich eine Kastanie auf den Kopf fällt›».

50   Gesetzgebung und Rechtsprechung auf dem Gebiet des Haftpflichtrechts sind insgesamt schwierige, differenzierend zu bewältigende **rechtspolitische Gratwanderungen**. Pauschale Beurteilungen sind fehl am Platz.

§ 4   Europäisierung und Internationalisierung des OR

A. Europäisierung

51   Obwohl die Schweiz weder dem EWR beigetreten noch EU-Mitgliedstaat ist, übernimmt sie aus v.a. handelspolitischen Überlegungen vielfach EU-Recht. Man spricht in diesem Zusammenhang (etwas euphemistisch)[71] vom «**autonomen Nachvollzug**» von **EU-Richtlinien**. Dieser Nachvollzug europäischer Vorgaben ist für die auf «**Europakompatibilität**» bedachte Entwicklung etwa im schweizerischen Wirtschafts-

---

71   Diese Ausdrucksweise ist deshalb euphemistisch, weil sie über die *wirtschaftlichen Sachzwänge* für die «freiwillige» Übernahme von EU-Recht hinwegtäuscht. – Zur Rechtsnatur der Richtlinien ist Art. 288 des Vertrages über die Arbeitsweise der Europäischen Union (AEUV) zu beachten: Abs. 1: «Für die Ausübung der Zuständigkeiten der Union nehmen die Organe Verordnungen, Richtlinien, Beschlüsse, Empfehlungen und Stellungnahmen an». Abs. 3: «Die Richtlinie ist für jeden Mitgliedstaat, an den sie gerichtet wird, hinsichtlich des zu erreichenden Ziels verbindlich, überlässt jedoch den innerstaatlichen Stellen die Wahl der Form und der Mittel». Aus Abs. 3 ergibt sich, dass die Richtlinien von den Mitgliedsstaaten erst noch in ihre nationale Gesetzgebung «umgesetzt» werden müssen, wobei ihnen ein gewisser Spielraum offen bleibt. Folglich sind die Richtlinien ohne eine nationale Umsetzung grundsätzlich nicht direkt anwendbar.

recht, insbesondere dem Aktien-, Kapitalmarkt- und Immaterialgüterrecht, heute prägend, wobei zu beachten ist, dass das europäische Recht seinerseits stark durch Entwicklungen des US-amerikanischen Rechts beeinflusst wird. Aber auch in klassischen Gebieten des Obligationenrechts gibt es zahlreiche *Beispiele* für Übernahmen von EU-Recht, namentlich in Nebengesetzen (PrHG, KKG, PauRG) sowie vereinzelt im OR selber (z.B. Art. 40a ff., Art. 333 OR).

Über die punktuellen Ansätze des heutigen Unionprivatrechts hinaus wird im Rahmen der EU seit Längerem diskutiert, ob nicht ein umfassendes **Europäisches Vertragsgesetzbuch** (oder zumindest eine Kodifikation des europäischen Kaufrechts) geschaffen werden soll. Wichtige (unverbindliche) Vorarbeiten dazu stellen die **«Principles of European Contract Law»** (PECL) und der **«Draft Common Frame of Reference»** (DCFR)[72] dar. Für das Haftpflichtrecht sind die **«Principles of European Tort Law»** (PETL)[73] zu beachten. 51a

B. Internationalisierung

Die zunehmende **Internationalisierung des Privatrechts** aufgrund der Globalisierung der Wirtschaftsbeziehungen – über den europäischen Raum hinaus – belegt im schweizerischen Recht vor allem das **UN-Kaufrecht**[74] zum internationalen Warenkauf. Dieses beruht auf einer internationalen Konvention (= völkerrechtlicher Vertrag), die unter der Ägide einer UNO-Unterorganisation (UNCITRAL) 1980 in Wien beschlossen worden war. In der Schweiz ist das UN-Kaufrecht seit 1. März 1991[75] in Kraft. Als international **vereinheitlichtes (materielles) Recht** gilt es in rund 90 Staaten, namentlich in den meisten EU-Staaten. Europäische Ausnahmen sind Grossbri- 52

---

72 Die Erarbeitung des DCFR wurde offiziell von der EU unterstützt. Der Entwurf war als Grundlage für ein offizielles Europäisches Vertragsrecht gedacht. Stattdessen wurde jedoch ein Vorschlag der EU-Kommission für eine Verordnung des europäischen Parlaments und des Rates über ein *Gemeinsames Europäisches Kaufrecht* (GEKR) vom 11.10.2011 (KOM(2011) 635 endgültig) vorgelegt, das von den Parteien grenzüberschreitender Verträge als massgebendes Recht gewählt werden könnte (sog. «Optionslösung»). Auch dieser Entwurf war nicht erfolgreich. Vgl. auch den neueren Vorschlag der EU-Kommission für eine Richtlinie des Europäischen Parlaments und des Rates über bestimmte *vertragsrechtliche Aspekte des Online-Warenhandels und anderer Formen des Fernabsatzes von Waren* vom 9.12.2015, COM(2015) 635 final.

73 Zu den PECL und PETL Regelungsbeispiele unten Rz. 125, 320, 358, 550.

74 Manchmal auch als «Wiener Kaufrecht» bezeichnet. In der internationalen Diskussion ist auf Basis der englischen Bezeichnung der Konvention die Abkürzung CISG (s. Abkürzungsverzeichnis) üblich.

75 Das UN-Kaufrecht schafft für den internationalen Warenkauf internationales *«Einheitsprivatrecht»*. Es ist in Streitfällen also nicht zu fragen, welches *nationale* Kaufrecht (aufgrund der Regeln des Internationalen Privatrechts, vgl. IPRG) auf den internationalen Vertrag (= Verkäufer und Käufer haben ihre Niederlassung in verschiedenen Vertragsstaaten [Art. 1 Abs. 1 lit. a UN-Kaufrecht; beachte zusätzlich lit. b]) zur Anwendung kommt, sondern es gelangen, wenn es die Parteien nicht vertraglich abbedungen haben (Art. 6 UN-Kaufrecht), die international vereinheitlichten Vorschriften des UN-Kaufrechts zur Anwendung. Abdruck einzelner Bestimmungen des UN-Kaufrechts zum Vertragsschluss in Rz. 173, 196.

tannien, Irland, Portugal, Malta und merkwürdigerweise auch Liechtenstein. Wichtige Ausnahmen ausserhalb Europas sind Indien, Südafrika.

53   Relativ grosse Bedeutung – auch für international tätige schweizerische Unternehmungen – haben im grenzüberschreitenden unternehmerischen Rechtsverkehr die von Experten erarbeiteten «**UNIDROIT-Principles of International Commercial Contracts**» (UPICC = PICC [Fassung 2016]). Sie stellen als inoffizielles, d.h. nicht staatliches und völkerrechtlich nicht verbindliches *soft law* eine *«informal, not formalized codification of transnational commercial law»* dar (K.P. BERGER). Die praktische Bedeutung dieser Principles ergibt sich vor allem daraus, dass sie von Vertragsparteien als für internationale Schiedsgerichte anwendbares Recht gewählt werden können (Art. 187 Abs. 1 IPRG).[76]

54   *Beachte* folgende Begriffsbestimmungen:

–   **Internationales Privatrecht** (IPR): Ist das (in der Schweiz im IPRG geregelte) Sondergebiet des Privatrechts, das die Frage beantwortet, **welche Rechtsordnung** (= welches «materielle Recht») vom Richter anzuwenden ist, wenn ein Sachverhalt (z.B. ein Vertrag zwischen einem deutschen Unternehmer und einem schweizerischen Abnehmer) eine internationale Komponente («Auslandsberührung») hat.

–   **Einheitsprivatrecht**: ist das durch einen Staatsvertrag (= völkerrechtliche «Konvention» daher auch «Konventionsprivatrecht») unter den Beitrittsstaaten international vereinheitlichte Privatrecht. Für den Bereich des Obligationenrechts ist das wichtigste *Beispiel* das UN-Kaufrecht.[77]

–   **Unionsprivatrecht** (früher **Gemeinschaftsprivatrecht**): ist im Rahmen der EU «vereinheitlichtes» Privatrecht. Die wichtigste Grundlage dafür ist die Richtlinie (siehe Rz. 51), die indes nicht, wie beim Einheitsprivatrecht, zu einer eigentlichen Vereinheitlichung, sondern lediglich zu einer «Rechtsharmonisierung» führt, da der nationale Gesetzgeber der Mitgliedsstaaten bei der Umsetzung der Richtlinie einen gewissen Spielraum hat.[78] – Zum «autonomen Nachvollzug» von Richtlinien in der Schweiz oben Rz. 51.

C. «Gemeineuropäisches» Privatrechtsverständnis

55   Die wachsende Bedeutung der Europäisierung und Internationalisierung des Privatrechts lässt erkennen, dass die Blütezeit des «**nationalstaatlichen Privatrechtspara-**

---

76 In diesem Lehrbuch wird in Rz. 195, 238, 291, 297, 529, 546 auf einige Bestimmungen der UPICC hingewiesen.
77 S. gerade oben Rz. 52.
78 S. oben Fn. 71.

digmas» vorbei ist. Unter der Ägide der EU zeichnet sich eine Renaissance eines «**gemeineuropäischen**» **Privatrechtsverständnisses** ab, wie es im kontinentalen Europa seit der Rezeption des Römischen Rechts im Mittelalter über Jahrhunderte (Zeit des *Ius Commune*) floriert hatte (Rz. 32), bis es im Zeitalter der nationalstaatlichen Privatrechtskodifikationen (also ab dem Ende des 18. Jahrhunderts) weitgehend verschüttet wurde. Schlagwortartig spricht man von einer Entwicklung «von Bologna bis Brüssel» (Helmut COING).[79] Dieser Tendenz zur Europäisierung und Internationalisierung muss auch im schweizerischen Privatrechtsunterricht Rechnung getragen werden: Rein national orientierte Juristen sind heute nicht mehr zeitgemäss.[80] Um diesen **notwendigen Mentalitätswandel** zu fördern, werden in diesem Lehrbuch oft vergleichende Hinweise auf andere europäische Rechtsordnungen oder auch inoffizielle Principles (Rz. 51, 53) eingestreut (z.B. bei Rz. 17, 23).

Sehr verallgemeinernd kann man ab dem 19. Jahrhundert einen **dreistufige Entwicklung des schweizerischen Obligationenrechts** konstatieren; von den kantonalen Gesetzgebungen, über das nationale, durch aOR und OR geprägte Obligationenrecht, hin zu einem immer stärker europäisierten und internationalisierten schweizerischen Obligationenrecht. Bestrebungen aus dem Kreis der schweizerischen Rechtsfakultäten, den Allgemeinen Teil des OR systematisch unter Bedachtnahme auf europäische und internationale Vorgaben und Entwürfe zu erneuern, haben unter dem Projekttitel «**Schweizerisches Obligationenrecht und Europäisches Vertragsrecht**» zu einem 2013 veröffentlichten, in vielerlei Hinsicht anregenden Entwurf «**Obligationenrecht 2020**» geführt (C. HUGUENIN/R.M.HILTY, Schweizerisches Obligationenrecht 2020. Entwurf für einen neuen allgemeinen Teil, Zürich 2013). Eine Realisierung in vorliegender Form erscheint aber momentan nicht als realistisch.

56

Kontrollfragen zu Kapitel 3:

9. Worin äussert sich die liberale Prägung unseres Haftpflichtrechts? Worin die liberale Prägung unseres Vertragsrechts?

10. Bei welchen Vertragstypen gibt es relativ viel zwingendes Recht?

11. Welches Haftungsprinzip ist charakteristisch für die moderne «Risikogesellschaft»?

12. Was versteht man unter «Europäisierung» des Vertragsrechts?

---

79 Zur Erläuterung: Bologna war der Sitz der Universität, in der im Mittelalter (ab dem 12. Jahrhundert) die sich dann europaweit durchsetzende Rezeption des Römischen Rechts (oben Rz. 32) von den *doctores* wissenschaftlich am einflussreichsten betrieben wurde; Brüssel ist heute (neben Luxemburg, dem Sitz des Gerichtshofs der EU) die Zentrale für die Entwicklung eines europäischen Privatrechts.

80 Treffend Peter GAUCH (Festschrift für W. Wiegand [Bern 2005] 836): «Die gedankliche Öffnung nach aussen ist ... erforderlich, um einem seldwylahaften Stillstand vorzubeugen». Hervorragendes, konsequent «europäisiertes» Lehrbuch zum Vertragsrecht: H. KÖTZ, Europäisches Vertragsrecht, 2. Aufl. (Tübingen 2015).

Kapitel 4
Grundbegriffe des Obligationenrechts

«Juristenarbeit ist Verstandesarbeit: Beherrschung der verschwommenen
Wirrsal menschlicher Beziehungen durch die Schärfe klarer Begriffe».

Gustav RADBRUCH (1878–1949)

§ 1   Obligation, Forderung, Schuld, Schuldverhältnis

Der Begriff der **Obligation** hat seinen römischrechtlichen Ursprung in Inst. 3, 13 pr.   57
(GAIUS): *«Obligatio est iuris vinculum, quo necessitate adstringimur alicuius solven-
dae rei secundum nostrae civitatis iura».*[81] Von der *«obligatio»* stammt unser heutiger Begriff «Obligationenrecht» (= Schuldrecht). Die Obligation umschreibt aus der
Sicht eines Dritten dasselbe, was für den Gläubiger die **Forderung** und für den
Schuldner die **Schuld** ist. Forderung und Schuld sind somit die korrelierenden Elemente einer Obligation.

Unter einer **Forderung** (= obligationenrechtlicher Anspruch) versteht man das –   58
nötigenfalls mittels Klage – **durchsetzbare Recht des Gläubigers auf Leistung**.[82]
Beispiel: Recht des Verkäufers auf Zahlung des Kaufpreises durch den Käufer
(Schuldner) bzw. Recht des Käufers auf Übergabe des Kaufgegenstandes und Übertragung des Eigentums daran durch den Verkäufer (Art. 184 Abs. 1 OR). Zum Inhalt
der Leistungen (Rz. 61).

Forderungen (= «Debitoren» in der Buchhaltung) gehören zu den **Aktiven** des
Gläubigers (wie z.B. auch das Eigentum an Mobilien und Immobilien) und bilden
Bestandteil seines **Vermögens**. Im Vergleich zum Eigentum ist der Schutz der Forde-
rung als Teil des Vermögens allerdings gegenüber Dritten beschränkter. Vgl. Rz. 74.

Von der Forderung kann man im Anschluss an § 194 Abs. 1 des deutschen BGB
als weitergefassten Begriff den **Anspruch** abgrenzen,[83] also «Das Recht, von einem
anderen ein Tun oder Unterlassen zu verlangen». Dementsprechend gibt es neben ob-

---

81   «Die Obligation ist die rechtliche Fessel, durch die wir gemäss unseren Gesetzen gezwungen wer-
     den, jemandem etwas zu leisten».
82   Zur Voraussetzung der Fälligkeit unten Rz. 461.
83   **«Anspruchskonkurrenz»** liegt dann vor, wenn dem Gläubiger aufgrund ein und desselben Sach-
     verhalts für den von ihm geltend gemachten Anspruch zwei oder mehrere rechtliche Grundlagen
     (gegen denselben oder auch verschiedene Schuldner) zur Verfügung stehen. Kann er dann zwi-
     schen diesen Anspruchsgrundlagen frei auswählen und sich, wenn er gut beraten ist, auf die für
     ihn günstigste berufen («Alternativitätslösung» = Lösung der «elektiven Klagekonkurrenz»), ist
     er auf eine (vorrangige) Anspruchsgrundlage beschränkt («Exklusivitätslösung») oder kann er
     umgekehrt die Ansprüche kumulieren («Kumulationslösung»)? Zur Alternativitätslösung des
     BGer im Hinblick auf das Verhältnis von Gewährleistung und Irrtumsanfechtung wegen Grund-
     lagenirrtums unten Rz. 273, 277 sowie BGE 114 II 131 (Abdruck unten S. 370 ff.).

ligationenrechtlich begründeten Ansprüchen (= Forderungen) etwa auch Ansprüche aus dinglichen Rechten oder familienrechtliche bzw. erbrechtliche Ansprüche.[84]

> *Beispiele*: Obligationenrechtlich begründeter Anspruch: Schadenersatz nach Art. 41 OR; Anspruch aus dinglichem Recht: Vindikation nach Art. 641 Abs. 2 ZGB (dazu unten Rz. 88); familienrechtliche Anspruch: Unterhaltsanspruch nach Art. 276 ff. ZGB; erbrechtlicher Anspruch: Art. 598 ZGB.

59 Unter einer **Schuld** versteht man die – nötigenfalls klageweise – **durchsetzbare Pflicht des Schuldners zur Leistung**. *Beispiel*: Pflicht des Verkäufers auf Übergabe des Kaufgegenstandes und Übertragung des Eigentums und Pflicht des Käufers auf Zahlung des Kaufpreises (Art. 184 Abs. 1 OR).

60 Unter **Leistung** versteht man den **Gegenstand/Inhalt** der Forderung bzw. der Schuld. Die Leistung kann in einem positiven Tun, einem Unterlassen oder einem Dulden bestehen. Die Duldungsverpflichtung ist eine spezielle Unterlassungsverpflichtung: Man ist verpflichtet, nichts gegen ein bestimmtes Verhalten der Gegenpartei zu unternehmen.

> *Beispiele*: Tun: Übergabe des Kaufgegenstandes nach Art. 184 Abs. 1 OR; Unterlassen: Konkurrenzverbot nach Art. 321a Abs. 3 OR; Dulden: fremde Leitungen im eigenen Grundstück nach Art. 691 ZGB.

61 Der Begriff der **Haftung** knüpft an die Durchsetzbarkeit der Obligation (Forderung, Schuld) an. Näheres dazu unten § 3.

62 Mit **Schuldverhältnis i.e.S.** wird das **Rechtsverhältnis** bezeichnet, das den Gläubiger eines **einzelnen** Anspruchs bzw. einer einzelnen Forderung (Obligation) mit dem korrespondierenden leistungspflichtigen Schuldner verbindet.

> *Beispiel*: Kaufpreisforderung des Verkäufers A gegen Käufer B.

63 Das **Schuldverhältnis i.w.S.** bezeichnet den **Gesamtkomplex** eines schuldrechtlichen (oft vertraglich begründeten) Rechtsverhältnisses, aus dem mehrere Einzelforderungen bzw. Schuldverpflichtungen sowie allenfalls Gestaltungsrechte[85] hervorgehen.

> *Beispiel*: Mietverhältnis nach Art. 253 ff. OR. Dieses umfasst das Recht des Vermieters auf Zahlung des Mietzinses (und die korrespondierende Schuldpflicht des Mieters); das Recht des Mieters auf vertragsmässigen Gebrauch des Mietobjekts

---

84 Bei privatrechtlichen Falllösungen (Anleitung und *Beispiel* dazu unten S. 349 ff.) geht es darum, für den konkret geltend gemachten Anspruch eine geeignet erscheinende rechtliche «**Anspruchsgrundlage**» zu finden und zu prüfen, ob deren einzelne Voraussetzungen *in casu* (im konkreten Fall) erfüllt sind. Ist dies der Fall, spricht man prozessual von der «Aktivlegitimation» der klagenden Partei; ihr Anspruch richtet sich gegen die «passivlegitimierte» beklagte Partei. Beide Parteien sind dann im Hinblick auf den eingeklagten Anspruch «sachlegitimiert».

85 Dazu sogleich Rz. 64.

(und die korrespondierenden Pflichten des Vermieters auf Übergabe und Belassung des Mietobjekts im vertragsgemässen Zustand), das Gestaltungsrecht der Kündigung des Mietverhältnisses, die Rückgabeverpflichtung des Mieters nach Beendigung des Mietverhältnisses etc.

Vertragliche Forderungen im Rahmen eines Schuldverhältnisses i.w.S. können sich nicht nur auf **Hauptleistungen** des Schuldners (etwa die Kaufpreiszahlung durch den Käufer) beziehen, sondern auch auf **Nebenleistungspflichten** (z.B. Transportpflicht des Verkäufers) sowie auf **Nebenpflichten**, die keinen Erfüllungsanspruch beinhalten, deren Verletzung aber nach Art. 97 Abs. 1 OR eine **Schadenersatzpflicht** auslöst. Dazu gehören insbesondere **Schutzpflichten**,[86] welche ausschliesslich «integritätsbezogen» sind, also das Interesse des Gläubigers an der Erhaltung des *status quo* (vor allem bestehender dinglicher Rechte und der körperlichen Integrität) schützen sollen.

Beispiele: *Hauptleistungspflicht*: Übergabe des Kaufgegenstands durch den Verkäufer; *Nebenleistungspflicht*: Montageverpflichtung des Verkäufers oder Vermieters einer Maschine bzw. von Skiern (dazu BGE 107 II 426); Wartungspflichten; *Neben- bzw. Schutzpflicht*: Pistenabsicherungspflicht eines Seilbahnunternehmens (dazu etwa BGE 121 III 358 [360]).

Wenn ein Vertragsverhältnis als Schuldverhältnis i.w.S. als **Ganzes**, – also ohne dass die einzelnen Forderungen durch Zession (Art. 164 ff. OR) und die einzelnen Schulden durch Schuldübernahme (Art. 175 ff. OR) übertragen werden – auf einen anderen übergeht, spricht man von «**Vertragsübernahme**». Eine allgemeine Regelung zur Vertragsübername fehlt im OR (vgl. Rz. 550).

Beispiele für Einzelbestimmungen: Art. 261 OR (dazu unten Rz. 89); Art. 333 OR.

Unter einem **Gestaltungsrecht** versteht man das Recht, durch **einseitige**, empfangsbedürftige[87] Willenserklärung (**Gestaltungserklärung**) ein Rechtsverhältnis zu begründen, zu ändern oder aufzuheben. Wird das Gestaltungsrecht ausgeübt,[88] so ändert sich die Rechtsstellung des Adressaten der Gestaltungserklärung ohne dessen Zutun 64

---

86 Ihre Rechtsgrundlage wird in Art. 2 Abs. 1 ZGB gesehen (z.B. BGE 129 III 604 [611]). Ein Schuldverhältnis kann ausschliesslich aus solchen Nebenpflichten bestehen («Schuldverhältnis ohne primäre Leistungspflicht»). S. § 241 Abs. 2 deutsches BGB: «Das Schuldverhältnis kann nach seinem Inhalt jeden Teil zur Rücksicht auf die Rechte, Rechtsgüter und Interessen des anderen Teils verpflichten». Sehr oft kann eine konsensuale, vertragliche Grundlage solcher Schutzpflichten nicht nachgewiesen werden. Dies gilt vor allem bei ungültigen Verträgen. Man spricht dann im Anschluss an die deutsche Lehre von einem «gesetzlichen Schutzverhältnis».
87 Zur Empfangsbedürftigkeit der Gestaltungserklärung: Rz. 152a
88 Muss das Gestaltungsrecht durch Klage ausgeübt werden, spricht man auch von «Gestaltungsklagerecht», wobei die Rechtswirkung erst mit dem (gutheissenden) Urteil eintritt. Beispiel: Art. 545 Abs. 1 Ziff. 7 OR.

und unmittelbar. Man unterscheidet zwischen **rechtsbegründenden, rechtsverändernden** und **rechtsvernichtenden** Gestaltungsrechten.

> *Beispiele*: *Rechtsbegründende* Gestaltungsrechte: Vorkaufsrecht nach Art. 216a ff.
> OR oder andere Optionsrechte; Genehmigung nach Art. 38 Abs. 1 OR; *rechtsverändernde* Gestaltungsrechte: Verzicht auf Gegenleistung nach Art. 107 Abs. 2
> OR; Mietzinserhöhung nach Art. 269d OR; *rechtsvernichtende* Gestaltungsrechte:
> Kündigung von Dauerverträgen (etwa Art. 335 OR), Rücktritt vom Vertrag
> (Art. 109 OR), Widerrufsrecht (Art. 40a ff. OR; Art. 16 KKG) oder Verrechnungs-
> erklärung (Art. 120 OR).

Im Arbeitsvertragsrecht wird zusätzlich von **ausfüllenden** (konkretisierenden) **Gestaltungsrechten** gesprochen. Es geht dabei um die Weisungen des Arbeitgebers, durch die das Arbeitsverhältnis (das Pflichtenheft des Arbeitnehmers) näher konkretisiert wird. Auch das Wahlrecht des Schuldners bei Wahlobligationen kann als ausfüllendes Gestaltungsrecht bezeichnet werden.[89]

> *Beachte*: Gestaltungsrechte unterliegen nicht wie Forderungen der Verjährung. Art. 127 ff. OR sind daher nicht anwendbar; es bestehen aber eventuell
> gesetzliche Verwirkungsfristen (zum Begriff Rz. 528) wie nach Art. 31 Abs. 1
> OR; Gestaltungserklärungen sind nicht widerrufbar. Nach allerdings (frag-
> würdiger) h.L. sind sie grundsätzlich auch «bedingungsfeindlich» (können
> nicht bedingt ausgesprochen werden). *Nota*: BGE 128 III 70 (75). Siehe auch
> Rz. 227.

65   **Nachwirkende Vertragspflichten** sind vertragliche Pflichten, die über die **Beendigung** des Schuldverhältnisses, d.h. des auf Leistungsaustausch gerichteten Vertrags-verhältnisses, **hinaus gelten**. Als «nachvertragliche» Pflichten stellen sie das Gegen-stück zu den spezifischen Pflichten im vorvertraglichen Verhandlungsstadium dar.[90]
Die Verletzung solcher nachvertraglicher Pflichten wird vertragsrechtlich sanktioniert.

> *Beispiele*: Nachvertragliche Geheimhaltungspflicht des Arbeitnehmers nach
> Art. 321a Abs. 4 OR; nachvertragliches Konkurrenzverbot nach Art. 340, 340a ff.
> OR.

> *Beachte*: Das nachvertragliche Konkurrenzverbot (= Wettbewerbsverbot)
> gilt – im Unterschied zu Art. 321a Abs. 4 OR, wonach die Verschwiegenheits-
> verpflichtung *ex lege* (von Gesetzes wegen) gilt, d.h. keiner Vereinbarung be-
> darf – nur, wenn sich der Arbeitnehmer (allenfalls gegen Entgelt [= «Karenz-
> entschädigung»]) dazu schriftlich verpflichtet hat (Art. 340 Abs. 1 OR). Zur
> inhaltlichen Begrenzung der Verpflichtung: Art. 340a OR. *Während* des Ar-

---

89   Dazu Rz. 466.
90   Dazu unten Rz. 124 ff.

beitsverhältnisses gilt das gesetzliche (ohne Vereinbarung geltende) Konkurrenzverbot nach Art. 321a Abs. 3 OR.

Ein **einfaches Schuldverhältnis** (auch «Zielschuldverhältnis» oder «Einmalschuld- 66
verhältnis» genannt), liegt vor bei Verträgen, die nach **einmaligem** oder **begrenzt
mehrmaligem** Austausch von Erfüllungsleistungen erlöschen (wie etwa die Leistung
des Kaufpreises und die Lieferung des Kaufobjekts)

> *Beispiele*: Kauf, Schenkung, Werkvertrag und andere «Zielverträge». Diese Verträge begründen ein einfaches Schuldverhältnis.

Als **Dauerschuldverhältnis**[91] bezeichnet man (meist vertragliche) Schuldverhält- 67
nisse, für welche die **Zeitdauer** essentiell ist, weil die vertraglichen Leistungen **andauernd** oder **periodisch** bis zur Beendigung des Verhältnisses zu erbringen sind.
Die Beendigung erfolgt durch Zeitablauf oder Kündigung. Anders als beim Zielschuldverhältnis, welches endigt, sobald sein «Ziel» durch Erfüllung der Leistung erreicht ist, muss dem Schuldverhältnis ein **Ende gesetzt** werden, d.h. das Ende ist ihm
nicht «inhärent». Der Umfang der Gesamtleistung hängt folglich von der Länge der
Zeit ab, während der die Leistungen fortgesetzt worden sind. Aus der Judikatur (zum
Begriff des Dauerschuldverhältnisses) etwa BGE 128 III 428 (430).

> *Beispiele*: Miete, Pacht, Arbeitsvertrag, Darlehen und viele andere «Dauerverträge». Sie begründen ein Dauerschuldverhältnis.

Beachte:

- Auch ein Kaufvertrag kann – untypischerweise – ein dauerschuldähnliches Verhältnis begründen. So der «Bezugsvertrag», oft auch «Sukzessivlieferungsvertrag» genannt (z.B. Getränke- oder Stromlieferungsvertrag) bei Ratenlieferung, z.B. bei Bestellung eines 10-bändigen Lexikons, das in Lieferungen erscheint.

- Die Länge der Zeitdauer ist nicht entscheidend für die Abgrenzung von Ziel- und Dauerschuldverhältnis. *Beispiele*: Miete eines Balkons für 1 Stunde, um einen Fasnachtsumzug beobachten zu können, ist ein Dauervertrag. Werkvertrag über Tunnelbau, der jahrelang braucht, ist dagegen Zielvertrag. Einen solchen langfristig angelegten Zielvertrag bezeichnet man in der Lehre auch als «komplexen Langzeitvertrag», auf den die Regeln über Dauerverträge eventuell analog anzuwenden sind.

---

91 Die «Entdeckung» der Kategorie des Dauerschuldverhältnisses ist neueren Datums (Otto von
Gierke, Jhering Jb. 64 [1914] 355 ff.). Dies erklärt, warum es im OR – was zu bedauern ist –
keine allgemeinen Regeln über Dauerschuldverhältnisse, etwa über deren Beendigung, gibt. Das
Vertragsrecht des OR AT, namentlich die Regeln über die Erfüllung nach Art. 68 ff. OR, sind auf
Zielschuldverhältnisse zugeschnitten.

Eine Besonderheit ist der **«faktische» (fehlerhaft begründete) Dauervertrag**: Leidet ein vertraglich begründetes Dauerschuldverhältnis an einem «Mangel in der Wurzel», liegt also ein Nichtigkeitsgrund (v.a. nach Art. 19, 20 OR) vor oder ist der Vertrag einseitig unverbindlich (v.a. nach Art. 23 ff. OR), wurde aber das vertragliche Schuldverhältnis trotzdem in Vollzug gesetzt und Leistungen tatsächlich erbracht, so entfallen seine Wirkungen grundsätzlich nur *ex nunc* (für die Zukunft) und nicht *ex tunc* (auf den Zeitpunkt des Vertragsabschlusses zurückwirkend). Das Vertragsverhältnis wird bis zum Zeitpunkt der Geltendmachung des rechtlichen Mangels so behandelt, **als ob** es **gültig begründet** worden wäre. Damit wird eine namentlich bei Erbringung von Diensten oder Beachtung von Unterlassungspflichten schwierige «Rückabwicklung» der erbrachten Leistungen mit Hilfe von Bereicherungsansprüchen[92] vermieden.

Beachte: Die Sonderbehandlung von «faktischen» Dauerverträgen ist ein Beispiel für ein ganz allgemein im Recht (namentlich auch im Staats- und Völkerrecht) zu beobachtendes Phänomen, die sog. **«normative Kraft des Faktischen»** (G. JELLINEK): Vor faktisch funktionierenden Zuständen kann das Recht nicht auf die Dauer «kontrafaktisch» die Augen verschliessen, auch wenn sie ursprünglich einer rechtlichen Grundlage entbehrten; sie bekommen mit der Zeit auch rechtliche (normative) Relevanz. Im Privatrecht ist etwa auch das Institut der Ersitzung (Art. 661 ff.; Art. 728 ZGB) Ausdruck der «normativen Kraft des Faktischen».

Ausdrücklich ist die *ex-nunc*-Auflösung für das fehlerhaft begründete Arbeitsverhältnis in Art. 320 Abs. 3 OR geregelt, sofern der Arbeitnehmer gutgläubig war, also vom Mangel des Vertrages weder wusste noch wissen musste.[93] Analoge Anwendung dieser Regel auch auf andere Dauerschuldverhältnisse. Siehe den *Klärschlamm*-Entscheid BGE 129 III 320 (328).[94]

▶ Dazu **Fall 8**

68

---

92 Dazu unten Rz. 445.
93 Was sehr grosszügig beurteilt wird: BGE 132 III 242 (247 f.).
94 Abdruck unten S. 414 ff.

69

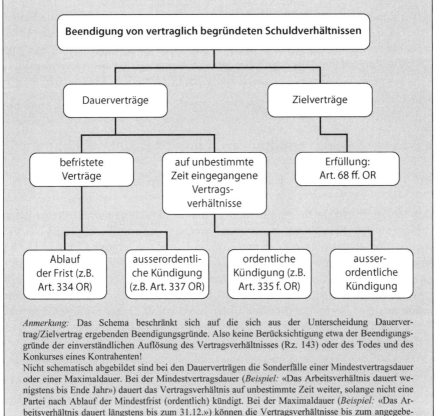

Anmerkung: Das Schema beschränkt sich auf die sich aus der Unterscheidung Dauervertrag/Zielvertrag ergebenden Beendigungsgründe. Also keine Berücksichtigung etwa der Beendigungsgründe der einverständlichen Auflösung des Vertragsverhältnisses (Rz. 143) oder des Todes und des Konkurses eines Kontrahenten!
Nicht schematisch abgebildet sind bei den Dauerverträgen die Sonderfälle einer Mindestvertragsdauer oder einer Maximaldauer. Bei der Mindestvertragsdauer (*Beispiel:* «Das Arbeitsverhältnis dauert wenigstens bis Ende Jahr») dauert das Vertragsverhältnis auf unbestimmte Zeit weiter, solange nicht eine Partei nach Ablauf der Mindestfrist (ordentlich) kündigt. Bei der Maximaldauer (*Beispiel:* «Das Arbeitsverhältnis dauert längstens bis zum 31.12.») können die Vertragsverhältnisse bis zum angegebenen Endtermin ordentlich gekündigt werden; wenn dies nicht geschehen ist, endigen sie jedenfalls mit dem Endtermin.

Beachte: 70

– Die **ordentliche Kündigung** ist durch folgende Begriffsmerkmale gekennzeichnet: erfolgt durch Gestaltungserklärung, unter Einhaltung einer Kündigungsfrist; erfordert keine Angabe von Gründen. Ist bei befristeten (= auf bestimmte Zeit geschlossene) Verträgen nicht möglich. *Beispiel:* Art. 335 ff. OR.

– **Ausserordentliche Kündigung**: erfolgt durch Gestaltungserklärung; ohne Einhaltung einer Frist (Ausnahme: Art. 266g Abs. 1 OR); ist nur aus wichtigem Grund möglich, der die Fortsetzung des Vertragsverhältnisses (bis zur ordentlichen Beendigung) als unzumutbar erscheinen lässt. Ist sowohl bei befristeten als auch bei auf unbestimmte Zeit eingegangenen (und daher ordentlich kündbaren) Dauerverträgen möglich. *Beispiele:* Art. 337 OR, Art. 545 Abs. 2 OR.

Eine ausserordentliche Kündigung ist bei Dauerverträgen, namentlich bei **Innominatverträgen** (vgl. Rz. 144), die auf Dauer gerichtet sind, **trotz fehlender gesetzlicher Regelung** möglich.[95] Grundsätzlich ist eine ausserordentliche Kündigung aus wichtigem Grund unwirksam, wenn *realiter* gar kein wichtiger Grund vorliegt.[96] Beachte die Ausnahme für das Arbeitsverhältnis, wo eine Schadenersatzlösung vorgesehen ist (Art. 337c OR).

§ 2   Das Schuldverhältnis als relatives Rechtsverhältnis

A. Die Relativität des Forderungsrechts im Allgemeinen

71   Der Vertrag schafft nur für die beteiligten Parteien – also *inter partes* – Recht. Demzufolge werden allein die Vertragsparteien berechtigt und verpflichtet, nicht aber aussenstehende «Dritte». Das Forderungsrecht ist also ein **relatives Recht**, d.h. hat **keine «Drittwirkung»**. Dies gilt nicht nur für die vertraglich begründete Forderungen, sondern allgemein, also auch für Forderungen, die auf anderer Rechtsgrundlage, etwa ungerechtfertigter Bereicherung (Art. 62 ff. OR) beruhen. Dagegen wirken **absolute** Rechte[97] gegenüber **jedermann** *(erga omnes)*. Z.B. hat ein Eigentümer das Recht, sein Grundstück unter Ausschluss aller anderen zu beherrschen (Ausschliesslichkeitsrecht) vgl. Art. 641 Abs. 2 ZGB.

72   Obschon das Relativitätsprinzip für das Obligationenrecht von grundlegender Bedeutung ist, wird es als solches im OR nirgends ausdrücklich festgeschrieben.

> Anders hingegen Art. 1199 Abs. 1 des französischen Code Civil: *«Le contrat ne crée d'obligations qu'entre les parties».* Im Römischen Recht: *«Alteri stipulari nemo potest»* (Dig. 45,1,38,17 [Ulpian[98]]). Siehe auch die Regel des Gemeinen Rechts (oben Rz. 32): *«Pacta tertiis nec nocent nec prosunt»* (Verträge schaden Dritten nicht und nützen ihnen auch nicht). Im englischen Common Law: *privity of contract.* Erst seit 1999 wird in England aufgrund des Contracts (Rights of Third Parties) Act der Vertrag zugunsten Dritter zugelassen.

73   Das Relativitätsprinzip hat zur Folge, dass **Einreden** und **Einwendungen** (siehe Rz. 98, 99) aus **fremden** Schuldverhältnissen *(exceptiones ex iure tertii)* grundsätzlich unzulässig und deshalb unbeachtlich sind (vgl. aber Ausnahmen: etwa Art. 19 KKG).

74   Der Relativität von Forderungsrechten entspricht, dass deren Verletzung durch Dritte (= nicht am Schuldverhältnis Beteiligte), grundsätzlich nicht widerrechtlich ist i.S.v. Art. 41 Abs. 1 OR und daher zu keinem Schadenersatzanspruch führt. Im Prin-

---

95 So etwa BGE 128 III 428 (429 f.). Dieses ausserordentliche Auflösungsrecht steht zwingend zu (BGE 89 II 30 [35 f.]). Zum zwingenden (nicht abdingbaren) Vertragsrecht oben Rz. 43.

96 BGE 133 III 360 (364 f.).

97 Auflistung im folgenden Schema Rz. 76.

98 Übersetzt: Für einen anderen kann man sich nichts versprechen lassen.

zip gibt es also keinen «**Deliktsschutz von Forderungsrechten**». Es besteht keine Pflicht der Rücksichtnahme auf fremde Forderungsrechte, weil diese in römischrechtlicher Tradition *res inter alios acta* sind (= Dinge, die sich zwischen andern abspielen). Es gilt also für eine auf Wettbewerb beruhende Wirtschaftsordnung grundsätzlich das liberale «Prinzip der Nichtrücksichtnahme» auf Drittinteressen. Von diesem Grundsatz gibt es immerhin wichtige Ausnahmen: Art. 41 Abs. 2 OR (absichtliche sittenwidrige Schädigung) und Art. 4 lit. a UWG.

> Auch für das schweizerische UWG zutreffend ist der Leitsatz des deutschen BGH, NJW 2007, S. 2999: «Ein Unternehmer, der durch Beschäftigung eines bei einem Mitbewerber angestellten Mitarbeiters, dem wegen eines Wettbewerbsverbots eine Tätigkeit für Konkurrenten nicht gestattet ist, den Vertragsbruch des Mitarbeiters *lediglich ausnutzt, ohne ihn zu dem Vertragsbruch zu verleiten*, handelt nicht bereits deshalb unlauter, weil er das Wettbewerbsverbot kennt oder kennen muss».

Der mangelnde Deliktsschutz von Forderungsrechten ist auch die Grundlage für die Lösung des **Problems des Doppelverkaufs**. ▶ Dazu **Fall 11**: K1 kann gegen K2 grundsätzlich keinen Schadenersatzanspruch wegen Vereitelung seines Forderungsrechts geltend machen, sondern kann nur gegen V wegen Vertragsverletzung vorgehen (Art. 97 OR). 75

76

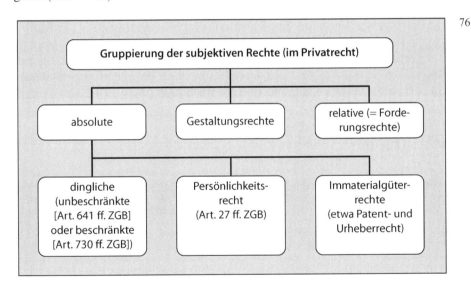

B. Verträge und Dritte

I. Vertrag zulasten eines Dritten

Ein nicht am Vertragsschluss Beteiligter (sog. «Dritter») wird, was wertungsmässig einleuchtet, ohne seine Zustimmung zum Vertrag nicht verpflichtet. Die Randanmer- 77 kung («Marginalie») zu Art. 111 OR (dazu Rz. 78) ist falsch und irreführend, weil es dort in Wirklichkeit um einen Vertrag auf Leistung eines Dritten geht (Rz. 78).

▶ Dazu **Fall 10**

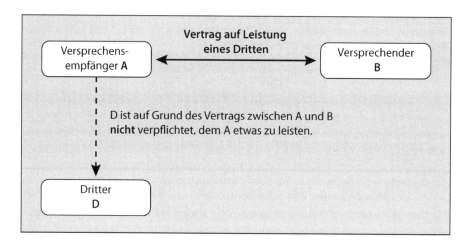

II. Vertrag auf Leistung eines Dritten (Garantievertrag): Art. 111 OR

78 B verspricht (garantiert) A, dass D ihm (= A) etwas leisten werde. Entgegen der irreführenden Marginalie zu Art. 111 OR wird dadurch nur der **versprechende B** (Garant, «Promittent») dem A gegenüber **verpflichtet** und nur dieser haftet dem A («Promissar») auf Schadenersatz, wenn die versprochene Leistung des D ausbleibt. A hat jedoch keinen Anspruch gegenüber dem Dritten D!

▶ Dazu **Fall 10**

Beispiel: Bauunternehmer B (Generalunternehmer) sichert einem Subunternehmer A fest zu («verbürgt sich» diesem gegenüber), dass ihm Bank D einen günstigen Kredit gewähren werde. Kein Anspruch von A gegen D.[99]

---

99 Man spricht in solchen Fällen von einer *«bürgschaftsähnlichen Garantie»*: Man «verbürgt» sich für eine spezifische Leistung des D. Die Abgrenzung zur eigentlichen *Bürgschaft* nach Art. 492 ff. OR ist in manchen Fällen schwierig. – Anders als bei der *«bürgschaftsähnlichen Garantie»* steht bei einer *«reinen Garantie»* der Garant für einen Erfolg ein, der von jedem konkreten Schuldverhältnis *unabhängig* ist. (*Beispiel*: Der Verkäufer einer Arztpraxis garantiert dem Käufer, er werde angesichts seiner Fähigkeiten sicher eines Tages von einem Spital als Facharzt angestellt werden. – Keine Garantie i.S.v. Art. 111 OR liegt vor, wenn lediglich eine «Verwendungszusage» *(«best effort clause»)* abgegeben wird; der Versprechende verpflichtet sich, alles ihm Zumutbare zu tun, um den Dritten zur Leistungserbringung zu bewegen. Haftung nur, wenn bewiesen werden kann, dass der Versprechende sich nicht ausreichend bemüht hat und er sich auch nicht exkulpieren kann (Art. 97 OR).

III. Echter Vertrag zugunsten Dritter: Art. 112 Abs. 2 OR

Der Versprechensempfänger A («Promissar») lässt sich vom Versprechenden B 79
(«Promittent») die Leistung an D (Begünstigter, Dritter) versprechen. D wird zwar
nicht Vertragspartei, hat aber beim echten Vertrag zugunsten Dritter ein **eigenes vertragliches Forderungsrecht** auf Erfüllung des Versprechens gegen B. Dies ist dann
anzunehmen, «wenn es der Willensmeinung» von A und B oder einer Übung entspricht (Art. 112 Abs. 2 OR). Darin liegt eine Durchbrechung des Prinzips der Relativität der Forderungsrechte, welche unproblematisch ist, weil der Dritte nur berechtigt
wird. A kann als Promissar den B (Promittent) nicht mehr «entbinden», sobald D dem
B erklärt hat, dass er von seinem Recht Gebrauch macht (Art. 112 Abs. 3 OR).

▶ Dazu **Fall 9**

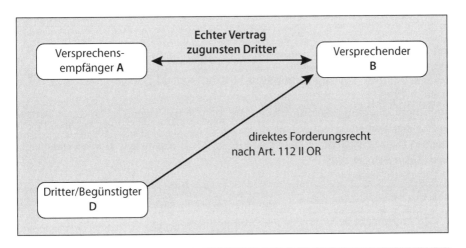

Beispiele: Lebensversicherung (Vertrag zwischen A und Versicherung B) zugunsten der Ehefrau D des A. Siehe Art. 76, 78 VVG; unmittelbarer Anspruch des Geschädigten gegen den Versicherer bei der Motorfahrzeughaftpflicht nach Art. 65
SVG, Leiharbeit: Direkte Forderungsrechte des «Einsatzbetriebs» gegen den Leih-
arbeiter (Temporärarbeiter), der mit dem Verleiher einen Arbeitsvertrag zugunsten
Dritter schliesst. – Beispiel aus der österreichischen Rechtsprechung: «Bucht eine
Person eine Reise für eine Gruppe (oder Familie), so ist jedenfalls im Regelfall
klar, dass die in der Buchung als Reiseteilnehmer angegebenen Personen gegenüber dem vertraglichen Schuldner … direkt anspruchsberechtigt sein sollen …»
(Leitsatz von OGH ZVR 2011 Nr. 178). Regelung eines speziellen arbeitsrechtlichen Problems in Art. 113 OR.

Das Rechtsverhältnis zwischen dem Versprechenden und dem Versprechensempfän- 80
ger nennt man **«Deckungsverhältnis»**. Dieses gibt an, aus welchem Rechtsgrund
(meist ein Vertragsverhältnis) der Versprechende für die an den Dritten erbrachte Leistung «Deckung» (eine entgeltende Vermögenszuwendung) erhält. Einwendungen und

Einreden, die diesem Rechtsgrund entgegenstehen, können dem Dritten vom Versprechenden entgegengehalten werden (so ausdrücklich § 334 deutsches BGB). Die Rechtsbeziehungen zwischen Versprechensempfänger und dem Dritten (Begünstigten), aus dem sich der Rechtsgrund ergibt, auf dessen Basis der Dritte (Begünstigte) die Zuwendung erhält, nennt man «**Valutaverhältnis**». Das Rechtsverhältnis zwischen dem Dritten (Begünstigten) und dem Versprechenden nennt man «**Zuwendungsverhältnis**».

80a

Beachte: Der Vertrag zugunsten Dritter (ob «echter» oder «unechter» [Rz. 81]) ist **kein eigenständiger Vertragstyp** wie etwa der Kaufvertrag, Werkvertrag oder der Schenkungsvertrag, sondern (sofern die Drittbegünstigung nicht wie etwa in Art. 65 SVG unmittelbar auf Gesetz beruht) die besondere Abrede in irgendeinem Vertrag, dass ein Vertragspartner an den begünstigten Dritten leisten solle.

IV. Unechter Vertrag zugunsten Dritter: Art. 112 Abs. 1 OR

81 Im Unterschied zum echten steht beim unechten Vertrag zugunsten Dritter (= Vertrag auf Leistung an einen Dritten) nur A das Recht zu, vom versprechenden B die Leistung an D zu verlangen; der durch die Zusage des B begünstigte **D hat keinen eigenen Anspruch** gegen B.

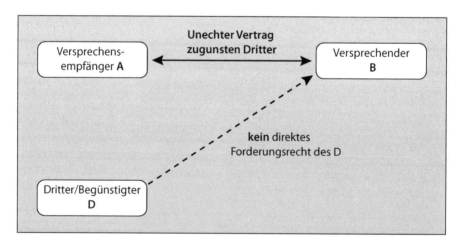

Beispiele: Bank B sagt Bauunternehmer A zu, sie werde dessen nicht ausreichend liquidem Subunternehmer D einen Kredit geben; «harte Patronatserklärung» einer Muttergesellschaft B gegenüber Gläubiger A einer Tochtergesellschaft D: Sie werde für deren Verbindlichkeiten geradestehen.

V. Vertrag mit Schutzwirkung zugunsten Dritter

Beim Vertrag mit Schutzwirkung zugunsten Dritter,[100] der von der deutschen und 82
österreichischen Rechtsprechung[101] und Lehre entwickelt, in der Schweiz jedoch
umstritten und vom Bundesgericht bisher nicht anerkannt worden ist, werden einem
am Vertrag nicht beteiligten Dritten **vertragshaftungsrechtliche Schadenersatzansprüche** gegen den Vertragsschuldner eingeräumt, sofern der Dritte – für den
Schuldner erkennbar – vom pflichtwidrigen Verhalten des Schuldners betroffen und
durch dieses geschädigt wird. Der Dritte wird auf diese Weise in den **Schutzbereich**
des Vertrages **miteinbezogen**. Dieser hat zwar **keinen** (primären) **Leistungs-
anspruch** auf **Vertragserfüllung** (wie er dem Dritten beim echten Vertrag zugunsten
Dritter zusteht, Art. 112 Abs. 2 OR), aber er hat einen (sekundären) **Schadenersatzanspruch**, falls er wegen einer Vertragsverletzung einen Schaden erleidet.

> *Zwei Beispiele*: (1) Das Kind des Mieters kommt im mangelhaft unterhaltenen
> Treppenhaus zu Fall. Schutzwirkung des Mietvertrages zugunsten des Kindes?
> Haftung des Vermieters gegenüber dem Kind nach vertragshaftungsrechtlichen
> Grundsätzen? (2) Ehepartner eines Patienten erleidet einen Nervenschock, als er
> erfährt, dass seine Frau bei einer Routineoperation wegen eines groben Kunstfeh-
> lers des Arztes gestorben ist. Schutzwirkung des Arztvertrages auch zugunsten des
> Ehemanns? Haftung des Arztes bzw. Krankenhauses (dem Ehepartner gegenüber)
> daher nach vertragshaftungsrechtlichen Grundsätzen? Bejaht vom (österreichi-
> schen) OGH SZ 2010 Nr. 79. Zu den Schockschäden auch unten Rz. 366.

Die Entwicklung dieser Rechtsfigur durch die Lehre wird erst verständlich, wenn 83
man bedenkt, dass die **Vertragshaftung für den Geschädigten** grundsätzlich **günstiger** ist als eine ausservertragliche Haftung nach Art. 41 ff. OR.[102] Die Konstruktion
des Vertrages mit Schutzwirkung zugunsten Dritter hat daher ergebnisorientiert die
Funktion, dem Geschädigten diese günstigere Haftung zu eröffnen.

Die **rechtliche Begründung** des Vertrages mit Schutzwirkung zugunsten Dritter 84
ist umstritten. Am plausibelsten erscheint sie über den Gedanken einer stillschweigenden Ergänzung des Vertrages zwischen Gläubiger und Schuldner nach dem Prinzip von Treu und Glauben (Art. 2 Abs. 1 ZGB).

---

100 Vgl. den stark beachteten Entscheid BGE 130 III 345: Haftung eines Liegenschaftsschätzers (der
   im Auftrag des Eigentümers ein Schätzgutachten erstellt hatte) gegenüber einem späteren Käufer
   des Grundstücks, der sich auf das Gutachten verlassen hatte, welches nicht im Hinblick auf den
   Verkauf erstellt worden war? Das BGer erwog den Vertrag mit Schutzwirkung zugunsten Dritter,
   nahm aber zur Frage, ob diese Rechtsfigur in der Schweiz gelte, nicht ausdrücklich Stellung, da
   es davon ausging, dass *in casu* der Dritte (Käufer des Grundstückes), selbst wenn man die umstrittene Rechtsfigur anwenden würde, keine Ansprüche hätte.
101 Wegweisend der «Gasofenfall» des deutschen Reichsgerichts aus dem Jahre 1930 (RGZ 127,
   S. 218 ff.).
102 Dazu unten Rz. 327 f.

85 Die **Anspruchsvoraussetzungen** sind:

– Gültiger Vertrag zwischen Gläubiger und Schuldner (im obigen Beispiel [Rz. 82]): Mieter und Vermieter);

– Leistungsnähe des Dritten: Nach den Umständen ist davon auszugehen, dass der Dritte (im obigen Beispiel: das Kind) mit der Leistung des Vertragsschuldners in Berührung kommen wird;

– Verantwortlichkeit des Vertragspartners des Schuldners für «Wohl und Wehe» des Dritten: Namentlich Sorge- und Obhutspflicht;

– Leistungsnähe und Verantwortlichkeit des Vertragspartners des Schuldners müssen dem Schuldner erkennbar gewesen sein.

86

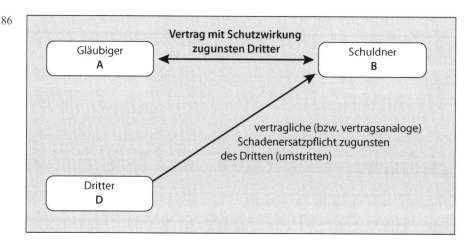

C. Funktionelle Zusammenhänge zwischen Sachen- und Obligationenrecht

I. Widerrechtlichkeit nach Art. 41 Abs. 1 OR

87 Die Verletzung von Eigentumsrechten (Art. 641 ff. ZGB) und beschränkten dinglichen Rechten (Art. 730 ff. ZGB) (also von absolut geschützten Rechten) ist grundsätzlich widerrechtlich (= unerlaubte Handlung nach Art. 41 ff. OR[103]) und begründet, wenn die übrigen Haftungsvoraussetzungen gegeben sind, Schadenersatzansprüche.

---

103 S. unten Rz. 346.

II. Die «Kausalität» der «Tradition»

Die Übergabe (Tradition) des Kaufgegenstandes (Art. 922, 923 ZGB) bewirkt als Verfügungsgeschäft nur dann den Übergang des Eigentums, wenn der zugrunde liegende Kaufvertrag (Verpflichtungsgeschäft = *causa*) gültig ist. Ist dies nicht der Fall, bleibt der Veräusserer Eigentümer und kann die aufgrund eines ungültigen Vertrages übergebene Sache nach Art. 641 Abs. 2 ZGB zurückfordern («vindizieren»). Die **sachenrechtliche Wirkung** ist also, in einem juristischen Sinn, «kausal» abhängig von der **Gültigkeit** des **Verpflichtungsgeschäfts**, dem obligatorischen Vertrag. Das Kausalitätsprinzip ist für die Veräusserung von Grundeigentum in Art. 974 ZGB verankert; für die Veräusserung von Fahrnis (bewegliche Sachen) gilt aufgrund der Rechtsprechung dasselbe.[104] Für die korrespondierenden Geldleistungen ist zu beachten, dass sie in aller Regel durch «Vermischung» «originär» (also ohne dass es einer Vertragsgrundlage bedarf) Eigentum des Empfängers (Veräusserer des Kaufgegenstandes) werden (vgl. Art. 727 Abs. 1 ZGB). Der Käufer kann daher seine Geldleistung nicht «vindizieren», hat also keinen Vindikationsanspruch (dinglichen Herausgabeanspruch des Eigentümers nach Art. 641 Abs. 2 ZGB), sondern nur einen gemäss Art. 67 OR relativ rasch verjährenden obligationenrechtlichen Bereicherungsanspruch (Leistungskondiktion nach Art. 62 ff. OR).

> *Rechtsvergleichende Hinweise*: Nach deutschem BGB wirkt die Tradition (und die ihr zu Grunde liegende «dingliche Einigung», § 929) «abstrakt», also losgelöst vom rechtlichen Schicksal (Gültigkeit/Ungültigkeit) des Verpflichtungsgeschäfts. Das Eigentum geht daher über, auch wenn das Verpflichtungsgeschäft ungültig ist («Abstraktionsprinzip»). – Im französischen Recht bewirkt schon der Konsens über das Verpflichtungsgeschäft (ohne Tradition) den Eigentumsübergang; der schuldrechtliche Vertrag hat unmittelbare dingliche Wirkung («Konsensprinzip»). Siehe Art. 1196 Abs. 1 Code Civil sowie für den Kauf Art. 1583 Code Civil: «... *et la propriété est acquise de droit à l'acheteur à l'égard du vendeur, dès qu'on est convenu de la chose et du prix, quoique la chose n'ait pas encore été livrée ni le prix payé*». – Ebenso das italienische Recht (Prinzip des *consenso traslativo* nach Art. 1376 Codice Civile). – Unmittelbar dingliche Wirkung hat im schweizerischen Recht ausnahmsweise der schriftliche Pfandvertrag über Forderungen (Art. 900 Abs. 1 ZGB).

▶ Dazu **Fall 12**

D. Verdinglichung obligatorischer Rechte

In gewissen Ausnahmefällen können obligatorische (vor allem vertraglich begründete) Rechte nachträglich wie dingliche auch gegenüber Dritten Wirkung entfalten. So kann insbesondere nach Art. 261 OR dem neuen Eigentümer, der vom Vermieter den Mietgegenstand erworben hat, ein Mietverhältnis entgegengehalten und damit

---

104 S. schon BGE 55 II 302 (306).

eine Anwendung von Art. 641 Abs. 2 ZGB verhindert werden, obwohl der neue Eigentümer mit dem Mieter gar keinen Vertrag geschlossen hat: Das Mietverhältnis geht *en bloc* (sog. «Vertragsübernahme») mit dem Eigentum an der Sache *ex lege* auf den Erwerber über, mit dem der Mieter gar keinen Vertrag geschlossen hat.[105] Insofern gilt **«Kauf bricht Miete nicht»**.[106]

– Bei der Miete von Wohn- und Geschäftsräumen darf der neue Eigentümer allerdings bei dringendem Eigenbedarf mit der gesetzlichen Frist auf den nächsten gesetzlichen Termin kündigen (Art. 261 Abs. 2 lit. a OR). Für die Miete anderer Sachen siehe Art. 261 Abs. 2 lit. b OR. Dieses spezielle Kündigungsrecht ist vor allem bei befristeten Mietverhältnissen, die nicht ordentlich kündbar sind (oben Rz. 70), von grosser praktischer Bedeutung.

– Die Miete an einem Grundstück ist im Grundbuch vormerkbar. Die **Vormerkung** hat zur Folge, dass der Mietvertrag gegenüber jedem späteren Erwerber voll wirkt, also auch dieser gegenüber dem Mieter voll verpflichtet wird (Art. 261b Abs. 2 OR). Bei auf eine bestimmte Dauer geschlossenen Miete muss daher grundsätzlich die ganze vereinbarte Mietdauer eingehalten werden. Also keine Kündigungsmöglichkeit nach Art. 261 Abs. 2 lit. a OR. Die Miete erhält durch die Vormerkung «realobligatorische» Wirkung.

▶ Dazu **Fall 13**

§ 3   Schuld und Haftung

90 **Schuld** ist die durchsetzbare Pflicht zu einer Leistung (Tun, Dulden, Unterlassen) (oben Rz. 59 f.)

91 Der Begriff der Haftung knüpft an die **Durchsetzbarkeit** der Obligation (Forderung, Schuld) an. **Haftung** bedeutet, dass der Schuldner mit **seinem Vermögen** – jedoch nicht mit seiner Person![107] – für die Erfüllung bzw. Nichterfüllung seiner Schuld **einstehen** muss. Folglich können Geldforderungen durch behördliche Zwangsvollstreckung (Betreibung und Pfändung nach SchKG) gegen den Schuldner vollstreckt werden.[108] Wirtschaftlich betrachtet ist eine Obligation letztlich nur insoweit werthaltig, als sie – nötigenfalls mithilfe eines behördlichen Eingriffs ins Vermögen des Schuldners – durchgesetzt werden kann. Hinter den zahlreichen Rechtsfiguren des Obligationenrechts steht daher im Hintergrund stets auch der potentielle Zugriff des Gläubi-

---

105 Selbstverständlich kann der Erwerber des Mietobjekts mit dem Mieter die Übernahme der Miete auch vertraglich regeln. Art. 261 OR regelt das Problem für den Fall, dass dies nicht geschehen ist.

106 Für die Pacht verweist Art. 290 OR auf die Vorschriften des Mietrechts.

107 Wenn der Schuldner seine Schulden nicht begleicht, hat der Schuldner nicht zu befürchten, dass er vom Gläubiger ins Gefängnis gebracht wird. Die frühere BV (1874) hatte in Art. 59 Abs. 3 noch ausdrücklich festgehalten «Der Schuldverhaft ist abgeschafft».

108 S. Rz. 451.

gers auf das Vermögen des Schuldners, welcher dem Obligationenrecht zu seiner Effektivität verhilft.

Schuld und **Haftung** treten in der Regel als Paar auf, ähnlich der zwei Seiten einer   92
Münze. Es gibt jedoch Ausnahmen in beiden Richtungen. So liegt einerseits eine
Schuld ohne Haftung vor bei den sog. **unvollkommenen Verbindlichkeiten** (dazu
Rz. 96).

Anderseits ist auch eine **Haftung ohne eigene Schuld** möglich. So haftet der **Dritt-**   93
pfandgeber mit seinem Pfand für die Schuld eines andern (= Schuldner), ohne dass
er gegenüber dem (Drittpfand)Gläubiger selber eine Schuld hätte (blosse Realsicher-
heit).[109] Dagegen haftet der Bürge (Art. 492 ff. OR) nur scheinbar für die fremde
Schuld des Hauptschuldners, da er in Wirklichkeit für seine eigene, mit Bürgschaftsvertrag eingegangene Bürgenschuld einzustehen hat. Der Bürge hat also gegenüber
dem Gläubiger des Hauptschuldners eine eigene Schuld, welche der Absicherung
der Hauptschuld dient (Personalsicherheit).

Beachte:

– Oft wird der Ausdruck «haften» synonym für «schulden» verwendet. So
  spricht man vom «Haftpflichtrecht» (Art. 41 ff. OR), wo es genau genommen um die Schuldverpflichtung des Schädigers geht, Ersatz zu leisten.

– *Schuld* (Schuldverbindlichkeit) ist nicht mit *Verschulden* zu verwechseln.
  Verschulden ist eine rechtlich vorwerfbare mentale Einstellung (Vorsatz
  oder Fahrlässigkeit), die namentlich nach Art. 41 Abs. 1 OR tatbestand-
  liche Voraussetzung für die Entstehung einer Schuldverbindlichkeit zum
  Schadenersatz ist (siehe Rz. 370 ff.). Die meisten Schuldverbindlichkeiten
  setzen aber kein Verschulden voraus!

«**Vollhaftung**» ist die **unbeschränkte, persönliche Vermögenshaftung** des Schuld-   94
ners und stellt den Regeltypus der Haftung dar. Der Schuldner haftet grundsätzlich
mit seinem ganzen Vermögen für die Erfüllung einer Schuld. Ausgenommen sind un-
pfändbare Gegenstände sog. («Kompetenzstücke»). Dazu gehören u.a. persönliche
Gebrauchsgegenstände (z.B. Kleider, Möbel), religiöse Objekte (z.B. Bibel), zwei
Milchkühe oder Rinder. (Vgl. die umfangreiche Aufzählung in Art. 92 SchKG).

Frage: Sind ein privater PKW, ein PC oder ein Fernsehapparat für den Schuldner
unentbehrlich? Recherchieren Sie, wie die Praxis dies beurteilt.

---

109   Als Fall der Haftung für eine fremde Schuld mag man auch die *subsidiäre persönliche Haftung*
      des Kollektivgesellschafters für Verbindlichkeiten der Gesellschaft nach Art. 568 OR betrach-
      ten.

Nach Art. 93 SchKG ist das Einkommen des Schuldners – in Praxis der wichtigste Pfändungsgegenstand – nur insoweit pfändbar, als es für den Schuldner und seine Familie «nicht unbedingt notwendig» ist.

Beispiel für eine **betragsmässig beschränkte** persönliche Haftung ist die Haftung des Kommanditärs in Art. 608 Abs. 1 OR.

95 **«Sachhaftung»** ist eine auf einen **Gegenstand beschränkte Haftung**. Der Schuldner haftet nur mit einem bestimmten Haftungsobjekt, z.B. mit seinem Grundstück bei der Grundlast nach Art. 782 Abs. 1 ZGB. Die Begründung eines (Mobiliar)Pfandrechts durch den **Schuldner** führt nicht zu einer Beschränkung der Haftung auf das Pfandobjekt.[110] Der Gläubiger, dem das Pfand bestellt worden ist, wird aber vorrangig (vor anderen Gläubigern) aus dem Pfanderlös befriedigt. Der Schuldner kann verlangen, dass sich der Gläubiger an das Pfand hält, bevor dieser in das übrige Vermögen vollstrecken kann (Art. 41 SchKG): Sog. *beneficium excussionis realis*.

§ 4 Unvollkommene Verbindlichkeiten und Obliegenheiten

A. Unvollkommene Verbindlichkeiten

96 Während die den Regelfall bildende **vollkommene Obligation** nötigenfalls durch Klage und Vollstreckung durchgesetzt werden kann, sind die **unvollkommenen Obligationen** nicht einklagbar (sog. Naturalobligationen) oder sie sind einklagbar, aber es steht der erfolgreichen Geltendmachung der Forderung, wie im Falle der Verjährung, die Möglichkeit einer Einrede des Schuldners entgegen. Die Erfüllung einer unvollkommenen Verbindlichkeit stellt, wie sich für sittliche Pflichten ausdrücklich aus Art. 239 Abs. 3 OR ergibt, keine Schenkung dar, kann aber auch nicht als ungerechtfertigte Bereicherung (Art. 62 ff. OR) zurückgefordert werden. *Nec actio nec repetitio* (keine Klage auf Leistung; wenn erfüllt, aber auch keine Rückforderung)! Unvollkommene Obligationen sind insbesondere:

– **Naturalobligation** (natürliche Verbindlichkeiten)

Die Naturalobligation ist nicht klagbar, was von Amts wegen zu beachten ist. *Beispiele* sind **Spiel- und Wettschulden** (Art. 513 Abs. 1 OR) sowie (siehe Art. 63 Abs. 2 OR) **sittliche Pflichten** wie unter Umständen die Verwandtenunterstützung über die gesetzliche Verpflichtung nach Art. 328 ZGB hinaus; nach kantonalem Recht (siehe Art. 186 OR) auch Zechschulden. Eine Rückforderung aus ungerechtfertigter Bereicherung ist hier ausgeschlossen (Art. 63 Abs. 2 OR).

---

110 Zur Pfandbestellung durch einen Dritten, vgl. oben Rz. 93.

> *Beispiel* (zu sittlicher Verpflichtung): Geiziger Onkel zieht seine Nichte (Vollwaise) auf, weil er meint, als nächster Verwandter dazu verpflichtet zu sein. Als er erfährt, dass dies nicht der Fall ist (Art. 328 ZGB), will er seine Unterhaltsleistungen zurückfordern.

– **Verjährte Forderungen**

Verjährung bedeutet **Entkräftung** – nicht Erlöschen – einer Forderung durch Zeitablauf. Zwar kann der Gläubiger die Forderung einklagen und der Richter darf, so Art. 142 OR, die Verjährung nicht von Amtes wegen berücksichtigen (Unterschied zur Naturalobligation), doch steht dem Schuldner die Einrede der Verjährung zu (Art. 142 OR). Bei freiwilliger Zahlung trotz Verjährung ist die Rückforderung aus ungerechtfertigter Bereicherung ausgeschlossen (Art. 63 Abs. 2 OR). Dies auch dann, wenn der Schuldner sich über den Eintritt der Verjährung geirrt, also gemeint hat, die Forderung sei noch unverjährt. Zur Verjährung näher unten Rz. 514 ff.

▶ Dazu **Fall 14**

B. Obliegenheiten

Obliegenheiten, eine juristische Kategorie, die im Versicherungsvertragsrecht «ent-   97
deckt» wurde, sind gewissermassen «Pflichten gegen sich selbst». Ihnen nachzukommen, liegt im eigenen Interesse, wenn man keinen, in den jeweiligen gesetzlichen Bestimmungen geregelten **Nachteil** (oft ein Rechtsverlust) erleiden will. Obliegenheiten sind, anders als echte Pflichten eines Schuldners gegenüber einem Gläubiger – den es bei Obliegenheiten gar nicht gibt –, weder klagbar, noch führt ihre Verletzung zu Schadenersatzansprüchen.

> *Beispiele:*
>
> – Art. 44 Abs. 1 OR (Schadensminderungsobliegenheit des Geschädigten)
>
> – Art. 38 und 61 VVG (Anzeigeobliegenheit und Schadensminderungsobliegenheit im Versicherungsrecht)
>
> – Art. 91, 92 OR (Mitwirkung des Gläubigers bei der Erfüllung)
>
> – Art. 201 OR (Prüfungs- und Rügeobliegenheit des Käufers)
>
> – Art. 365 Abs. 3 OR (Anzeigeobliegenheit des Unternehmers)

§ 5 Abwehrinstrumente des Schuldners: Einreden und Einwendungen

98 **Einrede** ist das Recht des Schuldners, die Durchsetzung der Forderung des Gläubigers durch entsprechende Erklärung dauernd («peremptorisch») oder vorübergehend («dilatorisch») zu **hindern**. Der Schuldner stellt der Forderung des Gläubigers ein **«Abwehrrecht»** (ähnlich einem «Schutzschild») entgegen, welchem Gestaltungswirkung zukommt, sodass man auch von einem Gestaltungsrecht (Rz. 64) sprechen kann. Die Einrede muss vom Schuldner **erhoben** werden, was meistens im Prozess geschieht, ansonsten die entsprechenden Umstände vom Richter nicht beachtet werden dürfen (auch wenn sie aktenkundig sind).

Beispiele: (Peremptorische) Einrede der Verjährung (Art. 127 ff. OR); (dilatorische) Einrede des nicht erfüllten Vertrages (Art. 82 OR) oder der Stundung einer Forderung.

99 Von der Einrede ist die **Einwendung** zu unterscheiden, also das Vorbringen einer Tatsache (z.B. Bezahlung der Rechnung), die den **Bestand** der Forderung in Frage stellt bzw. verneint. Als Tatsache hat der Richter die Einwendung **von Amtes wegen** zu beachten, sobald die entsprechenden Umstände aktenkundig sind.

Beispiel: Behauptung der bereits erfolgten Erfüllung der Forderung oder ihres Erlasses.

99a Die **Beweislast** für Tatsachen, welche die Einreden und Einwendungen begründen, liegt beim Schuldner; er muss die rechtshemmenden oder rechtsaufhebenden Tatsachen beweisen (BGE 141 III 241 [242]).

Kontrollfragen zu Kapitel 4:

13. Begriffe und wichtigste Typen der Gestaltungsrechte?

14. Nennen Sie die Typen der subjektiven Rechte.

15. Was sind «nachwirkende» Vertragspflichten?

16. Nennen Sie Beispiele für Verträge, die ein einfaches Schuldverhältnis begründen.

17. Wie endigen Dauerverträge?

18. Was sind «faktische» Dauerverträge?

19. Was versteht man unter der «Relativität» der Forderungsrechte?

20. Wo liegt der Unterschied zwischen dem unechten und dem echten Vertrag zugunsten Dritter?

21. Was heisst «Kausalität» der «Tradition»?

22. Was sind unvollkommene Verbindlichkeiten?

23. Nennen Sie Beispiele für Einreden, die ein Schuldner gegen eine Forderung erheben kann.

24. Was ist eine peremptorische Einrede?

25. Unterschied zwischen Einrede und Einwendung.

26. Was ist eine Obliegenheit? Beispiele?

Kapitel 5
Die Entstehungsgründe der Schuldverhältnisse: Einleitung

§ 1 Vorbemerkung

Der 1. Teil der 1. Abteilung des OR regelt in drei Abschnitten die «Entstehung der Ob-   100
ligationen» aus **Vertrag** (Art. 1 ff. OR), durch **unerlaubte Handlungen** (Art. 41 ff.
OR) und aus **ungerechtfertigter Bereicherung** (Art. 62 ff. OR). Diese Unterteilung
beruht auf römischrechtlicher Tradition, wobei GAIUS (Inst. 3,88) nur eine Zweitei-
lung – Entstehung aus Vertrag oder Delikt (= unerlaubte Handlung) – kannte. In der
heutigen Lehre ist jedoch anerkannt, dass der Vertrag nicht der einzige Rechtsge-
schäftstyp ist (siehe Rz. 106 ff.), weshalb allgemeiner vom **rechtsgeschäftlichen Entstehungsgrund** von Obligationen gesprochen wird. Gleichzeitig werden die Schuldverhältnisse aus unerlaubter Handlung mit jenen aus ungerechtfertigter Bereicherung
und aus Geschäftsführung ohne Auftrag in die Kategorie der «**gesetzlichen Schuldverhältnisse**»[111] eingeordnet.

Beachte:

– Auch bei Ansprüchen aus **Geschäftsführung ohne Auftrag** liegt kein
  rechtsgeschäftlicher Entstehungsgrund vor, obwohl die Art. 419 ff. OR
  – systematisch falsch – bei den «einzelnen Vertragsverhältnissen» (2. Abteilung des OR) geregelt sind. ▶ Dazu **Fall 18**.

– Art. 423 Abs. 1 OR sieht bei der unechten Geschäftsführung ohne Auftrag
  (die bösgläubig nicht im Interesse des Geschäftsherrn, sondern im Eigen-
  interesse des Geschäftsführers vorgenommen wird) einen eigenständigen
  Anspruch auf Gewinnherausgabe vor (der nicht Schadenersatz- und
  auch nicht Bereicherungsanspruch ist). Ebenso Art. 28 Abs. 3 ZGB bei
  Persönlichkeitsverletzungen. Dazu wichtig BGE 133 III 153 (*Patty-
  Schnyder*-Entscheid).

Neben den etablierten Entstehungsgründen gibt es **eine Reihe relativ umstrittener**   101
Figuren: *cic*, faktische Vertragsverhältnisse, Vertrauenshaftung. Es geht dabei nach
der aus dem Römischen Recht vertrauten Begriffsbildung jeweils um «quasi-kon-
traktliche» Phänomene; sie entstehen *quasi ex contractu*. Dazu unten Rz. 124 ff.

---

111   Da auch der Vertrag ein Rechtsinstitut ist, das auf einer *gesetzlichen* Grundlage bzw. Anerken-
     nung beruht (Art. 1 ff. OR), ist letztlich auch er ein «gesetzliches» Schuldverhältnis, allerdings
     nur *mittelbar*, weil die unmittelbare Grundlage das *Rechtsgeschäft* bildet. Die (eigentlichen) ge-
     setzlichen Schuldverhältnisse entstehen dagegen *unmittelbar* kraft gesetzlicher Anordnung,
     ohne dass es einer rechtsgeschäftlichen Erklärung bedürfte. Rein faktisches Verhalten reicht aus.

§ 2 Rechtsgeschäfte als Entstehungsgrund

A. Begriff und Abgrenzungen

I. Begriff

102   Ein **Rechtsgeschäft** ist eine **private Willenserklärung**, die darauf gerichtet ist, eine entsprechende Rechtsfolge zu bewirken. Das Rechtsgeschäft beruht auf einer normativ verbindlichen **«Geltungserklärung»** (*sic volo sic iubeo* [so will ich es, so soll es gelten]).[112]

II. Abgrenzung zur unverbindlichen Gefälligkeit

102a   Fehlt bei einem Versprechen der Rechtsbindungswille,[113] liegt eine blosse unverbindliche **gesellschaftliche Gefälligkeit** vor, ein blosses **«Gefälligkeitsverhältnis»**.

> *Beispiel*: Einladung zu einem privaten Abendessen.[114] Der Eingeladene hat keinen Erfüllungsanspruch. – Kommt der Adressat einer Gefälligkeit zu Schaden, hat er allenfalls *ausservertragliche* Schadenersatzansprüche (Art. 41 ff. OR). So bei einem kurzfristig übernommenen Kinderhüten im Nachbarschaftsverhältnis, wenn das Kind in einem unbewachten Augenblick verunglückt. Dazu BGE 137 III 539. In solchen Fällen wird die Haftung des Gefälligen aber gemäss Art. 99 Abs. 2 OR gemildert.

103   *Beachte*: *Unentgeltlichkeit* schliesst das Vorliegen eines verbindlichen Rechtsgeschäfts (eines Vertrages) nicht aus; es gibt «Gefälligkeitsverträge», wie etwa den unentgeltlichen Auftrag nach Art. 394 ff. OR. Umgekehrt schliesst aber die Vereinbarung eines *Entgelts* das Vorliegen eines blossen Gefälligkeitsverhältnisses jeweils aus.

▶ Dazu **Fall 16**

104   Besonders schwierig kann in der Praxis die Abgrenzung zwischen einer nicht verbindlichen **Rat- und Auskunfterteilung** als blosser **Gefälligkeit** und einer Rat- und Auskunfterteilung aufgrund eines **Vertrags** sein. In diesem Zusammenhang ist zu beachten, dass der (als Vertragstyp in Frage kommende) einfache Auftrag (Art. 394 ff.

---

112 Die moderne Sprachphilosophie (J.L. AUSTIN) spricht von einem «performativen» Kommunikationsakt.

113 Das Vorliegen oder Fehlen eines Rechtsbindungswillens ist nach Treu und Glauben aus der Sicht des Adressaten des Versprechens zu beurteilen (vgl. Rz. 196).

114 *Gegenbeispiel*: Fixe Reservierung eines Tisches für ein Abendessen in einem feinen Restaurant, das Reservierung verlangt. Eventuell vertragliche Haftung des Gastes, wenn er ohne Meldung nicht erscheint.

OR) sowohl entgeltlich als auch unentgeltlich sein kann (Art. 394 Abs. 3 OR) und zudem einen sehr weiten Anwendungsbereich hat (siehe Art. 394 Abs. 1 OR). Ist bei unentgeltlichen Rat- und Auskunftserteilungen die Frage der vertraglichen (auftragsrechtlichen) Verbindlichkeit durch die Parteien nicht ausdrücklich klargestellt, so ist nach Auffassung des Bundesgerichts vor allem darauf abzustellen, ob der Rat oder die Auskunft – wie etwa bei einer Bankauskunft – erkennbarerweise für den Adressaten von erheblicher wirtschaftlicher Bedeutung ist, oder ob der Rat oder die Auskunft von einer gewerbsmässig (professionell) handelnden Person erteilt worden ist.[115] Wenn es um solche qualifizierte Fallkonstellationen geht, wird vom Bundesgericht aufgrund der Interessenlage nach dem Vertrauensprinzip[116] ein verbindliches Vertragsverhältnis (Auftragsverhältnis) angenommen.

Beispiele: BGE 112 II 347 (*Gallé-Lampen*-Entscheid); «Bonitätsauskünfte» einer Bank.

Mögliche **Anspruchsgrundlagen für Haftung aus Rat und Auskunft**:   105

– Entgeltlicher Auftrag (Art. 394 ff. OR) mit Honorarklausel (z.B. Vertrag über Anlageberatung oder entgeltliches Gutachten).

– Ausdrücklich verbindlicher, unentgeltlicher Auftrag (Art. 394 ff. OR).

– Unentgeltlicher Auftrag (Art. 394 ff. OR) der sich nach dem Vertrauensprinzip aus den Umständen (aus der Interessenlage) ergibt. Siehe Rz. 104.

– Auskunft im Verhandlungsstadium: Haftung aus *cic* (dazu unten Rz. 124 ff.). *Beispiel*: Fehlinformation über Bauverbot auf Grundstück, über dessen Verkauf verhandelt wird.

– Vertrauenshaftung des Auskunftgebers. *Beispiel*: Haftung des Arbeitgebers wegen irreführendem Arbeitszeugnis gegenüber neuem Arbeitgeber. Zur Vertrauenshaftung unten Rz. 117 ff.

– Nur ausservertragliche Haftung (Art. 41 ff. OR) bei gesellschaftlich unverbindlichen Gefälligkeitsauskünften. *Beispiel*: Fehlauskunft eines eilig angefragten Passanten über Abfahrtszeit eines Zuges. Anfragender versäumt Geschäftstermin. Gegenbeispiel: Fehlauskunft des Reiseveranstalters über Abflugtermin.

III. Abgrenzung zu vorvertraglichen Interessenbekundungen

Bei blossen Erkundigungen, ob ein Vertragsschluss in Frage kommt, sowie bei allgemeinen Kundgaben des allfälligen Interesses an einem Vertragsschluss, liegen noch **keine verbindlichen Willenserklärungen** (siehe Rz. 102) vor. Allenfalls Haftung aus *cic* (unten Rz. 124 ff.).   105a

---

115 Etwa BGE 111 II 471 (473).
116 S. Rz. 196.

IV. Abgrenzung zu rechtsgeschäftsähnlichen Erklärungen

105b Keine Willenserklärung liegt vor, wenn der Erklärende (in rechtlich relevantem Zusammenhang) lediglich sein Wissen oder seine Vorstellungen über tatsächliche Gegebenheiten oder über die Rechtslage mitteilt bzw. bestätigt. Man spricht von **Wissenserklärungen** (auch Wissensbestätigungen) oder **Vorstellungsmitteilungen**. Wichtiges *Beispiel*: Mängelrüge des Käufers nach Art. 201 OR[117]. Teilweise ist (wegen der Rechtsgeschäftsähnlichkeit dieser Äusserungen) eine analoge Anwendung der Regeln über die Willenserklärungen angebracht.

> *Beachte*: Rechtlich gänzlich von der volitiven oder mentalen Sphäre (Wollen, Wissen, Vorstellungen) abgekoppelt sind *reine Tathandlungen* (Realakte), an die rechtliche Folgen geknüpft sind. So etwa der Empfang der Ware durch den Käufer oder die Abnahme des Werks durch dessen Besteller (siehe Art. 201 Abs. 1; Art. 369, 370 Abs. 1, 371 Abs. 1 OR).

B. Typen des Rechtsgeschäfts

I. Unterscheidung nach Anzahl der Willenserklärungen

1. Einseitige Rechtsgeschäfte

106 Bei einseitigen Rechtsgeschäften entfaltet bereits die **einzelne** Willenserklärung Rechtswirkungen. *Beispiele* sind im ZGB die letztwillige Verfügung (Art. 498 ZGB) sowie die Patientenverfügung (Art. 370 ZGB), im OR die **Auslobung** (Art. 8 OR) oder die Ausübung von Gestaltungsrechten (oben Rz. 64) durch **Gestaltungserklärungen**, z.B. die Irrtumsanfechtung nach Art. 23 ff. OR. Das allgemeine Vertragsrecht der Art. 1 ff. OR ist (gemäss Art. 7 ZGB) auf einseitige Rechtsgeschäfte grundsätzlich entsprechend anwendbar.[118]

> *Beachte*: Die **Auslobung** ist das einzige unbestrittene, verpflichtende einseitige Rechtsgeschäft des OR. Die Auslobung ist nicht empfangsbedürftig (siehe Rz. 152a). Durch Erbringung der ausgelobten Leistung – die nicht unbedingt aufgrund der Auslobung erfolgen muss – wird kein Vertrag geschlossen. Von der Auslobung abgesehen sieht das OR das einseitige Versprechen als Verpflichtungsgrund nicht vor! Auch das Schenkungsversprechen bedarf einer Annahme (Art. 241 Abs. 1 OR). In der Nähe der Auslobung liegen die regelmässig unlauteren «**Gewinnzusagen**». Dazu § 661a deutsches BGB: «Ein Unternehmer, der Gewinnzusagen oder vergleichbare Mitteilungen an den Ver-

---

117 Vgl. auch BGE 127 III 444 zur «Saldoquittung» (Art. 88 Abs. 1 OR).

118 So ausdrücklich für das französische Recht neuerdings (nach der Reform von 2016) Art. 1100-1 Abs. 2 Code Civil.

braucher sendet und durch die Gestaltung dieser Zusendungen den Eindruck erweckt, dass der Verbraucher einen Preis gewonnen hat, hat dem Verbraucher den Preis zu leisten». Nach dem OR, wo eine entsprechende Vorschrift fehlt, ist ein Anspruch auf Gewinnauszahlung (leider) schwer begründbar: Es liegt keine Auslobung vor, aber auch kein Schenkungsversprechen, sondern eine irreführende Mitteilung («Wir gratulieren: Sie haben Fr. 10 000.– gewonnen!»).

▶ Zur Auslobung **Fall 15**

2. *Zweiseitige bzw. mehrseitige Rechtsgeschäfte: Verträge*

Zwei oder mehrere Personen tauschen **gegenseitige, übereinstimmende Willenserklärungen** aus. Das so definierte Rechtsgeschäft ist der **Vertrag**. Der Vertrag ist dabei regelmässig ein «zweiseitiges» **(bilaterales)** Rechtsgeschäft.[119] Es sind aber auch **multilaterale** Verträge («Mehr-als-Zwei-Parteien-Verträge») denkbar, wie vor allem Gesellschaftsverträge. – Zum *contratto plurilaterale* Art. 1420 italienischer Codice Civile.   107

> *Beachte*: Nach der Zahl der **verpflichteten** Parteien werden **einseitige** (= einseitig verpflichtende) Verträge,[120] z.B. die Schenkung, und **zweiseitige** (= zweiseitig verpflichtende) **Verträge** (Kauf, Miete, Werkvertrag etc.) unterschieden. Stehen die Leistungen, wie bei den gerade genannten zweiseitigen Verträgen, in einem **Austauschverhältnis** (*do ut des*-Verhältnis), so liegt ein **«vollkommen zweiseitiger» (synallagmatischer) Vertrag** vor. Davon gehen etwa Art. 82 und Art. 107 ff. OR aus. Ein **«unvollkommen zweiseitiger» Vertrag** ist z.B. die unentgeltliche Gebrauchsleihe (Art. 305 ff. OR): Beide Vertragspartner haben Pflichten, aber die Rückgabepflicht des Entleihers ist keine synallagmatische Pflicht mit Austauschcharakter, sondern eine «Liquidationspflicht» bei Beendigung des Vertragsverhältnisses.   108

Eine auch für die Schweiz brauchbare, ausdrückliche **Definition des Vertrages**[121] sieht Art. 213 Abs. 1 des 6. Buches des NBW (Niederländisches Bürgerliches Gesetzbuch von 1992) vor: 109

---

119   So im Normalfall, dass zwei Parteien sich gegenüberstehen, wobei die jeweilige Partei, wie die Strukturskizze (in Rz. 110) zeigt, aber auch aus mehreren Personen bestehen kann.

120   Nicht mit den einseitigen Rechtsgeschäften (Rz. 106) zu verwechseln!

121   Ähnlich wie das im Text zitierte NBW schon Art. 1101 französischer Code Civil Civil (nur unwesentlich revidiert 2016). Berühmt ist auch die Vertragsdefinition von SAVIGNY (s. Fn. 46) aus dem Jahre 1840: «Vertrag ist die Vereinigung Mehrerer zu einer übereinstimmenden Willenserklärung, wodurch ihre Rechtsverhältnisse bestimmt werden». Im Römischen Recht schon Dig. 2, 14, 1, 2 [ULPIANUS].

Art. 213 6. Buch NBW

(1) Ein Vertrag ... ist ein mehrseitiges Rechtsgeschäft, durch das eine oder mehrere Parteien gegenüber einer oder mehreren anderen eine Verbindlichkeit eingehen.

110 Mögliche Strukturen des Vertrages:

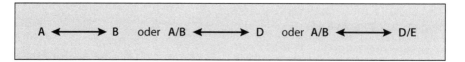

3. Beschlüsse

111 Beim **Beschluss** werden zwei oder mehrere Willenserklärungen im Hinblick auf eine **Entscheidfindung** in einem **rechtlichen Gemeinschaftsverhältnis** (vor allem einer Gesellschaft) abgegeben. Die Willenserklärungen werden nicht wie beim Vertrag «oppositorisch» – im Gegenseitigkeitsverhältnis – ausgetauscht; sie sind gleichgerichtet im Hinblick auf eine gemeinsame Zweckverfolgung. Je nach Fall wird Einstimmigkeit (Art. 534 Abs. 1 OR) oder die Mehrheit der Stimmen (Art. 534 Abs. 2 OR; Art. 703 OR) verlangt. Daraus ergibt sich: Das für Verträge konstitutive Konsensprinzip[122] gilt für Beschlüsse nicht unbedingt. Ansonsten aber (gemäss Art. 7 ZGB) entsprechende Anwendung der Art. 1 ff. OR.

Beachte:

– Der Beschluss selbst ist keine Willenserklärung, sondern ein Rechtsgeschäft, das auf den beschlussfassenden (auch den überstimmten!) Willenserklärungen (den Stimmabgaben) beruht.

– Die Gründung einer Gesellschaft erfolgt durch zwei- oder mehrseitigen Vertrag. Die Willensbildung in der bestehenden Gesellschaft geschieht durch Beschluss.

---

122 Dazu Rz. 183 ff.

Struktur des Beschlusses: 112

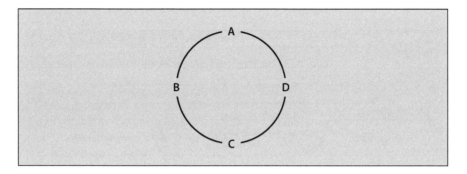

II. Unterscheidung nach der Rechtswirkung der Rechtsgeschäfte: Verpflichtungsgeschäfte und Verfügungsgeschäfte

Verpflichtungsgeschäfte, wie vor allem die Verträge der 2. Abteilung des OR, be- 113
gründen eine **Obligation** (Schuld) und bewirken – buchhalterisch gesprochen – eine
Zunahme der **Passiven**. Als solche führen sie zu keiner unmittelbaren Veränderung
der rechtlichen Güterzuordnung, weil sie am Bestand der Aktiven nichts ändern, sondern nur dazu verpflichten.[123]

> *Beispiel*: Der Kaufvertrag als Verpflichtungsgeschäft bewirkt für sich allein keinen
> Eigentumsübergang, sondern schafft nur die Verpflichtung des Verkäufers, durch
> «Tradition» (s. Art. 922, 923 ZGB) des Kaufgegenstands Eigentum zu übertragen.
> Siehe oben Rz. 88.

Verfügungsgeschäfte wirken demgegenüber unmittelbar rechtsverändernd; sie greifen in Bestand oder Inhalt der **Aktiven** ein, indem sie Rechte übertragen, belasten
oder aufheben. Verfügungsgeschäfte stellen meist die Erfüllung eines vorherigen Verpflichtungsgeschäfts dar.

> *Beispiele*: Tradition (Art. 922, 923 ZGB); Zession von Forderungen (Art. 164 ff.
> OR); Neuerung («Novation») nach Art. 116 OR. Auch die Gestaltungserklärun-
> gen[124] sind (einseitige) Verfügungsgeschäfte.

---

123 Ganz in diesem Sinn im Römischen Recht schon PAULUS Dig. 44, 7, 3.
124 S. oben Rz. 64.

III. Abschliessende Übersicht zur Einteilung der Rechtsgeschäfte im OR

114

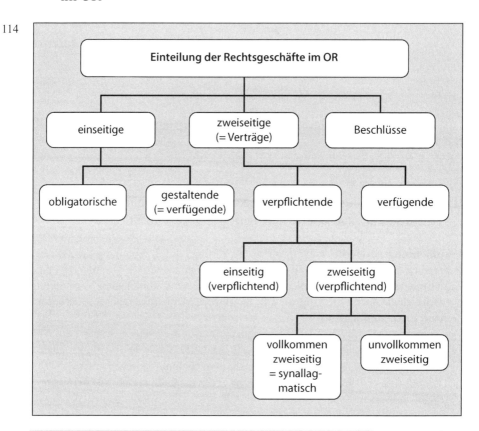

Beispiel für einen «unvollkommen zweiseitigen Vertrag»: Gebrauchsleihe nach Art. 305 ff. OR; unentgeltlich (= keine «synallagmatische» Gegenverpflichtung), aber Rückgabeverpflichtung des Entlehners.

115   *Beachte*: Unterscheide streng zwischen *einseitigen Rechtsgeschäften* wie etwa der Kündigung eines Vertrages und *einseitigen Verträgen* (= einseitig verpflichtenden Verträgen) wie etwa der Schenkung (Art. 239 ff. OR)!

§ 3   Faktische Vertragsverhältnisse

Die Theorie von den faktischen Vertragsverhältnissen stammt aus der deutschen   116
Lehre (G. HAUPT [1941]; LARENZ) und hat verschiedene Facetten. Die wichtigste bezieht sich auf die **«faktischen Dauerschuldverhältnisse»** («faktische Dauerverträge») (dazu oben Rz. 67). Sodann auch «faktische Vertragsverhältnisse kraft sozial-
typischem Verhalten». Sie sollen nach dieser Theorie vorliegen, wenn sich jemand
«sozialtypisch» eindeutig verhält, etwa in ein Tram einsteigt. Dann soll durch dieses
Verhalten «faktisch» ein Vertrag entstehen, ohne dass rechtsgeschäftliche Erklärungen ausgetauscht worden sind. Diese Auffassung ist **abzulehnen**, weil das sozialtypi-
sche Verhalten eine ganz normale Willenserklärung durch schlüssiges (= konkludentes) Verhalten darstellt. Auch nonverbale Kommunikation kann, wie Art. 1 Abs. 2 OR
ausdrücklich festhält, zum Vertragsschluss führen[125]. Es geht somit nicht um ein «faktisches» Vertragsverhältnis, sondern um einen nach allgemeinen rechtsgeschäftlichen
Regeln geschlossenen, **normalen Vertrag**. Schwierig wird es dann, wenn der sich sozialtypisch eindeutig Verhaltende gleichzeitig mit diesem Verhalten ausdrücklich dagegen **protestiert** (sich dagegen verwahrt), dass sein Verhalten als verbindliche
rechtsgeschäftliche Erklärung interpretiert wird. Ein echter Vertragsschluss scheidet
hier wegen der ausdrücklichen Kundgabe des Dissenses aus. Kann dann nach der alten Regel *protestatio facto contraria non valet* (Widerspruch gegen eine Tatsache, die
sozialtypisch eindeutig einen rechtsgeschäftlichen Willen zum Ausdruck bringt, ist
rechtlich irrelevant) der Protest einfach ignoriert und ein «faktisches Vertragsverhältnis» (mit Vertragswirkungen) angenommen werden? So der deutsche BGH im viel
diskutierten **«Hamburger Parkplatzfall»** (BGHZ 21, 319 = ▶ **Fall 64**), der selbstverständlich auch in der Schweiz spielen könnte. **Richtigerweise** sollte dieses Problem über die **ausservertraglichen Ansprüche** der den Parkplatz vermietenden Stadt,
vor allem die bereicherungsrechtliche «Eingriffskondiktion»[126], gelöst werden[127].

§ 4   Vertrauenshaftung

Vertrauenshaftung ist die von der deutschen Lehre[128] entwickelte **Haftung** dafür,   117
dass man bei einer anderen Person auf nicht rechtsgeschäftlich verbindliche Weise,
aber doch in einer **«rechtsgeschäftsähnlichen»** gesellschaftlichen **«Sonderverbin-**

---

125   Dazu unten Rz. 149 ff. mit weiteren Beispielen in Rz. 151.
126   Dazu unten Rz. 443.
127   Anerkennung der Figur des faktischen Vertragsverhältnisses aber etwa in HGer ZH SJZ 2008,
       436 (438): Sie sei dort anzuerkennen, «wo eine Partei ohne Bezahlung eine Leistung erhält, von
       der sie weiss, dass sie unter den gegebenen Umständen und nach den bestehenden gesellschaft-
       lichen Anschauungen *nur gegen Entgelt* erfüllt wird». In diesem Entscheid wurde dem Kläger
       aber dann doch nicht die volle, aus dem Vertrag geschuldete Lizenzgebühr zuerkannt und zudem
       auf die Möglichkeit einer bereicherungsrechtlichen Lösung des Problems verwiesen.
128   Grundlegend C.-W. CANARIS, Die Vertrauenshaftung im deutschen Privatrecht (München
       1971).

dung»,[129] ein (nach Lage des Falls) objektiv gerechtfertigtes Vertrauen auf das Bestehen gewisser Umstände oder auf ein bestimmtes Verhalten geweckt hat und sie damit zu Dispositionen (oder zur Unterlassung von Dispositionen) verleitet, womit sie zu Schaden kommt, weil der Vertrauenstatbestand sich schliesslich als falsch erweist.

118   Für die Schweiz grundlegend sind BGE 120 II 331 (*Swissair*-Entscheid) und BGE 121 III 350 (*Ringer*-Entscheid[130] = ▶ **Fall 19**). Das Bundesgericht sieht in der Figur der Vertrauenshaftung eine **Verallgemeinerung** der **cic-Haftung**. Insofern mag man von einer Vertrauenshaftung i.w.S. sprechen, welche die (unter Rz. 124 ff. erläuterten) klassischen Fälle der *cic* im Verhandlungsstadium («vorvertragliche Vertrauenshaftung») sowie zusätzliche, interessenmässig ähnlich gelagerte vertrauenshaftungsrechtliche Konstellationen (Fälle der Vertrauenshaftung i.e.S.) umfasst.[131] Zur *cic* Rz. 124 ff.

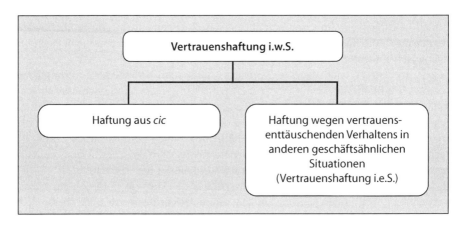

119   Grundsätzlich geht es bei der Vertrauenshaftung um den **Ersatz** des **negativen Vertragsinteresses** (= Vertrauensinteresse, Vertrauensschaden). Ausnahmsweise zielt die Vertrauenshaftung jedoch auf die **Realisierung** des **erweckten Vertrauens** (= **Erfüllungsinteresse**) ab («Haftung auf Vertrauensentsprechung», «Haftung für den veranlassten Rechtsschein» oder «Rechtsscheinshaftung»). Z.B. Art. 34 Abs. 3 OR.

Beachte die Begriffe:[132]

–   Ersatz des **negativen Vertragsinteresses** (= «Vertrauensinteresse», *reliance interest*): Der Geschädigte soll durch den Ersatz so gestellt werden, wie er vermögensmässig stehen würde, wenn er **nicht** auf den wirksamen **Abschluss des Vertrages vertraut** hätte. Typische Schadensposten: Nutzlose Aufwendungen («Vertrauensdispositionen») für Vertragsverhandlungen (z.B. Sekretariats- und

---

129   LORD DEVLIN sprach in einer bekannten englischen Entscheidung des House of Lords (*Hedley Byrne & Co.* [1964]) in einem ähnlichen Kontext von einer *relationship equivalent to contract*.
130   Abdruck unten S. 378 ff.
131   So BGE 134 III 390 (395).
132   Die vor allem auch bei der Haftung aus *cic* (s. Rz. 124) und im Hinblick auf die Folgen des Schuldnerverzugs (Rz. 495) wichtig sind.

Anwaltskosten, Reisespesen), Versäumung anderer lukrativer Dispositionen, vor allem von Vertragsschlüssen, die man im Vertrauen auf die Realisierung des Geschäfts nicht vorgenommen hat (sog. «Opportunitätskosten»); Schäden, weil man im Vertrauen auf das Zustandekommen des Geschäfts schon mit Dritten kontrahiert hat und diesen gegenüber, weil man nicht in der Lage ist zu leisten, wegen Nichterfüllung haftpflichtig wird.

– Im Unterschied dazu ist der Geschädigte beim Ersatz des **positiven Vertragsinteresses** (= «Erfüllungsinteresse», *expectation interest*) so zu stellen, wie er vermögensmässig (günstiger) dastehen würde, wenn der Vertrag **vertragsgemäss erfüllt** worden wäre[133].

> *Beachte*: Die schadenersatzrechtliche Vertrauenshaftung ist grundsätzlich eine vertragsanaloge Haftung (sollte also *per analogiam* den Regeln der Vertragshaftung unterliegen), und nicht eine Haftung nach Art. 41 ff. OR. Dazu unten Rz. 329.
>
> 120

Siehe zur Vertrauenshaftung (i.w.S.) **folgendes Schaubild**:   121

			Fallgruppen		
Vertrauenshaftung i.w.S.			Fehlverhalten *in contrahendo* ohne nachfolgenden Vertragsschluss	Fehlverhalten *in contrahendo* mit Vertragsschluss	Fehlverhalten bei anderen vertragsähnlichen Kontakten (Vertrauenshaftung i.e.S.)
Sanktion	Schadensrechtliche Vertrauenshaftung	Haftung auf Erfüllungsinteresse	– (nach h.L.)	+ (z.B. nach Art. 26 II OR)	– (nach h.L.)
		Haftung auf Vertrauensinteresse	+	+ (z.B. nach Art. 26 I OR)	+
	Vertrauenshaftung i.w.S. als Erfüllungshaftung (Rechtsscheinhaftung)		–	+ [z.B. bei Anscheinsvollmacht (unten Rz. 318)]	+ (z.B. BGE 128 III 324)

---

133 Zum Ersatz des Erfüllungsinteresses bei der Haftung aus *cic* unten Rz. 125.

122 Grundsätzliche **Kritik** an der vom Bundesgericht ohne eigentliche gesetzliche Grundlage eingeführten Vertrauenshaftung etwa bei Schwenzer Rz. 52.01 ff., wo statt dessen eine neue Konzeption (vor allem Rechtswidrigkeitskonzeption) zu Art. 41 Abs. 1 OR befürwortet wird.

123 **Anspruchsvoraussetzungen** für den Ersatz des Vertrauensschadens aufgrund der Vertrauenshaftung:[134]

– **Sonderverbindung**

Es besteht eine zur spezifischen Rücksichtnahme und Sorgfalt verpflichtende «rechtliche Sonderverbindung» zwischen dem Vertrauenden und dem sich vorwerfbar Verhaltenden, jedoch kein vertragliches Verhältnis; die vertragliche Haftung ginge der Vertrauenshaftung vor.[135]

– **Zurechenbare Schaffung eines Vertrauenstatbestands**

Das vorwerfbare (schuldhafte) Verhalten besteht darin, dass einem anderen gegenüber leichtfertig oder vorsätzlich der Eindruck des Bestehens von Tatsachen (kann auch Rechtslage sein) oder der Möglichkeit von deren zukünftiger Realisierung erweckt wird («zurechenbare Veranlassung eines Vertrauenstatbestands»).

– **Objektiv berechtigtes Vertrauen auf Vertrauenstatbestand**[136]

Der andere vertraut auf das Bestehen oder die Möglichkeit der zukünftigen Realisierung der Tatsache und darf nach der Lage des Falles auch darauf vertrauen. Leichtfertige Vertrauensseligkeit wird nicht geschützt.

– **Enttäuschung des Vertrauens**

Entgegen dem erweckten Eindruck trifft die Tatsache nicht zu (bzw. nicht ein).

– **Vertrauensschaden und Kausalität**

Vertrauender erleidet Schaden (Vertrauensschaden), weil er aufgrund des Vertrauenstatbestandes vermögenswerte Dispositionen («Vertrauensinvestitionen») getätigt hat. Siehe oben Rz. 119.

Zur Qualifikation der Vertrauenshaftung (auch zur **Verjährung**) unten Rz. 329.

---

134 Die frühere Judikatur bestätigende Zusammenfassung der (sehr restriktiven) Voraussetzungen der Vertrauenshaftung in BGE 130 III 345 (349 ff.); 142 III 84 (88).

135 S. BGE 131 III 377 (380). Insofern wird auch von «Subsidiarität der Vertrauenshaftung» gesprochen. Diese dürfe nicht dazu führen, dass das Rechtsinstitut des Vertrages ausgehöhlt wird. Daher sei die Erwartung, dass der Partner ohne vertragliche Verpflichtung eine Leistung erbringe, grundsätzlich nicht schützenswert: BGE 133 III 449 (451 f.).

136 BGE 133 III 449 (451). Ein berechtigtes Vertrauen im Hinblick auf ein ISO-Zertifikat verneinend BGE 142 III 84 (90).

Kontrollfragen zu Kapitel 5:

27. Nennen Sie ein Beispiel für ein einseitiges Rechtsgeschäft!

28. Was ist ein einseitiger, was ein zweiseitiger Vertrag?

29. Was versteht man unter Vertrauenshaftung?

30. Was versteht man unter dem Ersatz des negativen und des positiven Vertrags-
    interesses?

Kapitel 6
Vorstufen des Vertragsschlusses: «Culpa in contrahendo», Vorvertrag und andere Figuren

§ 1 «Culpa in contrahendo» (Verschulden im Verhandlungsstadium)

A. Grundgehalt und Legitimation des allgemeinen Haftungsprinzips; Sanktionierung

Es entspricht nicht nur Treu und Glauben (Art. 2 Abs. 1 ZGB), sondern auch einem   124
wirtschaftlich legitimen Bedürfnis nach möglichst störungsfreien Abläufen im rechtsgeschäftlichen Verkehr, dass die Parteien nicht erst ab Vertragsschluss, sondern bereits im **vorvertraglichen** Stadium – wegen der durch die Vertragsverhandlungen entstandenen «Sonderverbindung» – «Vertrauensverhältnis» – zu erhöhter gegenseitiger
Rücksichtnahme verpflichtet sind. Man verhandelt nicht mit einem fremden «Dritten», sondern mit einem «Partner»: dem «Verhandlungspartner». Das liberale «Prinzip der Nichtrücksichtnahme» auf Drittinteressen (oben Rz. 74), gilt hier nicht mehr.

Beispiele: Pflicht zu loyalem Verhandeln, Aufklärungspflichten, Pflicht zu korrek-
ter Information. Zur Typologie der Pflichten Rz. 126.

Rudolf von Jhering (1818–1892) gilt als «Entdecker» des Haftungsprinzips der   125
cic.[137] Im OR sind Art. 26 Abs. 2, 31 Abs. 3 und 39 punktueller Ausdruck des Gedan-
kens der *cic*. Es fehlt aber eine allgemeine gesetzliche Regelung (Generalklausel),
wie sie etwa der italienische Codice Civile oder (etwas spezifischer) die PECL[138]
kennen:

Art. 1337 Codice Civile:
«Le parti, nello svolgimento delle trattative e nella formazione del contratto,
devono comportarsi secondo buona fede».[139]

Art. 2:301 PECL: «Negotiations Contrary to Good Faith
(1) A party is free to negotiate and is not liable for failure to reach an agreement.
(2) However, a party who has negotiated or broken off negotiations contrary to
good faith and fair dealing is liable for the losses caused to the other party.

---

137 Jherings Jb 4 (1861) 1 ff. Völlig neu war die «Entdeckung» allerdings nicht. S. schon das All-
     gemeine Landrecht für die Preußischen Staaten (ALR) von 1794 (I. Teil 5. Titel § 284).
138 Zur deren Bedeutung s. oben Rz. 51.
139 Übersetzt: Die Parteien müssen sich bei den Vertragsverhandlungen und beim Vertragsschluss
     nach dem Massstab von Treu und Glauben verhalten.

> (3) It is contrary to good faith and fair dealing, in particular, for a party to enter into or continue negotiations with no real intention of reaching an agreement with the other party».

In der Schweiz lässt sich der *cic*-Grundsatz entweder richterrechtlich mittels einer Gesamtanalogie (Rechtsanalogie) aus den gesetzlichen Einzeltatbeständen ableiten oder direkt mit dem Gebot von Treu- und Glauben von Art. 2 Abs. 1 ZGB begründen.[140]

Die schuldhafte[141] (vorsätzliche oder fahrlässige[142]) Verletzung der im Verhandlungsstadium zu beachtenden Pflichten führt zu einer **Haftung** für **vorvertragliches Fehlverhalten**, die meist auf den Ersatz des **negativen** Vertragsinteresses (Vertrauensinteresses)[143] gerichtet ist.

> *Beachte*: Dass (ausnahmsweise und entgegen der h.L.) bei *cic* auch der Ersatz des **positiven** Vertragsinteresses (Erfüllungsinteresses)[144] denkbar ist, obwohl kein wirksamer Vertrag vorliegt, ergibt sich – neben den (in ähnlich qualifizierten Fällen analog anwendbaren) ausdrücklichen Regelungen in Art. 26 Abs. 2 und Art. 39 Abs. 1 OR –, aus folgender allgemeinen Erwägung: Wer beweisen kann, dass es ohne das pflichtwidrige Verhalten des Verhandlungspartners nach aller Wahrscheinlichkeit zu einem für ihn (im Vergleich zum abgeschlossenen) günstigeren Vertrag gekommen wäre, solle geschützt werden[145].

126 Umstritten ist seit jeher die rechtliche «**Qualifikation**», also die dogmatische Einordnung der Haftung aus *cic*. Geht es um deliktische Haftung (Art. 41 ff. OR), so wie dies etwa im französischen Recht vertreten wird, oder – da eine echte Vertragshaftung nicht begründbar ist – um eine «vertragsanaloge» Haftung (Art. 97 Abs. 1 OR)? Siehe dazu erst unten Rz. 329.

126a Falls der **Vertrag wirksam zustande gekommen** ist, scheiden Ansprüche aus *cic* grundsätzlich aus, da der durch *cic* beeinträchtigte Vertragspartner (vorrangig) Ansprüche aus Nicht- oder Schlechterfüllung des Vertrags («Absorptionstheorie») hat (Art. 97 ff. OR). Davon macht Art. 31 Abs. 3 OR allerdings eine Ausnahme bei Täuschung/Drohung im Vertragsabschluss, wenn der Getäuschte/Bedrohte den Vertrag nachträglich genehmigt. In diesem Fall kann die Haftung entweder auf Art. 41 ff. (da eine widerrechtliche Handlung vorliegt) oder auf *cic* gestützt werden. Art. 31 Abs. 3 OR gilt aber nur bei der gesetzlich fingierten Genehmigung des Vertrages nach Art. 31 Abs. 1 OR, nicht bei rechtsgeschäftlicher Genehmigung.

---

140 Zur richterrechtlichen Weiterentwicklung der *cic*-Haftung in Richtung Vertrauenshaftung (i.w.S.) und zur Einordnung der *cic*-Haftung, oben Rz. 117 ff.

141 Zu beachten ist, dass nach Art. 39 Abs. 1 OR ausnahmsweise eine Haftung des *falsus procurator* ohne Verschulden vorgesehen ist. S. unten Rz. 311.

142 Dass Fahrlässigkeit genügt, betonen BGE 101 Ib 422 (432) und BGE 140 III 200 (203).

143 Dazu oben Rz. 119.

144 Zum Begriff oben Rz. 119.

145 Richtig deutscher BGH NJW 1998, S. 2900 (2901). Anders (gegen Ersatz des Erfüllungsinteresses) jetzt ausdrücklich Art. 1112 Abs. 2 Code Civil (2016).

B. Typologie der Pflichten im Verhandlungsstadium

Die Pflichten der Parteien im Verhandlungsstadium lassen sich wie folgt typologisieren:

127

- Pflicht, **ernsthaft zu verhandeln**, also keine Scheinverhandlungen zu führen, ohne ernstlich an einen Vertragsschluss zu denken. *Beispiel*: A führt Parallelverhandlungen mit C, um damit seinen Verhandlungspartner B unter Druck zu setzen, denkt aber gar nicht daran, mit C abzuschliessen.

- Pflicht, gegenüber dem Verhandlungspartner **keinen falschen Eindruck** zu erwecken, es stünden dem Vertragsabschluss keine Hindernisse (keine weiteren Vorbehalte) mehr entgegen, obwohl der Vertragsabbruch bereits einseitig feststeht.[146]

> *Beispiele* aus der Judikatur: BGE 105 II 75; Bundesgericht vom 29.10.2001, SemJud 2002, 164 (167 f.); 4A_615/2010 vom 14.1.2011; BGE 140 III 200 (203 f.), wonach auch bei formbedürftigen Verträgen eine Haftung aus *cic* möglich ist (allerdings «meno facilmente»), wenn der Vertragsschluss vor Erfüllung des Formgebots scheitert.

- Pflicht, vor Vertragsabschluss **sorgfältige Abklärungen** über die faktischen oder rechtlichen **Rahmenbedingungen** des Vertrages zu treffen.[147]

- Pflicht, den Verhandlungspartner bei ungefragten **Mitteilungen** (können auch ernst zu nehmende Werbeaussagen sein) oder auf dessen **Fragen** hin **korrekt** (richtig, vollständig) zu **informieren**. Bei vorsätzlich falschen Äusserungen spezielle Regelung in Art. 28 OR (Täuschungsanfechtung). Dazu Rz. 260 ff.

> *Beachte*: Bei persönlichkeitsverletzenden Fragen, namentlich anlässlich von Anstellungsgesprächen, wie vor allem der Frage nach einer Schwangerschaft, wird in der Lehre ein «Notwehrrecht auf Lüge» befürwortet. Siehe dazu Rz. 264.

- Pflicht, den Verhandlungspartner über **wesentliche Vertragsdaten**, deren Kenntnis nach Lage des Falls nicht vorausgesetzt werden kann, auch ohne Nachfrage

---

146 *Beachte*: Aus *cic* entsteht keine Kontrahierungspflicht (unten Rz. 139), weshalb der Abbruch der Vertragsverhandlungen auf jeden Fall rechtswirksam ist (vgl. Art. 1112 I Code Civil (2016): «... la rupture des négociations précontractuelles [est] libre ...».). Aufwendungen, die ein Verhandlungspartner im Hinblick auf den erhofften Vertrag gemacht hat, gehen daher grundsätzlich auf sein Risiko. Ausnahmsweise entstehen aber Schadenersatzansprüche, wenn eine schuldhafte Enttäuschung legitimen Vertrauens vorliegt. Wie es N.P.M. Kuonen, SemJud Doctrine 2008, S. 256 formuliert: Es besteht ein *pouvoir de rompre*; gleichzeitig aber eine (mit Schadenersatzansprüchen sanktionierte) Pflicht, beim Verhandlungspartner nicht den irrigen Eindruck zu erwecken, es stünde dem Vertragsschluss nichts mehr entgegen, was diesen wiederum zu Dispositionen veranlasst.

147 Hier stellt sich das Problem der Berufung auf einen schuldhaften Irrtum. Dazu Art. 26 OR. Vgl. unten Rz. 274.

spontan aufzuklären (dazu Leitsatz in Rz. 128). Spezielle Regelung für den Fall der Täuschung (durch vorsätzliches Verschweigen offenzulegender Tatsachen) in Art. 28 OR (dazu Rz. 260).

– Pflicht **abzuklären**, ob dem Vertragsschluss nicht **zwingende gesetzliche Vorschriften**, deren Nichtbeachtung zur Nichtigkeit des Vertrages führt, entgegenstehen.

– Pflicht, die **Entscheidungsfreiheit** des Partners **nicht** vorsätzlich zu **beeinträchtigen** oder deren Beeinträchtigung auszunützen. Spezielle Regelungen in Art. 29 f. OR sowie 21 OR.

– Pflicht, **sensible Daten** (namentlich Betriebs- und Geschäftsgeheimnisse) des Verhandlungspartners **geheim** zu halten.

– Zu den Schutzpflichten im Verhandlungsstadium erst unten Rz. 329.

C. Leitsatz zur Aufklärungspflicht «in contrahendo»

128 Nach Treu und Glauben ist grundsätzlich eine Pflicht zu bejahen, den Verhandlungspartner über Umstände **ungefragt aufzuklären**, welche nach Lage des Falles für diesen **entscheidungsrelevant** sind, sofern er in erkennbarer Weise von den fraglichen Umständen **keine Kenntnis** hat, d.h. nicht anzunehmen war, dass der Verhandlungspartner den wahren Sachverhalt ohne Weiteres kenne.[148] Die Konkretisierung dieses allgemeinen Leitsatzes[149] erfolgt nach dem jeweiligen Vertragstyp und aufgrund der Konstellation des ganz konkreten Vertragsschlusses. Beispielsweise besteht für einen professionellen Kontrahenten gegenüber einem unerfahrenen Konsumenten eine erhöhte Informationspflicht[150], da hier meist von einer «Informationsasymmetrie» auszugehen ist.[151] Gegenüber einem geschäftlich versierten Verhandlungspartner ist man dagegen nicht gehalten, sozusagen «Kindermädchen» zu spielen.

129 Zu den **Grenzen** der Aufklärungspflicht BGE 102 II 81 (84):

> «Wer bei Vertragsverhandlungen nicht nach Irrtümern des Gegners forscht, die dieser bei gehöriger Aufmerksamkeit selber wahrnehmen konnte, handelt nicht gegen Treu und Glauben ... Niemand ist gehalten, im Interesse des Gegners umsichtiger zu sein, als dieser ist und sein kann».

---

148 Beachte: Eine Aufklärungspflicht *in contrahendo* wurde im Römischen Recht grundsätzlich nicht anerkannt. S. Dig. 19, 2, 22, 3 (PAULUS): «Naturaliter concessum est ... invicem se circumscribere» (es ist naturgemäss zulässig, sich gegenseitig zu übervorteilen). Grundsätzlich keine *duty of disclosure* im englischen Recht.

149 Ähnlich auch vom BGer (BGE 101 Ib 422 [432]) vertreten; speziell zur Aufklärungspflicht des Verkäufers BGer vom 20.5.2014, 4A_619/2013 (E. 4.1).

150 So etwa auch BGE 137 III 393 (400) im Hinblick auf die Informationspflichten des Vermögensverwalters.

151 Verfassungsrechtlicher Hintergrund: Art. 97 BV (Konsumentenschutz).

D. Schematische Zusammenfassung der Voraussetzungen einer Haftung aus cic

–   Vorvertragliches Verhältnis   130

–   Schaden

–   Verletzung einer vorvertraglichen Pflicht

–   Schützenswertes Vertrauen des Verhandlungspartners, dass Vertrag zustande komme

–   Kausalität (zwischen Pflichtverletzung und Eintritt des Schadens)

–   Misslingen des Exkulpationsbeweises (Art. 97 OR)

▶   Zum Ganzen **Fälle 20** bis **23**

§ 2   Vorvertrag

Durch einen **Vorvertrag** wird nach Art. 22 Abs. 1 OR eine **vertragliche Pflicht** zum   131
Abschluss eines Hauptvertrages begründet.[152] Man kann von einer vertraglich begründeten Vertragsabschlusspflicht (Kontrahierungspflicht) sprechen. Dazu Rz. 139.

Typen des Vorvertrages

–   **Einseitig verpflichtend**: Nur einer der beiden Kontrahenten kann den Abschluss des Hauptvertrages verlangen (bzw. auf dessen Abschluss klagen).

–   **Zweiseitig verpflichtend**: Beide Kontrahenten haben den Abschlussanspruch.

–   **Vorvertrag zugunsten Dritter**: Begründet einen Anspruch eines Vorvertragspartners gegen den anderen auf Abschluss des Hauptvertrages zwischen dem Verpflichteten und einem Dritten. Der Dritte hat den Anspruch auf Abschluss unter der Voraussetzung des Art. 112 Abs. 2 OR. *Beispiel*: «Architektenklausel» in einem Grundstückskaufvertrag (Erwerber verpflichtet sich im Kaufvertrag, für sein Bauprojekt den Architekten oder Baumeister XY zu engagieren).

---

152   Im Unterschied zum Vorvertrag (z.B. auf Abschluss eines Grundstückskaufs), wo noch ein *Hauptvertrag* geschlossen werden muss, begründet ein (meist vertraglich vereinbartes) *Vorkaufsrecht* (z.B. auf ein Grundstück), ein Optionsrecht, das durch einseitige Gestaltungserklärung («Optionserklärung»; dazu oben Rz. 64), ausgeübt wird (vorausgesetzt, dass der Eigentümer tatsächlich verkaufen will). Vgl. Art. 216a ff. OR; Art. 681 ff. ZGB. Zum Begriff des *Kaufrechts* im Unterschied zum Vorkaufsrecht: BGE 138 III 659 (665 f.). Zum vertragsbegründenden oder -verlängernden Optionsrecht: BGE 122 III 10 (15). Bei einem *Vorhandvertrag (pacte de préférence)* entsteht lediglich eine Verpflichtung, nicht mit einem Dritten einen bestimmten Vertrag abzuschliessen, bevor nicht dem Berechtigten der Vertragsschluss angeboten worden ist.

132 Gesetzliche **Formvorschriften**, die für den Hauptvertrag angeordnet sind und dem Schutz der Kontrahenten dienen (namentlich dem Übereilungsschutz [siehe Rz. 175]), müssen auch bei Abschluss des Vorvertrages eingehalten werden (Art. 22 Abs. 2 OR). Ausdrücklich auch Art. 216 Abs. 2 OR.

133 So klar der Vorvertrag begrifflich umschrieben werden kann, so fragwürdig ist seine **praktische Funktion**. Wozu eine «Verdoppelung» des Vertragsschlusses?[153] Im Hinblick auf diese Zweifel ist vor allem zu beachten, dass der Vorvertrag – gleich wie der Hauptvertrag – um gültig zu sein, alle objektiv und subjektiv wesentlichen Vertragspunkte[154] regeln und daher genügend «bestimmt» sein muss. Ist dies der Fall, kann nach dem Bundesgericht aus dem Vorvertrag direkt auf Erfüllung der nach dem Hauptvertrag geschuldeten Leistung geklagt werden: **«Einstufentheorie»**.[155] Sind gewisse Rahmenbedingungen des Vertrages für einen oder beide Kontrahenten noch unsicher, so kann ein **bedingter** Vertrag geschlossen werden. Auch dazu bedarf es keines Vorvertrages.

§ 3   Verhandlungsprotokoll (Punktation)

134 Bei langandauernden und schwierigen Vertragsverhandlungen besteht oft das Bedürfnis, den zwischenzeitlich erzielten Konsens aufzuzeichnen (zu protokollieren). Ein solches Verhandlungsprotokoll wird als **Punktation** oder in internationalen Verträgen als **Heads of Agreement** *(Memorandum of Understanding; Agreement to Agree; accord de principe)* bezeichnet. Wird das Papier von den Verhandlungspartnern unterschrieben, so könnte es sich dabei unter Umständen, wenn es bestimmt genug ist, also alle objektiv wesentlichen Punkte geregelt sind, bereits um einen verbindlichen Vertragsschluss handeln (Argument aus Art. 2 OR). In der Schweiz gibt es – im Unterschied zum deutschen BGB (§ 154 Abs. 1 Satz 2) und zum österreichischen ABGB (§ 885)[156] – **keine gesetzliche Regelung**, welche die Frage der Verbindlichkeit solcher Verhandlungsprotokolle regelt. In der Praxis stellen die Parteien jedoch in den allermeisten Fällen die **Unverbindlichkeit** mit einer *no binding clause* klar. Daraus ergibt sich, dass die Erstellung eines Verhandlungsprotokolls lediglich eine Verpflichtung begründet, nach den Geboten von Treu und Glauben *(cic!)* weiterzuverhandeln und zu versuchen, eine verbindliche Einigung zu erzielen.

---

153 Im französischen Recht, wo für den Eigentumsübergang beim Kauf das Konsensprinzip gilt (oben Rz. 88), hat die *promesse de vente* den einleuchtenden Zweck, den Eigentumsübergang vorerst zu vermeiden. Im schweizerischen Recht gilt aber das Traditionsprinzip, weshalb dieses Bedürfnis entfällt.

154 Zu diesen Begriffen unten Rz. 155.

155 BGE 129 III 264 (267); BGE 118 II 32 (34).

156 Die beiden Regelungen lauten: § 154 I Satz 2 BGB: «Die Verständigung über einzelne Punkte ist auch dann nicht bindend, wenn eine Aufzeichnung stattgefunden hat». § 885 ABGB: «Ist zwar noch nicht die förmliche Urkunde, aber doch ein Aufsatz über die Hauptpunkte errichtet und von den Parteien unterfertigt worden (Punktation), so gründet auch schon ein solcher Aufsatz diejenigen Rechte und Verbindlichkeiten, welche darin ausgedrückt sind».

§ 4 Verhandlungsvertrag (Vorfeldvereinbarung)

Beim **Verhandlungsvertrag** handelt es sich um eine vertragliche Abrede eigener   135
Art, welche gewisse **Modalitäten** des **Verhandlungsstadiums** regelt. Sie betrifft
also nicht den Hauptvertrag, sondern vertragliche Probleme des Vorstadiums des Vertragsschlusses, die sonst allenfalls, aber regelmässig nicht so konkret und präzise, von
der Figur der *cic* (Rz. 124 ff.) abgedeckt sind.

> *Beispiele*: Etwa *confidentiality agreements*; Abreden über Kostentragung wegen
> Explorationen vor Vertragsschluss (Gutachten etc.); Verhandlungspflichten *(agree-
> ments to negotiate; contrat de négociation)*; Exklusivvereinbarungen, nur mit dem
> betreffenden Verhandlungspartner zu verhandeln *(pacta de non contrahendo cum
> tertio)*.

Die Sanktionierung der Abreden erfolgt auf allgemeiner **vertraglicher Basis**: Erfüllungsansprüche (im Hinblick auf die Vorfeldvereinbarung, nicht den anvisierten Vertrag), Schadenersatzansprüche (auch auf das positive Vertragsinteresse), Konventionalstrafen.

§ 5 Letter of Intent

Eine durch einen Verhandlungspartner während der Vertragsverhandlungen abgege-   136
bene **Erklärung seines Interesses** an einem (möglichst konkret umschriebenen) **Vertragsschluss** wird *Letter of Intent* (oft abgekürzt als «LoI») genannt. Ein solcher ist
etwa wichtig, um Förderungen eines Geschäftsprojekts durch Bankkredite zu ermöglichen. In der Regel ist eine solche **Absichtserklärung unverbindlich** (begründet
also keine Erfüllungspflichten), kann aber allenfalls Grundlage für eine **Haftung** aus
cic sein[157]. Trotzdem sollte diese Frage für jeden Fall individuell beurteilt werden. Es
könnte sich unter Umständen schon um eine Punktation oder einen Vorvertrag handeln. Die blosse Bezeichnung der Erklärung ist – wie bei allen in diesem Kapitel besprochenen Figuren – nicht unbedingt entscheidend (Art. 18 Abs. 1 OR).

---

157 Ebenso BGer vom 21.3.2006, SemJud 2006 I, 433 (435 f.). Im Vorfeld von (nach Art. 216 OR
     formgebundenen) Immobilientransaktionen kommt es zuweilen zu «Reservationsvereinbarun-
     gen» *(contrats de réservation)*, in denen eine Grundsatzvereinbarung festgehalten wird. Diese
     ist als blosse Absichtserklärung keine Basis für Erfüllungsansprüche, führt allenfalls zu einer
     Haftung aus *cic*. Aus den konkreten Umständen des Falls kann sich allerdings ergeben, dass die
     Reservationsvereinbarung bereits als Vorvertrag zu werten ist, der dann allerdings der Formvor-
     schrift des Art. 216 Abs. 2 OR unterliegt. So im Fall BGE 140 III 200.

Kontrollfragen zu Kapitel 6:

31. Nennen Sie gesetzliche Regelungen, in denen das Prinzip der Haftung aus *cic* punktuell geregelt ist.

32. Welche Pflichten treffen den Verhandlungspartner *in contrahendo*?

33. Wie wird die *cic* sanktioniert?

34. Nennen und erklären Sie Rechtsfiguren, die im Vorfeld eines Vertragsschlusses relevant sein können.

35. Was ist ein einseitig verpflichtender Vorvertrag?

Kapitel 7
Vertragsfreiheit und ihre Aspekte

§ 1   Grundlagen

Die Vertragsfreiheit beinhaltet die rechtliche Kompetenz, sich frei darüber zu ent-   137
scheiden, **ob** und **mit wem** man einen Vertrag schliessen will sowie mit welchem **Inhalt** und in welcher **Form**. Dazu kommt die Freiheit, den Vertrag **abzuändern** und
zu **beendigen**.

Grundlage der Vertragsfreiheit ist die **Privatautonomie**,[158] welche definiert wer-   138
den kann als die rechtliche Kompetenz **handlungsfähiger Personen** (Art. 12 ff.
ZGB), gemäss eigenem Willensentschluss rechtsgeschäftlich tätig zu werden. Diese
Autonomie[159] ist keine apriorische (vorrechtliche oder naturrechtliche) Freiheit, sondern wird rechtlich verliehen und kontrolliert. Deshalb besteht sie nur «innerhalb der
Schranken des Gesetzes» (Art. 19 Abs. 1 OR). Letztlich ist sie Ausfluss der verfassungsrechtlich garantierten **Wirtschaftsfreiheit** (Art. 27 BV), welche die Bürger vor
(rechtswidrigen) staatlichen Eingriffen in ihre wirtschaftliche Tätigkeit schützt.

> Vgl. zur Idee der Privatautonomie die berühmte Formulierung in Art. 1103 des
> französischen Code Civil: *«Les conventions légalement formées tiennent lieu
> de loi à ceux qui les ont faites»*.

Die Vertragsfreiheit ist neben der Eigentumsfreiheit (Art. 641 Abs. 1 ZGB), der erb-   138a
rechtlichen Verfügungsfreiheit (Art. 481 Abs. 1 ZGB) und der Freiheit, sich in Ver-
einen und Gesellschaften zusammenzuschliessen, eine der «grossen Freiheiten» eines
liberalen Privatrechts.

---

158   Unter **«Parteiautonomie»** (einem Sonderaspekt der Privatautonomie) versteht man im Interna-
      tionalen Privatrecht (Rz. 54) die Möglichkeit der Parteien, für internationale Verträge selbst die
      ihnen genehm erscheinende *Rechtsordnung zu wählen*. Zu dieser «Rechtswahl» vgl. Art. 116
      IPRG. *Beispiel*: Ein deutscher Lieferant und sein schweizerischer Abnehmer vereinbaren, dass
      für ihren Vertrag französisches Recht gelten soll. – In internationalen Verträgen wird relativ oft
      (auch von nicht schweizerischen Vertragspartnern) das OR als massgebende Rechtsordnung ge-
      wählt. Es ist wegen seiner Klarheit und Liberalität international recht beliebt. Wenn keine
      Rechtswahl getroffen wird, ist die massgebliche Rechtsordnung für Verträge durch «objektive
      Anknüpfung» nach Art. 117 IPRG zu bestimmen («Recht der charakteristischen Leistung»).
      Bei Kaufverträgen ist dies das Recht des Verkäufers.
159   «Autonomie» stammt aus dem Griechischen und bedeutet Selbstgesetzgebung. Privatautonomie
      ist daher private «Normsetzungsbefugnis» (von Eugen Bucher geprägter Ausdruck).

§ 2   Elemente der Vertragsfreiheit

139   Von den im Folgenden aufgelisteten verschiedenen Aspekten der Vertragsfreiheit sind im OR lediglich die Inhaltsfreiheit (Rz. 141) und die Formfreiheit (Rz. 142) in allgemeiner Form ausdrücklich geregelt.

> Ausführlicher (nach der Revision von 2016) der französische Code Civil (Art. 1102 Abs. 1): *«Chacun est libre de contracter ou de ne pas contracter, de choisir son cocontractant et de déterminer le contenu et la forme du contrat dans les limites fixées par la loi».*

139a   – **Abschlussfreiheit**: Jedermann kann angebotene Vertragsschlüsse ohne Weiteres ausschlagen oder einfach ignorieren, denn grundsätzlich ist niemand zum Vertragsschluss verpflichtet. Dies ist der Kerngehalt der Vertragsfreiheit. Auch aus den Pflichten im Verhandlungsstadium *(cic)* ergibt sich kein Abschlusszwang, allenfalls aber ein Schadenersatzanspruch (oben Rz. 124 ff.). Ganz ausnahmsweise gibt es indes Fälle des Kontrahierungszwangs (= Kontrahierungspflicht = Abschlusspflicht). Man spricht von **«gesetzlichem Kontrahierungszwang»**, wenn dieser durch ausdrückliche gesetzliche Vorschriften angeordnet wird.

> *Beispiele*: Beförderungspflicht aufgrund eines städtischen Taxireglements; kantonale Bewirtungspflicht (dazu das folgende Beispiel aus der kantonalen Gesetzgebung sowie ▶ **Fall 24**); Art. 261bis StGB; kartellrechtliches Diskriminierungsverbot im Falle der marktbeherrschenden Stellung eines Unternehmens (Art. 7 i.V.m. Art. 12, 13 KG).[160]
>
> **Loi sur la restauration, le débit de boissons et l'hébergement (GE)**
>
> **Art. 28:** «L'exploitant et le personnel des cafés-restaurants, des dancings, des cabaret-dancings, des buvettes permanentes et des buvettes temporaires, ont en principe l'obligation de servir toute personne disposée à payer les mets ou boissons qu'elle commande et ayant une présentation et un comportement appropriés à la catégorie et au style de l'établissement».

139b   Von **«allgemeinem Kontrahierungszwang»** spricht man, wenn sich die Kontrahierungspflicht aus allgemeinen privatrechtlichen, vor allem auch grundrechtlich konkretisierten Erwägungen, namentlich aufgrund des Verbots absichtlicher sittenwidriger Schädigung (Art. 41 Abs. 2 OR) oder des Verbots der Persönlichkeitsverletzung (Art. 28 ff. ZGB) ergibt.

> *Beispiel*: «Nothilfe» eines Arztes, der an eine Unfallstätte kommt. Die Verweigerung der Hilfe bedeutete eine sittenwidrige Schädigung[161]; *ergo* besteht in

---

160   Ein Verbot der Diskriminierung aufgrund des Geschlechts findet sich in Art. 3 GlG. Wird es verletzt, entstehen nach Art. 5 Abs. 2 GlG (bei Ablehnung einer Anstellung) nur Schadenersatzansprüche. Es besteht also kein Kontrahierungszwang.

161   Sie ist auch strafrechtlich verpönt (Art. 128 StGB).

dieser Situation, um diese Schädigung nicht eintreten zu lassen, eine Kontrahierungspflicht.

Zum Problem der in Art. 35 Abs. 3 BV[162] angesprochenen **«mittelbaren Drittwirkung»** («Horizontalwirkung») von verfassungsmässigen **Grundrechten** in Privatrechtsbeziehungen nahm das Bundesgericht erstmals in **BGE 80 II 26** *(Seelig)* Stellung: Einem bekannten Filmkritiker, der wegen seiner oft sarkastischen Besprechungen neuer Filme bekannt war, wurde der Einlass in ein Kino verweigert, weil eine Geschäftsstörung befürchtet wurde. Kann er unter Berufung auf die Pressefreiheit (heute Medienfreiheit nach Art. 17 BV) Einlass, also den Abschluss eines Vorstellungsbesuchsvertrages erzwingen?

Mittelbare Drittwirkung bedeutet, dass die Grundrechte – anders als in der «vertikalen» Beziehung zwischen Staat und Bürger – in den «horizontalen» Privatrechtsbeziehungen **nicht unmittelbar** angerufen werden können (Ausnahme: unmittelbare Drittwirkung nach Art. 8 Abs. 3 BV), sondern nur im Rahmen der **Konkretisierung privatrechtlicher Generalklauseln,**[163] wie vor allem des Verbots der Persönlichkeitsverletzung oder der absichtlichen sittenwidrigen Schädigung. Im Fall *Seelig* lautete die Fragestellung daher: Bedeutete die Einschränkung der Medienfreiheit des Filmkritikers durch die Verweigerung des Abschlusses eines Vorstellungsbesuchsvertrages eine **sittenwidrige Persönlichkeitsverletzung** (Art. 27 f. ZGB), woraus abzuleiten wäre, dass in dieser Situation, um die Persönlichkeitsverletzung zu vermeiden, eine Kontrahierungspflicht besteht? Das **Bundesgericht lehnte eine Kontrahierungspflicht** in diesem Fall **ab**, doch sprechen heute überzeugende Argumente für ihre Bejahung, vor allem, wenn das Kino, Theater, Museum, Sportstadion etc. durch die öffentliche Hand subventioniert wird und keine gerechtfertigten Gründe (*Beispiel*: Stadionverbot für Randalierer) für die Vertragsablehnung gegeben sind.

Zur **aktuellen Haltung** des Bundesgerichts zum Kontrahierungszwang wichtig ist BGE 129 III 35 *(Schweizerische Post gegen Verein gegen Tierfabriken)*. Das Bundesgericht leitet die «allgemeine Kontrahierungspflicht» in dieser Entscheidung aus dem Verbot absichtlicher sittenwidriger Schädigung (Art. 41 Abs. 2 OR) ab und formuliert vier Voraussetzungen: 139c

BGE 129 III 35 (45 f.):
«Eine Kontrahierungspflicht auf dieser Grundlage setzt erstens voraus, dass ein Unternehmer seine Waren oder Dienstleistungen allgemein und öffentlich anbietet. Der Bereich des rein privaten Güteraustausches ist von einer Kontrahierungspflicht zum Vornherein ausgenommen. Zweitens kann sich der Kontrahierungszwang nur auf Güter und Dienstleistungen beziehen, die zum Normalbedarf gehören. Dazu zählen Güter und Leistungen, die heute praktisch

---

162 «Die Behörden sorgen dafür, dass die Grundrechte, soweit sie sich dazu eignen, auch unter Privaten wirksam werden».

163 Zum Begriff der Generalklausel oben Fn. 13.

jedermann zur Verfügung stehen und im Alltag in Anspruch genommen werden. Die Beschränkung der Kontrahierungspflicht auf ‹lebenswichtige› – d.h. für das nackte Überleben notwendige – Güter und Leistungen … scheint zu eng. Drittens kann ein Kontrahierungszwang nur angenommen werden, wenn dem Interessenten aufgrund der starken Machtstellung des Anbieters zumutbare Ausweichmöglichkeiten zur Befriedigung seines Normalbedarfs fehlen. Von einer solchen Machtkonstellation ist dann auszugehen, wenn entweder nur ein einziger Anbieter zureichend erreichbar ist, oder wenn sich alle in Frage kommenden Anbieter gegenüber dem Interessenten gleichermassen ablehnend verhalten. Und viertens kann von einer Kontrahierungspflicht nur dann ausgegangen werden, wenn der Unternehmer keine sachlich gerechtfertigten Gründe für die Verweigerung des Vertragsabschlusses anzugeben vermag. Nur wenn diese vier Voraussetzungen kumulativ erfüllt sind, rechtfertigt es sich, die Vertragsabschlussfreiheit ausnahmsweise einzuschränken und den Unternehmer zu verpflichten, mit einem Interessenten einen Vertrag zu den von ihm allgemein kundgegebenen Bedingungen abzuschliessen».

140   –   **Partnerwahlfreiheit**: Wer einen Vertrag abschliessen will, kann sich seinen **Vertragspartner** grundsätzlich **frei aussuchen** und muss seine Wahl auch nicht begründen. Diese Freiheit wird immerhin durch gewisse Diskriminierungsverbote eingeschränkt. Vgl. Art. 3 Abs. 2 GlG sowie Rz. 139a, 139b.

141   –   **Inhaltsfreiheit** (= Gestaltungsfreiheit): Nach Art. 19 Abs. 1 OR kann der Inhalt des Vertrags von den Parteien grundsätzlich («innerhalb der Schranken des Gesetzes») «beliebig festgestellt werden». Dies bedeutet, dass das gesetzliche Vertragsrecht grundsätzlich **dispositives** Recht ist (Rz. 1). Das dispositive Recht stellt gewissermassen eine **Reserveordnung** dar für den Fall, dass die Kontrahenten selbst keine individuelle, für sie passende(re) Regelung vereinbart haben, sei es, weil die dispositive Regelung ihren Interessen entspricht, oder ihnen der Aufwand für das Aushandeln einer individuellen Lösung zu hoch erscheint, oder ihnen das zu lösende Problem gar nicht bewusst ist. Dieses subsidiär geltende Modell des dispositiven Rechts entlastet die Vertragsabschlüsse ganz wesentlich (Reduktion der «Transaktionskosten»). Speziell zur Typenfreiheit unten Rz. 144; zu den Grenzen der Inhaltsfreiheit unten Rz. 202 ff.

142   –   **Formfreiheit** (Art. 11 Abs. 1 OR): Dazu unten Rz. 174 f.

143   –   **Aufhebungs- und Abänderungsfreiheit**: Verträge sind von den Parteien einzuhalten, weshalb sie grundsätzlich **nicht einseitig** wieder aufgehoben oder verändert werden können (*pacta sunt servanda*[164]). Dagegen können sie durch **Parteikonsens** (d.h. durch einen «Aufhebungsvertrag» als *contrarius actus* zum Vertragsschluss) jederzeit aufgehoben, aber auch abgeändert werden.[165] – Bei Dauerverträgen gibt es die Möglichkeit der einseitigen Beendigung durch Kündigung (siehe oben Rz. 69); zum Widerrufsrecht bei «Haustürgeschäften» unten Rz. 247 f.

---

164 «Verträge sind einzuhalten».
165 Dazu Rz. 513b. – Zur Einhaltung der Formvorschriften s. unten Rz. 178.

Im Vertragsrecht bedeutet Inhaltsfreiheit auch **Typenfreiheit**. Die Parteien sind nicht 144
an die im Gesetz geregelten Vertragstypen **(Nominatverträge)** gebunden, sie können
neue Vertragsformen, sog. **Innominatverträge** kreieren. Man unterscheidet: «**Ge-
mischttypische Verträge**», die sich aus Elementen verschiedener gesetzlich geregel-
ter Vertragstypen zusammensetzen, so z.B. der Gastaufnahmevertrag (vor allem in
Hotels [mit Halb- oder Vollpension]) oder der Werklieferungsvertrag[166], sowie «**Verträge sui generis**», d.h. gänzlich neu konzipierte Verträge, wie das Leasing, der Fac-
toring- oder der Franchisevertrag. Für die Innominatverträge gibt es keine direkt anwendbaren spezifischen Regeln in der 2. Abteilung des OR oder in Nebengesetzen
zum OR,[167] aber es gelten die **Regeln** des **Allgemeinen Teils** (1. Abteilung des OR).

> So ausdrücklich Art. 1105 Abs. 1 (französischer) Code Civil: *«Les contrats,
> qu'ils aient ou non une dénomination propre, sont soumis à des règles généra-
> les, qui sont l'objet du présent sous-titre».*

Namentlich bei gemischttypischen Verträgen können allenfalls Vorschriften der 2.
Abteilung des OR auf Innominatverträge **analog** angewendet werden, wenn sie wer-
tungsähnliche Probleme regeln (sog. Theorie der analogen Rechtsanwendung).

Zu **beachten** ist, dass zahlreiche **Nebengesetze** weitere zum Bereich des OR ge- 145
hörende Vertragstypen regeln und diese damit «nominalisieren», z.B. das VVG oder
das PauRG.

Die Parteien können auch rechtlich selbständig geschlossene **Verträge** derart **mit- 145a
einander verbinden** («koppeln»), dass die Wirksamkeit oder Durchführbarkeit des
einen Vertrags eine notwendige Bedingung für das unveränderte Weiterbestehen des
anderen ist. Diese Koppelung kann ausdrücklich erfolgen oder sich stillschweigend
aus einer wirtschaftlichen Beurteilung des Vertragszwecks ergeben (z.B. Durchfüh-
rungsverträge bei Joint Ventures).

Im Gegensatz zum **Vertragsrecht** des OR gilt im Sachen-, Familien- und Erb- 146
recht des ZGB **Typenzwang**, die Parteien können also etwa keine im Gesetz nicht
vorgesehenen, neuen dinglichen Rechte kreieren. Dasselbe gilt, vor allem wegen
Gläubigerschutzerwägungen, im OR im Gesellschaftsrecht. Hier sind zwingend nur
die vom Gesetz vorgesehenen Vertragstypen und Rechtsinstitute zugelassen (Prinzip
des *numerus clausus*).

---

166 Beim Werklieferungsvertrag liefert der Werkunternehmer gleichzeitig den Stoff, aus dem das
   Werk erstellt wird. *Beispiel*: Tischler stellt bestellten Tisch aus eigenem Holz her. Der Vertrag
   hat daher neben dem werkvertraglichen Element auch ein kaufvertragliches. Dazu Art. 365
   Abs. 1 OR.

167 Wobei jedoch für das Konsumgüterleasing immerhin die allgemeinen Regeln über Konsum-
   kreditverträge (Art. 1 ff. KKG) gelten (Art. 1 Abs. 2 lit. a KKG).

Kontrollfragen zu Kapitel 7:

36. Was versteht man unter Privatautonomie?

37. Erläutern Sie die einzelnen Aspekte der Vertragsfreiheit.

38. Was versteht man unter Kontrahierungszwang? Beispiele für «gesetzlichen Kontrahierungszwang»?

39. Was versteht man unter Typenfreiheit?

Kapitel 8
Ausdrückliche und konkludente Willenserklärung; Austausch von Angebot und Annahme

§ 1 Vorbemerkung

Der Vertragsschluss beruht auf dem **Austausch** von **Willenserklärungen** (Art. 1   147
OR). Willenserklärungen bilden das Kernelement (jeden) **rechtsgeschäftlichen** Handelns eines Rechtssubjekts und können – etwa als Angebot, Annahme oder Gestaltungserklärung (z.B. Kündigung) – ausdrücklich oder konkludent abgegeben werden (Art. 1 Abs. 2 OR).

§ 2 Ausdrückliche Willenserklärung

Eine **ausdrückliche** Willenserklärung liegt vor, wenn der Erklärende seinen Ge-   148
schäftswillen durch ein gesellschaftlich anerkanntes oder von den Parteien besonders vereinbartes Kommunikationsmittel (z.B. geschriebenes oder gesprochenes Wort, Handzeichen, Kopfnicken oder Kopfschütteln, Schweigen) äussert. Das willenserklärende Verhalten **zielt spezifisch** und in der Regel **ausschliesslich** auf die Übermittlung einer gewissen Information an den Adressaten (z.B. Zustimmung zu einem erhaltenen Angebot) ab.

> *Beispiele*: «Ich nehme Ihre Offerte vom 3. März an»; «ich kündige den Vertrag auf 1. April».

Auch beim **elektronischen Geschäftsverkehr** liegen regelmässig ausdrückliche Willenserklärungen vor: z.B. Angebote oder Annahmeerklärungen per E-Mail oder SMS. Zum Internet-Angebot unten Rz. 170.

§ 3 Konkludente Willenserklärung

Das Gesetz erlaubt nicht nur ausdrückliche, sondern auch **konkludente** Willenserklä-   149
rungen (Art. 1 Abs. 2 OR). In diesem Fall liegt seitens des Erklärenden **nicht** ein spezifisch **erklärungsgerichtetes** Verhalten vor. Stattdessen wird aus dem konkreten Verhalten einer Person nur **indirekt** auf das Vorhandensein eines **bestimmten Geschäftswillens geschlossen**.

Bei der Annahme konkludenten (schlüssigen) Verhaltens ist eine gewisse Zurückhaltung geboten, um nicht in realitätsfremder Weise Vertragsschlüsse herbeizureden, an die keine der Parteien tatsächlich gedacht hat. Ob der sich konkludent Verhaltende tatsächlich eine verbindliche Erklärung abgeben wollte und welches der Inhalt der Erklärung ist, beurteilt sich nach **Treu und Glauben** aus der Sicht eines vernünftigen Empfängers, d.h. aus dem sog. «**Empfängerhorizont**» (siehe unten Rz. 196). Der Empfänger sollte «mit Überlegung aller Umstände keinen vernünftigen Grund» haben, am Vorliegen eines bestimmten Erklärungswillens des andern zu zweifeln.[168] Vor allem ein **unentgeltlicher Verzicht auf Rechte** sollte nur mit grosser Vorsicht aus konkludentem Verhalten abgeleitet werden[169].

150   *Beachte*: Grundsätzlich können alle privaten Willenserklärungen ausdrücklich oder konkludent abgegeben werden. Bei Bestehen von gesetzlichen oder vertraglich vorbehaltenen Formvorschriften[170] ist aber nur eine ausdrückliche Erklärung denkbar.

151   Es können **zwei Typen konkludenter Willenserklärungen** unterschieden werden:

– Willenserklärung durch **aktives konkludentes Handeln**

Beispiele: Man nimmt die im Kiosk ausgehängte Zeitung (sog. «Realofferte» [Antrag durch reale Zurverfügungstellung der angebotenen Leistung]) vom Ständer und legt schweigend den Geldbetrag auf das Pult; Einfüllen des Benzins an Selbstbedienungstankstelle als Annahme der Offerte des Tankstelleninhabers; Entnahme von Elektrizität aus dem Leitungsnetz des Versorgungsunternehmens[171]; Einsteigen in das Tram (Annahme einer konkludenten Offerte der Verkehrsbetriebe durch zustimmendes konkludentes Verhalten); Zustellung einer bestellten Ware («Realakzept» [Akzept durch reale Zurverfügungstellung der vom Offerenten gewünschten Leistung]). Beachte aber die **konsumentenschutzrechtliche Sonderbestimmung des Art. 6a Abs. 1 OR**: Die Zusendung einer unbestellten Sache gilt nicht als Realofferte. Benutzung der Sache durch den Empfänger ist daher auch kein konkludentes Akzept![172] Auch keine Ver-

---

168   So § 863 Abs. 1 österreichisches ABGB; vgl. auch Art. 116 Abs. 2 IPRG («eindeutig ... aus den Umständen ...»). Schon SAVIGNY (vgl. oben Fn. 46) verlangte, dass aus dem konkludenten Verhalten ein «sicherer Schluss» auf den rechtsgeschäftlichen Willen gezogen werden könne.

169   S. etwa BGE 110 II 344 (345).

170   Dazu unten Rz. 174 ff.

171   Vgl. BGH NJW 2014, S. 3148 (Leitsatz 1): «In dem Leistungsangebot eines Versorgungsunternehmens ist grundsätzlich ein Vertragsangebot zum Abschluss eines Versorgungsvertrags in Form einer so genannten Realofferte zu sehen, die von demjenigen konkludent angenommen wird, der aus dem Leitungsnetz des Versorgungsunternehmens Elektrizität, Gas, Wasser oder Fernwärme entnimmt».

172   Bezahlt der Empfänger aber den Kaufpreis, so wird man darin eine konkludente Offerte sehen können, die durch Stillschweigen des Zusenders der Ware akzeptiert wird (vgl. Rz. 163).

pflichtung zur Rücksendung oder Aufbewahrung (Art. 6a Abs. 2 OR).
▶ **Fall 25**.

– Willenserklärung durch **blosses Stillschweigen**

Blosses **Stillschweigen** *(silence non circonstancié)* hat grundsätzlich keinen Erklärungswert. Schweigen kann aber aufgrund gesetzlicher Regelungen oder aufgrund der konkreten Begleitumstände einen Erklärungswert erhalten. Zum Problem der stillschweigenden Annahme einer Offerte unten Rz. 162 f.

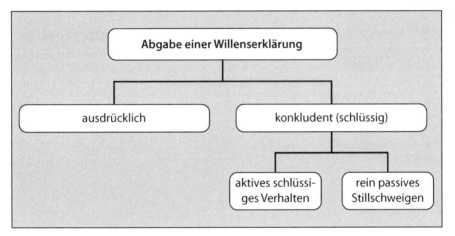

152

Beachte: Zuweilen nimmt das Gesetz in gewissen Situationen (unwiderlegbar) eine Willenserklärung an, ohne danach zu fragen, ob in *concreto* tatsächlich von einer entsprechenden echten Erklärung ausgegangen werden kann bzw. darf. Man spricht in solchen Fällen von **gesetzlich fingierten Willenserklärungen**, die keine privatautonom begründeten Rechtsgeschäfte sind. Zum Teil geht es hier lediglich um eine Formulierungsfrage: Anstatt zu formulieren, dass der Vertrag «als genehmigt gilt» (Art. 31 OR), hätte der Gesetzgeber auch direkt schreiben können, dass nach unbenutztem Ablauf der Frist kein Anfechtungsrecht mehr besteht. Ebenso Art. 201 OR (Fiktion der Genehmigung der Ware).

§ 4 Empfangsbedürftigkeit der Willenserklärung

152a Willenserklärungen des OR sind regelmässig **empfangsbedürftig**, d.h. sie werden erst durch **Zugang** beim **Adressaten rechtswirksam** (sog. «Empfangstheorie» unten Rz. 164).[173] Dies gilt nicht nur für die zum Vertragsschluss führenden Erklärungen des Angebots und der Annahme, sondern auch für die im OR geregelten Gestaltungserklärungen (oben Rz. 64), wie etwa Kündigungen (vgl. z.B. BGE 137 III 208 [213]).

§ 5 Vertragsschluss durch Austausch von Angebot und Annahme

A. Vorbemerkung

153 Der Vertragsschluss durch Austausch von Angebot und Annahme unterliegt einer subtilen gesetzlichen Regelung, die auf dem Grundsatz der Bindung an das Angebot aufbaut.

B. Angebot

154 Das **Angebot** (Antrag, Offerte) ist die an einen potenziellen Vertragspartner gerichtete, zeitlich **erste Willenserklärung** zum **Abschluss** eines Vertrags.[174] Dieses Angebot muss ausreichend «**bestimmt**» sein, d.h. es muss die **objektiv** und **subjektiv wesentlichen Vertragspunkte** beinhalten, sodass für den Abschluss des Vertrags nur noch die Zustimmungserklärung (Akzept) des potenziellen Vertragspartners nötig ist.

155 *Beachte*: **Objektiv wesentliche** Vertragspunkte (= objektive *essentialia negotii* = objektive Hauptpunkte) beziehen sich auf die Elemente des Vertrages, die nach der Gesetzeslage für den betreffenden Vertragstyp **begriffswesentlich** sind. Beim Kaufvertrag sind dies nach Art. 184 Abs. 1 OR die Preisbestimmung, die Bestimmung des Kaufgegenstandes und die Absicht, Eigentum daran zu übertragen. Alle anderen, oft in AGB geregelten Vertragspunkte, wie etwa beim Kaufvertrag Fragen zur Gewährleistung des Verkäufers, nennt

---

173 Nicht empfangsbedürftig ist im OR die Auslobung (oben Rz. 106) und im ZGB vor allem die letztwillige Verfügung durch Testament (Art. 498 ZGB).

174 Bei gewissen Verträgen gibt es keinen Austausch von *aufeinander folgenden* Willenserklärungen i.S. des Modells der Art. 3 ff. OR, sondern die Erklärungen werden *simultan* geäussert. *Beispiel*: Die Parteien unterschreiben gleichzeitig die vom Notar vorformulierte Vertragsurkunde (z.B. Grundstückkaufvertrag).

man **objektive Nebenpunkte** *(accidentalia negotii)*. Diese können aber für einen oder beide Kontrahenten durchaus **subjektiv wesentlich**, also eine *condicio sine qua non* für den Entschluss sein, den Vertrag einzugehen. Dann sind sie subjektiv wesentliche Vertragspunkte (subjektive *essentialia negotii*). Zur Bedeutung der erläuterten Unterscheidung siehe auch Rz. 178, 193, 201.

Der Antrag wird, wie die Annahmeerklärung, als **«empfangsbedürftige» Willens-** **erklärung** (Rz. 152a) erst durch Zugang wirksam. Geht er vorher verloren oder wird er gar nie abgesendet, entfaltet er keinerlei Wirksamkeit. Auch ein Antrag an einen **unbestimmten Adressatenkreis** kann u.U. ein verbindliches Angebot sein (siehe ausdrücklich Art. 7 Abs. 3 OR[175]; anders Art. 14 Abs. 1 UN-Kaufrecht). *Beispiele* für ausdrückliche und konkludente Angebote oben Rz. 148 ff.   156

Verbindlichkeit der **Offerte** bedeutet, dass der Offerent während der noch lau-   157 fenden Bindungsfrist[176] eine abgegebene Offerte **nicht** wirksam **einseitig zurück-** **nehmen** kann. Er kann nur versuchen, der bereits abgegebenen (versendeten) Offerte einen **Widerruf** (eine Rücknahmeerklärung) mit einem schnelleren Kommunikationsmittel nachzuschicken, so dass dieser vor oder gleichzeitig mit der Offerte eintrifft. Dann ist «der Antrag als nicht geschehen zu betrachten». So **Art. 9 Abs. 1 OR**, wo noch der zusätzliche (praktisch nicht bedeutsame) Fall erwähnt wird, dass der Empfänger der Offerte vom erst *nachträglich* eingetroffenen Widerruf *früher* Kenntnis erlangt hat als von der Offerte, was der Offerent zu beweisen hat.[177]

> *Rechtsvergleichende Hinweise*: Das Prinzip der Bindung an die Offerte erscheint schweizerischen Juristen geradezu selbstverständlich. Rechtsvergleichend stösst man jedoch auch auf ganz andere Lösungen. Das uns vertraute Bindungsprinzip gilt in genereller Form nur im deutschen Rechtskreis (BGB, ABGB, OR) sowie im skandinavischen Vertragsrecht. Im Common Law kann der Offerent im Allgemeinen bis zur Absendung der Akzeptserklärung widerrufen (sog. *mail-box*-Doktrin), im romanischen Rechtskreis bis zum Zeitpunkt der Vertragsperfektion durch Kenntnisnahme vom Eintreffen der Akzeptserklärung (siehe etwa Art. 1328 Abs. 1 i.V.m. Art. 1326 Abs. 1 italienischer Codice Civile). Im französischen Code Civil fehlten bis zur Totalrevision des Obligationenrechts 2016 gesetzliche Regeln; nun aber: Art. 1113 ff. Code Civil).
> Eine für die internationale Rechtsvereinheitlichung typische Kompromisslösung sieht das **UN-Kaufrecht** vor: Nach Art. 16 Abs. 1 UN-Kaufrecht kann die Offerte (wie im Common Law) grundsätzlich bis zur Absendung der An-

---

175 Hier ist zu beachten, dass sich das Angebot nur gerade auf das ausgestellte Stück Ware bezieht.

176 Zur Berechnung der Fristen beachte Schema in Rz. 158.

177 Für E-Mail-Offerten (zustimmenswert) Schwenzer/Mohs, IHR 2006, S. 242: «A withdrawal must be possible as long as the addressee acquires knowledge of the withdrawal no later than knowledge of the offer. If an offer is placed by email on Saturday and is withdrawn on Sunday, the offeree reading both messages on Monday morning deserves no protection. Thus, the messages must be deemed as reaching the offeree the same time».

nahmeerklärung widerrufen werden (Möglichkeit der *revocation*). Ausnahmen (= Offerte verbindlich) aber in Art. 16 Abs. 2 UN-Kaufrecht. Rücknahmemöglichkeit (= *withdrawal*) gemäss Art. 15 Abs. 2 UN-Kaufrecht (entsprechend Art. 9 Abs. 1 OR) aber auch in diesen Ausnahmefällen der Unwiderruflichkeit! Abdruck der Bestimmungen unten Rz. 173.

158 **Bindungsfrist**: Die Dauer der Bindung an die Offerte kann in der Offerte selbst geregelt werden («befristete Offerte»). *Beispiel*: «Ich biete Ihnen bis zum 12.5. zum Kauf an ...». Ansonsten gilt die gesetzliche Bindungsfrist, wobei zwischen Anträgen **unter Anwesenden** (Art. 4 OR)[178] und Anträgen unter **Abwesenden** (Art. 5 OR) zu unterscheiden ist.

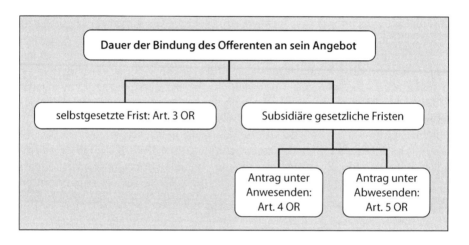

---

178 Vertragsschlüsse mittels Telefon gelten als Verträge unter Anwesenden. Auch Anträge, die während einer Videokonferenz oder im Rahmen von «Online-Chats» abgegeben werden, sind als Anträge an Anwesende zu betrachten, nicht dagegen Bestellungen per Mausclick oder E-Mails.

Beispiel für die Berechnung der Bindungsfrist nach Art. 5 OR: 159

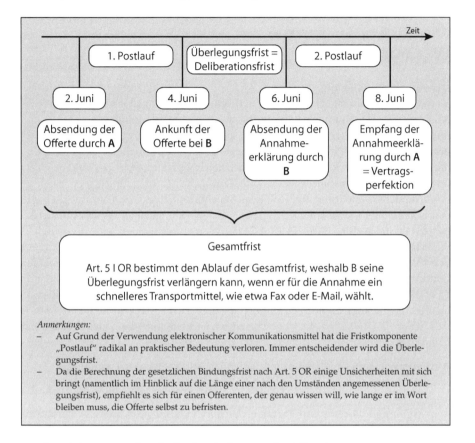

Anmerkungen:

– Auf Grund der Verwendung elektronischer Kommunikationsmittel hat die Fristkomponente „Postlauf" radikal an praktischer Bedeutung verloren. Immer entscheidender wird die Überlegungsfrist.

– Da die Berechnung der gesetzlichen Bindungsfrist nach Art. 5 OR einige Unsicherheiten mit sich bringt (namentlich im Hinblick auf die Länge einer nach den Umständen angemessenen Überlegungsfrist), empfiehlt es sich für einen Offerenten, der genau wissen will, wie lange er im Wort bleiben muss, die Offerte selbst zu befristen.

Durch welche Umstände erlischt die Bindung an die Offerte?   160

– Wenn die Offerte während der Bindungsfrist rechtzeitig widerrufen (zurückgenommen) worden ist (Art. 9 OR).

– Wenn die Bindungsfrist ungenutzt abläuft (also innert Frist kein Akzept erfolgt).

– Wenn während der Bindungsfrist die Offerte abgelehnt wird (sei es mit oder ohne Gegenofferte).[179] ▶ Dazu **Fall 29**

– Wenn die Offerte während laufender Bindungsfrist im Einverständnis mit deren Adressaten zurückgezogen wird.

> Für den Fall des Todes des Offerenten siehe § 153 deutsches BGB, dessen Inhalt auch für das schweizerische Recht, das keine entsprechende Regelung kennt, zutreffend ist: «Das Zustandekommen des Vertrages wird nicht dadurch

---

[179] Zur Ablehnung durch ein inhaltlich abweichendes «Akzept» unten Rz. 166.

gehindert, dass der Antragende vor der Annahme stirbt oder geschäftsunfähig wird, es sei denn, dass ein anderer Wille des Antragenden anzunehmen ist».

C. Annahmeerklärung

161 Die **Annahmeerklärung** (Annahme, Akzept) ist eine «Erklärung oder ein sonstiges Verhalten des Empfängers, das eine **Zustimmung** zum Angebot ausdrückt» (Art. 18 Abs. 1 Satz 1 UN-Kaufrecht). Sie muss mit dem Angebot **inhaltlich** grundsätzlich **übereinstimmen**.[180] Die blosse Zugangsbestätigung (Eingangsbestätigung) durch den Adressaten der Offerte, wie sie namentlich im elektronischen Geschäftsverkehr häufig bzw. vorgeschrieben[181] ist, stellt noch keine Annahme dar (vgl. oben Rz. 105b). Der Widerruf der Annahmeerklärung erfolgt nach Art. 9 Abs. 2 OR entsprechend dem Widerruf der Offerte (oben Rz. 157). Die Annahmeerklärung kann ausdrücklich oder durch konkludentes Verhalten erfolgen.[182] Bei einer Versteigerung erfolgt die Annahme durch **Zuschlag** (Art. 229 Abs. 2 OR).[183]

162 **Schweigen auf einen Antrag** bedeutet grundsätzlich **keine Zustimmung**, so wie Schweigen auf eine Bemerkung eines Gesprächspartners auch im ausserrechtlichen Bereich gesellschaftlicher Konversation grundsätzlich keine Zustimmung bedeutet. Als Grundsatz gilt also: *qui tacet, consentire **non** videtur* (wer schweigt, wird so behandelt, als habe er **nicht** zugestimmt). In diesem Sinn auch ausdrücklich Art. 18 Abs. 1 Satz 2 UN-Kaufrecht: «Schweigen oder Untätigkeit allein stellen keine Annahme dar».[184]

163 **Ausnahmsweise** bedeutet Schweigen auf einen Antrag aber doch **Annahme**:

– Ausdrückliche **gesetzliche Regelung**, z.B. Art. 395 OR; Art. 266 Abs. 2 OR.

– **Vorgängige Abrede der Parteien**: *Beispiel*: «Senden Sie mir Ihre Offerte zu. Falls Sie bis zum 10. Juli nichts Gegenteiliges von mir hören, können Sie davon ausgehen, dass ich einverstanden bin». Dazu **Fall 25** (Hauptfall)

---

180 Zu Art. 2 OR unten Rz. 193.

181 Art. 3 Abs. 1 lit. s, Ziff. 4 UWG verlangt, dass die Bestellung des Kunden im elektronischen Geschäftsverkehr unverzüglich bestätigt werden muss. Dazu SHK-Probst, Art. 3 Abs. 1 lit s N 29 ff.

182 Beispiel eines Realakzeptes oben Rz. 151.

183 Bei Internet-Auktionen («eBay» etc.) kommt der Vertrag durch das Höchstgebot des Ersteigerers am Ende der Laufzeit der Auktion zustande.

184 Jetzt auch Art. 1120 französischer Code (2016): «Le silence ne vaut pas acceptation, à moins qu'il n'en résulte autrement de la loi, des usages, des relations d'affaires ou de circonstances particulières». Für internationalprivatrechtlich zu lösende Fälle gilt in der Schweiz nach Art. 123 IPRG folgende Regel: «Schweigt eine Partei auf einen Antrag zum Abschluss eines Vertrags, so kann sie sich für die Wirkungen des Schweigens auf das Recht des Staates berufen, in dem sie ihren gewöhnlichen Aufenthalt hat».

Beachte: Der Offerent kann (mangels vorgängiger Abrede) **nicht wirksam einseitig** in seiner Offerte «statuieren», dass, falls innerhalb einer gewissen Frist keine Reaktion des Erklärungsempfängers eintrifft, das Schweigen als Zustimmung (Akzept) gelte! Treffend FLUME[185]: «Im rechtsgeschäftlichen Verkehr kann niemand einem anderen das Schweigen als Erklärungszeichen aufzwingen. Niemand kann, nur weil er es so bestimmt, einen anderen in der Weise unter Erklärungszwang setzen, dass ohne Erklärung das Schweigen des anderen als Erklärung gelten würde».

– **«Besondere Natur des Geschäfts» (Art. 6 OR)**: Ist vor allem im **kaufmännischen Verkehr** von Bedeutung. So beim Schweigen des gewerbsmässig kontrahierenden Empfängers eines **«kaufmännischen Bestätigungsschreibens»**, das von der vorangehenden mündlichen (verbindlichen) Vereinbarung in nicht erheblicher und damit «konsensfähiger» Weise abweicht. Ein solches «Bestätigungsschreiben» ist als Antrag des Absenders auf Vertragsänderung bzw. -ergänzung zu deuten (dazu wichtig BGE 114 II 250). Siehe auch Rz. 17 mit Hinweis auf § 346 deutsches HGB sowie Rz. 20 zum stillschweigenden Einbezug von vertragsergänzenden Handelsbräuchen.

– Ausnahmsweise ergibt sich aus den in Art. 6 OR angesprochenen **Umständen**, namentlich der **Interessenlage** – rechtsdogmatisch aus dem Vertrauensprinzip[186] –, dass Schweigen *in concreto* vernünftigerweise nur als Zustimmung gemeint sein kann (zu dieser restriktiven Interpretation konkludenter Erklärungen schon Rz. 149). In solchen Fällen müsste der Adressat der Offerte einer solchen Deutung ausdrücklich **widersprechen**. Kommt er dieser Obliegenheit nicht nach, gilt Schweigen als Zustimmung. In diesem Sinn gilt also noch heute die vervollständigte, oben (Rz. 162) abgewandelte, aus dem mittelalterlichen Kirchenrecht stammende Sentenz: *qui tacet consentire videtur ubi loqui potuit ac debuit* (Schweigen gilt als Zustimmung, wenn der Schweigende dieser Deutung widersprechen konnte und in der gegebenen Situation auch musste). Stillschweigende Zustimmung gilt vor allem bei für den Adressaten ausschliesslich vorteilhaften Angeboten (etwa Schenkungsversprechen, Angebot eines unentgeltlichen Forderungsverzichts) und regelmässig auch, wenn ein Angebot einem vorausgehenden freibleibenden Angebot[187] der anderen Partei entspricht.

Beispiel aus der Bundesgerichtspraxis (Entscheid vom 12.7.2010, ARV 2010, 258 [259]): Nimmt der Arbeitgeber einseitig eine Lohnkürzung vor (Angebot zur Vertragsänderung!) und nimmt der Arbeitnehmer während 3 Monaten den gekürzten Lohn vorbehaltlos an, so begründet dies eine tatsächliche (durch Beweis besonderer Umstände widerlegbare) Vermutung für eine stillschweigende Zustimmung zur Lohnkürzung.

---

185 Das Rechtsgeschäft, 2. Aufl. (Berlin/Heidelberg/New York 1975) S. 64.
186 Dazu unten Rz. 196.
187 Dazu unten Rz. 170.

D. Zustandekommen («Perfektion») des Vertrages

164 Der Vertrag kommt in dem **Zeitpunkt zustande**, in dem das **Akzept** – während noch offener Bindungsfrist – dem Offerenten in dessen «**Machtbereich**» *(sphère d'influence)* **zugeht**[188] bzw. bei ihm **abrufbar**[189] ist. So die «Empfangstheorie» im Gegensatz zu der in anderen Rechtsordnungen vertretenen «Vernehmungs-» bzw. «Entäusserungstheorie».[190] Zugang in den Machtbereich des Empfängers bedeutet bei Briefen Einwurf in den Briefkasten des Empfängers oder Übergabe an dessen «Empfangsboten» (siehe Rz. 309). Was dann geschieht, hat der Empfänger (etwa bei Ferienabwesenheit) zu verantworten, ist also sein Risiko.[191]

Zur Fristberechnung und zum Fristablauf an Sonn- und Feiertagen beachte Art. 77, 78 OR.

Zum auf die Absendung des Akzepts **vorgezogenen Beginn der Vertragswirkungen** (etwa Zinsenlauf) bei wirksam zustande gekommenen Verträgen unter Abwesenden siehe **Art. 10 OR**.

Beachte: Art. 10 OR gilt von vornherein nicht, wenn die Akzeptserklärung auf dem Postweg verloren ging, da in diesem Fall wegen der Empfangsbedürftigkeit der Akzeptserklärung kein Vertrag zustande gekommen ist.

▶ Zum Ganzen **Fälle 26** bis **28** sowie (speziell zu Art. 10 OR) **Fall 30**

---

188 Geht die Akzepterklärung formal betrachtet noch während der Bindungsfrist zu, ist aber nach der Lebenserfahrung nicht mehr mit Kenntnisnahme zu rechnen, so lässt sich argumentieren, dass sie zu spät eingetroffen ist. Vgl. deutschen BGH NJW 2008, S. 834: «Wird ein Schriftstück erst am 31.12. nachmittags in den Briefkasten eines Bürobetriebs geworfen, in dem branchenüblich Silvester nachmittags – auch wenn dieser auf einen Werktag fällt – nicht mehr gearbeitet wird, so geht es erst am nächsten Werktag zu».

189 Nichtfunktionieren des Empfangsgeräts (bei ordnungsgemäss abgesandten Fax-, E-Mail oder SMS-Erklärungen) liegt im Risikobereich des Empfängers, so dass die Erklärung dennoch als zugegangen gilt.

190 Nach der in den romanischen Privatrechtsordnungen Europas teilweise immer noch relevanten «Vernehmungstheorie» kommt der Vertrag erst zustande, wenn der Offerent (während noch offener Bindungsfrist) *Kenntnis vom Akzept erlangt* hat. S. etwa das italienische Recht (Hinweis in Rz. 157) sowie Art. 1262 Abs. 2 des spanischen Código Civil. Nach der «Entäusserungstheorie» kommt es hingegen auf den Augenblick der Absendung der Akzeptserklärung an. So (für Annahmeerklärungen durch Post/Telegramm) die *mail-box*-Doktrin (= *postal rule*) des englischen Common Law (*Adams v. Lindsell* 1818).

191 Das Gesagte gilt entsprechend auch für einseitige, empfangsbedürftige Willenserklärungen, wie vor allem für den Zugang von Kündigungen! Zum Risiko der Ferienabwesenheit: BGE 143 III 15 (19).

E. Sonderfälle

I. Verspätet eingetroffene Annahmeerklärung

Im Falle des **verspäteten Eintreffens** einer Annahmeerklärung sind **zwei Varianten** 165
zu unterscheiden:

– Eine mit Verspätung, d.h. nach Ablauf der Bindungsfrist eintreffende **und** auch zu
  spät abgesandte Annahmeerklärung führt nicht zum Vertragsschluss. Sie stellt
  ihrerseits aber ein neues Angebot (Gegenofferte) dar (so ausdrücklich § 150
  Abs. 1 deutsches BGB), das seinerseits vom Empfänger akzeptiert werden kann.

– Eine Sonderregelung für die verspätete Annahmeerklärung gilt nach **Art. 5 Abs. 3
  OR** (vgl. die entsprechende Regelung in Art. 21 Abs. 2 UN-Kaufrecht) für die
  rechtzeitig abgesandte Annahme, die wegen Versagens der Post oder aus anderen, vom Akzeptanten nicht zu vertretenden Umständen zu verspätet eingetroffen
  ist. Anders als bei der ersten Variante besteht hier eine **Anzeigeobliegenheit** des
  Offerenten, sofern er (dies steht nicht ausdrücklich in Art. 5 Abs. 3 OR, ergibt
  sich aber aus dem Vertrauensprinzip) erkennen musste, dass das Akzept rechtzeitig abgesandt worden ist (so auch Art. 21 Abs. 2 UN-Kaufrecht). Wenn die Obliegenheit nicht befolgt wird, gilt die verspätete Annahmeerklärung als akzeptiert
  und der Vertrag als geschlossen. Allenfalls tritt eine Haftung der Post ein.

▶ Dazu **Fall 27**

> *Beachte*: Art. 5 Abs. 3 OR gilt nicht nur, wie es eigentlich dem Gesetzestext
> entspricht, im Fall der verspäteten Antwort auf eine **unbefristete** Offerte, son-
> dern auch für **befristete** Offerten!

II. Inhaltlich abweichende Annahmeerklärung

Eine **inhaltlich** von der Offerte **abweichende Annahmeerklärung** (Annahme unter 166
Ergänzungen, Einschränkungen oder sonstigen Änderungen) ist im Allgemeinen eine
Ablehnung der Offerte[192] und stellt gleichzeitig eine Gegenofferte des «Annehmen-
den» dar, die ihrerseits eines Akzepts bedarf. So ausdrücklich § 150 Abs. 2 deutsches
BGB; Art. 19 Abs. 1 UN-Kaufrecht. Schweigen auf die Gegenofferte bedeutet regel-
mässig nicht Zustimmung (Rz. 162).

---

192 Ändert der Empfänger der Offerte diese täuschend (mit gleichem Schriftbild) so ab, dass der Of-
    ferent bei Empfang der Rücksendung den Eindruck haben durfte, der Empfänger habe die Of-
    ferte unverändert akzeptiert, so sind die Änderungen nicht beachtlich. Der Vertrag ist so ge-
    schlossen, wie es der Offerent erklärte. Überzeugend (auch für das schweizerische Recht) BGH
    NJW 2014, S. 2100 (2101).

167   *Beachte* die einschränkende Dissensregel des Art. 2 Abs. 1 OR, aus der (entsprechend) abgeleitet werden kann, dass dann, wenn das Akzept – etwa durch die beigelegten AGB des Akzeptanten – lediglich in **objektiven Nebenpunkten** von der Offerte **abweicht**, nach der widerlegbaren Vermutung des Gesetzes der Vertrag trotz dieses Teildissenses zustande kommt, sofern über die objektiven Hauptpunkte Einigkeit erzielt worden ist. Dazu unten Rz. 190. Detaillierte Sonderregel in Art. 19 UN-Kaufrecht (Abdruck unten Rz. 173). Speziell zur *battle of the forms* unten Rz. 238.

▶ Zum Ganzen **Fälle 26** (3. Frage) und **29** sowie die Fallvarianten des folgenden Schemas!

168

Abweichende Annahmeerklärung (= «abweichende Auftragsbestätigung»)

Variante 1: 1. A (= Verkäufer) ——— Fr. 1000.— ———▶ B (= Käufer)

                  2. B (Gegenofferte) ——— Fr. 900.— ———▶ A

                  3. Was ist, wenn A schweigt?

Variante 2: 1. A (= Verkäufer) ——— Fr. 1000.— ———▶ B (= Käufer)

                  2. B (Akzept mit ——— Fr. 1000.— + AGB ———▶ A
Ergänzung in Nebenpunkten)

                  3. A schweigt. Kommt der Vertrag zustande? Wenn ja, mit welchem Inhalt?

Lösungsgesichtspunkte: In Variante 1 ist das Schweigen des A auf die Gegenofferte des B nicht als Zustimmung zu interpretieren. Siehe Rz. 162. In Variante 2, wo die Antwort des B nur in objektiven Nebenpunkten (AGB) von der Offerte abweicht, ist nach der gesetzlichen Vermutung des Art. 2 OR davon auszugehen, dass der Vertrag über die Hauptpunkte, über die Einigung vorliegt, zustande gekommen ist. Siehe Rz. 167, 193. In Bezug auf die AGB stellt die Antwort des B eine Offerte zur Ergänzung des Vertrags in Nebenpunkten dar. Sind diese, wie bei AGB typischerweise, für A ungünstiger, als das sonst geltende dispositive Gesetzesrecht, kann nicht davon ausgegangen werden, dass sich A mit den AGB des B stillschweigend einverstanden erklärt hat. Die AGB werden daher nicht Vertragsbestandteil. Es gilt auch hier: *qui tacet consentire non videtur* (vgl. Rz. 162, 163 sowie die in Rz. 173 abgedruckte ausdrückliche Regel des Art. 19 III UN-Kaufrecht).

III. Verbindliche Offerte an die Allgemeinheit

Eine Offerte an die **Allgemeinheit** (= an unbestimmte Adressaten = *ad incertas personas*) ist im Fall von Art. 7 Abs. 3 OR verbindlich. Die Verbindlichkeit bezieht sich aber nur auf die **konkret ausgestellte Ware**. Ansonsten handelt es sich bei einer Offerte an die Allgemeinheit regelmässig lediglich um eine *invitatio ad offerendum* (siehe Rz. 170 und das dort angeführte Argument des Beschaffungsrisikos).

  169

▶ Dazu **Fall 33** (BGE 105 II 23)[193]

> *Beachte*: Bei Kauf im Selbstbedienungsladen kommt der Vertrag erst mit Zahlung an der Kasse zustande. Vorher hat der Kunde ja jederzeit die Möglichkeit, die Ware zurückzulegen.

IV. Freibleibende Offerte und Offerte mit Widerrufsvorbehalt

Durch eine **freibleibende Offerte** (Antrag ohne Verbindlichkeit) bringt der Antragsteller zum Ausdruck, dass er nicht an sein Angebot gebunden sein will (Art. 7 Abs. 1 OR). Hier liegt eigentlich gar **kein Angebot**, sondern eine (an den Adressaten der Erklärung gerichtete) **Aufforderung zur Offertstellung** vor *(invitatio ad offerendum)*. Die Unverbindlichkeit ergibt sich oft auch aus den Umständen (vgl. Beispiele in Art. 7 Abs. 2 OR). **Internet-Angebote** werden nach jetziger Rechtslage, wenn sie nicht als verbindlich abgegeben werden, als Aufforderung zur Offertstellung interpretiert. Das ergibt sich aus der Interessenlage, da der Anbieter ansonsten ein unkalkulierbares Beschaffungsrisiko übernehmen, also Gefahr laufen würde, eine unübersehbare Vielzahl von Interessenten beliefern zu müssen.[194] Anders bei **Internetversteigerungen**, (oben Fn. 183), wo dieses Argument nicht greift, da ja nur ein Kaufinteressent (der Höchstbietende) die Sache erwerben kann; hier ist das Angebot als verbindlich zu werten. So auch die *Ricardo*-Entscheidung des deutschen BGH NJW 2002, S. 363 (364).

  170

Die Ausschreibung von Bauprojekten im Vergabeverfahren geschieht durch Einladung an mehrere Unternehmer, ein Angebot über die ausgeschriebene Bauleistung einzureichen: sog. **Einladung zur Submission**. Diese ist eine *invitatio ad offerendum*; das Angebot ist dann die Offerte eines Unternehmens (anders, aber unhaltbar BGE 134 II 297 [304]).

Bei der Offerte mit **Widerrufsvorbehalt** kann der Offerent seinen – an sich verbindlichen – Antrag widerrufen, solange der Empfänger ihn noch nicht angenommen hat.

  171

---

193 Abdruck unten S. 361 ff.

194 Dies ist dann nicht der Fall, wenn *immaterielle* Güter im Internet angeboten werden, die beliebig repliziert und meist direkt vom Internet heruntergeladen werden können (z.B. Musik, Computerprogramme).

V. Kreuzofferte

172 Es werden gleichzeitig, aber unabhängig voneinander, **zwei Angebote** mit **deckungsgleichem** Inhalt abgegeben.

Beispiel: A offeriert dem B den Ankauf seiner Ware, B gleichzeitig zu gleichen Konditionen dem A deren Verkauf.

Es fehlt – formal betrachtet – ein Akzept. Trotzdem liegt grundsätzlich ein wirksamer Vertragsschluss vor, da Konsens vorhanden ist.

F. Einige wichtige Bestimmungen des UN-Kaufrechts (CISG) zum Vertragsschluss

173 **Art. 14**

[1] Der an eine oder mehrere bestimmte Personen gerichtete Vorschlag zum Abschluss eines Vertrages stellt ein Angebot dar, wenn er bestimmt genug ist und den Willen des Anbietenden zum Ausdruck bringt, im Falle der Annahme gebunden zu sein. Ein Vorschlag ist bestimmt genug, wenn er die Ware bezeichnet und ausdrücklich oder stillschweigend die Menge und den Preis festsetzt oder deren Festsetzung ermöglicht.

[2] Ein Vorschlag, der nicht an eine oder mehrere bestimmte Personen gerichtet ist, gilt nur als Aufforderung, ein Angebot abzugeben, wenn nicht die Person, die den Vorschlag macht, das Gegenteil deutlich zum Ausdruck bringt.

Art. 15

[1] Ein Angebot wird wirksam, sobald es dem Empfänger zugeht.

[2] Ein Angebot kann, selbst wenn es unwiderruflich ist, zurückgenommen werden, wenn die Rücknahmeerklärung dem Empfänger vor oder gleichzeitig mit dem Angebot zugeht.

Art. 16

[1] Bis zum Abschluss des Vertrages kann ein Angebot widerrufen werden, wenn der Widerruf dem Empfänger zugeht, bevor dieser eine Annahmeerklärung abgesandt hat.

[2] Ein Angebot kann jedoch nicht widerrufen werden,

a) wenn es durch Bestimmung einer festen Frist zur Annahme oder auf andere Weise zum Ausdruck bringt, dass es unwiderruflich ist, oder

b) wenn der Empfänger vernünftigerweise darauf vertrauen konnte, dass das Angebot unwiderruflich ist, und er im Vertrauen auf das Angebot gehandelt hat.

Art. 19

[1] Eine Antwort auf ein Angebot, die eine Annahme darstellen soll, aber Ergänzungen, Einschränkungen oder sonstige Änderungen enthält, ist eine Ablehnung des Angebotes und stellt ein Gegenangebot dar.

[2] Eine Antwort auf ein Angebot, die eine Annahme darstellen soll, aber Ergänzungen oder Abweichungen enthält, welche die Bedingungen des Angebots nicht wesentlich ändern, stellt jedoch eine Annahme dar, wenn der Anbietende das Fehlen der Übereinstimmung nicht unverzüglich mündlich beanstandet oder eine entsprechende Mitteilung absendet. Unterlässt er dies, so bilden die Bedingungen des Angebots mit den in der Annahme enthaltenen Änderungen den Vertragsinhalt.

[3] Ergänzungen oder Abweichungen, die sich insbesondere auf Preis, Bezahlung, Qualität und Menge der Ware, auf Ort und Zeit der Lieferung, auf den Umfang der Haftung der einen Partei gegenüber der anderen oder auf die Beilegung von Streitigkeiten beziehen, werden so angesehen, als änderten sie die Bedingungen des Angebots wesentlich.

Kontrollfragen zu Kapitel 8:

40. Was ist ein «Realakzept»?

41. Für welche Verträge genügen konkludente Willenserklärungen nicht?

42. In welchen Situationen gilt ausnahmsweise: «Qui tacet consentire videtur»?

43. Wie lange ist der Offerent an sein Angebot gebunden?

44. In welchem Zeitpunkt kommt ein Vertrag zustande?

45. Welche Wirkung hat eine verspätete Annahmeerklärung?

46. Welche Wirkung hat eine von der Offerte abweichende Annahmeerklärung?

47. Was ist eine freibleibende Offerte, was eine Kreuzofferte?

Kapitel 9
Form des Vertrages

§ 1 Formfreiheit und Zweck von Formerfordernissen

Historisch betrachtet ist die Entwicklung des Vertragsrechts durch die schrittweise   174
Befreiung von vielfältigen Fesseln der Formgebundenheit geprägt, die in den alten
Rechten vorherrschten und sakralen Ursprungs waren. Diese allmähliche «Entfesse-
lung» des Vertragsrechts mündete im modernrechtlichen Grundsatz der **Verbindlichkeit formloser Konsensualkontrakte**. Heute ist die Formfreiheit (Art. 11 Abs. 1 OR;
Art. 11 UN-Kaufrecht) als Grundregel in einem durch Schnelligkeit und Flexibilität
geprägten Wirtschaftsleben nicht mehr wegzudenken. Das heisst jedoch nicht, dass
mündliche (oder gar konkludente) Vertragsschlüsse heute die Regel sind. «Mündlich
werden Verträge fast nur noch dort geschlossen, wo es um Geschäfte des täglichen Lebens geht, die von beiden Parteien auf der Stelle erfüllt werden».[195] Die in der Praxis
vorherrschende Schriftlichkeit beruht regelmässig nicht auf einer gesetzlichen Formvorschrift, sondern auf der freien Entscheidung der Kontrahenten, eine Vertragsurkunde aufzusetzen und zu unterschreiben. Mit andern Worten, die Parteien kommen
mittels eines **gewillkürten «Formvorbehalts»** (Art. 16 OR; dazu Rz. 181 f.) überein,
gewisse Formerfordernisse, meist die einfache Schriftlichkeit einzuhalten, obwohl
das Gesetz keine Formvorschrift vorsieht.

Dessen ungeachtet besteht weiterhin zusätzlich ein Bedürfnis für **gesetzliche**   175
Formvorschriften, die vom Grundprinzip der Formfreiheit abweichen. Die gesetzlichen Formerfordernisse erfüllen verschiedene **Funktionen**. Die wichtigste ist die
Beweisfunktion. Wer zum Beweis von Ansprüchen eine Vertragsurkunde vorlegen
kann, hat eine bessere Chance, diese durchsetzen zu können, als ein Vertragspartner,
der sich nur auf eine mündliche Vereinbarung berufen kann. In vielen Fällen (etwa
Art. 216, 243 und 493 OR) dienen gesetzliche Formvorschriften auch dem **Übereilungsschutz**. Diese verfolgen gewissermassen einen «Warnzweck»: Wer eine Vertragsurkunde unterschreiben oder gar wegen einer öffentlichen Beurkundung zum
Notar gehen muss (Art. 216 OR), überlegt sich dies tendenziell gründlicher als jemand, der ein lediglich mündliches Versprechen abgibt, für das die alte Weisheit gilt:
verba volant (mündlich geäusserte Worte fliegen leicht dahin).

> *Beispiel* Schenkungsversprechen: Unentgeltliche Zuwendungen sind zweifel-
> los nicht der Normalfall einer geschäftlichen Transaktion und werden nicht sel-
> ten in emotionalen Ausnahmesituationen versprochen; Versprechungen, die
> mancher, wenn wieder Nüchternheit eingekehrt ist, nachträglich bereut. Daher
> dient die Einhaltung der Formvorschrift des Art. 243 OR, wie man sagt, als
> *«Seriositätsindiz»*.

---

195 H. Kötz, Europäisches Vertragsrecht, 2. Aufl. (Tübingen 2015) S. 108.

Im Zeichen des Konsumentenschutzes (Art. 97 BV) hat der Gedanke des Übereilungsschutzes und der **Garantie** der «**Bedingungstransparenz**» durch gesetzliche Formerfordernisse geradezu Konjunktur (vgl. oben Rz. 43). Öffentlich beurkundete Rechtsgeschäfte (vor allem nach Art. 216 und Art. 629 OR) bieten darüber hinaus eine gesicherte **Grundlage** für die **Eintragung ins Grundbuch** oder **Handelsregister**, durch welche die erforderliche Publizität der Rechtsverhältnisse gegenüber Dritten sichergestellt werden soll.

176

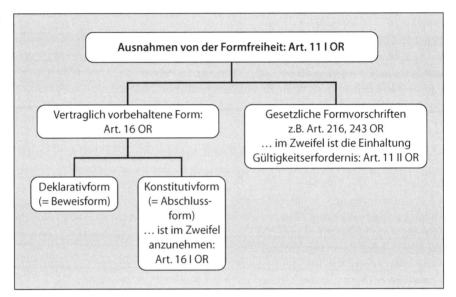

§ 2   Formtypen

177   Das **Gesetz** unterscheidet **drei Typen** von Formvorschriften: die «einfache Schriftlichkeit» (z.B. Schenkungsversprechen in Art. 243 OR), die «qualifizierte Schriftlichkeit» (z.B. Bürgschaft nach Art. 493 Abs. 2 OR; eigenhändiges Testament in Art. 505 ZGB) und die «öffentliche Beurkundung» (z.B. Grundstückkaufvertrag in Art. 216 OR).

—   Bei der in Art. 12–14 OR geregelten «**einfachen Schriftlichkeit**» bedarf der Text der **eigenhändigen Unterschrift** des sich Verpflichtenden (Art. 13 Abs. 1 OR) bzw. bei digitalen Texten der **qualifizierten elektronischen Signatur** (Art. 14 Abs. 2bis OR). Der Austausch unterzeichneter und **eingescannter** Dokumente als **PDF-Dateien** genügt dem Gebot einfacher Schriftlichkeit.

—   Bei der «**qualifizierten Schriftlichkeit**» handelt es sich um eine «einfache Schriftlichkeit mit gewissen **Zusatzerfordernissen**, da gewisse Teile des Schrifttextes **eigenhändig** geschrieben sein müssen (vgl. Art. 493 Abs. 2 OR, Art. 361 Abs. 2 und 505 ZGB) oder das Gesetz **spezifische** (schriftliche) **Inhaltsangaben** vorschreibt (z.B. Formularpflicht für Mietzinserhöhung in Art. 269d OR; Art. 9–12 KKG).

– Der formstrengste Typ der Schriftlichkeit ist die **öffentliche Beurkundung**, bei welcher eine (staatlich betraute) **Urkundsperson** (Notar, Beamter) den massgeblichen Text in einem besonderen Verfahren festhält, von den Parteien unterzeichnen lässt und durch eigene Unterschrift authentifiziert.[196] *Beispiel*: Grundstückkaufvertrag (und gleichgestellte Grundstücktransaktionen) nach Art. 216 Abs. 1 und OR. Weitere Beispiele im Gesellschaftsrecht.

Beachte:

– Bei der einfachen Schriftlichkeit bedarf es nach Art. 13 OR nur der Unterschrift der Personen, die sich durch den Vertrag verpflichten.

▶ Dazu **Fall 1**. Weiteres *Beispiel*: Der Bürgschaftsvertrag braucht nur die Unterschrift des Bürgen, nicht die des Gläubigers (Art. 493 Abs. 1 OR).

– Nach Art. 55 Abs. 1 SchlT zum ZGB bestimmen die Kantone, «in welcher Weise auf ihrem Gebiete die öffentliche Beurkundung hergestellt wird». In Basel-Stadt ist etwa notarielle Beurkundung vorgesehen. Art. 55 Abs. 1 SchlT (jetzt ergänzt durch Art. 55a SchlT) ist ein Beispiel für eine gesetzliche Regelung, die i.S. von Art. 6 ZGB ausnahmsweise den Kantonen die Kompetenz gibt, privatrechtliche Regelungen zu erlassen (siehe Rz. 2).

---

§ 3   Umfang des Formzwangs

Vom gesetzlichen Formzwang umfasst werden alle **objektiven Hauptpunkte** des Vertrages *(essentialia negotii)* sowie grundsätzlich auch die **subjektiven *essentialia*.**[197] Auch **Abänderungen** eines von Gesetzes wegen formbedürftigen Vertrages unterliegen grundsätzlich der Formvorschrift (Art. 12 OR). Ausserdem können die Kontrahenten selber die Abänderung eines gesetzlich nicht formgebundenen Vertrages unter einen vertraglichen Formvorbehalt stellen[198]. Keiner Form bedarf der Ver-

178

---

196 Definition der öffentlichen Urkunde in Art. 2 der (am 1.1.2012 in Kraft getretenen) VO über die elektronische Beurkundung: «Eine öffentliche Urkunde ist die Aufzeichnung rechtserheblicher oder rechtsgeschäftlicher Erklärungen in einem Dokument durch eine dazu örtlich und sachlich zuständige Person in einer vorgeschriebenen Form und in einem vorgeschriebenen Verfahren».

197 Zum Begriff der *essentialia negotii* oben Rz. 155. Zur Formbedürftigkeit der subjektiven *essentialia* (nicht sehr einleuchtend) einschränkend das BGer bei Grundstückkaufverträgen (Art. 216 OR). S. etwa BGE 113 II 402 (404); 117 II 259 (264 f.); 119 II 135 (138): Subjektiv wesentliche Nebenpunkte unterliegen dem Formzwang nicht, wenn sie ihrer Natur nach nicht unmittelbar das Austauschverhältnis aus dem Kaufvertrag betreffen. Vgl. auch BGE 135 III 255 (299).

198 Dazu ausdrücklich Art. 29 Abs. 2 UN-Kaufrecht: «Enthält ein schriftlicher Vertrag eine Bestimmung, wonach jede Änderung … durch Vereinbarung schriftlich zu erfolgen hat, so darf er nicht

trag über den **Erlass** von Verbindlichkeiten oder die Aufhebung ganzer Rechtsgeschäfte («**Aufhebungsvertrag**»), auch wenn bei deren Begründung eine Form einzuhalten war (Art. 115 OR).

§ 4 Rechtsfolgen bei Nichteinhaltung von Formvorschriften

A. Nichteinhaltung gesetzlicher Formvorschriften

179 Verstösse gegen gesetzliche Formvorschriften führen gemäss Art. 11 Abs. 2 OR im Zweifel – d.h. sofern sich aus der gesetzlichen Regelung und ihrem Schutzzweck nichts anderes ergibt[199] – zur **Vertragsungültigkeit** (Nichtigkeit). Die Einhaltung der Formvorschrift hat demnach regelmässig **konstitutive** (rechtsbegründende) **Bedeutung**. Jedoch finden sich auch gesetzliche Formvorschriften, die blosse Ordnungsvorschriften sind und keine Ungültigkeitssanktion vorsehen. So z.B. Art. 330*b* OR; Art. 335 Abs. 2 OR.

> *Beachte*: Der Grundsatz der Formfreiheit gilt auch für **einseitige Willenserklärungen**, also etwa für die ordentliche oder ausserordentliche Kündigung von Arbeitsverhältnissen. *Beispiel* für eine formlose (konkludente) ausserordentliche Kündigung: «Geben Sie umgehend den Schlüssel zu Ihrem Büro ab!». Eine gesetzliche Formvorschrift für eine Kündigung findet sich in Art. 266*l* OR (Kündigung von Wohn- und Geschäftsraummieten).

180 Sind nur einzelne Teile des Vertrages formbedürftig, kann bei Formverstössen analog zu Art. 20 Abs. 2 OR[200] **Teilungültigkeit** angenommen werden.

Wurden Leistungen in Unkenntnis der Formungültigkeit erbracht, können sie grundsätzlich nach Art. 641 Abs. 2 ZGB **vindiziert** (Sachleistungen) oder nach Art. 62 ff. OR **kondiziert** (Geldleistungen) werden (zur Leistungskondiktion Rz. 436 ff.). Siehe etwa BGE 137 III 243 (251).

180a Andere Konzeption in § 1432 des österreichischen ABGB: Keine Klage auf Erfüllung formnichtiger Verbindlichkeiten; wenn aber geleistet worden ist, gibt es keine Rückforderung: *Nec actio nec repetitio*.[201] Im Ergebnis dieselbe Lösung für das Schenkungsversprechen in Art. 243 Abs. 3 OR.

---

auf andere Weise geändert oder aufgehoben werden. Eine Partei kann jedoch aufgrund ihres Verhaltens davon ausgeschlossen sein, sich auf eine solche Bestimmung zu berufen, soweit die andere Partei sich auf dieses Verhalten verlassen hat». Zum letzten Satz unten Rz. 182 (a.E.).

199 Zur Bedeutung der *«finalité de la règle de forme»*, um die Folgen des Formverstosses zu beurteilen, BGE 140 III 583 (587).

200 Dazu Rz. 220 ff.

201 Keine Klage, keine Rückforderung!

Die Berufung auf die Formungültigkeit steht unter dem allgemeinen Vorbehalt des **Rechtsmissbrauchs** (Art. 2 Abs. 2 ZGB). So ist es etwa ein rechtsmissbräuchliches *venire contra factum proprium* (oben Rz. 11), wenn ein Verhandlungspartner dem anderen versichert, es bräuchten die lästigen gesetzlichen Formvorschriften nicht eingehalten zu werden, da für ihn der Handschlag (bzw. «ein Mann, ein Wort»!) gelte, nachträglich den Formmangel aber dann doch geltend macht. Zur rechtsmissbräuchlichen Berufung auf den Formmangel BGE 138 III 401 (404 ff.); 140 III 583 (584). Siehe auch Rz. 253 zur Schwarzpreisvereinbarung. Zu Formvorbehalten in **AGB** vgl. unten Rz. 241.   180b

B. Nichteinhaltung eines vertraglichen Formvorbehalts

Die von den Kontrahenten für (gesetzlich) formfreie Verträge **vertraglich vorbehaltene Form** ist nach der (widerlegbaren) gesetzlichen Vermutung in Art. 16 Abs. 1 OR eine **Abschlussform (Konstitutivform)**, von deren Einhaltung die Vertragsgültigkeit abhängt, also nicht bloss eine **Beweisform (Deklarativform)**. Der Verstoss gegen eine Konstitutivform führt allerdings dann nicht zur Ungültigkeit des Vertrags, wenn der Formverstoss den Zweck des Formvorbehalts (regelmässig ein Schutzzweck) nicht tangiert.[202]   181

▶ Dazu **Fall 23**

Beachte: 182

– Ein Formvorbehalt braucht nicht unbedingt auf einer entsprechenden Vereinbarung der Parteien zu beruhen, sondern seine Beachtlichkeit kann sich auch aus einem einseitigen Vorbehalt in der Offerte ergeben, wenn etwa der Offerent eine schriftliche Annahmeerklärung verlangt. Ein mündliches Akzept führt dann nach der hier entsprechend anwendbaren Vermutung des Art. 16 Abs. 1 OR nicht zum Vertragsschluss. *Beispiele*: Appellationsgericht Basel-Stadt BJM 2008, 41 ff. sowie ▶ **Fall 26**

– Formvorbehalte sind auch im Hinblick auf **einseitige Willenserklärungen** (wie etwa Kündigungen oder andere Gestaltungserklärungen) möglich. S. etwa BGE 138 III 123 (128).

– Der **Formvorbehalt** seinerseits ist nicht formgebunden; er kann unter Umständen auch **konkludent** vereinbart werden.

– Art. 12 OR gilt nicht für **vertragliche** Formvorbehalte. Dazu schon oben Rz. 178.

– Die Parteien können bei einer vertraglich vorbehaltenen Konstitutivform jederzeit einverständlich von diesem Vorbehalt **wieder abrücken**, was

---

202 So BGer 4D_75/2011 vom 9.12.2011.

auch **konkludent** möglich ist. Dies ist vor allem dann anzunehmen, wenn sie den Vertrag vorbehaltlos zu erfüllen beginnen, ohne dass die vereinbarte Form eingehalten worden ist.

– Auch die Berufung auf einen vertraglichen Formvorbehalt (und die damit begründete Ungültigkeit der Vereinbarung/Erklärung) kann rechtsmissbräuchlich sein. **Fall 26 Ziff. 4**; ausdrückliche Regelung in Art. 29 Abs. 2 Satz 2 UN-Kaufrecht (oben Fn. 198).

Kontrollfragen zu Kapitel 9:

48. Nennen Sie gesetzliche Vorschriften, die dem Übereilungsschutz dienen.

49. Nennen und erklären Sie die Formtypen des schweizerischen Rechts.

50. Wann ist die Berufung auf einen Formmangel rechtsmissbräuchlich?

51. Erläutern Sie die Aussagen: «Die von den Parteien vorbehaltene Form ist eine Konstitutivform» (ist eine «Deklarativform»).

Kapitel 10
Konsens und Dissens

«Aber da liegt ja das ganze Unglück! In den Worten! Wir haben alle eine Welt von Dingen in uns, jeder seine eigene Welt von Dingen. Aber wie wollen wir uns verstehen, Herr Direktor, wenn ich in meine Worte den Sinn und die Bedeutung der Dinge lege, so wie sie in mir sind, während derjenige, der sie hört, sie unvermeidlich mit dem Sinn und der Bedeutung der Dinge erfüllt, die zu seiner Welt gehören! Wir glauben uns zu verstehen – wir verstehen uns nie!»

Luigi PIRANDELLO, Sechs Personen suchen einen Autor (italienische Originalfassung 1933)

§ 1   Vorbemerkung

Zum Abschluss eines Vertrags ist eine Verständigung der Kontrahenten erforderlich. *«Il consenso è l'anima del contratto»*, wie es ein italienischer Autor einst poetisch formuliert hat; oder – in den Worten der Soziologie –: Der Vertrag ist eine Institution «kommunikativen Handelns» (J. HABERMAS).   183

Es sind zwei unterschiedliche, nicht widersprüchliche, sondern **komplementäre Konsensbegriffe** zu unterscheiden, nämlich der **natürliche** und der **normative** Konsens.

§ 2   Natürlicher Konsens

Ein **natürlicher** (oder tatsächlicher) **Konsens** liegt vor, wenn die Parteien ihre gegenseitigen Äusserungen **tatsächlich richtig verstanden** haben und sich über alle wesentlichen Vertragspunkte **einig** sind[203]. Normalerweise entspricht die objektive Bedeutung der übereinstimmenden Willenserklärungen dem natürlichen Parteikonsens, so dass das «naturgemässe Verhältnis» von Wille und Erklärung (SAVIGNY) vorliegt[204]. Eine (irrtümlich) objektiv **falsche Ausdrucksweise** steht dem natürlichen Konsens aber **nicht** entgegen, da der Grundsatz *falsa demonstratio non nocet*[205] gilt. Selbst wenn also die objektive Bedeutung der Parteierklärungen eine abweichende ist, gilt der Vertrag im dem Sinne, wie die Kontrahenten ihre Erklärungen **überein-**   184

---

203 Im Common Law spricht man vom *«meeting of the minds»*.

204 Geht man vom eingangs erwähnten PIRANDELLO-Zitat aus, beginnt man zu zweifeln, ob die Deckung von natürlichem und objektivem Konsens tatsächlich das «naturgemässe Verhältnis» ist, und sich zu fragen, ob nicht vielmehr der versteckte Dissens (Rz. 191) der Normalfall menschlicher Kommunikation ist!

205 «Eine falsche Ausdrucksweise schadet nicht».

stimmend verstanden haben (=: «übereinstimmende[r] wirkliche[r] Wille», Art. 18 Abs. 1 OR).[206] Wer behauptet, es sei ein vom Wortlaut abweichender natürlicher Konsens erzielt worden, trägt dafür die **Beweislast** (BGE 121 III 118 [123]).

Beispiele:

– *Haifischfleischfall* (RGZ 99, S. 147): Käufer und Verkäufer gehen übereinstimmend davon aus, dass die mit dem (norwegischen) Wort *«Haakjöringsköd»* bezeichnete Ware *Walfischfleisch* ist, obwohl das Wort in Wirklichkeit *Haifischfleisch* bedeutet, worauf sich weder der Verkäufer noch der Käufer berufen kann.

– Nicht selten kommt es zu einer *falsa demonstratio*, weil die Parteien rechtliche *termini technici* **einverständlich falsch** verwenden. *Schulbeispiel*: Wenn sich jemand vom Nachbarn zum Kochen Eier «leiht», meint er (genauso wie der Nachbar auch) nicht eine Leihe (Art. 305 OR), sondern ein Darlehen (Art. 312 OR). Bei der Leihe müsste er nämlich nach Gebrauch «dieselbe Sache» zurückgeben. Im allgemeinen Sprachgebrauch wird «Leihe» (nach Art. 305 OR ist die Gebrauchsleihe unentgeltlich!) überdies oft für die entgeltliche Miete verwendet, wie etwa beim Ausdruck «Leihwagen».

▶ Dazu **Fall 31**

185 Um Missverständnisse im Hinblick auf Art. 18 Abs. 1 OR zu vermeiden: Wenn das Gesetz vom übereinstimmenden **«wirklichen Willen»** der Kontrahenten spricht, so nimmt es den Mund zu voll. Es geht nicht um einen «inneren», psychologisch zu erforschenden Willen. Vielmehr müssen Wille und Willensübereinstimmung – in welcher Form auch immer – **geäussert** worden sein, weshalb die «Willensübereinstimmung» u.U. aus äusseren, beweisbaren **«Willensindizien»** abgeleitet wird (unten Rz. 195). Der «wirkliche Wille» des Art. 18 Abs. 1 OR ist also der nach allen äusseren Indizien erkennbare übereinstimmende Wille der Kontrahenten im Augenblick des Vertragsschlusses.

186 Zu beachten ist, dass auch ein vollständiger natürlicher Konsens der Kontrahenten über den Inhalt des beabsichtigten Vertrags für dessen Zustandekommen noch nicht ausreicht. Die tatsächliche Einigung als solche, also ein blosses *«agreement to agree»* genügt noch nicht. Die Kontrahenten müssen sich zusätzlich einig sein, dass das Vereinbarte für sie **rechtlich verbindlich** sein, also **«gelten»** soll.[207]

> Ganz in diesem Sinn Art. 30 des Vorschlags für eine EU-Verordnung über ein Gemeinsames Europäisches Kaufrecht (vgl. oben Fn. 72): «Ein Vertrag ist geschlossen, wenn a) die Parteien eine Einigung erzielen und b) sie ihrer Einigung Rechtswirkung verleihen wollen ...».

---

206 Schon im Römischen Recht galt: *In conventionibus contrahentium voluntas potius quam verba spectanda sunt* (PAPINIANUS, Dig. 50, 16, 219). Übersetzt: Bei Verträgen ist eher der Wille der Kontrahenten als der Wortlaut zu beachten.

207 Dazu oben Rz. 102.

Trotz eines natürlichen Konsenses über den Vertragsinhalt kommt es vor, dass eine Partei – oder auch beide Parteien – über eine faktische oder rechtliche Vertragsgrundlage im Irrtum ist (bzw. sind). Es liegt dann ein **irrtumsbehafteter natürlicher Konsens** vor.[208] In einem solchen Fall kann der Vertrag allenfalls wegen Grundlagenirrtums angefochten werden (Art. 23 OR i.V.m. Art. 24 Abs. 1 Ziff. 4 OR). Siehe Rz. 272 ff.   187

> *Beispiel*: Kauf eines Gemäldes, das beide Kontrahenten für echt halten. Dazu unten Rz. 277 und ▶ **Fall 43**.

Zum **Scheingeschäft** (Simulation, simuliertes Geschäft), hinter dem sich regelmässig ein natürlicher Konsens über das in Wirklichkeit gewollte «dissimulierte» Geschäft verbirgt, unten Rz. 253.   188

§ 3   Normativer Konsens

Ein **normativer** (oder rechtlicher) **Konsens** setzt voraus, dass sich die Parteien tatsächlich (subjektiv) nicht einig geworden sind, also kein natürlicher Konsens besteht, und ihnen dieser Umstand bei Vertragsschluss nicht bewusst war (vgl. Rz. 191). **Objektiv** betrachtet liegen aber «übereinstimmende Willenserklärungen» vor (Art. 1 Abs. 1 OR), weil eine der Parteien in ihrem (nach Treu und Glauben) **berechtigten Vertrauen** auf den von ihr objektiv korrekt interpretierten Vertragssinn zu schützen ist. Die Willenserklärungen werden also nach dem **Vertrauensprinzip** aus der Sicht des jeweiligen **Empfängers** («Empfängerhorizont») ausgelegt[209]. Folglich kommt der Vertrag – wenigstens vorläufig – mit diesem objektiv ermittelten Inhalt zustande, sofern die sich auf Konsens berufende Partei den Vertrag tatsächlich in diesem Sinn verstanden hat. Es handelt sich beim normativen Konsens somit um einen aufgrund **rechtlicher** Erwägungen (Vertrauensschutz) **zugerechneten Konsens**, obschon die Parteien sich tatsächlich nicht einig geworden sind.   189

> *Beispiel*: A verschreibt sich in seiner Offerte und bietet zu «Fr. 6800» an, obwohl er «Fr. 8600» schreiben will. B akzeptiert gutgläubig zu «Fr. 6800». Kraft normativen Konsenses kommt der Vertrag gegen den eigentlichen Willen von A zu «Fr. 6800» (vorläufig) zustande. A steht aber (in einem zweiten Schritt) die Möglichkeit offen, den Vertrag wegen eines wesentlichen Erklärungsirrtums anzufechten (Art. 23 i.V.m. 24 Abs. 1 Z. 3 OR). Dazu unten Rz. 267.

▶ Dazu **Fall 34**

---

208   Ganz in diesem Sinn BGE 129 III 320 (326): «Fehlerhafte Willensbildung verhindert den Konsens nicht, sondern gibt der davon betroffenen Partei allenfalls ein Recht, den Vertrag anzufechten».

209   Dazu unten Rz. 196.

189a Die **beiden Konsensbegriffe** des schweizerischen Rechts in eine schöne Formel **zusammenfassend** BGE 129 III 320 (326): «Konsens wird durch tatsächlich übereinstimmend verstandene oder nach dem Vertrauensprinzip übereinstimmend zu verstehende Willenserklärungen bewirkt».

190 *Beachte*:

– Beim normativen Konsens liegt (Beispiel oben Rz. 189) sehr oft eine **einseitige** *falsa demonstratio* einer Partei vor. Diese ist von der Konstellation des Art. 18 Abs. 1 OR zu unterscheiden, wo hinter der *falsa demonstratio* ein **natürlicher Konsens** der Parteien steht. Dazu Rz. 184.

– Die Entstehung eines Vertrags setzt nicht unbedingt voraus, dass der natürliche oder normative Konsens alle Punkte des Vertrags erfasst. Gemäss **Art. 2 Abs. 1 OR** gilt die widerlegbare gesetzliche Vermutung, dass trotz unvollständigem Konsens (d.h. bei Teildissens über einzelne Nebenpunkte) ein Vertrag zustande kommt, sofern **Einigkeit über die objektiven Hauptpunkte** des Vertrags (objektive *essentialia negotii*) erzielt worden ist. Es wird somit bei dieser Konstellation ein Einigungswille (Geltungswille) der Parteien vermutet. Die gesetzliche Vermutung kann durch den Gegenbeweis entkräftet werden, dass die **objektiven Nebenpunkte** *(accidentalia negotii)*, über die keine Einigung erzielt wurde, für einen Kontrahenten **subjektiv essentiell** *(condicio sine qua non)* waren und dies der andere wusste oder erkennen musste (BGE 138 III 29 [32]). Dann ist (entgegen der Vermutung des Art. 2 Abs. 1 OR) der Vertrag **insgesamt gescheitert**, obwohl über die objektiven Hauptpunkte Konsens besteht. – Zum Unterschied zwischen Hauptpunkten und Nebenpunkten bereits oben Rz. 155. Zur abweichenden Annahmeerklärung oben Rz. 167; zu einem speziellen Problem bei AGB-Verträgen unten Rz. 238.

– Ein normativer Konsens kann auch dann vorliegen, wenn ein Partner keine Kenntnis vom Inhalt des Vertrags hat, weil er eine **Vertragsurkunde ungelesen** (unverstanden) unterschreibt. Ein solches «Globalakzept» ist nach dem Vertrauensprinzip insoweit verbindlich, als die Gegenpartei nach **Treu und Glauben** davon **ausgehen durfte** und **musste**, dass der Vertragsinhalt vom Unterzeichnenden auch **gewollt** war. Dies kann namentlich bei AGB fraglich sein[210]. Trotzdem ist gut beraten, wer sich ein altes spanisches Rechtssprichwort zu Herzen nimmt: «No firmes cartas que no leas, ni bebas agua que no veas»[211].

---

210 Für AGB-Verträge ist die «Ungewöhnlichkeitsregel» zu beachten. Dazu unten Rz. 237.
211 «Unterschreib keine Briefe, die Du nicht gelesen hast, und trink kein Wasser, das Du nicht gesehen hast».

§ 4   Offener Dissens

Offener («manifester») **Dissens** liegt vor, wenn sich die Parteien **nicht einig** gewor-   191
den **und** sie sich dessen **bewusst** sind. Um es in der Sprache der Diplomatie auszu-
drücken: *They agree to disagree.* Vorbehaltlich Art. 2 Abs. 1 OR[212] kommt kein gültiger Vertrag zustande. – Zu den Rückabwicklungsfolgen, falls Leistungen erbracht
worden sind: Rz. 232.

§ 5   Versteckter Dissens

Versteckter (oder «latenter») **Dissens** liegt vor, wenn die Parteien, ohne dessen be-   192
wusst zu sein, sich **nicht** tatsächlich **einig** waren, sich also missverstanden haben,
und – unter Berücksichtigung aller Begleitumstände – ein objektiv eindeutiger Vertragssinn, auf den sich eine Partei nach dem Vertrauensprinzip berufen könnte, fehlt.
Der Vertragssinn ist also **objektiv zweideutig**. Im Gegensatz zum normativen Konsens darf keine Partei auf ihre Interpretation des Vertrags vertrauen.

Beispiele:

–   A bestellt in einem Hotel «2 Zimmer mit 3 Betten». Er geht von 3 Betten ins-
    gesamt aus, das Hotel von insgesamt 6 Betten. Man spricht in solchen Fällen
    auch von **«Scheinkonsens»**.

–   A bestellt klar und eindeutig zu Fr. 7800; B meint, Fr. 8700 gelesen (gehört) zu
    haben und akzeptiert: «Einverstanden zu Fr. 8700», was A nicht auffällt. Es
    liegt ein («Erklärungs»)**Dissens** vor: B durfte nach Treu und Glauben unter
    Fr. 7800 nicht Fr. 8700 verstehen und A durfte nach Treu und Glauben unter
    Fr. 8700 nicht Fr. 7800 verstehen.

Der Vertrag ist bei verstecktem Dissens vorbehaltlich Art. 2 Abs. 1 OR[213] nichtig.   193
Auch hier ist in Bezug auf die Rückabwicklungsfolgen auf Rz. 232 zu verweisen.

▶ Zum versteckten Dissens **Fall 12** sowie zu einer zugespitzten Sondersituation
Fall 35

---

212   Dazu Rz. 190.
213   Dazu schon Rz. 190.

193a **Zur Unterscheidung zwischen normativem Konsens und verstecktem Dissens**:

Normativer Konsens	Versteckter Dissens
1) Es liegt kein natürlicher Konsens vor.	1) Wie beim normativen Konsens!
2) Dies ist den Kontrahenten nicht bewusst.	2) Wie beim normativen Konsens!
3) Es gibt einen objektiv übereinstimmenden Vertragssinn, auf den einer der Kontrahenten nach Treu Glauben vertrauen durfte und auch vertraut hat.	3) Es gibt keinen objektiv übereinstimmenden Vertragssinn und daher auch kein schützenswertes Vertrauen auf die jeweilige subjektive Vertragsinterpretation.

194 Zwei **Beispiele aus der französischen/schweizerischen Gerichtspraxis** für das Problem der *in concreto* oft nicht leichten Abgrenzung zwischen normativem Konsens und verstecktem Dissens:

RTDciv. (Revue trimestrielle de droit civil), Juillet/Septembre 2005, S. 589 f:

2. Euros et non pas francs: un premier cas d'erreur-obstacle! (Orléans, 13 mai 2004 JCP E 2005, p. 1060, obs. M. Vivant, N. Mallet-Poujol et J.-M. Bruguière)
Comme on s'y attendait, le passage à la monnaie unique européenne commence à susciter un contentieux qui, à l'instar de celui apparu lors de l'abandon de l'ancien franc au profit du nouveau (Com. 14 janv. 1969, D. 1970J.458, note M. Pédamon, où le consentement d'une société ayant confondu ces deux monnaies avait été «vicié à sa base par une erreur fondamentale»), se résout plus ou moins implicitement par référence à la théorie de l'erreur obstacle. En l'espèce, le 14 décembre 2001, soit moins de trois semaines avant le basculement officiel vers l'euro, un imprimeur avait reçu d'un vendeur de matériel un devis fixant le prix d'une imprimante haut de gamme à la somme de 10.979, sans plus de précision. Ayant déjà contacté un autre fournisseur qui lui avait proposé la même imprimante pour la somme de 61.888 F, notre imprimeur saute donc sur l'occasion et confirme la commande ... en portant la mention «francs» après le prix indiqué. Pour des raisons que l'on ignore (négligence administrative ou bien tactique commerciale), le vendeur livre néanmoins le matériel, reçoit un chèque libellé en francs, qu'il retourne, puis réclame le paiement des 10.979 €. Rectifiant le fondement juridique inexact de la décision des premiers juges, qui avaient annulé la vente pour manquement du vendeur à son obligation d'information, la Cour d'appel d'Orléans prend acte de ce quiproquo fondamental. Elle estime que «force est de constater qu'il n'y a pas eu échange de consentements sur la prestation monétaire, l'acheteur entendant donner 10.979 F et le vendeur recevoir 10.979 € pour le même produit; que les deux parties ne se sont pas entendues sur le prix, de sorte que le contrat ne s'est pas formé».

Anmerkung: Wie zu lesen, handelte der Sachverhalt der Entscheidung des Gerichts in Orléans in der Zeit der Umstellung von französischen Francs auf Euro. Ähnliche französische Entscheidungen gab es bereits anlässlich der Umstellung von alten auf neue Francs! Die in der Urteilszusammenfassung erwähnte französische *théorie de l'erreur obstacle* deckt sich weitgehend mit unserer Lehre vom versteckten Dissens. Rechtsfolge: Nichtigkeit des Vertrags.

Sprachverwirrung vor dem Bezirksgericht St.Gallen: 50 Stühle suchen Besitzer

«Leder» oder «echt Leder» ist die Frage

MELANIE RIETMANN (St. Galler Tagblatt vom 6.2.1986)

Weil die 50 bestellten Stühle nicht mit Leder, sondern bloss mit einem Lederimitat bespannt waren, will die Käuferin nichts mehr von ihnen wissen. Und der Produzent macht keine Anstalten, die Ware wieder zurückzunehmen. Weil die Kaufverhandlungen in einer Fremdsprache geführt worden waren, gab es einige Missverständnisse, die auch die jüngste Verhandlung im Bezirksgericht dominierten ...

Für einmal wurden im Bezirksgericht St.Gallen gleich drei verschiedene Sprachen gesprochen. Unfreiwillig allerdings. Denn zunächst musste abgeklärt werden, ob für diesen Gerichtsfall das italienische oder das schweizerische Recht anzuwenden sei: Ein italienischer Möbelproduzent hatte einer St.Galler Firma 50 Stühle verkauft, d.h. er betrachtete diesen Handel als abgeschlossen – im Gegensatz zu seiner Geschäftspartnerin. Weil die Deutschkenntnisse der Italiener etwa gleich bescheiden waren wie die italienischen Sprachkünste der Schweizer, hatte man sich auf eine Verständigung in Englisch geeinigt. Aber gerade hier lag schon der Keim für allerhand Missverständnisse. Während für den italienischen Produzenten «leather» (Leder) eben noch lange nicht «real lea-

ther» ist, für die St.Galler Firma indes nur «real leather» die Bezeichnung «leather» verdient, artete die Verhandlung zwischendurch zu einem kleinen Sprachkurs aus. Kein Wunder, erklärte der Rechtsvertreter der Beklagten in der Halbzeit: «Leather or real leather, that's the question», was für grosse Heiterkeit im Gerichtssaal sorgte.

Lederstuhl für 48 Fr.?

Der Verdruss begann vor einem Jahr. Die italienische Möbelfirma offerierte 50 Stühle («Swing-chairs») zu 37 000 Lire das Stück. Das sind ungefähr 48 Fr.

Beide Parteien – Verkäufer wie Käufer – sprachen von «leather chairs». Der Rechtsvertreter des Möbelproduzenten hielt dafür, es müsse «bei diesem Preis jedem klar sein, dass es sich dabei auf keinen Fall um richtige Lederstühle handeln könne». Mitnichten. Das St.Galler Unternehmen orderte die 50 Stühle. Gleichzeitig begann eine Korrespondenz über die Leder-Frage, die man mit einer Empa-Probe «ein für allemal zu beantworten versuchte». Nur hatte das italienische Möbelhaus bereits mit der Produktion begonnen.

Vor den Schranken

Es stellte sich auf den Standpunkt, dass der Vertrag durch die Bestellung rechtskräftig geworden sei, «real leather» hin

oder her. Der Anwalt des alles andere als kaufwilligen Käufers wollte diese Auffassung nicht gelten lassen. «Entscheidend ist doch, ob ein Konsens zustande gekommen sei oder nicht.» Aber davon könne beim besten Willen nicht die Rede sein. Zum Beweis erinnerte er an eine EMPA-Probe, die sein Mandant verlangt habe. Das spreche doch für ein latentes Misstrauen.

Italianità

Eine wichtige Rolle spielte mit einmal nicht nur die englische Sprache, sondern auch noch das italienische Recht: Der Anwalt der St. Gallischen Firma machte darauf aufmerksam, dass ein Vertrag nach «legge italiana» auch stillschweigend zustande komme und übersetzte die einschlägige Stelle ins Deutsche. Die Korrespondenz lasse diesen Schluss indes nicht zu. Denn sein Mandant habe dem Möbelhersteller von der negativen Probe der EMPA berichtet, worauf dieser trotzdem mit der Produktion weitergefahren sei. Und schon zog man erneut vom «leather», indem der Rechtsvertreter des italienischen Unternehmens darlegte, dass sein Mandant nie und nimmer behauptet habe, er liefere «real leather».

Und während man in St.Gallen über 50 Stühle debattiert, warten diese in einem Lagerhaus in Chiasso auf ihren künftigen Besitzer. Der Verkäufer will sie loswerden, der Käufer hat kein Interesse daran, und der Transporteur kann sich nicht auf den Weg nach St.Gallen machen.

Der Entscheid des Bezirksgerichtes soll den Parteien später zugestellt werden. Wir kommen dann nochmals darauf zurück.

St. Galler Tagblatt vom 6. Februar 1986

Anmerkung: UN-Kaufrecht (dazu oben Rz. 52) war auf den Fall damals (1986) noch nicht anwendbar. Aufgrund von Art. 117 IPRG (Lektüre sehr empfehlenswert!) war daher italienisches Recht (Codice Civile) anzuwenden, wo sich aber die gleichen Konsensprobleme wie nach OR stellen.

Kontrollfragen zu Kapitel 10:

52. Erläutern Sie die Begriffe: natürlicher Konsens, normativer Konsens, offener Dissens, versteckter Dissens.

53. Erläutern Sie die Regel: *Falsa demonstratio non nocet.*

54. Welche Rechtsfolgen hat der Teildissens?

Kapitel 11
Auslegung und Ergänzung des Vertrags

§ 1 Vertragsauslegung

Gemäss Art. 18 Abs. 1 OR ist bei der inhaltlichen «Beurteilung eines Vertrags», also bei der Vertragsinterpretation, **primär** auf den (geäusserten bzw. erkennbaren) «**wirklichen Willen**» der Kontrahenten abzustellen. Aufgrund der verfügbaren «**Willensindizien**» – wie Wortlaut, Systematik und wirtschaftlicher Zweck des Vertrags, Vorverhandlungen,[214] nachvertragliches Verhalten, Verkehrssitten (Handelsbräuche) etc. – ist zu prüfen, welchen Sinn die Kontrahenten im Zeitpunkt des Vertragsschlusses dem Vertrag nach aller Wahrscheinlichkeit[215] tatsächlich zugemessen haben. Diese «**subjektive**» («**empirische**») **Interpretation** *ex tunc* wird im Prozess als **Sachverhaltsfrage** («Tatfrage») i.S. von Art. 97 und 105 BGG behandelt, weshalb das Bundesgericht grundsätzlich an die Feststellungen des (letztinstanzlichen) **kantonalen** Gerichts gebunden ist. Dies erklärt, weshalb das Bundesgericht sich kaum mit dem natürlichen Konsens, sondern fast immer mit dem normativen Konsens unter Anwendung des Vertrauensprinzips (als «Rechtsfrage») befasst.

> Gute Auflistung der «Willensindizien» in **Art. 4.3 UPICC** (Fassung 2010)[216]: «… regard shall be had to all circumstances, including a) preliminary negotiations between the parties; b) practices which the parties have established between themselves; c) the conduct of the parties subsequent to the conclusion of the contract; d) the nature and purpose of the contract; e) the meaning commonly given to terms and expressions in the trade concerned; f) usages».

Art. 18 Abs. 1 OR stellt ausdrücklich klar, dass selbst der **klare Wortlaut** eines Vertrags für die Vertragsinterpretation **nicht** entscheidend ist, sofern aufgrund anderer «Willensindizien» (namentlich dem verfolgten Vertragszweck) nachgewiesen werden kann,[217] dass die Kontrahenten übereinstimmend etwas anderes gewollt haben: *Falsa demonstratio non nocet.*

> **BGE 135 III 295 (302):** «Même s'il est apparemment clair, le sens d'un texte souscrit par les parties n'est pas forcément déterminant, de sorte que l'interprétation purement littérale est prohibée … Lorsque la teneur d'une clause con-

195

---

214 Im internationalen Vertragswesen werden manchmal sog. *merger clauses* (auch *entire agreement clauses* oder «Integrationsklauseln» genannt) vereinbart, wonach für die Interpretation des Vertrags allein auf das *endgültige Vertragsdokument* abgestellt werden darf und nicht auf Vorentwürfe oder Vorverhandlungen. Ausdrückliche Regelung dazu in Art. 72 des Vorschlags für eine EU-Verordnung über ein Gemeinsames Europäisches Kaufrecht (vgl. oben Fn. 72). Wie das Beispiel zeigt, können die Kontrahenten selbst die Methode der Auslegung ihrer Verträge eigenständig regeln (also auch abweichend von Art. 18 Abs. 1 OR!).
215 Dazu oben schon Rz. 185.
216 Zur Bedeutung der UPICC oben Rz. 53.
217 Zur Beweislast oben Rz. 184

tractuelle paraît limpide à première vue, il peut résulter d'autres éléments du contrat, du but poursuivi par les parties ou d'autres circonstances que le texte de cette clause ne restitue pas exactement le sens de l'accord conclu.»

Art. 18 Abs. 1 OR gilt auch für **formbedürftige Verträge.** Bei ihnen ist vorerst ebenfalls – aufgrund aller (auch ausserurkundlicher) Indizien – festzustellen, was die Kontrahenten wollten und erst danach zu fragen, ob sie ihren Willen auch **formrichtig** zum Ausdruck gebracht haben (BGE 121 III 118 [124]).

196   Ergibt die Interpretation nach Art. 18 Abs. 1 OR, dass sich die Parteien **nicht tatsächlich einig geworden** sind **oder** ein tatsächlich übereinstimmender Wille nicht eruierbar ist (= kein natürlicher Konsens), ist **subsidiär** zu prüfen, ob ein Kontrahent von seinem «**Empfängerhorizont**» aus nach Treu und Glauben darauf vertrauen durfte, dass seine Deutung des Vertragsinhaltes **objektiv berechtigt (korrekt)** war.[218] Für die Methode richterlicher Vertragsinterpretation bedeutet dies, dass anhand des **Vertrauensprinzips** normativ (= nach rechtlichen Erwägungen) zu prüfen ist, ob die geltend gemachte Vertragsinterpretation objektiv korrekt war und der sich darauf berufende Kontrahent zu Recht darauf vertrauen durfte. Bei dieser **objektivierten, «normativen Vertragsinterpretation»** sind neben dem Wortlaut und seinem Kontext wiederum, wie bei der «empirischen» Auslegung (Rz. 195), alle erheblichen, von der kantonalen Instanz festgestellten Umstände zu berücksichtigen, insbesondere die Verhandlungen zwischen den Parteien, die zwischen ihnen entstandenen Gepflogenheiten, die Handelsbräuche und das spätere (nachvertragliche) Verhalten der Parteien. So ausdrücklich Art. 8 Abs. 3 UN-Kaufrecht[219]:

Art. 8 Abs. 3 UN-Kaufrecht
«Um den Willen einer Partei *oder die Auffassung festzustellen, die eine vernünftige Person gehabt hätte*, sind alle erheblichen Umstände zu berücksichtigen, insbesondere die Verhandlungen zwischen den Parteien, die zwischen ihnen entstandenen Gepflogenheiten, die Handelsbräuche und das spätere Verhalten der Parteien».

197   Ergibt diese normative (objektivierte) Deutung, die vom Bundesgericht auf Beschwerde hin als «Rechtsfrage» i.S. von Art. 106 BGG überprüft wird, einen objektiv klaren Vertragssinn, auf den ein Kontrahent tatsächlich vertraut hat, so kommt auf dieser Basis ein **normativer Konsens** zustande.[220] Der andere Kontrahent (der den Vertrag anders verstanden hat) ist dann auf die Irrtumsanfechtung wegen seines Erklärungsirrtums verwiesen.[221]

▶ **Fälle 34** und **34a**

198   Speziell zur Auslegung von AGB unten Rz. 241.

---

218 Zur gerade erläuterten Komplementarität zwischen primärer subjektiver (empirischer) und subsidiärer objektivierter (normativer) Auslegung gibt es reichhaltige Judikatur. Statt aller BGE 138 III 659 (666).
219 Kursivsetzung hinzugefügt.
220 Dazu oben Rz. 189 mit Beispiel.
221 Dazu unten Rz. 267.

§ 2 Vertragsergänzung zur Füllung von Vertragslücken

Wie Gesetze können auch **Verträge lückenhaft** sein, d.h. sie geben auf Fragen, die sich im Stadium der Vertragsabwicklung als regelungsbedürftig erweisen, «planwidrig» keine bzw. keine rechtlich haltbare Antwort. Es kann sein, dass der Vertrag von vornherein eine Regelung vermissen lässt, oder dass zwar eine Regelung vereinbart wurde, aber sich diese als ungültig erweist und somit Teilnichtigkeit des Vertrags vorliegt (Art. 20 Abs. 2 OR; Rz. 222).   199

Wie bei der Gesetzeslücke (Rz. 28) sollte von einer Vertragslücke nur dann gesprochen werden, wenn sie **«planwidrig»** (unbeabsichtigt) ist, die Vertragsparteien also eine eigenständige Regelung getroffen hätten, wenn sie die Regelungsbedürftigkeit des Problems nicht übersehen hätten.

Besonders klar OLG Nürnberg ZIP 2014, S. 171 (174): Es geht um eine «planwidrige Unvollständigkeit» des Vertrags, d.h. der Vertrag lässt «eine Bestimmung vermissen …, die erforderlich ist, um den ihm zugrundeliegenden Regelungsplan der Parteien zu verwirklichen», mit der Folge, dass «ohne Vervollständigung des Vertrags eine angemessen, interessengerechte Lösung nicht zu erzielen wäre».

Haben die Parteien eine Frage **bewusst nicht eigenständig geregelt,** weil sie das dispositive Gesetzesrecht als passend erachteten oder ihnen der Aufwand für die Ausarbeitung einer eigenständigen Regelung zu gross war (siehe oben Rz. 141), sollte nicht von einer Vertragslücke gesprochen werden. Ebenso wenig, wenn die Parteien Kriterien angeben, mit Hilfe derer der offene Punkt bestimmbar ist, also vervollständigt werden kann (*Beispiel:* «Der Kaufpreis richtet sich nach dem Listenpreis zur Zeit der Fälligkeit»), oder wenn sie vereinbaren, dass der offene Punkt von einem der Kontrahenten oder einem Dritten zu «bestimmen» ist (siehe dazu § 315, §§ 317 ff. deutsches BGB). Keine Lücke liegt auch dann vor, wenn die Parteien sich zwar über die Regelung eines Vertragspunkts nicht tatsächlich einig geworden sind, ein Kontrahent aber in guten Treuen (nach dem Vertrauensprinzip) auf seine Deutung des Vertragsinhaltes vertrauen durfte. Dazu oben Rz. 189 ff.; 196.

An welchen inhaltlichen Kriterien sich die **richterliche Vertragsergänzung** zu orientieren hat, ist sehr differenziert zu beurteilen. Liegt passendes, der konkreten Interessenlage des Vertrags gerecht werdendes, **dispositives Recht** vor – das allenfalls, namentlich bei Innominatverträgen,[222] auch analog angewendet werden kann –, so ist dieses heranzuziehen; fehlt ein solches, wie regelmässig bei Innominatverträgen, soll sich das Gericht nach traditioneller Auffassung[223] am **hypothetischen** («mutmasslichen») **Parteiwillen** orientieren: Wie hätten die Kontrahenten den offenen Punkt geregelt, hätten sie die Lückenhaftigkeit erkannt?[224] Manchmal können Regelungen   200

---

222 Oben Rz. 144.

223 Zur Ergänzung eines teilnichtigen Vertrags nach dem hypothetischen Parteiwillen: BGE 138 III 29 (39).

224 Streng genommen ist zwischen dem *«mutmasslichen»* Parteiwillen – der danach fragt, was die *Vertragsparteien* vereinbart hätten, wenn sie sich der Vertragslücke bewusst gewesen wären – und dem *«hypothetischen»* Parteiwillen – der danach fragt, was *redliche Vertragsparteien in der gleichen Situation nach Treu und Glauben* vereinbart hätten, um die Vertragslücke zu füllen –

für ähnliche Probleme analog herangezogen werden (z.B. Art. 533 Abs. 2 OR). Realistisch betrachtet läuft die Berufung auf den hypothetischen Parteiwillen im Ergebnis nicht selten darauf hinaus, dass das Gericht sich selbst in die Rolle der Kontrahenten versetzt und die ihm vernünftig erscheinende, der «**Ökonomie» des Vertrags** entsprechende Regelung in die Vertragslücke einfliessen lässt.

Beispiel: BGE 107 II 216 (219) = ▶ **Fall 38.**

Auch Verkehrssitten (Handelsbräuche) oder die sich aus der Vertragspraxis ergebende «Natur des Geschäftes» (Art. 2 Abs. 2 OR) sowie das Gebot von Treu- und Glauben (Art. 2 Abs. 1 ZGB) sind Hilfsmittel zur Ergänzung eines lückenhaften Vertrags.[225]

201
Beachte: Eine richterliche Vertragsergänzung in Bezug auf *essentialia negotii* des Vertrags[226] sollte nur ausnahmsweise befürwortet werden. Die Kontrahenten sollten selber die wesentlichsten Punkte ihres Vertrags regeln. *«Courts do not make contracts for the parties»*: Dies widerspräche nicht nur dem im Zitat zum Ausdruck kommenden englischem Rechtsempfinden (Betonung der *sanctity of contracts*), sondern auch unserer Idee von Privatautonomie. Die Verträge sind dann eben wegen **mangelnder Bestimmtheit** des **Vertragsinhalts** gescheitert.[227] Es steht den Parteien ja frei, es noch einmal zu versuchen. Richtig BGE 135 III 1 (10): «… ein Vertrag kommt nur zustande, wenn Leistungsinhalt sowie -umfang mindestens bestimmbar sind und so auch erfüllt werden können».

Kontrollfragen zu Kapitel 11:

55. Nennen Sie Indizien («Willensindizien»), aus denen sich der «wirkliche Wille» der Kontrahenten gemäss Art. 18 Abs. 1 OR ableiten lässt.

---

zu unterscheiden. Der *«mutmassliche»* Parteiwille hat den *potentiellen subjektiv-empirischen* Willen der Vertragsparteien im Auge. Dieser lässt sich im Streitfall jedoch kaum feststellen, da jede Partei (naheliegenderweise) im Nachhinein behaupten wird, sie hätte eine (für sie möglichst günstige) Regelung vereinbart. Deshalb ist es zielführender und sachgerechter in einem *objektivierten* Sinn darauf abzustellen, was redliche Vertragsparteien nach Treu und Glauben in der gleichen Situation für eine vertragliche Regelung getroffen hätten (= «hypothetischer» Parteiwille). Massgeblich sind dabei die konkreten Umstände des Einzelfalls. Methodisch nicht von Bedeutung ist, welche Lösung der *Richter* getroffen hätte, da es nicht um eine richterliche Lückenfüllung des Vertrags geht. In der Praxis tendieren die Gerichte allerdings dazu, diese Differenzierungen pragmatisch zu übergehen. Vgl. etwa BGE 143 III 558 (562).

225 Vgl. Art. 1194 Code Civil: «Les contrats obligent non seulement à ce qui est exprimé, mais encore à toutes les suites que leur donnent l'équité, l'usage ou la loi».

226 S. dazu oben Rz. 155.

227 Zur Bestimmtheit des Angebots oben Rz. 154.

56. Was versteht man unter Auslegung nach dem Vertrauensprinzip (aus der Sicht des «Empfängerhorizonts»)?

57. Wie schliesst man Vertragslücken?

Kapitel 12
Vertragsinhaltskontrolle (inkl. Übervorteilung) und deren Rechtsfolgen

§ 1 Überblick

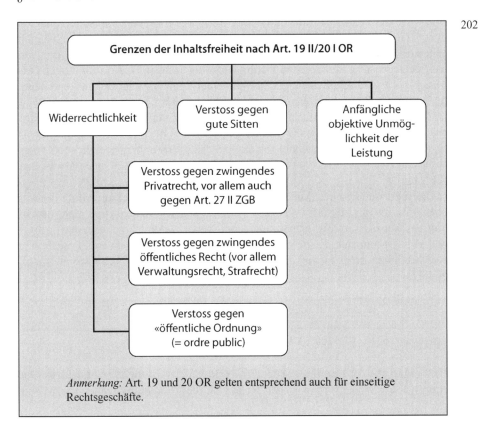

Grenzen der Inhaltsfreiheit nach Art. 19 II/20 I OR

- Widerrechtlichkeit
  - Verstoss gegen zwingendes Privatrecht, vor allem auch gegen Art. 27 II ZGB
  - Verstoss gegen zwingendes öffentliches Recht (vor allem Verwaltungsrecht, Strafrecht)
  - Verstoss gegen «öffentliche Ordnung» (= ordre public)
- Verstoss gegen gute Sitten
- Anfängliche objektive Unmöglichkeit der Leistung

Anmerkung: Art. 19 und 20 OR gelten entsprechend auch für einseitige Rechtsgeschäfte.

§ 2 Widerrechtlichkeit und öffentliche Ordnung

A. Widerrechtlichkeit

203   Widerrechtlichkeit des **Vertragsinhalts** liegt vor, wenn dieser **zwingendem Recht** *(ius cogens)* **widerspricht**, wie z.B. bei der Missachtung hoheitlich festgelegter Zinshöchstgrenzen (vgl. Art. 1 Abs. 3 der VO zum KKG). Grundsätzlich ist im Vertragsrecht vom Prinzip der Dispositivität der gesetzlichen Regelungen auszugehen (Rz. 141). Der zwingende Charakter einer Rechtsnorm kann sich **ausdrücklich aus dem Gesetz** ergeben, wenn es etwa heisst, dass von gewissen Bestimmungen nicht abgewichen werden darf (z.B. Art. 129 OR, Art. 15 Abs. 1 und Art. 37 KKG)[228] oder dass entgegenstehende Abreden nichtig (ungültig) sind (z.B. Art. 100 Abs. 1 OR). Manchmal ergibt sich die zwingende Natur einer Regelung aber erst aus einer **teleologischen Auslegung**, d.h. aus Sinn und Zweck der Norm. So kann z.B. auf die Möglichkeit der Täuschungsanfechtung (Art. 28 OR) nicht vertraglich verzichtet werden; ebenso wenig abdingbar ist die Berufung auf Art. 21 OR. Erheblich weniger klar ist es, um nur ein Beispiel zu nennen, ob das viel diskutierte auftragsrechtliche Vertragsaufhebungsrecht des Art. 404 OR, wie das Bundesgericht meint[229], integral zwingender Natur ist.

204   Die Übertretung eines **Verbots**, das nur die äusseren **Begleitumstände** des Vertragsschlusses (also die Art und Weise seines Zustandekommens) und **nicht** den **Inhalt** des Vertrags betrifft, macht den Vertrag nicht widerrechtlich nach Art. 19 OR und führt (sofern sich aus der Verbotsnorm selbst nichts anderes ergibt) auch nicht zur Nichtigkeit, sondern wird allenfalls öffentlichrechtlich (durch Bussen etc.) sanktioniert.

Beispiele: Z.B. der Kauf nach Ladenschluss; fehlende Berufs- oder Arbeitsbewilligung (dazu BGE 114 II 279); Vertragsschluss aufgrund von Bestechung eines Beamten (dazu BGE 129 III 320[230]).

205   Ein Vertrag, der ein **fremdes Forderungsrecht** verletzt, ist **nicht rechtswidrig**. Dies ergibt sich aus dem Prinzip der Relativität der Forderungsrechte (dazu oben Rz. 71 ff.).

Beispiel: Untervermietung ohne (die nach Art. 262 Abs. 1 OR erforderliche) Zustimmung des Vermieters ist gültig.

---

228   Zur Unterscheidung zwischen relativ und absolut zwingenden Bestimmungen schon oben Rz. 43.
229   So etwa in BGE 115 II 464 (466).
230   Abdruck unten S. 414 ff.

Zwingendes Recht, gegen das der Vertragsinhalt nicht verstossen darf, gibt es im **Privatrecht**,[231] vor allem aber im **Öffentlichen Recht** (namentlich im Verwaltungsrecht, aber auch im **Strafrecht**, das ebenfalls zum Öffentlichen Recht gehört). Dabei kann es sich um bundesrechtliche oder kantonale Verbotsnormen handeln. Aus der Verbotswidrigkeit, auch Strafbarkeit eines bestimmten Verhaltens allein lässt sich aber noch nicht unbedingt auf die Nichtigkeit eines der Verbotsnorm widersprechenden Vertrags schliessen;[232] diese muss sich, wenn das Problem nicht ausdrücklich geregelt ist, aus Sinn und Zweck der übertretenen Vorschrift ergeben (Rz. 203).

Beachte: 206

- Das gesetzliche Verbot muss bereits **im Augenblick des Vertragsschlusses** bestanden haben; erst nach Vertragsschluss statuierte Verbote tangieren die Gültigkeit grundsätzlich nicht. Es besteht also grundsätzlich **keine Rückwirkung**, es sei denn, es wird gegen eine Norm verstossen, welche die öffentlichen Ordnung oder Sittlichkeit schützen soll (BGE 100 II 105 [110]).

- Von einer **Gesetzesumgehung** *(fraus legis)* spricht man im Vertragsrecht dann, wenn die Parteien durch – oft kunstvolle, manchmal aber auch recht durchsichtige – formale Umwegkonstruktionen (rechtsgeschäftliche «Schleichwege») eine für sie hinderliche zwingende Bestimmung vermeiden wollen. *Beispiel*: Kurzfristig hintereinander gereihte «Kettenarbeitsverträge», um den Kündigungsschutz bei für unbestimmte Dauer eingegangenen Verträgen zu umgehen.[233] Solche Manöver sind nicht zu tolerieren. Die zwingenden Vorschriften der umgangenen Norm sind trotzdem entsprechend anzuwenden.

B. Öffentliche Ordnung

Über den Stellenwert des aus der Tradition des französischen Rechts (Art. 6 Code   207
Civil) stammenden Kontrollkriteriums der **öffentlichen Ordnung** *(ordre public)* herrscht in der Lehre Uneinigkeit. Am überzeugendsten ist die Ansicht, welche der Generalklausel eine eigenständige Kontrollfunktion zumisst und sie nicht einfach als zusammenfassenden Ausdruck für Verstösse gegen zwingendes Öffentliches Recht interpretiert. Inhalt der öffentlichen Ordnung sind danach **tragende Ordnungsprinzipien unserer Rechtsordnung**, Wertungsprinzipien, die, wenn auch vielleicht nicht explizit positiviert oder nicht ausreichend deutlich konkretisiert, dem Privatrecht oder anderen Gebieten des schweizerischen Rechts inhärent sind.[234]

---

231 Beispiele in Rz. 203.
232 Richtig BGE 134 III 52 (55).
233 BGE 129 III 618 (624); 139 III 145 (146).
234 Die Judikatur (BGE 133 III 167 [173]) scheint den so verstandenen Gedanken der öffentlichen Ordnung im Kriterium der Sittenwidrigkeit zu lokalisieren. Sittenwidrig sei ein Vertrag, der ge-

Beispiele: Eine Vereinbarung, aus der Ehe gegen den Ehepartner keinerlei Rechte abzuleiten, widerspricht dem Rechtsinstitut der Ehe: Appellationsgericht Basel-Stadt BJM 1971, 110.– BGE 97 II 108 (115): Einem Dritten (Externen) darf entgegen dem Leitbild der Vereinsautonomie nicht das Recht eingeräumt werden, gegen alle Vereinsbeschlüsse Einspruch zu erheben. – BGE 134 III 59 (64 f.): Eine vertragliche Vereinbarung, welche einen von der Strafe nicht Betroffenen verpflichtet, eine Geldstrafe (*in casu*: Steuerbusse) für den Straffälligen zu zahlen, ist ungültig.[235]

Darüber hinaus ermöglicht die Generalklausel der öffentlichen Ordnung (neben dem Kriterium der Persönlichkeitsverletzung [unten Rz. 215]) eine **Einbeziehung von verfassungsrechtlichen Grundwerten** (etwa des Diskriminierungsschutzes nach Art. 8 Abs. 2 BV) in die Inhaltskontrolle von Verträgen.

208   *Beachte*: Der Begriff der öffentlichen Ordnung in Art. 19 Abs. 2 OR ist nicht identisch mit dem (restriktiveren) Begriff des «schweizerischen *Ordre public*» in der **internationalprivatrechtlichen Vorbehaltsklausel** (Art. 17 IPRG). Zum Begriff des internationalprivatrechtlichen *ordre public* etwa BGE 132 III 389 (392).

§ 3   Gute Sitten

A. Vorbemerkung

209   Beim Kriterium des Verstosses des Vertragsinhalts gegen die guten Sitten handelt es sich wie auch bei dem der öffentlichen Ordnung um eine «**wertausfüllungsbedürftige» Generalklausel**.[236]

210   Während sich der Richter bei der Konkretisierung der öffentlichen Ordnung eher an spezifisch rechtlichen Wertungen orientieren soll, können bei den guten Sitten allgemeine gesellschaftliche Wertungen berücksichtigt werden («Rezeptionsfunktion» der Gute-Sitten-Klausel). Der Richter soll auf das «Anstandsgefühl aller billig und gerecht Denkenden»,[237] also auf eine Art Durchschnittsmoral der Gesellschaft – nicht

---

gen die «principes et jugements de valeur inhérents à notre ordre juridique» verstosse. In diesem Lehrbuch wird hingegen (s. Schema in Rz. 202) von einer besonderen Ausformung des Widerrechtlichkeitskriteriums ausgegangen. Solche Einordnungsfragen haben aber keine praktische Bedeutung. Im Entwurf zu einem «OR 2020» (oben Rz. 56) ist das Sittenwidrigkeitskriterium nicht mehr genannt. Es ist nur mehr vom Verstoss gegen die öffentliche Ordnung die Rede (Art. 30).

235   Das BGer bezeichnet die Vereinbarung als rechtswidrig.
236   Definition dieses Begriffs oben Fn. 13.
237   So die in Deutschland übliche Formel (BGHZ 10, S. 228 [232]).

etwa eine religionsbedingte «Hochmoral» – abstellen.[238] Ein solches, von einer breiten Mehrheit der Bevölkerung getragenes **«allgemeines Anstandsgefühl»** (BGE 123 III 101 [102]; 132 III 455 [458]) im gesellschaftlichen Zusammenleben sollte sich selbst in unserer heutigen pluralistischen und permissiven Zeit noch finden lassen.

Es versteht sich von selbst, dass die gesellschaftlichen Moralvorstellungen einem **steten Wertewandel** ausgesetzt sind. Die Generalklausel der Sittenwidrigkeit erlaubt hier eine kontinuierliche richterrechtliche Anpassung an veränderte Wertungen (Generalklausel als Flexibilitätsfaktor im Recht), ohne dass der Gesetzgeber eingreifen muss. Die eigentliche Normbildung wird also an den Richter delegiert («Delegationsfunktion» der Generalklausel).

Beispiel: Liberalisierung der Sexualmoral und ▶ dazu **Fall 36**.[239]

Die Sittenwidrigkeit muss sich (wie die Widerrechtlichkeit) auf den **Vertragsinhalt** beziehen; es genügt nicht, dass die Begleitumstände eines Geschäfts sittenwidrig sind.[240] Die Sittenwidrigkeit ist auf Grund rein **objektiver Gesichtspunkte** zu beurteilen; ein Bewusstsein der Sittenwidrigkeit auf Seiten der rechtsgeschäftlichen Akteure ist nicht erforderlich.   210a

B. Fallgruppen sittenwidriger Verträge

–   Verstoss des Vertragsinhaltes gegen die – zunehmend liberaleren – **Moralvorstellungen** zu **sexuellen Aktivitäten** (Vereinbarung des Prostituiertenlohnes *[pretium stupri]*[241]) oder zu anderen Aspekten betreffend das Verhältnis von Vertrag und Sexualität.[242]   211

---

238 Der grosse deutsche Rechtsphilosoph Gustav RADBRUCH (1878–1949) hat davon gesprochen, dass das Recht ein «ethisches Minimum» garantieren müsse; dies gilt auch dann, wenn sich das Recht auf die guten Sitten bezieht.

239 Illustrativ für den rasanten Wertewandel etwa auch eine Entscheidung des deutschen Bundesverfassungsgerichts aus 1957 (BVerfGE 6, S. 389 [434]): «Gleichgeschlechtliche Betätigung verstösst eindeutig gegen das Sittengesetz».

240 Weiter (und auch für die Schweiz bedenkenswert) die Judikatur zu § 138 Abs. 1 deutsches BGB: «Ein Rechtsgeschäft ist nach § 138 Abs. 1 nichtig, wenn es nach seinem aus der Zusammenfassung von Inhalt, Beweggrund und Zweck zu entnehmenden Gesamtcharakter mit den guten Sitten nicht vereinbar ist» (OLG Düsseldorf JZ 2015, S. 726 [730]).

241 Anders und zeitgemässer als die immer noch von der Ungültigkeit der Abrede ausgehende schweizerische Judikatur (jedoch BezGer Horgen ZR 112 [2013] Nr. 85) § 1 des deutschen Prostitutionsgesetzes: Entgeltanspruch der Prostituierten. S. nun auch österreichischer OGH EvBl 2012 Nr. 111. – Hinweis: Nach dem Berner Prostitutionsgesetz vom 1.4.2013 ist die Vornahme einer sexuellen Handlung gegen Entgelt zulässig (derogatorische Kraft von Art. 19/20 OR?).

242 Keine Sittenwidrigkeit der Verträge mit Telefonsexanbietern: BGE 129 III 604 (617); keine Sittenwidrigkeit eines Vertrags über die Verbreitung von erotischen Nacktbildern: BGE 136 III 401 (408 f.).

– Verstoss des Vertragsinhaltes gegen **andere sozialethische Wertungen**, wie etwa berufliche («deontologische») Moralstandards: sozialethisch anstössige Verträge.[243]

– Eine **grob inäquivalente Verteilung vertraglicher Rechte und Pflichte**, sofern beim Vertragsschluss von einer Partei die ökonomische oder intellektuelle Überlegenheit ausgenutzt worden ist. Bei grober Inäquivalenz von Leistung und Gegenleistung ohne zusätzliche (die Sittenwidrigkeit begründende) Begleitumstände liegt keine Sittenwidrigkeit und Nichtigkeit (Art. 20 OR) vor, da sonst Art. 21 OR[244], welcher das Problem der Wertdisparität der Vertragsleistungen regelt, obsolet würde.[245]

Zum Problem der offenen Inhaltskontrolle bei missbräuchlichen AGB unten Rz. 243 ff.

§ 4   Persönlichkeitsverletzende Verträge

A. Vorbemerkung

212   Da das Persönlichkeitsrecht zwingendes Privatrecht darstellt, kann man die persönlichkeitsrechtswidrigen Verträge auch bei den widerrechtlichen Verträgen einordnen. So das Schema oben Rz. 202.[246] Wegen der sich stellenden Sonderprobleme bei Verstössen gegen das Persönlichkeitsrecht werden sie hier aber gesondert erläutert.

> *Beachte*: Nicht alle vertraglichen Verpflichtungen, die Persönlichkeitsrechte einschränken, sind ungültig. So können gewisse Persönlichkeitsrechte vertraglich wirksam vermarktet werden, wenn wirtschaftliche Interessen im Vordergrund stehen und nicht der «Kernbereich menschlicher Existenz» betroffen ist. Zur wirksamen vertraglichen Disposition über das «Recht am eigenen Bild» (Publikation von Fotografien): BGE 136 III 401 (405).

---

243   Zur Berufsethik von Vertrauenspersonen (z.B. Anwälten) und der Sittenwidrigkeit einer Annahme von Schenkungen: BGE 132 III 455 (458 f.). – Illustrativ für die angesprochene Fallgruppe auch folgender Leitsatz aus der deutschen Gerichtspraxis (Amtsgericht Siegburg NJW-RR 2004, S. 1695): «Ein Detektivvertrag, der auf Observation innerhalb einer nichtehelichen Lebensgemeinschaft wegen des Verdachts sexueller Untreue gerichtet ist, verstösst gegen die guten Sitten und ist daher nichtig». – Weitere *Beispiele* für ethisch anstössige Verträge: Schmiergeldversprechungen (BGE 129 III 320 [324]), Schweigegeldabmachungen im Hinblick auf Straftaten (BGE 76 II 346 [370]; 123 III 101 [105]); u.U. der entgeltliche Verzicht auf ein Rechtsmittel (Baueinsprache) in einem Bauverfahren: BGE 123 III 101 (105 f.); BGer vom 11.3.2009, ZBGR 2010, S. 109 (113).
244   Dazu unten Rz. 216 f.
245   S. etwa BGE 115 II 232 (236).
246   Anders Schwenzer (Rz. 32.16 ff.), wo die persönlichkeitsrechtswidrigen Verträge bei den sittenwidrigen Verträgen eingeordnet werden.

B. Fallgruppen persönlichkeitsverletzender Verträge

Persönlichkeitsverletzend sind vor allem **Knebelungsverträge**, welche die letztlich   213
grundrechtlich (Art. 10 Abs. 2 BV) geschützte persönliche, namentlich wirtschaftliche Betätigungsfreiheit eines Kontrahenten durch – zu intensive und/oder zu langfristige – Vertragsbindungen übermässig einschränken. Sie verstossen gegen **Art. 27
Abs. 2 ZGB**[247] i.V.m. **Art. 19 Abs. 2 OR**.

> *Beispiele*: Vgl. den *Talentstudio*-Entscheid BGE 104 II 108 (117) sowie übermäs-
> sige Bindung durch Aktionärsbindungsvertrag (BGE 143 III 480) ▶ **Fall 37**.

Dazu **BGE 138 III 322 (329)**: «Eine vertragliche Beschränkung der wirtschaftlichen
Freiheit wird nach schweizerischem Verständnis als übermässig i.S.v. Art. 27 ZGB
betrachtet, wenn sie den Verpflichteten der Willkür eines anderen ausliefert, sowie
die wirtschaftliche Freiheit aufhebt oder in einem Masse einschränkt, dass die Grundlagen seiner wirtschaftlichen Existenz gefährdet sind».

Spezifische Regelungen für zu langdauernde Bindungen finden sich in Art. 334
Abs. 3 (Zehnjahresgrenze), Art. 340a und Art. 546 Abs. 1 OR. Für einen Bierlieferungsvertrag befand BGE 114 II 159 (164), dass eine zwanzigjährige Vertragsdauer
zulässig sei. Sehr langfristige Vertragsbindungen auf feste Zeit (= ohne ordentliche
Beendigungsmöglichkeit) verstossen gegen Art. 27 Abs. 2 ZGB.

▶ **Fall 38**

Persönlichkeitsverletzend sind grundsätzlich auch vertragliche Bindungen, welche   214
die **körperliche Integrität** (Leib und Leben) eines Vertragspartners tangieren bzw.
gefährden. Solche Bindungen können nicht Gegenstand einer gültigen Abrede mit
entsprechendem Erfüllungsanspruch des Gläubigers sein.

> *Beispiele*: Student, der sein Budget aufbessern möchte, verpflichtet sich zu einem
> medizinischen (pharmakologischen) Experiment am eigenen Körper. – Vertrag
> eines Stuntmans über eine riskante Vorführung: Kein Erfüllungsanspruch! Wenn
> er aber erfüllt, Entgeltanspruch, sofern die erbrachte Leistung nicht als solche ver-
> boten, sittenwidrig oder zumindest gegen Entgelt nicht zu haben *(extra commer-
> cium)* ist. Vgl. in diesem Zusammenhang die Verbote von Art. 119 Abs. 2 lit. d
> (Verbot von Embryonenspenden und Leihmutterschaft) und Art. 119 Abs. 2 lit. e
> BV (Verbot des Handels mit Embryonen und menschlichem Keimgut).

Persönlichkeitsverletzend kann auch eine vertragliche Regelung sein, die in die ver-   215
fassungsrechtlich garantierten **Grundrechte** eines **Kontrahenten** (etwa seine Mei-
nungs- oder Religionsfreiheit) eingreift. Der privatrechtliche Persönlichkeitsschutz
kann auf dem Weg einer «mittelbaren Drittwirkung» von Grundrechten[248], d.h. unter

---

247 In Art. 27 ZGB geht es – im Unterschied zu Art. 28 ff. ZGB – um den Persönlichkeitsschutz «vor
     sich selbst», d.h. gegen eine freiwillig übernommene übermässige (vertragliche) Bindung.
248 Dazu schon oben Rz. 139.

Einbezug des Grundrechtskatalogs der BV (Art. 7 ff.) konkretisiert werden. Dies gilt auch für einseitige Rechtsgeschäfte, da die Art. 19, 20 OR (kraft Art. 7 ZGB) auf sie entsprechend anwendbar sind.

> *Beispiel*: Weisung des Arbeitgebers, die Kassiererin in einem Supermarkt dürfe kein religionsbedingtes Kopftuch tragen. Ob eine solche Weisung im Lichte von Art. 15 BV (Glaubens- und Gewissensfreiheit) persönlichkeitsverletzend ist bzw. gegen die arbeitsrechtliche Fürsorgepflicht (Art. 328 Abs. 1 OR) verstösst und damit als ungültig qualifiziert werden muss, stellt eine *offene Frage* dar. Mögliche Lösung unter Berücksichtigung der sehr konkretisierungsbedürftigen Kriterien des Art. 336 Abs. 1 lit. b OR.

§ 5   Übervorteilende Verträge

216   Einer eigenen Regelung unterliegt (seit dem revidierten OR von 1911) die **Übervorteilung** eines Vertragspartners nach **Art. 21 OR**. Danach ist ein Vertrag **einseitig unverbindlich** – und nicht nichtig (nach Art. 20 OR) –, wenn einerseits zwischen Leistung und Gegenleistung (wie beim Wucher [Art. 157 StGB]) ein **offenbares Missverhältnis** (= offenbare Inäquivalenz) vorliegt (objektives Erfordernis) **und** anderseits eine Vertragspartei die **Beeinträchtigung** der **Entscheidungsfreiheit** der anderen Partei (wegen Notlage, Unerfahrenheit, Leichtsinn[249]) **bewusst** zum Vertragsabschluss **ausgenutzt** («ausgebeutet») hat (subjektives Erfordernis). Mit andern Worten: Ein grobes, offenbares Missverhältnis zwischen Leistung und Gegenleistung *per se* – welches nach der sich nicht klar festlegenden Judikatur jedenfalls bei hundertprozentiger Überschreitung bzw. Unterschreitung des normalen Preisniveaus (Lohnniveaus) gegeben ist, d.h. die blosse *laesio enormis* nach römischrechtlicher Tradition – genügt nach Art. 21 OR **nicht**, um den Vertrag anzufechten.[250] Insofern unterscheidet sich der Tatbestand der Übervorteilung vom vorliberalen Konzept des *iustum pretium* (= Lehre vom gerechten Preis oder vom gerechten Lohn), das allein auf die objektive Leistungsinäquivalenz abgestellt hatte.[251]

▶ Dazu **Fall 39**

---

249   Die angeführten Fälle beeinträchtigter Entscheidungsfreiheit sind nicht als abschliessende, sondern als *exemplarische* («taxative») Aufzählung zu betrachten. Eine *crainte révérentielle* (z.B. Übervorteilender Vertragsschluss wegen innerer Abhängigkeit von den Eltern) kann unter Art. 21 OR fallen. – Vgl. auch den Katalog von die Entscheidungsfreiheit beeinträchtigenden Umständen in § 138 Abs. 2 deutsches BGB: «Zwangslage, Unerfahrenheit, Mangel an Urteilsvermögen, erhebliche Willensschwäche».

250   Anders aber § 934 österreichisches ABGB («Verkürzung über die Hälfte»).

251   Beachte aber die Möglichkeit der richterlichen Reduktion einer «übermässig hohen» Konventionalstrafe nach Art. 163 Abs. 3 OR, ohne dass die subjektiven Voraussetzungen von Art. 21 OR gegeben sind. Zur Frage missbräuchlicher Lohnunterbietungen vgl. Art. 360a OR.

Zur einseitigen (teilweisen oder totalen) **Unverbindlichkeit** des Vertrags bei Über- 217
vorteilung unten Rz. 228 ff.

§ 6 Unmöglicher Vertragsinhalt

Während die in Art. 20 Abs. 1 OR genannten Kontrollkriterien der Widerrechtlichkeit 218
(mit Einschluss des Verstosses gegen die öffentliche Ordnung) und der Sittenwidrigkeit die inhaltliche Anstössigkeit des Vertragsinhalts sanktionieren, geht es bei der in
dieser Bestimmung ebenfalls geregelten **anfänglichen objektiven Unmöglichkeit**
der vertraglich vereinbarten Leistungen um das eher formale («logische») Argument,
dass man objektiv Unmögliches nicht gültig versprechen könne (*impossibilium nulla
est obligatio* [= für Unmögliches gibt es keine Verbindlichkeit], CELSUS, Dig. 50, 17,
185). Klar ist, dass es in diesen Fällen **keine Leistungsansprüche** gibt (so ausdrücklich § 275 Abs. 1 deutsches BGB), wogegen **Schadenersatzansprüche** des Gläubigers denkbar sind. Gestützt auf *cic* und Art. 20 Abs. 1 OR besteht allerdings regelmässig nur ein Anspruch auf das negative Vertragsinteresse (Vertrauensinteresse)
und nicht auf das positive Vertragsinteresse (Erfüllungsinteresse).[252] Da dies nicht
für alle Fälle angemessen erscheint, sollte die anfängliche Unmöglichkeit eher restriktiv interpretiert werden. Die Leistung muss «für jedermann unmöglich» (so
§ 275 Abs. 1 deutsches BGB) bzw. «geradezu unmöglich» (so § 878 österreichisches
ABGB) sein.

> *Beispiele*: **technische Unmöglichkeiten**; **absurde Leistungsansprüche**, wie
> etwa die Vermittlung von Partnerschaften aufgrund telepathischer Einflussnahme
> oder eines Wochenendes auf dem Mars etc. – wobei man in solchen Fällen schon
> an der Urteilsfähigkeit der Kontrahenten zweifeln könnte (vgl. Art. 13, 16 und 18
> ZGB). Sodann geht es auch um die durchaus praktischen Fälle des Verkaufs einer
> (bei Vertragsschluss) schon **zerstörten Spezies** (▶ dazu **Fall 30**; zum Begriff der
> Speziesschuld Rz. 465) sowie um Fälle **rechtlicher Unmöglichkeit**, namentlich
> bei vertraglichen Regelungen, die (wegen der zwingend vorgegebenen rechtlichen
> Struktur dieses Rechtsgebiets) sachenrechtlich nicht «machbar» sind.[253]

Beachte: 219

- Für den Fall, dass eine **nicht bestehende Forderung abgetreten** wird
  (Verfügungsgeschäft), «haftet der Abtretende» nach Art. 171 Abs. 1 OR
  «für den Bestand der Forderung zur Zeit der Abtretung». Existiert die ab-
  getretene Forderung nicht, ist somit Art. 20 Abs. 1 OR (auf das Verpflichtungsgeschäft) nicht anzuwenden.

---

252 Zu den Begriffen schon oben Rz. 119.
253 Zur rechtlichen Unmöglichkeit BGE 133 III 311 (318 f.); 138 III 29 (37 f.).

– Gemäss **UN-Kaufrecht** haftet der Verkäufer nach den allgemeinen Regeln über die Vertragsverletzung (Art. 45 ff.) auch für anfängliche objektive Unmöglichkeit der Leistung auf das positive Vertragsinteresse; siehe auch § 311a Abs. 1 deutsches BGB.

– Die **nachträgliche objektive Unmöglichkeit** der Leistung ist in Art. 119 OR (falls unverschuldete) und in Art. 97 OR (falls verschuldete) geregelt. Das bloss **subjektive Unvermögen** des Schuldners, die Leistung zu erbringen, und die **wirtschaftliche Unerschwinglichkeit** *(exorbitance)* der Leistung fallen, auch wenn die Probleme sich schon anfänglich, d.h. bei Vertragsschluss, stellen, ebenfalls nicht unter Art. 20 OR. Zu den nicht unter Art. 20 Abs. 1 OR fallenden Typen der Leistungsunmöglichkeit unten Rz. 472 f.

§ 7 Total- bzw. Teilnichtigkeit; Begriffsmerkmale der Nichtigkeit

220 Nach Art. 20 Abs. 2 OR ist ein Vertrag, von dem nur ein Teil gegen Art. 19 und 20 OR verstösst, grundsätzlich nur **teilnichtig** (bzw. teilgültig). **Totalnichtigkeit** tritt jedoch ein, wenn (hypothetisch) anzunehmen ist, dass der Vertrag **ohne den nichtigen Teil überhaupt nicht geschlossen** worden wäre, weil eine oder beide Parteien ihm so nicht zugestimmt hätten (Kriterium des «hypothetischen Parteiwillens»[254]).

> Dazu **BGE 143 III 558 (562)**: Bei Bestimmung des hypothetischen Parteiwillens nach Art. 20 Abs. 2 OR hat sich das Gericht «am Denken und Handeln vernünftiger und redlicher Vertragspartner sowie am Wesen und Zweck des Vertrags zu orientieren».

221 *Beachte*: Wenn der Mangel des Vertrags dessen objektive Hauptpunkte **(objektive «essentialia negotii»)** betrifft, ist grundsätzlich nicht von Teilgültigkeit, sondern von **Totalnichtigkeit** auszugehen. Gleiche Wertung in Art. 2 Abs. 1 OR (siehe oben Rz. 190). Davon abgesehen können die Parteien selber vorsorglich klarstellen, ob sie Teil- oder Totalnichtigkeit eintreten lassen wollen, wie z.B. durch eine *clause d'indivisibilité* (*entire agreement*-Klausel), welche die Teilgültigkeit ausschliesst, oder – gegenteil – durch eine «salvatorische Klausel».

222 Die Teilnichtigkeit wird als **«schlichte»** bezeichnet, wenn der mangelhafte Vertragsteil **ersatzlos** wegfällt, und als **«modifizierte»**, wenn stattdessen eine (in die durch die Teilnichtigkeit entstehende Vertragslücke einfliessende) **Ersatzregel** gelten soll,

---

254 Zu diesem schon oben Rz. 200.

die aus Gesetzesrecht, dem hypothetischen Parteiwillen oder aus richterlicher Vertragsergänzung unter Berücksichtigung der «Natur des Geschäfts» abgeleitet werden kann (dazu oben Rz. 199 f.). Bildlich gesprochen: Amputation eines Teils des Vertrags ohne oder mit Prothese.

> *Beispiel* für schlichte Teilnichtigkeit: Ein Teil einer vertraglich vereinbarten Gesamtlieferung fällt unter ein Exportverbot. – *Beispiel* für modifizierte Teilnichtigkeit: An die Stelle der wegen Art. 129 OR unwirksam vereinbarten zweijährigen Verjährungsfrist tritt die gesetzliche (Art. 127 oder 128 OR).

Der Grund dafür, die **Teilnichtigkeit** anstelle der Totalnichtigkeit eintreten zu lassen, ist derselbe wie bei der Vermutung von Art. 2 Abs. 1 OR[255]. Es geht um das – durch wirtschaftliche Überlegungen (v.a. Vermeidung nutzloser «Transaktionskosten») motivierte – Bestreben, **Verträge möglichst nicht scheitern zu lassen** (= *favor negotii* [Begünstigung des Geschäfts]) wie dies in der Parömie *«utile per inutile non vitiatur»* (Gültiges soll durch Ungültiges nicht verdorben werden) zum Ausdruck kommt.   223

▶ Dazu **Fall 38**

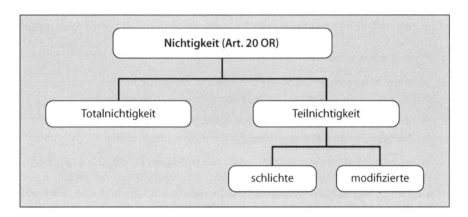

Bei Verstössen gegen zwingende gesetzliche Vorschriften sollte eine gesetzliche Grenzen missachtende vertragliche Regelung **in gewissen Situationen** (namentlich bei Übervorteilung [Art. 21 OR] und bei AGB-Klauseln) aus Präventionsgründen nicht auf das rechtlich gerade noch zulässige Mass reduziert werden (sog. **«geltungserhaltende Reduktion»**)[256]. Im Allgemeinen ist eine geltungserhaltende Reduktion   224

---

255 Dazu oben Rz. 193.
256 Das Risiko des Verwenders einer rechtlich nicht haltbaren AGB-Klausel ist bei Zulassung der geltungserhaltenden Reduktion zu gering und verleitet zur Spekulation: Entweder wehrt sich der Kunde überhaupt nicht; tut er es, so hat der Verwender immer noch den Vorteil einer rechtlich gerade noch tolerablen Abweichung von der gesetzlichen Ordnung. Der in der Literatur vertretenen Ablehnung einer geltungserhaltenden Reduktion einer AGB-Klausel zustimmend BGer 4A_404/2008 vom 18. 12. 2008 (E. 5.6.3.2.1).

aber zu befürworten, da sie den Willen der Parteien, so weit wie rechtlich möglich, respektiert. In den vorgenannten Ausnahmesituationen (Übervorteilung; AGB) sollte Folgendes gelten: Mittels Übervorteilung vereinbarte **Wucherzinsen**, welche den in den meisten Kantonen geltenden Höchstzinssatz von 18%[257] überschreiten, werden nicht auf 18%, sondern auf den tieferen Marktzins reduziert. Eine vertragliche **Freizeichnungsklausel** (AGB), welche die Haftung des AGB-Verwenders für jegliches Verschulden wegbedingt, wird nicht auf die (gemäss Art. 100 Abs. 1 OR zulässige) Freizeichnung für leichte Fahrlässigkeit reduziert, sondern es gilt die gesetzliche Grundregel, dass der Schuldner auch für leichte Fahrlässigkeit haftet (Art. 99 Abs. 1 OR). Mit andern Worten: Es gilt der gesunde Grundsatz: «Wer es übertreibt, hat verloren»! – Zur Teilnichtigkeit bei Ungültigkeit von AGB unten Rz. 242.

225 Folgende **Merkmale** zeichnen die **Nichtigkeit** aus:

– Sie wirkt *ex-tunc*, d.h. unmittelbar ab dem Zeitpunkt des Vertragsabschlusses, weshalb rechtlich gar kein Vertrag bestanden hat[258].

– Sie wirkt *per se* oder *ipso iure*, d.h. es bedarf keiner Nichtigkeitsklage.[259] Es besteht aber die Möglichkeit der Feststellungsklage und der Einwendung im Prozess.

– Es besteht **keine Verjährungsfrist** für die Berufung auf Nichtigkeit. Dies im Unterschied zur «Sekundärrechtsfolge» der Kondiktion wegen Nichtigkeit eines Vertrags (dazu unten Rz. 435).

– **Absolute Wirkung** der Nichtigkeit: Sie betrifft beide Kontrahenten und kann von beiden eingewendet werden. Auch Dritte können sich auf sie berufen.

– Sie ist vom **Richter von Amtes wegen** zu beachten, d.h. es bedarf keiner Einrede der Nichtigkeit einer Vertragspartei.

– Sie ist grundsätzlich **nicht heilbar** («konvaleszierbar»). Es muss also gegebenenfalls ein neuer Vertrag geschlossen werden. – Zur **Bestätigung** des nichtigen Vertrags – bei Wegfall des Nichtigkeitsgrunds wie etwa bei einem nachträglich aufgehobenen Verbotsgesetz – siehe § 141 deutsches BGB.

226 **Ausnahmen**:

– Bei Dauerverträgen lediglich *ex-nunc*-Wirkung. Siehe schon oben Rz. 67.

– **Relative** (abgeschwächte) **Nichtigkeit** bei **persönlichkeitsrechtsverletzenden** Verträgen, bei denen nicht der höchstpersönliche Kernbereich des Persönlichkeitsrechts betroffen ist: Nur der Verletzte kann sich auf die Nichtigkeit berufen und mit diesem Argument die Vertragserfüllung verweigern. Dazu BGE 129 III 209 (213 f.); zuletzt BGE 143 III 480 ff.

---

257 Bei Konsumkrediten nach Art. 14 KKG 15%.

258 Das gilt auch für kartellrechtswidrige Verträge: BGE 134 III 438 (442 f.).

259 Anders im ZGB z.B. bei der Eheungültigkeit (Art. 106 ZGB) oder bei der Ungültigkeit letztwilliger Verfügungen (Art. 519 ff. ZGB).

– Unter Umständen **Heilung** («Konvaleszenz»): Wenn z.B. eine AG trotz Grün-
   dungsmangel versehentlich ins Handelsregister eingetragen worden ist, gilt der
   Mangel als geheilt (Art. 643 Abs. 2 OR).

§ 8 Konversion (Umdeutung)

Zur **Konversion** (auch für das schweizerische Recht verwendbar) **§ 140 deutsches**   227
BGB: «Entspricht ein nichtiges Rechtsgeschäft den Erfordernissen eines anderen
Rechtsgeschäfts, so gilt das letztere, wenn anzunehmen ist, dass dessen Geltung bei
Kenntnis der Nichtigkeit gewollt sein würde». Das **Ersatzgeschäft** darf in seinen
Rechtswirkungen allerdings nicht über das nichtige Geschäft hinausgehen und die
Konversion darf nicht gegen den Zweck jener Norm verstossen, aus der sich die
Nichtigkeit des umzudeutenden Geschäfts ergibt.

> *Beispiel*: Ein formwidriger Wechsel wird in eine (formlose) Anweisung
> (Art. 466 ff. OR) umgedeutet.

Aus der Bundesgerichtspraxis zur Konversion: BGE 133 III 311 (319). Grundsätzlich
keine Konversion von Gestaltungserklärungen (vor allem bei unwirksamen Kündigungen): BGE 135 III 441 (444).

§ 9 Einseitige Unverbindlichkeit bei Übervorteilung

Rechtsfolge der **Übervorteilung**[260] ist nicht – wie in allen Nachbarstaaten der   228
Schweiz (etwa § 138 Abs. 2 deutsches BGB zum Wucher) – Nichtigkeit, sondern die
innert Jahresfrist (= Verwirkungsfrist [dazu Rz. 528]) geltend zu machende **einseitige Unverbindlichkeit** (Anfechtbarkeit) des Vertrags. Die Frist beginnt nicht, wie es
vernünftig wäre und wie es für die ähnliche Drohungsanfechtung Art. 31 Abs. 2 OR
vorsieht, ab Beendigung der Notlage, sondern ab **Vertragsschluss** (Art. 21 Abs. 2
OR).

    Im viel besprochenen *FC Lohn*-Entscheid (BGE 123 III 292[261]; ▶ **Fall 40**) hat   229
das Bundesgericht festgehalten, dass bei Übervorteilung auch eine **Teilunverbindlichkeit** des Vertrags als Rechtsfolge möglich ist. Diese sehr eingehend und prinzipi-
ell begründete Entscheidung wird methodologisch im Wesentlichen durch eine (auf
der Annahme der Lückenhaftigkeit des Art. 21 OR beruhende) analoge Anwendung

---

260 Zum Tatbestand oben Rz. 216.
261 Abdruck unten S. 383 ff. Im Anschluss dazu (S. 392 ff.) ist auch der lesenswerte Besprechungs-
     aufsatz von Gauch abgedruckt.

von Art. 20 Abs. 2 OR und zusätzlich durch den Blick auf das Irrtumsrecht gestützt, wo ebenfalls Teilanfechtung befürwortet wird.[262]

230 **Begriffsmerkmale** der **einseitigen Unverbindlichkeit**:

- *ex-tunc*-Wirkung.

- Es bedarf einer Gestaltungserklärung des Betroffenen; im Prozess einer Einrede. Einhaltung der Verwirkungsfrist des Art. 21 Abs. 2 OR.

- Nur der Betroffene kann sich darauf berufen.

- Wird vom Richter nicht von Amts wegen beachtet.

231 Zum Theorienstreit über die Rechtsnatur der einseitigen Unverbindlichkeit nach Art. 23 ff. OR, der entsprechend auch auf Art. 21 OR zu beziehen ist, siehe unten Rz. 287.

§ 10 Sekundärrechtsfolgen bei Nichtigkeit des Vertrags

232 Ist ein Vertrag nichtig und sind bereits Leistungen ausgetauscht worden, findet im Allgemeinen[263] eine *ex tunc*-**Rückabwicklung** (*liquidation of failed contracts*, wie englische Juristen prägnant sagen) statt. Bei Sachleistungen kommt es wegen des Prinzips der Kausalität der Tradition[264] zur **Vindikation** (Art. 641 Abs. 2 ZGB). Bei Geldleistungen kommt es zur **Leistungskondiktion** (Art. 62 ff. OR), für welche die Verjährungsfristen des Art. 67 OR zu beachten sind.[265] Allenfalls kann ein Vertragspartner auch einen Anspruch aus **cic** erheben, vor allem, wenn ihm im Unterschied zu seinem Kontrahenten nicht vorzuwerfen ist, dass er den Nichtigkeitsgrund selber verschuldet hat oder ihn hätte erkennen müssen. Es geht regelmässig um die Haftung für das Vertrauensinteresse (oben Rz. 124, 126).

Kontrollfragen zu Kapitel 12:

58. Zählen Sie die allgemeinen Kriterien für die Inhaltskontrolle von Verträgen auf.

59. Wann ist ein Vertragsinhalt sittenwidrig? Wann verletzt er das Persönlichkeitsrecht? Nennen Sie die wichtigsten Fallgruppen.

60. Wann liegt Übervorteilung vor?

---

262 S. Rz. 283.
263 Zur Ausnahme bei Dauerverträgen oben Rz. 67.
264 Oben Rz. 88.
265 Zur Leistungskondiktion unten Rz. 436 ff. Zur «Kondiktionssperre» des Art. 66 OR unten Rz. 434.

61. Nennen Sie die Begriffselemente der anfänglichen Unmöglichkeit.

62. Wann ist ein Vertrag totalnichtig, wann nur teilnichtig?

63. Unterscheiden Sie zwischen schlichter und modifizierter Teilnichtigkeit.

64. Nennen Sie die Begriffselemente der Nichtigkeit.

65. Was ist «geltungserhaltende Reduktion»? Wann ist sie nicht vorzunehmen?

66. Nennen Sie die Begriffselemente der einseitigen Unverbindlichkeit.

67. Wie kann die Teilunverbindlichkeit bei Übervorteilung begründet werden?

Kapitel 13
AGB-Kontrolle; Widerrufsrecht bei «Haustürgeschäften»

> «No customer in a thousand ever read the conditions [on the back of a parking lot ticket]. If he had stopped to do so, he would have missed the train or the boat»
>
> Lord DENNING M.R. in *Thornton* v. *Shoelane Parking Ltd.* [1971] 2 9.B. 163 (169)

§ 1   Vorbemerkungen zur AGB-Kontrolle

Die Art. 1 ff. OR gehen vom Modell des **«Individualvertrags»** aus, also einer Vereinbarung, die von den Kontrahenten im Einzelnen konkret ausgehandelt wird. Obwohl es individuell massgeschneiderte Vertragsschlüsse weiterhin gibt – etwa bei wirtschaftlich bedeutsamen Transaktionen zwischen Unternehmen (z.B. Unternehmensübernahmen; Joint Ventures) –, sind im heutigen (industrialisierten und digitalisierten) **Massengeschäft** viele Vertragsschlüsse (insbesondere jene zwischen gewerblichen Anbietern und Konsumenten [= Konsumentenverträge, *b2c-contracts*[266]]) **«standardisiert»**, d.h. sie werden unter Verwendung **einseitig vorformulierter Vertragsbestimmungen** (= **AGB**, Allgemeine Geschäftsbedingungen; *standard form contracts; contrats d'ahésion*) geschlossen. Solche AGB unterliegen einer, vor allem von **Rechtsprechung** und Lehre entwickelten allgemeinen **obligationenrechtlichen** sowie einer **gesetzgeberisch** initiierten, spezifischen **lauterkeitsrechtlichen** Inhaltskontrolle durch den Richter (Rz. 234 ff.). – Zu Begriff, Rechtsnatur, Funktion und Problematik der AGB, oben Rz. 23 ff.

233

§ 2   AGB-Kontrollinstrumente

A. **Konsenskontrolle** (Einbeziehungskontrolle)[267]

Die AGB *(conditions générales d'affaires, standard terms)* müssen durch **Konsens** Vertragsbestandteil werden, um überhaupt Wirkung entfalten zu können (oben Rz. 24). Ein Konsens über AGB durch sog. **Vollübernahme** (= Zustimmung des

234

---

266 Zu diesem Begriff oben Fn. 58.
267 Früher oft als «Geltungskontrolle» bezeichnet, was missverstanden werden kann, da es nicht um die inhaltliche Geltung bzw. Gültigkeit der AGB geht.

Kunden zu tatsächlich gelesenen und verstandenen AGB) ist rechtlich nicht (unbedingt) erforderlich. In der Praxis werden die AGB vom Kunden in der Regel (ungelesen und/oder unverstanden) sog. **global akzeptiert** (= **Globalübernahme**). Ein Globalakzept begründet unter den folgenden Voraussetzungen einen wirksamen Konsens:

235 – Der Kunde muss **vor** Vertragsschluss deutlich (sichtbar) auf den Inhalt der **AGB hingewiesen** werden. Dies bedeutet: Kein unzumutbarer Kleindruck; kein Abdruck auf der Rückseite des Vertragsformulars, ohne deutlichen Hinweis auf die AGB auf der Vorderseite, wo unterschrieben werden muss; nachträglich mitgeteilte («nachgeschobene») AGB (z.B. Abdruck auf der Quittung, die erst bei Erfüllung, also nach Abschluss des Vertrags ausgehändigt wird) werden nicht Vertragsbestandteil. Im Fall eines Aushangs der AGB im Geschäftslokal muss dieser unübersehbar und gut lesbar sein. Bei elektronischen Angeboten ist eine unmissverständliche Angabe des spezifischen AGB-Hyperlinks erforderlich. Ein allgemeiner Hinweis, die AGB seien im Internet oder auf der Website des AGB-Verwenders zugänglich, reicht nicht aus, da es nicht Sache des Kunden ist, den vom AGB-Verwender vorgeschlagenen Vertragsinhalt im Internet zusammenzusuchen.

Eine **konkludente** (stillschweigende) **Übernahme von AGB** ist nach der allgemeinen Regel des Art. 1 Abs. 2 OR vor allem bei Unternehmerverträgen *(business to business-contracts [b2b-contracts]*[268]*)* denkbar, besonders bei der Verwendung von AGB im Rahmen einer bestehenden Geschäftsverbindung. Diesfalls muss nicht unbedingt bei jedem einzelnen Geschäft erneut ausdrücklich auf die (für die Geschäftsbeziehung bereits selbstverständlichen AGB) verwiesen werden (BGE 77 II 154). Eine stillschweigende Vereinbarung branchenüblicher AGB in Verträgen zwischen branchenkundigen Kontrahenten ist ebenfalls denkbar. Bei **Konsumentenverträgen** (*b2c-contracts*) kommt dagegen eine stillschweigende Einbeziehung von AGB in den Vertrag kaum je in Betracht.

236 – Der Kunde muss die – bei Konsumenten besonders streng zu prüfende – **Möglichkeit** haben, in zumutbarer Weise vor Vertragsschluss vom Inhalt der AGB **tatsächlich Kenntnis zu nehmen**. Es besteht eine **Kenntnisverschaffungsobliegenheit** des AGB-Verwenders: Kein allgemeiner Verweis auf die Geltung der AGB (ohne deren Abdruck in den Beilagen zum Vertragsformular oder ohne Angabe des spezifischen AGB-Links). Keine AGB in einer Fremdsprache, die dem Kunden nicht verständlich oder nicht zumutbar ist.[269]

237 – Da bei einem Globalakzept der Kunde die AGB vor Vertragsabschluss nicht oder nur flüchtig liest, hat das Bundesgericht die sog. **Ungewöhnlichkeitsregel** entwickelt.[270] Der AGB-Verwender darf im Hinblick auf **objektiv ungewöhnliche** (un-

---

268 Zum Begriff oben Fn. 58.

269 Dazu die Fallgruppen bei R. Perrig, Die AGB-Zugänglichkeitsregel, Diss. Basel 2011.

270 Inhaltlich hat das Bundesgericht die Ungewöhnlichkeitsregel bereits im Jahre 1915 in BGE 41 II 446 (456) für eine *ungelesene Individualabrede* aufgestellt und dann 1919 in BGE 45 I 43 (48)

übliche, geschäftsfremde und daher überraschende) **Klauseln**, auf die er den Kunden nicht besonders (insbesondere durch drucktechnische Hervorhebung) hingewiesen hat, nach Treu und Glauben nicht darauf vertrauen, dass sein (in Bezug auf den konkreten Vertrag) nicht geschäftsversierter, branchenfremder Kunde **(subjektive Voraussetzung)** sie durch seine Unterschrift akzeptiert habe.[271] Insofern gilt: «Adhésion» (also Globalakzept) «ne vaut pas consentement» (G. Ripert). Die betreffende AGB gilt aus Konsensgründen sozusagen als «nicht geschrieben». Zur Ungewöhnlichkeitsregel als Strategie «verdeckter Inhaltskontrolle» unten Rz. 243.

> In **BGE 135 III 225 (227 f.)** fasste das Bundesgericht den Gehalt der Ungewöhnlichkeitsregel wie folgt zusammen: «Von der global erklärten Zustimmung zu allgemeinen Vertragsbedingungen sind ... alle ungewöhnlichen Klauseln ausgenommen, auf deren Vorhandensein die schwächere oder weniger geschäftserfahrene Partei nicht gesondert aufmerksam gemacht worden ist, da davon auszugehen ist, dass ein unerfahrener Vertragspartner ungewöhnlichen Klauseln, die zu einer wesentlichen Veränderung des Vertragscharakters führen oder in erheblichem Masse aus dem gesetzlichen Rahmen des Vertragstyps fallen, nicht zustimmt. Je stärker eine Klausel die Rechtsstellung des Vertragspartners beeinträchtigt, desto eher ist sie als ungewöhnlich zu qualifizieren». Siehe auch BGE 138 III 411 (412 f.) und dazu die lesenswerte Besprechung Schmid/Ruegg, ZBJV 150 (2014) 95 ff.; Bundesgericht vom 15.7.2014, 4A_475/2013 (E. 5.1).

▶ Zur Ungewöhnlichkeitsregel auch **Fall 41** (BGE 109 II 452 [*Hühnerstall*-Entscheid])

Ein besonderes (international stark diskutiertes) Konsensproblem liegt bei **Kollision** 238 **von AGB** *(battle of the forms)* in *b2b-contracts* (Rz. 235) vor: Beide Vertragspartner verwenden ihre AGB, die sich **inhaltlich widersprechen**, räumen diesen Widerspruch bei Vertragsschluss aber nicht aus.[272]

> *Beispiel*: Allgemeine Lieferbedingungen *versus* Allgemeine Einkaufsbedingungen.

---

für eine Gerichtsstandsklausel bestätigt. Die formelle Anerkennung für AGB allgemein erfolgte erst 1983 mit BGE 109 II 452. – Nota: In AGB-Gerichtsstandsklauseln wird regelmässig der Gerichtsstand am Wohnsitz (Geschäftssitz) des Verwenders der AGB vorgesehen.

271 Für einen Branchenfremden können auch branchenübliche Klauseln ungewöhnlich sein. So BGer vom 15.7.2014, 4A_475/2013 (E. 5.1).

272 Dass Unternehmer bei ihren Verträgen nicht darauf achten, ob ihre AGB mit denen der Gegenseite kollidieren, ist eigentlich erstaunlich. Der Grund liegt darin, dass AGB oft ohne viel Überlegung routinemässig dem Vertragsschluss beigefügt werden. Kennzeichnend der Dialog eines Londoner Richters mit einer Partei: «Warum haben Sie nicht klargestellt, wessen allgemeine Geschäftsbedingungen gelten sollen, Ihre oder die des Gegners?». «Wir würden keinen Vertrag hinkriegen, wenn wir so was machten, haben auch keine Zeit». «Na, wozu haben Sie dann überhaupt Bedingungen?» «Wozu? Die hat doch jeder!» (referiert nach G. Kegel, JZ 1952, S. 501).

Die früher h.L. folgte der «Theorie des letzten Wortes» (*last-shot*-Theorie). Die zuletzt verwiesenen AGB gelten regelmässig als stillschweigend akzeptiert – und die diesen widersprechenden eigenen AGB (regelmässig des Offerenten) als stillschweigend fallen gelassen –, sofern nicht unverzüglich gegen die gegnerischen AGB interveniert wird. Die neuere Lehre geht für den Regelfall richtigerweise von einem (oben Rz. 193 erläuterten) **Teilkonsens** aus (Art. 2 Abs. 1 OR), d.h. die **inhaltlich übereinstimmenden** Klauseln sind gültig vereinbart (Prinzip der «Kongruenzgeltung»), nicht jedoch die sich widersprechenden Klauseln[273], welche mangels Konsenses aus dem Vertrag herausfallen (*knock-out*-Doktrin). An ihrer Stelle gilt dann dispositives Recht. Analoges gilt, wenn ein Vertragspartner für ein und denselben Vertrag mehrere sich widersprechende AGB-Dokumente verwendet.[274] Die *knock-out*-Theorie setzt sich auch im Anwendungsbereich des UN-Kaufrechts, das keine spezifische Regel dazu enthält, international immer stärker durch. Ebenso ausdrücklich Art. 2.1.22 UPICC[275]. Natürlich gilt diese Restgültigkeitslösung nicht, wenn einer der Kontrahenten vor oder anlässlich des Vertragsschlusses unmissverständlich klargestellt hat, dass er nur an den Vertrag gebunden sein will, wenn seine AGB integral zur Geltung gelangen.

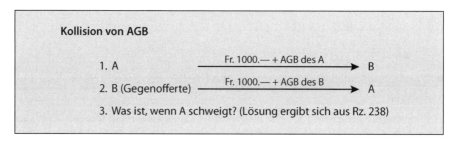

Kollision von AGB

1. A ————— Fr. 1000.— + AGB des A ————→ B

2. B (Gegenofferte) ————— Fr. 1000.— + AGB des B ————→ A

3. Was ist, wenn A schweigt? (Lösung ergibt sich aus Rz. 238)

239 Ein weiteres AGB-Konsensproblem liegt vor, wenn der Verwender seine AGB **nachträglich** durch ein **kaufmännisches Bestätigungsschreiben** in den ohne seine AGB mündlich verbindlich geschlossenen Vertrag einschleusen möchte. Gilt das Schweigen des Empfängers eines solchen Bestätigungsschreibens als Zustimmung zu den AGB?[276] In den typischen Fällen, in denen die AGB für den Empfänger im Vergleich zum ansonsten geltenden dispositiven Gesetzesrecht ungünstiger sind, ist diese Frage regelmässig zu verneinen (umstritten). – Zu AGB in **abweichenden Auftragsbestätigungen** oben Rz. 168. Im UN-Kaufrecht gilt dazu Art. 19 (Abdruck oben Rz. 173).

240 Selbstverständlich sind auch nachträgliche **Abänderungen** der **AGB nicht einseitig** möglich, sondern bedürfen (wie alle Vertragsänderungen) der **Zustimmung** des Kunden. Diese kann unter Umständen dadurch erfolgen, dass aufgrund einer an-

---

273 Ausdrücklich Art. 1119 Abs. 2 französischer Code Civil (2016): «En cas de discordance entre les conditions générales invoquées par l'une et l'autre des parties, les clauses incompatibles sont sans effet».

274 S. BGH NJW-spezial 2006, S. 407.

275 Zur Bedeutung der UPICC oben Rz. 53.

276 Zum Problem im Allgemeinen schon oben Rz. 162.

dern AGB-Klausel (**Genehmigungsfiktionsklausel**)[277] dem Kunden ein befristetes **Widerspruchsrecht** (gegen die ihm rechtsgenüglich kommunizierte AGB-Änderung) gegeben wird und nach ungenutztem Fristablauf die nachträgliche Änderung als stillschweigend akzeptiert gelten soll. Eine solche Genehmigungsfiktion darf zulasten eines Konsumenten nur angenommen werden, wenn die Änderungen der Vertragsbedingungen inhaltlich konsensfähig (zumutbar) sind, andernfalls sie als missbräuchlich erscheinen. Zudem scheitern AGB-Klauseln, die dem Verwender ein völlig einseitiges AGB-Änderungsrecht einräumen (**«carte blanche»-Klauseln**), bereits an der mangelnden Bestimmtheit (Bestimmbarkeit) des massgebenden Vertragsinhalts (vgl. BGE 135 III 1 [10])[278].

Prüfungsraster zur Konsenkontrolle

In einem **ersten Schritt** ist zu prüfen, ob beim Vertragsabschluss *AGB* verwendet wurden, d.h. ob eine Partei (gegenüber der andern Partei) ihre Absicht (ausdrücklich oder konkludent) erklärt hat, einen Vertrag (nur) auf der Grundlage ihrer *einseitig vorformulierten Vertragsklauseln* abschliessen zu wollen. Ist dies zu *verneinen*, liegt kein AGB-Sachverhalt beim Vertragsabschluss vor. Wird die Frage *bejaht*, ist in einem **zweiten Schritt** zu prüfen, ob die AGB – als Ganzes oder teilweise – aufgrund von (ausdrücklich oder konkludent) geäusserten *Vorbehalten* der Gegenpartei zum Gegenstand von *Verhandlungen* wurden[279]. Trifft dies zu, liegt bezüglich der *verhandelten* AGB eine *Individualabrede* vor. Das ist nicht nur der Fall, wenn die AGB inhaltlich *ergänzt, abgeändert* oder *aufgehoben* wurden, sondern allenfalls auch dann, wenn die Gegenpartei *infolge* der Verhandlungen die AGB schliesslich *unverändert* akzeptiert hat. Waren die AGB (mangels geäusserter Vorbehalte der Gegenpartei) *nicht Verhandlungsgegenstand*, ist in einem **dritten Schritt** zu prüfen, ob eine Global- oder Vollübernahme vorliegt. Von einer *Vollübernahme* ist auszugehen, wenn der AGB-Verwender im Lichte der konkreten Umstände annehmen durfte und musste, der AGB-Übernehmer habe die AGB *tatsächlich gelesen* und aufgrund seiner Kenntnisse und Geschäftserfahrung *inhaltlich verstanden* oder wenn der AGB-Verwender den Nachweis erbringt, dass er dem AGB-Übernehmer die fraglichen AGB *inhaltlich hinreichend erläutert* hat. Trifft dies nicht zu, liegt eine *Globalübernahme* vor, was insbesondere zur Anwendung der *Ungewöhnlichkeitsregel* führt.

---

277 Dazu PROBST in: Kramer/Probst/Perrig, Schweizerisches Recht der Allgemeinen Geschäftsbedingungen, N 568 ff.; DERS., N 543 ff. zu «Prolongationsklauseln» (Klauseln über automatische Vertragsverlängerung).

278 PROBST in Kramer/Probst/Perrig, Schweizerisches Recht der Allgemeinen Geschäftsbedingungen, N 540.

279 Hier stellt sich allenfalls die Frage, ob der Umstand, dass der potentielle AGB-Übernehmer *Vorbehalte* gegenüber den AGB geäussert hat, und der AGB-Verwender es *ablehnt*, darauf einzutreten, als Akt der «Verhandlung» zu betrachten ist. Dies ist zu *verneinen*. Der AGB-Verwender muss zumindest die *tatsächliche Bereitschaft* manifestiert haben, über den *Inhalt* seiner AGB zu *diskutieren*, und es müssen entsprechende *Gespräche stattgefunden* haben.

B. Auslegungskontrolle (spezielle Interpretationsregeln)

241 Da AGB nicht individuell ausgehandelt werden und daher die Erforschung des gemeinsamen wirklichen Willens der Parteien (Art. 18 Abs. 1 OR) in aller Regel illusorisch ist[280], steht die Methode der auf die Empfängeroptik abstellenden objektiven (normativen) Vertragsinterpretation (oben Rz. 196) im Vordergrund. Darüber hinaus sind **besondere Interpretationsregeln** entwickelt worden, die nicht zuletzt darauf abzielen, das Ungleichgewicht beim Vertragsschluss auf dem Weg der Interpretation etwas zu kompensieren:

– Haben die Parteien eine von den AGB abweichende Bestimmung **individuell vereinbart**, so geht diese dem standardisierten Vertragswerk vor, weil eine Abrede, die individuell getroffen worden ist, nach Treu und Glauben eine höhere Bindungswirkung entfaltet als formularmässige Standardregelungen **(Vorrang der Individualabrede)**. Auch ein in den AGB enthaltener Formvorbehalt (Erforderlichkeit der Schriftlichkeit) steht der Verbindlichkeit der mündlichen Individualabrede nicht entgegen.

▶ Dazu **Fall 3**

– Bei nicht eindeutiger Formulierung gilt, wenn die traditionellen Auslegungsmittel zu **keinem zweifelsfreien Ergebnis** führen, die für den Kunden günstigere Auslegung (*interpretatio contra proferentem [= stipulatorem]*; **Unklarheitenregel**).[281]

> *Beispiele*: Illustrativ BGE 82 II 445 zur Versicherungsdeckung bei einem Kauf englischer Panzer *(«Staghounds»)* durch die schweizerische Eidgenossenschaft. Die Panzer rutschten im Hafen von Southampton über Bord! Nachweise zur neueren Praxis in BGE 122 III 118 (121).

– Im Zweifel sind mehrdeutige AGB-Klauseln so zu interpretieren, wie es dem **dispositiven Recht entspricht**. Siehe etwa BGE 126 III 388 (391), wonach die Beschränkung der Haftung des Architekten auf den Ersatz «direkter Schäden» in der SIA-Norm 102 lediglich bedeute, dass damit – wie regelmässig – eine Haftung für inadäquate Schäden ausgeschlossen ist; allgemein BGE 133 III 607 (610): AGB seien «sachgerecht» zu interpretieren. «Der Richter orientiert sich dabei am dispositiven Recht, weil derjenige Vertragspartner, der dieses verdrängen will, das mit hinreichender Deutlichkeit zum Ausdruck bringen muss».

---

280 Trotzdem betont das BGer jeweils, die AGB seien grundsätzlich gleich wie alle anderen Verträge auszulegen. S. etwa BGE 142 III 671 (675).

281 Die Regel geht auf das römische Recht zurück (Celsus, Dig. 34, 5, 26 [«ambiguitas contra stipulatorem est»]), bezog sich dort aber allgemein auf Konsensualverträge. Die Römer kannten das AGB-Problem noch nicht! Allgemeine Regel (für zweiseitig verpflichtende Verträge), wonach der Vertrag im Zweifel gegen den Gläubiger zu interpretieren ist, auch heute noch in § 915 österreichisches ABGB.

– **Vom dispositiven Recht abweichende Klauseln** sind im Zweifel **eng auszule-gen**. Dies gilt namentlich für AGB-Klauseln (BGE 115 II 474 [479]). Insbesondere sind **Haftungs-** und **Gewährleistungsfreizeichnungen** restriktiv zu interpretieren **(Restriktionsregel)** und erfassen nicht Schäden (Mängel), an die die Kontrahenten bei Vertragsschluss vernünftiger Weise nicht gedacht haben. Dazu BGE 130 III 686 (689) im Anschluss an BGE 107 II 161 (164). Eine allgemein formulierte Freizeichnungsklausel schliesst die Haftung für speziell zugesicherte Eigenschaften nicht aus. So Bundesgericht vom 26.10.2009, 4A_237/2009. Siehe auch Rz. 482.

C. Inhaltskontrolle

I. Allgemeine Gültigkeitskontrolle

AGB können gegen die allgemeinen gesetzlichen Schranken (vor allem Widerrechtlichkeit; Sittenwidrigkeit) verstossen und damit nach **Art. 20 OR** ungültig sein. Bei der Widerrechtlichkeit geht es darum, den einschlägigen **zwingenden** Bestimmungen gegen davon abweichende Klauseln zum Durchbruch zu verhelfen. Im Falle von Freizeichnungsklauseln (welche die Haftung des Schuldners ausschliessen oder beschränken wollen) sind vor allem die Grenzen der Art. 100/101 OR zu beachten. Nach der Regel von Art. 20 Abs. 2 OR sind Verträge bloss **teilnichtig**, wenn sich einzelne AGB-Klauseln als ungültig erweisen. Totalnichtigkeit ist freilich aufgrund des hypothetischen Parteiwillens (namentlich des AGB-Verwenders) nicht ausgeschlossen (ausdrücklich § 306 Abs. 3 deutsches BGB; für die Schweiz gilt die allgemeine Regel des Art. 20 Abs. 2 OR). Zur Ablehnung einer **«geltungserhaltenden Reduktion»** von AGB-Klauseln, oben Rz. 224.

242

II. Offene Inhaltskontrolle

In der schweizerischen **Lehre** wurde über die allgemeine Gültigkeitskontrolle hinaus – vor allem wegen des strukturellen Ungleichgewichts zwischen den Parteien bei Verbraucher-AGB-Verträgen (siehe Rz. 26) – bereits vor dem Eingreifen des Gesetzgebers (Rz. 245 ff.) eine **offene Inhaltskontrolle** (= Angemessenheitskontrolle = Gerechtigkeitskontrolle) von **AGB** gefordert; dies in Anlehnung an die in Deutschland entwickelte «Theorie von der Ordnungsfunktion des dispositiven Rechts». Als mögliche Rechtsgrundlage wurde namentlich ein Verstoss gegen die öffentliche Ordnung oder gegen die guten Sitten (Art. 19 Abs. 2 OR) genannt. Demnach sollten – vor allem bei Verbraucherverträgen – erhebliche, für den Vertragspartner nachteilige Abweichungen in standardisierten Vertragsklauseln vom dispositiven Recht, welches eine Ordnungsfunktion (eine auf Ausgewogenheit der vertraglichen Rechte und Pflichten bedachte Wertentscheidung des Gesetzes) aufweist, nur mittels Individualabsprachen, also nicht formularmässig mittels AGB gültig vereinbart werden kön-

243

nen. Für diese seien die Anforderungen an den rechtlich zulässigen Inhalt strenger als für Individualabreden.

> *Beispiel*: Völlige Abdingung der Gewährleistungsansprüche bei Kauf neuwertiger Sachen durch eine AGB-Klausel wäre nicht zulässig; sie müsste individuell vereinbart sein.

In **Deutschland** war eine verschärfte AGB-Inhaltskontrolle schon früh (AGB-Gesetz von 1976) gesetzlich verankert worden und findet sich heute in §§ 307–309 BGB. Mit der **EU-«Klausel-Richtlinie»** (93/13/EWG vom 5.4.1993) ist für alle EU-Mitgliedstaaten die Einführung einer verschärften Inhaltskontrolle von AGB bei Konsumverträgen zur Pflicht geworden.

244   Das **Bundesgericht** hat eine offene Inhaltskontrolle durch Richterrecht, d.h. ohne explizite gesetzliche Grundlage nie in die Tat umgesetzt.[282] Stattdessen bemühte es sich, mit den allgemeinen obligationenrechtlichen Mitteln (Konsens-, Gültigkeits- und Auslegungskontrolle) die Vertragspartner von AGB-Verwendern zu schützen. Es tat dies vor allem durch eine eigenwillige Interpretation der Ungewöhnlichkeitsregel (oben Rz. 237), indem es dort Aspekte der inhaltlichen Unausgewogenheit von AGB-Klauseln miteinbezog («verdeckte Inhaltskontrolle»).

> Kennzeichnend **BGE 135 III 1 (7) und BGE 135 III 225 (227)**: «Je stärker eine Klausel die Rechtsstellung des Vertragspartners beeinträchtigt, desto eher ist sie als ungewöhnlich zu qualifizieren».

Dass diese Vorgehensweise eine verschärfte offene Inhaltskontrolle nicht wirksam ersetzen konnte, zeigt sich daran, dass die Kontrollstrategie des Bundesgerichts jederzeit durch einen deutlichen Hinweis des AGB-Verwenders auf die fragliche Klausel (siehe oben Rz. 237) ausgehebelt werden kann.

245   Der **schweizerische Gesetzgeber** hat 1986 anlässlich der Revision des UWG einen zaghaften **lauterkeitsrechtlichen** Versuch unternommen, nachteilige AGB einer verschärften Kontrolle zu unterstellen. Die Bestimmung von **Art. 8 alt-UWG**[283] erlangte aber nie praktische Bedeutung, weil sie auf klar formulierte und unmissverständlich – also nicht **«in irreführender Weise»** – in den Vertrag einbezogene, inhaltlich einseitige AGB nicht anwendbar war. Je offener eine AGB die

---

282 Es hielt sich angesichts des Widerstrebens des Gesetzgebers, eine effektive verschärfte Inhaltskontrolle einzuführen, offenbar *de lege lata* dazu nicht legitimiert. In BGE 135 III 1 wird die eine verschärfte Inhaltskontrolle befürwortende Literatur zwar eingehend referiert, der Fall aber dann doch mit der Ungewöhnlichkeitsregel entschieden.

283 Art. 8 altUWG (Verwendung missbräuchlicher Geschäftsbedingungen): «Unlauter handelt insbesondere, wer vorformulierte allgemeine Geschäftsbedingungen verwendet, die in irreführender Weise zum Nachteil einer Vertragspartei: a. von der unmittelbar oder sinngemäss anwendbaren gesetzlichen Ordnung erheblich abweichen oder b. eine der Vertragsnatur erheblich widersprechende Verteilung von Rechten und Pflichten vorsehen.» – Die nicht überzeugende systematische Einordnung der Kontrollregelung des Art. 8 UWG in das Lauterkeitsrecht hat auch ihre Vorteile. Das UWG sieht, was für die AGB-Kontrolle vorteilhaft ist, eine Verbandsklage von Konsumentenschutzverbänden auf Unterlassung vor (Art. 10 Abs. 2 lit. b UWG). In der Praxis haben Verbandsklagen aber bisher kaum etwas bewirkt.

Rechte des Kunden einschränkte, desto weniger erlaubte Art. 8 altUWG gegen sie vorzugehen.

Am 17.6.2011 hat der schweizerische Gesetzgeber reagiert und sich zu folgendem **neuen** (am 1.7.2012 in Kraft getretenen) **Art. 8 UWG** durchgerungen: 246

> Unlauter handelt insbesondere, wer allgemeine Geschäftsbedingungen verwendet, die in Treu und Glauben verletzender Weise zum Nachteil der Konsumentinnen und Konsumenten ein erhebliches und ungerechtfertigtes Missverhältnis zwischen den vertraglichen Rechten und den vertraglichen Pflichten vorsehen.

Im Unterschied zu vergleichbaren Regelungen in Europa schützt diese Generalklausel nur **Konsumenten, nicht** aber **gewerbliche Kunden** (z.B. kleinere Gewerbetreibende, KMU). Fragwürdig ist sodann, dass für AGB, die zulasten des Konsumenten ein erhebliches Missverhältnis der vertraglichen Rechte und Pflichten begründen, eine **Rechtfertigung** der AGB-Klausel möglich sein soll, da der Gesetzestext von einem «erheblichen *und* ungerechtfertigten» Missverhältnis spricht. Ausserdem beschränkt sich das Gesetz auf eine Generalklausel[284] ohne konkrete Klauselverbote (wie in §§ 308, 309 BGB), an denen sich die rechtssuchenden Verbraucher, aber auch die AGB verwendenden Unternehmer, orientieren könnten[285]. Der Rechtssicherheit ist mit einer blossen Generalklausel wenig gedient. Offen ist auch das Verhältnis des Art. 8 UWG zur Vertragsnichtigkeit nach Art. 20 OR. Ein positiver Effekt der Platzierung der AGB-Inhaltskontrolle im UWG ist, dass im UWG (Art. 10 Abs. 2) auch eine Verbandsklage sowie (Art. 10 Abs. 3) sogar eine Klage des Bundes vorgesehen ist. – Erster Bundesgerichtsentscheid zum neuen Art. 8 UWG: BGE 140 III 404 (intertemporalrechtliches Problem).

Möglicher Prüfungsraster für die offene Inhaltskontrolle:
Angesichts der komplexen Struktur von Art. 8 UWG sowie fehlender einschlägiger Rechtsprechung kann bei der offenen Inhaltskontrolle von AGB nach folgendem *Prüfungsschema* vorgegangen werden, wenn aufgrund der Konsens-, Auslegungs- und Gültigkeitskontrolle, die Vertragsparteien AGB *grundsätzlich gültig vereinbart* haben.[286] Dabei wird davon ausgegangen, dass die *Beweislast* für das Vorliegen eines *erheblichen Missverhältnisses* beim AGB-Übernehmer (Kunden) liegt, während der AGB-Verwender die Beweislast für die *Kompensation* durch konkrete Vorteile aus andern Vertragsbestimmungen trägt.

---

284 Zum Begriff oben Fn. 13. Schwer verständlich ist, dass die neue Fassung von Art. 8 UWG im Gegensatz zur bisherigen Generalklausel (oben Rz. 245) nicht mehr auf die Massstabsfunktion des dispositiven Rechts verweist.

285 Es wird Sache des Bundesgerichts sein klarzustellen, dass die in der EU-«Klausel-Richtlinie» (93/13/EWG vom 5.4.1993) enthaltenen Beispiele auch für die Schweiz als *Interpretationshilfe* von Bedeutung sind. PROBST in: Kramer/Probst/Perrig, Schweizerisches Recht der Allgemeinen Geschäftsbedingungen, N 314.

286 Falls die AGB zwischen den Parteien nicht gültig vereinbart worden sind, erübrigt sich eine offene Inhaltskontrolle, da dieser nur noch virtuelle Bedeutung zukäme.

Schritt 1: Unter Beizug der Regeln zur vertraglichen *Lückenfüllung* als Vergleichs-basis, also bei Nominatverträgen verglichen mit dem *dispositiven Recht*, ist zunächst festzustellen, ob eine oder mehrere Bestimmungen in den AGB ein *Missver-hältnis* zwischen den vertraglichen Rechten und Pflichten zulasten des AGB-Übernehmers (Konsumenten) beinhalten[287]. **Schritt 2**: Triff dies zu, so ist zu be-urteilen, ob das festgestellte Missverhältnis *erheblich* ist[288]. **Schritt 3**: Liegt ein er-hebliches Missverhältnis zwischen den vertraglichen Rechten und Pflichten zulas-ten des Konsumenten vor, ist zu beurteilen, ob das (durch die AGB bewirkte) Missverhältnis als *treuwidrig* zu betrachten ist, weil der AGB-Verwender nach *Treu und Glauben nicht annehmen* durfte, der AGB-Übernehmer hätte die nachtei-ligen AGB auch dann akzeptiert, wenn sie nicht einseitig vorgegeben, sondern ein-zeln *ausgehandelt* worden wären[289]. Mit anderen Worten: AGB dürfen nicht dazu *missbraucht* werden, zulasten der Gegenpartei Bestimmungen in den Vertrag ein-zuschleusen, die bei offener Deklaration und Diskussion von der Gegenseite nach Treu und Glauben vernünftigerweise *nicht ohne Änderung* oder anderweitige, *kom-pensierende Gegenleistungen* akzeptiert worden wären. **Schritt 4**: Ist die *Treuwid-rigkeit* zu *bejahen*, so gilt die (widerlegbare) *Vermutung*[290], dass das treuwidrige er-hebliche Missverhältnis gleichzeitig auch *ungerechtfertigt* ist. Dem AGB-Verwender steht jedoch der *Gegenbeweis* offen, dass die *prima facie* als treuwidrig betrachteten Einzelbestimmungen der AGB durch *konkrete Vorteile* aus weiteren Vertragsbestimmungen (AGB oder andere) zugunsten des AGB-Übernehmers so-weit ausgeglichen werden[291], dass im Ergebnis trotz einseitiger AGB *kein miss-bräuchliches* Missverhältnis zwischen den vertraglichen Rechten und Pflichten mehr vorliegt. Mit anderen Worten, das festgestellte erhebliche Missverhältnis muss durch konkrete Vorteile soweit gemildert oder gemindert sein, dass es nicht (mehr) als missbräuchlich erscheint. – Wird dagegen die Treuwidrigkeit verneint, weil der Konsument die Klausel selbst bei individueller Verhandlung (ohne inhalt-liche Abänderung oder kompensatorische Vorteile) akzeptiert hätte, erübrigt sich die Überprüfung des Kriteriums «ungerechtfertigt», es sei denn, der Konsument er-bringe den Beweis, dass die Übernahme der AGB aus anderen Gründen als unge-rechtfertigt und damit missbräuchlich erscheint.

---

287 Dazu PROBST in: Kramer/Probst/Perrig, Schweizerisches Recht der Allgemeinen Geschäfts-bedingungen, N 465 ff.

288 Ibidem, N 469 ff.

289 Ibidem, N 498.

290 Treuwidrige AGB werden in der Regel auch «ungerechtfertigt» sein, da der AGB-Übernehmer im Falle einer individuellen Verhandlung die fragliche AGB nicht übernommen hätte. An-gesichts des Gesetzeswortlauts ist es jedoch notwendig, dem AGB-Verwender den Gegenbeweis zu eröffnen, dass eine AGB-Klausel – trotz Treuwidrigkeit – (durch anderweitige Vorteile) ge-rechtfertigt ist.

291 Ibidem, N 499.

§ 3 Widerrufsrecht bei «Haustürgeschäften»

Art. 40a ff. OR beruhen auf der EU-Richtlinie 85/577/EWG vom 20. 12. 1985   247
(«Haustürwiderruf») und sind dem **Konsumentenschutzgedanken** verpflichtet (vgl.
Wortlaut von Art. 40a OR). Der Kunde soll bei Abschluss von Haustür- und ähn-
lichen Geschäften – entgegen dem zentralen Grundsatz *pacta sunt servanda* (Ver-
träge sind einzuhalten) – ein auf **14 Tage** befristetes, unverzichtbares Widerrufsrecht
(Reurecht, *droit de repentir*) haben, sofern es sich um Verträge über **bewegliche
Sachen** und **Dienstleistungen** handelt[292] und der Anbieter **gewerblich** kontrahiert.
Der Vertrag steht somit unter der Resolutivbedingung,[293] dass der Konsument sein
Widerrufsrecht nicht ausübt. Ein «Reugeld» (Art. 158 Abs. 3 OR) ist dabei nicht zu
zahlen. Zur Rückforderung der Sachleistung: Art. 40 f OR (zur Rechtsgrundlage
siehe Fn. 474).

Der **Beginn** der **14-Tage-Widerrufsfrist** setzt nach Art. 40e Abs. 2 OR zweierlei   247a
voraus: den Antrag oder die Annahmeerklärung des Kunden **sowie** den Umstand,
dass der Kunde von der in Art. 40d OR geregelten schriftlichen Widerrufsbelehrung
durch den Anbieter in Kenntnis gesetzt worden ist.

Die **«ratio legis»** des **Widerrufsrechts** beruht auf der Annahme, dass die rechts-   248
geschäftliche Entscheidungsfreiheit des Kunden in den vier in **Art. 40b OR umschriebenen Situationen** eingeschränkt ist («psychologischer Kaufzwang»). Es
wird ihm daher eine *cooling-off-period* zugestanden.

▶ Dazu **Fall 4**

Kontrollfragen zu Kapitel 13:

68. Was versteht man unter Konsenskontrolle und Gültigkeitskontrolle von
    AGB?

69. Erläutern Sie die Ungewöhnlichkeitsregel des Bundesgerichts.

70. Erläutern Sie die *knock-out*-Doktrin bei AGB-Kollisionen.

71. Was versteht man unter der Unklarheitenregel bei der AGB-Interpretation?

72. Was versteht man unter der «offenen Inhaltskontrolle» von AGB. Welche
    Rechtsgrundlage gibt es dazu heute im schweizerischen Recht?

73. Wo liegt der entscheidende Unterschied zwischen der alten und der jetzigen
    Fassung von Art. 8 UWG?

---

292 Bedenklich die auf erfolgreichem Lobbying beruhende Ausnahme für Versicherungsverträge in
     Art. 40a Abs. 2 OR.
293 Unten Rz. 534.

149

Kapitel 14
Willensmängel

«Wir irren allesamt, nur jeder irret anderst».
Albrecht VON HALLER (1708–1777)

§ 1   Grundsätzliche Fragestellung

Bei den Willensmängeln – vor allem beim Irrtumsrecht als dem praktisch wichtigsten   249
Teilbereich des Rechts der Willensmängel – geht es um die Grundfrage, ob ein
Rechtsgeschäft, das vom Willen des Erklärenden nicht oder nicht voll gedeckt ist, au-
tomatisch nichtig oder zumindest vernichtbar sein soll (sog. **«Willenstheorie»**), oder
ob darauf abzustellen ist, dass der Erklärungsempfänger zu Recht auf den objektiven
Sinn der Erklärung vertraut hat und in diesem Vertrauen zu schützen ist (**«Erklärungstheorie»**, heute zur **«Vertrauenstheorie»** weiterentwickelt). Diese zentrale
Wertungsfrage der Rechtsgeschäftslehre (*verba/voluntas*-Problem [Wortlaut/Wille-
Problem]) durchzieht die gesamte Rechtsgeschichte. Rechtsvergleichend betrachtet
sehen alle heute geltenden Privatrechtsordnungen Kompromisslösungen vor, in denen mehr oder weniger der einen oder der anderen Konzeption zugeneigt wird.

> Einschlägige **Zitate aus der Rechtsgeschichte**: Willenstheorie: «Non videntur
> qui errant consentire» (ULPIANUS, Dig. 50, 17, 116, 2 [Wer irrt, stimmt nicht zu]).
> Erklärungstheorie: «Errorem in dubio semper nocere debere erranti» (THOMASIUS,
> 1720 [Im Zweifel soll der Irrtum immer dem Irrenden schaden]).

Wird die rechtliche Erheblichkeit einer Diskrepanz zwischen dem äusseren Erschei-   250
nungsbild einer Erklärung und dem eigentlichen («inneren») Willen des Erklärenden,
und damit die Relevanz eines «Willensmangels» bejaht, sind grundsätzlich zwei
rechtliche Konsequenzen möglich: Die Nichtigkeit des Rechtsgeschäfts (des Vertrags), wie etwa im Fall der Simulation,[294] oder – wie im Fall des wesentlichen Irrtums –, die einseitige Unverbindlichkeit (Anfechtbarkeit). – Zu dieser Rechtsfolge
am Beispiel der Übervorteilung schon Rz. 230; zum Theorienstreit über die Rechtsnatur der einseitigen Unverbindlichkeit Rz. 287.

---

294   Siehe Rz. 253.

§ 2 Überblick über die Willensmängel i.w.S. (ausser Übervorteilung)

251

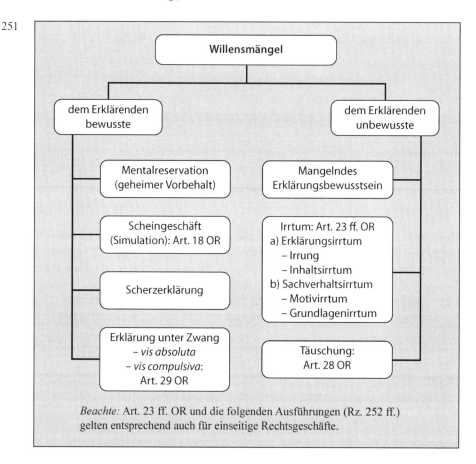

Willensmängel

dem Erklärenden bewusste

dem Erklärenden unbewusste

Mentalreservation (geheimer Vorbehalt)

Mangelndes Erklärungsbewusstsein

Scheingeschäft (Simulation): Art. 18 OR

Irrtum: Art. 23 ff. OR
a) Erklärungsirrtum
 – Irrung
 – Inhaltsirrtum
b) Sachverhaltsirrtum
 – Motivirrtum
 – Grundlagenirrtum

Scherzerklärung

Erklärung unter Zwang
 – *vis absoluta*
 – *vis compulsiva*:
 Art. 29 OR

Täuschung: Art. 28 OR

Beachte: Art. 23 ff. OR und die folgenden Ausführungen (Rz. 252 ff.) gelten entsprechend auch für einseitige Rechtsgeschäfte.

A. Mentalreservation (geheimer Vorbehalt)

252 Im Gegensatz zum deutschen BGB (§ 116) enthält das OR keine Regelung zur Mentalreservation. Eine **Mentalreservation** liegt vor, wenn jemand **bewusst** eine **verbindliche Erklärung** abgibt, an die er **insgeheim** gar **nicht gebunden** sein will. Dieser geheime Vorbehalt bleibt nach dem Vertrauensprinzip und dem Gebot der Vertragstreue unbeachtlich[295] und hindert den Vertragsschluss nicht.

---

295 Auch wenn ihn der Partner durchschaut hat; anders (und fragwürdig) § 116 S. 2 BGB.

B. Scheingeschäft (Simulation)

Sind sich Erklärender und Empfänger darüber einig, dass ein Vertrag nur zum Schein   253
abgeschlossen wird – regelmässig, um einen Dritten (allenfalls auch eine Behörde,
z.B. Steuerbehörde) zu täuschen –, so ist dieser **simulierte (vorgetäuschte) Vertrag**
(«Scheingeschäft»)[296] nichtig, da er von beiden Kontrahenten übereinstimmend **nicht
gewollt** ist. Unter den engen Voraussetzungen des Art. 18 Abs. 2 OR kann sich auch
ein gutgläubiger Dritter auf die Ungültigkeit des Scheingeschäfts berufen. Dient der
simulierte Vertrag, was regelmässig der Fall ist, zur Deckung eines von beiden Kontrahenten **ernst gemeinten** Geschäfts, des sog. **dissimulierten Vertrags**, so ist letzterer gemäss Art. 18 Abs. 1 OR gültig, sofern allfällige Formerfordernisse erfüllt sind
und nicht aus inhaltlichen Gründen (Art. 19/20 OR) Nichtigkeit vorliegt.

Beachte: Vorgeschobene «Strohmänner» schliessen Verträge (im eigenen
Namen aber im Interesse eines anderen) ernstlich und nicht simuliert ab!

Relativ häufig kommt es vor, dass die Vertragspartner, um Steuern zu sparen, in der
Vertragsurkunde über einen **Grundstückskauf** einen geringeren Kaufpreis angeben
als den wirklich vereinbarten («Schwarzpreis»). In diesem Fall liegt ein «**Doppel-
mangel**» vor: Der simulierte, beurkundete Vertrag ist nichtig, weil er nicht gewollt
ist; der wirklich gewollte Vertrag erfüllt die zwingende Formvorschrift von Art. 216
OR nicht und ist deshalb ebenfalls grundsätzlich nichtig. Allenfalls ist die **Berufung
auf die Formnichtigkeit** aber **rechtsmissbräuchlich** (Art. 2 Abs. 2 ZGB), vor allem
wenn der wirklich gewollte Vertrag von beiden Seiten freiwillig (in Kenntnis des
Formmangels) vollständig erfüllt worden ist. Dann wäre die nachträgliche Berufung
auf die Formnichtigkeit ein widersprüchliches Verhalten (ein *venire contra factum
proprium*), das nicht zu schützen ist (oben Rz. 11 und 180b). Dazu gibt es reichhaltige Judikatur des Bundesgerichts, die, wie vor allem BGE 104 II 99 zeigt, nicht immer zu
überzeugen vermag.[297] Nach dieser Entscheidung musste der Verkäufer, dem die Berufung auf die Formnichtigkeit des Geschäfts (wegen Rechtsmissbrauchs) verwehrt
wurde, im Ergebnis einen simulierten Vertrag mit beurkundetem (beidseits nicht gewollten!) Inhalt einhalten, obwohl der Käufer (der sich im Hinblick auf den Resterfül-
lungsanspruch des Verkäufers mit Erfolg auf die Formnichtigkeit berufen durfte) der
Vertragsurkunde gemäss Fr. 100 000.– weniger gezahlt hatte, als es im dissimulierten
(beiderseits gewollten) Vertrag vereinbart war!

▶ Zum Ganzen **Fall 32**

Art. 18 Abs. 1 OR erfasst über die Simulation hinaus auch jene Fälle, in denen die   254
Parteien aus gemeinsamem Irrtum unbeabsichtigt eine **objektiv unrichtige Bezeichnung** oder **Ausdrucksweise** wählen. Es gilt der tatsächlich übereinstimmend gewollte Vertrag: *Falsa demonstratio non nocet* (eine falsche Formulierung schadet

---

296 Zum Begriff des Scheingeschäfts etwa BGE 123 IV 61 (68).
297 Lesenswert dazu die Entscheidungsanmerkung von H. MERZ, ZBJV 116 (1980) 1 ff.

nicht). Siehe schon oben Rz. 184. Dasselbe gilt bei Verwendung einer Privatsprache (Code).

▶ Dazu **Fall 31**

C. Scherzerklärung

255 Bei der im OR nicht geregelten **Scherzerklärung** meint der Erklärende, der Empfänger werde die **fehlende Ernsthaftigkeit** erkennen. Im Streitfall ist zu prüfen, ob die mangelnde Ernsthaftigkeit der Erklärung **objektiv** als solche tatsächlich **erkennbar** war. Ist dies der Fall (Schulfall: Erklärung auf der Bühne), so liegt eine **unwirksame Erklärung** vor. Andernfalls, z.B. bei einem guten, nicht durchschauten Aprilscherz, kommt der Vertrag nach dem Vertrauensprinzip zustande, unterliegt aber der Anfechtung (analog der Irrtumsanfechtung). Anders jedoch der stark willenstheoretisch beeinflusste § 118 deutsches BGB (Nichtigkeit des Vertrags).

D. Drohung (Furchterregung)

256 Art. 29 und 30 OR betreffen die Fälle des Abschlusses von Verträgen unter «**psychischem Zwang**» *(vis compulsiva)*, bei denen dem **Bedrohten** zwar eine Wahlmöglichkeit bleibt, er sich also auch anders, d.h. gegen den Vertragsschluss entscheiden könnte, dem Vertrag aber widerwillig doch zustimmt, um den vom Vertragspartner oder einem Dritten für den Fall des Nichtabschlusses angedrohten Nachteilen zu entgehen. Der Vertrag ist nicht nichtig, sondern lediglich **anfechtbar** *(tamen coactus volui* [obwohl gezwungen, wollte ich]: Paulus, Dig. 4, 2, 21, 5).

257 *Beachte*:

   – Bei der Drohung sind die **Tatbestandsvoraussetzungen** der **Widerrechtlichkeit** der Drohung (insbesondere des **Drohungsmittels**), des **Kausalzusammenhangs** zwischen der durch die Drohung bewirkten Furcht und dem Vertragsschluss sowie die **objektive Begründetheit** der Furcht (Art. 29 Abs. 1, 30 Abs. 1 OR) zu prüfen. Überängstlichen «Hasenfüssen», die sich wegen jeder Kleinigkeit in Panik versetzen lassen, hilft Art. 29 OR nicht! Die Drohung gegen eine dem Bedrohten «nahe verbundene Person» ist, sofern die übrigen Voraussetzungen gegeben sind, gemäss Art. 30 Abs. 1 OR ebenfalls relevant.

   Beispiele für die Widerrechtlichkeit des Drohungsmittels und objektiv begründete Furcht: (1) «Wenn Du mir das Grundstück nicht verkaufst, zünde ich Dein Haus an»! (2) Ein missratener Sohn eines reichen Vaters droht dem Vater durchaus glaubwürdig mit Zerstörung seiner Gemäldesammlung, wenn er ihm nicht «subito» einen Ferrari Testa Rossa kauft.

- Zur **Drohung durch Dritte** siehe Art. 29 Abs. 2 OR: Anfechtung – auch bei Gutgläubigkeit des Vertragspartners – möglich! Aber Billigkeitshaftung des Anfechtenden, sofern der Vertragspartner des Bedrohten gutgläubig war. *Beispiel*: Obiger Testa-Rossa-Fall (Rz. 257).

- Zur **Drohung mit der Geltendmachung eines Rechts**, etwa der Kündigung eines Arbeitsvertrages, siehe Art. 30 Abs. 2 OR, der wertungsmässig mit Art. 21 OR eng verwandt ist. Auch hier ist eine wucherische Abnötigung «übermässiger Vorteile» erforderlich (vgl. oben Rz. 216).

- Zur **Frist** des **Art. 31 OR** und zur **Einrede der Drohung** gilt das in Rz. 262 und 285 zur absichtlichen Täuschung Ausgeführte entsprechend.

Fehlt dem Bedrohten – im Unterschied zum Regelungsgegenstand der Art. 29, 30 OR – jede Entscheidungsmöglichkeit infolge **physischen Zwangs** (= «vis absoluta»), wird z.B. seine Hand bei der Unterschrift von einem andern mit Gewalt geführt, so ist ihm die Erklärung von vornherein **nicht «zurechenbar»** (beim «Erklärenden» liegt keinerlei Willensentschluss vor) und daher nach allgemeinen rechtsgeschäftstheoretischen Überlegungen **nichtig**. Eine ausdrückliche gesetzliche Regelung fehlt für diesen Fall. Nichtigkeit wegen **mangelnder Zurechenbarkeit der Erklärung** ist auch bei sonstigem nicht willensgesteuertem Verhalten anzunehmen. Dazu folgende Anekdote aus der Antike: 258

> Kaiser Caligula liess dem Expraetor Apollonius Saturninus bei einer Versteigerung dreizehn Gladiatoren zu einem Preis von neun Millionen Sesterzen zuschlagen, während dieser eingeschlafen war und dabei mit dem Kopf nickte.

Ebenso wenig zurechenbar ist für den, dessen Unterschrift gefälscht wird, eine **gefälschte Unterschrift**: Keine Verbindlichkeit, auch wenn der Empfänger der Erklärung voll auf diese vertraut hat. In den Fällen **mangelnder rechtlicher Zurechenbarkeit** gibt es **keinen Vertrauensschutz**!

> *Beachte*: Auch bei Ungültigkeit der Erklärung wegen mangelnder Handlungsfähigkeit (Geschäftsfähigkeit) des Erklärenden (gemäss Art. 12 ff. ZGB) gibt es grundsätzlich keinen Vertrauensschutz des gutgläubigen (die mangelnde Geschäftsfähigkeit nicht erkennenden) Erklärungsempfängers.

E. Mangelndes Erklärungsbewusstsein

Beim im Gesetz nicht geregelten mangelndem Erklärungsbewusstsein ist sich der «Erklärende» **gar nicht bewusst**, dass er sich – aus der Sicht des Adressaten beurteilt – **rechtsgeschäftlich geäussert** hat. Er erweckt aber in zurechenbarer (von ihm zu verantwortender) Weise einen entsprechenden objektiven Anschein, auf den der   259

andere zu Recht vertraut. *Schulbeispiel*: «**Trierer Weinversteigerung**».[298] Über-
zeugendste Lösung: Nicht Nichtigkeit des Vertrags, sondern normativer Konsens
und Anfechtung analog zur Anfechtung wegen eines Erklärungsirrtums (Art. 23 ff.
OR).[299] Ebenso wenig gesetzlich geregelt ist das ganz ähnliche Problem der **unwissentlich abgesandten Willenserklärung**.

> *Beispiel*: Übereifrige Sekretärin findet unterschriebenen Geschäftsbrief auf dem
> Schreibtisch ihrer Chefin, steckt ihn in ein Kuvert und sendet ihn ab. Ihre Chefin
> wollte es sich aber noch einmal überlegen. Ebenso bei E-Mails, die man noch nicht
> absenden wollte. Lösung: Gleiche Behandlung wie mangelndes Erklärungs-
> bewusstsein!

F. Absichtliche Täuschung

260   Beim Täuschungstatbestand **(Art. 28 OR)** handelt es sich um einen **qualifizierten Irrtumstatbestand**[300] und – wie im Fall der Drohung durch den Vertragspartner auch – um
die Regelung eines markanten Falls einer *cic* (Beeinträchtigung der Entscheidungsfreiheit des Getäuschten). Durch eine arglistige Täuschung wird beim Vertragspartner **vorsätzlich**[301] ein Irrtum verursacht, der diesen zum Vertragsabschluss unter falschen Prä-
missen veranlassen soll. Es muss ein **Kausalzusammenhang** zwischen Täuschung und
Vertragsschluss bestehen: Wäre der Partner also nicht getäuscht worden, hätte er (was er
zu beweisen hat) den Vertrag entweder **gar nicht** oder aber mit **anderem Inhalt** geschlossen. Wusste der Partner, wie es in Wirklichkeit steht, liegt ein rechtlich nicht rele-
vanter Täuschungsversuch vor; hätte er es jedoch nach allen Umständen lediglich wissen **müssen**, schliesst dies die Täuschungsanfechtung nicht aus.

Täuschung kann durch **positive Fehlinformation** geschehen oder durch arglisti-
ges **Verschweigen von Umständen**, zu deren Aufklärung der Täuschende nach den
Grundsätzen der *cic*[302] verpflichtet ist *(réticence dolosive)*. «Ein Verschweigen ist
arglistig, wenn es in der Absicht geschieht, die Person, der die Informationen vorent-
halten werden, dazu zu bestimmen, einen Irrtum zu begehen»[303]. Durch generelle,

---

298   Der ortsfremde A. betritt nichts ahnend eine Kellerwirtschaft in Trier, in der gerade eine Weinversteigerung stattfindet. Bei einer solchen bedeutet das Erheben einer Hand die Abgabe eines
Gebots. A entdeckt unter den Anwesenden den Freund, den er in Trier besuchen wollte, und
winkt ihm freudig zu. Der Versteigerer interpretiert diese Geste als Gebotsabgabe und erteilt
dem verdutzten A. den Zuschlag.

299   So auch ausdrücklich die deutsche Judikatur (BGHZ 91, S. 324).

300   Wobei es in aller Regel um einen «Sachverhaltsirrtum» (unten Rz. 269 ff.) geht.

301   Zum lediglich fahrlässig veranlassten Irrtum des Partners, unten Rz. 275.

302   Dazu oben Rz. 124 ff. Aus der Judikatur zur Täuschung durch Verschweigen etwa BGE 57 II
276 (280).

303   So der Vorschlag zu einem Gemeinsamen Europäischen Kaufrecht (Art. 50 Abs. 2). S. oben
Fn. 72. Jetzt auch Art. 1137 Abs. 2 Code Civil (nach der Revision von 2016): «Constitue également un dol la dissimulation intentionnelle par l'un des contractants d'une information dont il sait
le caractère déterminant pour l'autre partie».

marktschreierische Anpreisungen ohne konkreten Informationsgehalt kann dagegen nicht getäuscht werden.

Die Täuschungsabsicht kann auch in einem «Eventualvorsatz» *(dolus eventualis)*[304] bestehen: Man nimmt die Täuschung des Partners bewusst in Kauf und erklärt etwas **ins Blaue hinein**.

> *Beispiel*: Gebrauchtwagenhändler erklärt ohne Abklärung – auf das ihm bewusste Risiko, dass es nicht stimmt –, dass der zu verkaufende PKW kein Unfallauto sei.

Die besondere **Relevanz** der **Täuschungsanfechtung** im Vergleich zur Irrtumsanfechtung ergibt sich daraus, dass der Getäuschte nach Art. 28 Abs. 1 OR i.V.m. Art. 31 OR anfechten kann, auch wenn der Irrtum ein unwesentlicher, also nicht zur Irrtumsanfechtung berechtigender Motivirrtum ist (Art. 28 Abs. 1 OR). Zu dessen Begriff unten Rz. 270.   261

Zur **Jahresfrist** des **Art. 31 Abs. 1 OR** unten Rz. 285. Die **Einrede der Täu-schung** steht dem Getäuschten, gegen den Erfüllungsansprüche geltend gemacht werden, auch nach Ablauf der Jahresfrist zu (Prinzip des Art. 60 Abs. 3 OR). **Schadenersatzansprüche** des **Getäuschten** sind möglich trotz unbenutztem Ablauf der Frist des Art. 31 Abs. 1 OR gemäss Art. 31 Abs. 3 OR! Auf die Möglichkeit der Täuschungsanfechtung kann **nicht im Voraus wirksam verzichtet** werden (siehe schon oben Rz. 203).   262

Zur **Täuschung durch Dritte** siehe Art. 28 Abs. 2 OR. *Beachte* hier (im Hinblick auf die Gutgläubigkeit des Vertragspartners) den Unterschied zu Art. 29 Abs. 2 OR (oben Rz. 257) und überlege nach eigenem Rechtsgefühl, ob er gerechtfertigt erscheint! Schlechtgläubigkeit des Vertragspartners ist vom Anfechtenden zu beweisen.   263

▶ Dazu **Fall 44**

Ausnahmsweise führt Täuschung nicht zur Anfechtung, wenn auf eine **Frage** des Vertragspartners, zu der dieser aus **persönlichkeitsrechtlichen** Gründen nicht berechtigt war (Diskriminierungsverbot), eine **unwahre Antwort** gegeben wird. Das Verhalten ist dann, wie man im Common Law sagt, «intentionally misleading, but not fraudulent».   264

> *Beispiel* zum «Notwehrrecht auf Lüge», zu dem das Bundesgericht aber bis jetzt eine Stellungnahme offengelassen hat:[305] Frage des Arbeitgebers beim Anstellungsgespräch nach einer etwaigen Schwangerschaft der Bewerberin. Vgl. auch Art. 3 GlG.

---

304   Dazu unten Rz. 372.
305   S. BGE 132 II 161 (169).

In der EU wird das Recht der Arbeitnehmerin auf Lüge wegen des arbeitsrechtlichen Diskriminierungsverbots seit Längerem eindeutig bejaht. Für Deutschland schon etwa BAG NJW 1993, S. 1154 (1155).

§ 3   Der Irrtum

A. Begriff; Beweislast

265   Das schweizerische Recht (Art. 23 ff. OR) geht von einem **zweigliedrigen Begriff des rechtsgeschäftlichen Irrtums** aus: Irrtum nach Art. 23 ff. OR ist entweder die unbewusst unrichtige Vorstellung des Erklärenden vom objektiven Sinngehalt der von ihm abgegebenen Erklärung **(Erklärungsirrtum)** oder die unbewusst unrichtige Vorstellung von Fakten, von denen er bei Abgabe der Erklärung ausgegangen ist **(Sachverhaltsirrtum)**.

Das Vorliegen eines Irrtums hat derjenige zu **beweisen**, der sich darauf beruft, also der Irrende, der seine Erklärung anficht. Ebenso hat er die Kausalität des Irrtums zu beweisen, d.h. den Umstand, dass er ohne seinen Irrtum den Vertrag nicht oder jedenfalls nicht mit dem vereinbarten Inhalt geschlossen hätte (Erfordernis der subjektiven Essentialität des Irrtums [dazu auch Rz. 267, 272]).

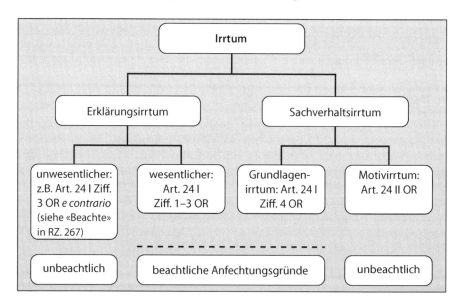

Beachte zur Terminologie: 266

– Der Irrtum wird vom Gesetz dann als **«wesentlich»** bezeichnet, wenn er rechtlich relevant ist, also zur Anfechtung berechtigt (Art. 23 OR). Zur Unterscheidung zwischen subjektiver und objektiver Wesentlichkeit des Irrtums im Fall des Grundlagenirrtums sogleich unten Rz. 272 f.

– Die in diesem Buch verwendete (in Rz. 269 ff. erläuterte), aus der deutschen Lehre stammende plastische Terminologie **«Sachverhaltsirrtum»** ist in der schweizerischen Lehre nicht sehr verbreitet. Regelmässig wird vom **«Motivirrtum i.w.S.»** («Irrtum im Beweggrund») gesprochen und zwischen dem relevanten «qualifizierten Motivirrtum» (Grundlagenirrtum) nach Art. 24 Abs. 1 Ziff. 4 OR und dem (irrelevanten) «einfachen» (gewöhnlichen) Motivirrtum (Art. 24 Abs. 2 OR) unterschieden.

B. Erklärungsirrtum

Art. 24 Abs. 1 Ziff. 1–3 OR: Mangel in der Willenserklärung: 267
Der Erklärende will sich zwar rechtsgeschäftlich äussern – anders als beim mangelnden Erklärungsbewusstsein![306] –, aber **nicht das** zum Ausdruck bringen, was er, **objektiv** interpretiert (dazu Rz. 196), **erklärt**. Entweder verspricht oder verschreibt er sich oder vertippt («verklickt») sich am Computer[307] (sog. **«Irrung»** oder *lapsus linguae*) oder misst seinen Worten (etwa Fremdwörtern oder Fachausdrücken, die er nicht richtig versteht) eine andere Bedeutung bei, als ihnen nach objektiv richtiger Auslegung zukommt (sog. **«Inhaltsirrtum»**). Der Vertrag kommt hier (vorläufig) aufgrund eines **normativen Konsenses** zustande[308], ist aber **anfechtbar**. Die Tatbestände des Erklärungsirrtums in Art. 24 Abs. 1 Ziff. 1–3 folgen römischrechtlicher Tradition (*error in negotio* [Zustimmung zu einem anderen Vertrag als dem gewoll-

---

306 Dazu Rz. 239.
307 Zum *error in electronic communications* s. Art. 14 der (am 1. März 2013 [jedoch nicht für die Schweiz] in Kraft getretenen) UN Convention on the Use of Electronic Communications in International Contracts (vom 23. 11. 2005): «Where a natural person makes an input error in an electronic communication exchanged with the automated message system of another party and the automated message system does not provide the person with an opportunity to correct the error, that person, or the party on whose behalf that person was acting, has the right to withdraw the portion of the electronic communication in which the input error was made if: (a) The person, or the party on whose behalf that person was acting, notifies the other party of the error as soon as possible after having learned of the error and indicates that he or she made an error in the electronic communication; and (b) the person, or the party on whose behalf that person was acting, has not used or received any material benefit or value from the goods or services, if any, received from the other party».
308 S. oben Rz. 189, 197.

ten], *in obiecto vel in persona* [Irrtum über die Identität der Sache oder der Person], *in quantitate* [Irrtum über Umfang von Leistung und Gegenleistung]).

Beachte: Nicht jeder Erklärungsirrtum ist automatisch «wesentlich» und berechtigt zur Anfechtung. Zum einen muss er **subjektiv wesentlich** sein (der Irrende hätte den Vertrag nicht geschlossen, wenn ihm bewusst gewesen wäre, dass seine Erklärung objektiv anders zu verstehen war, als er sie subjektiv äussern wollte); dazu Rz. 265; zum anderen muss der Irrtum auch eine gewisse **objektive Erheblichkeit** aufweisen. Ist etwa beim Quantitätsirrtum (Art. 24 Abs. 1 Ziff. 3 OR) die Differenz (wirtschaftlich betrachtet) nicht «erheblich», so gibt es keine Anfechtung. *Beispiel*: Bestellung wegen Verschreibens zu «12.530.–» statt zu den gewollten «12.350.–».

---

268   Durch gesetzliche Verweisung werden **Übermittlungsfehler** bei Einschaltung eines **Erklärungsboten** (siehe Rz. 309) wie Erklärungsirrtümer behandelt (Art. 27 OR).

▶ Dazu **Fall 33**

C. Sachverhaltsirrtum

269   **Art. 24 Abs. 1 Ziff. 4 und 24 Abs. 2 OR**: Mangel bei der Willensbildung (also im Vorfeld der Abgabe der Willenserklärung):

Der Erklärende geht bei seiner **Willensbildung** von einer **Fehlbeurteilung** von **Fakten**, also eines dem Vertrag zugrunde gelegten Wirklichkeitssachverhalts (kann auch die Rechtslage sein), aus[309]. Um Sachverhaltsirrtümer und nicht um Erklärungsirrtümer geht es klarer Weise in den «Gemäldefällen» (unten Rz. 277 und Fn. 316); auch etwa bei Irrtum des Mieters über die Fläche des Mietobjekts (richtig BGE 135 III 537).

Beim Sachverhaltsirrtum ist zwischen **zwei Untertatbeständen** zu unterscheiden:

I. (Unwesentlicher) Irrtum im Beweggrund oder Motivirrtum

270   Man spricht auch vom «einfachen Irrtum im Beweggrund». Nach **Art. 24 Abs. 2 OR** ist dies ein grundsätzlich unwesentlicher (irrelevanter) Irrtum, der alleine in die Risikosphäre des Irrenden fällt. Der Irrtum mag zwar durchaus subjektiv wesentlich sein (siehe Rz. 272), es **mangelt** aber **an der objektiven Wesentlichkeit (Art. 24 Abs. 2 OR)**. Dazu die nachstehende Erläuterung beim Grundlagenirrtum (Rz. 273).

---

309   Im Allgemeinen äussert der Irrende bei Vorliegen eines Sachverhaltsirrtums seinen Willen völlig korrekt (also objektiv so, wie er ihn subjektiv äussern wollte), so dass nicht gleichzeitig ein Erklärungsirrtum vorliegt (was allerdings auch denkbar ist). Es liegt regelmässig ein natürlicher Konsens vor. S. schon oben Rz. 187.

Beispiel eines irrelevanten Motivirrtums (neben ▶ **Fall 42**): Ein Liebhaber der Klassik kauft eine CD mit Chopins 2. Klavierkonzert, weil er sicher zu wissen meint, dieses fehle ihm, während er das 1. Klavierkonzert schon in seiner Sammlung habe. In Wirklichkeit ist es gerade umgekehrt.

Der einfache Irrtum im Beweggrund kann allerdings rechtlich relevant sein, wenn das 271
Motiv zur Bedingung des Vertrags erhoben worden ist (Art. 151 ff. OR) oder wenn er auf **absichtlicher Täuschung** beruht (dazu oben Rz. 260 ff.).

▶ Dazu **Fall 42** (Unterfälle 1c und 2)

II. (Wesentlicher) Grundlagenirrtum

Grundlagenirrtum oder «qualifizierter Motivirrtum» (= «qualifizierter Irrtum im Be- 272
weggrund»): **Art. 24 Abs. 1 Ziff. 4 OR**. Dieser wesentliche (also rechtlich relevante) Irrtum liegt vor, wenn sowohl die **subjektive** als auch die **objektive Wesentlichkeit** des Irrtums gegeben sind. Subjektive Wesentlichkeit liegt vor, wenn der irrig angenommene Sachverhalt für den Anfechtenden *condicio sine qua non* für den Vertragsabschluss war, wenn er den Vertrag in Kenntnis der wahren Sachlage also entweder gar nicht oder mit anderem Inhalt geschlossen hätte (siehe oben Rz. 265); objektive Wesentlichkeit liegt vor, wenn der Sachverhalt auch nach **Treu und Glauben** im Geschäftsverkehr notwendige Grundlage des Vertrags ist.

Die Frage, was unter **objektiver Wesentlichkeit des Grundlagenirrtums** kon- 273
kret zu verstehen ist, wie also zwischen Grundlagenirrtum einerseits und nicht zur Anfechtung berechtigendem und in diesem Sinn unwesentlichem Motivirrtum andererseits zu unterscheiden ist, ist in der Praxis *die* Kernfrage des Irrtumsrechts. Das Bundesgericht hat dazu wie folgt Stellung genommen:

BGE 135 III 537 (541 f.): «Pour que ce cas d'erreur essentielle soit réalisé, il faut d'abord que le cocontractant puisse se rendre compte de bonne foi que l'erreur de l'autre partie porte sur un fait qui était objectivement de nature à déterminer la partie à conclure le contrat ou à le conclure aux conditions convenues; il faut encore en se plaçant du point de vue de la partie qui était dans l'erreur, que l'on puisse admettre que son erreur l'a effectivement déterminée à conclure le contrat ou à le conclure aux conditions convenues». Häufig, aber (entgegen BGE 132 III 737 [742]) nicht entscheidend ist, dass die falsche Vorstellung beiden Parteien gemeinsam war.

Im Ergebnis geht es um die richterliche Beurteilung der Frage, wem das **Risiko der Fehlvorstellung** nach Treu und Glauben zuzurechnen ist, allein dem Irrenden (wie im Beispiel oben Rz. 270) oder – «vom Standpunkt oder nach den Anforderungen des loyalen Geschäftsverkehrs»[310] – auch dem Partner des Irrenden (Anfechtungsgegner). Jedenfalls objektiv wesentlich ist der Irrtum (die einen «bestimmten Sach-

---

310 So BGer vom 26.10.2009, 4A_237/2009.

verhalt» betreffende Fehlvorstellung), der (die) sich auf einen Umstand bezieht, der in den *champ contractuel*, wie man in Frankreich sagt, einbezogen worden ist. Wichtiges *Beispiel* für das Vorliegen eines Grundlagenirrtums in dieser Situation: Der Kaufgegenstand hat in seinem gelieferten «Istzustand» nicht die vertraglich vereinbarten, eventuell sogar ausdrücklich zugesicherten (und damit vertraglich geschuldeten) Eigenschaften: **Irrtum des Käufers über das Vorliegen einer Solleigenschaft des Kaufgegenstands**. Zum hier zu lösenden Problem der Konkurrenz zwischen der Anfechtung wegen Grundlagenirrtums und der kaufrechtlichen Gewährleistung sogleich Rz. 277 (mit Fn. 315, 316) mit Beispiel des Kaufs eines gefälschten Gemäldes.

▶ Zum Kauf eines gefälschten Gemäldes **Fall 43**

273a   In den gerade angesprochenen Gemäldefällen geht es um einen Irrtum über eine wertbildende Eigenschaft des Kaufgegenstands (Echtheit); die blosse Fehleinschätzung des Wertes, d.h. die Preisgünstigkeit des Kaufgegenstands (**«reiner Wertirrtum»**), fällt in die Risikosphäre des Käufers und ist unter Art. 24 Abs. 2 OR zu subsumieren.

D.   Erläuterungen zum Irrtumsrecht im Einzelnen

274   –   Die Irrtumsanfechtung ist auch bei **schuldhaftem Irrtum** (der Irrende hätte die wahre Lage der Dinge erkennen müssen) möglich[311]; der wegen eines schuldhaften Irrtums Anfechtende ist aber nach Art. 26 OR allenfalls **schadenersatzpflichtig**, es sei denn, dass der andere seinerseits den Irrtum erkannt hat oder hätte erkennen müssen. Der Schadenersatzanspruch des Anfechtungsgegners geht grundsätzlich auf den Ersatz des Vertrauensinteresses (negativen Vertragsinteresses),[312] ausnahmsweise, vor allem bei grober Nachlässigkeit des Irrenden, aber auch auf den Ersatz des Erfüllungsinteresses (positiven Vertragsinteresses)[313]: Art. 26 Abs. 2 OR. Der Schadenersatzanspruch nach Art. 26 OR beruht auf *cic*.[314] Zur Verjährung nach Art. 60 OR siehe unten Rz. 329.

275   –   Allenfalls gibt es, – umgekehrt zu der in Art. 26 OR geregelten Konstellation – auf *cic* (oben Rz. 124 ff.) gestützte **Schadenersatzansprüche** für das negative Vertragsinteresse des **Anfechtenden**, wenn sein Irrtum durch **fahrlässige Fehlinformation** oder **vorwerfbare Nichtinformation** des Vertragspartners veranlasst worden ist und sich seine im Hinblick auf den Vertrag getätigten Investitionen als nutzlos erweisen. – Bei vorsätzlicher Fehlinformation gibt es die Täuschungsanfechtung mit Schadenersatzfolgen (Rz. 260 ff.).

---

311 Keine Anfechtung dagegen beim «erreur inexcusable» gemäss Art. 1132 Code Civil (Revision 2016) in Frankreich.
312 Zum Begriff oben Rz. 119.
313 Zum Begriff oben Rz. 119.
314 S. oben Rz. 126.

- Die Irrtumsanfechtung ist, wie BGE 105 II 23 (25) gesetzeskonform betont hat, **276** entgegen einem konsequenten Abstellen auf den Vertrauensschutzgedanken in einem Fall des Erklärungsirrtums auch dann möglich, wenn der **Irrtum** für den Partner **nicht erkennbar** war (und sein Vertrauen auf das Zustandekommen des Vertrags daher schützenswert erscheint). Anders – auf Erkennbarkeit des Irrtums abstellend – etwa das österreichische ABGB (§ 871) sowie der italienische Codice Civile (Art. 1428).

- Zum **Grundlagenirrtum des Käufers bei Spezieskäufen** (Kauf einer beim Ver- **277** tragsschluss individualisierten Sache, etwa eines Gemäldes) stellt sich das kontroverse Problem des Verhältnisses zwischen der Irrtumsanfechtung des Käufers auf der einen und seiner Berufung auf die kaufrechtliche **Sachgewährleistung** (Art. 197 ff. OR), konkret auf das dort (Art. 205, 208 OR) geregelte Wandelungsrecht (Vertragsaufhebungsrecht), auf der anderen Seite. Hat die kaufrechtliche Sachgewährleistung als *lex specialis*[315] exklusiven Vorrang vor der Irrtumsanfechtung – so die mit guten Gründen vertretene «Exklusivitätslösung» der h.L. – oder ist von der käuferfreundlichen, dem Käufer ein Wahlrecht gebenden **«Alternativitätslösung»** des Bundesgerichts (Nachweise in Fn. 316) auszugehen?

Beachte zum Verständnis des «Konkurrenzverhältnisses» zwischen Irrtumsanfechtung und kaufrechtlicher Gewährleistung: Kauft jemand irrtümlich eine mangelhafte Spezies (etwa ein gefälschtes Gemälde), so geht es (wie in Rz. 273 erläutert) um Grundlagenirrtum des Käufers (also um Art. 24 Abs. 1 Ziff. 4 OR), möglicherweise sogar um Täuschung (Rz. 260 ff.); gleichzeitig liegt aber auch ein Fall der kaufrechtlichen Sachgewährleistung (Art. 197 ff. OR) vor, weil dem Kaufgegenstand die zugesicherten oder vom Käufer zumindest nach Treu und Glauben vorauszusetzenden «Solleigenschaften» (vgl. Art. 197 Abs. 1 OR) fehlen. Zum Einfluss der vertraglichen Wegbedingung der Gewährleistungsansprüche auf die Irrtumsanfechtung des Käufers unten Rz. 286.

▶ Dazu **Fall 43** (BGE 114 II 131 [*Picasso*-Entscheid])[316]

---

315 *Lex specialis derogat legi generali*: Das spezielle Gesetz hat exklusiven Vorrang vor der allgemeinen Regel. Das entscheidende Argument für den exklusiven Vorrang des Gewährleistungsrechts (der von den Vertretern der «Exklusivitätslösung» befürwortet wird) ist aber letztlich nicht der formale Spezialitätsgrundsatz, sondern die überzeugende wertende (teleologische) Überlegung, dass durch das Ausweichen des Käufers auf die Anfechtung wegen Grundlagenirrtums die dem Verkehrsschutzgedanken dienenden Fristen des Gewährleistungsrechts (Art. 201 und 210 OR) ausgehebelt werden. Beachte die unterschiedlich ausgestalteten Fristen von Art. 31 OR (Beginn des Fristenlaufs erst ab Entdeckung des Irrtums) und Art. 210 Abs. 1 OR (Beginn des Fristenlaufs – vom Sonderfall des Art. 210 Abs. 3 OR abgesehen – bereits ab Übergabe des Kaufgegenstands, also unabhängig davon, ob der Käufer Kenntnis vom Mangel hatte oder haben konnte).

316 Abdruck unten S. 370 ff. Lesenswert dazu Wiegand, Bemerkungen zum *Picasso*-Entscheid, recht 1989, S. 101 ff. Ebenso wie BGE 114 II 131 schon der *Van Gogh*-Entscheid BGE 82 II 411 (420 ff.); die Alternativität bestätigend wieder BGE 127 III 83 (85); Kritik an der Begrün-

278 – Auch **Rechtsirrtümer** (Irrtümer über die dem Vertrag zugrunde gelegte Rechtslage) sind (entgegen der früher überwiegend vertretenen Meinung) nicht per se irrelevante Motivirrtümer (Art. 24 Abs. 2 OR), sondern können auch Grundlagenirrtümer sein; *error iuris nocet* (Rechtsirrtum schadet) gilt hier nicht ohne Weiteres.[317] Auch **Irrtümer über Eigenschaften des Vertragspartners** können einen Grundlagenirrtum begründen.[318]

> *Beispiel* für einen relevanten Rechtsirrtum: A, B und C gründen eine Kollektivgesellschaft, wobei B und C, was anlässlich der Vertragsverhandlungen klar ersichtlich war, entscheidend darauf abstellten, dass bei Kollektivgesellschaften keine unbeschränkte persönliche Haftung der Gesellschafter für Gesellschaftsschulden möglich ist. Diese Auffassung widerspricht Art. 568 OR, was auch A, dem Initiator der Gesellschaftsgründung, nicht bewusst war. Anfechtung wegen Grundlagenirrtums durch B und C.

Ausdrücklich zur Relevanz des Rechtsirrtums jetzt der Irrtumstatbestand des 2016 reformierten französischen Vertragsrechts (Art. 1132 Code Civil): «L'erreur *de droit ou de fait*», der sich auf die «qualités essentielles de la prestation» bezieht, ist «une cause de nullité du contrat».

279 – Auch **Irrtümer über zukünftige Umstände** (zukünftige Entwicklungen der Sach- oder Rechtslage) können nach der Praxis des Bundesgerichts unter Umständen Grundlagenirrtümer sein (umstritten). Nachweise dazu unten Rz. 296.

280 – Der **«blosse Rechnungsfehler»** gemäss **Art. 24 Abs. 3 OR**, der zur einfachen Berichtigung des Vertrags führt, liegt nur dann vor, wenn die Kontrahenten sich über die Kalkulationsgrundlage tatsächlich einig waren, bei der Ausrechnung aber dann ein offensichtlicher Kalkulationsfehler (Additions- oder Multiplikationsfehler) passiert. Wertungsähnlichkeit der Regelung im Hinblick auf Art. 18 Abs. 1 OR (*falsa demonstratio non nocet* [eine falsche Bezeichnung schadet nicht]; dazu oben Rz. 184).

---

dung im *Van Gogh*- und im *Picasso*-Entscheid aber in BGE 133 III 335 (340 f.). Bei den Gemäldefällen ist zu beachten, dass eine Anfechtung wegen Grundlagenirrtums ausgeschlossen ist, wenn der Käufer (oder allenfalls auch beide Kontrahenten) ernstliche Zweifel hatte(n), ob das Gemälde tatsächlich echt sei. In diesem Fall nimmt der Käufer bewusst das Risiko der Unechtheit in Kauf und kann sich nicht nachträglich auf Irrtum berufen. Es lag dann im eigentlichen Sinn gar kein Irrtum (unbewusste Fehlvorstellung) vor: *Conscious ignorance*, wie es im US-amerikanischen Vertragsrecht heisst, ist kein Irrtum. Ebenso im Ergebnis die französische Sentenz: «L'aléa chasse la nullité pour erreur». Man könnte die Anfechtung mit gleichem Ergebnis aber auch als rechtsmissbräuchlich im Sinn von Art. 25 Abs. 1 OR ansehen. Bei den Gemäldefällen ist überdies zu beachten, dass allenfalls auch der Verkäufer wegen Grundlagenirrtums anfechten kann, wenn ein Bild von den Kontrahenten einem unbedeutenden Maler zugeschrieben und auf dieser Basis der (tiefe) Preis kalkuliert worden ist, während sich dann herausstellt, dass es von einem berühmten Meister stammt.

317 Dazu die Diss. von Salome WOLF, Rechtsirrtum im Privatrecht – Argument oder Anachronismus? (Basel 2003). Abzulehnen etwa BGE 79 II 272.

318 S. etwa BGE 132 III 737 (741).

Beispiel: Der Verkäufer sagt zum Kunden: «Ein Möbelelement kostet Fr. 600.–». Der Kunde wünscht vier Elemente. Der Verkäufer akzeptiert mit: «Das macht dann also Fr. 1800.–». Vertrag gilt zu Fr. 2400.–. Art. 24 Abs. 3 OR gilt dagegen nicht für «interne» (nicht offen gelegte) Fehlkalkulationen einer Partei. Diese sind regelmässig nach Art. 24 Abs. 2 OR irrelevant (siehe etwa BGE 102 II 81 [83]).

– Bei einem **«erkannten und ausgenutzten Irrtum»** liegt es so, dass der Partner 281 des Irrenden die Irrtümlichkeit von dessen Offerte erkennt, gleichzeitig auch weiss, was dieser in Wirklichkeit erklären wollte und – ohne den Irrtum des anderen aufzuklären – die Offerte akzeptiert, um sich dann auf den Vertrag mit dem objektiv erklärten Inhalt zu berufen. Dieses Manöver ist unlauter und nicht zu schützen (Art. 2 Abs. 1 ZGB). Es gilt das vom Irrenden wirklich Gewollte.

Beispiel: A offeriert zu «5800.–» (wollte aber «8500.–» erklären); B erkennt dies und weiss aufgrund der Vorverhandlungen, dass «8500.–» gemeint waren, akzeptiert einfach mit «einverstanden» und will sich dann auf «5800.–» berufen. Vertrag ist zu «8500.–» geschlossen.

– Die **Irrtumsanfechtung** ist **ausgeschlossen**, wenn sie, obwohl an sich alle Vor- 282 aussetzungen gegeben sind, **gegen Treu und Glauben** verstösst: **Art. 25 Abs. 1 OR**.[319] **Art. 25 Abs. 2 OR** enthält sodann eine Sonderregel zu Art. 2 Abs. 2 ZGB (oben Rz. 11), die einen Fall des rechtsmissbräuchlichen widersprüchlichen Verhaltens betrifft (*venire contra factum proprium* [Handeln im Widerspruch zu eigenem früheren Verhalten]): Der Anspruchsgegner erklärt sich bereit, den Vertrag so gelten zu lassen, wie ihn der Irrende verstanden hat. Dieser möchte sich aber trotzdem auf seinen Irrtum berufen. Ein solches Verhalten ist nicht zu schützen. Bei einer **Vergleichsvereinbarung**[320] ist eine Irrtumsanfechtung ausgeschlossen, wenn sie sich auf die Unsicherheit (Ungewissheit) bezieht, um deren Ausserstreitstellen es im Vergleich gerade ging (sog. *caput controversum*).[321] Dagegen ist eine Irrtumsanfechtung bei Irrtum über die **Vergleichsgrundlage** möglich, wenn also «der nach dem Inhalt des Vertrags als feststehend zugrunde gelegte Sachverhalt der Wirklichkeit nicht entspricht» (§ 779 Abs. 1 BGB).[322]

– Die Irrtumsanfechtung kann nach heute h.A. (analog zu Art. 20 Abs. 2 OR) auch 283 eine **Teilanfechtung** sein, was zu einer Modifikation der Vertragsleistungen (z.B. Minderung einer Leistung) führen kann. Siehe etwa BGE 116 II 685 (687); 135 III 537 (541).

---

319   Dazu BGE 132 III 737 (743): Zeige «sich, dass die Berufung auf Irrtum dem Irrenden kaum Vorteile, dem Anfechtungsgegner aber schwere Nachteile bringt, verstösst sie gegen Treu und Glauben und ist unzulässig».

320   S. unten Rz. 513c (Stichwort «Novation»).

321   So etwa BGE 126 III 59 (66); BGer vom 14.4.2014, SemJud 2014 I, 369 (371).

322   Ebenso BGE 132 III 737 (740 f.).

284 – Die Irrtumsanfechtung wirkt grundsätzlich **ex tunc** (rückwirkend auf den Zeitpunkt des Vertragsschlusses). Die Rückabwicklung bereits erbrachter Leistungen erfolgt nach **Bereicherungsrecht** (BGE 137 III 243 [248 ff.]), nicht nach den Grundsätzen über das «Rückabwicklungsverhältnis». Dazu Rz. 445. Bei ganz oder teilweise abgewickelten Dauerverträgen dagegen Kündigung **ex nunc** (nur für die Zukunft ab dem Zeitpunkt der Anfechtung). Dazu der wichtige «*Klärschlamm*-Entscheid» BGE 129 III 320 (327 ff.).[323] Siehe schon oben Rz. 67.

285 – Die **relative Verwirkungsfrist** (nicht Verjährungsfrist![324]) für die **Geltendmachung eines Willensmangels** (Gestaltungsrecht!) beträgt gemäss Art. 31 Abs. 1 OR 1 Jahr ab Entdeckung des Irrtums (gilt auch bei Täuschung) bzw. ab Wegfall der Bedrohung. Von einer **absoluten Frist** (etwa von 10 Jahren) ist in Art. 31 OR nicht die Rede. In der Lehre wird sie aber trotzdem teilweise befürwortet. Das Bundesgericht lehnte dies aber im *Picasso*-Entscheid ab (BGE 114 II 131 [140]).[325] Will der Anfechtende seine Geldleistung vom Anspruchsgegner zurückfordern («kondizieren»), muss er allerdings zusätzlich zur Frist des Art. 31 Abs. 1 OR die **Verjährungsfristen des Bereicherungsrechts** (Art. 67 Abs. 1 OR) einhalten: Relative Frist 1 Jahr ab Kenntnis vom Bestehen eines Bereicherungsanspruchs, jedenfalls aber absolute Frist von 10 Jahren ab Entstehung des Anspruchs, also ab Erbringung der rechtsgrundlosen Leistung. Diese absolute Frist war im *Picasso*-Entscheid für den Käufer bereits abgelaufen, sodass er zwar mit der Geltendmachung der Unverbindlichkeit nicht zu spät kam, aber sein Geld doch nicht mehr zurückerhielt.

285a – Läuft die Verwirkungsfrist des Art. 31 Abs. 1 OR unbenutzt ab, so gilt der Vertrag als genehmigt. Neben dieser **gesetzlichen Fiktion** einer **Genehmigung** (dazu Rz. 152) gibt es natürlich auch die **ausdrückliche** oder **konkludente rechtsgeschäftliche Genehmigung** des Vertrags durch den irrenden Käufer. Eine konkludente Genehmigung sieht BGE 127 III 83 (86) in der Erhebung von Ansprüchen aus Sachgewährleistung, weil damit implizit die Gültigkeit des Vertrags bestätigt werde. Diese Ansicht erscheint nur überzeugend, wenn sich der Käufer auf Minderung oder Nachbesserung beruft, nicht aber bei Erhebung des Wandelungsanspruchs.

286 – Das Irrtumsrecht ist grundsätzlich **dispositives Recht**; die Möglichkeit der Irrtumsanfechtung ist daher abdingbar, jedenfalls wenn es um eine Individualvereinbarung (und nicht um eine AGB-Klausel zulasten eines Verbrauchers) geht. Ist die Gewährleistung des Verkäufers für gewisse Eigenschaften des Kaufgegenstands wirksam abbedungen worden, so liegt darin **implizit** auch eine Wegbedingung der Anfechtung wegen Grundlagenirrtums, wenn sich der Irrtum des Käufers gerade auf diese Eigenschaften bezieht (siehe etwa BGE 126 III 59 [66]).

---

323 Abdruck unten S. 414 ff.
324 Zum Unterschied unten Rz. 528.
325 Abdruck unten S. 370 ff.

E. Exkurs 1: Theorienstreit zur rechtlichen Natur der «einseitigen Unverbindlichkeit» (Art. 23 OR)

In der Lehre besteht seit längerer Zeit ein (eher akademischer) Theorienstreit über die exakte juristische Einordnung der einseitigen Unverbindlichkeit des Vertrags wegen eines wesentlichen Irrtums oder eines anderen Falls der einseitigen Unverbindlichkeit (Täuschung, Drohung, aber auch Übervorteilung). 287

I. Anfechtungstheorie

Nach dieser vom deutschen Recht (§§ 119 ff. BGB) inspirierten Auffassung kommt der Vertrag zuerst vorläufig wirksam zustande; er ist **schwebend wirksam** (resolutiv = auflösend bedingt). Wird der Irrtum durch den sich Irrenden während der Jahresfrist des Art. 31 Abs. 1 OR geltend gemacht, so wird der Vertrag *ex tunc* **unwirksam**. Unterbleibt die Anfechtung (Gestaltungserklärung) oder eine entsprechende Einrede im Prozess oder genehmigt der Anfechtungsberechtigte den Vertrag, so wird er endgültig wirksam. Ein allfälliger Kondiktionsanspruch ergibt sich aufgrund des nachträglich weggefallenen Leistungsgrundes *(condictio ob causam finitam)*.[326] Die Anfechtungstheorie wird von einem grossen Teil der Lehre auch für das OR vertreten (etwa SCHWENZER Rz. 39.07). 288

II. Ungültigkeitstheorie

Der Vertrag ist **von Beginn an ungültig** (genauer: relativ ungültig, da sich nur der Irrende auf den Mangel des Vertrags berufen kann), ausser der Irrende genehmigt ihn nachträglich oder die Jahresfrist des Art. 31 Abs. 1 OR für die Geltendmachung der einseitigen Unverbindlichkeit verstreicht unbenutzt (suspensiv = aufschiebend bedingte Ungültigkeit). In diesen beiden Fällen kommt der Vertrag nachträglich doch noch zustande (*ex-tunc*-**Konvaleszenz**). Bei einer Rückabwicklung ist somit die Leistung einer Nichtschuld *(condictio sine causa)* Kondiktionsgrund. Diese Konstruktion wird vom Bundesgericht und von einer Minderheit der Lehre (etwa P. GAUCH) vertreten. Vgl. dazu den *Picasso*-Entscheid BGE 114 II 131 (142 f.).[327] 289

Der Theorienstreit hätte nur dann praktische Relevanz, wenn, wie teilweise von «Anfechtungstheoretikern» (etwa von W. WIEGAND) vertreten, die absolute Verjährungsfrist (10 Jahre) für den Kondiktionsanspruch des Irrenden gemäss Art. 67 Abs. 1 OR erst ab Anfechtung und nicht schon ab Erbringung der Geldleistung durch den Irrenden, wie es der Ungültigkeitstheorie entspricht, zu laufen begänne. 290

---

326 S. dazu Rz. 438 sowie Rz. 445 (mit Fn. 474).
327 Abdruck unten S. 370 ff.

F. Exkurs 2: Irrtumstatbestand der UPICC (Fassung 2010)[328]

291 Diese Regelung wird hier zitiert als Diskussionsgrundlage zur Frage, wie eine rechtspolitisch überzeugende Regelung des Irrtumsproblems aussehen könnte:[329]

Art. 3.2.2 (Erheblicher Irrtum)

(1) Eine Partei kann den Vertrag wegen Irrtums nur anfechten, wenn der Irrtum
bei Vertragsabschluß so bedeutsam war, dass eine vernünftige Person in der
gleichen Lage wie die irrende Partei bei Kenntnis des wahren Sachverhalts
den Vertrag nur zu wesentlich anderen Bedingungen oder überhaupt nicht abgeschlossen hätte, und

(a) die andere Partei dem gleichen Irrtum unterlag oder ihn verursacht hatte,
oder wenn sie ihn kannte oder hätte kennen müssen, und es den angemessenen
Maßstäben eines redlichen Geschäftsgebarens widersprach, die irrende Partei
in ihrem Irrtum zu belassen, oder

(b) die andere Partei zum Zeitpunkt der Anfechtung noch nicht im Vertrauen
auf den Vertrag gehandelt hatte.

---

328 Zur deren Bedeutung s. oben Rz. 53.

329 Mit dieser einleitenden Bemerkung ist angedeutet, dass die geltende schweizerische Regelung,
wertend betrachtet, nicht unbedingt voll überzeugt. Bei der Behandlung des Erklärungsirrtums
kann man von einem kompromisshaften «Dreistufenkonzept» sprechen: Zuerst (1. Stufe) kommt
ein Vertrag nach dem Vertrauensprinzip aufgrund eines normativen Konsenses vorläufig wirksam
zustande; dann (2. Stufe) wird dem Irrenden in sehr grosszügiger (willenstheoretisch beeinfluss-
ten) Weise (ohne dass es auf sein Verschulden und auf die Erkennbarkeit seines Irrtums ankommt)
die Anfechtung eröffnet und damit der normative Konsens im Ergebnis missachtet. Schliesslich
(3. Stufe) gewährt der Gesetzgeber, weil durch die Anfechtung des Vertrags berechtigtes Vertrauen enttäuscht wird, dem Anfechtungsgegner als «Trostpflaster» Ersatz des negativen Vertragsinteresses (sofern das Vertrauen schützenswert erscheint). Im Unterschied zur Regelung des
Erklärungsirrtums erscheint die Normierung des Sachverhaltsirrtums (Grundlagenirrtum, Motivirrtum) in Art. 24 Abs. 1 Ziff. 4 sowie Art. 24 Abs. 2 OR teleologisch konsequenter, wenn auch
konkretisierungsbedürftig.

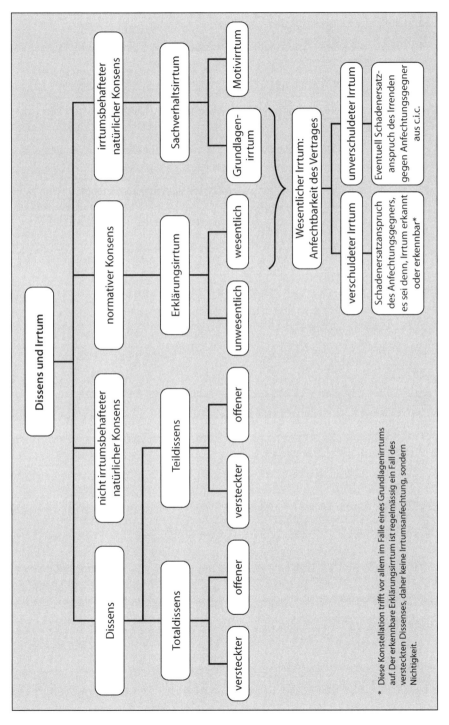

* Diese Konstellation trifft vor allem im Falle eines Grundlagenirrtums auf. Der erkennbare Erklärungsirrtum ist regelmässig ein Fall des versteckten Dissenses, daher keine Irrtumsanfechtung, sondern Nichtigkeit.

Kontrollfragen zu Kapitel 14:

74. Erläutern Sie die Problematik der Schwarzpreisvereinbarungen bei Grundstückskäufen.

75. Wie werden die Drohung und die Täuschung durch Dritte behandelt?

76. Welche Irrtümer sind nach OR wesentliche (also rechtlich beachtliche) Irrtümer?

77. Was bedeutet subjektive, was objektive Wesentlichkeit des Grundlagenirrtums?

78. Was versteht man unter der Alternativitätslösung des Bundesgerichts zum Verhältnis zwischen der Berufung des Käufers auf Grundlagenirrtum und auf den Wandelungsanspruch des Gewährleistungsrechts?

79. Was versteht man unter dem «blossen Rechnungsfehler»?

Kapitel 15
Das Problem der «Veränderung der Umstände» («clausula rebus sic stantibus»)

> «Les traités, voyez-vous, sont comme les jeunes filles et comme les roses: ça dure ce que ça dure».
>
> DE GAULLE, zit. nach A. PASSERON, De Gaulle parle 1962–1966 (1966), S. 340[330]

§ 1   Ausgangslage

Ändern sich **nach Vertragsschluss** (und vor vollständiger Erfüllung des Vertrags) die – vor allem wirtschaftlichen – Rahmenbedingungen eines Vertrags in unvorhergesehener und gravierender Weise, stellt sich, namentlich bei langfristiger Vertragsdauer, die Frage, wie sich dies auf den Vertrag auswirkt. Grundsätzlich gilt – solange nicht ein Fall nachträglicher Unmöglichkeit der Leistung (Art. 119 OR) vorliegt[331] – das **Prinzip der Vertragstreue**, somit, dass Verträge zu halten sind **(pacta sunt servanda)**, d.h. dass jede Partei ihre Leistung, wie ursprünglich versprochen, erbringen muss. Es ist nun einmal so: «Contracter, c'est prévoir», oder, wie es ein französischer Rechtslehrer im Anschluss an diese alte Rechtsweisheit ausgedrückt hat: «Le contrat est une emprise sur l'avenir»[332]. Es stand den Parteien ja frei, für allfällige künftige Verhältnisänderungen in Gestalt einer auflösenden Bedingung (Art. 151 ff. OR) oder einer **vertraglichen Anpassungsklausel** konsensual Vorsorge zu treffen. Haben sie das nicht getan, weil sie dies nicht bedacht haben, sich mit ihrem Ansinnen nicht durchsetzen konnten oder das Risiko einfach in Kauf nahmen, so tragen grundsätzlich die betroffenen Parteien das Veränderungsrisiko, es sei denn, die Kontrahenten können sich nachträglich – durch Neuverhandlungen *(renegotiation)* – auf eine Anpassung ihres Vertrags an die neuen Gegebenheiten einigen («Anpassungsvertrag»).

293

---

330 Das Zitat bezieht sich auf völkerrechtliche Verträge. Für diese gibt es in Art. 62 des Wiener Vertragsrechtsübereinkommens (WVK) eine ausdrückliche, detaillierte Regelung der *clausula*-Problematik.

331 Dazu Rz. 486 ff.

332 Das Zitat von Georges RIPERT war sozusagen das Leitmotiv des französischen Rechts, das im Falle der Veränderung der Umstände *(imprévision)* traditionellerweise keine richterliche Hilfe zuliess (berühmte Leitentscheidung *Canal de Créponne* der Cour de Cassation civ. vom 6.3.1876): Keine *révision pour imprévision*! Anders aber jetzt (seit 2016) Art. 1195 Code Civil. Starke Betonung der *sanctity of contracts* auch im englischen Recht.

Zur skizzierten Ausgangslage **BGE 104 II 314 (315)**:

> «Grundsätzlich hat jede Partei die Risiken zu tragen, die sich für sie aus der versprochenen Leistung ergeben; sie hat selbst bei langfristigen Verträgen mit folgenschweren Verpflichtungen keinen Anspruch darauf, dass die Erfüllung sich für sie zu einem ‹guten Geschäft› gestalte und der Vertrag aufgehoben oder angepasst werde, wenn die Verhältnisse sich während der Vertragsdauer zu ihrem Nachteil ändern und nicht mehr den Erwartungen entsprechen.»

§ 2 Richterliche Vertragsanpassung oder Vertragsaufhebung wegen veränderter Umstände

294 Fehlt eine (ursprünglich oder nachträglich) vereinbarte Anpassungsregelung[333] und ist das Problem nicht speziell gesetzlich geregelt,[334] so kann das **Gericht** – auch gegen den Willen einer Partei (nämlich des von der Umstandsänderung nicht nachteilig betroffenen Kontrahenten) – **ausnahmsweise** den Vertrag an die veränderten Verhältnisse **anpassen** oder sogar – je nach Lage des Falls – *ex nunc* (mit Wirkung für die Zukunft) oder *ex tunc* (rückwirkend) **aufheben**.[335] Dies ist nach h.L. der Fall, wenn das Festhalten am Vertrag für die andere Partei, der man nicht vorwerfen kann, sie hätte die Veränderung der Umstände **voraussehen müssen** oder habe deren Eintritt **selbst zu verantworten**, aufgrund des durch die Umstandsänderung eingetretenen **gravierenden Missverhältnisses** (grobe Inäquivalenz) der Leistungen schlechterdings **unzumutbar** wäre.[336]

Für dieses richterliche Vorgehen fehlt im OR eine allgemeine ausdrückliche Bestimmung. Das Bundesgericht leitet den Grundsatz der **«clausula rebus sic stantibus»**[337] traditionellerweise aus dem **Rechtsmissbrauchsverbot** ab (Art. 2 Abs. 2 ZGB): Unter den geschilderten Voraussetzungen wäre es rechtsmissbräuchlich, auf der unveränderten Einhaltung des Vertrags zu bestehen. Gemäss einer heute in der Lehre überwiegend vertretenen Auffassung handelt es sich indes um ein **Spezialpro-**

---

333 Diese kann positiv oder negativ sein: Eine positive (wie etwa eine Indexklausel) sagt, dass und wie in bestimmten Situationen angepasst werden kann, eine negative, dass nicht angepasst werden kann.

334 S. z.B. Art. 373 Abs. 2 OR; Art. 13 LPG; für Dauerverträge ist auf die Regelungen (etwa Art. 337 OR) über die fristlose Auflösung aus wichtigem Grund zu erinnern (s. oben Rz. 70).

335 Zu dieser Alternative die wichtige werkvertragliche Regelung des Art. 373 Abs. 2 OR.

336 Zu diesen Kriterien der Leitentscheid BGE 127 III 300 *(Projekt Jolieville)*. Abdruck unten S. 408 ff.

337 *Clausula rebus sic stantibus* heisst: Der Vertrag ist unter der stillschweigenden auflösenden Bedingung *(clausula!)* geschlossen worden, dass sich seine Rahmenbedingungen nach Vertragsschluss nicht wesentlich verändern. Von der (etwa vom grossen holländischen Rechtsgelehrten Hugo GROTIUS [1583–1645], allerdings sehr zurückhaltend befürworteten) generellen Annahme einer *tacita condicio* (stillschweigend vereinbarten Bedingung) ist man heute abgekommen.

blem der **richterlichen Vertragsergänzung**,[338] da die Kontrahenten das Anpassungsproblem bei Vertragsschluss nicht bedacht haben und der Vertrag insofern lückenhaft und ergänzungsbedürftig ist. Das Gericht hat sich bei seiner Lösung am hypothetischen Parteiwillen und am Gebot von Treu und Glauben zu orientieren.[339]

Schematische Zusammenfassung der nach h.L. zu prüfenden **Voraussetzungen** 295 **einer richterlichen Berücksichtigung** der Berufung eines Kontrahenten auf die «**clausula rebus sic stantibus**»:

– Das Risiko veränderter Umstände wird **nicht vertraglich** oder durch **gesetzliche Regelung** einer Partei zugewiesen.

– Die Veränderung war im Zeitpunkt des Vertragsschlusses für den sich auf die *clausula* Berufenden **nicht voraussehbar**. Hier nicht weiter vertiefte *Beispiele*: Ölkrise 1973; Finanzkrise 2009. Voraussehbar sind hingegen regelmässig nachträgliche Veränderungen der Rechtslage, die sich auf das Vertragsverhältnis auswirken (so auch BGE 127 III 300 [305]). Mit solchen (etwa Wegfall einer steuerlichen Begünstigung) ist immer zu rechnen!

– Die Veränderung darf nicht von dem sich auf die *clausula* Berufenden zu **verantworten** sein.

– **Gravierende Äquivalenzstörung.**

Beachte: Sowohl nach Art. 21 OR (Rz. 216) als auch bei Berufung auf die *clausula* geht es um das Problem der Äquivalenzstörung. Die in Art. 21 OR vorausgesetzte ergibt sich aus dem (freilich gestörten) Konsens der Parteien, während es bei der *clausula* um nachträgliche Änderungen der Rahmenbedingungen des Vertrags geht.

---

338 Dazu oben Rz. 200.
339 So auch BGE 127 III 300 (307): «Das Gericht hat … zu ermitteln, was die Parteien nach dem Grundsatz von Treu und Glauben vereinbart haben würden, wenn sie den eingetretenen Verlauf der Dinge in Betracht gezogen hätten».

296   Zur umstrittenen **Abgrenzung der «clausula rebus sic stantibus» von der Anfechtung wegen Grundlagenirrtums** siehe folgendes Schaubild:

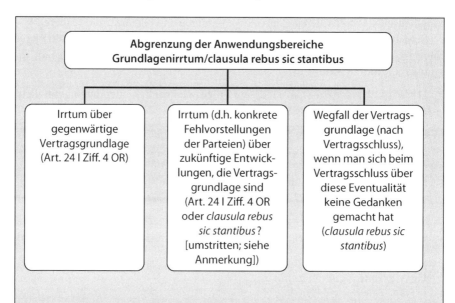

Anmerkung: Das **Bundesgericht** (BGE 109 II 105 [110 f.]; präzisierend 118 II 297 [300]) und mit ihm ein **Teil der Lehre** (u.a. SCHMIDLIN; SCHWENZER; KRAMER) bejahen bei Irrtümern über künftige Entwicklungen unter gewissen Voraussetzungen die Anfechtung wegen Grundlagenirrtums. Der Irrtum müsse sich (i.S. der mittleren Spalte des Schaubilds) auf einen „bestimmten Sachverhalt" (der in der Zukunft liegt und in Bezug auf den konkrete Fehlvorstellungen vorliegen) beziehen, der Vertragsgrundlage i. S. v. Art. 24 I Ziff. 4 OR ist. Die Berufung auf Irrtum ist ausgeschlossen, „lorsque le fait futur était expectatif ou aléatoire (Bundesgericht 4A_641/2010 vom 13.2.2011, E. 3.5.2). *Beispiel* (für Grundlagenirrtum)*:* Verkäufer und Käufer gingen auf Grund bisheriger ständiger Praxis übereinstimmend davon aus, dass das verkaufte Grundstück nach den Vorstellungen des Käufers überbaut werden könne, der Gemeinderat verhindert aber überraschend die Bauführung (vgl. BGE 95 II 407, wo allerdings ohne überzeugende Gründe die Anfechtung abgelehnt wurde). *Gegenbeispiel* (wo ein irrelevanter Motivirrtum nach Art. 24 II OR vorliegt, der sich nicht auf die gemeinsame Vertragsgrundlage bezieht): Jemand pachtet ein Restaurant in der Hoffnung, es werde ihm das Engagement eines bekannten Meisterkochs gelingen, was dann scheitert. Die **Gegenmeinung** (vertreten vor allem von GAUCH und KOLLER) hält bei Irrtümern über die Zukunft („Fehlprognosen" im Gegensatz zu den irrtumsrechtlichen „Fehldiagnosen") das Irrtumsrecht nicht für zuständig und will ausschließlich die Regeln über die *clausula rebus sic stantibus* anwenden. So etwa auch Art. 4:103 I PECL.

Beispiele für die rechte Spalte des obigen Schemas: BGE 48 II 336; ▶ **Fälle 45, 46**.

Bemerkenswerte ausdrückliche Regelungen des Problems der Änderung der Ver-   297
hältnisse sehen das deutsche **BGB** («Störung der Geschäftsgrundlage»[340]), der 2016
revidierte französische **Code Civil** sowie die **UPICC**[341] *(hardship)* vor:

BGB

§ 313 Störung der Geschäftsgrundlage

(1) Haben sich Umstände, die zur Grundlage des Vertrags geworden sind, nach
Vertragsschluss schwerwiegend verändert und hätten die Parteien den Vertrag
nicht oder mit anderem Inhalt geschlossen, wenn sie diese Veränderung vorausgesehen hätten, so kann Anpassung des Vertrags verlangt werden, soweit
einem Teil unter Berücksichtigung aller Umstände des Einzelfalls, insbesondere der vertraglichen oder gesetzlichen Risikoverteilung, das Festhalten am
unveränderten Vertrag nicht zugemutet werden kann.

(2) Einer Veränderung der Umstände steht es gleich, wenn wesentliche Vorstellungen, die zur Grundlage des Vertrags geworden sind, sich als falsch heraus-
stellen.

(3) [1] Ist eine Anpassung des Vertrags nicht möglich oder einem Teil nicht zumutbar, so kann der benachteiligte Teil vom Vertrag zurücktreten. [2] An die
Stelle des Rücktrittsrechts tritt für Dauerschuldverhältnisse das Recht zur Kündigung.

Code Civil

Art. 1195

Si un changement de circonstances imprévisible lors de la conclusion du contrat rend l'exécution excessivement onéreuse pour une partie qui n'avait pas
accepté d'en assumer le risque, celle-ci peut demander une renégociation du
contrat à son cocontractant. Elle continue à exécuter ses obligations durant la
renégociation.

En cas de refus ou d'échec de la renégociation, les parties peuvent convenir de
la résolution du contrat, à la date et aux conditions qu'elles déterminent, ou demander d'un commun accord au juge de procéder à son adaptation. A défaut
d'accord dans un délai raisonnable, le juge peut, à la demande d'une partie, ré-
viser le contrat ou y mettre fin, à la date et aux conditions qu'il fixe.

UPICC (Fassung 2010)

Art. 6.2.1 (Einhaltung des Vertrags)

Wenn die Erfüllung eines Vertrags für eine der Parteien belastender wird, ist
diese Partei dennoch verpflichtet, ihre Verpflichtungen zu erfüllen, vorbehaltlich der folgenden Bestimmungen über veränderte Umstände.

Art. 6.2.2 (Definition der veränderten Umstände *[hardship]*)

Veränderte Umstände liegen vor, wenn der Eintritt von Ereignissen das Gleichgewicht des Vertrags grundlegend ändert, sei es, weil sich die Kosten der Leistung einer Partei erhöht haben oder weil der Wert der Leistung, die eine Partei
erhält, sich vermindert hat, und

---

340   Beachte, dass Abs. 2 des nachfolgend abgedruckten § 313 BGB das Problem abdeckt, das im
      schweizerischen Recht vom Tatbestand des Grundlagenirrtums erfasst wird!
341   Zu deren Bedeutung s. oben Rz. 53.

(a) diese Ereignisse nach Vertragsabschluß eintreten oder der benachteiligten Partei bekannt werden;

(b) diese Ereignisse vernünftigerweise durch die benachteiligte Partei zum Zeitpunkt des Vertragsabschlusses nicht hatten berücksichtigt werden können;

(c) diese Ereignisse außerhalb des Einflussbereichs der benachteiligten Partei liegen; und

(d) das Risiko des Eintritts dieser Ereignisse durch die benachteiligte Partei nicht übernommen worden war.

Art. 6.2.3 (Wirkungen veränderter Umstände)

(1) Bei veränderten Umständen ist die benachteiligte Partei berechtigt, Nachverhandlungen zu verlangen. Das Verlangen muss unverzüglich erhoben werden und muss die Gründe angeben, auf die es gestützt wird.

(2) Das Verlangen nach einer Nachverhandlung als solches berechtigt die benachteiligte Partei nicht, die Leistung zurückzuhalten.

(3) Kann innerhalb einer angemessenen Frist keine Einigung erzielt werden, kann jede Partei das Gericht anrufen.

(4) Wenn das Gericht veränderte Umstände feststellt, kann es, wenn angemessen,

(a) den Vertrag zu einem Zeitpunkt und zu Bedingungen, die festzulegen sind, aufheben oder

(b) den Vertrag mit dem Ziel der Wiederherstellung seines Gleichgewichts anpassen.

Kontrollfragen zu Kapitel 15:

80. Welche Voraussetzungen müssen bei erfolgreicher Berufung auf die *clausula rebus sic stantibus* gegeben sein?

81. In welchem Verhältnis steht die Irrtumsanfechtung zur Berufung auf die *clausula rebus sic stantibus*?

82. Welches sind die Rechtsfolgen einer erfolgreichen Berufung auf die *clausula rebus sic stantibus*?

Kapitel 16
Stellvertretung

§ 1   Begriff und Arten der Stellvertretung; Abgrenzungen

A. Grundprinzip, Funktion und Geschichte

Die (echte) Stellvertretung lässt die Wirkung rechtsgeschäftlichen Handelns einer   298
Person (Vertreter) bei einer anderen Person (Vertretener) eintreten. Sie ist eine in einer
arbeitsteiligen Wirtschaft nicht mehr wegzudenkende juristische «Erfindung». Inter-
essanterweise war die direkte Stellvertretung dem Römischen Recht noch nicht bekannt. Die allgemeine Zulässigkeit der Stellvertretung setzte sich erst ab dem 17. Jh.
durch. Dabei unterschieden der französische Code Civil (1804) und das österreichische ABGB (1811) noch nicht zwischen der **Vollmacht** (zur Stellvertretung) im Aussenverhältnis und dem **Rechtshandlungsauftrag** im Innenverhältnis. Erstmals
machte diese Unterscheidung das Zürcher PGB in §§ 949–954 (oben Rz. 33).

B. «Gewillkürte» und gesetzliche Stellvertretung

In den Art. 32 ff. OR geht es um die «gewillkürte» Stellvertretung: Die Vollmacht   299
(Vertretungsmacht) wird freiwillig, **rechtsgeschäftlich eingeräumt**. Dies geschieht
durch ein **einseitiges** Rechtsgeschäft, die Bevollmächtigung, durch die der Vertretene
dem Vertreter Vollmacht einräumt.

Beachte zur in Literatur und Praxis sehr uneinheitlich verwendeten Termino-   300
logie: **Bevollmächtigung** (= Ermächtigung = Vollmachterteilung) ist das einseitige Rechtsgeschäft, mit dem Vertretungsmacht (Vollmacht) erteilt wird.
Vollmacht ist die durch Bevollmächtigung erteilte rechtliche Vertretungs-
kompetenz (Vertretungsmacht). **Stellvertretung** ist die Ausübung (Akti-
vierung) der Vertretungsmacht. Sehr oft wird Stellvertretung aber mit der
Vertretungsmacht als solcher gleichgesetzt («A hat Stellvertretung»). Zur
«unechten» Stellvertretung sogleich unten Rz. 306.

Beruht die Einräumung der Vertretungsmacht nicht auf rechtsgeschäftlichem Han-   301
deln, sondern auf gesetzlicher Anordnung, spricht man von **gesetzlicher Stellvertretung**. Siehe z.B. Art. 304 Abs. 1 ZGB: «Die Eltern haben von Gesetzes wegen die
Vertretung des Kindes gegenüber Drittpersonen im Umfang der ihnen zustehenden
elterlichen Sorge». Allenfalls analoge Anwendung der Art. 32 ff. OR.

C. Aktive und passive Stellvertretung

302 Wenn der Vertreter für den Vertretenen eine Willenserklärung abgibt, spricht man von **aktiver** Stellvertretung. Nimmt der Vertreter jedoch für den Vertretenen und mit Wirkung für ihn bloss empfangsbedürftige Erklärungen entgegen, liegt eine **passive** Stellvertretung vor. Vom Wortlaut her regeln die Art. 32 ff. OR nur die aktive Stellvertretung, sie gelten aber entsprechend auch für die passive.

D. Echte (direkte, unmittelbare) und unechte (indirekte, mittelbare) Stellvertretung

303 Bei der **echten Stellvertretung**, die Gegenstand der Art. 32 ff. OR ist, treten die Wirkungen (Rechte und Pflichten) eines Geschäftes (eines Vertrags, aber auch eines einseitigen Rechtsgeschäfts) **direkt beim Vertretenen** und nicht bei dem ihn repräsentierenden Vertreter ein. Der Vertretene wird durch die Erklärung des Vertreters Partei des Rechtsgeschäfts und somit unmittelbar berechtigt und verpflichtet.[342] Vorausgesetzt ist, dass der Vertreter ein «Fremdgeschäft» schliesst, also **in fremdem Namen** (im Namen des Vertretenen) handelt und **Vertretungsmacht** hat. Gibt sich der **Vertreter nicht** als solcher zu **erkennen**, so treten die Vertretungswirkungen nur ein, wenn der andere (der Vertragspartner) aus den **Umständen** auf das Vertretungsverhältnis schliessen musste, oder es nach der Interessenlage für ihn **gleichgültig** war (sog. «Gleichgültigkeit des Dritten»), ob er mit dem Vertreter oder dem Vertretenen kontrahiere (Art. 32 Abs. 2 OR) – wobei aber ein **Vertretungswille** des Vertreters vorausgesetzt wird. Sind diese Voraussetzungen nicht gegeben, gilt das Geschäft als im Namen des Vertreters und mit Wirkung für diesen geschlossen (vgl. Art. 32 Abs. 3 OR).

304 Die echte Stellvertretung muss zusätzlich **zulässig** sein, d.h. das Geschäft darf **nicht «vertretungsfeindlich»**[343] und der Vertreter muss zumindest **urteilsfähig** sein (Art. 16 ZGB).

305 Bei der echten Stellvertretung muss das **Innen-** vom **Aussenverhältnis** unterschieden werden. Im Innenverhältnis (Verpflichtungsverhältnis) zwischen Vertretenem und Vertreter, im Rahmen dessen die Vertretungsmacht ausgeübt wird, liegt entweder ein Rechtshandlungsauftrag (Art. 394 OR), ein Arbeitsverhältnis (Art. 319 OR) oder ein Gesellschaftsverhältnis (Art. 530 OR; auch Art. 594 OR [Kommanditär als Prokurist]) vor. Nach aussen, gegenüber Dritten, ist die einseitige Bevollmächtigung die rechtliche Basis der Vertretungsmacht. Innen- und Aussenverhältnis sind

---

342 Im Hinblick auf den Erklärungswillen und Willensmängel kommt es bei der direkten Stellvertretung auf den Willen des Vertreters an, der dem Vertretenen zugerechnet wird (so auch BGE 140 III 86 [91]). Aus dieser Zurechnung ergibt sich auch, dass bei einem Willensmangel des Vertreters der Vertretene anfechtungsberechtigt ist, nicht der Vertreter. In der Sache geht es aber um den Willensmangel des Vertreters, nicht des Vertretenen! Dies betont ausdrücklich § 166 Abs. 1 BGB. Zum Problem ▶ **Fall 47**.

343 Beispiele für vertretungsfeindliche Rechtsakte: Eheschliessung (Art. 101 f ZGB); Vaterschaftsanerkennung (Art. 260 ZGB), Adoption (Art. 264 ff. ZGB).

rechtlich streng zu unterscheiden (siehe etwa Art. 465 Abs. 1 OR); man spricht insofern auch von der «Abstraktheit» der Vollmacht.

Zur Struktur der echten Stellvertretung siehe das Schaubild unten Rz. 307.

Bei der **unechten Stellvertretung** handelt der Vertreter – aufgrund einer Ver- 306
pflichtung zur Vornahme einer Rechtshandlung, die auf auftragsrechtlicher, arbeitsrechtlicher oder gesellschaftsrechtlicher Grundlage beruhen kann – **in eigenem Namen**, aber im **Interesse und auf Rechnung des Vertretenen**. Er schliesst ein «Eigengeschäft» ab. Der Vertreter hat keine Vollmacht, ist also nicht ermächtigt, direkt im Namen und mit Wirkung für den Vertretenen tätig zu werden.

Beachte: Art. 396 Abs. 2 OR geht im Auftragsrecht von der widerlegbaren Vermutung aus, dass in einem Rechtshandlungsauftrag gleichzeitig (implizit) auch die Ermächtigung (Bevollmächtigung) zu den entsprechenden Rechtshandlungen liegt. Die auf den blossen internen Auftrag beschränkte indirekte Stellvertretung wird somit als Ausnahme betrachtet. Die Vermutung des Art. 396 Abs. 2 OR gilt allerdings nicht für die «sensiblen» Geschäfte des Art. 396 Abs. 3 OR.

Die Rechtswirkungen des Geschäfts treffen bei der unechten Stellvertretung den Vertreter. Der Vertretene wird erst durch die Abtretung (Zession) einer Forderung, die der Stellvertreter in eigenem Namen gegen den Dritten, mit dem er kontrahierte, erworben hat, berechtigt bzw. durch Schuldübernahme (Art. 176 ff. OR) dem Dritten gegenüber verpflichtet. Zur Struktur der unechten Stellvertretung siehe das Schaubild unten Rz. 308.

Beachte: Unter der Voraussetzung des Art. 401 Abs. 1 OR gibt es im **Auftragsrecht** einen **gesetzlichen Forderungsübergang** auf den mittelbar Vertretenen (siehe Rz. 558): «Hat der Beauftragte für Rechnung des Auftraggebers in eigenem Namen Forderungsrechte gegen Dritte erworben, so gehen sie» von Gesetzes wegen *(ex lege)* «auf den Auftraggeber über, sobald dieser seinerseits allen Verbindlichkeiten aus dem Auftragsverhältnisse nachgekommen ist».

Bei unechter Stellvertretung durch einen Beauftragten (z.B. Kommissionär [Art. 425 ff. OR]) kann sich etwa bei Kaufverträgen das Problem der **Drittschadensliquidation** stellen: Der unechte Stellvertreter, der ja nicht im eigenen wirtschaftlichen Interesse handelt, ist zwar Vertragspartner seines Kontrahenten (Verkäufers). Liefert dieser etwa nicht oder schlecht, kommt nicht er zu Schaden, sondern sein Auftraggeber, der aber mit dem Lieferanten vertraglich nicht verbunden ist, also Dritter ist, und daher keine vertraglichen Ansprüche hat. Aus dem Dilemma führt das Konzept der Drittschadensliquidation, wonach der unechte Stellvertreter (obwohl, wie gesagt, nicht geschädigt) im Interesse seines Auftraggebers den Schaden bei seinem Vertragspartner liquidieren kann. Zu weiteren (in der Schweiz umstrittenen) Konstellationen der Drittschadensliquidation SCHWENZER Rz. 14.23 ff.

Faustregel: Wird die Abkürzung «i.A.» (im Auftrag) zur Unterschrift gesetzt, spricht dies eher für indirekte Stellvertretung; anders, wenn das Kürzel «i.V.» (in Vertretung) verwendet wird.

Beispiele für unechte Stellvertretung: Kommissionär nach Art. 425 ff. OR; Treuhänder.

> *Rechtsvergleichender Hinweis*: Das anglo-amerikanische *Common Law* fasst das Handeln in eigenem Namen (des unechten Stellvertreters) und das Handeln in fremdem Namen (des echten Stellvertreters) unter dem Begriff der *agency* zusammen und unterscheidet hier zwischen *disclosed agency* (wo das Vertretungsverhältnis erkennbar war) und *undisclosed agency*.

307 **Schaubild zur echten Stellvertretung**

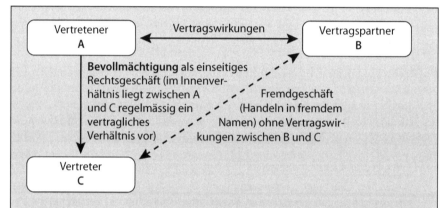

Anmerkung: Vertragsschluss zwischen C und B. C schliesst diesen Vertrag aber in fremdem Namen (im Namen des A) als «Fremdgeschäft». Vertragswirkungen zwischen A und B.

Rechtsverhältnis zwischen A und C: Bevollmächtigung (einseitiges Rechtsgeschäft) und zusätzlich regelmässig auch ein vertragliches Innenverhältnis = Grundverhältnis = Verpflichtungsverhältnis (Auftrag, Arbeitsvertrag, Gesellschaftsverhältnis).

Schaubild zur unechten Stellvertretung 308

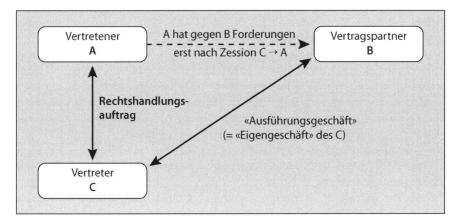

E. Botenschaft

Der **Bote** übermittelt lediglich eine **fremde Willenserklärung**, der **Stellvertreter** 309
gibt hingegen eine **eigene Willenserklärung** ab, allerdings in fremdem Namen.
Nimmt ein «Empfangsbote» eine Erklärung entgegen, so gilt sie erst dann als zugegangen, wenn die Übermittlung an den Adressaten nach dem gewöhnlichen Lauf
der Dinge erwartet werden kann. Zum vom Boten veranlassten **«Übermittlungsirrtum»** siehe Art. 27 OR. Dazu oben Rz. 268 und ▶ **Fall 33**.

F. Vertretung ohne Vertretungsmacht (Handeln eines *falsus procurator*)

Handelt jemand in fremdem Namen, aber ohne Vertretungsmacht – ohne dass von 310
Anscheinsvollmacht[344] gesprochen werden kann –, so tritt **keine Vertretungswir-
kung** ein. Der fälschlicherweise Vertretene hat aber die Möglichkeit, den Vertrag
nachträglich (mit Wirkung *ex tunc*) **zu genehmigen** (Art. 38 Abs. 1 und Abs. 2). Bis
zur Erteilung einer Genehmigung oder deren Ablehnung ist das Geschäft **schwebend
unwirksam**: Der andere Teil (mit dem der Vertrag geschlossen wird) ist vorläufig an
seine Erklärung gebunden, der fälschlicherweise Vertretene ist nicht verpflichtet. Zur
Beendigung des Schwebezustandes kann der andere Teil dem fälschlicherweise Vertretenen eine angemessene Frist setzen, innerhalb derer dieser sich über die Genehmigung erklären muss (Art. 38 Abs. 2 OR). Lehnt der Vertretene eine Genehmigung ab,
ist auch der andere Teil nicht mehr gebunden.[345] Ein Schadenersatzanspruch gegen

---

344 Dazu Rz. 318.
345 Einen ähnlichen rechtlichen Schwebezustand gibt es im ZGB bei den zustimmungs- bzw. geneh-
migungsbedürftigen Geschäften einer urteilsfähigen, aber handlungsunfähigen Person nach
Art. 19, 19a ZGB.

den Vertretenen kommt nur im Falle des Art. 36 Abs. 2 OR (keine Rückforderung der Vollmachtsurkunde) in Betracht. Der andere Teil kann aber bereits an den Vertretenen Geleistetes mittels Vindikationsanspruch (Art. 641 Abs. 2 ZGB) oder Bereicherungsanspruch (Art. 62 ff. OR) herausverlangen.

311 Bleibt die Genehmigung aus, so haftet der *falsus procurator*, der ja nicht in eigenem Namen kontrahiert hat, nicht auf Erfüllung.[346] Es geht lediglich um Schadenersatzansprüche. Der *falsus procurator* haftet – ohne die Voraussetzungen seines Verschuldens, das aber regelmässig faktisch gegeben sein wird – dem gutgläubigen Vertragspartner, der vom Mangel der Vertretungsmacht nichts wusste und auch nichts wissen musste, auf **Ersatz** des **negativen Vertragsinteresses** (Art. 39 Abs. 1 OR). Bei Verschulden des *falsus procurator* kann das Gericht «nach Billigkeit» (vor allem bei grobem Verschulden des *falsus procurator*) **Ersatz des «weiteren Schadens»**, d.h. des positiven Vertragsinteresses, zusprechen (Art. 39 Abs. 2 OR [«bei Verschulden»!]). Die Haftung des *falsus procurator* ist ein Anwendungsfall der Haftung aus *cic* (oben Rz. 124 ff.), wobei nach Art. 39 Abs. 1 OR ausnahmsweise Verschulden nicht erforderlich ist (*arg.* aus Art. 39 Abs. 2 OR [«bei Verschulden»]), aber, wie gesagt, regelmässig gegeben sein wird. Zur Verjährung unten Rz. 329.

312 *Beachte*: Art. 38 und 39 OR kommen auch dann zur Anwendung, wenn eine erteilte Vertretungsmacht lediglich **umfangmässig** überschritten wird, also nicht nur dann, wenn überhaupt **keine** Vertretungsmacht besteht.

▶ Dazu **Fall 48**

§ 2   Vollmacht

A. Begriff

313 Vollmacht ist die durch einseitiges Rechtsgeschäft (Bevollmächtigung) erteilte Vertretungsmacht.

B. Erteilung der Vollmacht (Bevollmächtigung = Ermächtigung)

314 Die Vollmachterteilung erfolgt durch eine an den Vertreter gerichtete und daher **empfangsbedürftige einseitige Willenserklärung** seitens des Vollmachtgebers (Vertretenen). Eine Formvorschrift ist nicht vorgesehen.[347] Auch eine konkludente (still-

---

346 Ausnahme: Art. 998 OR im Wechselrecht. Anders das deutsche Recht (§ 179 Abs. 1 BGB), wo der *falsus procurator* nach Wahl des anderen Teils auf Erfüllung oder Schadenersatz haftet.

347 Ist aber das Rechtsgeschäft, zu dem die Vollmacht erteilt wird, formgebunden, so ist – jedenfalls dann, wenn die Formvorschrift eine Schutzfunktion hat (oben Rz. 173) – auch die Erteilung der Vollmacht zu diesem Geschäft an die entsprechende Form zu binden, weil sonst der Formschutz

schweigende) Bevollmächtigung, die aus den Umständen abzuleiten ist, ist (entsprechend der allgemeinen Regel des Art. 1 Abs. 2 OR) möglich. Die Zustimmung des Vertreters ist nicht erforderlich, doch kann er die Vollmacht jederzeit niederlegen. Der Umfang der Vollmacht ergibt sich grundsätzlich aus der individuellen **Vollmachterteilung** (Art. 33 Abs. 2 OR). Von der Bevollmächtigung (interne Vollmacht) ist die **(externe) Kundgabe** der Vollmacht an Dritte, etwa durch Mitteilung an Geschäftspartner, zu unterscheiden. Sie stellt eine blosse **Wissensmitteilung** dar (oben Rz. 105b), ist also keine Bevollmächtigung; gutgläubige Dritte können sich aber auf den kundgegebenen Umfang der Vollmacht berufen (Art. 33 Abs. 3 OR). Oft wird in diesem Zusammenhang in missverständlicher Weise vom Bestehen einer «externen Vollmacht» gesprochen.[348] Zum Gutglaubensschutz bei Widerruf einer «externen Vollmacht», wenn der Widerruf nicht mitgeteilt wird, siehe Art. 34 Abs. 3 OR.

C. Spezielle Arten der Vollmacht

I. Spezial-, Gattungs- und Generalvollmacht

Die **Spezialvollmacht** gibt dem Vertreter die Vollmacht für ein einzelnes Geschäft. 315
Mit Abschluss dieses Geschäfts fällt die Vollmacht dahin. Eine **Gattungsvollmacht** bevollmächtigt zur Vornahme von Geschäften einer bestimmten Gattung. Die **Generalvollmacht** hingegen liegt vor, wenn einem Vertreter eine Vollmacht für alle Geschäfte wirtschaftlicher Natur erteilt wird, die ein bestimmtes Vermögen betreffen. Siehe zu dieser Unterscheidung die Regelung des Art. 462 OR zur «Handlungsvollmacht».

II. Einzel- und Kollektivvollmacht

Eine **Einzelvollmacht** liegt vor, wenn der Vertreter **allein** für und gegen den Vertrete- 316
nen handeln kann. Wenn nur mehrere Vertreter **gemeinsam** zu handeln berechtigt sind, spricht man von einer **Kollektivvollmacht** (Solidarvollmacht). Diese kann auch «halbseitig» sein: A kann allein vertreten, B nur zusammen mit A.

---

praktisch leer liefe. Ausdrücklich Art. 189 Abs. 3 des Entwurfs zu einem «OR 2020» (oben Rz. 56).

348 Im deutschen Recht (§ 167 Abs. 1 BGB) gibt es tatsächlich die Möglichkeit einer echten «externen» Bevollmächtigung durch Erklärung gegenüber dem Dritten.

D. Duldungs- und Anscheinsvollmacht

I. Duldungsvollmacht

317 Der **Vertretene duldet** die ohne Vorliegen einer Bevollmächtigung vorgenommenen **Vertretungshandlungen** einer Person stillschweigend, indem er **trotz Kenntnis** von den Vertretungshandlungen nichts dagegen unternimmt, und räumt damit der als Vertreter auftretenden Person, beurteilt aus der Optik dieser Person, konkludent Vertretungsmacht ein (so etwa BGE 141 III 289 [291]). Der Vertreter darf aufgrund aller Umstände des Falls nach Treu und Glauben (nach dem **Vertrauensprinzip**) dieses Dulden seines Tuns als **konkludente Bevollmächtigung** interpretieren.

▶ **Fall 49** (Hauptfall)

Beispiel aus der Zürcher Praxis: Handelsgericht Zürich ZR 106 (2007) Nr. 36.

II. Anscheinsvollmacht

318 Jemand handelt (ohne Wissen des Vertretenen) ohne Vertretungsmacht; es entsteht aber nach aussen, «extern» (aufgrund nach Treu und Glauben klarer äusserer Indizien) der **Anschein, er habe Vertretungsmacht**. Der Dritte, der sich auf diesen «Rechtsschein» verlässt und dazu nach allen Umständen auch objektiv Anlass hat, wird geschützt, d.h. er hat – ohne die Voraussetzung der nachträglichen Genehmigung[349] – Erfüllungsansprüche aus dem vom Scheinvertreter geschlossenen Geschäft gegen den scheinbar Vertretenen, sofern dem angeblich Vertretenen der **falsche Rechtsschein «zurechenbar»** ist, er also dafür – namentlich wegen seines «Organisationsrisikos» – verantwortlich ist, weil er, obwohl er von den Umständen Kenntnis haben müsste, nichts dagegen unternimmt. Begründung aus einer Analogie zu Art. 33 Abs. 3 OR und aus allgemeinen Überlegungen zur Vertrauenshaftung (Rechtsscheinhaftung). Dazu schon oben Rz. 117.

> Siehe **Bundesgericht 4A_313/2010 vom 3.9.2010, E. 3.4.2.3**: «Aussi celui qui laisse créer l'apparence d'un pouvoir de représentation se trouve-t-il lié par les actes accomplis en son nom … Toutefois, même si le tiers croit à l'existence des pouvoirs du représentant, le représenté n'est pas lié pour autant, il faut de surcroît que des circonstances objectives, telles que l'attitude passive du représenté, puissent être comprises par le tiers comme la communication de pouvoirs de représentation …»; neuerdings BGE 141 III 289 (291), wo von «(interner) Anscheinsbevollmächtigung» gesprochen wird, wenn einerseits der Vertretene keine Kenntnis hat, dass ein anderer sich als Vertreter ausgibt, er bei pflichtgemässer Aufmerksamkeit das Vertreterhandeln aber hätte erkennen müssen und andererseits der Vertreter das Verhalten des Vertretenen nach

---

349 Oben Rz. 310.

Treu und Glauben als Bevollmächtigung auffassen durfte. Hier im Ergebnis dieselbe Rechtslage wie bei der Duldungsvollmacht.

▶ Dazu auch **Fall 49**, Variante (vgl. BGE 120 II 197) und **Fall 50**

Beachte zur Terminologie: In der Literatur werden die Begriffe der Duldungs- und der Anscheinsvollmacht teilweise unterschiedlich verwendet; auch ist manchmal allgemein von Rechtsscheinvollmacht die Rede.

319

In **Art. 3:201 PECL**[350] findet sich in Abs. 3 eine ausdrückliche Regelung für die Fälle einer *apparent authority*: « (3) A person is to be treated as having granted authority to an apparent agent if the person's statements or conduct induce the third party reasonably and in good faith to believe that the apparent agent has been granted authority for the act performed by it».

320

§ 3   Missbrauch der Vertretungsmacht

Ein Missbrauch der Vertretungsmacht liegt dann vor, wenn der Vertreter «mehr kann als er darf», und – dies ausnutzend – zwar nach aussen im Rahmen seiner Vertretungs*macht* handelt, aber Schranken seiner **internen**, sich aus dem vertraglichen Innenverhältnis ergebenden Vertretungs*befugnis* missachtet. Dies kommt vor allem bei **handelsrechtlichen «Formalvollmachten»** vor, bei denen der Umfang der Vertretungsmacht, abweichend von der allgemeinen Regel des Art. 33 Abs. 2 OR, gesetzlich – und zwar aus Verkehrsschutzüberlegungen sehr umfassend wie etwa beim Prokuristen (Art. 459 Abs. 1 OR) – umschrieben ist. Handelte der seine Vertretungsmacht Missbrauchende im Zusammenwirken mit dem Vertragspartner, spricht man von «**Kollusion**».

321

Beispiel: Prokurist P des Unternehmens U darf nach interner (arbeitsvertraglicher) Weisung nur Geschäfte bis zum Betrag von Fr. 10 000.– abschliessen. Er setzt sich darüber hinweg und schliesst einen Vertrag über Fr. 20 000.– ab. Dazu hat er gemäss Art. 459 Abs. 1 OR kraft Gesetzes die nötige Vertretungsmacht, weshalb das Geschäft gegenüber Gutgläubigen, die von der internen Begrenzung nichts wussten und auch nichts wissen mussten, für das Unternehmen U wirksam zustande kommt. P, der seine gesetzlich umschriebene Vertretungsmacht – beurteilt nach dem Innenverhältnis – missbraucht, kann allerdings im Innenverhältnis (Arbeitsvertrag) von U zur Rechenschaft gezogen werden (z.B. Schadenersatz wegen Vertragsverletzung; Kündigung). Zu diesem Problem siehe BGE 119 II 23.

---

350 Zur deren Bedeutung s. oben Rz. 51.

§ 4   Selbstkontrahieren und Doppelvertretung

322   Schliesst jemand als Vertreter eines anderen **mit sich selbst** einen Vertrag ab, liegt ein wegen der Gefahr der Interessenkollision grundsätzlich unzulässiges **Selbstkontrahieren** (Selbsteintritt) vor. Vergleichbar ist die Lage bei der **Doppelvertretung**, bei der der Vertreter gleichzeitig beide Parteien des Vertrags vertritt. Beide Vorgehensweisen sind nur in engen Grenzen zulässig; beim Selbstkontrahieren vor allem dann, wenn das Geschäft für den Vertretenen nur vorteilhaft ist.

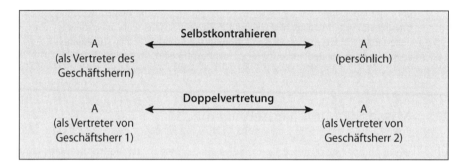

§ 5   Beendigung der Vertretungsmacht

323   Nach Art. 34 Abs. 1 OR kann die rechtsgeschäftlich erteilte Vertretungsmacht vom **Vollmachtgeber** jederzeit fristlos und ohne Grund **widerrufen** werden. Entsprechendes gilt für die **Niederlegung** der **Vollmacht durch den Vertreter**. Auf diese Rechte (Gestaltungsrechte) kann **nicht** im Voraus **verzichtet** werden (Art. 34 Abs. 2 OR); die «unwiderrufliche Vollmacht» ist daher nach OR nicht möglich.[351] Im Handelsregister eingetragene handelsrechtliche Vollmachten, wie etwa die Prokura, müssen im Falle ihrer Beendigung dort auch noch gelöscht werden. Ansonsten gilt Art. 933 Abs. 2 OR (negative Publizität des Handelsregisters); der Dritte kann sich auf die Vollständigkeit des Registers, also auf das Weiterbestehen der Vollmacht, berufen, es sei denn, es kann ihm Kenntnis von der Beendigung nachgewiesen werden. Von der Beendigung der Vertretungsmacht zu unterscheiden ist, wie Art. 34 Abs. 1 OR klar stellt, die Beendigung des Innenverhältnisses, die etwa bei einem Arbeitsverhältnis durch Kündigung erfolgt.

324   Zum Widerruf einer extern bekanntgegebenen Vertretungsmacht siehe Art. 34 Abs. 3 OR (Vertrauenshaftung, wenn Widerruf nicht mitgeteilt wird [oben Rz. 119]); zur Rückgabe der Vollmachtsurkunde durch den Bevollmächtigten siehe Art. 36 OR. Zum Erlöschen der Vollmacht bei Tod, Verlust der Handlungsfähigkeit, Konkurs

---

351   Anders etwa § 168 deutsches BGB. Eine Kompromisslösung bestünde darin, die Vereinbarung der Unwiderruflichkeit der Vollmacht grundsätzlich zuzulassen, aber mit Ausnahme wichtiger Gründe für einen Widerruf.

siehe Art. 35 Abs. 1 OR. Aus dem Umstand, dass diese Regelung nur gilt, «sofern nicht das Gegenteil bestimmt ist oder aus der Natur des Geschäfts hervorgeht», ergibt sich u.a. die Möglichkeit von «postmortalen» und «transmortalen» Vollmachten (erstere werden mit dem Tod des Vollmachtgebers wirksam, letztere bleiben über seinen Tod hinaus wirksam). Zum Zeitpunkt der Wirkung des Erlöschens der Vollmacht siehe Art. 37 OR.

Kontrollfragen zu Kapitel 16:

83. Was unterscheidet den direkten vom indirekten Stellvertreter?

84. Welche Rechtsfolgen hat das Handeln eines *falsus procurator*?

85. Was versteht man unter Anscheinsvollmacht? Unter Duldungsvollmacht?

86. Was bedeutet Selbstkontrahieren?

87. Was ist eine Doppelvertretung?

Kapitel 17
Überblick-Schema zur Nichtigkeit und Anfechtbarkeit von Verträgen

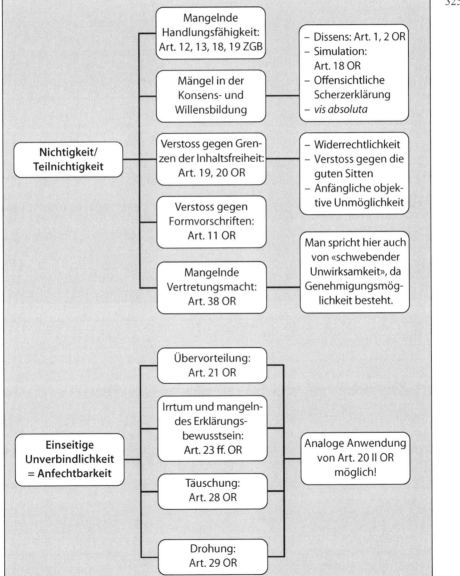

Kapitel 18
Überblick über das schweizerische Haftpflichtrecht

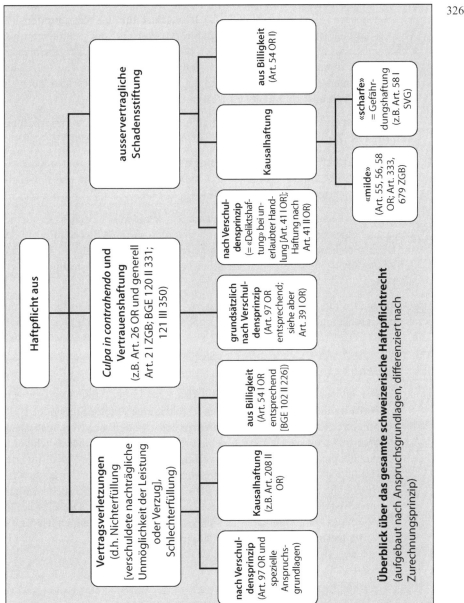

Überblick über das gesamte schweizerische Haftpflichtrecht
(aufgebaut nach Anspruchsgrundlagen, differenziert nach Zurechnungsprinzip)

327　Die **Regelung der Haftung** bei **Vertragsverletzung** (Art. 97 ff. OR) einerseits und **unerlaubter Handlung** (Art. 41 ff. OR, Deliktshaftung) andererseits ist im schweizerischen Recht (wie in vielen anderen Rechtsordnungen[352]) nicht identisch. Es bestehend gewichtige Unterschiede:

– Bei der Deliktshaftung (Art. 41 ff. OR) trifft den Geschädigten nach der allgemeinen Beweislastregel des Art. 8 ZGB die **Beweislast für das Verschulden**, bei Vertragshaftung ist eine **Beweislastumkehr** vorgesehen, der Schuldner muss sich gemäss Art. 97 OR **exkulpieren** («Exkulpationsbeweis»). Zu beachten ist aber, dass es in den Art. 41 ff. OR auch Tatbestände der milden Kausalhaftung gibt (dazu unten Rz. 403 ff.). Kausalhaftungstatbestände gibt es aber auch im Rahmen der Vertragshaftung (etwa Art. 208 Abs. 2 OR).

– Für **Gehilfenversagen** gilt bei Deliktshaftung **Art. 55 OR**, bei Vertragshaftung **Art. 101 OR**. Zur Abgrenzung und zu den Unterschieden Rz. 405 ff.

– Bei der Deliktshaftung gilt die **Verjährungsfrist** des Art. 60 OR (unten Rz. 378), bei der Vertragshaftung (vorbehaltlich vieler Sonderbestimmungen) die allgemeine (10-jährige) Verjährungsfrist des Art. 127 OR.

– Bei der Deliktshaftung sind «**reine Vermögensschäden**»[353] nach h.A. nur bei Verletzung eines **Schutzgesetzes** («Vermögensschutznorm»), das den Eintritt des zur Debatte stehenden reinen Vermögensschaden verhindern soll, sowie im Sonderfall des Art. 41 Abs. 2 OR ersetzbar; bei Vertragshaftung sind sie allgemein ersatzfähig.

328　Insgesamt ist also die **Vertragshaftung** klarerweise für die Anspruchsdurchsetzung durch den Geschädigten **günstiger** als die grundsätzlich weniger strenge Deliktshaftung.

329　*Beachte*:

– Die im vorangehenden Schaubild (Rz. 326) in der Mitte platzierte *cic*-**Haftung** und **Vertrauenshaftung**[354] bildet eine «**dritte Spur**» des Haftpflichtrechts. Sie folgt grundsätzlich dem Modell der Vertragshaftung («vertragsanaloge Haftung»), was vor allem auch zur grundsätzlichen Ersatzfähigkeit «reiner Vermögensschäden»[355] führt. Für die Verjährung der Haftung aus *cic* wendet das Bundesgericht aber entgegen der heute h.L., welche die besseren Argumente für sich hat, die deliktsrechtliche Verjährungsfrist des Art. 60 OR an (siehe etwa BGE 104 II 94). Dasselbe befürwortet das Bundesgericht – an sich konsequenterweise – nun auch für die Vertrauenshaftung (BGE 134 III 390 [393 ff.]).

352　Von einer grundsätzlichen Gleichbehandlung von Delikts- und Vertragshaftung geht § 1295 Abs. 1 österreichisches ABGB aus.

353　Zum Begriff unten Rz. 337; vgl. auch unten Rz. 347.

354　Dazu oben Rz. 117 ff.; Rz. 124 ff.

355　Zum Begriff unten Rz. 337; vgl. auch unten Rz. 347.

– Bei der **Verletzung von Schutzpflichten** (oben Rz. 63) **im Verhandlungsstadium** nimmt die in der Schweiz h.L. – entgegen deutscher und österreichischer Rechtslage, die hier einen Fall der *cic* annimmt – eine normale Deliktshaftung nach Art. 41 ff. OR wegen Verletzung einer «Verkehrssicherungspflicht»[356] oder eine milde Kausalhaftung (vor allem gemäss Art. 58 OR) an. *Beispiele*: Ausrutschen auf frisch geputztem, rutschigem Marmorboden in einem Bankgebäude (nach Art. 58 OR zu lösen); Linoleumteppichrolle stürzt in einem Kaufhaus um und verletzt einen potentiellen, aber noch gar nicht zum Kauf entschlossenen Kunden (siehe dazu die deutsche Entscheidung RGZ 78, S. 239 ff.).

▶ **Fälle 21, 22, 60**.

Kontrollfragen zu Kapitel 18:

88. Wo liegen die Unterschiede zwischen der rechtlichen Ausgestaltung der vertraglichen (oder vertragsanalogen) Haftung und der Ausgestaltung der deliktischen Haftung?

---

356 Dazu Rz. 349.

Kapitel 19
Unerlaubte Handlung

> «Keine Gesetzgebung der Welt kann einen einmal aufgetretenen Schaden beseitigen, das Recht steht demselben machtlos als einer vollendeten Thatsache gegenüber. Die Gesetzgebung kann daher in Beziehung auf die Schadengefahr nur zweierlei Zwecke verfolgen: sie kann darnach trachten (1) möglichst vorbeugend zu wirken und (2) den gleichwohl eingetretenen Schaden jenen Personen zuzuwenden, welche nach den Forderungen der Gerechtigkeit und der volkswirtschaftlichen Interessen als die geeignetsten Trägerinnen der Last erscheinen»

> Victor MATAJA, Das Recht des Schadenersatzes vom Standpunkt der Nationalökonomie (1888) 19

§ 1 Begriff und Funktion der Deliktshaftung

A. Ausservertragliches Haftpflichtrecht

Art. 41 ff. OR befassen sich mit Haftungsfällen, bei denen die Schädigung **nicht** auf der **Verletzung** einer **Schuldverpflichtung** (vor allem einer vertraglichen Verpflichtung) beruht, die den Schädiger und den Geschädigten bereits vor dem Eintritt des Schadensereignisses verbunden hat. Es geht also bei der **ausservertraglichen Haftung** nicht um Haftung *inter partes* (zwischen bereits rechtlich verbundenen Parteien), sondern um Haftung *erga omnes* (gegenüber potentiell allen). Es geht, wie plastisch formuliert wird, um den schädigenden «**Zusammenprall Dritter**».   330

> *Beispiel*: Ein rücksichtsloser Snowboardfahrer kollidiert mit einem Skifahrer. Illustrativ die Entscheidung Kantonsgericht Wallis 10.7.2014, ZBJV 153 (2017) 136 ff.

Der Anspruch nach Art. 41 ff. OR kann allerdings auch **konkurrierend**, d.h. **alternativ** (wahlweise), zu den vertraglichen Haftpflichtansprüchen (wie etwa nach Art. 208 Abs. 2 OR) zur Anwendung gelangen. Dies ist der Fall, wenn die zur Schädigung führende Vertragsverletzung des Schuldners **gleichzeitig** eine **unerlaubte Handlung** gemäss Art. 41 Abs. 1 OR darstellt – was vor allem bei Verletzung absoluter Rechte des Vertragsgläubigers der Fall ist –, und alle übrigen Voraussetzungen der Art. 41 ff. OR gegeben sind, namentlich auch die Verjährungsfrist des Art. 60 OR eingehalten wird **(Anspruchskonkurrenz)**.   331

> *Rechtsvergleichender Hinweis*: Im französischen Recht gilt hingegen bei dieser Konstellation das *non-cumul*-Prinzip: Die Vertragshaftung hat Vorrang und schliesst die Berufung auf die Deliktshaftung aus.

> *Beispiel*: Das beim Händler X gekaufte Viehfutter ist verdorben, sodass das Vieh des Käufers erkrankt.

332   Die ausservertragliche Haftung, welche – wie im Fall von Art. 41 ff. OR – ein Verschulden des Schädigers voraussetzt, wird auch **«Deliktshaftung»** genannt.

B. Funktion des Schadenersatzes

333   Die Funktion des Schadenersatzes besteht in erster Linie im **Schadensausgleich (= Kompensationsfunktion)**. Gleichzeitig hat die Verpflichtung zur Leistung von Schadenersatz aber auch **Präventionsfunktion** (siehe oben Rz. 47).[357] In der Praxis ist allerdings zu beachten, dass die Schadensfälle immer seltener direkt zwischen Geschädigtem und Schädiger abgewickelt werden. «Hinter» den Haftpflichtigen und den Geschädigten stehen sehr oft **Versicherungen** mit ihren Versicherungsleistungen. Bekommt der Geschädigte Leistungen aus der Unfallversicherung und ist der Schädiger, etwa bei einem Autounfall, haftpflichtversichert[358], geht es um den direkten Rückgriff der Unfallversicherung, auf die der Schadenersatzanspruch des Geschädigten im Ausmass ihrer Leistungen *ex lege* übergeht,[359] auf die Haftpflichtversicherung des Schädigers. Das Haftpflichtrecht wird sozusagen «mediatisiert», es regelt dann nur noch die **Rückgriffsvoraussetzung** des Bestehens eines Haftpflichtanspruchs des Geschädigten gegen den haftpflichtversicherten Schädiger.[360]

---

357   Aus der Kompensationsfunktion ergibt sich, dass Schadenersatz grundsätzlich nur dann, wenn und insoweit ein entsprechender Schaden vorliegt, zu leisten ist. Der Geschädigte soll durch die Leistung von Schadenersatz nicht besser gestellt werden, als er ohne schädigendes Ereignis stehen würde (Gedanke der «Gewinnabwehr» bzw. des «Bereicherungsverbots»). Also: kein Ersatz über den Schaden hinaus (s. etwa BGE 134 III 489 [491]). Ausnahmen im Gebiet der Vertragshaftung in Art. 161 Abs. 1 OR (Zahlung einer Konventionalstrafe, auch wenn kein Schaden vorliegt) sowie bei den «Entschädigungen» in Art. 336a und 337c Abs. 3 OR. In diesen Fällen überwiegt die Präventionsfunktion die Kompensationsfunktion.
358   Für Autohalter besteht nach Art. 63 SVG ein Versicherungsobligatorium.
359   S. unten Rz. 339.
360   Der Gefahr, dass der Versicherungsschutz des Haftpflichtigen die Präventionswirkung der Haftung illusorisch mache (*moral hazard*-Problematik), wird durch den Ausschluss der Versicherungsdeckung oder deren Reduktion bei grobem Verschulden des Haftpflichtigen, *bonus/malus*-Systeme sowie Selbstbehaltsregelungen begegnet.

§ 2 Anspruchsvoraussetzungen der Deliktshaftung nach der Generalklausel von Art. 41 Abs. 1 OR

A. «Checkliste» zu Art. 41 Abs. 1 OR im Überblick

– Eintritt eines **Schadens**   334

– **Rechtswidriges Verhalten** des Schädigers

– **Kausalzusammenhang** zwischen rechtswidrigem Verhalten und eingetretenem Schaden

– **Verschulden** des Schädigers

– allenfalls Verjährung

> *Rechtsvergleichender Hinweis*: Art. 41 Abs. 1 OR umschreibt den Tatbestand generalklauselhaft (also mit Hilfe sehr allgemeiner, konkretisierungsbedürftiger Begriffe), ähnlich wie im französischen Recht Art. 1240 Code Civil und in Österreich § 1295 ABGB. Kasuistisch (konkret fallbezogen) hingegen § 823 Abs. 1 BGB: «Wer vorsätzlich oder fahrlässig das Leben, den Körper, die Gesundheit, die Freiheit, das Eigentum oder ein sonstiges Recht eines anderen widerrechtlich verletzt, ist dem anderen zum Ersatz des daraus entstandenen Schadens verpflichtet».

B. Eintritt eines Schadens

335

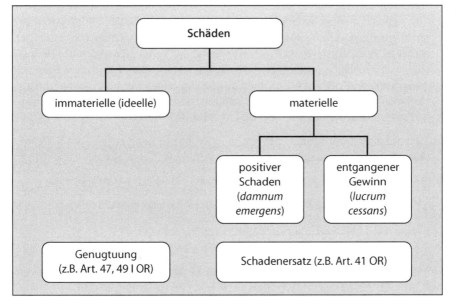

197

I. Allgemeine Begriffsbestimmung des Schadens

336 (Materieller) Schaden ist die **ungewollte** (= unfreiwillige) **Verminderung** (bzw. Nichtzunahme) des **Reinvermögens**[361] einer (natürlich oder juristischen) Person. Der Schaden kann in einer **Verminderung** der **Aktiven** bzw. einer **Vermehrung** der **Passiven** (*damnum emergens* = positiver Schaden) oder in **entgangenem Gewinn** *(lucrum cessans)* wegen einer Nichtzunahme der Aktiven bzw. Nichtabnahme der Passiven bestehen[362].

> *Beachte*: Der Schaden muss die **subjektiven Privatrechte** des Geschädigten (als natürliche oder juristische Person) betreffen. Kann der Schaden nicht in dieser Weise zugeordnet werden, gibt es grundsätzlich keine privatrechtliche Haftung (aber allenfalls öffentlich-rechtliche Sanktionen). So führt der reine **«ökologische Schaden»** (Schädigung des Ökosystems z.B. mit der Folge des Aussterbens von Tier- und Pflanzenarten)[363], nicht zur Haftpflicht, auch wenn der Verlust von Vielen noch so schmerzlich empfunden wird. Gegenbeispiel (wo die Schädigung des Fischbestands privatrechtlich zugeordnet werden kann) unten Rz. 357.

II. Nähere Erläuterungen zum Schadenserfordernis

337 – Art. 41 Abs. 1 OR erfasst jede Art von Schaden, der sich in der Vermögenslage des Geschädigten niederschlägt. Als **Personenschaden** wird die Vermögensminderung infolge Tötung oder Verletzung eines Menschen bezeichnet[364]. Ein **Sachschaden** entsteht durch Beschädigung, Zerstörung oder Verlust einer Sache[365]. Als **reiner Vermögensschaden** (primärer Vermögensschaden; *pure(ly) economic loss)* wird eine Vermögenseinbusse bezeichnet, die nicht als Personen- oder Sachschaden zu qualifizieren ist – sich also rein in der Vermögenssphäre des Betroffenen niederschlägt – **und** im Kausalverlauf nicht mittelbare Folge eines Personen- oder Sachschadens des Geschädigten ist. Beim reinen Vermögensschaden ist im Rahmen von Art. 41 Abs. 1 OR die Erfüllung des Rechtswidrigkeitserfordernisses umstritten. Dazu schon Rz. 327 und unten Rz. 347.

338 – Der Schaden bemisst sich nach h.L. und Rechtsprechung anhand der **Differenzhypothese (Differenzlehre)**, wonach das effektive Vermögen des Geschädigten

---

361 Unter dem Reinvermögen (oder Nettovermögen) ist die Summe aller geldwerten Güter (Bruttovermögen) unter Abzug aller geldwerten Verbindlichkeiten einer Person zu verstehen.

362 S. statt aller etwa BGE 129 III 331 (332).

363 Diese sind *res nullius*, d.h. niemandem privatrechtlich zuordenbar.

364 Merke: Die Körperverletzung als solche stellt noch keinen Schaden dar, sondern erst die Kosten für die medizinische Behandlung.

365 Merke: Bei der Beschädigung einer Sache besteht der Schaden im *Minderwert* der beschädigten Sache und nicht in den Reparaturkosten. Folglich liegt ein Schaden auch dann vor, wenn auf eine Reperatur verzichtet wird.

nach Schadenseintritt mit dem hypothetischen Vermögensstand ohne das schädigende Ereignis (wenn man dieses hypothetisch «wegdenkt») verglichen wird (*id quod interest* – das, was als Vermögensdifferenz «dazwischen» liegt; daher spricht man auch vom «Interessenbegriff» des Schadens[366]). Es kann sich um **positiven** Schaden *(damnum emergens)* oder um **entgangenen Gewinn** *(lucrum cessans)* handeln. Siehe Rz. 336.

> Die auch für das schweizerische Recht verwendbare Definition des entgangenen Gewinns lautet nach § 252 Satz 2 deutsches BGB: «Als entgangen gilt der Gewinn, welcher nach dem gewöhnlichen Lauf der Dinge oder nach den besonderen Umständen, insbesondere nach den getroffenen Anstalten und Vorkehrungen, mit Wahrscheinlichkeit erwartet werden konnte».

– Gelegentlich entstehen dem Geschädigten aufgrund des schädigenden Ereignisses neben den erlittenen Nachteilen auch **Vorteile**. Fraglich ist hier, ob sich der Geschädigte diese Vorteile auf seinen Schadenersatzanspruch anrechnen lassen muss, und die Haftung des Schädigers damit gemindert wird. Nach der Differenzlehre und dem Gedanken der Gewinnabwehr[367] sind diese **Vorteile grundsätzlich anzurechnen**: man spricht von «**Vorteilsausgleichung**» (= Vorteilsanrechnung, *compensatio lucri cum damno*). Voraussetzung ist allerdings, dass der erlangte Vorteil ursächlich auf das schädigende Ereignis zurückzuführen ist. Das bedeutet, dass Vorteile nur insoweit angerechnet werden als sie **adäquat kausal**[368] durch das schädigende Ereignis entstanden sind. Aus wertenden Überlegungen können aber **nicht alle** adäquat verursachten Vorteile angerechnet werden. Zum *Beispiel* sollen besondere Leistungen Dritter an den Geschädigten oft nicht den Schädiger entlasten, sondern dem **Geschädigten kumulativ** zum Schadenersatz zukommen. Dies gilt etwa bei freiwilligen **Unterstützungsleistungen** (Spenden) **Dritter** in einem Schadensfall. 339

Bei **Versicherungsleistungen**, die der Geschädigte erhält, weil er selbst Prämien gezahlt hat, wird der Schädiger ebenfalls nicht entlastet[369]. Selbstverständlich kann der Geschädigte aber auch **nicht doppelt liquidieren**. Lösung aus dem Dilemma: Der Haftpflichtanspruch des Geschädigten geht im Wege der **Legalzession** (gesetzlich angeordnete Zession) in der Höhe ihrer Leistungen auf die zahlende Versicherung über (siehe Art. 72 Abs. 1 VVG): Der Versicherer «subro-

---

366 Grundlegend F. Mommsen, Die Lehre von dem Interesse (Braunschweig 1855).
367 S. Fn. 357.
368 Zum Begriff der adäquaten Kausalität unten Rz. 360.
369 Während das Bundesgericht in BGE 137 III 352 [353 ff.]) noch an der langjährigen Auffassung festgehalten hatte, ein Schadensversicherer könne aufgrund von Art. 72 Abs. 1 VVG nur gegen den aus Verschuldenshaftung (nicht aber gegen den aus Kausalhaftung) Ersatzpflichtigen *regressieren* – mit der unbilligen Folge, dass der Kausalhaftpflichtige vom privaten Versicherungsschutz des Geschädigten profitierte – hat es im *neuen Leitentscheid* vom 7. Mai 2018 (4A_602/2017) eine *Rechtsprechungsänderung* vorgenommen: Dem Schadensversicherer steht nun nach Art. 72 Abs. 1 VVG der Regress auch gegen einen *kausalhaftpflichtigen* Unfallverursacher (bzw. dessen Haftpflichtversicherer) zu. Art. 51 OR findet in diesem Zusammenhang keine Anwendung (mehr).

giert», wie man sagt, in die Ersatzansprüche des Geschädigten[370]. Für eigene, auf die Minderung des Schadens gerichtete Leistungen des Geschädigten gilt, dass sie auf den Schadenersatzanspruch nur anzurechnen sind, wenn sie in den Rahmen der **Schadensminderungsobliegenheit** von Art. 44 Abs. 1 OR fallen. Dazu Rz. 389.

III. Problematische Fallgruppen

Die Vermögensdifferenztheorie kann mit ihrem rechnerischen Ansatz in gewissen Situationen, die **besondere Wertungen** erfordern, an Grenzen stossen.[371] Zu erwähnen sind folgende problematische **Fallgruppen**, bei denen offen (ergebnisbezogen) gewertet werden sollte.

340 – **«Wrongful conception»**, **«wrongful birth»** und **«wrongful life»**: Stellt die Belastung der Mutter bzw. Eltern mit dem Unterhalt für ein ungewolltes Kind einen ersatzfähigen Schaden dar? Es geht beim weltweit diskutierten Problem der *wrongful conception* um Fälle, in denen ein Dritter (z.B. Arzt oder Apotheker) wegen fehlerhafter Vertragserfüllung (z.B. Sterilisationsfehler oder Verwechslung von Medikamenten), für die Geburt eines unerwünschten Kindes einzustehen hat. Lange Zeit wurde die Ersatzfähigkeit dieses Schadens in der Schweiz mehrheitlich abgelehnt. Bejahend aber dann, wie schon seit längerer Zeit die Judikatur in Deutschland und anderen Ländern, BGE 132 III 359.[372] In den *wrongful-birth*-Fällen geht es darum, dass ein Kind aus genetischen Gründen mit schwersten Behinderungen zur Welt kommt und dies in der pränatalen Diagnostik schuldhaft nicht erkannt und mitgeteilt worden ist.

Beachte:

– Nicht das Kind ist als Schaden zu bezeichnen – das wäre eine ethisch offenkundig unhaltbare Ausdrucksweise –, sondern die ungewollte **Vermögensbelastung** der Eltern. Insofern wird die Differenzhypothese bestätigt.

– BGE 132 III 359 betraf einen Fall der *wrongful conception*. In Österreich wurde bisher nur bei *wrongful birth*, nicht aber bei *wrongful conception* ein Ersatzanspruch der Eltern zugestanden (OGH ecolex 2006, S. 198).

---

370 Bei verletzungsbedingter Arbeitsunfähigkeit eines Arbeitnehmers, dem der Arbeitgeber zur *Lohnfortzahlung* verpflichtet ist (Art. 324a OR), kann der Arbeitnehmer nicht zusätzlich noch Schadenersatz wegen *Arbeitsunfähigkeit* (Art. 46 Abs. 1 OR) fordern. Die Rechtsprechung anerkennt auch hier einen Regressanspruch des Arbeitgebers gegen den Schädiger (BGE 126 III 521 [522 f.]).

371 *Iudex non calculat* (sed ponderat): Der Richter rechnet nicht (sondern wägt aufgrund wertender Überlegungen ab). Diese alte Weisheit gilt gerade auch im Haftpflichtrecht.

372 Abdruck unten S. 421 ff.

Hat ein mit schweren **körperlichen Beeinträchtigungen geborenes Kind** selber, so-zusagen wegen der eigenen Existenz, einen Schadenersatzanspruch gegen den Arzt, der das Problem nicht erkannt und die Mutter bzw. Eltern nicht zur Abtreibung wegen medizinischer Indikation veranlasst hat? Problem des ***wrongful life***. Die französische Cour de Cassation hat 2000 in einem aufsehenerregenden Fall (der dann zum Eingrei-fen des Gesetzgebers zwang) einen Anspruch des Kindes bejaht.[373] Ausdrücklich da-gegen ist der deutsche BGH.[374]

– **«Gebrauchsentbehrung»**: Kann Ersatz («Nutzungsausfallersatz») dafür gefor-dert werden, dass das bei einem Verkehrsunfall beschädigte Auto während der Reparaturzeit nicht benutzt werden kann (Problem der Ersatzfähigkeit der Ge-brauchsentbehrung)? Nach der Differenzhypothese kann ein Ersatz nur gefordert werden, wenn der Geschädigte effektiv einen Vermögensschaden nachweisen kann, wie bei Miete eines **Ersatzautos**, namentlich wenn er es für seine Erwerbs-tätigkeit benötigt. In Deutschland wird aufgrund eines **«normativen Schadens-begriffs»** u.U. auch ohne diese Voraussetzung für Gebrauchsentbehrung gehaftet (zuletzt BGH NJW 2018, S. 1393 [1394]). Die Gebrauchsmöglichkeit habe – selbstverständlich nicht nur bei Autos – als solche einen Marktwert («Kommer-zialisierungsthese»). Eine anders gelagerte Fallkonstellation: Im viel diskutieren *«Fleet-Fall»* des deutschen BGH ging es darum, dass durch den Einsturz einer Ufermauer eines Kanals die Zufahrt für Schiffe zu einer Mühle unterbrochen war. Ein Schiff, das durch den Einsturz nicht beschädigt worden ist, befand sich schon bei der Mühle und konnte nun nicht mehr ausfahren. Seine Nutzung war somit zeitweise verunmöglicht. Ist dies eine Eigentumsverletzung, auch wenn die Substanz des Eigentumsobjekts nicht betroffen war? Deliktische Haftung (Art. 41 Abs. 1 bzw. Art. 58 OR) des für den Unterhalt der Mauer Zuständigen? Vom BGH (NJW 1971, S. 886 [888]) bejaht. 341

In der Schweiz, in der die traditionelle Differenzhypothese zum Schadensbegriff noch stärker beachtet wird, hat sich der Ersatz für Gebrauchsentbehrung bis jetzt nicht durchgesetzt; ablehnend etwa BGE 126 III 388 (393). Dies wird sich aber früher oder später ändern[375].

– **«Frustrationsschaden»**: Kann z.B. der Eigentümer des PKW während der Repa-raturzeit Ersatz für die «Generalunkosten» (Versicherungsprämien, Steuern, Park-platzmiete) fordern, weil ihm das Auto gar nicht zur Verfügung steht? Kann A, der bei einem Verkehrsunfall von B verletzt wird und daher eine Theaterauffüh-rung, für die er sich schon eine Karte gekauft hat, versäumt oder eine bereits ge-buchte Reise gegen Ersatz von Stornogebühren stornieren muss, Ersatz verlan-gen? Die Meinungen sind sehr geteilt. Im ersten Beispiel wird ein Ersatz eher 342

---

373 Cass., ass. plén. n° 457 du 17.11.2000, n° de pourvoi: 99–13701 (arrêt *Perruche*).

374 BGHZ 86, 240 (250 ff.). Ebenso OGer Bern vom 2.5.2011, ZK 10 569 sowie BGer vom 15.12.2014, 4A_551/2013.

375 Für Einzelheiten zur Problematik des «geldwerten Nichtvermögensschadens»: Th. Probst, Der Ersatz «immateriellen Schadens» im schweizerischen Haftpflicht- und Strassenverkehrsrecht, in: Probst/Werro (Hrsg.), Strassenverkehrsrechtstagung 2010, Bern 2010, 35 ff.

abgelehnt als im Theater- oder im Reisestornierungsfall (Ersatz bejaht im österreichischer Fall OGH EvBl 2010 Nr. 119).

343 – **Entgangener Feriengenuss**: Kann Ersatz von einem Reiseunternehmen z.B. dafür gefordert werden, dass entgegen der Zusage das Hotel nicht direkt am Strand lag, sondern wegen eines Umbaus in eine an einer lärmigen Hauptstrasse gelegene Dependance ausgewichen werden musste, was für den Touristen während der ganzen gebuchten Woche ein Dauerärgernis darstellte, so dass der erhoffte Erholungseffekt der Ferien in sein Gegenteil verkehrt wurde? **Unbestritten** sind **Minderungsansprüche** des Reisenden (siehe Art. 13 Abs. 1 lit. b PauRG). In der Schweiz – entgegen den EU-Ländern[376] – nicht zugestanden ist der Anspruch für den letztlich **immateriellen Entgang des Feriengenusses** als solchen: Siehe BGE 115 II 474 (481).

344 – **«Perte d'une chance»** als **ersatzfähiger Schaden**? Kann für den Verlust von Heilungschancen, die bestanden hätten, wenn pflichtgemäss behandelt worden wäre, oder von Gewinnchancen, wenn etwa das Rennpferd (auf dessen Sieg man gesetzt hat) nicht verletzt worden wäre, Ersatz bzw. (je nach Wahrscheinlichkeitsgrad) Teilersatz gefordert werden, auch wenn keine überwiegende (über 50%ige) Wahrscheinlichkeit der Realisierung der Chance bestand? Nach BGE 133 III 462 (468 ff.) erscheint die Anerkennung der Theorie von der *perte d'une chance* zur Zeit als wenig wahrscheinlich.

344a – **Strafsteuern, Bussen und Geldstrafen**, die für den Betroffenen selbstverständlich Vermögenseinbussen darstellen, kann sich der Fehlbare nicht *via* vertragliche Schadenersatzansprüche (etwa von einer Bank – man denke an einen entsprechenden spektakulären liechtensteinischen Fall –, deren Angestellter heikle Kundendaten gestohlen und an die Steuerbehörde weitergegeben hat, oder von einem beratenden Anwalt) «rückvergüten» lassen (BGE 134 III 59 [64 ff.]). Dies würde dem Präventionszweck der **Strafen**, die **höchstpersönlichen Charakter** haben, widersprechen. Daher auch kein Ersatz wegen eines aufgrund eines Fehlers des Steuerberaters entgangenen, aber nicht rechtmässigen Steuervorteils (so BGH NJW 2018, 541, 543).

345 – **Haushaltsschaden**: Lediglich beim Ersatz des Haushaltsschadens, geht man in der Schweiz explizit von einem **«normativen»** (besser: **«abstrakten»**[377]) **Schaden** aus. Siehe etwa BGE 127 III 403 (405) und 132 II 321 (332). Wird eine Hausfrau oder ein Hausmann verletzt, so stellen Familien regelmässig keine zusätzliche Hilfe ein, sondern behelfen sich anderweitig. Deshalb entstehen real **keine**

---

376 S. etwa § 651f Abs. 2 deutsches BGB: «Wird die Reise vereitelt oder erheblich beeinträchtigt, so kann der Reisende auch wegen nutzlos aufgewendeter Urlaubszeit eine angemessene Entschädigung in Geld verlangen».

377 Der Begriff des «Schadens» ist *per se* ein *normativer* Rechtsbegriff, der anhand der Differenzhypothese inhaltlich konkretisiert wird. Folglich ist es wenig zielführend, einzelne Schäden als «normativ» zu bezeichnen, da dieses Attribut auf alle Schäden zutrifft. Richtigerweise sollte von einem *«abstrakten»* Schaden gesprochen werden, da es mangels einer Vermögenseinbusse in Tat und Wahrheit um einen *«Nichtvermögensschaden»* geht, der ersetzt werden soll.

Zusatzkosten. Trotzdem anerkennt das Bundesgericht hier eine **abstrakte wirtschaftliche Einbusse** und damit einen Schadenersatzanspruch.[378] Zu ersetzen ist der Schaden, gemessen am Aufwand, den eine gegen Entgelt eingesetzte Ersatzkraft verursachen würde («Substitutionsmethode»). Gleiche Lösung im Fall des **Pflegeschadens**, wenn eine geschädigte Person zu Hause unentgeltlich von der Familie gepflegt wird (Bundesgericht 4C.276/2001 vom 26.3.2002).

– **Kosten präventiver Schutzmassnahmen**: Sie sind (wie etwa bei elektronischer Überwachung in Warenhäusern) regelmässig nicht durch den konkreten späteren Schädiger (Beispiel: Ladendieb) verursacht und von diesem daher **nicht zu ersetzen**.[379]   345a

– **«Streuschäden»**: Der haftpflichtrechtliche **Individualrechtsschutz** versagt weitgehend, wenn Schäden (etwa durch verdorbene Fertigprodukte) relativ **weit gestreut** sind und bei den Geschädigten nur zu **geringen Vermögensbeeinträchtigungen** führen. In solchen Situationen werden die Geschädigten den zeitlichen und finanziellen Aufwand zur Durchsetzung ihrer betragsmässig geringen Ansprüche in der Regel scheuen und nichts gegen den Schädiger unternehmen. Dadurch können in ihrer Summe beträchtliche Schäden haftpflichtrechtlich ohne Konsequenzen bleiben, was falsche Anreize setzt.   345b

Hinweis: Im Rahmen einer **Teilrevision** der **ZPO** soll diese Rechtsschutzlücke vor allem durch zwei Massnahmen zur Stärkung des **kollektiven Rechtsschutzes** geschlossen werden: (1) Erweiterung des Anwendungsbereichs von **Verbandsklagen**[380]; (2) Einführung eines **Gruppenvergleichsverfahrens** zur Geltendmachung von **Massenschäden**[381].

Die Grenzen der Differenzhypothese wird auch durch den *Baumfall* BGE 129 III 331 (▶ **Fall 51**) illustriert, wo kein Vermögensschaden nachweisbar war und trotzdem Ersatz gewährt wurde.   345c

---

378   Besonders weite (und fragwürdige) Abstraktion von der tatsächlichen Beeinträchtigung in HGer ZH ZR 108 (2009) Nr. 47: Selbst wenn der für den Unfall mitverantwortliche Ehemann freiwillig die Hausarbeiten besorgt hat, sei dies keine von der Haftung entlastende «Naturalrestitution»; die Ehefrau habe trotzdem Ansprüche gegen die Haftpflichtversicherung!

379   Dagegen haftet nach BGE 119 II 411 (418 ff.) ein nach Art. 679 ZGB Verantwortlicher für die Kosten der zur Reduzierung von Schäden aus Immissionen getroffenen Schutzmassnahmen (Securitas-Überwachung).

380   Gemäss Art. 89 und 89*a* VE-ZPO soll der Anwendungsbereich der Verbandsklage erweitert und insbesondere eine *reparatorische Verbandsklage* auf Schadenersatz und Gewinnherausgabe eingeführt werden.

381   Dazu Art. 352*a* ff. VE-ZPO.

C. Rechtswidrigkeit (Widerrechtlichkeit, Unerlaubtheit); sittenwidrige Schädigung

I. Allgemeines

346 Art. 41 ff. OR stehen unter der Überschrift «unerlaubte Handlungen». Damit ist die Haftungsvoraussetzung der Widerrechtlichkeit angesprochen. Das Kriterium der Widerrechtlichkeit hat die Funktion, rechtlich nicht tolerierte Schädigungen von hinzunehmenden (Vermögens-)Nachteilen zu unterscheiden. Zur Umschreibung der Widerrechtlichkeit steht die **objektive Widerrechtlichkeitstheorie** – auch Normwiderrechtlichkeitstheorie genannt – im Vordergrund[382]. Nach (teilweise umstrittener) h.L.[383] und ständiger Gerichtspraxis[384] wird Widerrechtlichkeit – in sich keineswegs aufdrängender Anlehnung an § 823 Abs. 1 und Abs. 2 BGB – **erstens** angenommen bei **Verletzung eines absoluten Rechts** des Geschädigten (sog. Erfolgsunrecht; vor allem bei Personen- und Sachschäden) oder **zweitens**, wenn das **Verhalten des Schädigers gegen eine besondere Schutznorm** (ein spezifisches «Schutzgesetz») **verstösst**, deren Zweck im Schutz individueller Personen (nicht nur der Allgemeinheit oder des öffentlichen Interesses) vor Schäden der eingetretenen Art besteht (sog. Verhaltensunrecht). *Beispiele* für solche Schutznormen: Art. 239, Art. 305bis StGB; im OR etwa Art. 28 OR.

347 Nach dieser Konzeption ist die Verursachung eines **reinen Vermögensschadens**[385] nur dann eine unerlaubte Handlung nach Art. 41 Abs. 1 OR, wenn eine Schutznorm übertreten worden ist, deren Zweck es ist, das Vermögen des Geschädigten gegen Schädigungen der vorliegenden Art zu schützen, oder eine sittenwidrige Schädigung (Art. 41 Abs. 2 OR) vorliegt.[386]

▶ Dazu **Fall 55**, in dem es um die Schutznorm des Art. 239 StGB geht (Abdruck unten Rz. 367)

Man kann insofern von einer – in der schweizerischen Lehre zunehmend kritisch beurteilten – «Diskriminierung» reiner Vermögensschäden sprechen. Hinter dieser restriktiven Haltung, die weltweit zu beobachten ist,[387] steht die Angst, man würde ansonsten die Haftung – in wirtschaftlich untragbarer Weise – allzu weit ausdehnen *(floodgate argument)*. Zusätzlich wichtig war für die Haltung der schweizerischen Doktrin und Praxis der Einfluss des deutschen Rechts, das in § 823 Abs. 1 BGB von der Verletzung absoluter Rechte ausgeht.

---

382 Nach der subjektiven Widerrechtlichkeitstheorie wäre grundsätzlich jede Schadenszufügung widerrechtlich, es sei denn, es liege ein Rechtfertigungsgrund vor.

383 Nachweise zu einem, auf die Verletzung einer Schutzpflicht (und der dadurch ausgelösten *negligence*-Haftung) abstellenden Ansatz bei SCHWENZER Rz. 50.04.

384 Etwa BGE 133 III 323 (330).

385 Oben Rz. 337.

386 Von vornherein keine Haftung für reine Vermögensschäden auf Basis der meisten Haftpflichtgesetze: S. etwa Art. 58 Abs. 1 SVG; Art. 1 PrHG. Anders für Nuklearschäden Art. 2 KHG (dazu im Anschluss an die Reaktorkatastrophe von Tschernobyl BGE 116 II 480).

387 Anders aber das französische Haftpflichtrecht gemäss der weiten Generalklausel des Art. 1240 Code Civil.

Beachte: Beruht der reine Vermögensschaden auf einer **Vertragsverletzung**, 348
auf *cic* oder geht es um **Vertrauenshaftung**, besteht die geschilderte restriktive Haltung nicht. Dazu oben Rz. 327, 329. Nicht zuletzt daraus erklärt sich
die starke Tendenz in Lehre und Gerichtspraxis, ergebnisorientiert vertragsanaloge Haftungen zu konstruieren, um dem Geschädigten entgegenzukom-
men.

Erläuterungen: 349

- **Reine Vermögensschäden**: Zur Definition oben Rz. 337.

- **Schutznormen**, also Gesetzesbestimmungen, die spezifische Schädigungen verbieten, finden sich in allen Bereichen der Rechtsordnung (Privatrecht, Strafrecht,
  öffentliches Recht inkl. Wettbewerbsrecht, dem kantonalen Recht usw.).

- **Absolute Rechte** sind subjektive Rechte, die eine Ausschluss- und Abwehrwir-
  kung gegen jedermann *(erga omnes)* entfalten. Dazu oben Rz. 76.

Beispiele für absolute Rechte: **Persönlichkeitsrechte** (persönliche Rechts-
güter, wie Leben, physische und psychische Integrität); **dingliche Rechte** (wie
Eigentumsrecht, beschränkte dingliche Rechte); **Immaterialgüterrechte** (wie
Urheber-, Patent- und Markenrechte, Rechte an Mustern und Modellen).

- Eine **Unterlassung** ist nur dann rechtswidrig, wenn die Rechtsordnung ausnahmsweise eine **Rechtspflicht zum Handeln** vorschreibt. Etwa bei der Nothilfepflicht eines Arztes oder aufgrund des «**allgemeinen Gefahrensatzes**», wonach
  derjenige, der einen für Leib und Leben gefährlichen Zustand schafft oder auf-
  rechterhält, die notwendigen **Schutzmassnahmen** zu treffen hat (siehe etwa
  BGE 130 III 193 [195]). Hinter der Annahme einer solchen «Verkehrssicherungspflicht» steht der allgemeine Grundsatz des *neminem laedere* (schädige niemanden) aufgrund einer sog. «Garantenpflicht kraft Ingerenz».[388] Speziell zur Pflicht
  zur **Hilfestellung bei Verkehrsunfällen** Art. 51 Abs. 2 SVG.

Beachte: Vertragliche Pflichten sind – im Gegensatz zu den nach Art. 41 ff.
OR deliktisch sanktionierten – regelmässig Pflichten zum Handeln.

Rechtfertigungsgründe: Ausnahmsweise ist ein schädigendes Verhalten nicht «un- 350
erlaubt» im Sinne von Art. 41 Abs. 1 OR, nämlich dann, wenn es durch einen **besonderen Grund** gerechtfertigt werden kann. Folgende Rechtfertigungsgründe sind zu
erwähnen:

---

388 Eine aus der Fürsorgepflicht (Art. 328 OR) abgeleitete Garantenstellung des Arbeitgebers wurde
vom Bundesverwaltungsgericht (A-4147/2016 vom 4.8.2017, E. 7.3) im Hinblick auf die Vornahme zumutbarer Schutzmassnahmen zugunsten der Gesundheit/Sicherheit der Arbeitnehmer
bejaht. Somit Haftung für Folgen der Unterlassung!

350a   –   Die **(rechtsgültige) Einwilligung** des Geschädigten beseitigt die Rechtswidrigkeit der schädigenden Handlung gemäss dem Grundsatz *«volenti non fit iniuria»* (dem Zustimmenden geschieht kein Unrecht); z.B. Art. 28 Abs. 2 ZGB. Eine Einwilligung ist nur gültig, wenn der Geschädigte über das fragliche **Rechtsgut verfügen** kann, in dessen Verletzung er einwilligt (z.B. als Eigentümer der Sache, Inhaber der Immaterialgüter oder Träger der Persönlichkeitsrechte). Als **einseitiges** Rechtsgeschäft setzt die Einwilligung grundsätzlich **Handlungsfähigkeit** voraus – bei höchstpersönlichen Rechten reicht allerdings **Urteilsfähigkeit** (Art. 19c Abs. 1 ZGB) – und kann **jederzeit widerrufen** werden (mit Wirkung für die Zukunft: *ex nunc et pro futuro*).

> *Beispiel*: Einwilligung des Patienten in eine Operation, sofern der Patient ausreichend über deren Risiken aufgeklärt worden ist. Erforderlich ist *consentement libre et éclairé*. Vgl. BGE 133 III 121 (128 f.). Siehe auch unten Rz. 355.

Besonders bei **Sportverletzungen** kommt das **«Handeln auf eigene Gefahr»** *(acceptation du risque)* als Rechtfertigungsgrund in Betracht, wenn die Verletzung auf einem regelkonformen Verhalten des Schädigers beruht. *Beispiel*: Hirnerschütterung durch K.O.-Schlag eines Boxers; spielregelkonformes Tackling führt zu Knieverletzung eines Fussballers; plastisch auch BGH NJW 2010, S. 537; bei Verletzung durch Regelverstoss allenfalls Schadenersatzreduktion nach Art. 44 Abs. 1 OR (dazu Rz. 387).

Ist eine Einwilligung **ungültig** (= nichtig), weil sie selber **rechts-** oder **sittenwidrig** ist (Art. 19/20 OR), stellt sie keinen (die Haftung ausschliessenden) Rechtfertigungsgrund, aber einen **Reduktionsgrund** bei der Schadenersatzbemessung (Art. 44 Abs. 1 OR) dar.

350b   –   **Notwehr** nach Art. 52 Abs. 1 OR ist der (erlaubte) Eingriff in die Rechtsgüter eines **Angreifers** zur unmittelbaren **Abwehr** eines **gegenwärtigen** (rechtswidrigen) **Angriffs** gegen den Angegriffenen selber oder gegen einen Dritten (= Notwehrhilfe). Da eine Notwehrhandlung **rechtmässig** ist, kann sie nicht ihrerseits mit Notwehr beantwortet werden. Die Notwehr muss aber **verhältnismässig** sein, d.h. sie darf nicht weiter gehen, als es zur Abwehr des Angriffs **erforderlich** ist, weshalb ein allfälliger **Notwehrexzess** seinerseits **widerrechtlich** ist. Da der einem Angreifer durch Notwehr zugefügte Schaden nicht rechtswidrig ist, löst er **keine Schadenersatzpflicht** aus.

350c   –   **Notstand** gemäss Art. 52 Abs. 2 OR ist der vorsätzliche Eingriff in das **Vermögen eines andern**, um Schaden oder Gefahr von **sich selber** oder einem **Dritten** (= Notstandshilfe) **abzuwenden**. Im Unterschied zur Notwehr wird nicht in die Rechtsgüter eines Angreifers, sondern eines Dritten eingegriffen. Der Eingriff muss **verhältnismässig** und das **bedrohte Gut wertvoller** sein als das Gut des Dritten, in das eingegriffen wird. Obschon der Notstand einen Rechtfertigungsgrund darstellt, befreit er **nicht von Gesetzes wegen** von jeglicher Schadenersatzpflicht, sondern der **Schaden** muss nach **richterlichem Ermessen ersetzt** werden, m.a.W. es liegt eine **Haftung für rechtmässige Schädigung** vor.

- **Selbsthilfe** im Sinne von Art. 52 Abs. 3 OR ist die (ausnahmsweise erlaubte) **Sicherung** eines **Rechtsanspruchs** durch **Eigenmacht**. Jemand greift in ein fremdes Rechtsgut ein, um seinen Anspruch durchzusetzen, da dieser **mangels rechtzeitiger amtlicher Hilfe** sonst **nicht geschützt** werden könnte (z.B. wenn der Schuldner Vermögensgegenstände beiseite schaffen will; vgl. 271 SchKG). Nach h.M. darf die Selbsthilfe nicht dazu dienen, einen obligatorischen Anspruch (z.B. Anspruch des Käufers auf Eigentumsübertragung) durchzusetzen. Sie steht jeweils nur dem Berechtigten selber, nicht aber einem Dritten zu. – Vgl. Art. 926 Abs. 2 ZGB (Besitzesschutz) als lex specialis.   350d

- **Amtspflicht**: **Träger öffentlicher Gewalt** (z.B. Polizist, Betreibungsbeamter) dürfen durch Amtshandlungen rechtmässig in die **Rechtsgüter Privater** eingreifen (z.B. Verhaftung einer Person, Beschlagnahmung von Waren). Das **öffentliche Interesse** an solchen Eingriffen überwiegt das beeinträchtigte Privatinteresse. Eine rechtmässige Amtshandlung, die in der Kompetenz des handelnden Beamten liegt, rechtfertigt daher eine allfällige Schädigung.   350e

> *Beispiel*: Der verurteilte Straftäter wird hinter Gitter gesetzt, was an sich gegen sein Persönlichkeitsrecht verstösst. Aber Rechtfertigung durch «Gesetz» (Art. 28 Abs. 2 ZGB).[389]

- **Überwiegendes privates** oder **öffentliches Interesse** ist vor allem bei Persönlichkeitsverletzungen (Art. 28 Abs. 2 ZGB) relevant. Ein öffentliches Interesse ist etwa das legitime **Informationsbedürfnis** der Öffentlichkeit, was namentlich bei Medienberichten über «Personen der Zeitgeschichte» von Bedeutung ist. Siehe BGE 127 III 488; Bundesgericht vom 3.10.2013, SemJud 2014 I, 165 ff. – Öffentliche Neugierde stellt jedoch kein ausreichendes öffentliches Interesse dar!   350f

II. Der Tatbestand absichtlicher sittenwidriger Schädigung im Besonderen

Der Tatbestand **absichtlicher sittenwidriger Schädigung** in Art. 41 Abs. 2 OR ist ein Auffangtatbestand: Auch wenn ein Verhalten an sich nicht eigentlich rechtswidrig ist, kann es doch rechtlich verpönt sein. Die praktische Bedeutung von Art. 41 Abs. 2 OR ist, da ihn das Bundesgericht nur **restriktiv anwendet**, nicht sehr gross: Zur Ableitung des Kontrahierungszwangs aus Art. 41 Abs. 2 OR im Falle der Nothilfe oben Rz. 139; zur sittenwidrigen Schädigung durch Verletzung eines Forderungsrechts   351

---

389 Wird hingegen – so das deutsche Bundesverfassungsgericht (NJW 2013, S. 1941) – ein Nichtraucher in der Untersuchungshaft mit stark rauchenden Mitgefangenen untergebracht, so liegt ein «erheblicher Grundrechtseingriff» und damit eine Verletzung des Persönlichkeitsrechts vor!

durch einen Dritten oben Rz. 74; zum offensichtlich ohne sachliche Gründe, böswillig (und daher missbräuchlich) ergriffenen Rechtsmittel (Anfechtung einer einem Dritten erteilten Baubewilligung, womit dem Dritten Schaden entsteht) Handelsgericht Zürich ZR 112 (2013) Nr. 33.

D. Kausalzusammenhang

I. Allgemeines

352 Die Kausalität umschreibt ganz allgemein die Beziehung zwischen Ursache und Wirkung. Im Haftpflichtrecht bezeichnet sie den Zusammenhang zwischen dem **rechtswidrigen Verhalten** des Schädigers als eine (von ihm gesetzte schädigende) Ursache und dem beim Geschädigten eingetretenen **Schaden** («Schadenserfolg»[390]). Dabei darf nicht vom Fehlschluss *post hoc ergo propter hoc* ausgegangen werden. Mit andern Worten: Nur weil einem Schaden zeitlich ein rechtswidriges Verhalten vorausgegangen ist, heisst dies noch nicht, dass zwischen beiden ein ursächlicher Zusammenhang bestehen muss. Man spricht auch vom «Rückschaufehler» *(hindsight bias).*

> *Beachte*, dass es nicht immer auf die Kausalität des Handelns des Haftpflichtigen ankommt; es kann auch auf die Ursächlichkeit des Verhaltens von Personen ankommen, für die er (etwa nach Art. 55 OR) **einzustehen** hat.

353 Der **Beweis des Kausalzusammenhangs** ist nach Art. 8 ZGB[391] vom Geschädigten zu erbringen und wäre, wenn man jeweils den «vollen Beweis» verlangen würde – den strikten Nachweis der an Sicherheit grenzenden Wahrscheinlichkeit, dass ein Kausalzusammenhang besteht –, ein besonders enges «Nadelöhr», durch das sich der haftpflichtrechtliche Anspruch zwängen müsste. Das Bundesgericht begnügt sich daher in Fällen, wo der volle Beweis nicht möglich oder nur sehr schwer zu erbringen ist (namentlich im Hinblick auf den natürlichen Kausalzusammenhang [Rz. 354]), mit dem **Beweis** der **«überwiegenden Wahrscheinlichkeit»**.

> Siehe **BGE 133 III 81** (88): «En principe, un fait est tenu pour établi lorsque le juge a pu se convaincre de la vérité d'une allégation. La loi, la doctrine et la jurisprudence ont apporté des exceptions à cette règle d'appréciation des preuves. L'allégement de la preuve est alors justifié par un ‹état de nécessité en matière de preuve› (Beweisnot), qui se rencontre lorsque, par la nature même de l'affaire, une preuve stricte n'est pas possible ou ne peut être raisonnablement exigée, en particulier si les faits allégués par la partie qui supporte le fardeau de la preuve ne peuvent être établis qu'indirectement et par des indices (ATF 132 III 715 consid. 3.1 p. 720; 130 III 321 consid. 3.2 p. 324 et les références). Tel peut être le cas de la survenance d'un sinistre en matière d'assu-

---

390 Der Begriff «Erfolg» mag für Laien zynisch klingen, aber er hat sich im juristischen Sprachgebrauch dermassen durchgesetzt, dass seine Unangemessenheit niemandem mehr auffällt.
391 Oben Rz. 14.

rance-vol (ATF 130 III 321 consid. 3.2 p. 325 et les arrêts cités) ou de l'existence d'un lien de causalité naturelle, respectivement hypothétique (ATF 132 III 715 consid. 3.2 p. 720 et les arrêts cités). Le degré de preuve requis se limite alors à la vraisemblance prépondérante (die überwiegende Wahrscheinlichkeit), qui est soumise à des exigences plus élevées que la simple vraisemblance (die Glaubhaftmachung). La vraisemblance prépondérante suppose que, d'un point de vue objectif, des motifs importants plaident pour l'exactitude d'une allégation, sans que d'autres possibilités ne revêtent une importance significative ou n'entrent raisonnablement en considération (ATF 132 III 715 consid. 3.1 p. 720; 130 III 321 consid. 3.3 p. 325)». Ebenso etwa BGE 133 III 153 (162).

II. Natürlicher Kausalzusammenhang

In Lehre und Praxis wird zur Feststellung des Kausalzusammenhangs primär die *condicio-sine-qua-non*-Formel verwendet. Danach liegt ein sog. **natürlicher Kausalzusammenhang** vor, wenn das in Frage stehende Ereignis eine **notwendige Bedingung** für den Eintritt des Schadens darstellt, die fragliche Ursache demzufolge nicht (hypothetisch) weggedacht werden kann, ohne dass damit auch der eingetretene Erfolg ganz oder teilweise entfiele[392]. Als alleiniges und endgültiges Kriterium der Zurechnung von Schadensfolgen ist dieser Gedankengang jedoch nicht tauglich; ansonsten müsste letztlich jedes schädigende menschliche Verhalten – *ad absurdum* gedacht – Adam und Eva – oder weniger apodiktisch – das schädigende Verhalten von Grosskindern den noch lebenden Grosseltern zugerechnet werden. So gesehen ist das *condicio-sine-qua-non*-Erfordernis zwar grundsätzlich eine notwendige, aber nicht ausreichende Bedingung für eine Haftungszurechnung. Zur Einschränkung anhand des Adäquanzkriteriums und der Berücksichtigung des Schutzzwecks der übertretenen Norm unten Rz. 360 ff.

Zu bedenken ist, dass ein Schadensereignis – naturwissenschaftlich betrachtet – immer auf einer grossen Fülle natürlich kausaler (Teil)Ursachen (namentlich auch auf dem «Ursachenbeitrag» des Geschädigten selbst) beruht. Man hat es also *per se* mit einer «**Multikausalität**» bei jedem Schadenseintritt zu tun. Juristisch relevant ist vor allem die Konstellation, bei der nicht nur **ein** Haftpflichtiger natürlich kausal gewesen ist, sondern **mehrere Schadensstifter** haftpflichtig sind, die jeweils mit ihrer **Teilursache** eine *condicio sine qua non* für ein und denselben Schaden gesetzt haben. Zur echten und unechten Solidarität mehrerer Haftpflichtiger unten Rz. 399 f.

354

354a

Beispiel: Velofahrer X wird von einem PKW-Fahrer, der die Vorfahrt missachtete, angefahren und verletzt. Im Krankenhaus verschlechtert sich die Verletzung durch einen auf einer Nachlässigkeit des behandelnden Arztes beruhenden Wundbrand. Weitere Beispiele unten Rz. 363.

---

392 Im englischen und amerikanischen Recht spricht man gleichsinnig vom *but for*-Test.

354b   Der natürliche Kausalzusammenhang muss nicht unbedingt ein **physikalischer** sein, sondern kann **psychologisch vermittelt** werden. Zur Haftung der Anstifter und Urheber siehe Art. 50 Abs. 1 OR. Siehe Rz. 398.

355   Beachte:

– Auch bei **Schädigungen** durch **pflichtwidrige Unterlassungen** (oben Rz. 349) kann von natürlicher Kausalität gesprochen (und diese von der adäquaten [Rz. 360 ff.] unterschieden) werden, wobei es hier, wenn man die *condicio-sine-qua-non*-Formel anwendet, nicht um das Wegdenken einer hypothetisch schadensursächlichen Handlung geht, sondern – umgekehrt – um das Hinzudenken einer hypothetisch schadensverhindernden Handlung[393]. Wäre der Schaden bei **Vornahme der gebotenen Handlung ebenso passiert**, hätte das pflichtgemässe (aktive) Handeln den Schadenseintritt also nicht verhindert, war die Unterlassung nicht natürlich kausal. Grundsätzlich hat der Geschädigte nach allgemeinen Maximen (Rz. 352 f.) zu beweisen, dass der Schaden bei pflichtgemässem Handeln nicht eingetreten wäre. Umgekehrte Beweislast ausdrücklich in Art. 55 Abs. 1 und Art. 56 Abs. 1 OR («... oder dass der Schaden ...»). Ebenso auch beim Einwand des «rechtmässigen Alternativverhaltens» (siehe nächster Absatz).

– Um den **Einwand des «rechtmässigen Alternativverhaltens»** geht es u.a. bei mangelhafter (oder fehlender) Aufklärung des Patienten in Fällen der **Arzthaftung**. Operiert der Arzt, ohne dass der Patient der Operation aufgrund einer pflichtgemässen Information über deren Risiken zugestimmt hat, und missglückt diese, so liegt nach h.L. eine rechtswidrige Körperverletzung vor, auch wenn dem Arzt **kein Kunstfehler** vorgeworfen werden kann. Der Arzt kann aber einwenden und den entsprechenden Gegenbeweis führen, dass der Patient bei rechtmässigem Alternativverhalten (der gebührenden Information über die Risiken) dem Eingriff nach aller Wahrscheinlichkeit ebenso zugestimmt hätte, wobei allerdings nicht auf einen objektiv «vernünftigen Patienten» abzustellen ist, sondern auf die Individualität des **konkret Betroffenen («hypothetische Einwilligung»)**. Die Besonderheit der Figur des rechtmässigen Alternativverhaltens zeigt sich darin, dass sie erst zum Tragen kommt, wenn die Ursächlichkeit der rechtswidrigen Behandlung für den eingetretenen Schaden festgestellt und mithin die Haftung grundsätzlich gegeben ist. Aus der Judikatur zur hypothetischen Einwilligung BGE 133 III 121 (130); Bundes-

---

[393] Hier zeigt sich deutlich, dass auch der Begriff des «natürlichen» Kausalzusammenhangs ein *juristisches* Konzept ist. «Natürliche» Kausalität darf nicht mit einem naturwissenschaftlich begründeten Kausalitätskonzept gleichgesetzt werden. Der Ausdruck «natürliche Kausalität» («natürlicher Kausalzusammenhang») ist insofern missverständlich, hat sich aber nun einmal eingebürgert; genauso wie etwa auch der missverständliche Ausdruck der «Unterbrechung des Kausalzusammenhangs». Dazu unten Rz. 363.

gericht vom 20.11.2009, SemJud 2010 I, 449 (453 ff.); aus der deutschen Judikatur instruktiv BGH NJW 2016, S. 3522 (3523).

Ausnahmen vom *condicio-sine-qua-non*-Erfordernis oder zumindest von dessen Beweisbedürftigkeit, stellen die Fälle der kumulativen Kausalität, der alternativen (umstritten) und der überholenden Kausalität (umstritten) dar: 356

– **Kumulative Kausalität**: Es liegen mehrere, gleichzeitig schädigende und von   357
 potentiell Haftpflichtigen unabhängig voneinander ausgelöste Schadensursachen
 vor, wobei jede Ursache **für sich allein** genommen den Schaden ebenso bewirkt
 hätte (= **Gesamtursachen**). In diesen Fällen müssen, was heute unbestritten ist,
 alle Schädiger voll haften (Solidarhaftung nach Art. 143 ff. OR). Sie können
 sich nicht darauf berufen, dass der Schaden auch dann eingetreten wäre, wenn
 die von ihnen gesetzte Ursache weggedacht würde, sie also **keine** *condicio sine
 qua non* gesetzt haben. *Beispiel*: Durch die gleichzeitige Immission von Chemikalien durch die Chemiewerke A und B geht der Fischbestand einer Fischerei-
 genossenschaft zu Grunde. Die Immissionen von A und B hätten je für sich allein
 ausgereicht, um denselben Schaden zu stiften. Dessen Eintritt ist kausal «über-
 determiniert».

 Beachte: Waren hingegen beide Immissionen zusammen erforderlich, um den
 Schaden überhaupt oder im eingetretenen Ausmass zu verursachen, so waren
 sowohl A als auch B (als Setzer von **Teilursachen**) natürlich kausal («**sum-
 mierte Immissionen**» führen zu «Summationsschäden»). Es geht hier um
 «konkurrierende» Teilursachen. Führt das Zusammenwirken der Teilursachen
 (etwa von Chemikalien) zu einer potenzierenden Wirkung, ist zu prüfen, ob
 diese adäquat verursacht wurde (siehe Rz. 360 ff.).

– **Alternative Kausalität**: Es kommen potentiell mehrere Schadensursachen in Be-   358
 tracht, jedoch können erwiesenermassen **nicht alle für den Schaden kausal** gewesen sein; es lässt sich aber **nicht beweisen, welche** es tatsächlich waren. Erwiesen ist lediglich, dass eine oder mehrere der möglichen Ursachen (aber nicht alle)
 auch tatsächlich kausal gewesen sein müssen. Liegt ein **bewusstes Zusammenwirken** der Schädiger vor (wobei man bloss nicht feststellen kann, wer die effektive Ursache gesetzt, also etwa wer aus einer Gruppe den Stein geworfen hat), so
 haften diese dem Geschädigten solidarisch nach **Art. 50 Abs. 1 OR**. Diesfalls
 geht es aber gar nicht um alternative Kausalität, sondern um **Mittäterschaft** (bei
 welcher alle Mittäter **mitursächlich** sind). Sehr umstritten sind indes die Konstellationen, wo es an einem Zusammenwirken der möglichen kausalen (und in einer
 potentiell eine Haftpflicht auslösenden Weise handelnden) Schädiger fehlt, **oder**
 wo es um Alternativität zwischen einem möglicherweise ursächlichen Naturereignis und dem ebenfalls eventuell ursächlichen Verhalten eines potentiell haftpflichtigen Schädigers geht. Nach immer noch herrschender schweizerischer Auffassung gibt es grundsätzlich **keine Haftung des potentiellen Schädigers**, da der

Beweis der Kausalität nicht erbracht worden ist. Der Geschädigte trägt das Unaufklärbarkeitsrisiko![394] Diese Lösung ist vor allem in Fällen alternativer Täterschaft, bei denen jeder der potentiellen Schädiger ein in hohem Mass schadenträchtiges Verhalten gesetzt hat, unbefriedigend.

Zwei *Beispiele* für alternativ kausale Schädiger: Das erste stammt noch aus der Zeit der österreichischen Monarchie (vom OGH entschieden [GlUNF Nr. 4329]): Der Jäger A und der Jäger B wollten unabhängig voneinander ein Rebhuhn erlegen und schossen zur selben Zeit aus derselben Richtung. Beide beachteten nicht, dass die Schusslinie einen Weg kreuzte. Ein Fussgänger wurde von einer Schrotkugel getroffen; es konnte nicht festgestellt werden, ob diese aus dem Gewehr des A oder des B stammte. Das zweite, «modernere» Beispiel: Zwei Jugendliche werfen unabhängig voneinander von einer Autobahnüberführung Steine auf die vorbeifahrenden Autos. Es lässt sich nicht feststellen, wer die Windschutzscheibe eines PKW getroffen hat, A oder B. Klar ist lediglich, dass nicht beide getroffen haben. Zwei *Beispiele* für Alternativität zwischen einem potentiell kausalen Naturereignis und einem potentiellen Schädiger: Ein Bergsteiger und eine Gämse treten jeweils einen Stein los; einer verletzt einen nachkommenden Wanderer schwer, es ist aber nicht feststellbar, von welchem Stein er getroffen wurde. Zweites Beispiel: Waren natürliche Gründe (Frost), die in die Risikosphäre des Geschädigten fallen, oder Fluorimmissionen einer nahen Industrieanlage kausal für die Schäden an einer Walliser Aprikosenkultur? Dazu BGE 109 II 304, wo das Bundesgericht allerdings den Kausalzusammenhang zu den Emissionen als erwiesen erachtete.

> Flexible Teilhaftungslösung nach dem Wahrscheinlichkeitsgrad in Art. 3:
> 103 Abs. 1 **PETL:**[395] «In case of multiple activities, where each of them
> alone would have been sufficient to cause the damage, but it remains uncertain which one in fact caused it, each activity is regarded as a cause to the
> extent corresponding to the likelihood that it may have caused the victim's
> damage». Diese Lösung für die Schweiz erwägend schon OFTINGER/STARK
> I, § 3 Rz. 123 f.

Aufsehenerregende Lösung über eine **Marktanteilshaftung** *(market share liability)* in einer kalifornischen Entscheidung:[396] In *Sindell* v. *Abbott Laboratories et al.* 26 Cal. 3d 588, 607 P. 2d 924 (1980) war der Klägerin ein Gesundheitsscha-

---

394 Im deutschen Recht gibt es bei alternativ kausaler Täterschaft eine Solidarhaftung der Beteiligten gemäss § 830 Abs. 1 Satz 2 BGB, «wenn sich nicht ermitteln lässt, wer von mehreren Beteiligten den Schaden durch seine Handlung verursacht hat». Solidarhaftung auch nach Art. 99 des 6. Buches des niederländischen NBW. Eine entsprechende Regelung fehlt im OR. Im Ergebnis gleich wie § 830 Abs. 1 Satz 2 deutsches BGB auch für England – im Hinblick auf asbestbedingte Erkrankungen – die rechtsvergleichend begründete, grundlegende Entscheidung des House of Lords *Fairchild* v. *Glenhaven Funeral Services Ltd and Others* [2003] 1 AC32.

395 Zur deren Bedeutung s. oben Rz. 51.

396 Wiedergegeben nach K. ZWEIGERT/H. KÖTZ, Einführung in die Rechtsvergleichung, 3. Aufl. (Tübingen 1996) 680.

den dadurch entstanden, dass ihre Mutter während der Schwangerschaft das für den Fötus schädliche Medikament DES eingenommen hatte. Die Klage war gegen einige der 200 Produzenten erhoben worden, die seinerzeit den Wirkstoff DES hergestellt und in ihren Präparaten verwendet hatten. Die Klägerin war nicht imstande zu beweisen, welcher der Beklagten das von ihrer Mutter viele Jahre zuvor eingenommene Medikament produziert hatte. Gleichwohl entschied das Gericht zugunsten der Klägerin: Es wurde eine Haftung der Beklagten auf denjenigen Prozentsatz der geltend gemachten Schäden befürwortet, die ihrem seinerzeitigen DES-Marktanteil entsprach. Dass sie tatsächlich mit ihrem Präparat Gesundheitsschädigungen von Schwangeren verursacht hat, war in diesem Fall (im Unterschied zu den anderen Beispielen in dieser Rz.) erwiesen!

– **Überholende Kausalität** *(causalité dépassante)*: Das schädigende Ereignis 359 («Eingriffsursache»; manchmal auch als «Erfolgsursache» bezeichnet) überholt, bildlich gesprochen, eine bereits in Gang befindliche, konkurrierende Kausalkette, aufgrund derer **derselbe Schaden ebenfalls, aber zu einem späteren Zeitpunkt eingetreten wäre**.[397] Die wegen des überholenden schädigenden Ereignisses nicht zum Zuge kommende Ursache nennt man «Reserveursache» *(causalité dépassée)*. Das böse Schicksal hatte diese sozusagen zur Sicherheit zusätzlich im Köcher!

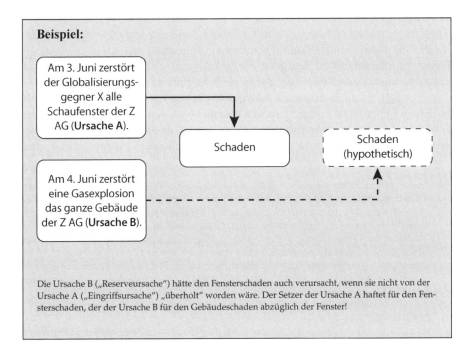

Beispiel:

Am 3. Juni zerstört der Globalisierungsgegner X alle Schaufenster der Z AG (**Ursache A**).

Schaden

Schaden (hypothetisch)

Am 4. Juni zerstört eine Gasexplosion das ganze Gebäude der Z AG (**Ursache B**).

Die Ursache B („Reserveursache") hätte den Fensterschaden auch verursacht, wenn sie nicht von der Ursache A („Eingriffsursache") „überholt" worden wäre. Der Setzer der Ursache A haftet für den Fensterschaden, der der Ursache B für den Gebäudeschaden abzüglich der Fenster!

---

397 Zum Begriff auch BGer vom 31.10.2003, SemJud 2004 I, 407 (410).

Der für die Eingriffsursache Verantwortliche kann sich in Fällen wie dem gerade angeführten Beispielsfall[398] nach ganz h.L. **nicht** auf die Reserveursache und damit auf das Fehlen der *condicio-sine-qua-non*-Beziehung berufen.[399] Er hat den Schaden real verursacht. ▶ **Dazu** auch **Fall 54**. Derjenige, der die nicht relevant gewordene Reserveursache zu verantworten hat, haftet für den Schaden, den er nicht mehr stiften konnte, nicht, weil es im Haftpflichtrecht, anders als im Strafrecht, **keine Haftung für Versuch** gibt.

359a   Einer Sonderbeurteilung unterliegen die Fälle, in denen der Schaden durch Extrapolation in die Zukunft zu beurteilen ist, wie etwa der Versorgungsschaden nach Art. 45 Abs. 3 OR.

> *Beispiel*: War der durch einen Unfall Getötete schwer und rettungslos krebsleidend (ärztliche Prognose: maximale Lebenserwartung von 6 Monaten), so ist bei Berechnung des Versorgungsschadens der Angehörigen (Art. 45 Abs. 3 OR) die Reserveursache des baldigen Ablebens des Verunfallten zu berücksichtigen. Man spricht von den sog. **Anlagefällen**.[400]

III. Adäquater Kausalzusammenhang

360   Der Uferlosigkeit der Haftung, die eintreten würde, wenn man das *condicio-sine-qua-non*-Kriterium als ausreichendes Kausalitätskriterium betrachtete,[401] versucht die auf einem **Wahrscheinlichkeitskalkül** beruhende **Adäquanztheorie** Grenzen zu setzen. Danach ist ein natürlicher Kausalzusammenhang nur dann rechtlich relevant (adäquat), wenn die betreffende Ursache in einer objektiv retrospektiven Optik (so jedenfalls das Bundesgericht) «**nach dem gewöhnlichen Lauf der Dinge und der allgemeinen Lebenserfahrung**»[402] **an sich geeignet war, den eingetretenen Erfolg zu bewirken**, so dass die Wahrscheinlichkeit des Eintritts dieses Erfolges durch die fragliche Ursache als nicht unwesentlich begünstigt erscheint (Kriterium der «Risiko-

---

398 Zuweilen wird der Beispielsfall als Problem der «nachträglichen» (nicht zum Zug gekommenen Kausalität) eingeordnet, und von überholender (und überholter) Kausalität nur dann gesprochen, wenn die Reserveursache vor der Eingriffsursache zu laufen begonnen hat, aber dann im letzten Moment noch von der Eingriffsursache «abgefangen» worden ist. *Schulbeispiel*: Dem A wird im Restaurant von B ein bestimmt tödlich wirkendes Pilzgericht vorgesetzt. Bevor dieses zur Auswirkung kommt, kommt A (ganz unabhängig von seiner Vergiftung) auf der Nachhausefahrt bei einem von C zu verantwortenden Verkehrsunfall ums Leben. Plausibelste Lösung bei dieser sehr zugespitzten Konstellation: Solidarhaftung von B und C (gegenüber den Angehörigen des A [Art. 45 Abs. 3 OR]) wie in Rz. 357.

399 Anders – für einen Fall der Vertragshaftung wegen pflichtwidriger Unterlassung – BGE 115 II 440 (446 f.).

400 Aber: Ersatzanspruch gegen den für einen tödlichen Unfall Verantwortlichen auf Bestattungskosten (Art. 45 Abs 1 OR), auch wenn der Tod in nächster Zeit aus einem anderen Grund eingetreten wäre. S. BGE 135 III 397 (401 ff.).

401 Oben Rz. 354.

402 So die seit Langem verwendete Formulierung des BGer. S. etwa BGE 123 III 110 (112).

214

erhöhung»). Aussergewöhnliche, geradezu «abenteuerliche» Kausalverläufe scheiden demgegenüber als inadäquat aus.

> **Bundesgericht vom 31.10.2003, SemJud 2004 I, 407** (411): «Pour savoir si un fait est la cause adéquate d'un préjudice, le juge procède à un pronostic rétrospectif objectif: se plaçant au terme de la chaîne des causes, il lui appartient de remonter du dommage dont la réparation est demandée au chef de responsabilité invoqué et de déterminer si, dans le cours normal des choses et selon l'expérience générale de la vie humaine, une telle conséquence demeure dans le champ raisonnable des possibilités objectivement prévisibles, le cas échéant aux yeux d'un expert; à cet égard, ce n'est pas la prévisibilité subjective mais la prévisibilité objective du résultat qui compte …»

Das Abstellen des Bundesgerichts auf eine **objektiv nachträgliche Prognose** erweitert den Kreis der nach dem Adäquanzkriterium zuzurechnenden Schadensfolgen beträchtlich: «After the event even a fool is wise», wie es in einer zum englischen (australischen) *Common Law* ergangenen Entscheidung einmal trefflich formuliert worden ist!

> *Beispiel* für inadäquaten Kausalzusammenhang aus der US-amerikanischen Praxis («*Palsgraf*-Fall»: Court of Appeal New York [162 N.E. 99] in Sachen *Palsgraf* v. *The Long Island Railroad Co.* [1928]): Angestellte der beklagten Eisenbahngesellschaft hatten einem eiligen Reisenden auf den abfahrenden Zug geholfen. Das durften sie wegen einer Vorschrift des Eisenbahnrechts nicht tun, weil dies für die Passagiere gefährlich ist. Beim Aufspringen verlor der eine Reisende ein Paket, das auf die Schienen fiel und, weil es zufälligerweise mit leicht explosiven Feuerwerkskörpern gefüllt war, mit lautem Knall explodierte. Die Erschütterung war so stark, dass eine auf dem Bahnsteig stehende Personenwaage umfiel. Sie traf und verletzte die auf dem Bahnsteig stehende Klägerin Helen Palsgraf, die die Eisenbahngesellschaft haftbar machte.

Die Generalklausel der Adäquanz/Inadäquanz bedarf – ähnlich wie im Common Law das Kriterium, der Schaden sei im Hinblick auf die Ursache *too remote* – im Einzelfall der **Konkretisierung**. Der richterliche Entscheid ist stets ein **Werturteil über vernünftige Risikoabgrenzung**.   361

> **BGE 123 III 110 (112)**: Beim Adäquanzkriterium handelt es sich um eine «Generalklausel, die im Einzelfall durch das Gericht gemäss Art. 4 ZGB nach Recht und Billigkeit konkretisiert werden muss».

Wie erwähnt (Rz. 360) neigt das Bundesgericht dazu, adäquate Kausalität grosszügig zu bejahen (so namentlich bei psychischen Schadensfolgen zur «Begehrungsneurose».[403] Bei vorsätzlichen Schadensstiftungen kommt es auf die Inadäquanz des Schadenseintritts von vornherein nicht an.[404]

---

403 Vgl. etwa BGE 96 II 392 (398 f.). Neuerdings nun aber restriktiv für eine ebenfalls neurotische, «somatoforme Schmerzstörung» BGE 142 III 433.

404 Vgl. Art. 1231–3 französischer Code Civil: «Le débiteur n'est tenue que des dommages et in-

Die Beurteilung der Frage, ob **adäquate Kausalität** vorliegt oder nicht, ist (im Unterschied zum als **Tatfrage** eingeordneten Problem, ob **natürliche** Kausalität vorliegt [dazu etwa BGE 130 III 591, 601]) eine **Rechtsfrage**, die vom Bundesgericht im Berufungsverfahren überprüft werden kann (siehe etwa BGE 132 III 715 [718]).

362   In der Lehre wird die Adäquanztheorie wegen der **Vagheit des Adäquanzkriteriums**, das (nach Ansicht der Kritiker) nicht viel mehr als einen Appell an den gesunden Menschenverstand des Gerichts darstellt, seit Längerem kritisiert. Dieser Kritik kann bei Schutzgesetzverletzungen[405] durch Übernahme der **Theorie vom Schutzzweck der übertretenen Norm** Rechnung getragen werden.[406] Mit der Schutzzwecktheorie wird beurteilt, ob der Ersatz eines eingetretenen Schadens durch den aufgrund teleologischer Auslegung ergründeten Schutzzweck der verletzten Schutznorm gedeckt wird; oder mit anderen Worten: Ob ein «Rechtswidrigkeitszusammenhang» zwischen der Übertretung der Schutznorm und dem eingetretenen Schaden besteht.[407]

> *Beispiele*: (1) Die übertretene Verkehrsregel (= Stoppsignal) hat nicht den Zweck, den in **Fall 52** zu beurteilenden Schaden zu verhindern. (2) Die von einem PKW-Fahrer im Ortsbereich übertretene Geschwindigkeitsbegrenzung hat nicht den Zweck, eine ausserorts (bei Einhaltung der dort vorgeschriebenen Geschwindigkeitsbegrenzung) verursachte Kollision des PKW mit einem unvermittelt die Fahrbahn betretenden Fussgänger zu verhindern. Das Argument, der Fussgänger wäre (aus rein zeitlichen Gründen) nicht erfasst worden, hätte der PKW-Fahrer innerorts die Geschwindigkeitsbegrenzung eingehalten, ist nicht relevant. Es besteht kein Rechtswidrigkeitszusammenhang. So auch österreichischer OGH EvBl 2018 Nr. 46.

▶ Zum Adäquanzkriterium und zur Lösung über den Schutzzweck der Norm siehe die **Fälle 52, 53, 55**.

---

térêts qui ont été prévus ou qui pouvaient être prévus lors de la conclusion du contrat, sauf lorsque l'inexécution est due à une fauté lourde ou dolosive»

405   Oben Rz. 346.

406   Bei Schädigungen aus Verletzungen absoluter Rechte, die nicht auf die Übertretung konkreter Schutznormen zurückzuführen sind, gibt es hingegen keine vernünftige Alternative zum Wahrscheinlichkeitskalkül, das dem Adäquanzkriterium zugrunde liegt.

407   Analog sollte bei der Zurechnung der Schadensfolgen von Vertragsverletzungen argumentiert werden. Es geht hier nicht um den Schutzzweck der übertretenen Norm, sondern um den Schutzzweck der vertraglichen Pflicht, gegen die verstossen wurde. Dazu schon Ernst RABEL, Das Recht des Warenkaufs, 1. Bd. (1936, Nachdruck 1964) 496: «Der Schuldner, der das Recht des Gläubigers verletzt hat, haftet ihm nicht für alle denkbaren Folgen seines vertragswidrigen Tuns schlechthin, sondern nur für die Einbussen, die den durch den Vertrag geschützten Interessen des Gläubigers zustossen». Dazu Eva DRUEY, Der Schutzzweck des Vertrags als Mittel der Haftungsbegrenzung, Diss. Basel 2004.

IV. Einzelfragen zum adäquaten Kausalzusammenhang

1. Sog. Unterbrechung des adäquaten Kausalzusammenhangs

363

Die Ursache B, die zur Unterbrechung führt (deren Wirkung also dem Setzer der Ursache A nicht mehr zugerechnet wird), kann auf **grobem Drittverschulden**, namentlich Vorsatz des Dritten, **grobem Selbstverschulden** des Geschädigten (bzw. auf für den Schadenseintritt entscheidenden Umständen, die in seine Risikosphäre fallen), oder auf **höherer Gewalt** beruhen.[408]

> *Beispiel*: X fährt den Fussgänger Z an (Ursache A), der leicht verletzt wird (Erstschaden, unmittelbarer Schaden). Im Krankenhaus stirbt Z (Folgeschaden, mittelbarer Schaden) aufgrund eines geradezu unglaublichen Kunstfehlers des behandelnden Arztes (Ursache B). Sowohl die Ursache A als auch die Ursache B sind in diesem Fall i.S. eines natürlichen Kausalzusammenhanges kausal für den Folgeschaden. Insofern ist die etablierte Ausdrucksweise «Unterbrechung des Kausalzusammenhangs» missverständlich. In Wirklichkeit geht es um ein **Zurechnungsproblem**: Wägt man die beiden Ursachen in Bezug auf ihre Intensität gegeneinander ab, so drängt die «Hauptursache» B die Ursache A ganz in den Hintergrund.[409] **Ursache A** erweist sich im Hinblick auf den **Folgeschaden** als inadäquat. Durch Ursache B ist somit der «Zurechnungszusammenhang» zu Ursache A unterbrochen worden. Die Notwendigkeit einer wertenden Zurechnung macht überdies klar, dass die Ausdrucksweise «Unterbrechung des Kausalzusammenhangs» lediglich ein Ergebnis bezeichnet, dessen Begründung aber durch offene Adäquanz- bzw. Risikoargumente erfolgen muss.

▶ Dazu auch **Fall 58**

> *Gegenbeispiel*: Keine Unterbrechung des adäquaten Kausalzusammenhangs wäre im folgenden Fall anzunehmen: C wird bei einem Verkehrsunfall durch A mittelschwer – aber mit klaren Heilungschancen – verletzt und mit einem mit Blaulicht und Notsignal fahrenden Rettungsauto im starken Abendverkehr in die Klinik

---

408 Illustrativ zur Unterbrechung des Kausalzusammenhangs durch grobes Selbstverschulden BGer 4A_385/2013 vom 20.2.2014 (zu Art. 58 OR); zum Begriff der höheren Gewalt unten Rz. 411.

409 Von «Hauptursache» spricht Art. 40c Abs. 1 EBG (unten Rz. 414). Danach wird der Inhaber eines Eisenbahnunternehmens von der Haftung befreit, wenn ein Sachverhalt, der ihm nicht zugerechnet werden kann, «so sehr zur Entstehung des Schadens beigetragen hat, dass er als dessen Hauptursache anzusehen ist».

> transportiert. Auf der Fahrt kollidiert das Rettungsauto mit einem PKW, der nicht rechtzeitig an die Seite gefahren war. C erleidet dabei schwere Verletzungen und stirbt. Keine Unterbrechung des Kausalzusammenhangs zu A. Transporte mit Rettungsautos unterliegen erfahrungsgemäss einem erhöhten Risiko. Diesem hat A den C ausgesetzt.

364   Bemerkenswerter Versuch einer gesetzlichen Regelung des Problems der Unterbrechung des Kausalzusammenhangs in Art. 47a des in vielen Punkten innovativen **Vorentwurfs zu einer** (inzwischen *ad acta* gelegten) **Gesamtrevision des schweizerischen Haftpflichtrechts (2000)**: «Eine Person wird von jeglicher Haftpflicht entlastet, wenn ein Sachverhalt, der ihr nicht zugerechnet werden kann, in offensichtlich überwiegender Weise zum Eintritt oder zur Verschlimmerung des Schadens beigetragen hat, namentlich höhere Gewalt, das Verhalten einer dritten oder der geschädigten Person oder ein diesen Personen zuzurechnendes charakteristisches Risiko».

2. Reflexschaden (Drittschaden; dommage par ricochet; dommage réflechi)

365   Das Problem des **Reflexschadens** stellt sich, wenn aufgrund einer Ursache ein Erstschaden (unmittelbarer Schaden) bei einer Person X und in weiterer Kausalfolge ein zusätzlicher Schaden (Folgeschaden, mittelbarer Schaden) bei einer **anderen Person** Y («Dritter») eintritt. Dieser letzte Schaden wird als «Reflexschaden» (oft auch als Drittschaden) bezeichnet.

366   Reflexschäden sind, entgegen früherer Auffassung,[410] nach Art. 41 ff. OR **ersatzfähig**, falls die üblichen Haftungsvoraussetzungen erfüllt sind, der Schaden also insbesondere adäquat verursacht[411] worden und die Rechtswidrigkeit der Schädigung

---

410   Nach dieser waren Reflexschäden grundsätzlich nicht ersatzfähig. Ausnahmen wurden nur anerkannt, wenn der Ersatz eines Reflexschadens – wie vor allem im Fall des Versorgungsschadens nach Art. 45 Abs. 3 OR – im Gesetz ausdrücklich vorgesehen ist. Aus Art. 45 Abs. 3 OR wurde (was nicht überzeugt) ein Umkehrschluss (dazu oben Fn. 38) gezogen, wonach in allen anderen Fällen, in denen das Gesetz nicht wie in Art. 45 Abs. 3 OR ausdrücklich die Ersatzfähigkeit des Reflexschadens vorsehe, kein Ersatz zustehe. Gleichzeitig war die grundsätzliche Ablehnung des Ersatzes von Reflexschäden wohl auch von der Sorge motiviert, es wären ansonsten die Schleusen zu wirtschaftlich ruinösen Schadensfolgen geöffnet (daher spricht man im anglo-amerikanischen Recht auch vom *floodgate argument*). Diesen zu wehren, gibt es aber abgesehen vom Adäquanz- und Schutzzweckkriterium und dem Erfordernis der Rechtswidrigkeit, die auch gegenüber dem Drittgeschädigten erstellt sein muss, auch andere rechtliche Handhaben (etwa Art. 43 OR, Art. 44 Abs. 2 OR).

411   Vgl. dazu die Fragen zu ▶ **Fall 56**.

des Dritten zu bejahen ist. Letzteres ist nach noch h.L. und Praxis bei **Verletzung eines absoluten Rechts** des Reflexgeschädigten (etwa bei «Schockschäden») **oder** (was zur Ersatzfähigkeit eines Reflexschadens führen kann, der reiner Vermögensschaden ist) bei **Übertretung** eines die Verhinderung von Reflexschäden bezweckenden **Schutzgesetzes** der Fall. Leitentscheidung zu den **Schockschäden** ist das *Hunter*-Urteil BGE 112 II 118 = ▶ **Fall 56**[412]: Beeinträchtigt war durch den Nervenschock das absolute Recht des Vaters auf körperliche Integrität. Zur Verletzung eines Schutzgesetzes bei Reflexschäden *Beispiel* in Rz. 367.

Beachte zur Begrifflichkeit: Vom Bundesgericht (etwa BGE 112 II 118 [128]) werden Reflexschäden, bei denen das Rechtswidrigkeitserfordernis erfüllt ist, als «unmittelbare» («direkte») Schäden bezeichnet. Zuweilen wird in der Lehre (in etwas paradoxer Ausdrucksweise) auch von «mittelbaren Direktschäden» gesprochen. Demgegenüber geht die hier in Rz. 365 befürwortete Definition allein von der (faktischen) Stellung des Schadens im Kausalverlauf aus und bezeichnet nur den Erstschaden als unmittelbaren. Geht man von dieser Begrifflichkeit aus, dann sind die Reflexschäden eine besondere Fallgruppe der mittelbaren Schäden. Ein mittelbarer Schaden liegt auch dann vor, wenn der Folgeschaden in der Person des Erstgeschädigten eintritt und somit kein Reflexschaden gegeben ist. *Beispiel* ▶ **Fall 53** sowie oben Rz. 363. Bei dieser Konstellation des mittelbaren Schadens war es nie strittig, dass dieser, wenn die allgemeinen Voraussetzungen der Art. 41 ff. OR (namentlich das Adäquanzkriterium) erfüllt sind, zu ersetzen ist. Dies muss genauso für Reflexschäden gelten.

Eine wichtige Fallgruppe der Reflexschäden bilden die «**Energieversorgungsfälle**», bei denen eine der öffentlichen Versorgung dienende Strom- oder Wasserleitung beschädigt wird (= unmittelbarer Schaden), was etwa zu Produktionsausfällen in Unternehmungen (= entgangener Gewinn als Reflexschaden) führt. Ein solches Unternehmen kann sich für den erlittenen reinen Vermögensschaden auf Art. 239 StGB berufen, der vom Bundesgericht als Schutzgesetz (auch) zugunsten der Vermögensinteressen privater Abnehmer interpretiert wird. Siehe BGE 101 I b 252 (255 f.); 102 II 85 (89 f.).   367

▶ **Fall 55**

Art. 239 StGB

1. Wer vorsätzlich den Betrieb einer öffentlichen Verkehrsanstalt, namentlich die den Eisenbahn-, Post-, Telegrafen- oder Telefonbetrieb hindert, stört oder gefährdet,

---

412   Bestätigt in BGE 138 III 276, wo es darum ging, dass Eltern einen Nervenschock erlitten (und damit in ihrer körperlichen Integrität verletzt wurden), als sie die Nachricht erhielten, dass ihr Sohn bei einem Verkehrsunfall auf der Autobahn ums Leben gekommen sei. Weiteres *Beispiel* für einen Schockschaden oben Rz. 82. Davon (für den Fall einer «somatoformen Schmerzstörung» eines Dritten) abgrenzend (und eine Haftpflicht ablehnend) BGE 142 III 433.

wer vorsätzlich den Betrieb einer zur allgemeinen Versorgung mit Wasser, Licht, Kraft oder Wärme dienenden Anstalt oder Anlage hindert, stört oder gefährdet,

wird mit Freiheitsstrafe bis zu drei Jahren oder Geldstrafe bestraft.

2. Handelt der Täter fahrlässig, so ist die Strafe Freiheitsstrafe bis zu drei Jahren oder Geldstrafe.

368   Mangels einschlägiger Schutznorm **nicht ersatzfähig** ist der Vermögensschaden einer Autobahnraststätte, die wegen einer unfallbedingten mehrtägigen Sperrung der Autobahn einen Betriebsausfall erlitten hat (*Beispiel* nach BGH JZ 2015, S. 680 ff.). Ebenfalls nicht ersatzfähig wäre – nach Art. 45 Abs. 3 OR, der im Fall der Tötung (als reinen Vermögensschaden) nur den Ersatz des Versorgungsschadens Dritter (dazu Rz. 384) vorsieht – der Schaden im Folgenden vom italienischen Höchstgericht (zugunsten des Klägers!) entschiedenen Fall:[413] Ein Fussballspieler namens Luigi Meroni, unter Vertrag bei einem Turiner Verein, wird bei einem durch Fahrlässigkeit eines Autofahrers verursachten Unfall getötet. Meronis Arbeitgeber (reflexgeschädigt) klagt auf Ersatz des Schadens (Zuschauerschwund, keine Teilnahme an internationalen Bewerben etc.), der ihm durch Ausfall seines Goalgetters entstanden ist.[414]

▶   Zu den Reflexschäden **Fall 55** und **Fall 56**

3.   Kasuistik: «Allgemeines Lebensrisiko», «Verfolgerfälle», «Hilfeleistungsfälle»

369   –   Der Sekretär S der Kantonsregierung wird bei einem von X verschuldeten Verkehrsunfall am Kopf verletzt. Bei der Behandlung im Krankenhaus stellt sich heraus, dass S an einer mit dem Unfall nicht zusammenhängenden, unheilbar progressiven, aber vorerst noch nicht merklichen Gehirnarteriosklerose leidet. Dieser Befund führt zu seiner vorzeitigen Versetzung in den Ruhestand. Haftet X dafür? *Antwort*: Keine Haftung trotz natürlicher Kausalität; «allgemeines Lebensrisiko» des S. Dazu auch Rz. 388.

    –   Der Polizeibeamte A nimmt den des Totschlags dringend verdächtigen T fest und führt ihn dem Untersuchungsrichter vor. Im Anschluss an die richterliche Vernehmung nutzt T einen günstigen Moment zur Flucht durch ein Fenster, das sich etwa vier Meter über dem Erdboden befindet. A springt dem Flüchtenden, ohne lang zu überlegen, nach. Bei diesem Sprung stürzt A unglücklich und zieht sich schwere Frakturen an der Wirbelsäule zu. Haftet T? *Antwort*: Schaden wurde von T «herausgefordert», also grundsätzlich Haftung; allenfalls –

---

413   Corte di Cassazione 26.11.1971.

414   Als «Versorger» seines Clubs i.S.v. Art. 45 Abs. 3 OR wird man den Goalgetter – bei aller Fussballeuphorie – nicht bezeichnen können. Nach schweizerischem Recht gäbe es auch aus Art. 58 ff. SVG keinen Schadenersatzanspruch; S. Art. 58 Abs. 1 SVG und unten Rz. 415.

bei gänzlich unvernünftig riskanter Selbstgefährdung – Reduktion (Art. 44 Abs. 1 OR) oder gar Entfall der Haftpflicht wegen Inadäquanz.

– Beim riskanten Versuch, einen auf dem Balkon eines Hausnachbarn auf Grund eines defekten Grillgeräts ausbrechenden Brand zu löschen, stürzt A auf den Vorplatz des Hauses und verletzt sich schwer. Keine Haftung des Produzenten des Grillgeräts gemäss Bundesgericht vom 18.6.2017, 4A_7/2007.[415]

E. Verschulden

Eine Schädigung (deren Rechtswidrigkeit feststeht[416]) ist schuldhaft verursacht, wenn sie **vorsätzlich** oder **fahrlässig** geschieht. Diese beiden Formen des Verschuldens setzen das subjektive Moment der **Urteilsfähigkeit** des Schädigers voraus. Urteilsfähigkeit ist die Fähigkeit, die möglichen Auswirkungen des eigenen Handelns zu erkennen und gemäss dieser Einsicht zu handeln (siehe Art. 16 ZGB). Ohne diese Fähigkeit ist man nicht «deliktsfähig» (Art. 18 ZGB). Allenfalls aber **Billigkeitshaftung** des **Urteilsunfähigen** nach Art. 54 Abs. 1 OR. Bei dieser Haftung sind vor allem die Vermögensverhältnisse von Schädiger und Geschädigtem abzuwägen. So ausdrücklich § 1310 österreichisches ABGB; ähnlich auch § 829 deutsches BGB.

370

Beispiel: Alter, vertrottelter Millionär schiesst mit seinem Gewehr auf die Nachbarkinder, die in seinem Garten verbotenerweise Kirschen pflücken wollen.

Beachte:

371

– Randaliert jemand im Vollrausch (in dem er urteilsunfähig ist), haftet er nach Art. 54 Abs. 2 OR, sofern er nicht nachweist, dass sein Zustand ohne sein Verschulden eingetreten ist.

– Unmündige urteilsfähige Personen, also vor allem Jugendliche, sind deliktsfähig (Art. 19 Abs. 3 ZGB). Die Haftung des Familienhaupts für minderjährige «Hausgenossen» (vor allem Kinder!) ist in Art. 333 Abs. 1 ZGB, einem Tatbestand der «milden» Kausalhaftung (dazu Rz. 403 ff.), geregelt. Der Begriff der Minderjährigkeit ergibt sich aus Art. 14 ZGB.

---

415 Anders wäre wohl zu entscheiden, wenn ein Feuerwehrmann bei einem Brandeinsatz zu Schaden käme, es sei denn, der Brandeinsatz war völlig aussichtslos oder unverhältnismässig.

416 Ist dies nicht der Fall, ist die Frage, ob Verschulden vorlag, irrelevant.

I. Vorsatz

372 Vorsatz ist das **bewusste** und **willentliche** Hinwirken auf einen Erfolg.

Direkter Vorsatz *(dolus directus)*: Vorsätzlich (absichtlich) handelt zunächst, wer den Schaden bewusst («mit Wissen und Willen» [Art. 12 Abs. 2 StGB]) verursacht.

> *Beispiel*: A ärgert sich über seinen Nachbarn B und zerstört eine Fensterscheibe von dessen Haus mit einem Stein.

Eventualvorsatz *(dolus eventualis)*: Ebenfalls vorsätzlich handelt, wer den Erfolg zwar nicht direkt anstrebt, aber **bewusst in Kauf nimmt**, dass seine Handlung Schaden verursachen kann.

> *Beispiel*: A ärgert sich über seinen Nachbarn B und schiesst den Fussball gegen die Wand des Hauses des B, damit dieser durch die Aufprallgeräusche gestört wird. Dass der Fussball dabei eine Fensterscheibe treffen könnte, ist sich A bewusst. Die potentielle Zerstörung nimmt er in Kauf.

II. Fahrlässigkeit

373 Bezüglich des **Fahrlässigkeitsbegriffes** kann auch für die Schweiz auf § 276 Abs. 2 deutsches BGB verwiesen werden, demgemäss Fahrlässigkeit vorliegt, wenn «die im Verkehr erforderliche Sorgfalt ausser Acht» gelassen wird.

> Die «im Verkehr erforderliche Sorgfalt» als Grundlage der Beurteilung, ob Fahrlässigkeit vorliegt, ist natürlich eine sehr interpretationsbedürftige Generalklausel. Weiterführend zu deren Konkretisierung die vom amerikanischen Richter LEARNED HAND geprägte, auf einem Kosten-Nutzen-Kalkül beruhende Formel, wonach Fahrlässigkeit dann vorliegt, wenn der durch den Unfall verursachte Verlust, multipliziert mit der Wahrscheinlichkeit des Eintretens des Unfalls, die Kosten der Vorkehrungen übersteigt, die der Handelnde hätte ergreifen können, um den Verlust abzuwenden.

Für die Fahrlässigkeit gilt, wie es § 276 Abs. 2 BGB zum Ausdruck bringt, nach herrschender Auffassung ein **objektivierter Massstab**[417] (*culpa in abstracto* und nicht *culpa in concreto*). Danach wird das Verhalten des Schädigers mit dem hypothetischen Verhaltensstandard eines **durchschnittlich aufmerksamen Menschen** (*diligens pater familias* = sorgfältiger «Hausvater») verglichen.

> **BGE 137 III 539 (544)**: «Die Sorgfaltswidrigkeit ergibt sich aus dem Vergleich des tatsächlichen Verhaltens des Schädigers mit dem hypothetischen Verhalten eines durchschnittlich sorgfältigen Menschen in der Situation des Schädigers».

---

417 Dies im Gegensatz zum Strafrecht, wo wegen dessen pönaler Funktion (Straffunktion) tendenziell ein konkreter Fahrlässigkeitsmassstab gilt.

Es nützt dem Schädiger nichts, wenn er darlegen kann, dass er konkret – wegen seiner Dummheit, Unerfahrenheit, Ungeschicklichkeit etc. – gar nicht sorgfältiger handeln konnte.[418] Man soll sich im gesellschaftlichen Zusammenleben darauf verlassen können, dass der Interaktionspartner einen objektiven Durchschnittsstandard an Sorgfalt einhält. Ist das nicht der Fall und kommt man durch die Unsorgfalt des anderen zu Schaden, soll dieser dafür einstehen müssen. Dies führt im Ergebnis allerdings zu einer «Risikohaftung des Unterdurchschnittlichen». Eine eigentliche Verschuldenshaftung ist dies nicht mehr; es geht um *neglicence without fault* (Albert A. EHRENZWEIG).

▶ Dazu **Fall 6**

Selbstverständlich muss das Verhalten zeitlich aus der Warte des Schädigers beurteilt werden und nicht beeinflusst durch die Optik des eingetretenen Schadens. Denn bekanntlich ist man im Nachhinein immer klüger!

Je weiter das Verhalten des Schädigers von der unter den gegebenen Umständen   374
gebotenen Durchschnittssorgfalt abweicht, desto schwerer wiegt das Verschulden. Bezüglich des Schweregrades des fahrlässigen Verschuldens wird die **grobe Fahrlässigkeit** *(culpa lata)* von der **leichten Fahrlässigkeit** *(culpa levis)* unterschieden, wobei freilich vom Grundsatz auszugehen ist, dass für **jeden Verschuldensgrad** einzustehen ist, also auch für leichteste Fahrlässigkeit *(culpa levissima)*. So schon im Römischen Recht Dig. 9, 2, 44 pr. (ULPIANUS). Siehe ausdrücklich Art. 99 Abs. 1 OR. Die Grösse des Verschuldens kann vom Richter aber bei der konkreten Bemessung des Schadenersatzes berücksichtigt werden (Art. 43 und Art. 99 Abs. 3 OR), um eine gewisse **Proportionalität zwischen Schuld und Haftung** herzustellen.[419] Wichtig ist auch die Unterscheidung von grober und leichter Fahrlässigkeit nach Art. 100 Abs. 1 und 2 OR (unten Rz. 482). Grobe Fahrlässigkeit wird dort, wie in anderen Fällen, gleich wie Vorsatz behandelt. Beide Schuldformen werden auch als **«grobes Verschulden»** zusammengefasst. Zur Unterbrechung des Kausalzusammenhangs bei grobem Selbst- oder Drittverschulden oben Rz. 363.

Grob fahrlässig handelt, wer jene elementarsten Vorsichtsgebote unbeachtet   375
lässt, die sich jedem vernünftigen Menschen in der gleichen Lage und unter den gleichen Umständen aufdrängen müssten (etwa BGE 107 II 161 [167]). Grobe Fahrlässigkeit ist **unüberlegte Rücksichtslosigkeit.**

Beispiel: A, ein «Raser», fährt bei Regen in der Nacht mit über 80 km/h in eine unübersichtliche Kurve, die in einem Dorf (Höchstgeschwindigkeit: 50 km/h) liegt, und gerät dabei ins Schleudern.

---

418 Anders – ausnahmsweise –, wenn nur für die *diligentia quam in suis* (für «eigenübliche Sorgfalt») einzustehen ist. S. Art. 538 Abs. 2 OR oder bei der Haftung des Gefälligen (oben Rz 102a) entsprechend Art. 99 Abs. 2 OR. Dazu BGE 137 III 539 (545).

419 Dazu Rz. 385.

376   **Leicht fahrlässig** handelt, wer lediglich geringfügig von der aufzubringenden Sorgfalt abweicht und eine Handlung setzt, die «jedem einmal passieren kann». Leichte Fahrlässigkeit ist **normale Sorglosigkeit**.

> *Beispiel*: Dem Fassadenreiniger fällt der Eimer um, so dass die Reinigungslösung die Kleider einiger Passanten beschädigt.

377   Die Grenzen zwischen diesen beiden Schweregraden der Fahrlässigkeit (die übrigens gedanklich noch durch die im Gesetz nicht explizit erwähnte Mittelkategorie der «gewöhnlichen», **mittelschweren** Fahrlässigkeit zu ergänzen sind: Siehe BGE 100 II 332 [338]) sind selbstverständlich fliessend. Einen Anhaltspunkt für die Unterscheidung bieten die virtuellen Reaktionen eines Beobachters: Bei grob fahrlässigem Verhalten denkt er sich: «Wie konnte er nur sowas tun?», bei leicht fahrlässigem Verhalten: «Das kann jedem passieren».

▶ Dazu auch **Fall 57**

Schwierig ist (etwa bei Raserunfällen) auch die Abgrenzung zwischen gröbster Fahrlässigkeit und Eventualvorsatz (Rz. 372). Zur Berücksichtigung des Verschuldensgrads nach Art. 43 Abs. 1 unten Rz. 385.

F. Verjährung der Ansprüche aus Art. 41 ff. OR

378   Der Anspruch auf **Schadenersatz** oder **Genugtuung** nach Art. 41 ff. OR verjährt gemäss **Art. 60 Abs. 1 OR** «in einem Jahre von dem Tage hinweg, wo der Geschädigte Kenntnis vom Schaden und von der Person des Ersatzpflichtigen erlangt hat» **(relative Verjährungsfrist)**, jedenfalls aber absolut «mit dem Ablaufe von zehn Jahren, vom Tage der schädigenden Handlung an gerechnet» **(absolute Verjährungsfrist)**. Da auf die schädigende Handlung und nicht auf den Schadenseintritt abgestellt wird, kann es bei «Langzeitschädigungen» («Spätschäden»), etwa bei Einatmung von Asbestfasern, unbefriedigenderweise dazu kommen, dass Verjährung eintritt, bevor der Haftpflichtanspruch entstanden ist.[420] Eine Forderung gilt danach als verjährt, bevor sie überhaupt entstanden ist![421] Für strafrechtlich relevante Delikte gilt die die Verjäh-

---

420 Dies nimmt das BGer in einem Asbestfall, bei dem es um einen Anspruch aus Vertragsverletzung ging, in Kauf (BGE 137 III 16 [18 ff.]). In einer Entscheidung des EGMR vom 11.3.2014 wurde das Bundesgerichtsurteil als Verstoss gegen Art. 6 EMRK (Recht auf faires Verfahren) beurteilt. Aufhebung des BGer-Urteils durch BGer vom 11.11.2015, 4F_15/2014. Vgl. demgegenüber § 199 Abs. 2 deutsches BGB (lange, dreissigjährige Verjährungsfrist bei Körperschäden).

421 Dieser – jedenfalls für Laien kaum verständliche Standpunkt – ergibt sich nicht ohne Weiteres aus dem Gesetz. Wenn Art. 60 Abs. 1 OR vom «Tage der schädigenden Handlung» und nicht vom Tag der «unerlaubten» oder «widerrechtlichen» Handlung spricht, ging der Gesetzgeber stillschweigend davon aus, dass die unerlaubte Handlung innert absehbarer Zeit zu einem Schaden führt und nicht erst nach dreissig oder noch mehr Jahren. Eine unerlaubte Handlung kann solange nicht als «schädigend» qualifiziert werden als kein Schaden eingetreten ist. Das Gegen-

rungsfrist verlängernde Sonderregel des **Art. 60 Abs. 2 OR** (entsprechend auch Art. 83 Abs. 2 SVG). Beachte dazu die Fristen nach Art. 97 StGB. Wichtig dazu BGE 136 III 502. Dort auch zur *ratio legis* (zum Sinn) des Art. 60 Abs. 2 OR:

> **BGE 136 III 502 (506)**: «En adoptant cette disposition le législateur a voulu éviter que le responsable ne puisse plus être recherché sur le plan civil à un moment où il pourrait encore être puni pénalement …».

Beachte: Nach der vom Parlament in der Sommersession 2018 beschlossenen Revision des Verjährungsrechts beträgt gemäss dem revidierten Art. 60 Abs. 1 und 1bis OR die relative Verjährungsfrist fortan drei Jahre und die absolute Verjährungsfrist 10 Jahr bzw. für Personenschäden 20 Jahre.   378a

§ 3 Der Inhalt der Schadenersatzpflicht, Schadensberechnung und Schadenersatzbemessung

A. Arten des Schadenersatzes

In Bezug auf die Art des Ersatzes, die nach Art. 43 Abs. 1 OR der Richter bestimmt,   379 ist zwischen **«Naturalersatz»** (**«Naturalrestitution»** = Wiederherstellung des *status quo ante*)[422] und dem in der Praxis im Vordergrund stehenden, den Schaden kompensierenden **Geldersatz** zu unterscheiden. Der zu leistende Geldbetrag, wie auch der Naturalersatz (z.B. Herausgabe einer gestohlenen Sache, Ersatz einer zerstörten [Gattungs-]Sache durch gleiches Produkt etc.) sollen den Geschädigten in Bezug auf sein Vermögen real möglichst so stellen, wie wenn das schädigende Ereignis nicht eingetreten wäre. Wenn Naturalersatz zu einem unverhältnismässig hohen Aufwand führen würde, kann nur Geldersatz gefordert werden. Der Geldersatz kann in Form einer **einmaligen Geldleistung**, aber auch in Raten als **Rente** (*Beispiel*: Invaliditätsrente auf Basis von Art. 46 Abs. 1 OR) bezahlt werden.

---

teil anzunehmen, läuft auf eine *petitio principii* hinaus bzw. beruht auf einer retrospektiven Betrachtungsweise über die der in seinen Rechten Verletzte im Voraus nicht verfügt. Art. 60 Abs. 1 OR zwingt keineswegs zum Schluss, dass eine Forderung verjährt, bevor sie überhaupt entstanden ist. – Nota: Mit der vom Parlament in der Sommersession 2018 verabschiedeten Revision von Art. 60 OR, der nunmehr eine relative Verjährungsfrist von 3 Jahren und, für Personenschäden, eine absolute Verjährungsfrist von 20 Jahren vorsieht, wird die Asbestproblematik zwar nicht gelöst, aber immerhin ein Schritt in die richtige Richtung gemacht (vgl. die Zusammenstellung unten Rz. 520).

422   Es ist der «Zustand herzustellen, der bestehen würde, wenn der zum Ersatz verpflichtende Umstand nicht eingetreten wäre» (so § 249 Abs. 1 deutsches BGB).

B. Berechnung des Schadens und Beweislast

380 Zur Berechnung des Schadens ist grundsätzlich von der **Differenzhypothese** zum Schadensbegriff[423] auszugehen. Zur Vorteilsausgleichung oben Rz. 339. Die möglichst konkret vorzunehmende Berechnung des ersatzfähigen Schadens bereitet in vielen Fällen ganz erhebliche Schwierigkeiten. Dabei ist von der **Beweislastregel** des **Art. 42 Abs. 1 OR** auszugehen, wonach, wenn Ersatz beansprucht wird, der Schaden – auch die Höhe – vom Geschädigten zu beweisen ist. Ist der Schaden als solcher erwiesen, aber mit zumutbarem Aufwand nicht konkret (ziffernmässig) nachweisbar, so ist er «nach Ermessen» des Richters mit «Rücksicht auf den gewöhnlichen Lauf der Dinge» abzuschätzen **(Art. 42 Abs. 2 OR)**. Auf Art. 42 Abs. 2 OR sollen nach dem Bundesgericht (siehe etwa BGE 132 III 379 [381]) auch Beweiserleichterungen gestützt werden können, wenn sich nicht strikt beweisen lässt, dass überhaupt ein Schaden eingetreten ist.

381 Besondere Probleme macht die Schadensberechnung in den Fällen, in denen **zukünftige Schäden** geltend gemacht werden, also hypothetische Schadensextrapolationen vorgenommen werden müssen.

> *Beispiele*: Berechnung der Invaliditätsrente gemäss Art. 46 Abs. 1 OR[424] und des Versorgungsschadens nach Art. 45 Abs. 3 OR.

I. Sachschaden

382 Bei Zerstörung einer Sache ist vom objektiven («gemeinen») Wert, d.h. vom Verkehrswert auszugehen. Ist bei gebrauchten Sachen eine Ersatzbeschaffung einer gebrauchten Sache nicht möglich (zumutbar), so ist der Wiederbeschaffungspreis einer neuen Sache zu ersetzen, abzüglich der gebrauchsbedingten Wertminderung (**«Abzug neu für alt»**). Bei reparablen Sachen sind die Reparaturkosten und, vor allem bei Autoreparaturen, der trotz perfekter Reparatur verbleibende **«merkantile Minderwert»** (Minderbewertung eines reparierten Gegenstands im geschäftlichen Verkehr[425]) zu ersetzen (so schon BGE 64 II 137). «Technischer Minderwert» (nach Reparatur bleiben gewisse Mängel zurück) ist selbstverständlich ebenfalls ersetzbar.

---

423 S. oben Rz. 338.

424 Die *Invaliditätsrente* kann periodisch oder kapitalisiert durch einmalige Zahlung ausbezahlt werden. Massgebend sind die konkreten Verdienstverhältnisse des Geschädigten sowie das voraussichtliche Ende seiner Erwerbstätigkeit (ohne Unfall). Die Berechnung der Kapitalisierung geschieht in der Praxis nach den «Barwerttafeln» von STAUFFER/SCHAETZLE/SCHAETZLE (Barwerttafeln, 5. Auflage 2001).

425 Ganz i.S. einer in Österreich geläufigen Redensart: «Ein g'flickter Kittel bleibt ein g'flickter Kittel»!

II. Körperschaden

In erster Linie geht es um die **Heilungskosten** (Art. 46 Abs. 1 OR). Im Hinblick auf 383
die «Entschädigung für die Nachteile gänzlicher oder teilweiser Arbeitsunfähigkeit»
(des «**Erwerbsausfallschadens**»), die ausgehend vom Invaliditätsgrad auf Basis des
Nettoeinkommens des Geschädigten möglichst konkret zu berechnen sind, besteht
die Möglichkeit, dass der Richter einen «Rektifikationsvorbehalt» (Abänderungsvor-
behalt) in das Urteil aufnimmt (Art. 46 Abs. 2 OR). Dadurch kann das Urteil, sofern
nötig, bezüglich des Ersatzbetrages später angepasst werden. Zur komplizierten Berechnung des Erwerbsausfallschadens bei einem im Unfallzeitpunkt arbeitslosen Geschädigten illustrativ Handelsgericht Zürich ZR 107 (2008) Nr. 14. Zum Ersatz von
Heilungskosten bei Haustieren siehe die Sonderregel des Art. 42 Abs. 3 OR.

III. Versorgungsschaden

Der Versorgungsschaden nach **Art. 45 Abs. 3 OR** ist die Vermögenseinbusse, die 384
«eine Person erleidet, weil ihr durch die Tötung einer anderen Person deren Versorgungsleistungen entgehen»[426]. Die Berechnung des Versorgungsschadens ist oft besonders schwierig, weil hier mit verschiedenen Hypothesen gearbeitet werden muss:
«Die Annahme eines solchen Schadens beruht auf der Hypothese des Überlebens des
Versorgten und des Versorgers ohne den in Frage stehenden Unfall und auf der weiteren Hypothese, dass der Verstorbene die betreffende Person tatsächlich unterhalten
hätte».[427] Zu beachten ist, dass nach Art. 45 Abs. 3 OR nicht auf die familienrechtliche Unterhaltsberechtigung des Hinterbliebenen abzustellen ist, sondern darauf, ob
jemand **tatsächlich versorgt** worden wäre. Daher etwa auch Ansprüche von Konku-
binatspartnern, wobei abzuschätzen ist, wie lange das Konkubinat voraussichtlich ge-
dauert hätte. Weitere Berechnungsprobleme: Bei Tötung einer nichterwerbstätigen
Ehefrau (Hausfrau) ist im Hinblick auf den Versorgungsschaden des Mannes etwa zu
prüfen, um wie viel der Wert der Versorgungsleistungen der nichterwerbstätigen
Frau[428] den durch den Tod weggefallenen Versorgungsaufwand des Mannes für die
Frau übersteigt (Gedanke der «Vorteilsausgleichung»[429]).

---

426 So B. Stehle, Der Versorgungsschaden. Dogmatik und Berechnung, Diss. Fribourg 2010, N 35.
   Der Autor, dem hier gefolgt wird, lehnt den zumeist verwendeten Ausdruck «Versorgerscha-
   den», da sprachlich schief, zu Recht ab.
427 E.W. Stark, Ausservertragliches Haftpflichtrecht, 2. Auflage 1988, Rz. 95.
428 Zur Berechnung des Wertes der Hausarbeit der Frau vgl. BGE 108 II 434.
429 Dazu schon oben Rz. 339.

C. Richterliche Schadenersatzbemessung

385 Von der Schadensberechnung, bei der es um das Zusammenstellen der einzelnen Schadensposten und das Berechnen der gesamten Schadensumme geht, ist die **Schadenersatzbemessung** (Schadenszumessung) zu unterscheiden. In der Schweiz gilt nicht das im deutschen Recht vertretene «Alles-oder-Nichts-Prinzip», wonach bei jedem Verschuldensgrad (also auch bei leichtestem Verschulden) grundsätzlich – abgesehen von der Berücksichtigung des Mitverschuldens – der Ersatz des ganzen ausgewiesenen Schadens zu leisten ist. Schweizerische Gerichte würdigen vielmehr nach **Art. 43 Abs. 1 OR** sehr flexibel die **Umstände** wie auch den **Verschuldensgrad** des **Verursachers** und reduzieren dementsprechend den Schadenersatzbetrag prozentual; Art. 43 Abs. 1 OR wird auch als «**Reduktionsklausel**» bezeichnet. Unter den – neben dem Verschulden – relevanten «Umständen» werden namentlich folgende Faktoren in Erwägung gezogen: Finanzielle Lage der Parteien (speziell dazu Art. 44 Abs. 2 OR und Art. 62 Abs. 2 SVG); allenfalls auch das Bestehen eines Versicherungsschutzes auf Seiten des Geschädigten; Unentgeltlichkeit (Gefälligkeit) einer Handlung, die zum Schaden geführt hat (vgl. Art. 99 Abs. 2 OR); Entfernung in der Kausalkette etc.

386 Ein spezieller und sehr wichtiger Herabsetzungsgrund ist das **Selbstverschulden** (Mitverschulden) des Geschädigten gemäss **Art. 44 Abs. 1 OR** («Kulpakompensation»). Selbstverschulden setzt, wie das Verschulden des Schädigers, Urteilsfähigkeit voraus (allenfalls aber analoge Anwendung des Art. 54 OR). Das Selbstverschulden des Geschädigten ist auch bei Tatbeständen der Kausalhaftung zu berücksichtigen. Grobes Selbstverschulden kann unter Umständen zur völligen Entlastung des Schädigers führen (Unterbrechung des Kausalzusammenhangs[430]). Auf der anderen Seite ist bei **vorsätzlicher** Schädigung ein auf **Fahrlässigkeit** beruhendes Selbstverschulden **nicht** zu berücksichtigen. Den Schadenseintritt begünstigendes **Fehlverhalten** von **Hilfspersonen** hat sich der Geschädigte zurechnen zu lassen, da es in seine Risikosphäre fällt.

> Klassisches *Beispiel* für das Problem des Selbstverschuldens im Römischen Recht: Im *«Barbierfall»*, den man sich (von der Sklaveneigenschaft des Kunden abgesehen) etwa in Neapel immer noch vorstellen kann, ging es darum, dass ein Barbier sein Gewerbe auf der Strasse verrichtete und einem Kunden (Sklaven) gerade den Hals rasierte, als ein Ball, mit dem in der Nähe gespielt wurde, die Hand des Barbiers traf, mit der Folge, dass er die Kehle des Sklaven durchschnitt. Zum Teil wurde von den römischen Juristen Alleinverschulden des Barbiers angenommen, weil er sein gefährliches Geschäft nicht auf der Strasse hätte verrichten dürfen. Der grosse römische Jurist ULPIANUS verwies hingegen auf das Mitverschulden des getöteten Sklaven (das sich sein Herr und Eigentümer zurechnen lassen musste): «Vertraut sich jemand einem Barbier an, der seinen Sessel auf einem gefährlichen Platz aufgestellt hat, so muss er sich selbst beklagen».[431]

---

430 Dazu oben Rz. 363.
431 ULPIANUS, Dig. 9, 2, 11 pr. (Übersetzung durch R. ZIMMERMANN).

Namentlich bei Sportverletzungen ist gemäss Art. 44 Abs. 1 OR – Stichwort «Einwil- 387
ligung in die schädigende Handlung» – auch der Gesichtspunkt des «**Handelns auf
eigene Gefahr**» zu berücksichtigen.

Beispiel: Körperverletzung durch fahrlässigen Regelverstoss eines Mitspielers:
Reduktion der Haftpflicht wegen «Handelns auf eigene Gefahr».

Eine besondere «**konstitutionelle Prädisposition**» des Geschädigten (etwa abnor- 388
male allergische, auch neurotische Reaktionen) lässt eine Haftung grundsätzlich nicht
entfallen. Sie kann als **eigenes «Lebensrisiko»** des **Geschädigten** aber nach Art. 44
Abs. 1 OR zu einer Reduktion des Ersatzes führen. Dazu etwa BGE 113 II 86 (89 f.);
131 III 12 (14); Bundesgericht vom 20.11.2014, 4A_115/2014 (E. 6.4.3). Bei «An-
lagefällen» (einer besondere Problemstellung zur Figur der überholenden Kausalität)
kann die Prädisposition auch zu einem weitergehenden Wegfall des Haftpflichtanspruchs führen (siehe oben Rz. 359a [Beispiel am Ende]).

Aus Art. 44 Abs. 1 OR (i.V.m. Art. 2 Abs. 1 ZGB) wird auch die allgemeine **Scha-** 389
densminderungsobliegenheit) des Geschädigten abgeleitet. Der Geschädigte
muss – soweit es ihm nach Treu und Glauben zumutbar ist – den Schaden möglichst
gering halten. Tut er dies nicht, ist der Schaden vom Schädiger nur in dem Umfang zu
ersetzen, wie er entstanden wäre, falls der Geschädigte seiner Obliegenheit nachgekommen wäre.

Beispiele: Rechtzeitiges Aufsuchen des Arztes; keine zu kostspielige Reparatur.

§ 4 Genugtuung

A. Im Allgemeinen

Die von einem andern zugefügten Schmerzen stellen als solche keine Vermögensein- 390
busse dar und begründen daher auch keinen Schadenersatzanspruch. Unter bestimmten Voraussetzungen kann aber eine Entschädigung auch für **immaterielle Beeinträchtigungen** *(préjudice moral)* zugesprochen werden. Die Kompensation von
körperlichen und seelischen Schmerzen *(pain and suffering)* durch Leistung einer
Entschädigung wird **Genugtuung** genannt. Zweck der Genugtuung ist ein gewisser
monetärer Ausgleich für die **erlittenen Schmerzen**. Zwar können diese durch Geldleistung naturgemäss nicht behoben werden. Es ist aber denkbar, dass sich der Geschädigte dank der Geldleistung kompensierend «Lebensfreude» verschaffen kann;
darüber hinaus geht es ganz bewusst auch um Schadensprävention.

Wichtigste Anwendungsfälle: 391

– **Körperverletzung**: Anspruch des Verletzten auf «Schmerzensgeld» nach Art. 47
  OR.

–　**Tötung**: Anspruch der Angehörigen nach Art. 47 OR.[432] ▶ **Fall 56**. Zum Begriff des Angehörigen Rz. 395.

–　**Persönlichkeitsverletzung**: Anspruch des in seiner Persönlichkeit Verletzten nach Art. 49 Abs. 1 OR (i.V.m. Art. 28a Abs. 3 ZGB).

–　Bei Tötung oder Verletzung (!) von **Haustieren** gibt es nach Art. 43 Abs. 1bis OR den Ersatz des **Affektionswertes**.

392　*Beachte*:

–　Der Genugtuungsanspruch kann nicht nur bei **schuldhafter Schädigung** nach Art. 41 ff. OR, sondern grundsätzlich auch in Fällen der **Kausalhaftung** geltend gemacht werden. Siehe etwa Art. 62 Abs. 1 SVG.

–　Genugtuungsansprüche gibt es auch bei **Vertragsverletzungen** (vgl. Art. 99 Abs. 3 OR).

–　Zu Genugtuungsansprüchen von **juristischen Personen** unten Rz. 394.

–　Art. 44 Abs. 1 OR (oben Rz. 386) gilt auch für Genugtuungsansprüche (vgl. etwa BGE 131 III 12 [21]).

B.　Anspruchsvoraussetzungen

I.　Art. 47 OR

393　– Vorliegen eines **Haftungstatbestandes** der **Verschuldens**- oder **Kausalhaftung**, z.B. Art. 41 Abs. 1, 58 Abs. 1 OR. Zum PrHG unten Rz. 421.

–　**Körperverletzung** oder **Tötung**.

–　**Immaterielle Unbill**: Körperliche oder seelische Schmerzen nicht lediglich geringfügiger Schwere.

II.　Art. 49 OR

394　– Vorliegen eines **Haftungstatbestandes** der **Verschuldens**- oder **Kausalhaftung**, z.B. Art. 41 Abs. 1 OR, Art. 28 ZGB.

–　**Persönlichkeitsverletzung**, wie etwa Ehrverletzungen durch Pressediffamierung, Mobbing, sexuelle Handlungen. Bezüglich des Anspruchs des Verletzten

---

432　Schon das aOR hatte 1881 dieses «Angehörigenschmerzensgeld» vorgesehen, womit das schweizerische Recht weltweit pionierhaft wirkte. Im deutschen Recht gibt es einen Anspruch auf «Hinterbliebenengeld» erst seit 2017 (§ 844 Abs. 3 BGB).

bei Körperverletzung und des Anspruches bei Tötung eines Angehörigen (wo es ja auch um Persönlichkeitsverletzungen geht) **geht Art. 47 OR dem Art. 49 OR** vor *(lex specialis)*. Eine Persönlichkeitsverletzung gemäss Art. 49 OR ist auch bei juristischen Personen denkbar (siehe den *Club Medityrannis*-Entscheid BGE 95 II 481 [502]; zuletzt BGE 138 III 337 [341 ff.]).

– **Immaterielle Unbill**: Seelische Schmerzen von einer **Schwere**, welche die Leistung einer Geldsumme als Genugtuung rechtfertigt (Art. 49 Abs. 1 OR). Verletzung kann nicht anders wiedergutgemacht werden (Art. 49 Abs. 1 und 2 OR), etwa durch Urteilspublikation oder durch Gegendarstellung (siehe Art. 28a Abs. 2, 28g ff. ZGB).

C. Einige strittige Fragen zu Art. 47 und Art. 49 OR

– Genugtuungsanspruch (der Angehörigen) nicht nur, wie in **Art. 47 OR** vor-gesehen, bei **Tötung**, sondern auch bei **schwerer Verletzung** (schwerer Invalidi-tät) eines Angehörigen auf Basis von **Art. 49 OR**? Wird **bejaht**: Vgl. BGE 112 II 220; 112 II 226.　　　　　　　　　　　　　　　　　　　　　　　　　395

– Genugtuungsanspruch (des Verletzten) bei Körperverletzung auch bei **schweren Hirnschäden** des Verletzten, der die seelische Unbill wahrscheinlich gar nicht mehr empfinden kann? **Bejaht** in BGE 108 II 422 (428 ff.); Anspruch auch eines Kleinkindes auf Genugtuung bei Tötung eines Elternteils bejaht in BGE 117 II 50 (57).

– Genugtuungsanspruch bei Tötung gemäss Art. 47 OR auch dann, wenn der Getö-tete nicht im familienrechtlichen Sinn (heute auch aufgrund von Partnerschaften gemäss dem PartG) «angehörig» ist, sondern etwa ein Freund, eine Geliebte ist? Dies wird von der h.L. verneint, ausser bei «eheähnlichen» Konkubinaten; jetzt für **«relations de concubinage stable» bejahend** BGE 138 III 157 (159 ff.).

> Vgl. dazu OFTINGER/STARK I, § 8 Rz. 83 ff.; offen gelassen noch in BGE 114 II 144 (149).

– Verunfallter war zuerst einige Zeit **schwer verletzt**; es wurde ihm ein Genug-tuungsanspruch nach Art. 47 OR zugebilligt. Wenn er später an den Folgen des Unfalls **stirbt**, haben dann die Angehörigen gemäss Art. 47 OR ebenfalls einen Genugtuungsanspruch? Frage **bejahend**: BGE 118 II 404 (407 f.).

D. Art und Zumessung der Genugtuung

Hinsichtlich der Art und Bemessung der Genugtuung steht dem Richter ein **weiter Ermessensspielraum** zu (vgl. Art. 47 und 49 OR). Die Entschädigung besteht ge-wöhnlich in einer **einmaligen Geldleistung**. Ausnahmsweise möglich ist aber auch　396 die Zusprechung einer **Genugtuungsrente** (BGE 134 III 97). Bei der Persönlichkeitsverletzung steht es dem Richter frei, anstatt oder neben einer der Genugtuung dienenden Geldleistung auf eine andere Art der Wiedergutmachung zu erkennen.

Beispiele: Berichtigung, Urteilspublikation, Gegendarstellung etc. Siehe Art. 28a, 28g ff. ZGB..

Bei der Zumessung der Entschädigung wird ganz auf die konkreten Umstände abgestellt. Massgebend sind etwa die Art, Schwere und Dauer der Schmerzen sowie das Verschulden. In der Regel (ausser in krassen Fällen) keine Berücksichtigung der geringeren Lebenshaltungskosten am Wohnort des Geschädigten: BGE 123 III 10 (14 f.). Obwohl die verschiedenen Genugtuungsfälle nur bedingt vergleichbar sind, können folgende «Ansätze» – nach neuerer, im internationalen Vergleich sehr zurückhaltender schweizerischer Praxis – genannt werden:

397   –   **Tötung von Kindern** je nach Nähe der Angehörigen: Für die Eltern je ca. Fr. 40 000.–; für Geschwister je ca. Fr. 12 000.–.

     –   **Verlust eines Auges** (anderes ist noch intakt) ca. Fr. 10 000.–.

     –   Bei **schwerster Invalidität** auch über Fr. 100 000.–; so bereits in BGE 112 II 131 (138): Fr. 110 000.–; einzelne Entscheide sind auch schon über Fr. 200 000.– gegangen.[433]

§ 5   Die Haftung Mehrerer

398   In vielen Fällen ist für einen Schaden nicht eine einzige Person ersatzpflichtig, sondern dem Geschädigten steht eine **Mehrzahl** von **Ersatzpflichtigen** gegenüber, wobei verschiedenste Konstellationen möglich sind. Erwähnt seien folgende (keine vollständige Auflistung):

     –   Mehrere Täter haben den Schaden **gemeinsam vorsätzlich** herbeigeführt.

Beispiele: Diebesbande; Fälle der Anstiftung. Dazu Art. 50 Abs. 1 OR.

     –   Schadensstiftung durch **gemeinsames fahrlässiges Verhalten**.

Beispiel: Fahrlässigkeit zweier Bergführer bei gemeinsam geführter Tour, während welcher ein Unfall passiert.

---

433 S. OGer Luzern HAVE 2007, S. 35; BGer vom 27.5.2010, 4A_66/2010. Wichtig zur Bemessung der Genugtuung HÜTTE/LANDOLT, Genugtuungsrecht, 2 Bde. (2013).

– Schadensstiftung durch **getrennte, unabhängige Handlungen**.

> *Beispiel*: Gewässerverunreinigung durch zwei Unternehmen. Zum Kausalitäts-
> problem bei dieser Konstellation genauer oben Rz. 357.

Verschlimmerung eines **Erstschadens** durch eine nachfolgende **Zweitursache**.

> *Beispiel*: Fussgänger bleibt nach Unfall verletzt auf der Fahrbahn liegen; er
> wird von einem zweiten PKW noch einmal überfahren und dadurch getötet.

– Haftung Mehrerer für denselben Schaden aus **verschiedenen Rechtsgründen**.

> *Beispiel*: Unternehmer haftet nach Art. 55 OR oder Art. 101 OR für seine Ge-
> hilfen; diese haften dem Geschädigten gleichzeitig deliktisch nach Art. 41 ff.
> OR.

Für Fälle der **gemeinsam verschuldeten Schadensstiftung** gilt im Aussenverhält- 399
nis (= im Verhältnis zum Geschädigten) das Prinzip der Solidarhaftung (**«echte Solidarität»**) aller Haftpflichtigen nach Art. 50 Abs. 1 OR. Das bedeutet, dass die
Schädiger gemäss Art. 143 ff. OR je auf das Ganze haften (vgl. unten Rz. 546 ff.).
«Mitgegangen – Mitgefangen»! Der Geschädigte kann von einem Schädiger folglich den ganzen Schaden verlangen (vorzugsweise vom wirtschaftlich Potentesten).
Ob und in welchem Umfang die Schädiger unter sich dann einen **Rückgriffsanspruch** haben (Regress), entscheidet der Richter nach freiem Ermessen (Art. 50
Abs. 2 OR).

In allen anderen Fällen der Verantwortlichkeit Mehrerer, also wenn **kein gemein-** 400
sames Verschulden an der **Schadensstiftung** vorliegt, ist von Art. 51 OR auszugehen. Obwohl dies im Gesetz nicht ausdrücklich gesagt wird, besteht auch hier
Solidarität der Haftpflichtigen (**«unechte Solidarität»**). Der interne Regress richtet
sich dann aber nach der Regressordnung (oft als **«Regresskaskade»** bezeichnet) des
Art. 51 Abs. 2 OR und im Übrigen gemäss Art. 50 Abs. 2 OR nach richterlichem Ermessen (siehe Art. 51 Abs. 1 OR).

§ 6 Kausalhaftung

A. Im Allgemeinen

Wesensmerkmal der Kausalhaftung ist, dass der Schädiger **ohne Verschulden** (als 401
Haftungsvoraussetzung) haftet. Die (unerlaubte) adäquat kausale Verursachung des
Schadens genügt. Es kann zwischen **«milder»** («gewöhnlicher»/«einfacher») und
«scharfer» Kausalhaftung unterschieden werden.

402   Während die **gedankliche Grundlage** für die Einführung einer scharfen Kausalhaftung ohne Weiteres verständlich ist,[434] trifft dies beim hybriden Haftungsprinzip der milden Kausalhaftung, die in der Mitte zwischen Verschuldenshaftung und scharfer Kausalhaftung steht, weit weniger zu. Es geht um eine rechtspolitisch zweifelhafte Haftungskategorie. Warum haften gerade die Eigentümer eines Werkes und die Grundeigentümer kausal (Art. 58 OR; Art. 679 ZGB) und nicht nur bei Verschulden? *Propriété oblige*? Die einzelnen Tatbestände lassen sich zudem nur schwerlich auf einen gemeinsamen Nenner bringen.

B.   «Milde» («gewöhnliche» oder «einfache») Kausalhaftung im Allgemeinen

403   **Rechtsgrundlagen**: Art. 55, 56, 58 OR; Art. 333, 679 ZGB.

Es handelt sich um eine Haftung aus **gesetzlich vermuteter, objektiver Unsorgfalt**, wobei nach Art. 55, 56 OR sowie Art. 333 ZGB der **Exzeptionsbeweis** geführt werden kann, dass dem haftbar Gemachten keine objektive Unsorgfalt vorzuwerfen ist oder dass diese nicht kausal für die Schädigung war.[435] Zur **Tierhalterhaftung** (Art. 56 OR) etwa BGE 131 III 115 (mangelhafte Einzäumung eines weidenden Pferdes) sowie ▶ **Fall 61**[436].

404   Art. 58 OR und Art. 679 ZGB sind Tatbestände der «**Sachhaftung**», bei denen kein (formeller) Exzeptionsbeweis nach Art der vorgenannten Bestimmungen vorgesehen ist.

I.   Die Geschäftsherrenhaftung des Art. 55 OR (Abgrenzung zu Art. 101 OR)

405   Gemäss Art. 55 Abs. 1 OR haftet der **Geschäftsherr**, ohne dass der Geschädigte dessen Verschulden nachweisen müsste, für den Schaden, den seine Arbeitnehmer oder andere **untergeordnete Hilfspersonen** («Verrichtungsgehilfen») in Ausübung ihrer dienstlichen oder geschäftlichen Verrichtungen widerrechtlich verursacht haben. *Ratio legis* (Sinn der Vorschrift): Haftung für das Risiko der Arbeitsteilung (Organisationshaftung); gleichzeitig auch das «deep pocket-Argument», dass das Vermögen der Hilfsperson oft zur Haftungsdeckung nicht ausreichen wird und vom Geschäftsherr eher Ersatz zu erwarten ist.

> In vielen Rechtsordnungen (vor allem bei der *vicarious liability* im Common Law) gibt es im Unterschied zu Art. 55 OR keinen Entlastungsbeweis, sondern eine unbedingte Einstandspflicht *(respondeat superior)*. So auch Art. 6:102 PETL.[437]

---

434 S. oben Rz. 47.
435 Selbe Konzeption in Art. 59a OR (Haftung für Signaturschlüssel).
436 Zum Halterbegriff beachte die Ausführungen (Rz. 415) nach Art. 58 SVG entsprechend!
437 Zu deren Bedeutung Rz. 51.

Beispiel (neben ▶ **Fall 55**): Arbeiter A des Unternehmers U verletzt auf dem Zu-
fahrtsweg zum Haus des B, der Aushubarbeiten mit Pressluftbohrern in Auftrag
gegeben hat, den Briefträger P. P kann U nach Art. 55 OR haftbar machen; gleichzeitig aber, wenn dies nach dessen Vermögensverhältnissen aussichtsreich erscheint, auch den unvorsichtigen Arbeiter A gemäss Art. 41 Abs. 1 OR in
Anspruch nehmen. Für den Rückgriff ist Art. 51 OR massgeblich.

Anspruchsvoraussetzungen: 406

– **Handeln** einer **Hilfsperson**, die in einem **Subordinationsverhältnis**[438] zum Geschäftsherrn steht,

– **Schaden**,

– **Widerrechtlichkeit** der Schädigung,

– **Kausalität** (zwischen dem Fehlverhalten der Hilfsperson und dem eingetretenen
  Schaden),

– **«Funktioneller Zusammenhang»** zwischen der **dienstlichen Verrichtung des
  Gehilfen und der Schädigung**: Wurde der Schaden nicht «in Ausübung» der
  dienstlichen Verrichtungen, sondern lediglich «bei **Gelegenheit**» der beruflichen
  Tätigkeit des Gehilfen zugefügt, so ist die Einstandspflicht des Geschäftsherrn
  fraglich. Richtigerweise ist der funktionelle Zusammenhang aber weit zu interpretieren; er besteht eventuell auch bei vorsätzlichen Schädigungen durch die Hilfsperson.

> *Beispiele*: Angestellter eines Malermeisters stiehlt in der auszumalenden Woh-
> nung eine goldene Uhr; Lehrer eines Internats begeht pädophile Handlungen;
> dagegen aber: Angestellter benützt während der Dienstzeit das Firmenauto
> und begeht Postraub.

Missachtet der Angestellte (allenfalls vorsätzlich) im Rahmen seiner Tätigkeit **interne berufliche Instruktionen** oder überschreitet er seine Kompetenzen, so ist
der funktionelle Zusammenhang zu seiner beruflichen Tätigkeit jedenfalls nicht
unterbrochen.

– **Misslingen des «Exzeptionsbeweises»** (Entlastungsbeweises)

Zwei Beweismöglichkeiten sind zu unterscheiden. (1) **Sorgfaltsbeweis**: Der Geschäftsherr beweist, dass er die *cura in eligendo, instruendo* und *custodiendo*
(= gebotene Sorgfalt bei Auswahl, Instruktion und Überwachung des Gehilfen)
eingehalten hat und daher diesbezüglich **kein Sorgfaltsverstoss** vorliegt. Die
drei Beweiselemente gelten kumulativ und nicht alternativ. Dazu kommt der

---

438 Hat der schädigende Angestellte in einer juristischen Person (etwa in einer AG) Organstellung
     (etwa Mitglied des Verwaltungsrats), so geht es um die *Organhaftung* der juristischen Person
     nach Art. 55 Abs 2 ZGB. Hier gibt es keinen Exzeptionsbeweis.

Nachweis einer **sorgfältigen Organisation** *(risk management)*, z.B. taugliche Arbeitsausrüstung; bei Produzenten Vornahme einer Endkontrolle (vor Inverkehrsetzung eines Produkts).[439] (2) Beweis **mangelnder Kausalität** der **Sorgfaltswidrigkeit**: Nachweis, dass der Schaden bei Einhaltung der gebotenen Sorgfalt ebenso eingetreten wäre; die mangelnde Sorgfalt also keine *condicio sine qua non* darstellte (siehe oben Rz. 354).

407 **Vergleich** zwischen der Haftung nach **Art. 55 OR** und der vertraglichen Geschäftsherrenhaftung nach **Art. 101 OR**:[440]

– **Vertragliche Beziehung zwischen Geschädigtem und Geschäftsherrn**

Im Unterschied zu Art. 55 OR setzt Art. 101 OR voraus, dass zwischen dem **Geschädigten** und dem **Geschäftsherrn** der schädigenden Hilfsperson schon vor der Schadensstiftung eine **schuldrechtliche** (vor allem vertragliche) **Beziehung** bestand, in Erfüllung derer die Hilfsperson den Schaden stiftet, wobei es auch um die Verletzung vertraglicher Nebenpflichten (Schutzpflichten) gehen kann.

Beispiele: Der Arbeiter des Beispiels in Rz. 405 verletzt nicht den Briefträger, sondern den Auftraggeber X. Oder: Baggerführer A, der im Unternehmen von U arbeitet, beschädigt die Hausmauer des Bauherrn X, der U beauftragt hatte, Aushubarbeiten vorzunehmen.

Beachte: Besteht **Anspruchskonkurrenz** zwischen Vertragshaftung und Haftung nach Art. 41 ff. OR,[441] so ist, wenn der Anspruch auf letztere gestützt wird, für den geschädigten Vertragspartner Art. 55 OR und nicht Art. 101 OR zuständig.

– **Begriff der Hilfsperson**

Hilfsperson («Erfüllungsgehilfe») i.S.v. Art. 101 OR ist «jede Person, die mit Wissen und Wollen des Schuldners bei der Erfüllung einer Schuldpflicht tätig wird» (Schwenzer Rz. 23.04). Der Schuldner (Geschäftsherr) haftet auch für **selbständige Substituten** (Subunternehmer). Demgegenüber muss bei Art. 55 OR zwischen Geschäftsherr und Hilfsperson ein **Subordinationsverhältnis** (Weisungsgebundenheit) bestehen.

---

439 So BGE 110 II 456. Abdruck unten S. 364 ff. Aufgrund dieses vielbeachteten *Schachtrahmen*-Entscheids, der die Beweisführung des Produzenten zusätzlich verschärfte, ist der Gegenbeweis mangelnder Sorgfaltswidrigkeit praktisch kaum mehr erbringbar, sodass man ohne Übertreibung von einer richterrechtlich eingeführten scharfen Kausalhaftung des Geschäftsherrn sprechen kann. Dazu auch unten Rz. 416 mit Fn. 457.

440 Im Hinblick auf die theoretische Einordnung ist zu beachten, dass Art. 101 OR im Gegensatz zu Art. 55 OR keine selbständige Anspruchsgrundlage ist. 101 OR ist eine blosse Zurechnungsnorm, die in der Regel im Rahmen von Art. 97 OR geprüft wird. Zu Art. 101 OR ausführlich unten Rz. 484 ff.

441 S. oben Rz. 331.

– **Handeln der Hilfsperson in Erfüllung einer Schuldpflicht**

Die befugterweise beigezogene Hilfsperson[442] muss nach Art. 101 OR in **Erfüllung** einer **Schuldpflicht** seines Geschäftsherrn den Schaden gestiftet haben. Es muss ein «innerer» (funktioneller) Zusammenhang mit der aufgetragenen Verrichtung bestehen.

– **Verschulden**

Für die Haftung des Geschäftsherrn nach Art. 55 OR kommt es **nicht** darauf an, ob der **Gehilfe schuldhaft** gehandelt hat. Bei Art. 101 OR ist entscheidend, **welche Sorgfalt** der Gläubiger von seinem **Schuldner** erwarten durfte. Dieser kann daher auch dann haften, wenn der Hilfsperson kein Sorgfaltsverstoss vorgeworfen werden kann, dieser Vorwurf aber ihm gegenüber, hätte er selbst (wie die Hilfsperson) gehandelt, berechtigt wäre. Umgekehrt haftet der Geschäftsherr für vorwerfbares Verhalten der (befugter Weise zugezogenen) Hilfsperson grundsätzlich dann nicht, wenn ihm, hätte er selbst gehandelt, kein Verschuldensvorwurf gemacht werden könnte. Der Geschäftsherr (Schuldner) kann also nachweisen, dass ihm, wenn er selbst das schädigende Verhalten der Hilfsperson gesetzt hätte, kein Verschulden vorgeworfen werden könnte, also **keine «hypothetische Vorwerfbarkeit»** vorliegt.[443] Ein Exzeptionsbeweis i.S.v. Art. 55 OR[444] ist nach Art. 101 OR nicht möglich.

Insgesamt ist Art. 101 OR – im Vergleich zu Art. 55 OR – die strengere «Zurechnungsnorm für Drittverhalten». **Beachte** aber die Möglichkeit der Haftungsabdingung nach Art. 101 Abs. 2 und 3 OR. Dazu unten Rz. 484.   408

II. Die Werkeigentümerhaftung nach Art. 58 OR

Sie spielt in der schweizerischen Haftpflichtpraxis eine eminente Rolle, sodass sie   409
auch als «kleine Generalklausel» des ausservertraglichen Haftpflichtrechts bezeichnet werden kann (neben der «grossen» des Art. 41 Abs. 1 OR).

Anspruchsvoraussetzungen:

– Anspruchsgegner ist der **Werkeigentümer**.[445]

---

442 Zum unbefugten Beizug einer Hilfperson unten Rz. 485.
443 War aufgrund einer ausdrücklichen oder stillschweigenden Vereinbarung zu erwarten, dass sich der Schuldner eines Spezialisten bedient, kann sich der Geschäftsherr, wenn der Spezialist einen Schaden stiftet, allerdings nicht damit herausreden, dass ihm, der kein Spezialist ist, kein Vorwurf gemacht werden könnte, hätte er selbst gehandelt. Zum «Übernahmeverschulden», das eine Haftung nach Art. 97 Abs. 1 OR begründet, unten Fn. 483.
444 S. Rz. 406.
445 Art. 58 OR wird vom BGer – dem Wortlaut des Gesetzes entsprechend – grundsätzlich auf die Passivlegitimation von Eigentümern beschränkt (BGE 106 II 201 [205]); Aufweichung nur für durch öffentliches Recht begründete Sachherrschaft, die einer Eigentümerstellung gleichkommt (BGE 121 III 448 [451]); Pächter und Mieter (die lediglich obligatorisch berechtigt sind) können

– **Werk**: Jeder von Menschenhand **künstlich** geschaffener oder bearbeiteter Gegenstand bzw. Zustand, der mit dem **Erdboden fest verbunden** ist. Also ein ganzes Gebäude, ein Treppenhaus, Geländer, Baugruben, Aufzug in einem Haus, Schwimmbad, Trottoir, Strasse etc.

Beachte:

- Der Werkbegriff des Werkvertragsrechtes (Art. 363 OR) entspricht nicht dem des Art. 58 OR und umfasst auch bewegliche Werke.

- Aus dem Kriterium der Erdverbundenheit des Werks ergibt sich eine gewisse **Komplementarität** zwischen der **Werkeigentümerhaftung** und der **Haftung des Produzenten** nach PrHG,[446] wo es gerade umgekehrt zu Art. 58 OR um **bewegliche** Produkte geht (Art. 3 PrHG). Eine Konkurrenz beider Haftungstatbestände ist trotzdem möglich, wenn etwa eine Fabrikleiter fehlerhaft konstruiert ist und im Unternehmen fest angeschraubt wird. Dann haftet der Werkeigentümer, wenn durch den Fehler ein Schaden verursacht wird, nach Art. 58 OR und gleichzeitig der Produzent der Leiter nach PrHG – weil das PrHG auch dann gilt, wenn die bewegliche Sache einen Teil einer unbeweglichen bildet: Art. 3 Abs. 1 lit. a PrHG!

- Ein **natürlicher Baum** ist **kein Werk**. Befindet sich aber in der Umgebung eines Werks ein Baum, der für die Benützer des Werks eine Gefahr darstellt, so kann dies mangelhafter «Unterhalt» des Werks i.S. von Art. 58 OR bedeuten. So Kantonsgericht Basel-Land SJZ 2009, S. 357 f. (im Hinblick auf einen öffentlichen Grillplatz).

– **Werkmangel**: Der Eigentümer haftet für den objektiven Mangelzustand, also **fehlerhafte Anlage** oder Herstellung des Werkes oder **mangelhaften Unterhalt** des Werks, auch wenn ihm selbst kein Verschulden vorgeworfen werden kann. Zur Konkretisierung des Begriffs des Werkmangels ist (grundsätzlich) auf den **bestimmungsgemässen** und **selbstverantwortlichen Gebrauch** abzustellen. Wenn das Werk für diesen keine genügende Sicherheit bietet, liegt grundsätzlich Mangelhaftigkeit vor (ähnlich Art. 4 PrHG[447]), wobei dies durch das Argument der (vor allem wirtschaftlichen) **Zumutbarkeit** des Sicherheitsaufwands relativiert wird.

Beachte: Wenn der Fehler/Mangel des Werkes auf **Gehilfenversagen** beruht, kann sich der nach Art. 58 OR haftbar gemachte Eigentümer nicht mit dem Entlastungsbeweis des Art. 55 OR befreien.

---

nach Art. 58 OR nicht belangt werden (allenfalls nach Art. 41 OR). Beim ganz ähnlichen Tatbestand der Grundeigentümerhaftung (Art. 679 ZGB) werden hingegen im Analogieweg auch Pächter als passiv legitimiert subsumiert (BGE 104 II 15).

446 Unten Rz. 417.
447 Dazu Rz. 417.

– **Schaden**

– **Widerrechtlichkeit**

– **Kausalität**: Der **Schaden** muss auf den **Werkmangel** zurückgeführt werden können. Der Eigentümer haftet, auch wenn dieser Zusammenhang bewiesen ist, nur
für **adäquat** verursachte Schäden. Vor allem keine Haftung bei Fällen der Unterbrechung des Kausalzusammenhangs. Dazu Rz. 363.

> *Beispiele* aus der reichhaltigen Praxis zu Art. 58 OR: BGE 88 II 417; 102 II 343;
> 106 II 208; 123 III 306; 129 III 65; Bundesgericht vom 13.1.2014, 4A_359/2013;
> Bundesgericht vom 9.4.2014, BR 2014 Nr. 630.

▶ Dazu **Fälle 59** und **60**

C. «Scharfe» Kausalhaftung (Gefährdungshaftung)

I. Grundsätzliches

Haftung für Schäden (regelmässig für **Personen**- und **Sachschäden**, meist aber nicht   410
für reine Vermögensschäden[448]) aus einem **Betrieb** oder einer **Tätigkeit**, die – obwohl sie **qualifiziert gefährlich** sind – rechtlich toleriert werden. Wer den wirtschaftlichen Nutzen aus einer solchen Tätigkeit hat, soll auch das Risiko dafür tragen (sog.
«Utilitätsprinzips). Dazu oben Rz. 47.

Bei der **scharfen Kausalhaftung** (in Deutschland und Österreich als Gefähr-   411
dungshaftung bezeichnet) gibt es **keine Entlastungsmöglichkeit** (Exzeption) wegen
fehlender Unsorgfalt. Entlastung aber vor allem durch das Argument der höheren
Gewalt, des groben Selbstverschuldens des Geschädigten oder groben Drittverschul-
dens, d.h. durch Unterbrechung des Kausalzusammenhangs (vgl. etwa Art. 59 Abs. 1
SVG[449]). **Höhere Gewalt** *(vis maior; force majeure; act of God)* «ist ein von aussen
einwirkendes elementares Ereignis, das auch durch die äusserst zumutbare Sorgfalt
nicht zu verhindern war und so aussergewöhnlich ist, dass es nicht als typische Betriebsgefahr anzusehen ist».[450] Etwa aussergewöhnliche Naturkalamitäten (Hochwas-
ser, Erdbeben, etc.), eventuell auch umstürzende politische Ereignisse.[451]

> *Beispiel*: A verursacht Auffahrunfall auf Alpenstrasse. Auto des B bleibt leicht be-
> schädigt stehen. Sein Fahrer wird durch einen vom Unfall unabhängigen, massi-
> ven Felssturz (Bergell!) getötet.

---

448   S. die Nachweise in Fn. 386.
449   Dazu Rz. 415.
450   So (zum österreichischen Recht) H. KOZIOL, Haftpflichtrecht II, 2. Aufl. (Wien 1984) 421.
451   Zu beachten ist, dass nach KHG auch im Fall höherer Gewalt gehaftet wird.

412 Scharfe Kausalhaftungen finden sich in **Nebengesetzen** zum OR («Haftpflicht-gesetze»[452]) und werden praktisch immer bedeutsamer (siehe oben Rz. 46). Bis jetzt arbeitet der Gesetzgeber mit dem System der Einzeltatbestände («Enumerationssys-tem»), die einen teilweise zufälligen Eindruck machen; es **fehlt** eine allgemeine **Generalklausel über die Gefährdungshaftung**. Das Bundesgericht lehnt auch **Analogie-schlüsse** aus Haftpflichtgesetzen ab. Dies mit dem fragwürdigen methodologischen Argument: *singularia non sunt extendenda* (Ausnahmevorschriften sind nicht exten-siv oder analog anzuwenden). Siehe *Beispiel* unten Rz. 415, erster Absatz.

413 Siehe aber die Generalklausel des Art. 50 im **Vorentwurf** zur **Gesamtrevision des schweizerischen Haftpflichtrechts**,[453] der in der Vernehmlassung von wirt-schaftsnaher Seite nicht zuletzt wegen dieser Generalklausel sehr ungnädig kommen-tiert (und dann fallengelassen) wurde:

> «[1] Wird Schaden dadurch verursacht, dass sich das charakteristische Risiko einer besonders gefährlichen Tätigkeit verwirklicht, so haftet dafür die Person, die diese betreibt, selbst wenn es sich um eine von der Rechtsordnung gedul-dete Tätigkeit handelt.
>
> [2] Eine Tätigkeit gilt als besonders gefährlich, wenn sie ihrem Wesen nach oder nach der Art der dabei verwendeten Stoffe, Geräte oder Kräfte geeignet ist, auch bei Anwendung aller von einer fachkundigen Person zu erwartenden Sorgfalt häufige oder schwerwiegende Schäden herbeizuführen; dies ist ins-besondere dann anzunehmen, wenn für ein vergleichbares Risiko bereits ein Gesetz eine spezielle Haftung begründet.
>
> [3] Spezielle Haftungsbestimmungen für ein bestimmtes charakteristisches Ri-siko sind vorbehalten».

II. Haftpflichtgesetze

414 Einige wichtige Haftpflichtgesetze:

- EleG (1902) BG betreffend die elektrischen Schwach- und Starkstromanlagen (Art. 27)

- EHG (1905) BG betreffend die Haftpflicht der Eisenbahn- und Dampfschiff-fahrtsunternehmungen und der Schweizerischen Post (Art. 1). Die haftpflicht-rechtlichen Bestimmungen sind nun in revidierter Form in Art. 40b–40f Eisen-bahngesetz (EBG) integriert (in Kraft seit 1.1.2010).

- LFG (1948) BG über die Luftfahrt (Art. 64)

- SVG (1958/75) BG über den Strassenverkehr (Art. 58 ff.)

- RLG (1963) BG über Rohrleitungsanlagen zur Beförderung flüssiger oder gasför-miger Brennstoffe (Art. 33)

---

452 S. Rz. 414.
453 S. Rz. 364. Generalklausel zur Gefährdungshaftung auch im Entwurf zu einem «Schweizeri-schen Obligationenrecht 2020» (Art. 69). Zum Entwurf oben Rz. 56.

- SprstG (1977) BG über explosionsgefährliche Stoffe (Art. 27)

- KHG (1983) BG über Kernenergiehaftpflicht (Art. 3)

- USG (1985) BG über den Umweltschutz (Art. 59a und Art. 59a bis)

- PrHG (1994) BG über die Produktehaftpflicht (Art. 1 ff.)

- GTG (2003) BG über die Gentechnik im Ausserhumanbereich (Art. 30 Abs. 1)

- SebG (2006) BG über Seilbahnen zur Personenbeförderung (Art. 20 verweist auf Art. 40b bis 40f EBG)

- PBG (2009) BG über die Personenbeförderung (Art. 51 verweist auf Art. 40b–40f EBG)

- StAG (2010) BG über die Stauanlagen (Art. 14)

- EBG (siehe oben bei EHG)

III. Haftung des Motorfahrzeughalters nach Art. 58 ff. SVG

- **Motorfahrzeug** i.S. des SVG «ist jedes Fahrzeug mit eigenem Antrieb, durch den es auf dem Erdboden unabhängig von Schienen fortbewegt wird» (Art. 7 Abs. 1 SVG). Ein Motorboot fällt also nicht unter das SVG. Nach dem Bundesgericht und der h.L. haftet sein Halter auch nicht analog zu Art. 58 ff. SVG. Siehe oben Rz. 412.   415

- Die (scharfe) Kausalhaftung des SVG greift ein, wenn der Schaden durch den «**Betrieb**» eines Motorfahrzeugs verursacht worden ist, d.h. wenn die mit dem Fahrzeug verbundene **Betriebsgefahr** sich **realisiert** hat (Art. 58 Abs. 1 SVG). War das Motorfahrzeug nicht in Betrieb, weil es z.B. auf einem (öffentlichen) Parkplatz parkiert war, und kommt jemand durch das geparkte Fahrzeug zu Schaden (z.B. unvorsichtiges Öffnen der Autotüre), liegt ein **Nichtbetriebs-Verkehrsunfall** vor, für den nach Art. 58 Abs. 2 SVG die Verschuldenshaftung bzw. die einfache Kausalhaftung gilt.

- **Halter** ist, wer (nicht nur ganz vorübergehend) die **faktische Herrschaft** über das Fahrzeug hat und den **wirtschaftlichen Nutzen** daraus zieht bzw. die **Kosten trägt**. Dies ist nicht notwendigerweise der Eigentümer (z.B. beim Leasing eines Autos ist der Leasingnehmer Halter).

- Der Halter haftet nach Art. 58 Abs. 1 SVG nur für **Personen- und Sachschäden**, jedoch **nicht** für **reine Vermögensschäden** (oben Rz. 337). Für letztere Schäden müssen die Voraussetzungen einer Haftung nach Art. 41 ff. OR geprüft werden. Unhaltbar BGE 106 II 75, wo ein sich auf einen reinen Vermögensschaden beziehender Anspruch des durch ein Motorfahrzeug Geschädigten auf Basis von Art. 41 ff. OR ausgeschlossen wurde, weil Art. 58 SVG als *lex specialis* exklusiven Vorrang habe. Die allgemeine Anspruchsgrundlage des Art. 41 OR (aus dem sich unter Umständen auch der Ersatz reiner Vermögensschäden begründen lässt) wird durch Art. 58 ff. SVG natürlich **nicht ausgeschlossen!**[454]

–   Für das **Verschulden des Fahrzeugführers** oder **mitwirkender Hilfspersonen** ist der Halter wie für eigenes Verschulden verantwortlich (Art. 58 Abs. 4 SVG).

–   Der Halter kann sich nur durch **Nachweis** der **Unterbrechung des Kausalzusammenhangs** (Rz. 363) von der Haftung befreien (Art. 59 Abs. 1 SVG); aber auch dies nur, wenn «ihn selbst oder Personen, für die er verantwortlich ist», kein «Verschulden trifft und ohne dass fehlerhafte Beschaffenheit des Fahrzeuges zum Unfall beigetragen hat». Beim groben **Selbstverschulden** des **Geschädigten** als Unterbrechungsgrund ist die Abgrenzung zum leichten Selbstverschulden, das lediglich zu einer Haftungsreduktion gemäss Art. 44 Abs. 1 OR führt (vgl. oben Rz. 386), im Einzelfall schwierig. *Beispiel*: Bedeutet der Verstoss des Geschädigten gegen die Gurtenanlegepflicht grobes oder leichtes Selbstverschulden? Für die zweite Alternative BGE 117 II 609.

–   Weitere **Besonderheiten des SVG**: Berechnung des Schadenersatzes nach den Grundsätzen des **OR** (Art. 62 Abs. 1 SVG); spezielle Reduktion nach Art. 62 Abs. 2 SVG (*Beispiel*: Sie haben das Pech, mit ihrem Auto *Bill Gates* zu verletzen); **Versicherungsobligatorium** nach Art. 63 SVG[455]; **direktes Klagerecht** gegen die Haftpflichtversicherung des Schädigers (Art. 65 Abs. 1 SVG); **relative Verjährungsfrist 2 Jahre** ab Kenntnis von Schaden und Person des Ersatzpflichtigen (Art. 83 SVG). Gilt auch für Veolounfälle!

IV.   Produktehaftpflicht

416   Vorbemerkungen

Produktehaftung ist die Haftung für Schäden aus fehlerhaften Produkten. Da nicht nur die eigentlichen Produzenten haftpflichtig sein können (siehe Rz. 417 zu Art. 2 PrHG sowie Rz. 423 zur Haftung des Händlers), geht es nicht nur um «Produzentenhaftung». Dieses Stichwort, wird oft (unkorrekterweise) als *pars pro toto* für die Gesamtproblematik verwendet.

Nachdem jahrzehntelang die Geschäftsherrenhaftung nach Art. 55 OR[456] vom Bundesgericht als wichtigste Anspruchsgrundlage für Produktehaftungsfälle herangezogen worden war,[457] trat am 1. Januar 1994 das **PrHG** in Kraft. Das PrHG be-

---

454   Dazu BSK SVG-Probst, Art. 58 N 129.

455   Ebenso nach Art. 11 KHG.

456   S. oben Rz. 405 ff.

457   Fortentwickelt durch den *Schachtrahmen*-Entscheid BGE 110 II 456. Dazu schon oben Rz. 406 mit Fn. 439. Abdruck des Entscheids unten S. 364 ff. Im früheren *leading case* zur Produzentenhaftung nach Art. 55 OR, dem *Friteusen*-Entscheid (BGE 90 II 86) = ▶ **Fall 62**, nahm das BGer das unbefriedigende, aber gesetzeskonforme Ergebnis in Kauf, dass der Geschädigte leer ausging, weil dem Produzenten der Gegenbeweis (Exzeptionsbeweis) gelang, dass ihm weder eine *culpa in eligendo*, noch eine *culpa in instruendo* oder *in custodiendo* nachgewiesen werden

gründet – in Anlehnung an die EU-Richtlinie (85/374/EWG vom 25.7.1985) und deren sog. «autonomen Nachvollzug» durch die Schweiz[458] – eine ausservertragliche, **verschuldensunabhängige Haftung des Herstellers** (oder ihm gleichgestellter Personen, vgl. Art. 2 PrHG), so wie sie – rechtszeitgeschichtlich betrachtet – ab der 2. Hälfte des letzten Jahrhunderts erstmals in der US-amerikanischen Rechtsprechung zur *strict product liability* entwickelt worden ist. Dem nach PrHG **kausal** Haftenden stehen lediglich die in Art. 5 Abs. 1 lit. a–e PrHG genannten **Entlastungsbeweise** zur Verfügung (dazu unten Absatz vor Rz. 418).

> Bahnbrechend für die US-amerikanische Entwicklung zur *strict product liability* die *concurring opinion* von Justice TRAYNOR in der Entscheidung des kalifornischen Supreme Court von 1944 *Escola* v. *Coca Cola Bottling Co.*, wo es um eine explodierende Coca-Cola-Flasche ging. Von da ausgehend begann die «Weltkarriere» der *strict product liability.*

Anspruchsvoraussetzungen 417

– **Passivlegitimation (Art. 2 PrHG)**: Nach Art. 2 PrHG ist nicht nur der eigentliche **Hersteller**[459] des **Endprodukts** haftbar, sondern auch der Hersteller eines **Teilprodukts** oder der **Importeur**. Zur Importeurhaftung BGE 133 III 81 = ▶ **Fall 63**.

– **Produkt (Art. 3 PrHG)**: Als Produkt gilt grundsätzlich jede (auch in eine unbewegliche eingebaute) **bewegliche Sache** sowie **Elektrizität** (Art. 3 Abs. 1 PrHG). Die frühere Beschränkung der Haftung bei **Naturprodukten** in Art. 3 Abs. 2 aPrHG ist mit dem Produktesicherheitsgesetz nach dem Vorbild der entsprechend revidierten Richtlinie 85/374/EWG vom Gesetzgeber fallen gelassen worden.

– **Fehlerhaftigkeit des Produkts (Art. 4 PrHG)**: Fehlerhaft ist ein Produkt dann, wenn es nicht die Sicherheit bietet, die ein Benutzer (bei vernünftigem Gebrauch[460]) unter Berücksichtigung aller Umstände legitimerweise erwarten durfte (Art. 4

---

konnte (s. oben Rz. 406). Der *Friteusen*-Entscheid, den der angesehene Fribourger Privatrechtslehrer Peter JÄGGI treffend als *de lege lata* «richtig», aber im rechtspolitischen Ergebnis «kläglich» bezeichnet hat, war Anlass für die schweizerische Diskussion über die Notwendigkeit einer gesetzlichen Verschärfung der Produktehaftung. Im *Schachtrahmen*-Entscheid gelang die Exzeption dann nicht mehr, weil das BGer in extensiver richterlicher Rechtsfortbildung auch noch den zusätzlichen Gegenbeweis verlangte, dass vor Inverkehrsetzung des Produkts eine Endkontrolle stattfand.

458 S. oben Rz. 51. Die Anlehnung an das EU-Recht hat zur Konsequenz, dass das PrHG grundsätzlich im Lichte der EU-Richtlinie und unter Berücksichtigung der Judikatur des Europäischen Gerichtshofes (EuGH) in Luxemburg zu interpretieren ist (sog. «richtlinienkonforme Interpretation»).

459 Das Gesetz spricht aus genderpolitischen Gründen geflissentlich von der «Herstellerin» (= «herstellende Person»)!

460 Das kann auch ein Fehlgebrauch sein, mit dem aber gerechnet werden musste. So richtig BGer vom 29.6.2010, 4A_255/2010 (E. 3), wo es um das Aushängen einer Oblichtschere zum Lüften ging. Zum blossen (begründeten) Verdacht der Fehlerhaftigkeit eines bestimmten Produkts (*in casu* ein Herzschrittmacher) aus einer Serie (bei der ein potentieller Fehler festgestellt worden ist) als Fehler EuGH vom 5.3.2015, C_503/13 und C_504/13 *(Boston Scientific)*. Dazu C. WIDMER LÜCHINGER, HAVE 2015, S. 388 ff.

PrHG). Es geht somit jeweils um die **Enttäuschung legitimer Sicherheitserwartungen**; im englischen Sprachraum ist vom *consumer expectation test* die Rede. Folgende Fehlertypen werden traditionellerweise unter Art. 4 PrHG subsumiert:

- **Konstruktionsfehler**: Eine ganze Produktion (Serie) ist fehlerhaft konstruiert. Das *Design* des Produkts ist fehlerhaft.[461] Dazu die wichtige Entscheidung BGE 133 III 81 (*Kaffeekannen*-Entscheid = ▶ **Fall 63**).

- **Fabrikationsfehler**: Ein einzelnes Stück oder einzelne Stücke einer Produktionsserie sind fehlerhaft («Ausreisser»).

- **Instruktionsfehler**: Mangelhafte Gebrauchshinweise des Herstellers an den Verbraucher zur gefahrlosen Verwendung eines Produkts, etwa ein fehlender Hinweis auf Kontraindikationen bei Arzneimitteln.

Beachte: Für sog. **«Entwicklungsfehler»**, die spezielle Konstruktionsfehler sind, gilt der Haftungsausschluss nach Art. 5 Abs. 1 lit. e PrHG *(state of the art defense)*. Dazu im letzten Absatz dieser Rz.! Freilich besteht eine «Produktebeobachtungspflicht» des Produzenten (jetzt geregelt in Art. 8 PrSG) und es kann wegen unterlassener Warnung oder unterlassenem Rückruf eine Haftung nach Art. 41 ff. OR eingreifen. Scharfe Kausalhaftung auch für Entwicklungsfehler nach Art. 30 Abs. 4 GTG.

- **Personen-** oder **Sachschaden (Art. 1 Abs. 1 PrHG)**: Haftung für produktbedingte Körperverletzung und Tötung oder für Sachschäden, sofern es sich um Schäden an einer Sache handelt, die nach ihrer Art gewöhnlich zum privaten Gebrauch oder Verbrauch bestimmt und vom Geschädigten hauptsächlich privat verwendet worden ist (Art. 1 Abs. 1 lit. b PrHG). Schäden am **Produkt selbst** (Art. 1 Abs. 2 PrHG) sind ebenso wie **reine Vermögensschäden**[462] nach PrHG **nicht ersatzfähig**.

- **Kausalität (Art. 1 PrHG)**: Der eingetretene Schaden muss durch das fehlerhafte Produkt (genauer: durch die Fehlerhaftigkeit des Produkts) adäquat verursacht worden sein.

- **Entlastungsbeweis**: Ausnahmen von der Haftung nach Art. 5 Abs. 1 PrHG. Etwa Beweis, dass der Hersteller das Produkt **nicht in Verkehr gesetzt** hat (lit. a); dass nach den Umständen davon auszugehen ist, dass der schadensverursachende Fehler noch nicht vorlag, als der Hersteller das Produkt in Verkehr brachte (lit. b); dass das Produkt hoheitlich erlassenen Sicherheitsvorschriften entspricht (lit. d).[463] Wirtschaftspolitisch (etwa für die Pharmaindustrie) wichtig der Entlastungsbeweis

---

461 Exakte Definition im Leitsatz der Entscheidung des deutschen BGH NJW 2009, S. 2952: «Ein Konstruktionsfehler liegt vor, wenn das Produkt schon seiner Konzeption nach einem Sicherheitsstandard nicht entspricht, der nach dem im Zeitpunkt des Inverkehrbringens des Produkts vorhandenen neuesten Stand der Wissenschaft und Technik ... konstruktiv möglich ist».

462 S. oben Rz. 337.

463 Dazu BGer vom 5.1.2015, 4A_365/2014: Einhaltung öffentlichrechtlicher Vorschriften schliesst Fehler (und Haftung) nicht unbedingt aus.

nach Art. 5 Abs. 1 lit. e (*state of the art-defense* bei «Entwicklungsfehlern» [aber Ausnahme bei Transplantatprodukten: Art. 5 Abs. 1bis PrHG]). Dazu der *Hüftpro-thesen*-Entscheid BGE 137 III 226 (233 f.). Für Hersteller eines **Grundstoffs** oder **Teilprodukts** siehe die Entlastung nach Art. 5 Abs. 2 OR.

Selbstbehalt (Art. 6 PrHG): Der Geschädigte muss bei **Sachschäden** den Schaden   418
bis zur Höhe von Fr. 900.– selber tragen. Bei einem Schaden in der Höhe von
Fr. 890.– also kein Ersatz nach PrHG (aber eventuell nach Art. 41 OR). Bei einem
Schaden in der Höhe von Fr. 1000.– ist **umstritten**, ob Haftung lediglich für
Fr. 100.– (Mehrheitsmeinung) oder für Fr. 1'000.– (Minderheitsmeinung). Folgt man
dem **gesetzgeberischen Zweck** dieser Bestimmung gemäss der EU-Richtlinie, nämlich der Vermeidung von Bagatellstreitigkeiten, handelt es sich nicht um einen eigentlichen «Selbstbehalt» (wie er im Versicherungsrecht üblich ist), sondern um eine
Haftungsfreigrenze (analog Art. 40a Abs. 1 lit. b OR).

Wegbedingung der Haftung (Art. 8 PrHG): Vereinbarungen, welche die Haftung   419
nach PrHG gegenüber dem Geschädigten beschränken oder wegbedingen, sind **nichtig**.

Verjährung (Art. 9 PrHG)/Verwirkung (Art. 10 PrHG): Die **Verjährungsfrist**   420
beträgt drei Jahre ab Kenntnis bzw. Kennenmüssen des Schadens, des Fehlers und der
Person des Herstellers (Art. 9 PrHG). Die **Verwirkungsfrist** beträgt 10 Jahre ab Inverkehrsetzung (Art. 10 PrHG). Zur Unterscheidung zwischen Verwirkungs- und
Verjährungsfrist Rz. 528.

▷ Zum Ganzen **Fall 63**

Verhältnis des PrHG zum OR (Art. 11 Abs. 1 und 2 PrHG)   421

Nach **Art. 11 Abs. 1 PrHG** gilt, sofern das PrHG nichts anderes vorsieht, **subsidiär** das OR, etwa Art. 42–44 OR; nach h.L. zudem Art. 47 und 49 OR für den Genugtuungsanspruch, und zwar nach den Voraussetzungen des PrHG, also auch ohne
Verschulden.

Nach **Art. 11 Abs. 2 PrHG** bleiben **Ansprüche** des **Geschädigten** aus dem **OR**
unberührt. Das OR, in erster Linie (siehe Rz. 416) Art. 55 OR, ist vor allem auch für
vom PrHG nicht erfasste Schäden zuständig; etwa für Schäden im Rahmen des
«Selbstbehalts» (Art. 6 PrHG), namentlich aber auch für Sachschäden, die Gegenstände betreffen, die nicht dem privaten Gebrauch dienen (= gewerbliche Güter,
Art. 1 Abs. 1 lit. b PrHG); allenfalls auch für reine Vermögensschäden. Auch unter-
bliebene oder unzureichende Rückrufaktionen sind allein nach OR zu beurteilen.

Beachte: Hintergrund von Anspruchskonkurrenzen zwischen PrHG und ande-   422
ren Anspruchsgrundlagen (namentlich nach OR) sind **drei Fallstrukturen**:
(1) Der Geschädigte hat das Produkt bei einem **Händler gekauft** (BGE 133
III 81); (2) er hat es direkt beim **Produzenten gekauft** (BGE 90 II 86 =
▶ **Fall 62**); (3) er kommt als «**Dritter**» *(innocent bystander)* zu Schaden, hat
also das Produkt **nicht gekauft** (BGE 110 II 456). Zum Anspruchsdreieck in
der ersten Konstellation sogleich Rz. 423.

▶ Dazu **Fall 62**

423 **Anspruchsdreieck bei Produktehaftung, wenn der Geschädigte der Käufer des fehlerhaften Produkts ist**[464]

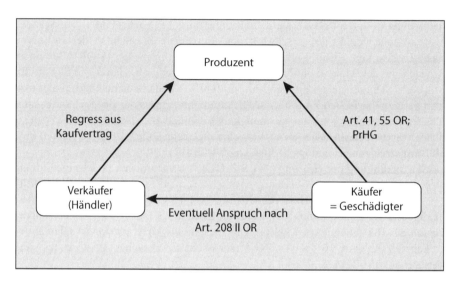

Kontrollfragen zu Kapitel 19:

89. Was ist ein «reiner Vermögensschaden» und wie wird er nach herrschender Auffassung beurteilt?

90. Welchen Ansatz vertritt die Differenzlehre, welchen die Lehre vom normativen Schadensbegriff zur Frage, ob ein ersatzfähiger Schaden vorliegt?

91. Zweigliedrige Widerrechtlichkeitskonzeption der h.L.?

92. Haftung bei kumulativer und bei alternativer Kausalität?

93. Haftung des Setzers der Reserveursache in Fällen der überholenden Kausalität?

94. Welche Umstände unterbrechen den Kausalzusammenhang? Welcher Kausalzusammenhang ist hier gemeint?

---

464 Schädigung eines Käufers durch das von ihm gekaufte fehlerhafte Produkt lag etwa im *Friteusen*-Entscheid (BGE 90 II 86) = ▶ **Fall 62** vor, wobei der Kaufvertrag in diesem Fall allerdings direkt mit dem Produzenten geschlossen wurde, also dieser kaufrechtlich und gleichzeitig (konkurrierend) nach Art. 55 OR haftete, sodass sich das Anspruchsdreieck auf eine Zweierbeziehung mit konkurrierenden Anspruchsgrundlagen reduzierte. Der Anspruch nach Art. 208 Abs. 2 OR scheiterte in diesem Fall wegen Ablaufs der Verjährungsfrist (Art. 210 OR) und der Anspruch nach Art. 55 OR wegen erfolgreicher Führung des Exzeptionsbeweises. Dazu schon oben bei Rz. 416 mit Fn. 457.

95. Gibt es eine Haftung für Reflexschäden?

96. Erläutern Sie die Theorie vom Schutzzweck der Norm!

97. Was versteht man unter dem objektiven Fahrlässigkeitsbegriff?

98. Wann ist bei Gehilfenversagen Art. 101 OR, wann Art. 55 OR anwendbar?

99. Welche Entlastungsbeweise gibt es bei der Geschäftsherrenhaftung nach Art. 55 OR?

100. Welche Entlastungsbeweise gibt es bei der Haftung des Halters eines Motorfahrzeugs?

101. Welche Schäden, die auf Produktefehler zurückzuführen sind, werden vom PrHG nicht erfasst?

102. Für welche Fehlerkategorien ist nach PrHG einzustehen?

103. Welche Entlastungsmöglichkeiten gibt es nach PrHG?

Kapitel 20
Ungerechtfertigte Bereicherung

«Iure naturae aequum est neminem cum alterius detrimento et iniuria fieri lo-
cupletiorem» («Es ist nach Naturrecht billig, dass sich niemand durch den
Nachteil eines anderen und durch Unrecht bereichert».)

POMPONIUS (Dig. 50,17,206).

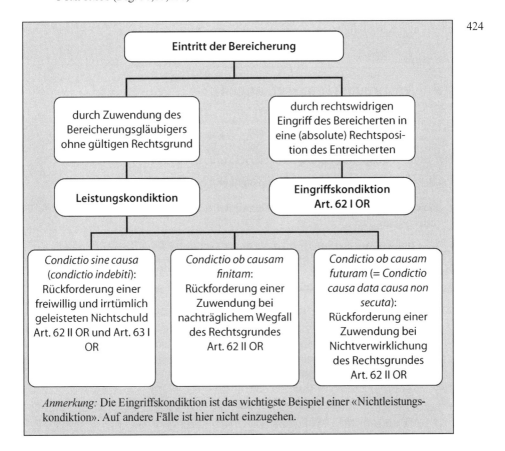

424

Anmerkung: Die Eingriffskondiktion ist das wichtigste Beispiel einer «Nichtleistungskondiktion». Auf andere Fälle ist hier nicht einzugehen.

§ 1   Im Allgemeinen

Bei der «ungerechtfertigten Bereicherung» geht es nicht, wie man laienhaft meinen   425
könnte, um den Tatbestand moralisch anstössiger Bereicherung von Wucherern oder
Abzockern, sondern ganz prosaisch um Vermögensvermehrung (aus dem Vermögen

eines anderen), für die kein gültiger Rechtsgrund bestand. Ein moralischer Vorwurf gegen den Bereicherten ist, wie das *Beispiel* einer irrtümlichen Doppelbezahlung einer Rechnung zeigt (unten Rz. 437), im Allgemeinen nicht am Platz.[465]

Wer aus dem Vermögen eines anderen **rechtsgrundlos** bereichert worden ist, hat nach der Generalklausel des Art. 62 Abs. 1 OR die Bereicherung zurückzuerstatten. Die ungerechtfertigte Bereicherung (Art. 62 ff. OR) begründet ein **gesetzliches Schuldverhältnis**,[466] aufgrund dessen der Gläubiger des Bereicherungsanspruches vom Bereicherten (Schuldner des Bereicherungsanspruches) die Bereicherung herausfordern (kondizieren) kann. Der Bereicherungsanspruch wird auch «Kondiktion» genannt. Der Bereicherungsgläubiger wird bisweilen als «Kondizient», der Bereicherte als «Kondiktionsschuldner» bezeichnet.

§ 2 Anspruchsvoraussetzungen

A. Überblick

426 Der Bereicherungsanspruch setzt **dreierlei** voraus, nämlich

– dass der Kondiktionsschuldner **bereichert** ist,

– dass der Bereicherte **aus dem Vermögen** des **Bereicherungsgläubigers** bereichert ist, und

– der Bereicherte sich diesbezüglich **nicht auf einen Rechtsgrund** berufen kann, der ihm das Behalten der Bereicherung erlaubt.

427 Folgende Elemente bilden **keine Voraussetzungen** des Bereicherungsanspruchs:

– Bisweilen wurde als weitere Voraussetzung eine – mit der Bereicherung korrespondierende – effektive **Vermögensverminderung** (= Schädigung, Entreicherung) des Bereicherungsgläubiger verlangt. Heute überwiegt indes die Auffassung, dass es im Bereicherungsrecht um eine Bereicherungshaftung geht und nicht um «Entreicherungsrecht».[467]

> *Beispiel*: Der Mieter eines Hauses vermietet ohne Wissen des Eigentümers den nicht mitgemieteten Parkplatz. Der Eigentümer kann mit einer Eingriffskondiktion (Rz. 443 ff.) den Mietzins kondizieren, auch wenn er, da er selber den Parkplatz nicht vermietet hätte, keinerlei Schaden (Gewinnentgang) erlitten hat.

---

465 Zu Art. 66 OR unten Rz. 434.
466 Zum Begriff oben Rz. 100.
467 Vgl. BGE 129 III 422 (425): Es müsse keine «unmittelbare Vermögensverschiebung» zwischen Bereicherungsgläubiger und -schuldner stattgefunden haben.

– Ein **Verschulden des Bereicherten** ist nicht erforderlich. Bei Verschulden des Bereicherten und Schädigung des Bereicherungsgläubigers besteht möglicherweise Anspruchskonkurrenz zwischen Art. 62 ff. OR und Art. 41 ff. OR.

B. Bereicherung

Bereicherung bedeutet **Vermögensvermehrung**; dem Kondiktionsschuldner muss ein Vermögensvorteil zugekommen sein. Dieser Vermögensvorteil kann in der **Vergrösserung** des Vermögens (Vermehrung der Aktiven bzw. Verminderung der Passiven: *lucrum emergens*) oder der **Verhinderung** einer **Vermögensverminderung** (Ersparnisbereicherung) liegen. Die Bereicherung des Kondiktionsschuldners kann demnach entsprechend der Differenzhypothese[468] in drei Formen gegeben sein:

428

– Vermehrung der Aktiven.

> *Beispiel*: Fehlbuchung durch eine Bank (irrtümliche Gutschrift auf Kundenkonto).

– Verminderung der Passiven.

> *Beispiel*: Irrtümliche (wirksame) Bezahlung fremder Schulden.

– Nichtverminderung des Vermögens, d.h. Nichtverminderung der Aktiven oder Nichtvermehrung der Passiven.

> *Beispiel*: Irrtümlich im Hinblick auf ein «Kuckuckskind» geleisteter Kindesunterhalt: «Ersparnisbereicherung» des Unterhaltsverpflichteten (BGE 129 III 646). Zur Ersparnisbereicherung auch ▶ **Fall 64**.

Die Bereicherung, die sich nicht nur auf den ursprünglichen Gegenstand, sondern auch auf Ersatzgegenstände («Surrogate») beziehen kann, muss im Augenblick der Anspruchserhebung grundsätzlich noch **vorhanden** sein. Nach Art. 64 OR kann der gutgläubig Bereicherte den sog. **Entreicherungseinwand** erheben (unten Rz. 433). Ist der die Bereicherung begründende Gegenstand oder dessen Surrogat körperlich noch vorhanden, geht es um Rückerstattung *in natura*; ansonsten geht es (wie etwa bei rechtsgrundlos erbrachten Arbeitsleistungen oder Geldzahlungen) um objektiv zu berechnenden **Wertersatz**.

429

▶ Dazu **Fall 17**

---

468 Angaben zum insofern spiegelbildlichen Haftpflichtrecht: S. oben Rz. 338.

C. Rechtsgrundlosigkeit der Bereicherung («in ungerechtfertigter Weise»)

430   Es darf kein gültiger Rechtsgrund vorliegen, der das Behalten des Vermögensvorteils rechtfertigt. Der Bereicherte darf sich also weder auf das **Gesetz** noch auf einen gültigen **Vertrag** berufen können.

Auch wenn bezüglich des Vermögensvorteils zunächst ein rechtlicher Behaltensgrund bestand, kann dieser später rückwirkend *(ex tunc)* wegfallen, z.B. durch die Anfechtung des Vertrags gemäss Art. 23 ff. OR.

D. Der Ausschluss des Bereicherungsanspruchs

431   – **Freiwillige Leistung in Kenntnis der Nichtschuld (Art. 63 Abs. 1 OR)**: Bei freiwilliger Bezahlung einer Nichtschuld ist eine Leistungskondiktion nur möglich, wenn der Kondizient beweist, dass er sich über das Bestehen der Schuldpflicht im **Irrtum** befunden hat. Er kann sich – entgegen der Regel: *error iuris nocet* (Rechtsirrtum schadet) – auch auf einen Rechtsirrtum berufen. Dazu Rz. 436.

432   – **Erfüllung** einer **verjährten Schuld** oder **sittlichen Pflicht (Art. 63 Abs. 2 OR)**: Wenn eine verjährte Schuld oder eine sittliche Verbindlichkeit erfüllt wurde (Art. 63 Abs. 2 OR), ist die Rückforderung in jedem Fall ausgeschlossen, also auch dann, wenn man irrtümlich gemeint hat, man sei zur Leistung rechtlich verpflichtet.

▶ Dazu **Fall 14** (Variante) und *Beispiel* in Rz. 96.

433   – **Wegfall der Bereicherung** (Art. 64 OR): Wenn der ursprünglich Bereicherte zur Zeit der Rückforderung nachweisbar **nicht mehr bereichert** ist, kann er den «Entreicherungseinwand» erheben, sofern er sich der Bereicherung **gutgläubig**, d.h. im berechtigten Vertrauen auf die rechtliche Fundiertheit der Bereicherung entäussert hat. Entreicherung liegt aber nicht vor, wenn sich der Bereicherte durch die Verwendung der Bereicherung eigene Aufwendungen, die er ansonsten ebenfalls getätigt hätte, **ersparen** konnte.

> *Beispiel* für einen Wegfall der Bereicherung, auf den man sich berufen könnte: Der Bereicherte nimmt im berechtigten Vertrauen auf die Endgültigkeit der Bereicherung eine Schenkung vor, die er ansonsten nicht getätigt hätte, oder bucht eine Vergnügungsreise, die er sonst nicht unternommen hätte. Keine Gutgläubigkeit im ▶ **Fall 17**. Verweisung auf Art. 64 OR in Art. 91 Abs. 2 ZGB (Problem der Verlobungsgeschenke).

434   – **Herbeiführen** eines **rechtswidrigen** oder **unsittlichen Erfolgs** (Art. 66 OR): Wer in der Absicht, einen rechtswidrigen oder unsittlichen Erfolg herbeizuführen, jemandem etwas leistet, kann diese Leistung nicht kondizieren. Dies ist ein-

schränkend zu interpretieren und gilt nicht allgemein für Leistungen aufgrund eines (wegen Verstosses gegen öffentlichrechtliche Vorschriften) rechtswidrigen und daher nichtigen Vertrags; anders und abzulehnen BGE 102 II 1; später korrigiert durch BGE 134 III 438 (444 f.). Die nach Art. 66 OR nicht kondizierbare Leistung muss auf einer **moralisch anstössigen Gesinnung** (auf einer «tiefstehenden Betrachtungsweise» [so BGE 66 II 256, 260]) beruhen. Für die Rückforderung eines **«Gaunerlohns»** steht die Rechtsordnung nicht zur Verfügung, auch wenn der Empfänger genauso verwerflich gehandelt hat, und auch dann, wenn der Gauner seine Leistung gar nicht erbracht hat. Dazu die alten Rechtssprichwörter: *In pari turpitudine melior est causa possidentis* (bei gleich anstössigem Verhalten ist die Rechtslage des Besitzers die bessere); *nemo turpitudinem suam allegans auditur* (niemand wird [vor Gericht] gehört, der sich [zur Stützung seines Anspruches] auf sein eigenes verwerfliches Verhalten beruft).

–   **Verjährung** (Art. 67 OR): Gemäss Art. 67 Abs. 1 OR kann der Anspruch nicht   435
    mehr gerichtlich durchgesetzt werden, wenn der Kondizient die **Jahresfrist ab
    Kenntnis** des Anspruchs hat verstreichen lassen (relative Verjährungsfrist) oder
    zehn Jahre seit Entstehung des Anspruchs – durch Eintritt der Bereicherung
    ohne gültigen Rechtsgrund – vergangen sind (absolute Verjährungsfrist).

▶   Dazu **Fall 14 (Variante)**

§ 3   Die beiden Haupttypen des Bereicherungsanspruchs

A.   Leistungskondiktion

Konstellation: Jemand erbringt freiwillig einer anderen Person eine Leistung in der   436
irrigen Meinung, dazu verpflichtet zu sein.

Beweis: Der Entreicherte kann nur kondizieren, wenn er beweist, dass er sich
über die Schuldpflicht geirrt hat (Art. 63 Abs. 1 OR), also bei Erbringung der Leistung irrtümlich vom Bestehen einer Schuld ausgegangen ist. **Gedanklicher Hintergrund**: Verbot des widersprüchlichen Verhaltens (*venire contra factum proprium*; oben Rz. 11). Er kann nach Art. 63 Abs. 1 OR, entgegen der Grundregel *error iuris nocet* (Rechtsirrtum schadet), vorbringen, dass er in einem Rechtsirrtum befangen war (etwa: Unkenntnis über Grundverkehrsbeschränkungen und die dadurch bedingte Nichtigkeit des Vertrags). Der Irrtum braucht nicht entschuldbar zu sein. – Einschränkend zum Irrtumserfordernis BGE 115 II 28 (29): Hat bei einem synallagmatischen Vertrag[469] eine Partei im Bewusstsein der fehlenden rechtlichen Durchsetzbarkeit, aber in der dann nicht verwirklichten Erwartung geleistet, auch die Gegenleistung werde freiwillig erbracht, so darf die Rückforderung nicht von der Irrtümlichkeit der Leistung abhängig gemacht werden.

---

469   Oben Rz. 108.

Arten von Leistungskondiktionen:

437 – *Condictio sine causa (condictio indebiti*): Leistung ohne gültigen Rechtsgrund.

> *Beispiele*: Vertrag ist wegen Dissens oder fehlender Vertretungsmacht nichtig; Rechnung wird doppelt bezahlt; Anfechtung des Vertrags wegen Willensmängeln (unter Zugrundelegung der Ungültigkeitstheorie[470]).

438 – *Condictio ob causam finitam*: Der Rechtsgrund fällt nachträglich weg.

> *Beispiele*: Der Vertrag war zuerst schwebend wirksam, wurde dann aber erfolgreich *(ex tunc)* angefochten (vgl. Art. 23 ff. OR nach der Anfechtungstheorie[471]); Eintritt einer auflösenden Bedingung; Rückforderung nach Widerruf gemäss Art. 40a ff. OR.

439 – *Condictio ob causam futuram (condictio causa data causa non secuta)*: Die Leistung wird im Hinblick auf einen künftigen Rechtsgrund erbracht, der sich dann aber, entgegen den Erwartungen, nicht verwirklicht.

> *Beispiele*: Ausfall einer aufschiebenden Bedingung (dazu BGE 129 III 264); Vorleistungen im Hinblick auf einen Vertrag, der noch von der Erteilung einer behördlichen Bewilligung abhängt, die nicht erteilt wird.

440 – *Condictio ob turpem (vel iniustam) causam*: Dazu schon oben Rz. 434.

441 Zum Gegenanspruch des Bereicherten auf **Verwendungsersatz** (bei notwendigen oder zumindest nützlichen Verwendungen im Hinblick auf das Bereicherungsobjekt) siehe Art. 65 Abs. 1 OR.

442 In «**Dreiecksverhältnissen**», namentlich bei Anweisungen (etwa bei Banküberweisungen) gemäss Art. 466 ff. OR (mit den drei Personen: Anweisender, Angewiesener, Zuwendungsempfänger), ist **in der jeweils mangelhaften Leistungsbeziehung** rückabzuwickeln. Dies bedeutet im ▶ **Fall 65**, dass im Verhältnis Postamt (Angewiesener) – Postangestellter (Anweisender), der durch Befreiung von seiner Schuld bereichert ist, zu kondizieren ist, also im «Deckungsverhältnis», wo ja auch der rechtliche Mangel lag, und nicht im Valutaverhältnis zwischen Postamt (Angewiesener) und Bank (Zuwendungsempfänger).

Siehe dazu näher SCHWENZER Rz. 56.22 f.; aus der Rechtsprechung BGE 116 II 689.

---

470 S. oben Rz. 289.
471 S. oben Rz. 288.

B. Eingriffskondiktion[472]

Konstellation: Der Bereicherte greift objektiv **rechtswidrig** in das Vermögen des   443
Gläubigers ein und verschafft sich dadurch einen Vermögensvorteil, der objektiv zu
bewerten und zu vergüten ist.

> *Beispiele*: Unberechtigte Nutzung einer fremden Sache (Vieh des Bauern A weidet
> auf dem Grundstück des B; es bedarf keines Verschuldens des A) oder eines frem-
> den Rechtes (etwa eines Patentrechtes ohne entsprechende Lizenz); weiteres Bei-
> spiel in Rz. 427 sowie ▶ **Fall 64**.

Zur Konkurrenz zwischen Eingriffskondiktion und dem Anspruch auf Gewinnher-   444
ausgabe bei unechter Geschäftsführung ohne Auftrag (Art. 423 OR) siehe BGE 129
III 422. Zum Anspruch auf Gewinnherausgabe oben Rz. 100.

Eine Schädigung (Vermögensverminderung) des Kondizienten ist nicht Voraussetzung einer Eingriffskondiktion. ▶ Siehe **Fall 64** (*Parkplatzfall* des BGH
[BGHZ 21, S. 319]).

§ 4   Subsidiarität des Kondiktionsanspruchs?

Nach traditioneller Lehre kommt der Kondiktionsanspruch nur **subsidiär** zur An-   445
wendung, wenn andere Ansprüche, vor allem der **Vindikationsanspruch** gemäss
Art. 641 Abs. 2 ZGB, ausscheiden. Dabei ist daran zu erinnern, dass in der Schweiz
von der «Kausalität der Tradition» ausgegangen wird. Steht dem Verkäufer demnach
der Vindikationsanspruch zu, weil er Eigentümer geblieben ist, kann von einer ungerechtfertigten Bereicherung des Käufers, der nicht Eigentum erworben hat, von
vornherein nicht gesprochen werden.[473] Daher fehlt es an einer Tatbestandsvoraussetzung des Bereicherungsanspruches, und es geht nicht um Subsidiarität des Anspruchs!

Herausgabeansprüche wegen Rückabwicklung von Verträgen – wegen Rück-
tritts vom Vertrag (Art. 107 Abs. 2 OR i.V.m. Art. 109 OR) oder Geltendmachung des
Wandelungsanspruchs (Art. 205, 208 OR) – folgen nach heutiger Auffassung (siehe
BGE 114 II 152 [158]) den Regeln eines **vertraglichen «Rückabwicklungsverhält-**

---

472   Die Eingriffskondiktion ist der wichtigste Fall einer «Nichtleistungskondiktion». Auf andere
     Fälle wird hier nicht eingegangen, da sie praktisch wenig bedeutsam sind.

473   Zur Kausalität der Tradition oben Rz. 88; mit Hinweis auf das deutsche Recht, wo das Abstrak-
     tionsprinzip gilt (Eigentum geht durch auf Konsens beruhende Tradition über, auch wenn das
     obligatorische Grundgeschäft [Vertrag] nicht gültig ist) und wo daher – mangels der Möglichkeit
     eines Vindikationsanspruchs – die Leistungskondiktion eine erheblich grössere praktische Rolle
     spielt als im schweizerischen Recht.

nisses».[474] Dies hat vor allem zur Folge, dass nicht die Verjährungsfrist des Art. 67 Abs. 1 OR gilt – die relative Jahresfrist wird allgemein als zu kurz empfunden –, sondern die allgemeine Verjährungsfrist von Art. 127 OR.

Zwischen dem **Bereicherungsanspruch**, namentlich der Eingriffskondiktion, und der **Haftpflicht aus unerlaubter Handlung** (Art. 41 ff. OR) kann (wenn der Kondizient geschädigt ist und Verschulden des Eingreifenden nachgewiesen werden kann) **Anspruchskonkurrenz** vorliegen. Siehe schon oben Rz. 427.

Kontrollfragen zu Kapitel 20:

104. Welche Rolle spielt das Irrtumserfordernis bei der Leistungskondiktion? Beweislast?

105. Welche Auswirkung hat der nachträgliche Wegfall der Bereicherung auf den Bereicherungsanspruch?

106. Typen der Leistungskondiktion?

107. Nennen Sie ein Beispiel zur *condictio ob turpem (vel iniustam) causam*!

108. In welchem Verhältnis steht der Bereicherungsanspruch zum Vindikationsanspruch?

109. In welchem Verhältnis steht die Eingriffskondiktion zum Deliktsanspruch?

---

474 Präzisierung dazu in BGE 133 III 356 (358 f.): Wer irrtümlich mehr als das vertraglich Geschuldete zahlt, kann nur aus ungerechtfertigter Bereicherung (und damit innert der Verjährungsfrist des Art. 67 OR) zurückfordern. Bei wegen Willensmängeln unverbindlichen Verträgen erfolgt die Rückabwicklung ebenfalls nach Bereicherungsrecht oder durch Vindikation (so jetzt BGE 137 III 243 [248 ff.]). Dasselbe gilt bei Nichtigkeit des Vertrags wegen Dissens (anders, aber abzulehnen, offenbar BGE 135 III 556 [560]); auch bei Rückforderungen nach Widerruf gemäss Art. 40a ff. OR gemäss BGE 137 III 243 (252 ff.). Anders dazu (und in diesem Fall vorzugswürdig) ausdrücklich § 357 deutsches BGB (Gleichstellung mit Rücktrittsfolgen).

Kapitel 21
Erfüllung und Nichterfüllung der Schuldpflicht*

§ 1 Vorbemerkung

Die Art. 68–96 OR (1. Abschnitt des 2. Titels: «Die Wirkung der Obligationen» der 1. Abteilung des OR) stehen unter der Überschrift **«Die Erfüllung der Obligation»**. Unter diesem Titel finden sich unter anderem Bestimmungen zur Person des Leistenden, zum Gegenstand der Erfüllung, zum Ort der Erfüllung, zu Fristbestimmungen oder zur Zahlung von Geldschulden. Was Erfüllung ist, wird indes vom Gesetz nicht definiert. Erfüllung ist, einfach gesprochen, die **Erbringung** der **geschuldeten Leistung**: Der Schädiger bezahlt dem Geschädigten den nach Art. 41 Abs. 1 OR geschuldeten Schadenersatz; der Bereicherte erstattet die erlangte Bereicherung nach Art. 62 Abs. 1 OR zurück; der Verkäufer übergibt dem Käufer die gekauften Schuhe (Art. 184 Abs. 1 OR); der Anwalt führt den Prozess, zu dem ihn sein Mandant beauftragt hat (Art. 394 Abs. 1 OR). Zu den Bestimmungen über die Erfüllung der Obligation gehört auch die Regelung des Gläubigerverzugs in den Art. 91 ff. OR (dazu Rz. 505 ff.). | 446

Die Erfüllung der geschuldeten Leistung ist der normale **Erlöschungsgrund einer Forderung** (siehe Art. 114 Abs. 1 OR). Wird eine Forderung erfüllt, geht sie unter. Zahlt z.B. der Käufer dem Verkäufer den vereinbarten Kaufpreis, geht die Kaufpreisforderung des Verkäufers durch Erfüllung unter, sie erlischt. Zusammen mit der Forderung erlöschen nach Art. 114 Abs. 1 OR auch die dazugehörigen Nebenrechte, wie z.B. ein Pfandrecht, welches zur Sicherung der Forderung errichtet wurde. | 447

Die Art. 97–109 OR (2. Abschnitt des 2. Titels der 1. Abteilung des OR) stehen unter der Überschrift **«Die Folgen der Nichterfüllung»**. Diese Artikel regeln die **Unmöglichkeit** der Erfüllung und den **Schuldnerverzug** sowie die mangelhafte Erfüllung (oder **Schlechterfüllung**). Darüber hinaus ist bei der Nichterfüllung auch **Art. 119 OR** (nachträgliche nicht verschuldete Unmöglichkeit der Leistung) zu beachten, der zusammen mit anderen Bestimmungen unter dem Titel über das «Erlöschen der Obligation» steht; zu den einzelnen Erlöschungsgründen unten Rz. 513. | 448

§ 2 Erfüllungsanspruch

Der Anspruch des Gläubigers auf Erfüllung (**«Realerfüllung»** = «Naturalerfüllung») ist auch im schweizerischen Recht das «Rückgrat der Obligation» (Ernst RABEL). Dies geht z.B. aus der verzugsrechtlichen Regel des Art. 107 Abs. 2 OR hervor, wenn es dort heisst, der Gläubiger könne «immer noch auf Erfüllung nebst Schadenersatz wegen Verspätung klagen». | 449

---

* Dieses Kapitel beruht immer noch weitgehend auf einem für die Erstauflage erarbeiteten Entwurf der (damaligen) Assistentin des erstgenannten Verfassers, Dr. iur. Salome WOLF (Basel).

450   Erfüllt der Schuldner nicht freiwillig, kann der Gläubiger, sofern nicht Unmöglichkeit der Leistung vorliegt (dazu Rz. 479 ff.), seine Forderung vor Gericht mit **Erfüllungsklage** geltend machen. Gewinnt er den Prozess, ergeht ein **Leistungsurteil** z.B. mit folgendem Wortlaut: «Der Beklagte wird verurteilt, dem Kläger Fr. 5000.– nebst Zins von 5% seit dem 17. April 2015 zu bezahlen».

451   Erfüllt der Schuldner trotz (rechtskräftigem) Urteil nicht, so kann der Gläubiger das Urteil **vollstrecken** lassen. Bei einer **Geldforderung** geschieht dies durch die **Betreibung** des Schuldners gemäss den Bestimmungen des SchKG (Art. 38 ff.), bei anderen Forderungen gemäss den Bestimmungen der ZPO.[475]

452   In anderen Rechtsordnungen, etwa im englischen und US-amerikanischen Recht, ist der Realerfüllungsanspruch (auf *specific performance*) hingegen die Ausnahme. Ähnlich im Römischen Recht das Prinzip der Geldverurteilung: *Omnis condemnatio pecuniaria*.

Bei internationalen Warenkaufverträgen ist **Art. 28 UN-Kaufrecht** zu beachten: «Ist eine Partei nach diesem Übereinkommen berechtigt, von der anderen Partei die Erfüllung einer Verpflichtung zu verlangen, so braucht ein Gericht eine Entscheidung auf Erfüllung in Natur nur zu fällen, wenn es dies auch nach seinem eigenen Recht bei gleichartigen Kaufverträgen täte, die nicht unter dieses Übereinkommen fallen». Diese Bestimmung relativiert im Anwendungsbereich des UN-Kaufrechts den Erfüllungsanspruch erheblich. Dazu schon der obige Hinweis auf das englische und US-amerikanische Recht.

§ 3   Erfüllung der Schuldpflicht

A.   Modalitäten der Erfüllung im Überblick

453   Damit eine Schuldpflicht richtig erfüllt wird, muss

– die richtige Person die Leistung erbringen

– die Leistung an die richtige Person erfolgen

– die Leistung am richtigen Ort erbracht werden

– die Leistung zum richtigen Zeitpunkt erbracht werden

– die inhaltlich richtige (die geschuldete) Leistung erbracht werden.

---

475 Die ZPO regelt die Vollstreckung in den Art. 335 ff. (differenzierend zwischen direkter Vollstreckbarkeit und dem Erfordernis eines Vollstreckungsgesuchs).

B. Leistungserbringung durch die richtige Person

Grundsätzlich erfolgt die Leistungserbringung durch den Schuldner an den Gläubi- 454
ger. Der Schuldner ist jedoch gemäss **Art. 68 OR** nur dann verpflichtet, **persönlich
zu erfüllen**, «wenn es bei der Leistung auf seine Persönlichkeit ankommt». Bei
einem einfachen Kaufvertrag, etwa beim Kauf von 10 kg Kartoffeln, kommt es auf
die Persönlichkeit des Schuldners naturgemäss nicht an. Der Verkäufer darf die Kartoffeln auch durch einen Bekannten dem Gläubiger übergeben lassen.

Zum Teil sehen Bestimmungen im OR BT ausdrücklich vor, dass der Schuldner 455
persönlich zu erfüllen hat, so z.B. Art. 364 Abs. 2 OR zum Werkvertrag: Danach ist
der Unternehmer grundsätzlich verpflichtet, das Werk persönlich auszuführen oder
unter seiner persönlichen Leitung ausführen zu lassen, mit Ausnahme der Fälle, in
denen es nach der Natur des Geschäftes auf seine persönlichen Eigenschaften nicht
ankommt. *Beispiele*: Der Künstler muss das bei ihm bestellte Gemälde höchstpersön-
lich malen; hingegen darf der Maler, der die Hausfassade streichen soll, unter seiner
Leitung auch seine Mitarbeiter streichen lassen; er darf nach Art. 68 OR aber darüber
hinaus auch selbständige Dritte (Substituten) engagieren.

Wenn ein **Dritter** in eigenem Namen (aber unter Bezugnahme auf die Verbind- 455a
lichkeit des Schuldners) den Gläubiger befriedigt (**«Intervention»**), so hat dies
(auch ohne Wissen und Willen des Schuldners) Erfüllungswirkung. Die Rechte des
Gläubigers gehen von Gesetzes wegen *(ex lege)* auf den Dritten über, «wenn der
Schuldner dem Gläubiger anzeigt, dass der Zahlende an die Stelle des Gläubigers treten soll» («Subrogationserklärung» des Schuldners gemäss Art. 110 Ziff. 2 OR).

Bei Verpflichtungen zu einem aktiven Handeln («Tun»), etwa bei einem Werkver- 455b
trag über das Malen einer Wohnung, kann sich der Gläubiger, wenn die Leistung bei
Fälligkeit ausbleibt, gerichtlich ermächtigen lassen, «die Leistung auf Kosten des
Schuldners vorzunehmen» (Art. 98 Abs. 1 OR), entweder selbst oder durch Dritte:
Sog. **«Ersatzvornahme»**.[476]

C. Leistungserbringung an die richtige Person

Grundsätzlich hat der Schuldner an den Gläubiger zu leisten, damit er richtig erfüllt. 456
Der Vertrag kann allerdings vorsehen, dass die **Leistung an einen Dritten** zu erfolgen hat. Zum echten und unechten Vertrag zugunsten Dritter gemäss Art. 112 OR
siehe oben Rz. 79 f.

Die **Abtretung (Zession) einer Forderung** nach Art. 164 ff. OR bewirkt einen 457
Gläubigerwechsel.[477] Da eine Abtretung ohne die Zustimmung und das Wissen des
Schuldners erfolgen kann, ist dieser zu schützen, wenn er in Unkenntnis der Abtre-
tung an den früheren Gläubiger leistet. Art. 167 OR sieht daher vor, dass der Schuld-

---

476 Zur umstrittenen dogmatischen Qualifikation der Ersatzvornahme eingehend BGE 142 III 321
(für «Vollstreckungstheorie»).
477 Dazu unten Rz. 549.

ner gültig befreit wird, wenn er vor der Anzeige der Abtretung gutgläubig an seinen früheren Gläubiger leistet. Hier wird der Schuldner also befreit, auch wenn er an die falsche Person geleistet hat. Siehe Rz. 556.

D. Leistungserbringung am richtigen Ort

458 Der Schuldner muss die Leistung am **Erfüllungsort** (= Leistungsort) erbringen[478]. Dieser bestimmt sich nach **Art. 74 OR** wie folgt:

- nach dem ausdrücklichen oder konkludenten Willen der Parteien,

- nach der Üblichkeit, der Verkehrssitte oder nach einem Handelsbrauch,

- subsidiär (bei Erfüllung von Sachleistungen) nach den in Art. 74 Abs. 2 OR genannten dispositiven Grundsätzen:

  - Geldschulden sind am Wohnsitz/Sitz des Gläubigers zu zahlen (Bringschuld),

  - eine bestimmte Sache (Spezies) ist dort zu übergeben, wo sie sich bei Vertragsschluss befand,

  - andere Schuldpflichten (vor allem zur Lieferung von Gattungssachen) sind am Wohnsitz/Sitz des Schuldners zu erfüllen (Holschuld).

459 Die Parteien können vereinbaren, dass eine Sache vom Schuldner an einen anderen Ort als den Erfüllungsort **versendet** werden soll. Der Schuldner hat in diesem Fall richtig erfüllt, wenn er die Sache am Versendungsort zum Versand aufgegeben hat **(Schickschuld)**. Für den **Kaufvertrag** sieht Art. 189 Abs. 1 OR vor, dass der Käufer die **Transportkosten** trägt, wenn die verkaufte Sache an einen anderen als den Erfüllungsort versendet werden muss («Versendungskauf»), sofern nicht etwas anderes vereinbart oder üblich ist. Ist Frankolieferung (Lieferung «franko», «frei Haus» etc.) verabredet, so wird nach Art. 189 Abs. 2 OR vermutet, der Verkäufer habe die Transportkosten übernommen.

460 Für den **Gattungskauf** bestimmt Art. 185 Abs. 2 OR, der den Übergang von Nutzen und Gefahr bezüglich des Kaufgegenstands regelt, dass die Gattungssache am Erfüllungsort ausgeschieden und, wenn sie versendet werden soll, zur Versendung abgegeben sein muss, damit Nutzen und Gefahr auf den Käufer übergehen. Der Käufer trägt hier also das **Transportrisiko**, obwohl er (mangels Übergabe) noch nicht Eigentümer der Sache geworden ist. Dies gilt im Zweifel auch dann, wenn beim Versendungskauf eine Frankolieferung (Rz. 459) vereinbart wurde. Etwas anderes gilt, falls die Parteien vereinbart haben, dass der Erfüllungsort (entgegen der gesetzlichen Regel des Art. 74 Abs. 2 Ziff. 3 OR) am Wohnsitz/Sitz des Käufers liegen soll **(Bringschuld)**. Diesfalls hat der Verkäufer erst richtig erfüllt, wenn die Sache am vereinbarten Erfüllungsort angelangt ist. Für den **Spezieskauf** ergibt sich aus Art. 185 Abs. 1

---

478 Zur Bedeutung des Erfüllungsorts für die internationale Gerichtszuständigkeit s. Art. 5 Ziff. 1 LugÜ.

OR, wonach der Käufer ab Vertragsschluss Nutzen und Gefahr trägt (*periculum est emptoris*-Regel), dass er ab diesem Zeitpunkt das Transportrisiko trägt; auch hier kann aber entgegen Art. 74 Abs. 2 Ziff. 2 OR vereinbart werden, dass der Erfüllungsort am Wohnsitz des Käufers liegt; dann trägt der Verkäufer das Risiko des Transports.

E. Leistung zum richtigen Zeitpunkt

– **Erfüllbarkeit und Fälligkeit**   461

Der Schuldner muss die Leistung rechtzeitig, d.h. bei **Fälligkeit**, erbringen. Er darf nach **Art. 81 Abs. 1 OR** aber auch schon vor Fälligkeit erfüllen, sofern sich nicht etwas anderes aus dem Vertrag oder den Umständen ergibt (**Erfüllbarkeit vor Fälligkeit**). Nimmt der Gläubiger die rechtzeitig und am richtigen Ort angebotene, der Schuldverpflichtung entsprechende, kurz: die «gehörig angebotene» Leistung nicht an, gerät er in Gläubigerverzug. Dazu unten Rz. 505 ff. Leistet der Schuldner bei Fälligkeit nicht und ist die Leistung nicht nachträglich unmöglich geworden (Art. 97 oder Art. 119 OR), gerät er unter den Voraussetzungen der Art. 102 ff. OR in Schuldnerverzug. Dazu unten Rz. 491 ff.

Die Fälligkeit kann durch Vereinbarung der Parteien **nachträglich hinausgeschoben** werden (**Stundung** = Prolongation). Davon ist das *pactum de non petendo* zu unterscheiden, die Vereinbarung, in welcher der Gläubiger dem Schuldner verspricht, er werde die Forderung (zeitlich beschränkt oder unbeschränkt) nicht geltend machen.

Der **Zeitpunkt** der **Erfüllung (Fälligkeit)** bestimmt sich gemäss **Art. 75 OR** primär nach dem **Vertrag**. Für die Berechnung solcher Abreden sehen die dispositiven Bestimmungen in den Art. 76 ff. OR Auslegungsregeln vor. Für die an Sonn- und Feiertagen eintretende Fälligkeit oder endenden Fristen siehe **Art. 78 OR**:

> «Fällt der Zeitpunkt der Erfüllung oder der letzte Tag einer Frist auf einen Sonntag oder auf einen andern am Erfüllungsorte staatlich anerkannten Feiertag, so gilt als Erfüllungstag oder als letzter Tag der Frist der nächstfolgende Werktag. Abweichende Vereinbarungen bleiben vorbehalten».

Wird der Erfüllungszeitpunkt nicht explizit geregelt, so kann er sich aus der «Natur des Rechtsverhältnisses» ergeben (Art. 75 OR).

> *Beispiel*: Wenn sich der Schuldner zur Schneeräumung auf einem Gelände während einer Saison verpflichtet, so hat er jeweils bei Schneefall seine Leistung zu erbringen.

Subsidiär gilt nach Art. 75 OR, dass die Erfüllung **sogleich** geleistet und gefordert werden kann, d.h. bei Verträgen grundsätzlich mit **Vertragsschluss**. Zu beachten sind allerdings die jeweiligen Sonderbestimmungen im OR BT. Art. 213 Abs. 1

OR bestimmt etwa für den Kaufvertrag, dass – falls kein anderer Zeitpunkt bestimmt ist – die Kaufpreisforderung mit der Übergabe des Kaufgegenstandes an den Käufer *(Tradition)* fällig wird.

462 – **Art. 82 OR: Leistung Zug um Zug**

Nach Art. 82 OR muss der Gläubiger, der bei einem vollkommen zweiseitigen (synallagmatischen) Vertrag[479] vom anderen Erfüllung fordern will, seinerseits bereits erfüllt haben oder die Erfüllung anbieten, es sei denn, dass er nach dem Inhalt oder der Natur des Vertrags erst später zu erfüllen hat, sein Partner also vorleistungspflichtig ist. Dem Schuldner steht, wenn die Ausnahmevoraussetzungen des Art. 82 OR nicht gegeben sind, die dilatorische **Einrede** (oben Rz. 98) des **nicht erfüllten Vertrags** *(exceptio non adimpleti contractus)* zu.

Beim **Arbeitsvertrag** ist der Arbeitnehmer grundsätzlich vorleistungspflichtig. Er erhält die Gegenleistung für seine Arbeitsleistung, den Lohn, grundsätzlich erst am Ende des Monats (Art. 323 Abs. 1 OR). Zum Schutz des Arbeitnehmers kann hier Art. 82 OR analog angewendet werden, d.h. der Arbeitnehmer kann die Arbeit verweigern, wenn der Arbeitgeber mit der Lohnzahlung für vergangene Monate im Rückstand ist. Den Arbeitnehmer trifft auch keine Nachleistungspflicht für die zu Recht verweigerte Arbeit.

> Dazu **BGE 120 II 209** (212 f.): «Auch dem Arbeitnehmer muss die Möglichkeit offenstehen zu verhindern, dass er dem Arbeitgeber auf unbestimmte Zeit Kredit gewährt und das Risiko trägt, die Gegenleistung nicht zu erhalten (…). Solange der Arbeitgeber sich mit verfallenen Lohnzahlungen im Rückstand befindet, kann daher der Arbeitnehmer die Leistung von Arbeit verweigern. (…)
> Da bei der berechtigten Arbeitsverweigerung – wie im Falle des Annahmeverzuges – der Arbeitgeber das Ausfallen der Arbeitsleistung zu vertreten hat, rechtfertigt sich eine analoge Anwendung von Art. 324 Abs. 1 OR (…). Danach hat der Arbeitgeber, wenn die Arbeit infolge seines Verschuldens nicht geleistet werden kann, den Lohn trotz fehlender Gegenleistung zu entrichten, ohne dass der Arbeitnehmer zur Nachleistung verpflichtet ist. Dieselbe Rechtsfolge lässt sich auch aus der Natur des Arbeitsvertrages als Dauerschuldverhältnis mit fortlaufender Leistungspflicht ableiten: Da sich die geschuldeten Arbeitsleistungen nach der Dauer des Rechtsverhältnisses richten und nicht die Dauer des Rechtsverhältnisses nach den Arbeitsleistungen, sind ausgefallene Arbeitsleistungen nicht mehr nachholbar, bleibt die Vertragspflicht somit teilweise unerfüllbar. Den Verlust, der sich daraus ergibt, hat der Arbeitgeber, der dem Arbeitnehmer Anlass zu berechtigter Arbeitsverweigerung gibt, aber seinem eigenen Verhalten zuzuschreiben (…)».

---

479 Zum Begriff oben Rz. 108.

F. Inhaltlich richtige Leistung

– **Bestimmung des Inhalts**

Der Schuldner muss die **inhaltlich richtige Leistung** erbringen. Bei den Forderungen mit einem gesetzlichen Entstehungsgrund ergibt sich aus dem Gesetz, was die inhaltlich richtige Leistung ist, z.B. Rückerstattung der Bereicherung nach Art. 62 Abs. 1 i.V.m. Art. 64 OR. Bei Forderungen aus Vertrag ergibt sich der Inhalt der zu erbringenden Leistung in erster Linie aus dem Vertrag und den jeweiligen Begleitumständen. Vgl. etwa ▶ Fall 34! Es gibt auch Verträge, bei denen der Inhalt der Leistung (mangels Abrede) nach der Üblichkeit bestimmt wird, so etwa beim einfachen Auftrag, wo nach Art. 394 Abs. 3 OR eine Vergütung zu leisten ist, wenn sie verabredet oder üblich ist. In anderen Fällen gibt es mangels vertraglicher Abrede eine gesetzliche Regel über das Mass der geschuldeten Leistung. Siehe etwa Art. 374 OR.

Eine **Teilleistung** braucht der Gläubiger (mangels anderweitiger Abrede) nicht anzunehmen, wenn die Gesamtschuld feststeht und fällig ist **(Art. 69 Abs. 1 OR)**; umgekehrt ist er aber berechtigt, Teilleistung zu verlangen und der Schuldner kann sich dann nicht weigern, den von ihm anerkannten Schuldteil zu leisten **(Art. 69 Abs. 2 OR)**.

– **Mögliche Leistungsinhalte**

Der Inhalt der geschuldeten Leistung kann in einem Tun, Unterlassen oder Dulden bestehen.[480] Der Schuldner kann zu einem **sorgfältigen Tätigwerden** verpflichtet sein (Auftrag: vertragsgemässe Besorgung des übertragenen Geschäfts, z.B. sorgfältige Führung eines Prozesses durch einen Anwalt) oder zur Herbeiführung eines bestimmten Resultats, eines **Erfolgs** (Werkvertrag: Herstellen des Werks, z.B. Bau eines Einfamilienhauses). Im Anschluss an das französische Recht unterscheidet man zwischen *obligations de moyen* und *obligations de résultat*.

– **Stück- und Gattungsschuld**

Bei Sachleistungen (z.B. Kaufvertrag) hängt die inhaltlich richtige Leistung unter anderem davon ab, ob eine Stückschuld oder eine Gattungsschuld vorliegt.

Stückschuld (Speziesschuld): Geschuldet ist eine von den Kontrahenten individuell bestimmte Sache, z.B. das Gemälde «Der Schrei» von Edvard Munch. Der Schuldner erfüllt nur mit **dieser**, individuell bestimmten Sache richtig.

Gattungsschuld (Genusschuld): Die geschuldete Sache ist nach der Art und Zahl bestimmt, z.B. 10 kg Kartoffeln. Der Schuldner kann nach Art. 71 Abs. 1 OR auswählen, mit welchen Sachen aus der vereinbarten Gattung er erfüllen will. Er darf jedoch nicht Sachen unter mittlerer Qualität anbieten (Art. 71 Abs. 2 OR).

463

464

465

---

480 S. oben Rz. 61.

Ob eine Stück- oder eine Gattungsschuld vorliegt, hängt vom **Parteiwillen** ab. Etwas anderes ist die Unterscheidung zwischen **vertretbaren** und **unvertretbaren Sachen**, die sich objektiv aufgrund der (objektiven) **Verkehrsanschauung** beurteilt. Vertretbare Sachen sind solche, die im Rechtsverkehr üblicherweise nach Mass, Zahl oder Gewicht bestimmt werden (*res quae pondere numero mensura consistunt*, wie es im Römischen Recht hiess). Um den Begriff der vertretbaren Sache geht es etwa in Art. 312 und Art. 466 OR.

Beachte: Bei Leistung unvertretbarer Sachen liegt regelmässig eine Speziesschuld vor; das muss aber nicht so sein. *Beispiel*: Ein Millionär kauft aus einer Sammlung wahllos «drei französische Impressionisten».

---

466 – **Wahlobligation** und **Alternativermächtigung**

Bei der **Wahlobligation** (Wahlschuld) sind **mehrere Leistungen alternativ geschuldet**. Ein Bauer schuldet etwa seinem Nachbarn das Schaf Dolly oder das Schaf Märte. Nach Art. 72 OR hat in diesem Fall der Schuldner die Wahl, mit welcher Leistung er erfüllen will, sofern sich nicht aus dem Rechtsverhältnis etwas anderes ergibt.

Beispiel für eine Kombination von Wahl- und Gattungsschuld: Kauf von 300 Kilo Obst, wobei es nach Wahl des Schuldners Äpfel oder Birnen sein können. Aufgrund der Wahl des Schuldners (etwa Äpfel) besteht eine Gattungsschuld im Hinblick auf Äpfel mittlerer Art und Güte!

Anders als bei der Wahlschuld ist bei der **Alternativermächtigung** (= Ersetzungsbefugnis = *facultas alternativa*) nur **eine Sache geschuldet**, z.B. das Schaf Dolly. Der Schuldner darf aber statt des geschuldeten Schafes mit dem Schaf Märte erfüllen.

Beispiel für eine vom Gesetz vorgesehene Alternativermächtigung ist Art. 84 Abs. 2 OR: «Lautet die Schuld auf eine Währung, die am Zahlungsort nicht Landeswährung ist, so kann die geschuldete Summe nach ihrem Wert zur Verfallzeit dennoch in Landeswährung bezahlt werden, sofern nicht durch den Gebrauch des Wortes ‹effektiv› oder eines ähnlichen Zusatzes die wortgetreue Erfüllung des Vertrags ausbedungen ist».

467 – **Leistung an Erfüllungs Statt und Leistung erfüllungshalber**

Vom Fall der Alternativermächtigung abgesehen hat die Erbringung einer **anderen** als der **geschuldeten** Leistung grundsätzlich **keine Erfüllungswirkung**. Es bedürfte einer Erfüllungsvereinbarung zwischen Schuldner und Gläubiger, wonach die Annahme einer anderen als der geschuldeten Leistung an **Erfüllungs Statt** (Zahlungs Statt) erfolge und die Forderung auf die ursprünglich geschuldete Leistung zum Erlöschen bringe. Im Zweifel erfolgt die Entgegennahme der Leistung in solchen Fällen aber lediglich **erfüllungshalber** (zahlungshalber), d.h. die Forderung auf die ursprünglich geschuldete Leistung erlischt erst, wenn der Gläubiger aus der zahlungshalber entgegengenommenen Leistung voll befriedigt worden ist. Die ursprüngliche Forderung wird damit gestundet (Rz. 461). Zur Abtretung von Forderungen zahlungshalber siehe Art. 172 OR.

§ 4 Nichterfüllung der Schuldpflicht i.w.S.; Gläubigerverzug

A. Überblick und Typologie

I. Vorbemerkungen

Eine Schuldpflicht kann auf unterschiedliche Art und Weise **nicht** oder **nicht «gehörig»** (Art. 97 Abs. 1 OR) erfüllt worden sein (oben Rz. 453). Die Leistungsstörung kann darauf beruhen, dass der Schuldner gar nicht, am falschen Ort oder zu spät leistet oder seine Leistung inhaltlich mangelhaft ist. Dabei kann es um **Haupt-** und **Nebenleistungspflichten** gehen. Hinzu kommt der ebenso unter Art. 97 Abs. 1 OR zu subsumierende Fall, wo der Schuldner **Nebenpflichten**[481] verletzt. Unter den Begriff der **Leistungsstörung** (= **Nichterfüllung i.w.S.**) lassen sich somit Fälle der **Nichterfüllung i.e.S.** sowie Fälle der **Schlechterfüllung** einordnen. Bei beiden Konstellationen kann es so sein, dass die vertragsgemässe Leistung **unmöglich** oder aber dem Schuldner noch möglich ist (Unmöglichkeit der Leistung oder aber Fall des Schuldnerverzugs). Die Erfüllung kann aber auch aufgrund von Umständen auf Seiten des Gläubigers gestört werden: Der Gläubiger verweigert die Annahme der vom Schuldner angebotenen Leistung oder er unterlässt notwendige Mitwirkungs- oder Vorbereitungshandlungen, welche die Erfüllung hindern. In beiden Fällen gerät er in **Gläubigerverzug**. Dazu unten Rz. 505 ff. | 468

Kein Fall der Nichterfüllung liegt bei der **anfänglichen objektiven Unmöglichkeit** vor. Diese beurteilt sich nach Art. 19 und 20 OR. Ein Vertrag, der von Anfang an eine objektiv unmögliche Leistung zum Gegenstand hat, ist grundsätzlich nichtig. Die Frage der Erfüllung stellt sich in diesem Fall gar nicht. Dazu oben Rz. 218. | 469

Im Gegensatz zur differenzierenden Lösung im schweizerischen Recht sieht das **UN-Kaufrecht** (Art. 25 ff.) nach dem Vorbild der skandinavischen Rechtsordnungen und des englischen Rechts *(breach of contract)* einen **einheitlichen Tatbestand** der Leistungsstörung, die «**Vertragsverletzung**», vor – unter den übrigens auch die anfänglich objektiv unmögliche Leistung subsumiert wird, die somit nicht (wie nach Art. 20 OR) zur Nichtigkeit des Vertrags führt. Unterschiedliche Rechtsfolgen hängen im UN-Kaufrecht teilweise davon ab, ob die Vertragsverletzung eine **wesentliche** ist oder nicht. Z.B. kann der Käufer die Aufhebung des Vertrags grundsätzlich nur bei | 470

---

481 S. oben Rz. 63.

einer wesentlichen Vertragsverletzung verlangen (Art. 49 Abs. 1 lit. a UN-Kaufrecht). Für die Wesentlichkeit der Vertragsverletzung siehe die Legaldefinition in:

Art. 25 UN-Kaufrecht:
«Eine von einer Partei begangene Vertragsverletzung ist wesentlich, wenn sie für die andere Partei solchen Nachteil zur Folge hat, dass ihr im wesentlichen entgeht, was sie nach dem Vertrag hätte erwarten dürfen, es sei denn, dass die vertragsbrüchige Partei diese Folge nicht vorausgesehen hat und eine vernünftige Person in gleicher Stellung diese Folge unter den gleichen Umständen auch nicht vorausgesehen hätte».[482]

II. Nichterfüllung i.e.S.

471   Bei der Nichterfüllung i.e.S. leistet der Schuldner bei Fälligkeit nicht bzw. nicht am Erfüllungsort oder an die richtige Person. Dazu gehört auch der Fall, bei dem der Schuldner quantitativ in zu geringem Umfang leistet, z.B. nur 10 t statt 20 t Thunfisch: *minus*-**Lieferung**. Zur Annahme von Teilleistungen ist der Gläubiger nach Art. 69 OR grundsätzlich nicht verpflichtet (Rz. 463). Nach h.M. liegt Nichterfüllung i.e.S. auch im Fall der *aliud*-**Lieferung** (Falschlieferung) beim Gattungskauf vor, wo eine Ware aus einer anderen Gattung von Waren geliefert wird als der vereinbarten (z.B. Tafelessig statt Wein).

> Zur *aliud*-Lieferung beim Gattungskauf siehe BGE 121 III 453, wo sich das Bundesgericht mit Hubstaplern eines bestimmten Typs mit und ohne Getriebe auseinandersetzen musste. Dabei sprach es sich für den **relativen Gattungsbegriff** aus, wonach sich die Gattung nach der Umschreibung der geschuldeten Sache im Kaufvertrag richtet. «Demgemäss stellt jede gelieferte Sache, welche nicht alle von den Parteien vereinbarten Gattungsmerkmale aufweist, nicht die geschuldete, sondern eine andere Sache, ein aliud, dar» (BGE 121 III 453 [457]). Demnach qualifizierte das Bundesgericht den Hubstapler, der ohne das vereinbarte Automatikgetriebe geliefert wurde, als *aliud*, seine Lieferung also als Fall der Nichterfüllung und nicht der (unter Art. 197 ff. OR zu subsumierenden) Schlechterfüllung. Dasselbe gilt, wenn die gelieferte Ware beim Spezieskauf nicht die anlässlich des Vertragsschlusses ausgesuchte ist (Lieferung eines «Identitätsaliud»). Also: Keine Rügepflicht des Käufers nach Art. 201 OR. Anders im UN-Kaufrecht aber Art. 35 ff.

Folgende **Haupttypen der Nichterfüllung i.e.S.** (des «Leistungshindernisses») sind zu unterscheiden:

472   – Die Erfüllung ist **nicht mehr möglich**:

        – Die Erfüllung ist **nachträglich** (d.h. nach Vertragsschluss) **objektiv unmöglich** geworden. Objektiv unmöglich heisst, dass die Leistung von **niemandem** erbracht werden kann. Objektive Unmöglichkeit ist grundsätzlich ausgeschlossen bei Gattungsschulden (*genus perire non potest* [die Gattung

---

482   Ähnlich Art. 131 des Entwurfs zu einem «OR 2020» (oben Rz. 56).

kann nicht untergehen]). Ausnahme: Begrenzte Gattungsschulden (vor allem bei Lieferung aus einem beim Schuldner vorhandenen Vorrat).

– Der Schuldner hat die Unmöglichkeit **verschuldet** oder zu **vertreten**: Es gelten Art. 97 und 101 OR.

– Der Schuldner hat die Unmöglichkeit weder **verschuldet** noch zu **vertreten**: Es gilt Art. 119 OR.

– Die Erfüllung ist **anfänglich** oder **nachträglich subjektiv unmöglich**. Subjektiv unmöglich heisst, dass die Leistung zwar objektiv möglich ist, aber gerade der Schuldner die Leistung unmöglich erbringen kann.

    – Der Schuldner hat die subjektive Unmöglichkeit **verschuldet** oder zu **vertreten**: Es gelten Art. 97 und 101 OR[483], wobei bei anfänglicher Unmöglichkeit Art. 97 OR analog angewendet wird.

    – Der Schuldner hat die subjektive Unmöglichkeit **nicht verschuldet** oder zu **vertreten**: Auflösung des Vertrags nach Art. 119 OR (bei anfänglicher subjektiver Unmöglichkeit analog angewendet).

Nach anderer Ansicht (GAUCH/SCHLUEP/EMMENEGGER, Rz. 2575 ff.) beurteilt sich die subjektive Unmöglichkeit nicht nach Art. 97 OR, sondern nach den Regeln des Schuldnerverzugs (Art. 102 ff. OR), was unter anderem die Konsequenz hätte, dass der Gläubiger die Leistung verweigern und vom Vertrag zurücktreten könnte (Art. 107 Abs. 2 i.V.m. Art. 109 OR). Allenfalls könnte auch bei Anwendung des Art. 97 Abs. 1 OR eine analoge Anwendung der Rücktrittsregeln (mit Auflösung des Vertrags *ex tunc* und Ersatz des negativen Vertragsinteresses) in Frage kommen.[484]

– Die Unmöglichkeit kann eine **tatsächliche** oder eine **rechtliche** sein. Tatsächliche Unmöglichkeit liegt z.B. vor, wenn die individuell bestimmte, verkaufte Sache vor der Übergabe verbrennt. Rechtlich unmöglich ist z.B. der Verkauf einer Sache, deren Eigentümer der Käufer im Augenblick der Erfüllung bereits ist.

– Die Erfüllung ist **noch** – objektiv und subjektiv – **möglich**: Es liegt **Schuldnerverzug** vor (Art. 102 ff. OR). Dazu unten Rz. 491 ff. Dies gilt auch dann, wenn die Erfüllung dem Schuldner zwar möglich, aber **unzumutbar**, vor allem **wirtschaftlich «unerschwinglich»** ist. Unklar die Judikatur, die bei Unzumutbarkeit Art. 97 Abs. 1 OR anwendet, sofern das Leistungshindernis für den Schuldner «geradezu unüberwindbar» ist. Siehe BGE 135 III 212 (218). Allenfalls kann

473

---

[483] S. etwa BGE 82 II 332 (338); 135 III 212 (218). Bei anfänglicher verschuldeter Unmöglichkeit der Leistung geht es um das sog. «Übernahmeverschulden» des Schuldners, das dann vorliegt, wenn ihm die Unmöglichkeit der Leistung vorhersehbar war.

[484] Vgl. jetzt auch BGer Praxis 105 (2016) Nr. 37 (E. 4.4 und 4.5).

dem Schuldner durch Ermässigung der Haftung (Art. 99 Abs. 3 i.V.m. Art. 43 OR) oder mit der *clausula rebus sic stantibus*[485] geholfen werden.

> In Deutschland gilt seit der Schuldrechtsmodernisierung (2001) folgende Bestimmung (§ 275 Abs. 2 S. 1 BGB), die aber nicht einfach in das OR hineininterpretiert werden darf: «Der Schuldner kann die Leistung verweigern, soweit diese einen Aufwand erfordert, der unter Beachtung des Inhalts des Schuldverhältnisses und der Gebote von Treu und Glauben in einem groben Missverhältnis zu dem Leistungsinteresse des Gläubigers steht».

III. Schlechterfüllung

474 Bei der Schlechterfüllung hat der Schuldner zwar eine Leistung erbracht, dies aber in mangelhafter (nicht «gehöriger») Weise, was namentlich dann der Fall ist, wenn die Leistung qualitativ nicht der Vereinbarung entspricht. Man spricht hier auch von «**positiver Vertragsverletzung**» oder allgemein von «positiver Forderungsverletzung».

475 Dabei geht es einerseits um die Schlechterbringung einer **Hauptleistungspflicht**: Der beauftragte Anwalt führt den Prozess schlecht, der Verkäufer liefert ein defektes Radio. Es geht auf der anderen Seite aber auch um Fälle, wo der Schuldner eine **Nebenleistungspflicht** nicht gehörig erfüllt oder eine **Nebenpflicht** (vor allem Schutzpflichten) verletzt (= «positive Vertragsverletzung i.e.S.»), z.B. beschädigt der Handwerker beim Umbau des Treppengeländers den schönen Spiegel in der Eingangshalle des Gläubigers.

476 Bei **mangelhafter Erfüllung** einer **Gattungsschuld**, namentlich Lieferung «unter mittlerer Qualität» nach Art. 71 Abs. 2 OR, kommen die **Verzugsregeln** der Art. 102 ff. OR zur Anwendung – die sich aber nicht nur auf Gattungsschulden beziehen.[486] Im OR BT gibt es spezielle Regeln zur Gewährleistung, so für den Kauf Art. 197 ff. OR. Auch bei der **mangelhaften Erfüllung** einer **Speziesschuld** ist neben dem im Allgemeinen geltenden Art. 97 OR auf die vielfältigen Sonderregeln des OR BT zu verweisen.

477 *Beachte*: Zwischen Art. 97 ff. OR und der kaufrechtlichen Gewährleistung (Art. 197 ff. OR) besteht nach Auffassung des Bundesgerichts Anspruchskonkurrenz in Form der «**eingeschränkten Alternativität**», d.h. auch bei Anwendung der allgemeinen Nichterfüllungsfolgen sind die dem Verkehrsschutz dienenden strengen Fristen der Art. 201 und 210 OR entsprechend zu beachten. Siehe dazu BGE 133 III 335, wo das Bundesgericht nach eingehender Auseinandersetzung mit Rechtsprechung und Lehre an seiner bisherigen Praxis festhielt.

---

485 Oben Rz. 293 ff.
486 S. im Einzelnen unten Rz. 491 ff.

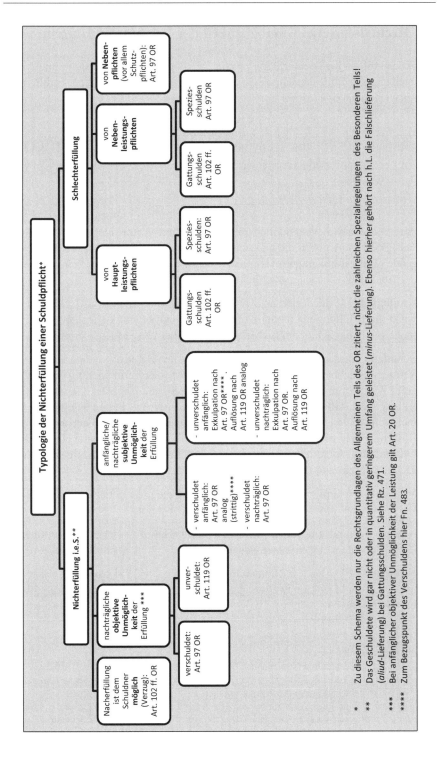

Typologie der Nichterfüllung einer Schuldpflicht*

Nichterfüllung i.e.S.*

nachträgliche **objektive Unmöglichkeit** der Erfüllung***

Nacherfüllung ist dem Schuldner **möglich** (Verzug): Art. 102 ff. OR

verschuldet: Art. 97 OR

unverschuldet: Art. 119 OR

anfängliche/ nachträgliche **subjektive Unmöglichkeit** der Erfüllung

- verschuldet anfänglich: Art. 97 OR analog (strittig)**** - verschuldet nachträglich: Art. 97 OR

- unverschuldet anfänglich: Exkulpation nach Art. 97 OR**** . Auflösung nach Art. 119 OR analog - unverschuldet nachträglich: Exkulpation nach Art. 97 OR. Auflösung nach Art. 119 OR

Schlechterfüllung

von **Haupt- leistungs- pflichten**

Gattungs- schulden Art. 102 ff. OR

Spezies- schulden: Art. 97 OR

von **Neben- leistungs- pflichten**

Gattungs- schulden Art. 102 ff. OR

Spezies- schulden Art. 97 OR

von **Neben- pflichten** (vor allem Schutz- pflichten): Art. 97 OR

* Zu diesem Schema werden nur die Rechtsgrundlagen des Allgemeinen Teils des OR zitiert, nicht die zahlreichen Spezialregelungen des Besonderen Teils!
** Das Geschuldete wird gar nicht oder in quantitativ geringerem Umfang geleistet (minus-Lieferung). Ebenso hierher gehört nach h.L. die Falschlieferung (aliud-Lieferung) bei Gattungsschulden. Siehe Rz. 471.
*** Bei anfänglicher objektiver Unmöglichkeit der Leistung gilt Art. 20 OR.
**** Zum Bezugspunkt des Verschuldens hier Fn. 483.

B. Rechtsfolgen bei Unmöglichkeit der Leistung im Einzelnen

479 Die Rechtsfolgen bei Nichterfüllung wegen Unmöglichkeit der Leistung unterscheiden sich in erster Linie danach, ob der Schuldner die Unmöglichkeit der Erfüllung zu **verantworten** hat oder **nicht**.

I. Gemäss Art. 97 Abs. 1 OR verschuldete oder gemäss Art. 101 OR zu verantwortende Unmöglichkeit

1. Voraussetzungen der Haftung

480 Hat der Schuldner die Unmöglichkeit der Erfüllung verschuldet (vorsätzlich oder fahrlässig), beurteilen sich die haftungsrechtlichen Folgen nach **Art. 97 Abs. 1 OR**. Folgende **Tatbestandsmerkmale** müssen erfüllt sein, damit der Schuldner nach Art. 97 Abs. 1 OR schadenersatzpflichtig wird:

– **Unmöglichkeit der Leistung**: Unmöglichkeit nach Art. 97 Abs. 1 OR liegt vor, wenn die Erfüllung überhaupt nicht mehr (**objektive** Unmöglichkeit) oder nicht mehr durch den Schuldner (**subjektive** Unmöglichkeit) erfolgen kann.

– **Schaden**: Schaden ist – wie im ausservertraglichen Bereich[487] – eine unfreiwillige Vermögenseinbusse (im Nettovermögen), die in einer Verminderung der Aktiven, einer Vermehrung der Passiven oder in einem entgangenen Gewinn (Nichtzunahme der Aktiven oder Nichtabnahme der Passiven) bestehen kann. Im Rahmen von Art. 97 Abs. 1 OR wird dem Gläubiger das **positive Vertragsinteresse** (Erfüllungsinteresse) ersetzt: Er wird – bei Aufrechterhaltung seiner eigenen Leistungspflicht – so gestellt, wie wenn der Schuldner den Vertrag richtig erfüllt hätte. Zur Austausch- und Differenzmethode siehe Rz. 496.

– **Vertragsverletzung**: Damit ist die Nicht- oder die nicht gehörige Erfüllung (mit Einschluss der Verletzung einer Nebenpflicht) gemeint.

– **Natürlicher und adäquater Kausalzusammenhang** zwischen der Vertragsverletzung und dem eingetretenen Schaden

– **Verschulden**[488]: Das Verschulden des Schuldners wird **vermutet**. Es obliegt somit dem Schuldner zu beweisen, dass kein Verschulden vorliegt (**Exkulpationsbeweis** gemäss Art. 97 Abs. 1 OR)[489], dies im Gegensatz zu Art. 41 Abs. 1 OR,

---

487 Vgl. dazu Rz. 336.

488 Nach Art. 128 des Entwurfs zu einem «OR 2020» (oben Rz. 56) ist nach dem Vorbild des Common Law und des UN-Kaufrecht (Rz. 52) für «Pflichtverletzungen» des Schuldners ein verschuldensunabhängiger Anspruch des Gläubigers auf Schadenersatz vorgesehen.

489 Hat der Schuldner einen Auftrag übernommen, den er nicht sorgfältig erledigt, kann er sich nicht damit exkulpieren, dass er bzw. seine Gehilfen nicht die erforderlichen Fachkenntnisse hatten. Es liegt ein sog. «Übernahmeverschulden» vor. S. etwa BGE 124 III 155 (164).

wo der Geschädigte nach der allgemeinen Regel des Art. 8 ZGB das Verschulden des Schädigers nachweisen muss.

Der Schuldner haftet gemäss **Art. 99 Abs. 1 OR** grundsätzlich für **jedes Verschulden**, also auch für leichte Fahrlässigkeit. **Art. 99 Abs. 2 OR** bestimmt, dass sich das Mass der Haftung nach der besonderen Natur des Geschäfts richtet und insbesondere milder beurteilt wird, wenn das Geschäft, wie etwa eine unentgeltliche Auftragsübernahme, für den Schuldner keinen Vorteil bezweckt. Entsprechende Regeln finden sich auch im OR BT, etwa Art. 248 OR betreffend Haftung des Schenkers.   481

Die Haftung nach Art. 97 i.V.m. 99 OR ist **nur beschränkt abdingbar**. Gemäss **Art. 100 Abs. 1 OR** kann die **Haftung** des **Schuldners** für **Vorsatz** und **grobe Fahrlässigkeit**, also für grobes Verschulden, vor Eintritt eines Schadens **nicht** wirksam ausgeschlossen oder beschränkt werden. Zur Abgrenzung zwischen grober und leichter Fahrlässigkeit schon oben Rz. 375 ff. Die Beweislast dafür, dass ihm kein grobes Verschulden vorzuwerfen ist, sollte dem Schuldner zugerechnet werden. Unter den Voraussetzungen der **Sonderregel des Art. 100 Abs. 2 OR** kann nach Ermessen des Richters auch eine Freizeichnung für leichte Fahrlässigkeit als nichtig betrachtet werden.[490] Zu Haftungsfreizeichnungen (im internationalen Vertragsverkehr als *disclaimer* bezeichnet) in AGB-Klauseln Rz. 224 und 241. Die in Rz. 241 erwähnte **Restriktionsregel**[491] wird auch gegenüber individuell ausgehandelten Haftungsfreizeichnungen, also nicht nur bei AGB-Klauseln praktiziert.   482

Beachte: Will der Gläubiger für den Fall der Nichterfüllung oder nicht gehörigen Erfüllung unabhängig vom Eintritt eines Schadens und ohne die Voraussetzung des Verschuldens eine Haftung des Schuldners erreichen, muss er mit ihm die Leistung einer **Konventionalstrafe** (= Vertragsstrafe) i.S. von Art. 160 ff. OR vereinbaren. Der Gläubiger kann dann **alternativ** entweder die Erfüllung oder die Strafe fordern (Art. 160 Abs. 1 OR). Ausnahme: **Kumulation** von Vertragsstrafe und Erfüllungsanspruch nach Art. 160 Abs. 2 OR. Ist der eingetretene Schaden höher als die vereinbarte Konventionalstrafe, kann der Mehrbetrag nur gefordert werden, wenn der Gläubiger den Verschuldensnachweis erbringt (dies in fragwürdiger Abweichung von Art. 97 OR, Art. 161 Abs. 2 OR). Übermässig hoch angesetzte Konventionalstrafen können nach Ermessen des Gerichts («Moderationsrecht» des Gerichts) reduziert werden (Art. 163 Abs. 3 OR). Zur rechtlichen Qualifikation der Herabsetzung: BGE 138 III 746 (747 f.).   482a

Keine Konventionalstrafe liegt vor, wenn die Parteien den **Schaden** lediglich im vornhinein durch Festsetzen eines geschädigten Betrags **pauschalieren**. In diesem Fall[492] wird lediglich vom **Nachweis der Höhe** des Schadens dispen-

---

490 Gilt vor allem für Banken, die wie obrigkeitlich konzessionierte Gewerbe behandelt werden: BGE 112 II 453.

491 *Beispiel*: Die Haftungsfreizeichnung bezieht sich (nach Treu und Glauben interpretiert) nicht auf «défauts totalement étrangers aux éventualités qu'un acheteur doit raisonnablement prendre en considération» (BGer vom 2.12.2010, 4A_551/2010).

492 Im internationalen Rechtsverkehr als Vereinbarung von «liquidated damages» bezeichnet.

siert, dessen Vorliegen aber bewiesen werden muss. Auch ist – wenn nichts anderes vereinbart – der Exkulpationsbeweis möglich. Zur Abgrenzung zwischen Konventionalstrafe und Schadenspauschalierung Obergericht Luzern ZBJV 148 (2012) 878 ff.

2. Die Verweisung des Art. 99 Abs. 3 OR

483 **Art. 99 Abs. 3 OR** verweist für das **Mass der Haftung** auf die Bestimmungen im Deliktsrecht: «Im Übrigen finden die Bestimmungen über das Mass der Haftung bei unerlaubten Handlungen auf das vertragswidrige Verhalten entsprechende Anwendung». Zu den damit verwiesenen Bestimmungen über das Mass der Haftung gehören insbesondere **Art. 42 OR** zur Schadensberechnung sowie die Reduktionsregeln der **Art. 43** und **44 OR**.[493] Auch der vertragliche Schadenersatzanspruch ist demnach bei Vorliegen von Reduktionsgründen wie Selbstverschulden, Verletzung der Schadenminderungsobliegenheit herabzusetzen. Aus einer Vertragsverletzung kann zudem bei Vorliegen der entsprechenden Voraussetzungen ein Anspruch auf Genugtuung nach Art. 47 oder 49 OR resultieren. Umstritten ist, ob die Verweisung des Art. 99 Abs. 3 OR auch für die Regelung des Versorgungsschadens in Art. 45 Abs. 3 OR gilt, ob also der Versorgte auch aufgrund einer Vertragsverletzung des Schädigers seinen Schaden geltend machen kann. Vom Bundesgericht (BGE 81 II 553) wurde dies verneint, in der Lehre wird heute zu Recht überwiegend die gegenteilige Meinungen vertreten.

3. Haftung für Hilfspersonen

484 Zieht der Schuldner (Geschäftsherr) bei der Erfüllung eine **Hilfsperson** (einen «Erfüllungsgehilfen») bei, die den Schaden verursacht, gilt **Art. 101 Abs. 1 OR** als **Zurechnungsnorm für Drittverhalten**. Zur Unterscheidung zwischen Art. 101 OR und der Geschäftsherrnhaftung nach Art. 55 OR oben Rz. 407. Für die Haftung des Schuldners müssen nebst Schaden, Vertragsverletzung – oder der Verletzung einer anderen Obligation, wie etwa einer Pflicht im Verhandlungsstadium[494] – und Kausalität folgende Voraussetzungen vorliegen:

– Handeln einer **Hilfsperson** des Schuldners, wobei die Hilfsperson im Unterschied zur Haftung des Geschäftsherrn nach Art. 55 Abs. 1 OR nicht in einem Subordinationsverhältnis zum Schuldner stehen muss; sie kann auch selbständiger «Substitut» sein. Siehe oben Rz. 455.

– Die Hilfsperson verursacht den Schaden als Erfüllungsgehilfe, also **in Erfüllung einer Schuldpflicht** des Schuldners, wobei es nicht nur um eigentliche Leis-

---

493 Dazu Rz. 380, 385 f.
494 S. oben Rz. 124.

tungspflichten, sondern auch um Schutzpflichten (Rz. 63) geht. Instruktiv der Fall BGE 92 II 15.

– **Funktioneller Zusammenhang**: Die Hilfsperson richtet den Schaden in Ausübung ihrer Verrichtung als Hilfsperson des Schuldners an, nicht nur bei Gelegenheit. Im Ergebnis selbe Risikoabgrenzung wie nach Art. 55 OR (strittig). Siehe dazu Rz. 406 und BGE 92 II 15.

– **Hypothetische Vorwerfbarkeit**: Zu prüfen ist, ob dem Schuldner das Verhalten der Hilfsperson als Verschulden vorgeworfen werden könnte, wenn er selbst wie die Hilfsperson gehandelt hätte. Siehe schon oben Rz. 407.

> Dazu etwa **BGE 119 II 337** (Regeste): «Im Rahmen eines Untermietverhältnisses ist der Vermieter Hilfsperson des Mieters. Dieser kann sich daher von seiner Haftung gegenüber dem Untermieter für Handlungen des Vermieters nur befreien, indem er beweist, dass ihm kein Verschulden vorgeworfen werden könnte, sofern er selbst wie seine Hilfsperson gehandelt hätte».

– Zur **Abdingbarkeit** siehe **Art. 101 Abs. 2 OR** (wonach man die Haftung für Gehilfenversagen beschränken oder – was problematisch erscheint – **völlig aufheben** kann). Ausnahmeregelung in **Art. 101 Abs. 3 OR**, wonach man die Verantwortlichkeit aus dem Betrieb eines obrigkeitlich konzessionierten Gewerbes (vgl. schon Art. 100 Abs. 2 OR) höchstens für leichte Fahrlässigkeit abbedingen kann.

▶ Dazu **Fall 67**

Bei **unbefugtem Beizug einer Hilfsperson** – wenn also der Schuldner aufgrund des Vertrags zum Beizug einer Hilfsperson, namentlich einer selbständigen Hilfsperson, gar nicht berechtigt war[495] – **haftet der Schuldner** wegen **Eigenverschuldens** aus Art. 97 Abs. 1 OR. In diesem Fall ist bereits der unbefugte Beizug eine Vertragsverletzung des Schuldners. – Für den einfachen Auftrag ist Art. 399 Abs. 1 und 2 OR zu beachten.   485

Beachte: Auch bei befugtem Beizug von Hilfspersonen schliesst die Hilfspersonenhaftung des Art. 101 Abs. 1 OR eine Haftung des Geschäftsherrn wegen **persönlichen Verschuldens** (Art. 97 OR) nicht aus. Dieses kann vor allem darin liegen, dass ein Unternehmen seinen Betrieb nicht ordentlich organisiert hatte (**«Organisationsverschulden»**) und das Gehilfenversagen damit begünstigte. Eine völlige Freizeichnung von der Haftung für Erfüllungsgehilfen nach Art. 101 Abs. 1 OR (die gemäss Art. 101 Abs. 2 OR möglich ist [Rz. 484]) bedeutet daher nicht automatisch, dass auch die Haftung des Unternehmers für persönliches Verschulden entfällt, bedeutet also nicht automatisch eine Freizeichnung gemäss Art. 100 OR!

---

495 S. oben Rz. 455.

II. Unverschuldete bzw. nicht anderweitig zu verantwortende Unmöglichkeit

486 Ist die Leistung aus einem vom Schuldner nicht zu verantwortenden Grund unmöglich geworden, gilt die Forderung nach **Art. 119 Abs. 1 OR** nachträglich als **erloschen**. Der Schuldner wird von seiner Leistungspflicht befreit. Hat er bei einem vollkommen zweiseitigen (= synallagmatischen) Vertrag (oben Rz. 108) die Gegenleistung bereits erhalten, muss er sie nach dem Wortlaut von Art. 119 Abs. 2 OR aus ungerechtfertigter Bereicherung – nachträglich weggefallener Grund, *condictio ob causam finitam* – zurückgeben. Davon abweichend wird in der Lehre heute überwiegend die Auffassung vertreten, dass der Rückabwicklungsanspruch – wie bei Art. 109 OR[496] – vertraglichen Grundsätzen folgt. Hat der Schuldner die Gegenleistung noch nicht erhalten, verliert er den Anspruch darauf. Sein Vertragspartner wird demnach ebenfalls von der Leistungspflicht befreit.

> *Beispiel*: Wegen der Sperrung des Luftraums aufgrund der Aschewolke des isländischen Vulkans Eyjafjallajökull kann der von A gebuchte Flug nicht stattfinden: Auflösung des Vertrags nach Art. 119 OR.

487 Ausgenommen von der Grundsatzregelung des Art. 119 OR sind nach Art. 119 Abs. 3 OR diejenigen Fälle, bei denen die **Gefahr** der nachträglichen unverschuldeten Unmöglichkeit der Leistung schon **vor der Erfüllung** auf den Gläubiger übergeht. Dies kann aufgrund vertraglicher Vereinbarung oder aufgrund einer gesetzlichen Vorschrift der Fall sein. Siehe vor allem die entsprechende (dispositive) Bestimmung im **Kaufrecht** (Art. 185 Abs. 1 OR). Aus dieser ergibt sich, dass der Verkäufer im **Fall des Spezieskaufs** bei unverschuldetem Untergang des Kaufgegenstands oder unverschuldeter Beschädigung die von ihm geschuldete Leistung nicht mehr (oder nicht mehr mit den geschuldeten Eigenschaften) erbringen muss, aber trotzdem Anspruch auf den vollen Kaufpreis hat. Der Käufer trägt somit die «Preisgefahr» (*periculum est emptoris*-Regel). Immerhin muss der Verkäufer eine allfällige Versicherungsleistung, die er z.B. für die zerstörte Sache erhält, als sog. **stellvertretendes «Commodum»** an den Käufer herausgeben.

> Zum stellvertretenden *Commodum* Obergericht Zürich ZR 107 (2008) Nr. 3. Ausdrücklich § 285 deutsches BGB.

488 Art. 119 OR beinhaltet keine ausdrückliche Regelung für den Fall, dass beide Parteien die Unmöglichkeit zu verantworten haben, oder für den Fall, wo der Gläubiger die Unmöglichkeit zu vertreten hat.

> In **BGE 114 II 274** (277) hat das Bundesgericht im Zusammenhang mit einem Arbeitsvertrag zur vom Gläubiger zu vertretenden Unmöglichkeit Folgendes festgehalten: «Das schweizerische Recht regelt die vom Schuldner verschuldete (Art. 97 OR) und die beidseits unverschuldete (Art. 119 Abs. 2 OR) nach-

---

[496] Dazu schon oben Rz. 445 und unten Rz. 495.

trägliche Unmöglichkeit der Erfüllung. Vom Gesetz nicht erwähnt wird dagegen der Fall, dass die Leistung des Schuldners durch einen Umstand, den der Gläubiger zu vertreten hat, verunmöglicht wird (…). Nach deutschem Recht behält der Schuldner in solchen Fällen den Anspruch auf Gegenleistung abzüglich des Betrages, den er durch das Unterbleiben seiner eigenen Leistung erspart (§ 324 BGB). Aus Art. 324 OR ergibt sich eine damit vergleichbare Lösung, die sinngemäss auch für den Fall gelten muss, dass der Arbeitgeber für die Unmöglichkeit der Arbeitsleistung einzustehen hat (…). Die Folgen einer beidseitig, d.h. von Schuldner und Gläubiger zu vertretenden Unmöglichkeit sodann sind weder im deutschen noch im schweizerischen Recht geregelt. In Deutschland werden diesfalls entweder der Schadenersatzanspruch des Gläubigers, der Anspruch des Schuldners auf die Gegenleistung oder beide gekürzt (…). Eine solche Lösung drängt sich auch für das schweizerische Recht auf, weil sie einen gerechten Interessenausgleich ermöglicht und dem Mitverschulden am Ausfall der Arbeitsleistung auf beiden Seiten Rechnung trägt (…). Die Lösung besteht darin, dass einerseits der Schuldner der unmöglich gewordenen Leistung seinen Anspruch auf die versprochene Gegenleistung behält, sich jedoch verrechnungsweise den Schadenersatzanspruch des Gläubigers entgegenhalten lassen muss, dass anderseits dieser Anspruch aber in dem Masse zu kürzen ist, als die Ersatzpflicht des Schuldners wegen Umständen, die der Gläubiger zu verantworten hat, zu ermässigen ist. Durch die Kürzung bloss einer zur Verrechnung stehenden Forderungen wird vermieden, dass eine Partei für die von ihr zu vertretenden Umstände doppelt belastet wird (…). Der Lohnanspruch des Arbeitnehmers wird damit nicht etwa in analoger Anwendung von Art. 43/44 OR selbständig herabgesetzt, sondern im Ausmass seiner Ersatzpflicht und in den Schranken von Art. 323b Abs. 2 OR bloss verrechnungsweise gekürzt (…)».

Die im zitierten Bundesgerichtsentscheid thematisierte Regel des Art. 324 OR kann **verallgemeinert** werden: Hat der Gläubiger die Unmöglichkeit der Leistung des Schuldners zu vertreten, ist dieser so zu stellen, wie wenn er richtig erfüllt hätte. Er muss sich auf seinen Anspruch auf die Gegenleistung indes anrechnen lassen, was er infolge des Nichterbringens der Leistung erspart oder anderweitig erzielt hat bzw. ersparen oder anderweitig erzielen könnte. Trifft beide Parteien ein Verschulden, bleibt der Schuldner grundsätzlich schadenersatzpflichtig nach Art. 97 Abs. 1 OR, behält aber auch den Anspruch auf die Gegenleistung. Der Schadenersatzanspruch des Gläubigers wird aufgrund seines Mitverschuldens gemäss Art. 44 Abs. 1 OR reduziert.

489

490

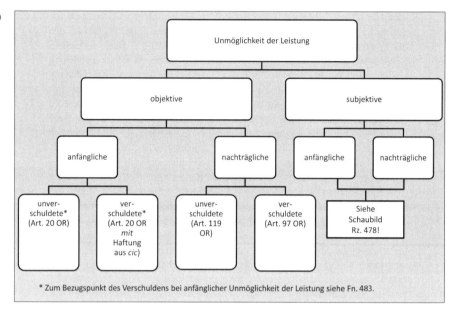

* Zum Bezugspunkt des Verschuldens bei anfänglicher Unmöglichkeit der Leistung siehe Fn. 483.

C. Rechtsfolgen bei Schuldnerverzug im Einzelnen

I. Voraussetzungen

491 Ist die Leistung noch möglich, leistet aber der Schuldner bei Fälligkeit nicht, gerät er nach den Bestimmungen von Art. 102 ff. OR in Schuldnerverzug. Vorausgesetzt für den Schuldnerverzug sind:

– **Leistung** ist dem **Schuldner noch möglich**. Unmöglichkeit der Leistung und Schuldnerverzug schliessen sich gegenseitig aus.

– **Fälligkeit** der Leistung

– **Mahnung** oder **Verfalltag**

– Der Schuldner wird durch **Mahnung** in Verzug gesetzt (Art. 102 Abs. 1 OR). Die Mahnung ist eine einseitige, an den Schuldner gerichtete, empfangsbedürftige «Erklärung des Gläubigers, die zum Ausdruck bringt, dass er die Leistung ohne Säumnis verlangt» (BGE 129 III 535 [547]). Der Schuldner muss klar erkennen können, um welche Forderung es sich handelt.

– **Keine Mahnung** ist erforderlich, wenn die Parteien einen **Verfalltag** verabredet haben oder wenn sich ein solcher aus einer vertraglich oder gesetzlich vorgesehenen Kündigung ergibt (Art. 102 Abs. 2 OR). Ein Verfalltag ist z.B. die Vereinbarung «Leistung spätestens am 17. April 2006». Der Schuldner weiss hier auch ohne Mahnung genau, (bis) wann er zu erfüllen hat. So schon das Römische Recht: *Dies interpellat pro homine* (der Termin mahnt an Stelle des Menschen).

– Ebenfalls keine Mahnung ist erforderlich, wenn der Schuldner zum vornherein erklärt, er werde nicht leisten (analog Art. 108 Ziff. 1 OR), oder wenn der Schuldner aus unerlaubter Handlung, etwa wegen Diebstahls, zur Rückgabe einer Sache oder zu Schadenersatz (Art. 41 ff. OR) verpflichtet ist.

– **Verschulden** am **Verzugseintritt** ist für den Verzugsbegriff des schweizerischen Rechts **nicht** vorausgesetzt. Für die haftpflichtrechtlichen Folgen des Verzugs gilt aber jeweils das Prinzip der Exkulpationsmöglichkeit.

II. Rechtsfolgen

Fällt der Schuldner in Verzug, treten folgende Rechtsfolgen ein:

– **Ersatz des Verspätungsschadens** und **Haftung für Zufall**   492

Der Schuldner schuldet nach **Art. 103 Abs. 1 OR** neben der Erfüllung der Leistung Schadenersatz wegen verspätete Erfüllung (Verspätungsschaden) und haftet für Zufall. Vorausgesetzt ist, dass der Schuldner den **Verzug verschuldet** hat (oder ihn nach Art. 101 OR zu verantworten hat). Weist er nach, dass er unverschuldet in Verzug geraten ist, entfällt diese Haftung. Die Haftung entfällt auch, wenn der Schuldner nachweist, dass der Zufall den Gegenstand der Leistung auch ohne den Verzug zum Schaden des Gläubigers betroffen hätte. Letzteres heisst nichts anderes, als dass der Verzug für den Schaden gar nicht natürlich kausal war. Das Verschulden des Schuldners wird – wie allgemein im vertraglichen Bereich – **widerlegbar vermutet** (Art. 103 Abs. 2 OR).

> *Beachte*: Schadenersatzansprüche nach Art. 103 Abs. 1 OR sind auch dann möglich, wenn der Gläubiger i.S. von Art. 98 Abs. 1 OR eine «**Ersatzvornahme**» (oben Rz. 455 b) getätigt hat.

– **Verzugszinsen**   493

Nach **Art. 104 Abs. 1 OR** hat der Schuldner einer **Geldzahlung**, ohne dass es auf sein Verschulden ankommt, **Verzugszinsen von 5 %** zu bezahlen, auch wenn vertraglich allenfalls tiefere Zinsen abgemacht wurden. **Höhere** vereinbarte Zinsen können auch während des Verzugs geltend gemacht werden (Art. 104 Abs. 2 OR). Eine spezielle Regelung für den **kaufmännischen Verkehr** sieht Art. 104 Abs. 3 OR vor. Danach können für die Zeit, wo der übliche Bankdiskont am Zahlungsort 5 % übersteigt, diese höheren Zinsen geltend gemacht werden. Ist der Schuldner mit der Zahlung von Zinsen, Renten oder einer geschenkten Summe im Verzug, ist er zur Zahlung von Verzugszinsen erst verpflichtet, wenn der Gläubiger die Forderung in Betreibung setzt oder einklagt (Art. 105 Abs. 1 OR). Zu beachten ist schliesslich Art. 105 Abs. 3 OR, wonach von **Verzugszinsen keine Verzugszinsen** (Zinseszinsen) berechnet werden dürfen.

Hat der Gläubiger einen grösseren Schaden erlitten als ihm durch die Verzugszinsen vergütet wird, ist der Schuldner zur Leistung von **Schadenersatz** verpflichtet (Art. 106 Abs. 1 OR). Dem Schuldner steht aber der **Exkulpationsbeweis** offen.

III. Verzugsfolgen bei vollkommen zweiseitigen (synallagmatischen) Verträgen

494 Bei vollkommen zweiseitigen (= synallagmatischen) Verträgen (Rz. 108) ist die Gegenleistung des Gläubigers mit im Spiel. Kommt der Schuldner mit seiner Leistung in Verzug, wäre es für den Gläubiger unter Umständen unverständlich oder gar stossend, auf die Leistung des Schuldners warten zu müssen, ohne zu wissen, ob diese je erfolgen wird, aber gleichzeitig weiterhin zu seiner Leistung verpflichtet zu sein. Art. 107 ff. OR sehen daher besondere Regeln für diese Konstellation vor. Vorausgesetzt ist Folgendes:

– **Schuldnerverzug**

– **Vollkommen zweiseitiger (synallagmatischer) Vertrag**

– Ansetzen einer **angemessenen Nachfrist** oder **Entbehrlichkeit der Nachfrist**:

  – Mit der **Nachfrist** gemäss **Art. 107 Abs. 1 OR** erhält der Schuldner nochmals Gelegenheit, die Erfüllung doch noch vorzunehmen. Die Ansetzung der Nachfrist ist eine empfangsbedürftige Willenserklärung des Gläubigers. Sie kann auch bereits mit der Mahnung verbunden werden. Die Dauer der Nachfrist muss angemessen sein. Gegen eine zu kurze Frist muss sich der Schuldner verwahren und hat dann die Möglichkeit, während einer objektiv angemessenen Frist zu leisten. Was angemessen ist, beurteilt sich nach den konkreten Umständen des Einzelfalles.

  – Nach **Art. 108 Ziff. 1–3 OR** ist eine **Nachfrist nicht erforderlich**, wenn (Ziff. 1) aus dem Verhalten des Schuldners hervorgeht, dass sie sich als **unnütz** erweisen würde, wie namentlich bei eindeutiger Erklärung der Leistungsverweigerung nach Eintritt der Fälligkeit, wenn (Ziff. 2) infolge Verzuges des Schuldners die **Leistung** für den Gläubiger **nutzlos** geworden ist, etwa bei Saisonartikeln, oder wenn (Ziff. 3) sich aus dem Vertrag die Absicht der Parteien ergibt, dass die Leistung genau zu einer bestimmten oder bis zu einer bestimmten Zeit erfolgen soll (sog. **«qualifizierter Verfalltag»** bei relativen Fixgeschäften[497]). Eine Nachfrist ist auch bei der sog. **antizipierten**

---

497 Bei absoluten Fixgeschäften (*Beispiel*: Eine Musikband wird auf den Hochzeitstag bestellt und erscheint nicht) ist ein Fall der Unmöglichkeit in Form der Leistungsvereitelung (Art. 97 OR) anzunehmen.

Vertragsverletzung des Schuldners nicht erforderlich; sie ist nach h.L. dem Art. 108 Ziff. 1 OR zu unterstellen.[498]

Siehe dazu das Urteil des **Bundesgerichts vom 23. Juni 2004, 4C.58/2004 (E. 3.3)**: «Befindet sich ein Schuldner bei zweiseitigen Verträgen in Verzug, so ist der Gläubiger berechtigt, ihm eine angemessene Frist zur nachträglichen Erfüllung anzusetzen oder durch die zuständige Behörde ansetzen zu lassen (Art. 107 Abs. 1 OR). Die Ansetzung einer Frist zur nachträglichen Erfüllung ist nicht erforderlich, wenn aus dem Verhalten des Schuldners hervorgeht, dass sie sich als unnütz erweisen würde (Art. 108 Ziff. 1 OR). Dies ist insbesondere dann zu bejahen, wenn der Schuldner klar und definitiv erklärt, er werde die Leistung nicht erbringen (…). Wird eine solche Leistungsverweigerung schon vor der Fälligkeit der Leistung ausgesprochen, liegt eine antizipierte Vertragsverletzung vor, welche den Gläubiger nach der Rechtsprechung berechtigt, in analoger Anwendung von Art. 108 Ziff. 1 OR und Art. 107 Abs. 2 OR die dort vorgesehenen Wahlrechte auszuüben, soweit dies die besonderen Verhältnisse gestatten (…)».

Wird auch nach dem Ablauf der Nachfrist nicht erfüllt bzw. ist eine solche entbehrlich, steht dem Gläubiger nach Art. 107 Abs. 2 OR ein mehrfaches **Wahlrecht** zu: 495

– Der Gläubiger kann immer noch auf **Erfüllung** beharren und den **Ersatz des Verspätungsschadens** verlangen.

– Der Gläubiger kann, wenn er dies unverzüglich erklärt, **auf die nachträgliche Leistung verzichten** und **Schadenersatz wegen Nichterfüllung**, das heisst das **positive Vertragsinteresse** (Erfüllungsinteresse[499]) verlangen. ▶ **Fall 66**. Der Schadenersatzanspruch steht, was das Gesetz (Art. 107 Abs. 2 OR) nicht erwähnt, sich aber aus dem Sinn ergibt, unter dem Vorbehalt einer **Exkulpation** des Schuldners (Art. 97 OR). Der Gläubiger bleibt zur Erbringung seiner eigenen Leistung verpflichtet, da der Vertrag bei dieser Variante (Verzicht auf Gegenleistung) bestehen bleibt.

– Der Gläubiger kann aber auch, wenn er dies unverzüglich erklärt, **vom Vertrag zurücktreten**, muss deshalb seine eigene Leistung nicht (mehr) erbringen und kann den **aus dem Dahinfallen des Vertrags erwachsenen Schaden**, das heisst das **negative Vertragsinteresse** (Vertrauensschaden, Vertrauensinteresse[500]), geltend machen, sofern der Schuldner sich nicht exkulpieren kann (Art. 109 OR). Hat der Gläubiger seine Leistung bereits erbracht, kann er sie vom Schuldner zurückverlangen. Mit dem Rücktritt wird das Vertragsverhältnis in modifizierter Form fortgesetzt, es wird in ein **vertragliches Rückabwicklungsverhältnis** (Liquidationsverhältnis) umgewandelt, was zur Anwendung der allgemeinen Verjäh-

---

498 Für das UN-Kaufrecht s. Art. 72. Im deutschen Recht s. § 323 Abs. 4 BGB: «Der Gläubiger kann bereits vor dem Eintritt der Fälligkeit der Leistung zurücktreten, wenn offensichtlich ist, dass die Voraussetzungen des Rücktritts eintreten werden».

499 Zum Begriff oben Rz. 119.

500 Zum Begriff oben Rz. 119.

rungsfrist des Art. 127 OR statt der bereicherungsrechtlichen Frist des Art. 67 OR führt. Siehe schon oben Rz. 445.

> Das Bundesgericht hält dies in **BGE 114 II 152** (158) wie folgt fest: «Ist in Übereinstimmung mit der neueren Lehre aber davon auszugehen, das Vertragsverhältnis werde bei Rücktritt wegen Schuldnerverzuges inhaltlich in ein Liquidationsverhältnis umgewandelt, also nicht schlechthin aufgehoben, so bleibt es auch dabei, dass beide Ansprüche aus Art. 109 OR als vertragliche anzusehen sind und daher der allgemeinen Verjährungsvorschrift unterstehen».

496 – Der Gläubiger muss nach Art. 107 Abs. 2 OR **unverzüglich erklären**, ob er auf die Leistung **verzichten** oder vom Vertrag **zurücktreten** möchte. Wählt der Gläubiger unter Festhalten am Vertrag den Verzicht auf die Leistung und den Ersatz des positiven Vertragsinteresses,[501] bleibt er zur Erbringung der Gegenleistung grundsätzlich verpflichtet. Nach der (dem Gesetzeswortlaut entsprechenden) **Austauschmethode** sind die beiden Leistungen auszutauschen, auch wenn die Leistung des Schuldners nun in einer Schadenersatzleistung besteht. Besteht die Leistung des Gläubigers auch in einer Geldzahlung, z.B. in einer Kaufpreiszahlung, können die beiden gleichartigen und gegenseitigen Leistungen (Schadenersatz und Kaufpreiszahlung) unter den Voraussetzungen von Art. 120 ff. OR **verrechnet** werden. Die Forderungen gehen dann im Umfang, in dem sie sich decken, unter. Nach der (vorzugswürdigen) **Differenzmethode** muss der Gläubiger seine Leistung nicht tatsächlich erbringen. Er kann den Wert seiner Leistung von der ihm zustehenden Schadenersatzforderung abziehen und die Differenz vom Schuldner verlangen.

---

501 Zur Interpretation der Verzichtserklärung BGE 123 III 16 (22).

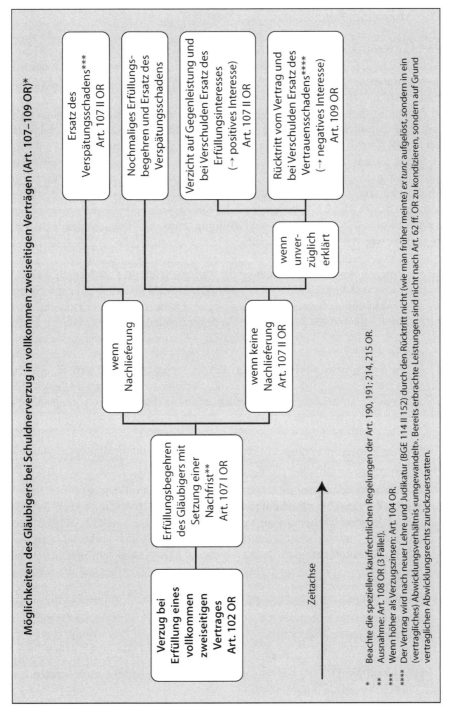

Möglichkeiten des Gläubigers bei Schuldnerverzug in vollkommen zweiseitigen Verträgen (Art. 107–109 OR)*

Verzug bei Erfüllung eines vollkommen zweiseitigen Vertrages Art. 102 OR

Erfüllungsbegehren des Gläubigers mit Setzung einer Nachfrist** Art. 107 I OR

wenn Nachlieferung

wenn keine Nachlieferung Art. 107 II OR

wenn unverzüglich erklärt

Ersatz des Verspätungsschadens*** Art. 107 II OR

Nochmaliges Erfüllungsbegehren und Ersatz des Verspätungsschadens

Verzicht auf Gegenleistung und bei Verschulden Ersatz des Erfüllungsinteresses (→ positives Interesse) Art. 107 II OR

Rücktritt vom Vertrag und bei Verschulden Ersatz des Vertrauensschadens**** (→ negatives Interesse) Art. 109 OR

Zeitachse

* Beachte die speziellen kaufrechtlichen Regelungen der Art. 190, 191; 214, 215 OR.
** Ausnahme: Art. 108 OR (3 Fälle).
*** Wenn höher als Verzugszinsen: Art. 104 OR.
**** Der Vertrag wird nach neuer Lehre und Judikatur (BGE 114 II 152) durch den Rücktritt nicht (wie man früher meinte) ex tunc aufgelöst, sondern in ein (vertragliches) Abwicklungsverhältnis «umgewandelt». Bereits erbrachte Leistungen sind nicht nach Art. 62 ff. OR zu kondizieren, sondern auf Grund vertraglichen Abwicklungsrechts zurückzuerstatten.

IV. Spezialregelungen beim Kaufvertrag

498   Für den Kaufvertrag sehen die **Art. 190/191 OR** (Verzug des Verkäufers) und **Art. 214/215 OR** (Verzug des Käufers) besondere Verzugsregeln vor, die nur vor dem Hintergrund der allgemeinen Verzugsregeln (Art. 102 ff. OR) voll verständlich sind.

499   Wurde im **kaufmännischen Verkehr** ein bestimmter Lieferungstermin verabredet und kommt der **Verkäufer in Verzug**, wird nach Art. 190 Abs. 1 OR gesetzlich **vermutet**, dass der Käufer auf die **Leistung verzichtet** und Schadenersatz wegen Nichterfüllung verlangt (positives Vertragsinteresse = Erfüllungsinteresse). Gleichgestellt ist angesichts von Art. 107 Abs. 2 OR die nur in der Randrubrik, aber nicht im Gesetzestext erwähnte Alternative des **Rücktritts vom Vertrag**, gekoppelt mit dem in Art. 109 Abs. 2 OR geregelten Ersatz des negativen Vertragsinteresses (Vertrauensinteresse). Will der Käufer die **Erfüllung**, muss er dies dem Verkäufer **unverzüglich anzeigen** (Art. 190 Abs. 2 OR).

499a   *Beachte*: Wann wird der Käufer die Variante Rücktritt vom Vertrag wählen? Wenn «ein Verkäufer die Waren dem Käufer nicht pünktlich geliefert hat und der Marktpreis für die Waren inzwischen gefallen ist», wäre «es töricht, wenn der Käufer auf die Erfüllung des Vertrags bestünde, weil er, wenn die Lieferung nachgeholt wird, für die Ware einen Kaufpreis bezahlen müsste, der höher als der (inzwischen gefallene) Marktpreis ist. Stattdessen wird er prüfen, ob er von dem Vertrag mit dem Käufer zurücktreten und sich die gleiche Ware zu einem niedrigeren Preis von einem anderen Lieferanten beschaffen kann».[502] Dazu hat er noch Anspruch auf Ersatz des negativen Vertragsinteresses.

500   Kommt der **Käufer in Verzug**, gilt im kaufmännischen und im allgemeinen bürgerlichen Verkehr Art. 214 OR. Danach ist zu unterscheiden:

–   Ist der Käufer vorleistungspflichtig (**«Pränumerandokauf»**) oder sind die Forderungen Zug um Zug **(Barkauf)** zu erfüllen, kann der Verkäufer nach Art. 214 Abs. 1 OR **ohne Weiteres vom Vertrag «zurücktreten».** «Ohne Weiteres» bedeutet ohne Ansetzen einer Nachfrist nach Art. 107 OR. Der Verkäufer muss dies dem Käufer sofort anzeigen. Dem Verkäufer steht es gemäss den Alternativen des Art. 107 Abs. 2 OR frei, unter Aufrechterhaltung des Vertrags auf die Leistung des Käufers zu verzichten und das positive Vertragsinteresse zu fordern – wobei er selber zur Gegenleistung verpflichtet bleibt –, oder aber vom Vertrag im eigentlichen, technischen Sinn des Art. 107 Abs. 2 OR zurückzutreten und das negative Vertragsinteresse zu verlangen.

–   Ist der Kaufgegenstand vor der Bezahlung in den Besitz des Käufers übergegangen **(Kreditkauf)**, kann der Verkäufer nur dann vom Vertrag **zurücktreten** und

---

502   So anschaulich H. *Kötz*, Europäisches Vertragsrecht, 2. Aufl. (Tübingen 2015) 290.

den Kaufgegenstand zurückzufordern, wenn er sich dieses Recht **ausdrücklich vorbehalten** hat (Art. 214 Abs. 3 OR). Der Kaufvertrag ist in diesem Fall resolutiv bedingt. Ein solcher Vorbehalt wird z.B. in der Vereinbarung eines **Eigentumsvorbehalts** erblickt, und zwar unabhängig von der Eintragung im entsprechenden Register.

Sowohl für den Verzug des Verkäufers als auch für den Verzug des Käufers sieht das Gesetz bei der Variante **Verzicht** auf die **Gegenleistung** besondere Bestimmungen zur **Berechnung des Erfüllungsinteresses** vor. Dabei kann der Schaden in beiden Fällen **konkret** anhand der Differenz zu einem tatsächlich vorgenommenen, ungünstigeren **Deckungsgeschäft** oder – bei Waren, die einen Markt- oder Börsenpreis haben – **abstrakt** berechnet werden. Dazu im Einzelnen:

501

– Nach Art. 191 Abs. 2 OR kann im kaufmännischen Verkehr der Käufer bei **Verkäuferverzug** als Schaden die Differenz zwischen dem Kaufpreis und dem Preise, um den er sich einen Ersatz für die nicht gelieferte Sache in guten Treuen beschafft hat, geltend machen (**«konkrete»** Schadensberechnung aufgrund eines **«Deckungskaufs»**). ▶ **Fall 66**. Nach Art. 191 Abs. 3 OR kann er bei Waren, die einen Markt- oder Börsenpreis haben, ohne sich den Ersatz anzuschaffen, die Differenz zwischen dem Vertragspreise und dem Preise zur Erfüllungszeit als Schadenersatz verlangen (**«abstrakte»** Schadensberechnung).

– Kommt der Käufer im kaufmännischen Verkehr seiner Zahlungspflicht nicht nach (**Käuferverzug**), so hat der Verkäufer nach Art. 215 Abs. 1 OR das Recht, sein Erfüllungsinteresse nach der Differenz zwischen dem Kaufpreis und dem Preise zu berechnen, um den er die Sache in guten Treuen weiter verkauft hat (**«konkrete»** Schadensberechnung auf Basis eines **«Deckungsverkaufs»**). Bei Waren, die einen Markt- oder Börsenpreis haben, kann er nach Abs. 2 ohne einen solchen Verkauf die Differenz zwischen dem Vertragspreis und dem Markt- oder Börsenpreis zur Erfüllungszeit als Schadenersatz verlangen (**«abstrakte»** Schadensberechnung). Zusätzlich hat der Verkäufer aber auch die Option, nach der **Austauschmethode** vorzugehen, also seine Sachleistung zu erbringen und den vollen Kaufpreis als Schadenersatz zu fordern.

Beispiel: V verkauft K ein Auto für Fr. 25 000.–. K bezahlt den Kaufpreis nicht. V möchte das positive Vertragsinteresse geltend machen.

– Nach der **Austauschmethode** leistet V und macht Schadenersatz in der Höhe von Fr. 25 000.–, also in der Höhe des vereinbarten Kaufpreises, geltend.

– Nach der **Differenzmethode** leistet V nicht und verlangt:

  – Die Differenz zwischen dem vereinbarten Kaufpreis von Fr. 25 000.– und Fr. 22 000.–, dem Preis, zu dem er das Auto an D verkauft hat (konkrete Berechnung anhand eines vorgenommenen Deckungsgeschäfts). V macht demnach Fr. 3000.– geltend.

> – Die Differenz zum Marktpreis des Autos, der – angenommen –
> Fr. 24 000.– beträgt (abstrakte Berechnung anhand des Vergleichs mit
> dem Marktwert). V macht demnach Fr. 1000.– geltend.

▶ Dazu auch **Fall 66**

502   Art. 191 Abs. 2 OR und Art. 215 Abs. 1 OR können nach heute überwiegender Auffassung unter Umständen entsprechend auch auf den **nicht kaufmännischen Verkehr** angewendet werden. Ebenso (für Art. 191 Abs. 3 OR) BGE 104 II 198 (201).

503   Unter Umständen kann der Käufer oder der Verkäufer aufgrund der Schadenminderungsobliegenheit (Art. 44 OR) verpflichtet sein, ein Deckungsgeschäft abzuschliessen, wenn sich der Schaden dadurch verringern lässt.

504   *Beachte*: Im UN-Kaufrecht gelten für den Tatbestand und die Folgen der Vertragsverletzung die Regeln des III. Teils der Konvention (Art. 25 ff.); darauf hier ohne weitere Erläuterung pauschal hingewiesen sei.

D.   Gläubigerverzug

I.   Tatbestand

505   Art. 91 ff. OR regeln den **Verzug des Gläubigers**. Der Gläubiger kommt in Verzug, wenn er:

– die **Annahme** der gehörig angebotenen Leistung (vgl. Rz. 453 ff.) **ungerechtfertigt verweigert**, oder

– die **Vornahme** von ihm obliegenden **Vorbereitungs-** und **Mitwirkungshandlungen**, ohne die der Schuldner nicht erfüllen kann, ungerechtfertigter Weise **unterlässt**.

506   Dabei handelt es sich um **Obliegenheiten** (oben Rz. 97) des Gläubigers, die der Schuldner nicht einklagen kann. Kommt der Gläubiger ihnen jedoch nicht nach, erleidet er Rechtsnachteile. Umstritten ist, ob die Annahmepflicht des Käufers nach Art. 211 OR eine **echte Pflicht** darstellt; das Bundesgericht und die h.L. bejahen dies.

Illustratives *Beispiel* (zum Spezifikationsverzug des Käufers): BGE 110 II 148 (151 f.).

507   Das gehörige Anbieten der Leistung setzt voraus, dass die Forderung **erfüllbar** ist (subsidiär gilt Art. 75 OR; dazu oben Rz. 461). Der Schuldner muss die Leistung inhaltlich, zeitlich und örtlich, d.h. grundsätzlich entsprechend den vereinbarten Modalitäten **richtig anbieten**:

– Grundsätzlich ist «**Realoblation**» erforderlich: Der Schuldner muss die Leistung real derart anbieten, dass die Erfüllung nur noch von der Annahme bzw. Mitwirkung des Gläubigers abhängt.

> *Beispiel*: Der Arbeitnehmer steht am Arbeitsort zur Arbeit bereit.

▶ Dazu **Fall 68**

– «**Verbaloblation**» (verbales Anbieten) genügt insbesondere bei einer **Holschuld**.   508

> *Beispiel*: Der Schuldner teilt dem Gläubiger mit, dass er das reparierte Fahrrad in seinem Geschäft abholen könne («Bereitschaftsanzeige»).

Zu weiteren Fällen, wo Verbaloblation genügt, siehe **BGE 111 II 463** (469): «Art. 82 OR verlangt in der Regel Realoblation. Ausnahmsweise genügt freilich Verbaloblation; die Lehre verweist in diesem Zusammenhang auf die Voraussetzungen, die erfüllt sein müssen, damit der Schuldner mittels Verbaloblation den Gläubiger nach Art. 91 OR in Verzug bringen kann. Danach ist Verbaloblation ausreichend, wenn die Gegenpartei die zur Erfüllung der Schuld nötigen Vorbereitungshandlungen unterlässt, indem sie sich beispielsweise – allenfalls auf entsprechende Aufforderung hin – bei einem Sukzessivlieferungsvertrag weigert, die Ware abzurufen. Eine weitere Ausnahme ist nach einem Teil der Doktrin dann gegeben, wenn die Gegenpartei von vornherein nicht bereit ist, die Leistung anzunehmen (sog. antizipierte Annahmeverweigerung).»

Zu den Vorbereitungs- und Mitwirkungshandlungen des Gläubigers gehören etwa   509
das Abholen der Leistung bei der Holschuld, die Übergabe des zu reparierenden Gegenstandes oder das Beschaffen der notwendigen Arbeitsbewilligung durch den Arbeitgeber. **Ungerechtfertigt** ist die Verweigerung dieser Handlungen dann, wenn **keine objektiv rechtfertigenden Gründe** dafür vorliegen. Ein Verschulden des Gläubigers ist nicht vorausgesetzt.

Die Bestimmungen über den Gläubigerverzug kommen darüber hinaus nach   510
Art. 96 OR zur Anwendung, wenn die Erfüllung aus einem anderen in der Person des Gläubigers liegenden Grund oder wegen einer vom Schuldner nicht verschuldeten Ungewissheit über die Person des Gläubigers nicht erfolgen kann.

II. Rechtsfolgen

Ist der Gläubiger im Verzug, **endet** ein **allfälliger Schuldnerverzug**. Die **Gefahr** des   511
zufälligen Untergangs geht auf den Gläubiger über.

Für den Arbeitsvertrag statuiert **Art. 324 OR**: «Kann die Arbeit infolge Verschuldens des Arbeitgebers nicht geleistet werden oder kommt er aus anderen Gründen mit der Annahme der Arbeitsleistung in Verzug, so bleibt er zur Entrichtung des Lohnes verpflichtet, ohne dass der Arbeitnehmer zur Nachleistung verpflichtet ist.»

> Der Arbeitnehmer muss sich auf den Lohn anrechnen lassen, was er wegen Verhinderung an der Arbeitsleistung erspart oder durch anderweitige Arbeit erworben oder zu erwerben absichtlich unterlassen hat».

512   Die übrigen Rechtsfolgen des Gläubigerverzuges hängen vom **Inhalt** der Leistung ab (Art. 92 ff. OR). Nach Art. 92 Abs. 1 OR kann der Schuldner eine geschuldete **Sache** auf **Gefahr und Kosten** des Gläubigers **hinterlegen** und sich so von der Verbindlichkeit befreien. Unter den (hier nicht näher darzustellenden) Voraussetzungen des Art. 93 OR besteht ein Recht auf **Selbsthilfeverkauf**. Dieser erfolgt auf Rechnung des Gläubigers (regelmässig: Käufers), sodass der Erlös ihm zusteht. Mit dem ordnungsgemäss durchgeführten Selbsthilfeverkauf verwandelt sich die **Sachschuld** des Verkäufers in eine **Geldschuld**. Schuldbefreiung tritt nicht bereits mit dem Verkauf der Sache ein, sondern erst mit Aushändigung des Verkaufserlöses an den Gläubiger. Bei **anderen Leistungen als Sachleistungen** kann der Schuldner gemäss Art. 95 OR nach den Bestimmungen des **Schuldnerverzugs** vom Vertrag **zurücktreten**.

Kontrollfragen zu Kapitel 21:

110. Wo liegt der Erfüllungsort?

111. Erläutern Sie die Begriffe Gattungsschuld, Wahlschuld und Alternativermächtigung!

112. Rechtsfolgen der nachträglichen Unmöglichkeit der Leistung?

113. Was versteht man unter Schuldnerverzug, welche Rechtsfragen knüpfen sich an ihn bei synallagmatischen Verträgen?

114. Wie ist das Angebot einer Teilleistung, wie eine *aliud*-Lieferung zu beurteilen?

115. Wann ist die Setzung einer Nachfrist bei Schuldnerverzug entbehrlich?

116. Was versteht man unter der Differenzmethode bei der Berechnung des Erfüllungsinteresses?

117. Rechtsfolgen des Rücktritts vom Vertrag?

118. Rechtsfolgen des Gläubigerverzugs?

Kapitel 22
Erlöschen der Obligation

Während das OR sich im Ersten Titel (Art. 1–67 OR) mit der *Entstehung* der Obliga- 513
tion (aus Vertrag, unerlaubter Handlung und ungerechtfertigter Bereicherung) befasst
und im Zweiten Titel (Art. 68–113 OR) die *Wirkungen* (insb. Erfüllung und Folgen
der Nichterfüllung) der Obligation behandelt, ist der Dritte Titel (Art. 114–142 OR)
dem **Erlöschen** der Obligation gewidmet. Erlöschensgründe für Obligationen sind
die **Erfüllung** (Rz. 513a), der **Schulderlass-** bzw. **Aufhebungsvertrag** (Rz. 513b),
die **Novation** (Rz. 513c), die **Vereinigung** (Rz. 513d), die **Unmöglichkeit**
(Rz. 513e) und die **Verrechnung** (Rz. 513f). Daneben gibt es im Gesetz nicht erwähnte Erlöschensgründe (Rz. 513g). – Die ebenfalls im Dritten Titel geregelte
Verjährung (Art. 127–142 OR) ist *kein* Erlöschensgrund und wird daher separat im
Kapitel 23 behandelt.

§ 1   Erfüllung

Der wichtigste und zugleich häufigste Grund des Erlöschens einer Obligation ist die 513a
Erfüllung (Art. 68 ff. OR, Rz. 447).[503] Damit einer Leistung **schuldbefreiende** Wirkung zukommt, muss sie in *persönlicher, zeitlicher, örtlicher* und *inhaltlicher* Hinsicht rechtskonform erfolgen (oben Rz. 453 ff.); andernfalls liegt Nichterfüllung vor.
Konkreter bedeutet dies Folgendes:

– In **persönlicher** Hinsicht hat der Schuldner nach Art. 68 OR die Leistung dann «eigenhändig», d.h. **in eigener Person** zu erbringen, wenn es bei der Leistung auf
   seine besonderen Kenntnisse und Fähigkeiten ankommt. Dies wird vor allem bei
   Dienstleistungen (z.B. von Ärzten, Anwälten, Arbeitnehmern, Künstlern) oft der
   Fall sein. Andere Leistungen, deren Erfüllung nicht massgeblich von seiner Persönlichkeit geprägt sind (z.B. Sekretariatsarbeiten), darf der Schuldner durch
   Hilfspersonen erbringen (lassen). Was sodann den **Leistungsadressaten** an-
   belangt, hat der Schuldner die Leistung grundsätzlich dem **Gläubiger** (bzw. dessen
   Stellvertreter) zu erbringen. Ausnahmsweise darf oder muss er jedoch die Leistung
   an einen **Dritten** erbringen (z.B. beim Vertrag zugunsten Dritter, Art. 112 OR), damit sie schuldbefreiend wirkt.

– In **zeitlicher** Hinsicht muss der Schuldner die Leistung zur **richtigen Zeit**
   (Art. 75 ff. OR) erbringen, ansonsten sie nicht rechtskonform erfolgt.

---

503 Nota: Mit der Erfüllung geht nicht nur die Forderung als solche unter, sondern es erlöschen auch
     alle *Nebenrechte* (Art. 114 Abs. 1 OR).

– In **örtlicher** Hinsicht hat der Schuldner seine Leistung am **richtigen Ort**, d.h. an der vertraglich vereinbarten oder gesetzlich vorgesehenen (Art. 74 OR) Stelle zu erbringen, damit sie schuldbefreiend wirkt. So ist z.B. eine Geldschuld am Wohnsitz des Gläubigers (im Zeitpunkt der Erfüllung) zu erbringen (sog. «Bringschuld», vgl. Art. 74 Abs. 2 Ziff. 1 OR).

– In **inhaltlicher** Hinsicht hat der Schuldner jene Leistung zu erbringen, die **quantitativ** und **qualitativ** den vertraglichen Abmachungen bzw. gesetzlichen Vorgaben entspricht.

§ 2 Schulderlass- bzw. Aufhebungsvertrag

513b Aufgrund der Vertragsfreiheit steht es den Parteien nicht nur frei, einen Vertrag zu *schliessen*, sondern diesen im gegenseitigen Einverständnis (konsensual) auch jederzeit wieder **aufzuheben**. Ein solcher Aufhebungsvertrag kann entweder den Vertrag als **Ganzes** oder nur eine **einzelne Obligation** (Schulderlassvertrag) erfassen. Art. 115 OR handelt vom Erlassvertrag über eine **einzelne Forderung** (Schuld, Obligation) und regelt lediglich eine **Formfrage**. Demnach kann ein **Schulderlassvertrag** über eine Forderung (als Ganzes oder einen Teil davon) selbst dann **formfrei** erfolgen, wenn zur Eingehung der Verbindlichkeit eine (gesetzlich vorgeschriebene oder vertraglich vereinbarte) *Form erforderlich* war. Als Verfügungsvertrag wirkt der Schulderlassvertrag *ex nunc*, also nicht *ex tunc*, d.h. nicht rückwirkend.

> *Beachte*: Ein einseitiger Forderungsverzicht des Gläubigers ist im OR nicht vorgesehen (aber auch nicht ausdrücklich ausgeschlossen). Vgl. die vernünftige und klare Regelung in Art. 1236 des italienischen Codice Civile.

§ 3 Novation (Neuerung)

513c Wenn eine Schuld durch Vertrag nicht nur begründet, sondern auch aufgehoben werden kann (Rz 513b), muss es auch möglich sein, eine bestehende Schuld durch eine neue Schuld zu **ersetzen**. Folglich können die Parteien vereinbaren, dass eine **neue Schuld an die Stelle** einer **alten Schuld tritt** und dadurch letztere **untergeht**. Diesen Vorgang nennt man **Novation** oder **Neuerung**. Der Untergang der alten Schuld hat zur Folge, dass mit ihr gleichzeitig auch alle **Einreden** des Schuldners und alle **Nebenrechte** des Gläubigers untergehen. Die Neuerungsvereinbarung enthält gleichzeitig eine Aufhebungs- und eine Ersetzungsabrede der Parteien.

Art. 116 OR setzt die Möglichkeit und Zulässigkeit einer Novation als «Tilgung einer alten Schuld durch Begründung einer neuen» voraus und regelt lediglich eine **beweisrechtliche** Frage, nämlich jene, dass die Neuerung **nicht vermutet** wird

(Art. 116 Abs. 1 OR). Wer sich auf Novation beruft, trägt die **Beweislast** dafür, dass die neue Schuld die alte ersetzen bzw. tilgen soll(te).

Beispiele: Novatorische Wirkung kommt typischerweise einer Vergleichsvereinbarung über strittige Rechte zu (so ausdrücklich § 1380 österreichisches ABGB). Der praktisch wichtigste Anwendungsfall im kaufmännischen Verkehr ist beim Kontokorrent die Ziehung und Anerkennung des Saldos (Art. 117 Abs. 2 OR).

§ 4   Konfusion (Vereinigung)

Jede Obligation (Forderung bzw. Schuld) setzt zwei verschiedene (natürliche oder juristische) Personen, nämlich einen **Gläubiger** und einen **Schuldner** voraus. Kommt es später aus irgendwelchen Gründen zwischen den beiden Parteien zu einer **Personalunion**, weil der Schuldner die Forderung des Gläubigers erwirbt (also zum Gläubiger seiner eigenen Schuld wird) oder weil der Gläubiger die Schuld des Schuldners übernimmt (also zum Schuldner seiner eigenen Forderung wird), so **geht** die **Obligation** (Forderung, Schuld) durch **Konfusion** (= **Vereinigung) unter** (Art. 118 OR). Wird die Vereinigung **rückgängig** gemacht, so lebt die erloschene Forderung wieder auf (Art. 118 Abs. 2 OR).   513d

Beispiel: Der Sohn, welcher seinem Vater Fr. 20'000.– aus einem Studiendarlehen schuldet, erwirbt infolge des Todes seines Vaters als Alleinerbe den gesamten Nachlass, wodurch die Darlehensschuld und die Darlehensforderung untergehen.

§ 5   Nachträgliche Unmöglichkeit

Es kann vorkommen, dass nach Vertragsabschluss (aber vor Leistungserbringung) eine Leistung für den Schuldner (und gleichermassen für Dritte) unverschuldet unmöglich wird (z.B. vom Verkäufer zu lieferndes Gemälde geht in Brand unter, der durch Blitzschlag ausgelöst worden ist). Diese **nachträgliche, unverschuldete, objektive Unmöglichkeit** der Leistung (Rz 486 ff.) hat zur Folge, dass die Schuld des Schuldners bzw. die Forderung des Gläubigers untergeht (Art. 119 Abs. 1 OR).   513e

§ 6   Verrechnung

Hat der Schuldner gegenüber seinem Gläubiger nicht nur eine Schuld, sondern auch eine (Gegen-)Forderung, so liegt es auf der Hand, dass der Schuldner grundsätzlich seine Schuld durch Hingabe seiner eigenen Forderung soll tilgen können. Diesen Vorgang bezeichnet das Gesetz als **Verrechnung** (Art. 120 ff. OR), wobei in Anlehnung an den französischen Text (*«compensation»*) oft auch von **Kompensation** die   513f

Rede ist. Eine Verrechnung ist möglich, falls gewisse «positive» und «negative» Voraussetzungen erfüllt sind.

Positiv setzt die Verrechnung voraus, dass die Forderung, welche der Schuldner zur Verrechnung stellt (= **Verrechnungsforderung**), und die Forderung des Gläubigers (= **Hauptforderung**) sich nicht nur entgegenstehen (Gegenseitigkeit der Forderungen), sondern ausserdem **gleichartige Leistungen** betreffen, wie namentlich **Geld** oder andere **vertretbare Sachen** (z.B. Edelmetalle oder Rohstoffe gleicher Qualität)[504]. Hingegen brauchen die beiden Forderungen **nicht gleichwertig** zu sein und die Verrechnungsforderung muss weder **unbestritten** sein (Art. 120 Abs. 2 OR) noch denselben Erfüllungsort haben wie die Hauptforderung. Obwohl der Gesetzeswortlaut die **Fälligkeit beider** Forderungen verlangt, gilt dieses Erfordernis nur für die Verrechnungsforderung, während für die Hauptforderung die **Erfüllbarkeit** ausreicht. **Verjährte** Verrechnungsforderungen können grundsätzlich nicht verrechnet werden. Davon macht Art. 120 Abs. 3 OR insofern eine Ausnahme, als eine verjährte Forderung weiterhin verrechnet werden kann, wenn die Verrechnungsvoraussetzungen bereits **vor** Eintritt ihrer Verjährung gegeben waren. Mit andern Worten: die Verrechnungslage darf nicht erst nachträglich eingetreten bzw. herbeigeführt worden sein.

Negativ setzt die Verrechnung voraus, dass sie weder **vertraglich** (durch Verrechnungsverzicht im Voraus, Art. 126 OR; beachte jedoch: Art. 265, 294, 323b Abs. 2 OR) noch **gesetzlich** (Art. 125 OR) **ausgeschlossen** wird.

Sind die Verrechnungsvoraussetzungen erfüllt, so kommt es **nicht automatisch** zu einer Verrechnung, wie etwa im römischen *(ipso iure compensatur)* und französischen Recht (Art. 1290 CC), sondern gemäss Art. 124 Abs. 1 OR bedarf es einer (ausdrücklichen oder konkludenten) **Verrechnungserklärung** (= einseitige, empfangsbedürftige **Gestaltungserklärung**) oder eines **Verrechnungsvertrages**, aus denen sich hinreichend klar ergibt, welche Hauptforderung mit welcher Verrechnungsforderung getilgt werden soll. Diese Rechtsakte wirken inkonsequenterweise[505] auf den Zeitpunkt des Bestehens der Verrechnungslage zurück (Art. 124 Abs. 2 OR).[506]

§ 7   Weitere Erlöschensgründe

513g   Es gibt auch Erlöschensgründe, die das Gesetz nicht ausdrücklich regelt. Zu erwähnen sind die **Verwirkung** (Rz. 528 f.) sowie die **Leistung an Erfüllungs Statt** (Rz. 467).

---

504   Bei Speziesschulden scheidet eine (gesetzliche) Verrechnung infolge fehlender Gleichartigkeit von Verrechnungsforderung und Hauptforderung aus.

505   Es ist dies ein römischrechtliches «Relikt», das seine Berechtigung bei der automatischen Verrechnung hat, welche *ex lege* eintritt, sobald die Verrechnungslage gegeben ist.

506   Ebenso Art. 1347 Abs. 2 Code Civil. Anders – vorzugswürdig – Art. 8.5 Abs. 3 UPICC: «Set-off takes effect as from the time of notice». Zur Bedeutung der UPICC oben Rz. 53.

Kapitel 23
Verjährung (Art. 127–142 OR)

«Certamente la prescrizione è, tra gli istituti del diritto, uno dei più suggestivi … È una specie di miracolo per cui il diritto diventa non diritto … Per essa, soprattutto, si rende manifesto che anche il diritto, come un essere vivente, nasce e muore».[507]

Francesco CARNELUTTI, Rivista di diritto e procedura civile 1933, I, 32

§ 1   Grundsätzliches

Verjährung bedeutet, dass eine **Forderung** infolge Ablaufs der Verjährungsfrist **gegen den Willen** des Schuldners **nicht mehr durchgesetzt** werden kann. «Das Rechtsinstitut der Verjährung beruht nicht zuletzt … auf dem Gedanken des Vertrauensschutzes des Schuldners. Der Schuldner soll nicht dauernd im Ungewissen gelassen werden, ob eine Forderung, die längere Zeit nicht geltend gemacht wurde und mit der er natürlicherweise immer weniger rechnet, schliesslich doch noch eingeklagt werde».[508] Auch soll vermieden werden, dass wegen des Zeitablaufs der Schuldner gegen eine behauptete Forderung keine Einwendungen oder Einreden mehr **beweisen** kann.

Beachte:

– Die Verjährung führt **nicht** zum **Erlöschen** der Forderung – wie man aufgrund der missverständlichen systematischen Einordnung der Art. 127 ff. OR im 3. Titel der 1. Abteilung des OR über «Das Erlöschen der Obligationen» meinen könnte – sondern **hindert** nur deren **Durchsetzbarkeit**. Die verjährte Forderung stellt (aus der Sicht des Schuldners) eine unvollkommene Verbindlichkeit dar. Dazu oben Rz. 96.

– Ansprüche aus **dinglichen** Rechten sind keine Forderungen i.S. von Art. 127 ff. OR. So unterliegt die Klage auf Eigentumsherausgabe *(rei vindicatio)* nach Art. 641 Abs. 2 ZGB keiner Verjährung. Zur Verjährung des Rückforderungsrechts bei Kulturgütern, die gegen den Willen des Eigentümers abhanden gekommen sind, Art. 934 Abs. 1bis ZGB.

514

515

---

507 Übersetzung: Die Verjährung ist zweifellos unter den Rechtsinstituten eines der faszinierendsten. Sie ist eine Art Wunder, durch das Recht zu Nicht-Recht wird. Vor allem macht sie deutlich, dass auch das Recht so wie ein menschliches Wesen geboren wird und stirbt.
508 BGE 134 III 294 (297) mit Verweis auf BGE 90 II 428 (438); BGE 137 III 16 (18 f.).

516 Die Verjährung begründet eine (peremptorische) **Einrede**.[509] Dies bedeutet, dass ein Gericht sie **nicht von Amtes wegen** berücksichtigt, sondern nur dann, wenn der Schuldner sich auf die Verjährung beruft (Art. 142 OR).

▶ **Fall 14**

516a Für die Verjährung von **Regressansprüchen** hat das OR bisher keine spezifische Regelung enthalten[510], so dass die Rechtslage sich wie folgt präsentiert(e):

– Die Verjährung eines Regressanspruchs, der auf einer **Subrogation** (Art. 149 Abs. 1 OR) beruht, richtet sich nach der Verjährung der **subrogierten Forderung** (Subrogationsforderung), deren Verjährungsfrist (nach der Legalzession) ordentlich weiterläuft.

– Bei einer – nicht auf Subrogation beruhenden – **gesetzlichen Regressforderung** (Art. 148 Abs. 2 OR) ist grundsätzlich die Verjährungsfrist der Forderung massgeblich, die im Aussenverhältnis vom Regressgläubiger (als Solidarschuldner) gegenüber dem Gläubiger beglichen worden ist. Der Beginn der Verjährungsfrist blieb umstritten. Mit der neuen Bestimmung des **Art. 139 OR** wird dies insofern geklärt, als für die Regressforderung nun eine (relative) Verjährungsfrist von **drei Jahren** gilt, die läuft, sobald der Regressgläubiger (Solidarschuldner) den Gläubiger im Aussenverhältnis befriedigt hat und den Regressschuldner (Mitschuldner) im Innenverhältnis kennt[511]. Zur absoluten Verjährungsfrist äussert sich die neue Bestimmung nicht.

§ 2 Voraussetzungen der Verjährung

517 Damit der Schuldner die Einrede der Verjährung erheben kann, müssen drei Voraussetzungen gegeben sein:

– **Ablauf der Verjährungsfrist** (Rz. 518 ff.)

– **Kein gültiger Verzicht des Schuldners auf die Verjährung** (dazu Rz. 521)

– **Verjährbarkeit des Anspruchs**[512]

518 **Art. 127 OR** regelt die sogenannte **ordentliche (allgemeine) Verjährungsfrist**. Diese beträgt **10 Jahre** und beginnt (Art. 130 Abs. 1 OR) mit Fälligkeit der Forderung. Ihr wichtigster Anwendungsbereich sind die Ansprüche auf Erfüllung von Ver-

---

509 S. oben Rz. 98.
510 Vgl. aber Art. 83 Abs. 3 SVG.
511 Vgl. dazu Art. 83 Abs. 3 SVG sowie BGE 133 III 6 ff.
512 Nicht verjährbar ist die Geltendmachung von Gestaltungsrechten (die ja keine Forderungen sind). Hier gibt es aber jeweils Verwirkungsfristen (s. Rz. 528). Nicht verjährbar sind auch die eigentumsrechtlichen Ansprüche nach Art. 641 ZGB. Hier anders § 197 Abs. 1 Ziff. 2 (deutsches) BGB (30-jährige Verjährungsfrist).

trägen sowie auf Schadenersatz wegen Nicht- oder Schlechterfüllung von Verträgen (Art. 97 OR)[513]. Art. 127 OR gilt immer dann, wenn das Gesetz keine – etwa im OR BT oder in Nebengesetzen – Spezialregelung enthält, die einen abweichenden Zeitraum statuiert. Eine wichtige Ausnahmeregelung ist bereits im 3. Titel der 1. Abteilung des OR vorgesehen, nämlich die **5-Jahresfrist** für die in abschliessender Kasuistik aufgezählten «Forderungen des täglichen Lebens» des **Art. 128 OR** (etwa bei Mietzinsforderungen, Forderungen aus Handwerksarbeiten, aus Kleinverkauf von Waren). Wie sich aus Art. 7 ZGB (oben Rz. 5) ergibt, findet Art. 127 OR auch auf anderen, nicht im OR geregelte zivilrechtliche Verhältnisse Anwendung.

In einer Reihe von Verjährungsregelungen, etwa Art. 60 Abs. 1 OR oder Art. 67 Abs. 1 OR, wird unterschieden zwischen einer (kürzeren) **relativen Verjährungsfrist** – die **subjektiv** ab Kenntnis des Gläubigers von den seinen Anspruch begründenden Umständen läuft – und einer (längeren) **absoluten Verjährungsfrist** – die unabhängig von dieser Kenntnis ab Eintritt der **objektiv** anspruchsauslösenden Umstände läuft und innerhalb derer der Anspruch jedenfalls verjährt. Diese Dialektik zwischen relativer und absoluter Frist darf nicht missverstanden werden: Nach Ablauf der relativen Verjährungsfrist kann man sich nicht mehr auf die längere absolute Frist berufen. Umgekehrt kann man sich nicht auf die an sich noch offene relative Frist berufen, wenn die absolute Frist bereits abgelaufen ist. Mit andern Worten: Die Verjährung ist eingetreten sobald entweder die relative **oder** die absolute Frist abgelaufen ist.

519

Die wichtigsten Verjährungs- und Verwirkungsfristen im Obligationenrecht[514]   520

Art. 31 Abs. 1 OR*	1 Jahr (ab Entdeckung des Irrtums bzw. der Täuschung; ab Beseitigung der Furcht).
	Beachte:
	– Es gibt bei Art. 31 OR keine absolute Frist. Vgl. oben Rz. 285.
	– Es geht nicht um die Verjährung eines Forderungsrechts, sondern um die Limitierung eines Gestaltungsrechts.
Art. 60 Abs. 1 OR	3 Jahre (relative Frist) ab Kenntnis des Schadens und des Ersatzpflichtigen. 10 Jahre (absolute Frist) ab dem schädigenden Verhalten.
Art. 60 Abs. 1bis OR	Bei Personenschäden: 3 Jahre (relative Frist) ab Kenntnis des Schadens und des Ersatzpflichtigen. 20 Jahre (absolute Frist) ab dem schädigenden Verhalten.
Art. 60 Abs. 2 OR	Beachtlichkeit einer längeren strafrechtlichen Verjährungsfrist.

---

513 Bei vertraglichen Schadenersatzansprüchen sollte die Verjährung erst ab Schadenseintritt, nicht ab Pflichtverletzung laufen. A.M aber BGE 137 III 16 [19 ff.].

514 Die mit Sternchen versehenen Fristen sind *Verwirkungs-*, und nicht *Verjährungsfristen*! Zum Unterschied unten Rz. 528.

Art. 67 Abs. 1 OR	3 Jahre (relative Frist) ab Kenntnis des Anspruchs. 10 Jahre (absolute Frist) ab Entstehung des Anspruchs.
Art. 127 OR	10 Jahre (allgemeine Verjährungsfrist für Forderungen).
Art. 128 OR	5 Jahre («Forderungen des täglichen Lebens»).
Art. 128a OR	Bei Personenschäden infolge Vertragsverletzung: 3 Jahre (relative Frist) ab Kenntnis des Schadens. 20 Jahre (absolute Frist) ab dem schädigenden Verhalten.
Art. 201 Abs. 1 OR*	Sofortige Rüge des Mangels, den der Käufer nach Prüfung gemäss dem «üblichen Geschäftsgang» festgestellt hat (Verwirkungsfrist!).
Art. 210 Abs. 1 OR	2 Jahre (bei Ansprüchen des Käufers aus Sachgewährleistung) ab Ablieferung des Kaufgegenstandes.
Art. 219 Abs. 3 OR	5 Jahre (bei Ansprüchen des Käufers aus Gewährleistung bei einem Grundstückkauf) ab Erwerb des Grundstücks. Vgl. auch Art. 210 Abs. 2 OR.
Art. 371 Abs. 1 OR	2 Jahre (bei Ansprüchen des Bestellers wegen Mängeln des Werkes) nach Abnahme des Werkes.
Art. 371 Abs. 2 OR	5 Jahre (bei Ansprüchen des Bestellers eines unbeweglichen Bauwerkes) ab Abnahme des Werkes.
Art. 591 OR	5 Jahre (bei Ansprüchen von Gesellschaftsgläubigern) gegen einen Gesellschafter für Verbindlichkeiten der Kollektivgesellschaft.
Art. 706a Abs. 1 OR*	2 Monate (Anfechtungsklagerecht des Verwaltungsrates und des Aktionärs gegen Beschlüsse der Generalversammlung, die gegen Gesetz oder Statuten verstossen) ab Zeitpunkt der Generalversammlung.
Art. 760 Abs. 1 OR	Aktienrechtliche Verantwortlichkeitsklage: 5 Jahre (relative Frist) ab Kenntnis des Schadens und des Ersatzpflichtigen; 10 Jahre (absolute Frist) ab dem schädigenden Verhalten.
Art. 878 OR	Persönliche Haftung der Genossenschafter: 1 Jahr ab Schluss des Konkursverfahrens. Rückgriff unter Genossenschaftern: 3 Jahre ab Zahlung im Aussenverhältnis.
Art. 919 Abs. 1 OR	Genossenschaftsrechtliche Verantwortlichkeitsklage: 5 Jahre (relative Frist) ab Kenntnis des Schadens und des Ersatzpflichtigen; 10 Jahre (absolute Frist) ab dem schädigenden Verhalten.
Art. 1069 OR	3 Jahre für wechselrechtliche Ansprüche des Inhabers gegen den Annehmer. Für Rückgriffsansprüche eines Indossanten gilt die Frist von 6 Monaten (Art. 1069 Abs. 3 OR)

Verjährungs- und Verwirkungsfristen in Nebengesetzen zum OR

Art. 39 Abs. 2 UN-Kaufrecht*	2 Jahre (Maximalfrist für Erhebung der Mängelrüge) ab Übergabe der Ware.
Art. 83 SVG	2 Jahre (relative Frist) ab Kenntnis des Schadens und des Ersatzpflichtigen. 10 Jahre (absolute Frist) ab Unfalltag.
Art. 46 Abs. 1 VVG	2 Jahre (Forderungen aus dem Versicherungsvertrag) ab Eintritt der Tatsache, welche die Leistungspflicht begründet.
Art. 9 PrHG	3 Jahre ab Kenntnis des Schadens, des Fehlers und der Person der Herstellerin.
Art. 10 PrHG*	10 Jahre ab Inverkehrbringung des Produkts, das den Schaden verursacht hat.

§ 3 Verzicht auf die Verjährung

Art. 141 Abs. 1 OR bestimmt, dass auf die Verjährung – genauer: auf die **Einrede** der Verjährung – **nicht im Voraus verzichtet** werden kann. 521

Die Bedeutung dieser Bestimmung wurde in einem praxisrelevanten Leitentscheid des **Bundesgerichts** (BGE 132 III 226) erheblich abgeschwächt. Aus dem Wortlaut («zum Voraus») folgerte das Gericht, dass nur der Verjährungsverzicht **zum Zeitpunkt des Vertragsschlusses ausgeschlossen** sei. Nach Entstehung der Forderung, also während laufender Verjährung, könne auf die Geltendmachung der Verjährung verzichtet werden, also nicht erst, wenn die Verjährungsfrist abgelaufen ist. Dies gelte für **sämtliche Verjährungsfristen**, also auch für die nach Art. 127, 128 OR, nicht nur für solche, die ausserhalb des 3. Titels der 1. Abteilung des OR geregelt seien. Eine Grenze setzte das Bundesgericht insofern, als der Verjährungsverzicht nicht für eine Dauer ausgesprochen werden könne, welche die **Zehnjahresfrist** des Art. 127 OR überschreitet. 522

Hinweis: Der Schuldner kann frei entscheiden, ob er die **eingetretene Verjährung** im Prozess (oder auch ausserhalb) geltend machen will oder nicht. Er kann daher ohne Weiteres auf die Einrede der eingetretenen Verjährung **einseitig** verzichten (indem er sie faktisch unterlässt), oder darauf **vertraglich** verzichten (indem er sich *verpflichtet*, die Verjährungseinrede nicht zu erheben). Nach h.M. ist es ihm auch möglich, auf die Geltendmachung der **bisher abgelaufenen Verjährungszeit** (der noch nicht eingetretenen Verjährung) zu verzichten. Gemäss BGE 132 III 226 kann er zudem im Voraus, d.h. **nach Vertragsabschluss** aber während noch **laufender Verjährungsfrist**, sich verpflichten, die Verjährungseinrede später **nicht zu erheben**. 522a

522b
Merke: Durch den vom Parlament am 15. Juni 2018 angenommenen (revidierten) Art. 141 Abs. 1 OR ist die bundesgerichtliche Praxis ins Gesetz übernommen worden. Demnach kann der Schuldner ab Beginn der Verjährung auf die Verjährungseinrede für jeweils maximal zehn Jahre verzichten. Der Schuldner muss den Verzicht allerdings **schriftlich** äussern, wobei eine Einredeverzichtsklausel in den **AGB** des Gläubigers **nicht** gültig ist (Art. 141 Abs. 1bis OR). Ein (gültiger) Verjährungseinredeverzicht des Schuldners gegenüber dem Gläubiger gilt auch gegenüber dem Versicherer – und umgekehrt –, gegen den der Gläubiger ein direktes Forderungsrecht hat (Art. 141 Abs. 4 OR)[515].

§ 4   Vereinbarungen über Verjährungsfristen

523
Nach **Art. 129 OR** können die Parteien die in den **Art. 127, 128 OR** festgesetzten Verjährungsfristen **nicht abändern**, also durch Vereinbarung **verlängern** oder **verkürzen**. Wie das Bundesgericht in BGE 132 III 226 (239) aber ausdrücklich festhält, steht dieses Abänderungsverbot einem **Verjährungsverzicht** (oben Rz. 522) **nicht** entgegen.

> Viele Rechtsordnungen sind im Hinblick auf die Abänderbarkeit der gesetzlichen Verjährungsfrist liberaler, was wertungsmässig einleuchtet. Siehe etwa § 202 Abs. 1 BGB, wonach eine Verlängerung bis maximal auf 30 Jahre möglich ist. Verkürzungen sind ebenfalls möglich. Nach Art. 159 Abs. 2 des Entwurfs zu einem «OR 2020» (oben Rz. 56) kann bis auf eine Mindestdauer von einem Jahr verkürzt und bis zu einer Höchstdauer von 10 Jahren verlängert werden. Zuletzt § 22 Abs. 3 des 6. Buchs des bemerkenswerten, neuen (am 15.3.2014 in Kraft getretenen) ungarischen ZGB, wo für Änderungen der gesetzlichen Verjährungsfrist keine Begrenzung, aber Einhaltung der Schriftform vorgesehen ist. In § 22 Abs. 4 des 6. Buchs steht überdies richtiger Weise: «Eine die Verjährung ausschliessende Vereinbarung ist nichtig».

Für die **ausserhalb des 3. Titels** der 1. Abteilung geregelten Verjährungsfristen **gilt Art. 129 OR nicht**, sodass eine abändernde Regelung durch die Parteien möglich ist. Allerdings darf die Verjährung **nicht über die 10-jährige** ordentliche Verjährungsfrist des Art. 127 OR hinaus ausgedehnt werden; vgl. etwa BGE 99 II 185 (188). Zugunsten der Verbraucher ist die 2-Jahresfrist für Gewährleistungsansprüche bei **neuwertigen** Sachen **nicht mehr verkürzbar**; bei **Gebrauchtwaren** darf die Frist nicht weniger als 1 Jahr betragen (Art. 210 Abs. 4 OR).

---

515   Der analoge Gedanke findet sich für die *Verjährungsunterbrechung* seit langem in Art. 83 Abs. 2 SVG und wird im neuen Art. 136 Abs. 4 OR durch Übernahme ins OR *verallgemeinert*.

§ 5 Beginn des Laufs der Verjährung

Nach **Art. 130 Abs. 1 OR** beginnt der Lauf der Verjährung mit der **Fälligkeit** der For-   524
derung,[516] und zwar unabhängig davon, ob dem Gläubiger die Fälligkeit bekannt ist.
Bei Schadenersatzansprüchen aus Vertragsverletzung beginnt die Verjährungsfrist
des Art. 127 OR – nach bundesgerichtlicher Rechtsprechung – mit der Vertragsverletzung zu laufen, nicht erst ab Eintritt des Schadens (BGE 137 III 16 [19 ff.]).

Werden Leistungen erst durch **Kündigung** fällig, so ist für den Beginn des Laufs
der Verjährung der Tag, auf den die Kündigung zulässig ist, massgeblich (Art. 130
Abs. 2 OR), weil der Gläubiger ansonsten den Beginn des Verjährungslaufs durch
Unterlassung der Kündigung verhindern könnte.

§ 6 Fristberechnung

Nach **Art. 132 Abs. 1 OR** ist bei Berechnung der Frist der Tag, von dem an die Ver-   525
jährung läuft, nicht mitzurechnen; die Verjährung tritt daher erst ein, wenn der letzte
Tag der Frist unbenutzt verstrichen ist. Im Übrigen gelten die Vorschriften für die
Fristberechnung bei der Erfüllung (Art. 77 ff. OR) auch für die Verjährung (Art. 132
Abs. 2 OR).

§ 7 Unterbrechung der Verjährung

Nach **Art. 137 Abs. 1 OR** beginnt die für einen Anspruch laufende Verjährungsfrist   526
bei Vorliegen eines der in **Art. 135 Abs. 1 OR** aufgelisteten **Unterbrechungsgrün-
den**[517] **neu** zu laufen. «Wird die Verjährung durch Schlichtungsgesuch, Klage oder
Einrede unterbrochen, so beginnt die Verjährung von Neuem zu laufen, wenn der
Rechtsstreit vor der befassten Instanz abgeschlossen ist» **(Art. 138 Abs. 1 OR)**. Zur
Unterbrechung durch Schuldbetreibung und durch Eingabe im Konkurs siehe
Art. 138 Abs. 2 und 3 OR. Die neue Verjährungsfrist ist grundsätzlich dieselbe wie
die unterbrochene. Wird jedoch die Forderung durch Ausstellung einer Urkunde anerkannt oder durch richterliches Urteil festgestellt, so gilt nach Art. 137 Abs. 2 OR die
zehnjährige Verjährungsfrist des Art. 127 OR.

---

516 Zur Fälligkeit oben Rz. 461.

517 Zur Unterbrechung durch Anerkennung der Forderung BGE 134 III 591 (594 f.): Vorbehaltlose
     Akontozahlung gilt als Anerkennung; konkludente Anerkennung etwa auch dann, wenn der
     Werkunternehmer den gerügten Werkmangel zu verbessern beginnt.

§ 8 Verjährungshemmung

527 Von einer Unterbrechung der Verjährung, die zu einem Neubeginn des Fristlaufs führt, ist deren **Hemmung** zu unterscheiden. Wenn Hemmungsgründe i.S.v. **Art. 134 OR** gegeben sind, **beginnt** der Verjährungslauf **nicht** oder **steht** bei bereits begonnenem **still**. Fallen sie dahin, nimmt die angelaufene Verjährung, im Unterschied zur Unterbrechung, ihren **Fortgang**.

Bei den in Art. 134 Abs. 1 OR abschliessend (BGE 100 II 339 [344]) aufgezählten **Hemmungsgründen** geht es vor allem um Situationen, in denen typischerweise die Gefahr besteht, dass die Geltendmachung der Forderung wegen des Bestehens eines **Vertrauens-** oder **Unterordnungsverhältnisses** faktisch behindert ist. Besonderer Art ist der in Ziff. 6 geregelte Hemmungsgrund der rechtlichen Unmöglichkeit der Geltendmachung der Forderung[518] vor einem schweizerischen Gericht, vor allem wegen Fehlens eines schweizerischen Gerichtsstands. Dazu BGE 134 III 294.

§ 9 Verwirkung («Präklusion») im Unterschied zu Verjährung

528 Der Ablauf einer **Verwirkungsfrist** (= Präklusivfrist) bringt das Recht (z.B. auch ein Gestaltungsrecht) im Unterschied zur Verjährung zum **Erlöschen**. Darauf ist **von Amtes wegen** zu achten. Keine Einrede wie bei der Verjährung! Die Unterbrechungs- und Hemmungsgründe der Art. 134, 135 OR gelten grundsätzlich nicht.

Um **Verwirkungsfristen** geht es etwa in Art. 31 OR, Art. 706a Abs. 1 OR, Art. 39 Abs. 2 UN-Kaufrecht, ebenso, entgegen dem Gesetzeswortlaut, der irrigerweise von Verjährung spricht, in Art. 521 Abs. 1 und Art. 533 Abs. 1 ZGB.

529 Abgesehen von solchen spezifischen gesetzlichen Regelungen, in denen (wie in den oben Rz. 520 aufgelisteten Fällen) exakte Verwirkungsfristen vorgesehen sind, gilt das **allgemeine**, aus Art. 2 Abs. 2 ZGB (oben Rz. 11) abgeleitete **Rechtsinstitut** der **Verwirkung subjektiver Rechte**: Wer durch lang andauernde, ihm zurechenbare Passivität den Eindruck erweckt, er werde ein Recht nicht mehr geltend machen, darf gegenüber Personen, die sich im Vertrauen darauf eingerichtet haben, nicht mehr auf dieses Recht zurückkommen. Der Gläubiger ist, wie es in der englischen Rechtssprache heisst, *estopped*, sein Recht geltend zu machen, was richterlich von Amtes wegen zu beachten ist; die Geltendmachung des Rechts ist ein rechtsmissbräuchliches, nicht zu schützendes **widersprüchliches Verhalten** (ein *venire contra factum proprium*).

> *Beispiele* aus der Judikatur: Zur verwirkten Berufung auf ein Immaterialgüterrecht siehe BGE 100 II 395; 109 II 338 (340 f.).

---

518 Er entspricht der alten Regel: «Agere non valenti non currit praescriptio» (die Verjährung läuft nicht gegenüber dem, der nicht klagen kann).

Allgemeine Regelung über *inconsistent behaviour* in **Art. 1.8 UPICC** (Fassung 2010)[519]: «A party cannot act inconsistently with an understanding it has caused the other party to have and upon which that other party reasonably has acted in reliance to its detriment». Im französischen Recht wird vom *principe de cohérence* gesprochen.

Allgemein zum *venire contra factum proprium* im schweizerischen Recht BGE 129 III 493 (497).

---

519 Zu deren Bedeutung oben Rz. 53.

Kapitel 24
Bedingungen (Art. 151–157 OR)

§ 1 Vorbemerkung

Die Bedingung ist ein praktisch wichtiges Teilinstrument der Privatautonomie. In Situationen der **Ungewissheit** macht sie Verträge (oder andere Rechtsgeschäfte) möglich, deren «**Verbindlichkeit**» bzw. **Wirksamkeit** mit dieser Ungewissheit verknüpft wird. Sie bringt «damit ein zusätzliches Element an Flexibilität in das Vertragsrecht, ohne andererseits den Gesichtspunkt der Rechtssicherheit ungebührlich ausser Betracht zu lassen; denn da eine Bedingung Vertragsbestandteil sein muss, können beide Vertragsparteien ihre Erwartungen entsprechend adjustieren»[520]. 530

§ 2 Begriff und Arten der Bedingung

A. Begriff

Eine **Bedingung** liegt dann vor, wenn das **Entstehen** oder die **Auflösung** eines Vertrags oder einzelner rechtsgeschäftlicher Verpflichtungen durch **vertragliche** (ausdrückliche oder stillschweigende, Art. 1 Abs. 2 OR) **Abrede** vom Eintritt oder Ausbleiben einer **zukünftigen, objektiv ungewissen Tatsache** abhängig gemacht wird (vgl. Art. 151 Abs. 1 OR)[521]. Kein Gegenstand von Bedingungen im eigentlichen Sinn können daher vergangene oder gegenwärtig bereits **objektiv feststehende Tatsachen** sein, auch dann nicht, wenn sie für die Parteien unbekannt sind. Aber entsprechende Anwendung der Art. 151 ff. OR möglich. 531

Beispiel für eine stillschweigend vereinbarte Bedingung oben Rz. 145a (wirtschaftliche Verknüpfung von Verträgen).

Anders als bei einem bedingten Geschäft steht bei einem **terminierten (befristeten)** Geschäft der **Eintritt** des Termins (einer Befristung) **fest**, aber das genaue Datum des Eintritts des Termins kann durchaus offen sein. Man unterscheidet Anfangs- und Endtermin: Bei einem Anfangstermin beginnen, beim Endtermin endigen die Wirkungen des Rechtsgeschäfts mit Eintritt des Termins. 532

---

520 R. Zimmermann, AcP 193 (1993) 124.

521 Im Unterschied zu den rechtsgeschäftlich vereinbarten Bedingungen geht es bei den «Rechtsbedingungen» darum, dass die Wirksamkeit eines Rechtsgeschäfts von Gesetzes wegen von einem zukünftigen Ereignis abhängt (etwa Genehmigung durch gesetzlichen Vertreter nach Art. 19 Abs. 1 ZGB). Teilweise sind Art. 151 ff. OR analog anwendbar (etwa Art. 152 Abs. 1; 156 OR).

Beispiel für ein aufschiebend terminiertes Schenkungsversprechen: A verspricht dem B, diesem nach dem Tode seines Vaters ein Auto zu schenken. Der Tod des Vaters ist gewiss *(dies certus)*, ungewiss ist aber der Zeitpunkt *(incertus quando)*.

B. Arten

533 – Eine **aufschiebende** (suspensive) Bedingung (Art. 151 OR) liegt vor, wenn die **Verbindlichkeit** bzw. **Wirksamkeit** des Rechtsgeschäfts vom Eintritt der Bedingung abhängig gemacht wird. Vorher besteht ein rechtlicher Schwebezustand. Dazu sogleich Rz. 539.

> *Beachte*: Die oftmalige Formulierung, dass bei einem suspensiv bedingten Vertrag dessen *«Verbindlichkeit»* (bis zum Eintritt der Bedingung) «aufgeschoben» sei, darf nicht missverstanden werden: Die **Bindungswirkung** eines (suspensiv) bedingten Vertrags tritt bereits mit Vertragsabschluss ein und äussert sich darin, dass der Vertragsinhalt von einer Partei **einseitig nicht mehr abgeändert** werden kann. «Aufgeschoben», ist hingegen die **Gestaltungswirkung** des Vertrags, da namentlich die vertraglichen Leistungspflichten erst mit dem Eintritt der Bedingung entstehen bzw. wirksam werden.

534 – **Auflösend** (resolutiv) ist nach Art. 154 OR eine Bedingung, wenn mit Bedingungseintritt die **Wirkungen** des Rechtsgeschäfts **entfallen**. Dazu Rz. 540.

535 – Von einer **potestativen** Bedingung (Wollensbedingung) spricht man, wenn der Eintritt oder Nichteintritt der Bedingung vom **Willen** einer Vertragspartei abhängig ist.

> *Beispiele*: Vertrag, der durch Ausübung eines Optionsrechts zustande kommt (siehe BGE 122 III 10 [15]); speziell Kauf auf Probe gemäss Art. 223 Abs. 1 OR.

536 – Von **kasueller** Bedingung (Zufallsbedingung) wird dann gesprochen, wenn der Eintritt der Bedingung von anderen Umständen, nicht vom Willen der Vertragsparteien abhängt.

> *Beispiel*: Kauf eines Finaltickets für die WM unter der Bedingung, dass sich die Schweiz für das Spiel qualifiziert.

536a – Eine **Rechtsbedingung** *(condicio iuris)* ist eine rechtsgeschäftlich vereinbarte Bedingung, die sich auf die objektive Rechtslage bezieht. Wiederholt sie nur das, was ohnehin von Gesetzes wegen gilt – etwa, dass das Geschäft nur gültig ist, sofern eine behördliche Genehmigung erteilt wird (z.B. Baubewilligung) – ist sie nutzlos, aber auch unschädlich.

§ 3 Bedingungsfeindliche Geschäfte; Bedingungsverbote; unmögliche Bedingungen

Grundsätzlich können alle Rechtsgeschäfte unter einer Bedingung abgeschlossen werden. Ausnahmsweise gibt es aber auch **bedingungsfeindliche** Geschäfte, nach h.L. vor allem **Gestaltungserklärungen** (Kündigungen, Rücktritt etc.). Ein Verbot gilt gemäss Art. 157 OR für solche Bedingungen, die in der Absicht beigefügt sind, eine **widerrechtliche** oder **unsittliche** Handlung oder Unterlassung zu befördern.   537

> (Unschönes) *Schulbeispiel*: Schenkungsversprechen für den Fall, dass der Verlobte getötet wird.

Für unmögliche («unsinnige») Bedingungen gilt Art. 482 Abs. 3 ZGB analog.   538

§ 4 Die Behandlung des aufschiebend bedingten Geschäfts

Bis zum Eintritt der Bedingung *(pendente condicione)* herrscht ein **rechtlicher Schwebezustand**, dessen genaue juristische Qualifikation – Anwartschaftsrechte der Vertragspartner? – umstritten ist. Während des Schwebezustands darf der bedingt Verpflichtete nichts tun, «was die gehörige Erfüllung seiner Verbindlichkeit hindern könnte» (Art. 152 Abs. 1 OR): Konkretisierung des Treu- und Glaubengebots (Art. 2 Abs. 1 ZGB)! – Zur Hinfälligkeit von «Verfügungen» während des Schwebezustands, welche die Wirkung des Bedingungseintritts beeinträchtigen, vgl. Art. 152 Abs. 3 OR. – Zum (den Regeln der Art. 62 ff. OR folgenden) Rückabwicklungsanspruch für Leistungen, die zur Erfüllung eines suspensiv bedingten Vertrags erbracht worden sind, falls die Bedingung nicht eintritt, siehe BGE 129 III 264 (268 ff.).   539

§ 5 Die Behandlung des auflösend bedingten Geschäfts

Das **auflösend** bedingte Geschäft ist **sofort voll wirksam, verliert** aber «seine Wirksamkeit mit dem Zeitpunkte, wo die Bedingung in Erfüllung geht» (Art. 154 Abs. 1 OR). Eine *ex-tunc*-Wirkung der Auflösung findet in der Regel nicht statt (Art. 154 Abs. 2 OR). Umgekehrte Regel im französischen Recht (Art. 1304-7 Abs. 1 Code Civil).   540

§ 6 Fiktion der Erfüllung einer Bedingung (Art. 156 OR)

541 Wird der **Eintritt** der Bedingung gegen **Treu und Glauben verhindert**, so **fingiert** das Gesetz die Erfüllung der Bedingung. Im spiegelbildlichen Fall, bei dem der Eintritt der Bedingung **treuwidrig herbeigeführt** wird, gilt analog zu Art. 156 OR, dass der Eintritt der Bedingung nicht erfolgt.

> *Beispiel* (nicht sonderlich lebensnah, aber plastisch): A verspricht dem B seine Hundehütte, falls sein vermisster Jagdhund nicht zurückkehrt. B trifft den Hund im Wald an und erschiesst ihn.

Kapitel 25
Mehrzahl von Gläubigern und Schuldnern

§ 1 Vorbemerkung

Regelmässig steht bei einer Forderung ein **einzelner Gläubiger** einem **einzelnen** 542
Schuldner gegenüber. Doch nicht selten gibt es Fälle, in denen an ein und derselben
Forderung **mehrere Gläubiger** und/oder **Schuldner** beteiligt sind.

§ 2 Mehrzahl von Gläubigern

Mehrere Gläubiger können an ein und **derselben Forderung** in verschiedener Art 543
beteiligt sein. Man unterscheidet zwischen:

– **Teilgläubigerschaft**: Sie stellt bei einer Mehrzahl von Gläubigern die Regel dar
(so auch BGE 140 III 150 [153]), wird aber vom **Gesetz nicht eigens behandelt**.
Jeder der Gläubiger ist berechtigt, **seinen Anteil** an der **(teilbaren) Leistung eigenständig** zu fordern. Jedem der Teilgläubiger steht damit eine von den anderen
grundsätzlich **unabhängige «Teilforderung»** zu und der Schuldner hat entsprechend jedem Gläubiger dessen Teil zu leisten.

> *Beispiel*: Anleihensobligationen nach Art. 1156 ff. OR.

– **Solidargläubigerschaft**: Art. 150 OR regelt den Fall der Solidargläubigerschaft.
Jedem der Gläubiger steht eine «Solidarforderung» zu, welche eine **vertragliche**
oder **gesetzliche** (z.B. Art. 262 Abs. 3 und 399 Abs. 3 OR) Grundlage haben
kann. Jeder der Solidargläubiger kann die **ganze Leistung an sich selbst fordern**. Der Schuldner hat jedoch die Wahl, an welchen Gläubiger er leisten will,
solange er nicht von einem der Gläubiger rechtlich belangt worden ist. Erbringt
der Schuldner die Leistung an einen der Solidargläubiger, wird er gegenüber **allen**
Gläubigern befreit (vgl. Art. 150 Abs. 2 und 3 OR).

> *Beispiel*: Gemeinschaftskonto («compte joint») bei einer Bank. Vgl. BGE 101
> II 117 (120).

– **Gemeinschaftliche Gläubigerschaft (Gläubigerschaft zur gesamten Hand)**:
Die gesamte Forderung steht **mehreren Gläubigern ungeteilt** zu, und zwar so,
dass sie nur **gemeinsam** (in der Praxis oft durch einen gemeinsamen Vertreter)
geltend gemacht werden kann. Der Schuldner kann sich nur durch **Leistung an
alle** (meist an den gemeinsamen Vertreter) befreien.

> *Beispiele*: Erbengemeinschaft (Art. 602 Abs. 2 ZGB); einfache Gesellschaft (Art. 544 Abs. 1 OR).

544   *Beachte* den Sonderfall in Art. 70 Abs. 1 OR (**Gläubigergemeinschaft bei unteilbaren Leistungen**): Wegen ihrer **Unteilbarkeit** hat der Schuldner die Leistung an **alle Gläubiger gemeinsam** zu erbringen und der einzelne Gläubiger kann entsprechend nur Leistung an alle verlangen, bedarf dazu – im Unterschied zur Gesamthandschaft – aber nicht der Mitwirkung der übrigen Gläubiger.

§ 3   Mehrzahl von Schuldnern

A.   Im Allgemeinen

545   Es sind analoge Ausgestaltungen wie bei der Mehrzahl von Gläubigern (Rz. 543) möglich, nämlich die **Teilschuldnerschaft, Solidarschuldnerschaft** und die **gemeinschaftliche Schuldnerschaft**.

– Bei der **Teilschuldnerschaft** hat jeder Schuldner dem Gläubiger nur einen **Teil der Leistung** zu erbringen und zwar zu gleichen Teilen, sofern nicht etwas anderes vereinbart worden ist. Die Teilschulden beruhen auf einem gemeinsamen Entstehungsgrund, der im **Gesetz** (Art. 428 Abs. 2 ZGB) oder in einem **Vertrag** liegen kann.

> *Wichtiges Beispiel*: Der anteilsmässige Regress zwischen Solidarschuldnern (Art. 148 Abs. 2 OR).

– Zur **Solidarschuldnerschaft**: anschliessend Rz. 546.

– Bei der **gemeinschaftlichen Schuldnerschaft** haben mehrere Schuldner eine Schuld als **Ganzes gemeinsam** zu erfüllen. Dementsprechend kann der Gläubiger nur von allen Schuldnern gemeinsam die Leistung verlangen. Diese Konstellation ist in der Praxis relativ selten, da bei (gesetzlichen) Gesamthandschaften (z.B. einfache Gesellschaft, Kollektivgesellschaft) den Gläubigern nur die **Aktiven** zur gesamten Hand zustehen, während bei den **Passiven** jeweils Solidarschuldnerschaft eingreift. Gemeinschaftliche Schuldnerschaft beruht daher in aller Regel auf einer **vertraglichen** Grundlage (v.a. bei kollektiv zu erbringenden Dienstleistungen).

> *Beispiel*: Die Mitglieder eines Streichquartetts übernehmen eine Aufführungsverpflichtung.

Beachte den Sonderfall in Art. 70 Abs. 2, 3 OR **(Solidarschuldnerschaft bei**   545a
unteilbarer Leistung): Bei einer unteilbaren Leistung ist **jeder Schuldner**
auf das **Ganze verpflichtet**. Derjenige, der die (ganze) Leistung erbringt,
kann von den übrigen Schuldnern dann **Ersatz** verlangen. Im Ergebnis liegt
somit eine Solidarschuldnerschaft vor.

B. Solidarschuldnerschaft im Besonderen

Die **Solidarschuldnerschaft** (Art. 143–149 OR) ist der praktisch wichtigste Fall   546
einer Mehrzahl von Schuldnern. Sie entsteht durch **Gesetzesvorschrift** (Art. 143
Abs. 2 OR[522]) oder durch **vertragliche Vereinbarung** zwischen den Schuldnern und
dem Gläubiger (Art. 143 Abs. 1 OR). Bei der Solidarschuldnerschaft muss zwischen
dem **Aussenverhältnis** (= Verhältnis zwischen dem Gläubiger und den Solidarschuldnern) und dem **Innenverhältnis** (= Verhältnis unter den Solidarschuldnern)
unterschieden werden.

Beispiele: (1) Zwei Schwestern kaufen gemeinsam einen PKW und vereinbaren
mit dem Verkäufer, solidarisch für den Kaufpreis einzustehen. (2) Gemeinsamer
Mietvertrag eines Ehepaares mit dem Vermieter. (Für Miete von Familienwohnun-
gen spezielle Kündigungsregel in Art. 266m OR, die auch gilt, wenn nur ein Ehe-
gatte gemietet hat).

Vernünftige Vermutung des Vorliegens einer Solidarschuldnerschaft in
Art. 11.1.2 UPICC (Fassung 2010)[523]: «When several obligors are bound
by the same obligation towards an obligee, they are presumed to be jointly and
severally bound, unless the circumstances indicate otherwise».

Im **Aussenverhältnis** kann der Gläubiger nach eigenem Ermessen von **jedem**   547
Schuldner bloss einen **Teil** oder die **ganze Schuld** einfordern (Art. 144 Abs. 1 OR).
Er entscheidet also frei darüber, **wen** er einklagen will (einen, mehrere oder alle
Schuldner) und für **welchen Betrag** (alles oder Teilbetrag). Soweit nichts anderes
verabredet ist, gelten für jeden Schuldner die **gleichen Modalitäten** betreffend Fäl-
ligkeitstermin, Erfüllungsort, Verzinslichkeit.

---

522 Wichtige Anwendungsfälle: Haftung der Personengesellschafter für Gesellschaftsschulden
(Art. 544 Abs. 3, 568 OR); gemeinsame unerlaubte Handlung mehrerer Haftpflichtiger (Art. 50
OR); Haftung mehrerer Schuldner aus verschiedenen Rechtsgründen (Art. 51 OR); Haftung der
Erben für Erbschaftsschulden (Art. 603 ZGB); Geschäftsübernahme (Art. 181 OR); Art. 60 SVG
(mehrere Schädiger bei Motorfahrzeugunfall), Art. 61 Abs. 3 SVG (Haftung mehrerer Fahrzeug-
halter).
523 Zu deren Bedeutung oben Rz. 53.

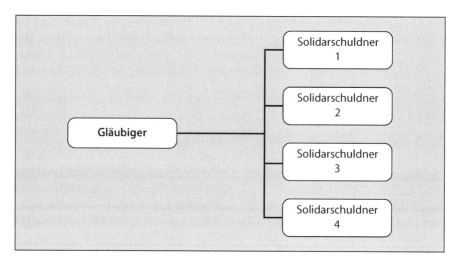

547a Folgende **Einzelfragen** sind von Bedeutung:

– **Einreden/Einwendungen (Art. 145 Abs. 1 OR)**: Gegenüber dem Gläubiger stehen jedem Solidarschuldner **seine persönlichen** Einreden/Einwendungen (z.B. Verrechnung, Irrtum) zu sowie jene aus dem **gemeinsamen Entstehungsgrund** oder **Inhalt** der Solidarschuld (z.B. Formungültigkeit). Persönliche Einreden eines **andern** Schuldners kann der Solidarschuldner dem Gläubiger nicht entgegenhalten. Unterlässt es ein Solidarschuldner, eine gemeinsamen Einrede zu erheben, wird er den **Mitschuldnern** hierfür **verantwortlich** (Art. 145 Abs. 2 OR).

Hinweis: Umstritten ist die Frage, ob der Solidarschuldner im **Aussenverhältnis** eine **Herabsetzung** des Schadenersatzes (Art. 43 OR) wegen **geringen eigenen Verschuldens** geltend machen kann, oder ob dies eine Frage des **Innenverhältnisses** ist. Für Letzteres spricht der Umstand, dass der Gläubiger im Aussenverhältnis durch die Solidarhaftung möglichst geschützt werden soll. Demgegenüber sollte der einzelne Schuldner durch die Solidarität nicht schlechter gestellt werden, als wenn er allein haften würde. Die Einrede des geringen eigenen Verschuldens sollte daher im Aussenverhältnis eher zugelassen werden. Im Aktienrecht hat der Gesetzgeber dies mit dem Prinzip der persönlichen Zurechenbarkeit anerkannt (Art. 759 OR).

– **Tilgung der Solidarschuld**: Die Solidarschuldner sind von ihrer Schuld erst **befreit**, wenn die **ganze Forderung getilgt**, d.h. der Gläubiger **vollständig befriedigt** worden ist (Art. 147 Abs. 1 OR). Wird einem Solidarschuldner vom Gläubiger die Schuld **erlassen**, so wirkt dies grundsätzlich nur für diesen Schuldner. Vgl. Art. 147 Abs. 2 OR.

Beachte: Schliesst der Gläubiger mit einem **einzelnen Solidarschuldner** einen **Vergleich**, so frägt sich, ob dadurch auch die **andern** Solidarschuldner befreit sind. Dies ist nur zu bejahen, falls der Vergleich dies so **anordnet** oder die **Umstände** bzw. die **Natur** der Schuld es rechtfertigen. Befreit der Vergleich die andern Mitschuldner nicht, bleiben diese gegenüber dem Gläubiger weiterhin schuldpflichtig (Aussenverhältnis). Der durch einen Vergleich befreite Schuldner riskiert diesfalls, auf dem **Regressweg** im Innenverhältnis (Rz. 548) im Ergebnis **mehr bezahlen** zu müssen, als er im Vergleich mit dem Gläubiger vereinbart hat, womit der Vergleich für ihn praktisch **nutzlos** wird bzw. ist. Falls der Vergleich einen solchen Rückgriff vermeiden will, muss die **Schuldbefreiung** im Aussenverhältnis auch die **Mitschuldner** erfassen (BGE 133 III 116, 119).

– **Verjährungsverzicht**: Der Verzicht eines Solidarschuldners auf die Geltendmachung der Verjährung kann den **übrigen** Solidarschuldnern **nicht** entgegengehalten werden. Vgl. Art. 141 Abs. 2 OR und allgemein Art. 146 OR.

▶ Dazu **Fall 69**

– **Verjährungsunterbrechung**: Eine Unterbrechung der Verjährung (gemäss Art. 135 Ziff. 2 OR) gegen einen Solidarschuldner wirkt nach **Art. 136 Abs. 1 OR** auch gegen die **übrigen Solidarschuldner** (echte Solidarität). Gemäss dem neuen Art. 136 Abs. 4 OR wirkt die Verjährungsunterbrechung gegen den Schuldner zudem auch gegenüber dem Versicherer, gegen den der Gläubiger ein direktes Forderungsrecht hat, und umgekehrt (vgl. auch Art. 141 Abs. 4 OR).

– **Individuelle Vereinbarungen** zwischen dem Gläubiger und einem der Solidarschuldner, die **schulderschwerend** wirken, wie etwa die Vereinbarung einer Konventionalstrafe haben nach Art. 146 OR grundsätzlich **keine Wirkung** zulasten der **anderen Solidarschuldner**.

Im **Innenverhältnis**, also zwischen den Solidarschuldnern, gilt grundsätzlich die Haftung nach **gleichen Teilen**, also nach Köpfen (Art. 148 Abs. 1 OR; vgl. aber z.B. Art. 50/51 OR). Hat ein Solidarschuldner im Aussenverhältnis **mehr geleistet**, als er im Innenverhältnis zu tragen verpflichtet ist, steht ihm ein **Rückgriffsanspruch (Regressrecht)** gegen seine Mitschuldner zu (Art. 148 Abs. 2 OR). Diese haften ihm jedoch nicht solidarisch, sondern als **Teilschuldner**, weshalb er bei jedem einzelnen Mitschuldner dessen Anteil einfordern muss (Art. 148 Abs. 3 OR). Auf den rückgriffsberechtigten Solidarschuldner gehen in demselben Masse, als er den Gläubiger befriedigt, **dessen Rechte von Gesetzes wegen über** (Art. 149 Abs. 1 OR). Neben das gesetzliche Regressrecht von Art. 148 Abs. 2 OR tritt also zusätzlich die **Subrogation** von Art. 149 Abs. 1 OR.

548

Kapitel 26
Wechsel der am Schuldverhältnis Beteiligten

§ 1   Abtretung von Forderungen: Art. 164 ff. OR

A. Begriff und Funktion der Abtretung

Die Abtretung (Zession) ist ein **unmittelbar verfügender Vertrag** (Verfügungs- 549
geschäft [oben Rz. 113]), welcher eine Forderung (oder mehreren Forderungen) vom
Gläubiger **(Zedenten)** auf einen Dritten **(Zessionar)** überträgt. Die Abtretung bewirkt einen **Gläubigerwechsel**, weshalb der Zessionar **neuer Gläubiger** des Schuldners *(debitor cessus)* wird – ohne dessen Zustimmung! Die rechtliche Möglichkeit
der Abtretung macht die Forderung, wirtschaftlich betrachtet, zu einem umlauffähi-
gen Vermögenswert. Sie erlaubt, Aktiven, die weder eine **Sache** darstellen noch in
einem **Wertpapier verkörpert** sind, zu «mobilisieren», was für das Wirtschaftsleben
von grosser Bedeutung ist (z.B. als Sicherungsmittel für Bankkredite).

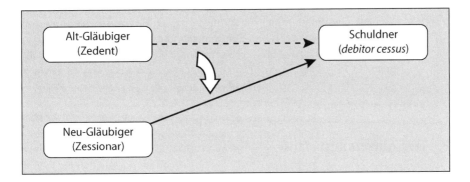

Beachte:

– Von der Forderungsabtretung (= Verfügungsvertrag) ist das ihr zugrunde-   550
  liegende **Verpflichtungsgeschäft** (zwischen Zedent und Zessionar) zu unterscheiden *(«pactum de cedendo»)*. Dieses ist oft ein Kaufvertrag («Forderungskauf»), kann aber auch etwa ein Schenkungsversprechen oder
  eine Sicherungsabrede als fiduziarischen Geschäfts (Sicherungszession)
  sein.

  Beispiel einer «Sicherungsabtretung»: Die Bank gewährt dem Schuldner
  ein Darlehen und lässt sich zur Sicherung ihres Anspruchs auf Rückzahlung des Darlehens eine oder mehrere Forderungen abtreten, die der
  Schuldner gegen einen Dritten hat.

Das Verhältnis zwischen Verpflichtungsgeschäft und Verfügungsgeschäft ist **umstritten**. Das Bundesgericht hat die Frage vor Jahrzehnten offengelassen (BGE 95 II 109 [112]), ohne sich seither dazu zu äussern. Nach bisheriger Auffassung ist vom «**Abstraktionsprinzip**» auszugehen, wonach die Zession (als nicht kausales Geschäft) auch dann **rechtswirksam** wird, wenn das **Verpflichtungsgeschäft ungültig** ist (wobei dem Zedenten ein bereicherungsrechtlicher Anspruch auf Rückzession der Forderung gegen den Zessionar innert der Frist von Art. 67 Abs. 1 OR zusteht). Das Abstraktionsprinzip hat gegenüber dem Kausalitätsprinzip den Vorteil, dass bei der Übertragung von Forderungen (namentlich bei Kettenzessionen) die Verkehrsfähigkeit der Forderung nicht leidet.

– Tritt der Zedent **dieselbe Forderung** nacheinander an **zwei** unterschiedliche Zessionare ab, ist nur die **erste Zession gültig**, weil der Zedent im Moment der zweiten Zession nicht mehr Gläubiger der Forderung ist, also nicht über die Forderung eines andern (Erstzessionar) verfügen kann. *Merke*: Im Unterschied zum «Doppelverkauf» (= zwei Verpflichtungsgeschäfte über denselben Gegenstand) gilt bei der «Doppelabtretung» (zwei Verfügungsgeschäfte über dieselbe Forderung) der Grundsatz der **zeitlichen Priorität** *(prior in tempore, potior in iure).*

– Von der Zession einzelner Forderungen ist die **Vertragsübernahme** (mit allen sich daraus ergebenden Forderungen und Schuldverpflichtungen) zu unterscheiden. Dazu oben Rz. 63 und *Beispiel* Rz 89. – Ausdrückliche allgemeine Regelung in Art. 1406 ff. italienischer Codice Civile sowie in Art. 12:201 PECL[524] *(transfer of contract).*

B. Der Abtretungsvertrag

551   Die **Zession** ist nach **Art. 165 Abs. 1 OR** (wegen der Unkörperlichkeit des Vertragsgegenstands und daher im Dienste der Verkehrssicherheit) **formgebunden** (= einfache Schriftlichkeit), wobei entsprechend Art. 13 Abs. 1 OR nur die Erklärung des **Zedenten** der Schriftform unterliegt. Die der Zession zu Grunde liegende **Verpflichtung** kann dagegen nach Art. 165 Abs. 2 OR **formlos** begründet werden.

552   Gegenstand eines Abtretungsvertrags können grundsätzlich auch **künftige Forderungen** sein. Die abgetretenen Forderungen müssen aber im Hinblick auf die Identifizierung der Gläubiger- und Schuldnerstellung **ausreichend bestimmt** (bestimmbar) sein (BGE 112 II 241 [243]).

---

524 Zu deren Bedeutung oben Rz. 51.

Beachte: Wie steht es bei einer **globalen Abtretung («Globalzession») zu-künftiger Forderungen** des Zedenten? *Beispiel*: Sämtliche Forderungen, die ein Kreditnehmer in seinem Geschäftsbetrieb erwerben wird, tritt er dem Kreditgeber ab. Eine Lehrmeinung geht dahin, dass die Bestimmtheit gegeben ist, weil die Abtretung jede mögliche zukünftige Forderung erfasst; es genüge, dass die Forderung im Augenblick ihrer Entstehung inhaltlich hinreichend bestimmt sei (so auch BGE 113 II 163). In solchen Fällen ist aber jeweils die Grenze des Art. 27 Abs. 2 ZGB (Abtretung aller künftigen Forderungen als «Knebelungsvertrag» [Rz. 213]) zu beachten. Dazu BGE 112 II 433 (436).

C. Zedierbarkeit aller Forderungen?

Grundsätzlich sind **alle Forderungen** abtretbar, «soweit nicht Gesetz, Vereinbarung oder Natur des Rechtsverhältnisses entgegenstehen» (Art. 164 Abs. 1 OR). So sind etwa dingliche Ansprüche oder Gestaltungsrechte nicht zedierbar. Im Einzelnen: 553

– eine **gesetzliche Ausnahme** besteht z.B. für künftige Lohnforderungen (Art. 325 Abs. 2 OR; Gegenausnahme dazu in Art. 325 Abs. 1 OR).

– ein **Verbot der Forderungsabtretung** kann sich aus einer **Vereinbarung** *(pactum de non cedendo)* zwischen dem Zedenten und dem Schuldner ergeben. Wenn der Zedent trotzdem zediert, ist die Zession **ungültig**. Es gilt der Grundsatz, dass der Schuldner *(debitor cessus)* dem Zessionar die **Einwendung** des **Abtretungsverbots** entgegenhalten kann, es sei denn, der Zessionar habe die Forderung im Vertrauen auf ein **schriftliches Schuldbekenntnis** des Schuldners erworben, das **kein Verbot** der Abtretung enthielt (Art. 164 Abs. 2 OR).

Rechtsvergleichender Hinweis: Im deutschen Recht (§ 354a HGB) gilt für das Handelsrecht die Regel, dass die Abtretung einer Geldforderung, die auf einem Rechtsgeschäft beruht, das für beide Teile ein Handelsgeschäft ist, trotz Abtretungsverbot wirksam ist. Dadurch wird die durch Abtretungsverbote gefährdete Umlauffähigkeit von Forderungen (namentlich im Hinblick auf Kreditsicherungen) wesentlich gefördert. Ebenso Art. 9.1.9 Abs. 1 UPICC. Eventuell Schadenersatzanspruch des vertragsbrüchigen Zedenten!

– durch die **Natur des Rechtsverhältnisses** ist die Abtretung ausgeschlossen, «wenn die Leistung an den Zessionar nicht ohne Veränderung ihres Inhalts erfolgen kann oder wenn der Zweck der Forderung durch die Abtretung vereitelt oder gefährdet wäre» (BGE 115 II 264 [266]).

Beispiel: Persönliche Unterhaltsansprüche. Vgl. BGE 107 II 465 (473 ff.) und die dort genannte Ausnahme.

D. Rechtswirkungen der gültigen Abtretung

554 In der Hauptsache bewirkt die gültige Abtretung einen **Gläubigerwechsel**. Nach dem «Identitätsprinzip» gehen mit der Forderung grundsätzlich auch **Nebenrechte** des Zedenten auf den Zessionar über (etwa Bürgschaftsrechte, Pfandrechte, Bauhandwerkerpfandrecht), soweit diese nicht untrennbar mit der **Person** des Zedenten verbunden sind **(Art. 170 Abs. 1 OR)**, wie etwa der Anspruch des Kaufmanns auf kaufmännische Verzugszinsen (Art. 104 Abs. 3 OR).

I. Verhältnis Zessionar – Schuldner

555 Der Schuldner wird **nicht gefragt**, ob er der Zession **zustimmt**. Deshalb müssen ihm – damit nicht ein Vertrag zulasten Dritter vorliegt – gegen den Zessionar als Erwerber der Forderung grundsätzlich **alle Einreden/Einwendungen** erhalten bleiben, die er gegen den Zedenten hat (Art. 169 OR), sofern diese schon zur Zeit vorhanden waren, als er von der **Abtretung Kenntnis** erhielt (Art. 169 Abs. 1 OR).

> *Beispiele*: Einrede der Verjährung; Verrechnungsmöglichkeit (Schuldner kann die Forderung gegen den Zedenten mit der abgetretenen Forderung verrechnen); Einwendung der Nichtigkeit des Vertrags, aufgrund dessen die Forderung besteht. **Ausnahme**: Die Einwendung der Simulation (der simulierten Forderung) ist ausgeschlossen, wenn der Zessionar die Forderung aufgrund eines schriftlichen Schuldbekenntnisses erworben hat (Art. 18 Abs. 2 OR). Zur Einwendung des Abtretungsverbots *(pactum de non cedendo)* vgl. Rz. 553.

556 Was ist, wenn der Schuldner an den **Zedenten leistet**, weil er von der Zession **nichts gewusst** hat? Nach **Art. 167 OR** ist der Schuldner «gültig befreit», wenn er, «bevor ihm der Abtretende oder der Erwerber die Abtretung angezeigt hat, **in gutem Glauben** an den früheren Gläubiger … leistet». Aus Art. 167 OR ergibt sich daher eine Obliegenheit des Zedenten bzw. des Zessionars zur Notifikation («Denunziation») der Abtretung. Sobald die Notifikation erfolgt ist, muss der Schuldner an den Zessionar leisten.

> *Beachte*: Leistet der Schuldner mit befreiender Wirkung an den Zedenten und ist keine Notifikation erfolgt, so hat der Zedent dem Zessionar die ungerechtfertigte Bereicherung herauszugeben.

▶ Zum Ganzen **Fall 70**

II. Verhältnis Zedent – Zessionar

Das Verhältnis zwischen dem **Zedenten** und dem **Zessionar** wird durch das **Grund-** 557
geschäft bestimmt, das Anlass zur Abtretung gab (Kauf, Tausch, Schenkung etc.).
Hier stellt sich das Problem der **Gewährleistungspflicht** des **Zedenten** (Art. 171–
173 OR): Nach Art. 171 Abs. 1 OR haftet der Zedent bei **entgeltlicher** Abtretung für
die «**Verität**» der **Forderung** (Bestehen der Forderung, Klagbarkeit), dagegen grundsätzlich nicht für ihre «**Bonität**», also die Zahlungsfähigkeit des Schuldners (Art. 171
Abs. 2 OR). Bei der **unentgeltlichen** Abtretung haftet der Abtretende **nicht einmal**
für den **Bestand** der Forderung (Art. 171 Abs. 3 OR). Diese Gewährleistungsregeln
haben beim Forderungskauf **exklusiven Vorrang** vor den kaufrechtlichen Gewähr-
leistungsansprüchen. Für die Verjährung gilt Art. 127 OR, nicht Art. 210 OR.

Bei einer **fiduziarischen Zession** (oben Rz. 550) besteht eine Abrede zwischen 557a
Zedent und Zessionar, dass die Forderung nur **vereinbarungsgemäss verwendet**
werden darf, etwa zur Absicherung eines Kredits. Gegenüber Dritten ist der Zessionar
aber voll berechtigter Gläubiger der Forderung.

E. Legalzession («Subrogation»)

Liegt eine **Legalzession** vor, so geht die Forderung **von Gesetzes wegen** auf den 558
Dritten (Zessionar) über. Ein wichtiger Anwendungsfall ist die **Subrogation**, wo der
den Gläubiger befriedigende Dritte in die Rechtsstellung (Forderungsrecht) des Gläubigers eintritt.

> *Beispiele* für Abtretungen *ex lege*: Art. 166 OR (etwa bei Solidarschuld: Subroga-
> tion Art. 149 Abs. 1 OR); Art. 110 Ziff. 2 OR (Zahlung einer fremden Schuld);
> Art. 507 Abs. 1 OR (Bürgschaft); Art. 401 OR (indirekte Stellvertretung).

§ 2 Schuldübernahme

A. Externe (privative) Schuldübernahme

Bei der in Art. 176 ff. OR geregelten **externen (privativen) Schuldübernahme**, die 559
zwischen dem **Gläubiger** und dem **Schuldübernehmer formlos** vereinbart werden
kann, geht die Schuld aufgrund des Schuldübernahmevertrags auf den Übernehmer
als **neuen Schuldner** über, d.h. es kommt zu einem **Schuldnerwechsel**. Die übernommene Schuld bleibt grundsätzlich dieselbe (Prinzip der «Identität der Schuld»,
also keine Novation!), weshalb **Nebenrechte** des Gläubigers (etwa Zinsansprüche,
Konventionalstrafen etc.) auch gegenüber dem Schuldübernehmer gelten, sofern sie
nicht untrennbar an die Person des bisherigen Schuldners gebunden sind (Art. 178
Abs. 1 OR).

559a   Der Vertrag über die externe Schuldübernahme weist insofern einen **Doppelcha-rakter** auf, als der **Schuldübernehmer** gegenüber dem Gläubiger eine **Schuldver-pflichtung** eingeht (= Verpflichtungsgeschäft), während der **Gläubiger** den bisheri-gen Schuldner aus seiner **Schuld entlässt** (= Schulderlass als Verfügungsgeschäft). Letzteres setzt voraus, dass der Gläubiger Verfügungsmacht über die Forderung hat (was z.B. nach einer Abtretung nicht mehr der Fall ist).

559b   Der Abschluss des Schuldübernahmevertrags erfolgt – wie üblich – durch Aus-tausch von Antrag und Annahme. Das Gesetz geht dabei vom Regelfall aus, dass der **Schuldübernehmer** das **Angebot** macht, was indes nicht unbedingt der Fall sein muss. Ein Angebot erkennt das Gesetz ausdrücklich darin, dass der Übernehmer dem Gläubiger die **interne Schuldübernahme mitteilt** (Art. 176 Abs. 2 OR), was bereits aus dem Vertrauensprinzip folgt. Im Weiteren enthält das Gesetz **Sonder-regeln** zum Abschluss des Schuldübernahmevertrags, über deren Opportunität man sich streiten kann.

Beispiele: Art. 177 Abs. 1 OR: («jederzeitige» Annahme eines unbefristeten An-gebots auf Abschluss eines Schuldübernahmevertrags möglich, wobei die Frist erst nachträglich (nach Zustellung des Angebots) durch den Schuldner oder Übernehmer angesetzt werden kann). – Art. 176 Abs. 3 OR (Annahme des Gläubigers wird vermu-tet, falls er vorbehaltlos vom Übernehmer eine Zahlung entgegennimmt oder anderen Schuldnerhandlungen zustimmt). – Art. 177 Abs. 2 OR (Falls vor Annahme der Of-ferte des Schuldübernehmers 1 durch den Gläubiger, eine neue interne Schuldüber-nahme verabredet wird, und der Schuldübernehmer 2 dem Gläubiger ein Angebot auf externe Schuldübernahme macht, wird der Schuldübernehmer 1 befreit, wogegen nach den allgemeinen Regeln der Gläubiger zwischen beiden Offerten auswählen könnte).

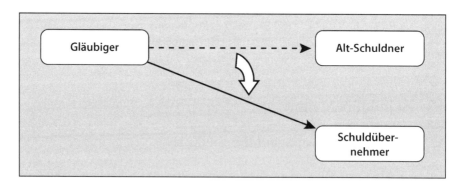

B. Interne Schuldübernahme

560   Bei der sog. **internen Schuldübernahme** (Art. 175 OR) liegt ein Versprechen eines **Dritten** gegenüber dem **Schuldner** vor, er werde ihn von seiner Schuld befreien (= **Befreiungsversprechen**). Der Dritte tritt aufgrund seines Befreiungsversprechens nicht bereits an die Stelle des Schuldners, weshalb der Gläubiger von ihm nicht die

Erfüllung der Schuld verlangen kann. Die Befreiung des Schuldners geschieht (Art. 175 Abs. 1 OR) erst später aufgrund der Befriedigung des Gläubigers durch den Dritten oder durch den **Abschluss** eines **Übernahmevertrages** des Dritten mit dem Gläubiger. Mit andern Worten: Der **Schuldnerwechsel** bedarf der **Zustimmung des Gläubigers**, da für ihn die Zahlungsfähigkeit des (neuen) Schuldners von Bedeutung ist.

C. Schuldbeitritt (kumulative Schuldübernahme)

Der im Gesetz **nicht geregelte Schuldbeitritt** beruht auf einem Vertrag zwischen dem Gläubiger und einem Dritten, worin dieser die von einem anderen eingegangene **Schuld mitübernimmt**. Man spricht daher – im Unterschied zur privativen Schuldübernahme – auch von **kumulativer Schuldübernahme**. Aufgrund der Schuldübernahme haften der ursprüngliche und der beitretende Schuldner dem Gläubiger **solidarisch** (Art. 143 ff. OR). Ein Schuldbeitritt kann auch als Vertrag mit dem Schuldner zugunsten eines Dritten (nämlich des Gläubigers) im Sinne von Art. 112 Abs. 2 OR geschlossen werden.

561

Beispiel eines gesetzlichen Schuldbeitritts: Art. 569 OR (Beitritt zur Kollektivgesellschaft).

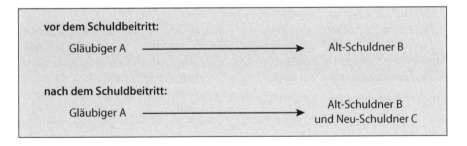

Beachte: Im Unterschied zur Bürgschaft (Art. 492 Abs. 2 OR) ist der **Schuldbeitritt** insofern nicht «akzessorisch», als z.B. der Erlass der bisherigen Schuld (Erstschuld) die Schuld des Beitretenden (grundsätzlich) unberührt lässt[525]. Der Beitretende haftet zudem **primär** und nicht wie der Bürge bloss subsidiär (Art. 495 OR). Oft ist unklar, ob die Parteien Bürgschaft oder Schuldbeitritt gemeint haben. Zur Abgrenzung BGE 129 III 708.

---

525 Eine gewisse «Akzessorietät» besteht aber insofern, als nur eine *bestehende* Schuld Gegenstand einer (kumulativen) Schuldübernahme sein kann; eine *Nichtschuld* kann also nicht mitübernommen werden.

D. Art. 181 OR als Fall einer gesetzlichen Schuldübernahme

562   Will ein Geschäftsinhaber sein **Geschäft** (oder ein Vermögensinhaber sein Vermögen) **veräussern**, kann er einen **Übernahmevertrag** abschliessen, worin er sich verpflichtet, seine Aktiven und Passiven auf den Übernehmer zu übertragen. Für die Übertragung der **Aktiven** gilt die **Singularsukzession**, d.h. jedes Aktivum muss einzeln nach den ihm eigenen Regeln (Besitzerübertragung, Zession, Grundbuchanmeldung bzw. –eintrag) übertragen werden. Bei den **Passiven** bedarf es einer **Schuldübernahme**. Nach den allgemeinen Regeln (Art. 176 OR) müsste der Veräusserer bewirken, dass jeder Gläubiger mit dem Übernehmer eine externe Schuldübernahme vereinbart, was kaum praktikabel wäre. Aus diesem Grund sieht Art. 181 OR eine **Universalsukzession** vor, wonach mit der öffentlichen Auskündigung oder Mitteilung an die Gläubiger **von Gesetzes wegen alle Schulden** auf den **Erwerber** übergehen (Art. 181 Abs. 1 OR). Die Wirkung dieser gesetzlichen Schuldübernahme entspricht jener der Übernahme einer **einzelnen** Schuld (Art. 181 Abs. 3 OR).

Das Absehen von der Zustimmung der Gläubiger ist vertretbar, weil die Schuldübernahme für **drei Jahre** eine **kumulative** ist, d.h. während dieser Zeit der **Erwerber** und der **Veräusserer solidarisch** für die (übernommenen) Schulden haften. Erst nach drei Jahren (Verwirkungsfrist) wird die Schuldübernahme zu einer **privativen**, was dem Gläubiger genug Zeit lässt, um seine Forderung rechtzeitig durchzusetzen (Art. 181 Abs. 2 OR).

Merke: Vermögensabtretung nach Fusionsgesetz (Art. 69 ff. FusG):

Seit dem Inkrafttreten des Fusionsgesetzes besteht für im Handelsregister eingetragene Gesellschaften die Möglichkeit, eine **Vermögensübertragung mit allen Aktiven und Passiven** gemäss Inventar als **Universalsukzession** vorzunehmen. Diese Übertragung wird mit dem Eintrag ins Handelsregister rechtswirksam (vgl. 181 Abs. 4 OR).

Fallsammlung

(mit Hinweisen auf den zugehörigen Text des Lehrbuchs sowie Angaben zur Lösung)

Fall 1   Die Verweisung des Art. 7 ZGB auf das OR
(vgl. BGer SemJud 1979, S. 660)

Rz. 5; 177

Am 2. Oktober 1951 schliesst Emilien Piller mit Josette Perret, seiner Tochter aus erster Ehe, einen Erbvertrag ab, wonach Josette ohne Gegenleistung auf alle Erbansprüche verzichtet. Mit handschriftlichem Testament vom 3. Oktober 1951 setzt Piller seine zweite Frau Marguerite als Universalerbin ein. Piller stirbt am 5. Mai 1973, worauf Josette beim Gericht das folgende maschinengeschriebene und von Piller allein unterzeichnete Dokument hinterlegt:

«Der Unterzeichnete anerkennt seine Tochter Josette Perret als gesetzliche Erbin. Jedes früher unterzeichnete Papier ist nichtig».

Ist die von Art. 513 Abs. 1 ZGB vorgeschriebene Form («schriftliche Übereinkunft») für den Widerruf eines Erbvertrages eingehalten worden?

Hinweise zur Lösung: Beachte, dass der kraft Art. 7 ZGB hier entsprechend anwendbare Art. 13 OR bei einem gesetzlichen Schriftformerfordernis (hier: Art. 513 Abs. 1 ZGB für die Aufhebung eines Erbvertrages) nur die Unterschriften der Personen verlangt, die durch den Vertrag *verpflichtet* werden. Die entscheidende (nicht schwer zu beantwortende) Frage lautet also: Wird Josette durch die Aufhebung des Erbvertrages, in dem sie auf ihre Erbansprüche verzichtet hatte, verpflichtet?

Fall 2   Handelsbräuche als Rechtsquellen? Stillschweigende
Einbeziehung von Handelsbräuchen in Verträge
(vgl. BGE 37 II 409)

Rz. 17 ff.; vor allem 20

Der Weinhändler A kaufte bei B, der mit gebrauchten Fässern handelt, eine Lieferung von 50 Fässern zu Fr. 1000.–. Nach deren Lieferung erhob die Käuferin Mängelrüge (Art. 201 OR), weil die Fässer nicht verwendet werden konnten. A machte Wandelung geltend (Art. 205 OR), B berief sich darauf (und konnte beweisen), dass ein (*in casu* bei Vertragsabschluss nicht erwähnter) Handelsbrauch bestehe, wonach bei Kauf gebrauchter Fässer keine Gewährleistungsansprüche zustehen.

Wer hat Recht?

Hinweise zur Lösung: Art. 197 ff. OR über die Gewährleistungsansprüche des Käufers sind grundsätzlich (Grenze: Arglist des Verkäufers gemäss Art. 199 OR) dispositives Recht. Sind diese Regeln *in casu* abbedungen worden? Beachte Rz. 20 zur stillschweigenden Einbeziehung von Handelsbräuchen!

319

Fall 3   AGB als Rechtsquellen? Einbeziehung von AGB in Verträge

Rz. 24 sowie 234 ff.

Gebrauchtwagenhändler H hatte K einen VW-Golf zum Preis von Fr. 6000.– verkauft. Dabei wurde ihm zugesichert, der PKW sei unfallfrei. In den Allgemeinen Verkaufs- und Lieferbedingungen des H, auf die im von H und K unterzeichneten Vertragsformular unmittelbar über der Unterschriftenrubrik, drucktechnisch hervorgehoben, verwiesen wurde und die auf der Rückseite des Vertragsformulars abgedruckt sind, findet sich eine Gewährleistungsausschlussklausel: «Das Fahrzeug ist verkauft unter Ausschluss jeder Haftung. Ansprüche auf Wandelung, Minderung oder Schadenersatz sind ausgeschlossen». K hatte unterschrieben, ohne sich um den Inhalt der AGB zu kümmern, deren juristischer Formulierung er ohnehin nicht gewachsen war. K war seines Erwerbs nicht lange froh; bereits nach wenigen Tagen musste er erfahren, dass der PKW sehr wohl einen Unfall gehabt hatte, von dem eine starke Verkrümmung der Hinterachse zurückgeblieben war. K verlangt Rückzahlung des Kaufpreises und bietet gleichzeitig Rückgabe des PKW an.

Mit Erfolg?

Variante

Die AGB waren zwar auf der Rückseite abgedruckt; es fehlte aber ein Hinweis auf diesen Abdruck auf der Vorderseite des Vertragsformulars.

Hinweise zur Lösung des Hauptfalls: Zur Dispositivität der Art. 197 ff. OR siehe den Hinweis zu Fall 2; zum Abdruck der AGB auf der Rückseite (Variante!) siehe Rz. 235. Beachte, dass *in casu* ein innerer Widerspruch zwischen der dem Käufer individuell gegebenen Zusicherung und der formularmässigen Freizeichnung der Haftung aus Gewährleistung vorliegt. In solchen Fällen gilt die Regel vom Vorrang der Individualabrede vor der entsprechenden AGB-Klausel. Dazu Rz. 241.

Zur *Variante* siehe Rz. 235!

Fall 4   Schutz des Verbrauchers durch zwingendes Recht

Rz. 43; 247 ff.

A wird vom Vertreter B einer Herstellerin von Edelstahlkochtöpfen anlässlich einer in der Wohnung der A veranstalteten «Verkaufsparty» überredet, einen Kaufvertrag über eine komplette Ausstattung mit Kochtöpfen auf 7 Raten à Fr. 80.– zu kaufen. Auf dem Vertragsformular findet sich die Klausel, wonach der Vertrag mit Unterschrift verbindlich sei und dem Käufer kein Rücktrittsrecht zustehe. Am Abend berichtet A ihrem Mann vom Kauf. Dieser veranlasst A nach langer Auseinandersetzung, vom Vertrag Abstand zu nehmen.

Ist der Vertrag für A verbindlich?

Hinweise zur Lösung: Beachte und interpretiere die Widerrufsrechte (Rücktrittsrechte) nach Art. 40a ff. OR sowie nach KKG (Art. 16). In Bezug auf den Kaufpreis beachte Art. 7 Abs. 1 lit. e KKG.

Fall 5   Arbeitnehmerschutz durch zwingendes Recht

Rz. 43

Im Architekturbüro des A entsteht Streit: Der dort angestellte junge Architekt B beruft sich auf seinen gesetzlichen Ferienanspruch, A auf eine anlässlich der Einstellung des B getroffene Abrede, wonach diesem nur drei Wochen Urlaub zustünden. B hatte damals ausdrücklich zugestimmt, weil er gefürchtet hat, die angebotene Stelle sonst nicht zu erhalten.

Wie ist die Rechtslage?

Hinweis zur Lösung: Beachte Art. 329a i.V.m. Art. 362 OR.

Fall 6   Das Prinzip der scharfen Kausalhaftung

Rz. 48; 410 ff., 415

E leiht seinem Freund F für eine Fahrt in die 10 km entfernte Stadt seinen PKW. F beschädigt dort auf einem Parkplatz durch unachtsames Rückwärtsfahren den PKW des A. Dieser verlangt Schadenersatz von E und F. E beruft sich darauf, dass er den Schaden nicht verursacht habe und dass ihn kein Verschulden treffe; F darauf, dass er keinen Vorwurf verdiene, weil er kurz nach der Fahrprüfung noch nicht genügend geübt sein konnte, ihm also *in concreto* kein Verschulden vorzuwerfen sei.

Haften E und F?

Hinweise zur Lösung: Beachte zur Argumentation des E die Art. 58 ff. SVG (und dazu Rz. 415); zur Argumentation des F siehe Rz. 373.

Fall 7   Das Problem der Produktehaftung

Rz. 47 f.; 416 ff.

Eine Hinterradachse wird trotz eines Materialfehlers in ein Kraftfahrzeug eingebaut, weil die automatische Kontrolle dieses Werkstücks versagt. Käufer K erleidet bald nach Übergabe des PKW einen schweren Unfall. Er macht den Automobilhersteller haftbar, wobei es ihm aber nicht gelingt, den Verschuldensnachweis zu führen.

Haftet der Produzent ohne die Voraussetzung des Verschuldens? Haftet der Automobilhändler, bei dem K das Auto gekauft hat?

Hinweise zur Lösung: Beachte Art. 1 ff. PrHG; zur Haftung des Händlers siehe Art. 208 Abs. 2 OR (Kausalhaftung des Verkäufers für Mangelfolgeschäden).

Fall 8   Faktisches Dauerschuldverhältnis

Rz. 67

Der Arbeiter B wird von der Uhrenfabrik A angestellt, um in Nachtarbeit Uhren zusammenzusetzen. Da A keine Ausnahmebewilligung zur Beschäftigung von Arbeitnehmern in Nachtarbeit besitzt, verstösst der Arbeitsvertrag gegen Art. 16 ArG und ist daher gemäss Art. 19 Abs. 2, 20 Abs. 1 OR nichtig. Nach einiger Zeit möchte A infolge wirtschaftlicher Schwierigkeiten Arbeitnehmer abbauen und entlässt B fristlos, ohne ihm den noch offenen Urlaubsanspruch zu vergüten und andere versprochene Gratifikationen zu bezahlen.

Hat B einen Anspruch darauf?

Hinweis zur Lösung: Die noch offenen Ansprüche wurden vor Geltendmachung der Vertrags-nichtigkeit versprochen. Beachte dazu die ausdrückliche Regelung des Art. 320 Abs. 3 OR!

Fall 9   Das Vertragsverhältnis als «relatives» Rechtsverhältnis

Rz. 79

Tochter K kauft im eigenen Namen bei V eine Waschmaschine für ihre Mutter M mit Angabe von deren Adresse und der Abrede, dass diese selbst (auf Abruf) von V Übereignung und In-stallation der Maschine verlangen kann. Infolge unsachgemässer Montage entsteht in der Woh-nung der M ein Wasserschaden.

Steht M (obwohl sie nicht Vertragspartnerin war) aus eigenem Recht ein vertraglicher Schaden-ersatzanspruch (Art. 97 ff. OR) zu?

Hinweis zur Lösung: Beachte Art. 112 Abs. 2 OR.

Fall 10   Das Vertragsverhältnis als «relatives» Rechtsverhältnis

Rz. 77, 78

A will mit B und C einen Gesellschaftsvertrag abschliessen und eine Unternehmensberatung aufbauen. B ist mit C gut befreundet und hat mit ihm über das Projekt auch schon gesprochen. Da C sich gerade auf einer Auslandreise befindet und A auf Abschluss drängt, formulieren sie einen Gesellschaftsvertrag: «Art. 1: A, B und C sind Gesellschafter und verpflichten sich zur Einzahlung von Fr. 10 000.–». B «verbürgt» sich mündlich gegenüber A, dass C sicher mit-machen werde.

Besteht ein Anspruch gegen C auf Einzahlung von Fr. 10 000.–? Hat A Schadenersatzansprü-che gegen B, wenn C nicht mitmacht?

Hinweis zur Lösung: Beachte zur zweiten Teilfrage Art. 111 OR.

Fall 11   Doppelverkauf beweglicher Sachen

Rz. 74, 75

K1 entdeckt auf dem Flohmarkt am Stand von V eine seltene Pressung einer Beatles-Platte. Hocherfreut über seinen Fund kauft er diese für Fr. 200.– von V. Da er noch weitere Besorgun-gen vorhat, vereinbart er mit V, die Platte später abzuholen und erst dann den Kaufpreis zu be-zahlen. Kurze Zeit später verkauft V die Platte für Fr. 250.– an K2, der diese sogleich mit-nimmt. Zwei Stunden später kommt K1 vorbei und möchte «seine» Platte abholen.

Gegen wen kann K1 vorgehen?

Hinweis zur Lösung: Beachte die Lösungshinweise in Rz. 74 f.

Fall 12   Kausalität der Tradition

Rz. 88, 191 f.

Ein französischer Antiquitätenhändler A verkaufte (noch vor der Einführung des Euro!) in seiner Niederlassung in Genf einem (ihm persönlich bekannten) französischen Käufer eine goti-
sche Skulptur für «1000.– Francs», wobei er (der Verkäufer) Schweizerfranken meint, der
französische Käufer dagegen französische Francs. Als der Verkäufer nach Übergabe des Kaufgegenstands Zahlung verlangt, stellt sich das Missverständnis der Parteien heraus. Der französische Käufer stellt sich auf den Standpunkt, er sei im Recht und daher auch Eigentümer der
gotischen Skulptur geworden.

Stimmt dies?

Hinweise zur Lösung: Beachte zur Vertragsnichtigkeit wegen verstecktem Dissens Rz. 191 f.
und den «Euro-Fall» in Rz. 194. Beachte zusätzlich, dass Art. 84 OR keine Vermutung auf-
stellt, dass in der Landeswährung des Abschlussortes zu zahlen ist.

Fall 13   Verdinglichung obligatorischer Rechte

Rz. 89

V hat M fix auf 5 Jahre befristet Räume für den Betrieb einer Drogerie vermietet und überlassen, mit der Abrede, er würde im Haus keinen Konkurrenzbetrieb eröffnen. Das Mietrecht des
M wurde im Grundbuch vorgemerkt (Art. 261b OR). Später verkauft V sein Haus an E, der sich
an die Konkurrenzschutzabrede zwischen V und M nicht gebunden fühlt und in dem Haus eine
Drogerie eröffnet.

M verlangt von E (unter Berufung auf Art. 256 Abs. 1 und Art. 259e OR) Schliessung der Drogerie und Ersatz des Schadens, den er durch die Konkurrenztätigkeit des E erlitten hat. E dagegen möchte M auf den nächsten Termin kündigen.

Wie ist die Rechtslage?

Hinweise zur Lösung: Beachte zum Begehren des M Art. 261b Abs. 2 OR und das Argument,
dass nach Art. 256 Abs. 1 OR der Mieter davon ausgehen kann, dass der vertraglich zugesicherte bzw. vorausgesetzte Gebrauch des Mietobjekts möglich (und nicht gestört) ist. Zur Verletzung einer Konkurrenzschutzabrede durch den Vermieter als Begründung eines Mietman-
gels (nach deutschem Recht) BGH NJW 2013, S. 44 ff. Der Fall wäre nach schweizerischem
Recht entsprechend zu beurteilen.

Fall 14   Verjährte Forderungen als unvollkommene Verbindlichkeiten

Rz. 96, 431; 516

Spengler A klagt von B nach Ablauf von 5 Jahren (beachte Art. 128 Ziff. 3 OR) das Honorar
einer Hausreparatur ein. B macht (erfolglos) die Herabsetzung des Honorars geltend, weil die
Reparatur schlecht ausgeführt wurde. Das Gericht verurteilt B zur Zahlung.

Zu Recht?

Variante

B zahlt freiwillig. Danach macht ihn Student X auf die Verjährungsfrist des Art. 128 OR aufmerksam und rät ihm, die geleistete Zahlung aus ungerechtfertigter Bereicherung zurückzufordern.

Wird diese Vorgehensweise Erfolg haben?

Hinweise zur Lösung: Beachte Art. 142 OR. Zur Variante beachte Art. 63 Abs. 2 OR und dazu Rz. 432.

Fall 15   Auslobung

Rz. 106

In der Tageszeitung steht folgende Notiz: «Schwarze Siamkatze ‹Sirikit› entlaufen. Der Bringer erhält 100 Franken Belohnung». B, dem die Katze zugelaufen ist, erfährt zufällig vom Nachbarn, dass er die Belohnung beanspruchen kann.

Hinweis zur Lösung: Beachte, dass Art. 8 Abs. 1 OR nicht verlangt, dass die Leistung im Hinblick auf die (also in Kenntnis der) Auslobung erbracht worden ist.

Fall 16   Blosse Gefälligkeit oder verbindlicher unentgeltlicher Auftrag? (vgl. BGE 61 II 95; siehe auch BGE 129 III 181)

Rz. 103

Der alte Bauer S ersucht seinen jungen Nachbarn M, für ihn auf den Kirschbaum zu steigen und die Kirschen zu pflücken. M klettert hinauf, stürzt dabei aber ab, weil ein morscher Ast bricht.

Haftet der Bauer S? Wenn ja, nach welchen Bestimmungen?

Hinweise zur Lösung: Beachte, dass das Bundesgericht in BGE 61 II 95 (was *in casu* wenig begründet erscheint) von einer vertraglichen (auftragsrechtlichen) Haftung ausgegangen ist. Plausibler ist die Annahme ausservertraglicher Haftung nach Art. 41 ff. OR. Überlege, unter welchen faktischen Voraussetzungen man ein Verschulden des S. annehmen müsste.

Fall 17   Ungerechtfertigte Bereicherung

Rz. 100; 436 ff.

Lohnverrechner A stuft den Arbeitnehmer B aufgrund einer Verwechslung zu hoch ein, so dass B ohne ersichtlichen Anlass plötzlich ganz erheblich mehr Lohn erhält als im Vormonat. Nach einigen Monaten wird der Irrtum entdeckt und die Mehrzahlung zurückgefordert. B will dies nicht gegen sich gelten lassen.

Wer hat Recht?

Hinweis zur Lösung: Beachte Art. 64 OR.

Fall 18   Andere gesetzliche Schuldverhältnisse (vgl. Gerichtspräsident Biel, SJZ 1950, 208)

Rz. 100

Alpinist A macht von einer SAC-Hütte aus eine schwierige Bergtour. Als er am Abend nicht – wie dem Hüttenwirt zuvor angekündigt – zur Hütte zurückkehrt, wird die Rettungsmannschaft verständigt, die A vergeblich sucht. A musste biwakieren und ist danach eine andere Flanke des Berges abgestiegen.

Bestehen Ansprüche der Rettungsmannschaft auf Aufwandersatz gegen A?

Hinweise zur Lösung: Lesen Sie Art. 422 Abs. 1 OR! Prüfe, ob allenfalls vertragliche Ansprüche der Rettungsmannschaft bestehen. Welche zusätzlichen faktischen Annahmen müsste man treffen, um solche zu bejahen?

Fall 19   Vertrauenshaftung («Ringerentscheid» [BGE 121 III 350][526])

Rz. 118 ff.

Der Schweizerische Amateurringerverband ist ein Verein, dessen Aufgabe u.a. darin besteht, die Ausbildung der Ringer zu gewährleisten sowie die Vorbereitung der Athleten und die Vertretung der Schweiz an internationalen Wettkämpfen zu organisieren. Die Ringerweltmeisterschaften sollten in diesem Jahr in der Schweiz stattfinden. Jedes Land durfte einen Ringer pro Gewichtsklasse stellen. Das Zentralkomitee des Verbandes setzte die Selektionskriterien fest. Um die Schweiz vertreten zu dürfen, musste der Ringer gewisse Turniere im In- und Ausland gewinnen und zusätzlich an einem Trainingslager teilnehmen (wofür er unbezahlten Urlaub nahm). Der Ringer X erfüllte nach und nach alle Selektionskriterien. Zudem figurierte er auf der offiziellen Teilnehmerliste der Weltmeisterschaft.

Y, ein zweiter Ringer dieser Gewichtsklasse, war während der entscheidenden Selektionsphase verletzt und konnte weder an den betreffenden Turnieren noch am Vorbereitungslager teilnehmen. Y (der bekannteste damalige Ringer der Schweiz) wurde in der Folge mangels Erfüllung der Selektionskriterien nicht für eine Teilnahme berücksichtigt, was in den Medien enormen Protest auslöste. Das Zentralkomitee des Schweizerischen Amateurringerverbands sah sich aufgrund dieser heftigen Reaktionen dazu gezwungen, einen Kampf zwischen X und Y anzusetzen, der über die Teilnahme an der WM entscheiden sollte. Die Ansetzung des Entscheidungskampfes wurde von X erfolglos vor Gericht angefochten. Beim Qualifikationskampf selbst, der vier Tage vor Beginn der WM stattfand, unterlag X dem Y und durfte – obwohl er zuvor alle Selektionskriterien erfüllt hatte – nicht an der Weltmeisterschaft teilnehmen.

X klagte gegen den Schweizerischen Amateurringerverband auf Bezahlung eines Schadenersatzes (unbezahlter Urlaub) und einer Genugtuung.

Wird diese Klage Erfolg haben? Wenn ja, auf welcher Rechtsgrundlage?

Kontrollfragen im Hinblick auf das Verständnis des Bundesgerichtsentscheids: Wie nimmt das Bundesgericht zu den Argumenten Stellung, dass X auch dann unbezahlten Urlaub für ein Trainingslager genommen hätte, wenn er gewusst hätte, dass Y sich eventuell doch um die Selek-

---

526   Abdruck unten S. 378 ff.

tion würde bewerben können, und dass X durch Teilnahme am Qualifikationskampf sich mit der Vorgangsweise des Ringerverbands einverstanden erklärt hat?

Fall 20 Culpa in contrahendo

Rz. 124 ff.

Eine schweizerische Maschinenfabrik verhandelt mit der Zürcher Niederlassung einer amerikanischen Firma über den Kauf einer Giesserei in Detroit, wo sie modernste Präzisionsgussteile für neue amerikanische Kleinautos produzieren will. Bei einer Betriebsbesichtigung in Detroit stellt der technische Direktor der Maschinenfabrik fest, dass auf den Fabrikationsanlagen entgegen den ausführlichen, ihm in Zürich übergebenen Offertunterlagen keine Gussteile der geforderten Qualität hergestellt werden können. Seine Geschäftsreise nach Detroit war völlig umsonst.

Hat die schweizerische Maschinenfabrik (eine AG) irgendwelche Ansprüche?

Fall 21 Culpa in contrahendo?

Rz. 329, 2. Abs.

A hatte kaum das Elektrogeschäft des B, in dem er sich nach einem geeigneten Geburtstagsgeschenk für seinen Sohn umschauen wollte, betreten, als er von dem hastig vorbeieilenden Verkäufer V gestossen wurde. Er verlor das Gleichgewicht, stürzte unglücklicherweise an die Kante eines Glastisches und verletzte sich schwer.

Haftet B für das Versehen des V?

Hinweis zur Lösung: Beachte, dass bei Verletzung allgemeiner Schutzpflichten nach h.M. in der Schweiz die Grundsätze der Haftung nach *cic*-Grundsätzen nicht zum Zug kommen. Also Haftung des Geschäftsherrn B gemäss Art. 55 OR. Dazu Rz. 405 ff.

Fall 22 Culpa in contrahendo?

Rz. 329, 2. Abs.

Auf der Basler Herbstmesse explodiert ein Raclette-Ofen, weil die Gasflasche unsachgemäss angeschlossen worden ist. Dabei werden drei Personen erheblich verletzt: Herr A, ein Passant, Frau X, die eine Portion Raclette erstehen wollte und sich in der Warteschlange vor dem Stand befand, und Frau Z, die gerade daran war, an einem der kleinen Tischchen für Gäste des Raclettestandes ihre frisch erstandene Racletteportion zu verspeisen.

Wie ist die Rechtslage?

Hinweise zur Lösung: Beachte, dass der Sachverhalt offen lässt, wer die Gasflaschen montiert hat (der Verkäufer der Gasflasche, ein beauftragter Monteur, der Raclettestand-Betreiber oder sein Gehilfe). Je nachdem unterschiedliche Falllösung! Zur Haftung gegenüber Frau X aus *cic* siehe Erläuterungen zu Fall 21! Prüfe bei Z, ob ein Vertragsverhältnis vorlag, im Zuge dessen Z zu Schaden kam. Vgl. dazu Rz. 63 («vertragliche Schutzpflichten»).

Fall 23 Abbruch von Vertragsverhandlungen (vgl. OGer Zürich, ZR 1983 Nr. 103)

Rz. 124 ff.

Student S stellte sich nach Abschluss seines Studiums aufgrund eines Inserates in einem Zürcher Unternehmen vor. Über die wesentlichen Vertragsbedingungen wurde verhandelt und Einigung erzielt. Nach Abschluss des Gesprächs sagte der Arbeitgeber in spe: «Ich lasse das Besprochene jetzt unterschriftsreif ins Reine schreiben. Kommen Sie bitte am nächsten Montag noch einmal vorbei; dann können Sie die Vertragsurkunde in Ruhe durchlesen und unterschreiben». Am Montag eröffnete ihm der Arbeitgeber, dass leider doch nichts aus seiner Anstellung werde, da ein anderer Bewerber noch besser qualifiziert gewesen sei und man nun diesen bevorzugt habe.

Hat S irgendwelche Ansprüche?

Hinweise zur Lösung: Beachte zur richtigen Einspurung: Ist bereits ein Vertrag geschlossen worden? Dazu prüfen, ob Arbeitsverträge einer gesetzlichen Formvorschrift unterliegen. Darüber hinaus Art. 2 OR und Art. 16 OR prüfen! Wenn noch kein gültiger Vertrag: Ist aus *cic* eine Kontrahierungspflicht abzuleiten? Ist das Vertrauen des S auf das Zustandekommen des Vertrags anderweitig geschützt?

Fall 24 Kontrahierungszwang

Rz. 139

Ein Luzerner Wirt (Gasthaus Pfistern) hatte sich im Frühling 1978 geweigert, einen lang-haarigen Gymnasiasten in Jeans und einen ihn begleitenden, kahlköpfigen, ihm politisch missliebigen Gewerkschaftssekretär zu bedienen. Solche Gäste, argumentierte er, vertrieben die von ihm gewünschte Kundschaft. Ungebührliches Benehmen oder schmutzige Kleidung konnte den unerwünschten Gästen nicht nachgesagt werden.

War der Wirt im Recht?

Hinweise zur Lösung: Beantworte die Frage, als ob der Fall in Genf gespielt hätte und nicht, wie dem Zeitungsbericht, dem der Fall entnommen worden ist, zu entnehmen war, tatsächlich in Luzern. Wenden Sie den in Rz. 139 zitierten Art. 28 des Genfer Gesetzes auf den konkreten Fall an.

Fall 25 Schweigen als Willlenserklärung

Rz. 151, 163

Der praktizierende Arzt A hatte mit einer Fachbuchhandlung vereinbart, dass ihm einschlägige Fachbücher jeweils zur Ansicht zugestellt werden. Sende er das Buch nicht innerhalb von 3 Tagen zurück (Poststempel entscheidet), gelte das Buch als gekauft. Nach ein paar Wochen erhält A eine solche Sendung. Wegen seiner Ferienabwesenheit wird die 3-Tagesfrist versäumt.

Muss A zahlen, auch wenn er das Buch gar nicht brauchen kann?

Varianten:

a) A hatte mit der Fachbuchhandlung keine Abrede über Bücherzusendungen getroffen;

b) A hatte die Zusendung zur Ansicht zwar vereinbart, von einer 3-Tagesfrist war aber nicht die Rede. Diese Frist ergibt sich aus den AGB der Buchhandlung, die dem A zusammen mit dem Buch erstmals zugeschickt worden sind.

Hinweise zur Lösung Hauptfall: Prüfe, ob ein Fall von Art. 6a OR vorliegt: War das Buch «unbestellt»? Wenn dies nicht der Fall ist, wie ist die Zusendung juristisch zu werten? Wie ist die nicht rechtzeitige Reaktion zu werten? Dazu Rz. 163.

Zu den *Varianten*: a) Selbe Fragen wie zum Hauptfall! Zu b) ebenfalls Fragen wie zum Hauptfall und zusätzlich: Sind die AGB vereinbart worden? Dazu Rz. 235. Wenn nein, welche Frist gilt? Beachte das Schema in Rz. 159!

Fall 26   Zustandekommen des Vertrags

Rz. 164 ff.

Die Firma TRIACCA AG, Poschiavo, bietet der Weinhandlung Schuler AG (Schwyz) aus ihrem grossen Vorrat 1000 Liter Veltliner zum Preise von Fr. 4.80 pro Liter an. In der Offerte verlangt die Firma TRIACCA AG ausdrücklich einen schriftlichen Bescheid bis spätestens 15. Mai, 17.00 Uhr. An diesem Tag (vor 17.00 Uhr) bietet eine Zürcher Weinhandlung der Firma TRIACCA AG für die gleiche Menge Wein Fr. 4.90 pro Liter.

1. Kann die TRIACCA AG ihre Offerte an die Firma Schuler noch widerrufen?

2. Um 16.55 Uhr trifft ein Fax der Firma Schuler ein, in dem sie mitteilt, dass sie das Angebot der TRIACCA AG annehme. Die Firma TRIACCA AG schliesst in der Folge trotzdem mit der Zürcher Weinhandlung den Kaufvertrag ab. Was sind die Folgen?

3. Wie wäre die Rechtslage zu beurteilen, wenn das Fax der Firma Schuler folgenden Wortlaut hätte: «Nehme Ihr Angebot an, zahle aber nur Fr. 4.70» und TRIACCA AG darauf nicht reagiert?

4. Am Nachmittag des 15. Mai telefoniert der Geschäftsleiter der Firma Schuler mit dem Verkaufsleiter der Firma TRIACCA AG und teilt ihm mit, dass er sein Angebot annehme. Der Verkaufsleiter sagt daraufhin, dass er es sich noch überlegen müsse. Muss nun die Firma TRIACCA AG an die Firma Schuler AG liefern?

Hinweise zur Lösung: Beachte zu Frage 2, dass es hier (im Unterschied zu Fall 11) um einen Gattungskauf geht. Zu Frage 3 siehe Rz. 166 f.; zu Frage 4 ist zu beachten, dass in der Offerte eine schriftliche Zustimmung der Firma Schuler verlangt worden ist. Zur Bedeutung eines solchen Vorbehalts siehe Rz. 181. Hier stellt sich allerdings die Zweifelsfrage: Ist die Berufung auf die mangelnde Schriftlichkeit der Annahmeerklärung im konkreten Fall (wo die Akzeptierung direkt dem Verkaufsleiter zugeht) nicht vielleicht rechtsmissbräuchlich? Dazu Rz. 180.

Fall 27 Zustandekommen des Vertrags

Rz. 165

Das rechtzeitig abgesandte briefliche Akzept des B

a) bleibt wegen der Schlamperei der Sekretärin des Offerenten A zehn Tage auf deren Schreibtisch liegen. Als sie es A aushändigt, ist die Bindungsfrist schon abgelaufen.

b) geht verloren, weil der Postbus in einen Verkehrsunfall verwickelt war.

c) wird wegen der Unzuverlässigkeit des Briefträgers erst nach Ablauf der Bindungsfrist ausgehändigt.

Wie ist die Rechtslage?

Hinweis zur Lösung: Beachte zur Variante b) Rz. 156!

Fall 28 Vertragsperfektion

Rz. 164

Der Snowboardproduzent A präsentiert auf seiner Homepage seine diesjährigen Snowboardmodelle mit Angabe der Preise. Am 4. Februar meldet sich C, Inhaber eines Sportgeschäfts, und bietet ihm per E-Mail an, 20 Stück des auf der Homepage vorgestellten Modells «Lord of the Board» zu kaufen.

A, der erst noch seine Lieferfähigkeit überprüfen muss, antwortet dem C postwendend: «Ich bin einverstanden. Wenn Sie bis morgen Mittag nichts von mir gehört haben, ist das in Ordnung». Nach Überprüfung seines Snowboardbestandes faxt A am Morgen des 5. Februars folgenden Bescheid an C: «Leider bin ich nicht im Stande, Ihnen die gewünschte Menge innert nützlicher Frist zu liefern». Durch einen Windstoss wird das Fax auf den Boden geweht. Die Putzfrau von C hebt das Blatt auf und legt es auf den Altpapierstoss. Als der Lehrling L zur Arbeit kommt, bündelt er das Altpapier und stellt es auf die Strasse, wo es wenig später von der städtischen Abfuhr eingesammelt wird.

Kann C von A die Lieferung der 20 Snowboards verlangen?

Hinweise zur Lösung: Beachte, dass das Akzept des A auflösend bedingt erklärt worden ist. Da dem C während der von A selbst gesetzten Frist ein Widerruf zugegangen ist (der Nachweis der Absendung des Fax müsste von A erbracht werden!), ist die auflösende Bedingung wirksam geworden. Der Verlust des Faxes liegt in der Risikosphäre des C! Kein Erfüllungsanspruch!

Fall 29 Rückweisung einer Offerte durch Gegenofferte (vgl. *Hyde* v. *Wrench* [1840] 3 Beav 334, 49 ER 132, Rolls Court)

Rz. 160; 166

«The defendant [A] offered to sell a farm to the plaintiff [B] for £ 1,000, to which the plaintiff responded by offering (through his agent) £ 950 for it. The defendant rejected this offer, and the plaintiff then purported to accept the defendant's original offer of £ 1,000».

Hat der Kläger (B) Anspruch auf Erfüllung des Vertrags zu £ 1,000?

Hinweise zur Lösung: Beachte, dass durch die Ablehnung der Offerte des A (Beklagter) diese erloschen ist. Sie kann daher nachträglich nicht doch noch akzeptiert werden. Das «Akzept» des B (Kläger) ist in Wahrheit eine neue Offerte, die A erst noch annehmen müsste!

Fall 30   Zweifel zu Art. 10 OR: Beginn der Vertragswirkungen (vgl. Cour de Justice Genève SemJud 1926, S. 433 ff.)

Rz. 164

Der Genfer Kunsthändler A bestellt bei einem japanischen Sammler B schriftlich zehn von B offerierte wertvolle japanische Stiche. A sendet sein Akzept am 28.6. ab; es trifft am 2.7. in Yokohama ein. Am 1.7. ereignet sich in Yokohama ein schweres Erdbeben, durch das auch die Stiche völlig zerstört werden.

Muss A die Stiche bezahlen?

Hinweise zur Lösung: Gehen Sie davon aus, dass aufgrund einer «Rechtswahl» der Kontrahenten (Art. 116 Abs. 1 IPRG) entgegen der objektiv zuständigen Rechtsordnung (siehe Art. 117 IPRG) schweizerisches Recht (OR) anwendbar ist. Zum materiellrechtlichen Problem (Anwendbarkeit des Art. 10 OR) lesenswert THEVENOZ, SemJud 1983, S. 481 ff. Die Frage lautet: Ist im konkreten Fall ein wirksamer Vertrag zustande gekommen? Da dies wegen anfänglicher Unmöglichkeit der Leistung (Art. 20 OR und dazu Rz. 218) nicht der Fall ist, ist Art. 10 OR, der das wirksame Zustandekommen des Vertrags voraussetzt, gar nicht anwendbar! Der Übergang der Preisgefahr auf den Käufer (Art. 185 Abs. 1 OR) ist daher in unserem Fall nicht im Sinne von Art. 10 OR eine Vertragswirkung, die schon mit Absendung des Akzepts auf den Verkäufer übergeht. Der Käufer (A) trägt daher nicht die Gefahr und muss nicht zahlen.

Fall 31   Falsa demonstratio non nocet (vgl. deutscher BGH NJW 2008, S. 1658)

Rz. 184; 254

A und B bezeichnen in der Vertragsurkunde irrtümlich das verkaufte Grundstück mit einer falschen Grundparzellennummer. Diese bezieht sich auf ein viel grösseres Grundstück des Verkäufers A.

Kann B von A die Übereignung des in der Urkunde bezeichneten Grundstücks fordern? Kann B von A die Übereignung des wirklich gewollten Grundstückes fordern?

Hinweise zur Lösung: Der Umstand, dass die von beiden Parteien vereinbarte Grundparzelle irrtümlich nicht in der Vertragsurkunde aufscheint, führt (entgegen der Fallgruppe der Schwarzpreisvereinbarung bei Grundstückskäufen [Rz. 253]) nicht zur Formnichtigkeit!

Fall 32   Simulation

Rz. 253

V und K schliessen einen öffentlich beurkundeten Kaufvertrag über ein Grundstück zum Preis von 1 Mio. Franken ab. Um Kosten und Steuern zu sparen, lassen sie lediglich einen Kaufpreis von Fr. 750 000.– beurkunden und vereinbaren mündlich eine Schwarzzahlung in der Höhe von Fr. 250 000.–. Nach Eintragung der Handänderung in das Grundbuch bezahlt K den beurkundeten Kaufpreis, weigert sich jedoch unter Berufung auf die Formnichtigkeit, die mündlich vereinbarte Zahlung zu leisten. V verlangt daraufhin die Rückübertragung des Grundstückes, weil der Kaufvertrag infolge des Formmangels nichtig sei.

Wie ist die Rechtslage?

Hinweise zur Lösung: Der Fall entspricht in seiner Struktur dem in Rz. 253 kritisierten Entscheid BGE 104 II 99. Richtigerweise müsste V mit seinem Begehren geschützt werden.

Fall 33 Normativer Konsens und Erklärungsirrtum (vgl. BGE 105 II 23)[527]

Rz. 267 f.; 276

Juwelier A in Baden stellte in der Auslage seines Juweliergeschäftes eine wertvolle Perlenkette aus. Seine Angestellte, die für die Ausstattung der Schaufenster zuständig war, brachte eine Preisetikette an, wobei sie sich in der Dezimalstelle irrte: Statt «13 800.–» schrieb sie «1380.–». Käufer C sah dieses günstige Angebot, ohne an einen Irrtum des A zu denken, und kaufte es vom Angestellten D, dem die irrtümliche Preisbestimmung auch nicht auffiel.

Wie ist die Rechtslage?

Kontrollfragen zum Bundesgerichtsentscheid: Wie wird die irrige Preisanschrift durch die Angestellte dem A zugerechnet? Kann auch angefochten werden, wenn der Irrtum für den Käufer nicht erkennbar war?

Fall 34 Auslegung des Vertrags (vgl. BGE 120 II 237)

Rz. 196

Verleger M., der über Weihnachten/Neujahr 2003/04 eine Suite des Erstklasshotels X AG im Engadin bewohnt hatte, bestellte im September 2004 für den Jahreswechsel 2004/05 wiederum eine Suite im gleichen Hotel. Mit der Reservationsbestätigung für die Zeit vom 27. Dez. 2004 bis zum 10. Jan. 2005 wurde der Preis der Suite mit Fr. 3000.– pro Tag angegeben und eine Anzahlung von Fr. 9000.– verlangt, welche M. leistete. Bei seiner Ankunft wurde ihm anstatt der von ihm erwarteten Suite im Hauptgebäude eine Apartwohnung im Nebentrakt des Hotels zugewiesen. Diese lehnte M. wegen des Standortes und der Art und Beschaffenheit der Einrichtung ab und reiste noch gleichentags wieder ab.

War der Rücktritt des M. vom Vertrag berechtigt?

Hinweise zur Lösung: Bedenke, dass die Beantwortung der Frage nach der Berechtigung des Vertragsrücktritts auf der Beantwortung der Vorfrage beruht, ob die vom Hotel angebotene Apartwohnung der vertraglichen Abmachung entspricht. Dies muss – mangels natürlichem Konsens – durch normative Vertragsinterpretation nach dem Vertrauensprinzip geklärt werden. Welche Unterbringung durfte M. nach den Umständen als vereinbart annehmen? Zum Rücktritt vom Vertrag vgl. Art. 107–109 OR und dazu Rz. 444 ff.

---

[527] Abdruck unten S. 361 ff.

Fall 34a   Auslegung des Vertrags (nach Rudolf von Jhering[528])

Rz. 196

Mehrere Gäste wollen in einer Freundesrunde eine Flasche feinen Weins trinken. Einer von ihnen ruft dem Kellner zu: «Bringen Sie mir eine Flasche ‹Sassicaia› und vier Gläser!» Hat der Besteller (dem Wirt gegenüber) den Wein allein zu bezahlen oder sind alle Gäste verpflichtet?

Hinweise zur Lösung: Der Besteller muss den Wein (gegenüber dem Wirt) allein zahlen, wenn nach Treu und Glauben, beurteilt aus dem «Empfängerhorizont» des Wirts, davon auszugehen ist, dass er, worauf das Wörtchen «mir» hindeutet, in eigenem Namen bestellt hat (und nicht in Vertretung der anderen Gäste). Im Innenverhältnis zwischen den Gästen kommt es darauf an, was die Freunde intern besprochen hatten. War nach den Umständen davon auszugehen, dass der bestellende Gast den Wein spendieren wollte, so gibt es für den Besteller auch keinen internen Rückgriff auf die anderen.

Fall 35   Der «Speisekartenfall» (nach Rudolf von Jhering[529])

Rz. 191 ff.

Ein Jusstudent hat in einem traditionsreichen Studentenlokal eine reich verzierte und die ehrwürdige Geschichte des Lokals ausführlich dokumentierende, broschürenartige Speisekarte mitgehen lassen. Zehn Jahre später – aus dem Studenten war inzwischen ein skrupulöser Staatsanwalt geworden – plagt ihn sein Gewissen, und er legt die Speisekarte unbemerkt wieder auf einen Tisch zurück. Ein Gast hält diese Karte für die geltende und bestellt sich, erfreut über die niedrigen Preise, ein reichhaltiges Menu. Erst mit der Rechnung stellt sich heraus, dass die bestellten und mit Genuss verzehrten Speisen inzwischen mehr als das Doppelte der auf der alten Karte angegeben Preise kosten sollen.

Welchen Anspruch hat der Restaurantinhaber? Anspruch auf Bezahlung des aktuellen Preises? Versteckter Dissens? Besteht, wenn versteckter Dissens vorliegt, gar kein Anspruch gegen den Gast?

Hinweise zur Lösung: Entscheidend ist, ob der Gast auf seine Interpretation der Bestellung vertrauen durfte und ob gleichzeitig (was besonders naheliegend sein dürfte) der Gastwirt nach den Umständen darauf vertrauen durfte, dass die Bestellung der aktuellen Preisliste entspreche. Sind beide Deutungen nach den Umständen objektiv plausibel, so liegt eine praktisch seltene Sonderkonstellation des versteckten Dissenses vor: Die Interpretation beider Kontrahenten erscheint schützenswert, doch decken sie sich leider nicht! In einem solchen Fall ist der Vertrag wie in den Normalfällen des versteckten Dissenses gescheitert. Der Wirt geht aber deswegen nicht leer aus. Welchen Anspruch hat er?

Beachte bei einer genauen Falllösung, dass die Auslage der alten Speisekarte dem Gastwirt nicht als seine (konkludente) Erklärung zugerechnet werden kann, ganz abgesehen davon, dass die Auslage von Speisekarten ganz generell im Zweifel lediglich als Aufforderung zur Offertstellung (Art. 7 Abs. 2 OR) zu interpretieren ist. Die Bestellung des Gastes ist somit erst die Offerte, die der Kellner als Stellvertreter des Gastwirts akzeptiert.

---

528   Die Jurisprudenz des täglichen Lebens (15. Aufl. 1927, bearbeitet von Oertmann) Nr. 54.
529   Aus seiner Sammlung «Civilrechtsfälle ohne Entscheidungen» (1. Aufl. 1847).

Fall 36   Sittenwidrigkeit des Vertrags (AG Emden NJW 1975, S. 1363)

Rz. 210 f.

Das AG Emden (Niedersachsen) hatte sich mit folgendem Fall zu beschäftigen: Ein Student und seine (volljährige) Freundin mieteten telefonisch für ein verlängertes Wochenende ein Zweibettzimmer in einer Pension auf der Insel Borkum. Als sie das Zimmer beziehen wollten, verweigerte die Pensionsinhaberin die Vertragserfüllung, da sie davon ausgegangen war, es handle sich um ein verheiratetes Paar. Eine Zimmervermietung an Unverheiratete sei jedenfalls sittenwidrig!

Beurteilen Sie diesen Fall nach schweizerischem Recht!

Hinweise zur Lösung: Von Sittenwidrigkeit kann natürlich nach heutigen Moralvorstellungen (1975 konnte dies vielleicht noch anders beurteilt werden) keine Rede mehr sein. Kann die Pensionsinhaberin den Vertrag vielleicht wegen Grundlagenirrtums anfechten oder ist von einem unwesentlichen Motivirrtum auszugehen?

Fall 37   Knebelungsvertrag (vgl. OGer Basel-Land BJM 1973, S. 95)

Rz. 213

In einem «Tankstellenvertrag» zwischen einer Ölgesellschaft und einem Tankstellenhalter ging es um folgende Beschränkungen der wirtschaftlichen Freiheit des Tankstelleninhabers:

1. Einseitig für den Tankstelleninhaber festgelegte, relativ lange (zehnjährige), unkündbare Vertragsdauer;

2. Konkurrenzverbot (Unzulässigkeit des Verkaufs von Produkten, die mit denjenigen der Ölgesellschaft konkurrieren);

3. Bindung in der Preisgestaltung;

4. Exklusivrecht der Ölgesellschaft in Bezug auf Reklame- und Schaufenstergestaltung;

5. Mindestbezugsverpflichtung von Schmiermitteln der Ölgesellschaft;

6. Verpflichtung zu festen Öffnungszeiten von 17 Stunden im Sommer und 15 Stunden im Winter;

7. Genehmigungspflicht hinsichtlich der Personaleinstellung;

8. Verbot der Ausführung von Reparaturarbeiten;

9. Strenge Vorschriften in Bezug auf die vom Tankstelleninhaber auf seine eigene Rechnung abzuschliessende Betriebs- und Haftpflicht-Versicherung.

Ist dieser Vertrag gültig?

Hinweise zur Lösung: Erforderlich ist eine Gesamtbetrachtung des Vertragsinhalts (lange Laufdauer und weitere, die Dispositionsfreiheit des Tankstellenhalters sehr einschränkende Bedingungen).

Fall 38 «Ewige Vertragsbindung» (BGE 107 II 216)

Rz. 213; 222

In einem Generalvertretungsvertrag zwischen der Firma Sicar (Italien) und der (beauftragten) Firma Locher (schweizerischer Alleinvertreter) befand sich folgende Klausel:

> «Il diritto di vendita esclusivo non potrà essere tolto alla ditta Locher, se questa potrà provare che sta lavorando intensamente per la clientela nei paesi già menzionati. (...)».[530]

Ist die Klausel (nach schweizerischem Recht) gültig?

Hinweis zur Lösung: Die zit. Vertragsklausel läuft auf eine «ewige», nach Art. 27 Abs. 2 ZGB persönlichkeitsrechtswidrige Vertragsbindung der Sicar hinaus, die nicht gültig vereinbart werden kann. Das Bundesgericht hat stattdessen eine Ersatzlösung für die Beendigung kreiert («modifizierte Teilnichtigkeit») und begründete diese (auf S. 219 f.) eingehend aus der «Ökonomie» des konkreten Vertragsverhältnisses.

Fall 39 Übervorteilung (BGE 61 II 31)

Rz. 216

Ein 65jähriger Witwer reagierte auf eine Heiratsannonce einer 43-jährigen Frau, die ebenfalls Witwe war. Er fand grossen Gefallen an ihr: «In blinder Leidenschaft» setzte er sich in den Kopf, sie zu heiraten, koste es, was es wolle, wobei die Witwe es «nicht unterlassen hat, diese Leidenschaft nach allen Regeln weiblicher Bestrickungskunst bis zur Tollheit zu schüren» (BGE 61 II 36). Die Witwe verlangte, dass der Mann ihr vor der Heirat ihre Wirtschaft Alpenrose in Niederurnen zu einem exorbitanten Preis abkaufe, was dann auch geschah. Die Ehe wurde nach wenigen Monaten geschieden. Der Mann wollte den Vertrag rückgängig machen.

Mit Aussicht auf Erfolg?

Hinweis zur Lösung: Der Fall bedarf wohl keines Kommentars. Es geht um die Ausnützung einer psychologischen «Notlage» nach Art. 21 OR. Von «Unerfahrenheit» kann wohl nicht gesprochen werden.

Fall 40 Übervorteilung (BGE 123 III 292)

Rz. 216, 228 f.

Der Fussballclub A benutzte seit 1974 eine rund 12 000 m² grosse Wiese als Fussballplatz und bezahlte dafür ursprünglich eine jährliche Miete von Fr. 300.–. Per Ende 1992 kündigte der Eigentümer B den Vertrag und schloss mit dem Verein eine neue Vereinbarung, wonach die Miete ab 1. Januar 1993 Fr. 3000.– betragen sollte. Der Fussballclub A, der – um am Meisterschaftsbetrieb teilnehmen zu können – auf ein eigenes Spielfeld angewiesen war, versuchte nachträglich, diese seiner Ansicht nach wucherische Abrede durch Reduktion auf 800 Franken Mietzins zu modifizieren.

---

530 Übersetzung: Das Exklusivvertriebsrecht kann der Firma Locher nicht entzogen werden, sofern diese beweisen kann, dass sie sich intensiv um die potentiellen Abnehmer in den Vertragsländern bemüht hat.

Mit Recht?

Hinweise zur Lösung: Die Bedeutung des *FC Lohn*-Entscheids liegt in der erstmaligen bundesgerichtlichen Befürwortung einer modifizierten Teilunverbindlichkeit bei Übervorteilung, die an sich in Art. 21 OR nicht vorgesehen ist. Es sei integral auf den Besprechungsaufsatz von GAUCH verwiesen (S. 392 ff.). Kontrollfrage: Worin lag die «Notlage» des Fussballclubs? Warum ging es nicht um Schutz vor missbräuchlichen Mietzinsen (Art. 269 ff. OR)?

Fall 41 «Ungewöhnlichkeitsregel» zur Konsenskontrolle von AGB (BGE 109 II 452)

Rz. 237

Die Forster AG (Bauherr) schloss im März 1980 mit Krattiger (Unternehmer) zwei Werkverträge betreffend den Bau und die Einrichtung eines Hühnerstalles für 20 000 Hennen. Beide Verträge verweisen auf die Allgemeinen Bedingungen für Bauarbeiten des SIA, Norm 118, die in allen Teilen als bekannt vorausgesetzt werden. Die nach Fertigstellung der Arbeiten vom Unternehmer dem bauleitenden Architekten zugestellte (und dessen am Rechnungsentwurf vorgenommenen Korrekturen berücksichtigende) Schlussrechnung überstieg, auch unter Berücksichtigung zusätzlicher Arbeiten, wesentlich die vertraglich vereinbarten Beträge. Der Unternehmer berief sich auf die Genehmigung der Rechnung durch den Architekten; die Forster AG machte geltend, dessen Vertretungsbefugnis umfasse nicht auch diesen Punkt. Streitig blieb ein Betrag von rund Fr. 44 000.–.

Die SIA-Norm 118, ein 190 Artikel umfassendes Schriftstück von 51 Druckseiten, bestimmt in Art. 154 und 155, die vom Unternehmer der Bauleitung eingereichte Schlussabrechnung sei innerhalb Monatsfrist zu prüfen; ergäben sich keine Differenzen, so gelte die Rechnung als beidseitig anerkannt und die ausgewiesene Forderung werde innert 30 Tagen zahlfällig. Mit der Vertretungsbefugnis des Architekten befassen sich aber auch die Art. 33 Abs. 2 und 34 Abs. 1 der Norm. Danach vertritt die Bauleitung den Bauherrn gegenüber dem Unternehmer, soweit im Werkvertrag nicht etwas anderes bestimmt ist. Alle das Werk betreffenden Willensäusserungen der Bauleitung sind für den Bauherrn verbindlich, insbesondere Bestellungen, Weisungen, Bestätigungen und Planlieferungen; zudem nimmt die Bauleitung Mitteilungen und Willensäusserungen für den Bauherrn rechtsverbindlich entgegen. Endlich obliegt der Bauleitung die Prüfung der Rechnungen und des Werkes.

Sind diese graphisch nicht besonders hervorgehobenen AGB-Klauseln gültig vereinbart worden und die Genehmigung der Rechnung durch den bauleitenden Architekten für die Forster AG daher verbindlich?

Hinweise zur Lösung: Der Bauherr konnte in Bezug auf Bauverträge als nicht geschäftlich versiert angesehen werden. Die objektive Ungewöhnlichkeit der SIA-Norm 118-Regelung bezieht sich auf die ausserordentlich weit gefasste Vertretungsbefugnis der Bauleitung (auch im Hinblick auf Rechnungsanerkennung).

Fall 42   Motivirrtümer (2 Beispiele)

Rz. 270 f.

1. Ein Vater kauft in einer Möbelhandlung Teile der Aussteuer für seine Tochter, deren Heirat, wie er meint, unmittelbar bevorsteht. Zuhause lacht ihn die Tochter aus und klärt ihn darüber auf, dass die Sache mit XY längst passé sei.

    a) Der Vater erzählt dem Verkäufer nichts über sein Kaufmotiv.

    b) Der Vater erzählt dem Verkäufer redselig und freudestrahlend den Beweggrund des Kaufs.

    c) Der Vater ist sich der Sache nicht so sicher und erhebt sein Motiv zur Vertragsbedingung.

2. A kauft ein Ferienhaus im Engadin in der Meinung, das Höhenklima sei seiner angeschlagenen Gesundheit besonders zuträglich. In Wirklichkeit ist das Gegenteil der Fall; sein Herzleiden macht Aufenthalte im Engadin unmöglich.

Kann er anfechten?

Hinweise zur Lösung: Zum *Teilfall 1 Variante b)* treffend SCHMIDLIN (Berner Kommentar zu Art. 23/24 OR, 1. Aufl., Rz. 74): «Irrige Motive gehören nicht schon deshalb zur Geschäftsgrundlage, weil sie dem Partner mitgeteilt werden». Treffend (zu Variante b) und c)) auch § 901 österreichisches ABGB: «Haben die Parteien den Bewegungsgrund … ihrer Einwilligung ausdrücklich zur Bedingung gemacht; so wird der Bewegungsgrund … wie eine andere Bedingung angesehen. Außerdem haben dergleichen Äußerungen auf die Gültigkeit entgeltlicher Verträge keinen Einfluss».

Zum *Teilfall 2*: Wie wäre zu entscheiden, wenn der Verkäufer den Käufer mit dem Argument überredet hätte, das Höhenklima im Engadin sei für dessen Herzleiden besonders zuträglich?

Fall 43   Grundlagenirrtum («Picasso-Fall» [BGE 114 II 131])[531]

Rz. 272 f., 277, 288 f.

A kauft zu einem stolzen Preis bei einem Kunsthändler B angeblich originale Picasso-Federzeichnungen. Die Echtheit war durch Expertisen bestätigt. 12 Jahre nach dem Kauf stellt sich endgültig heraus, dass die Zeichnungen Fälschungen sind.

Kann A anfechten?

Hinweise zur Lösung: Wichtig ist – abgesehen von der Bestätigung der Bundesgerichtspraxis zur Alternativität zwischen Grundlagenirrtum und Gewährleistung –, dass das Bundesgericht keine (in Art. 31 OR tatsächlich auch nicht vorgesehene) absolute Frist für die Geltendmachung des Irrtums annimmt. Der Käufer musste aber neben der Anfechtungsfrist noch eine zweite Fristhürde nehmen, nämlich die des Art. 67 OR. Ab wann läuft diese nach der vom Bundesgericht befürworteten «Ungültigkeitstheorie» zur Wirkung der einseitigen Unverbindlichkeit des Vertrags, ab wann nach der «Anfechtungstheorie»?

---

531   Abdruck unten S. 370 ff.

Fall 44   Täuschung durch Verschweigen

Rz. 260 f.

A kauft von B ein Baugrundstück im Engadin, um dort ein Ferienhaus zu bauen. Das Grundstück befindet sich in einer schon vor Jahren erschlossenen Bauzone. Was A nicht weiss und B ihm verschweigt, ist der Umstand, dass die Engadiner Gemeinde schon seit Jahren aus umweltpolitischen Gründen keine Baugenehmigung mehr erteilt hat. Das Bauprojekt von A scheitert dann in der Folge.

Kann A anfechten?

Hinweise zur Lösung: Angenommen, es könne keine Täuschungsabsicht des A nachgewiesen werden: Liegt dann Grundlagenirrtum vor? Beachte, dass die Nichterteilung der Genehmigung ein zukünftiger Umstand ist. Zu diesem Problem Rz. 296!

Fall 45   Clausula rebus sic stantibus (vgl. *Krell* v. *Henry* [1903] 2 K.B. 740 [C.A.])

Rz. 296

The owner of a house en route of the coronation procession had let it to the defendant [Beklagter] for the day of the coronation. Because of King Edwards VII's indisposition on the day of his projected coronation the procession was cancelled.

Is the defendant entitled to refuse to pay the rent under these circumstances?

Hinweise zur Lösung: Hier geht es nicht um Irrtumsanfechtung, sondern um Auflösung des Vertrags nach *clausula*-Grundsätzen (im englischen Recht wird hier von *frustration of the contract* gesprochen). Allenfalls konkurrierend Lösung über nachträgliche Unmöglichkeit der Leistung (Art. 119 OR) oder speziell über Mietvertragsrecht (siehe Art. 256 Abs. 1 OR [«vorausgesetzter Gebrauch»]).

Fall 46   Clausula rebus sic stantibus (vgl. BGH NJW 1984, S. 1746)

Rz. 296

V (Bierbrauerei in Deutschland) und K (iranische Hotelkette) schliessen ein halbes Jahr vor der islamischen Revolution einen langfristigen Vertrag über Bierlieferungen in den Iran. Im Januar 1979 übernimmt Ayatollah Khomeini – was sich 1978 noch in keiner Weise abzeichnete – nach der Flucht des Schahs die Macht im Iran. Es wird ein uneingeschränktes, unter der Androhung schwerster Strafen stehendes Verbot erlassen, in Restaurants alkoholische Erzeugnisse anzubieten.

Konnte K unter diesen Umständen Erfüllung des Vertrags verweigern?

Hinweis zur Lösung: Klassischer *clausula*-Fall, kein Fall der Irrtumsanfechtung!

Fall 47 Irrtum des Stellvertreters

Rz. 303 mit Fn. 342

H, der von B bevollmächtigt ist, für ihn ein Gemälde zu kaufen, erklärt dem Kunsthändler D, er kaufe das Bild für Fr. 9800.–. Zu diesem Angebot kommt es infolge eines Verschreibens des H, der nur Fr. 8900.– bieten wollte.

Kann B anfechten?

Hinweis zur Lösung: Die irrige Erklärung des H wird dem B zugerechnet. Daher liegt es an ihm, anzufechten (Art. 24 Abs. 1 Ziff. 3 OR).

Fall 48 Die Grenzen der Prokura

Rz. 310 f.

Prokurist P der Firma XY vereinbart zur Absicherung eines Darlehensvertrages eine Hypothekenbestellung. Als der Inhaber der Firma davon hört, beruft er sich auf die Nichtigkeit der Hypothekenbestellung, weil P keine entsprechende Vertretungsmacht habe (Art. 459 Abs. 2 OR), behauptet aber gleichzeitig, dass der Darlehensvertrag gültig sei.

Wie ist die Rechtslage?

Hinweise zur Lösung: Zur Belastung von Grundstücken bedarf der Prokurist gemäss Art. 459 Abs. 2 OR einer separaten Vollmacht. Wenn wir annehmen, dass diese nicht vorlag, ist XY nicht gültig vertreten worden. Der Darlehensvertrag ist unmittelbar mit der Hypothekenbestellung verbunden («verbundener Vertrag») und teilt daher dessen rechtliches Schicksal, auch wenn der Prokurist an sich ohne spezielle Vollmacht (kraft seiner gesetzlichen Formalvollmacht) zum Abschluss von Darlehensgeschäften berechtigt ist (siehe Art. 459 Abs. 1 OR).

Fall 49 Duldungsvollmacht/Anscheinsvollmacht

Rz. 317, 318

Der Student V hatte die Tochter des Sportgeschäftsinhabers G (Einzelunternehmer) geheiratet und half in seiner Freizeit auf freiwilliger Basis im Büro und im Geschäft mit. Obwohl ihm keine Vollmacht erteilt war, ergab es sich im Laufe der Zeit, dass er auch mit Firmenvertretern verhandelte und im Namen seines Schwiegervaters Bestellungen tätigte. G hatte dies nie beanstandet. Erst als V einen grösseren Posten Skianzüge bei der Firma A bestellt hatte, griff G ein. Er hatte nämlich am Vortag beim Vertreter eines anderen Lieferanten selbst Skianzüge geordert. G erklärte gegenüber A, er lasse die Bestellung nicht gelten, da V dazu nicht berechtigt gewesen sei. A besteht auf Zahlung und Abnahme.

Zu Recht?

Variante (vgl. BGE 120 II 197)

V tätigte kein normales Firmengeschäft, sondern gab den Totalumbau der seiner Ansicht nach antiquierten Innenausstattung des Geschäfts in Auftrag.

Hinweis zur Lösung des Hauptfalls: Beispiel für Duldungsvollmacht!

Zur *Variante*: Im Hinblick auf dieses ausserordentliche Geschäft lag keine Duldungsvollmacht vor! Mangels spezieller Indizien auch keine Anscheinsvollmacht!

Fall 50 Anscheinsvollmacht

Rz. 318

Der Unternehmer U war zum Trinker geworden und kümmerte sich nur mehr oberflächlich um die Geschäfte. Daher entging es ihm auch, dass seine Sekretärin A des Öfteren Einrichtungsgegenstände beim Möbelhaus M im Namen der Firma U bestellt, aber in die eigene Wohnung geschafft hatte. Die Rechnungen waren von U jeweils anstandslos bezahlt worden. Erst als A einmal einen Fernsehsessel bestellte und U in nüchternem Zustand die Auftragsbestätigung las, ging ihm ein Licht auf. Er teilte M mit, die Bestellung sei ungültig.

Kann M Vertragserfüllung verlangen?

Hinweise zur Lösung: Klarer Fall eines Organisationsmangels, der dem U zuzurechnen ist. Anscheinsvollmacht der A! Der Vertrag ist somit für U verbindlich. Lediglich interne Konsequenzen im Verhältnis U-A. Von Duldungsvollmacht kann in diesem Fall nicht gesprochen werden, da A nicht darauf vertrauen durfte, dass U ihr eine entsprechende Vollmacht erteilen durfte.

Fall 51 Schadensbegriff (BGE 129 III 331)

Rz. 340 ff.

Der A ist Eigentümer der Liegenschaft X, die ein Einfamilienhaus mit Garten umfasst. Der mit Bäumen und Sträuchern bewachsene Garten grenzt an einer Seite an den Garten der Liegenschaft Y, die ebenfalls mit einem Einfamilienhaus überbaut ist. In diesem Haus wohnt B. Auf dem Grundstück von A stehen nahe an der Grenze zum Garten des B eine rund 25 Jahre alte Blutbuche und eine rund 30 Jahre alte Hainbuche. Im Januar 2005 lichtete ein im Auftrag von B handelnder Gärtner diese Bäume ohne Wissen des A aus und schnitt deren Äste radikal zurück. Der Baum ging deswegen ein.

Schadenersatzanspruch des A?

Hinweise zur Lösung: Widerrechtlichkeit des Verhaltens des B ist klar gegeben (Eigentumsverletzung). Worin aber liegt der Schaden? Das Grundstück des A ist durch das Absterben des Baumes in seinem Wert nicht vermindert worden. Also liegt keine Vermögenseinbusse i.S. der Differenzlehre vor! Das Bundesgericht stellte auf die Kosten der «Naturalrestitution» (Pflanzen eines neuen Baums) ab, sprach also Schadenersatz zu.

Fall 52 Natürliche und adäquate Kausalität; Problem des Schutzzwecks der übertretenen Norm

Rz. 354 ff., 360 ff.

Unternehmer A fährt mit seinem Auto nach Kloten, um das Flugzeug nach London zu erreichen. In Bülach missachtet B ein Stoppsignal und kollidiert mit dem korrekt fahrenden A. A versäumt in der Folge sein Flugzeug und fliegt erst am nächsten Tag. Dieses Flugzeug stürzt ab; A wird getötet.

Können die Angehörigen des A Ansprüche gegen B erheben?

Hinweise zur Lösung: Klarerweise war B «natürlich kausal» für den Tod des A. War sein Verhalten aber auch adäquat kausal? Ist die Wahrscheinlichkeit des tödlichen Unfalls des A (Flugzeugabsturz) durch das widerrechtliche Verhalten des B erhöht worden? Dies ist klar zu verneinen. Ebenso zu verneinen ist die Haftung nach der Theorie vom Schutzzweck der übertretenen Norm. Siehe zur Begründung Rz. 362!

Fall 53   Natürliche und adäquate Kausalität

Rz. 354 ff., 360 ff.

Aufgrund einer Namensverwechslung (wegen Namensgleichheit) trägt der überlastete Handelsregisterführer A die Konkurseröffnung für den Inhaber eines Gastbetriebs (B) in das Handelsregister ein. Sofort danach stellen dessen Getränkelieferanten alle weiteren Lieferungen ein. B regt sich dermassen über den Vorfall auf, dass er eine Herzattacke erleidet. Er muss ins Krankenhaus eingeliefert werden; sein Gastbetrieb bleibt für einige Zeit geschlossen.

Haftet der Handelsregisterführer A nach Art. 928 OR?

Hinweise zur Lösung: Adäquanz (im Verhältnis zwischen dem Fehler des Registerführers und den Krankheitsfolgen bei B) ist zu bejahen! Das, was geschehen ist, liegt nicht ausserhalb der «Erfahrungen des Lebens».

Fall 54   Überholende Kausalität

Rz. 359

Eine fröhliche Gruppe von Studierenden mietet für Silvester ein Chalet in den Bergen. In feuchtfröhlicher Stimmung entzündet sich aus nicht restlos geklärten Gründen (wurde eine Kerze umgestossen, eine Zigarette auf den Boden geworfen, das Cheminée nicht im Auge behalten?) ein Brand, der das Holzhäuschen in Windeseile völlig einäschert. Ernüchtert sehen die Studierenden der Schadenersatzforderung des Vermieters entgegen. Bereits heimgekehrt, erfahren sie, dass am Neujahrstag nachmittags eine grosse Lawine auf die Brandstätte niedergegangen ist, die – wie das Schicksal der benachbarten Ferienhäuser klar zeigt – auch das fragliche Chalet völlig zerstört hätte.

Können sich die Studenten auf diesen Umstand berufen?

Hinweis zur Lösung: Es ist von solidarischer Haftung der Studierenden auszugehen (gemeinsames Verschulden nach Art. 50 Abs. 1 OR). Sie können sich nicht auf die Reserveursache (Lawine) berufen.

Fall 55   Reflexschaden (vgl. BGE 102 II 85)

Rz. 347; 367

Bei Aushubarbeiten auf einem Grundstück des XY beschädigt der von seinem Arbeitgeber A schlecht instruierte Arbeitnehmer C das Stromkabel der Gemeinde Konolfingen. Aufgrund der dadurch bewirkten Stromunterbrechung entsteht im nahen Unternehmen des B ein Produktionsausfall und dadurch eine Vermögenseinbusse. Gleichzeitig werden wegen der durch den plötzlichen Stromausfall verursachten Überspannung in der Umgebung auch eine Reihe von Fernsehapparaten beschädigt.

Haftet A?

Hinweise zur Lösung: Der Schaden des B ist ein reiner Vermögensschaden. Er ist ersatzfähig, weil ein Schutzgesetz (Art. 239 StGB) übertreten worden ist, das den Zweck hat, solche Schäden wie den eingetretenen zu verhindern. Anspruchsgrundlage für die Haftung des A ist Art. 55 OR. Eine Exzeption ist nach dem Sachverhalt ausgeschlossen, da von *culpa in instruendo* die Rede ist (siehe Rz. 406). Auch für die Beschädigung der Fernsehapparate hat A einzustehen, sofern dieser Schaden, was anzunehmen ist, adäquat verursacht worden ist. Hier ist, da absolute Rechte verletzt worden sind, die Berufung auf die Übertretung eines Schutzgesetzes nicht erforderlich.

Fall 56 «Hunter-Fall» zum Schockschaden (BGE 112 II 118)

Rz. 366 sowie 361, 369

Beim Absturz eines Militärflugzeugs (Typ *Hunter*) im Wallis werden die gerade in der Aprikosenplantage ihres Vaters A beschäftigten Söhne B und C getötet. Der Vater erfährt auf seinem Hof die Schreckensnachricht, erleidet einen Nervenschock und ist seit damals nur noch bedingt arbeitsfähig.

Haftet die Eidgenossenschaft dem Vater?

Variante

Haftet die Eidgenossenschaft der Partnerin des B, die ebenfalls durch die Nachricht traumatisiert war, bzw. einem Fernsehzuschauer, den die schrecklichen Bilder in der Tagesschau aus dem Gleichgewicht brachten?

Hinweise zur Lösung: Der Schockschaden des Vaters ist Reflexschaden. Da er ein absolutes Recht (körperliche Integrität) betrifft, ist die Annahme der Rechtswidrigkeit unproblematisch. Auch ist von natürlicher und adäquater Kausalität auszugehen. Die Eidgenossenschaft haftet nach Art. 64 LFG i.V.m. Art. 46 OR für die Krankheitsfolgen. Gleichzeitig hat der Vater Genugtuungsansprüche gemäss Art. 47 OR.

Im Hinblick auf die *Variante* sind die gesundheitlichen Folgewirkungen bei den beiden Betroffenen nach Adäquanzgesichtspunkten zu beurteilen. Beim Fernsehzuschauer wird Adäquanz zu verneinen sein («allgemeines Lebensrisiko» dessen, der sich den Bildern der Tagesschau aussetzt). Vgl. Rz. 361, 388. Bei der Partnerin sollten, was allerdings umstritten ist (siehe Rz. 395), Genugtuungsansprüche nach Art. 47 OR gewährt werden. Sie ist «angehörig» in einem faktischen Sinn.

Fall 57 Verschulden und adäquate Kausalität (vgl. AppGer Basel-Stadt, BJM 2001, S. 296 ff.)

Rz. 360 ff.; 373 ff.

Die 55-jährige Verkäuferin Heidy G. befand sich im Februar 1992 im Parkhotel Rheinfelden zur Kur. Am 21.2.1992 sass sie in der Cafeteria des Kurzentrums auf einem Barhocker. Links neben ihr an der Kaffeebar sass Susanne Z. Als sich Susanne Z. vom Barhocker erheben wollte, stürzte sie und hielt sich im Sturz reflexhaft an ihrer Sitznachbarin, Heidy G., fest. Dadurch wurde diese zu Boden gerissen. Bei diesem Sturz zog sie sich eine Radiusfraktur der linken

Hand sowie Rücken- und Beckenkontusionen zu. Heidy G., die längere Zeit und ohne völligen Heilungserfolg in ärztlicher Behandlung stand, verfiel in Depressionen, die schliesslich eine Wiederaufnahme der Arbeit verunmöglichten.

Haftung der Susanne Z.?

Hinweise zur Lösung: Das Geschehen und die Schadensfolge sind nicht ungewöhnlich; auch wird man – trotz der Reflexhaftigkeit des Griffs zur Nachbarin – wohl von einer leichten Fahrlässigkeit der Susanne Z. beim Aufstehen vom Barhocker sprechen müssen. Die Haftung sollte allerdings nach Art. 43 OR reduziert werden; allenfalls auch wegen neurotischer Anlage der Klägerin gemäss Art. 44 Abs. 1 OR. Das Basler Gericht verneinte übrigens die Haftung der Suzanne Z., da es kein schuldhaftes Verhalten der Z. sah.

Fall 58 Unterbrechung des Kausalzusammenhangs durch grobes Drittverschulden

Rz. 363

Velofahrer V wird von Autofahrer A abgedrängt und stürzt unglücklich, so dass er mit einigen an sich ungefährlichen Frakturen ins Krankenhaus eingeliefert werden muss. Aufgrund eines haarsträubenden Narkosefehlers, der von Arzt B zu verantworten ist, stirbt V bei der Operation.

Haftet Autofahrer A auch für diese Schadensfolge?

Hinweis zur Lösung: Das *condicio sine qua non*-Kriterium ist im Hinblick auf A erfüllt; trotzdem keine Haftung für die letalen Folgen des Operationsfehlers!

Fall 59 Werkeigentümerhaftung (vgl. BGE 106 II 208)

Rz. 409 ff.

Flachdächer von Hochhäusern sind gelegentlich mit Rasen bepflanzt, der regelmässig geschnitten werden muss. Als Schneeberger, der sich seit einigen Jahren dieser Arbeit annahm, im Juni 1977 – erstmals in diesem Jahr – mit einem Luftkissenrasenschneider wiederum den Rasen seines Daches mähte, stolperte er, da er zuviel Schwung genommen hatte, über das 25 cm hohe Abschlussmäuerchen und stürzte vom 9-stöckigen Haus auf eine Terrasse des 6. Stockes zu Tode.

Haftet der Werkeigentümer?

Hinweise zur Lösung: Das Mäuerchen war offensichtlich zu niedrig dimensioniert! Also lag Werkmangel i.S.v. Art. 58 OR vor. Eventuell Reduktion der Haftung gegenüber den Angehörigen (Art. 45, 47 OR) wegen des Mitverschuldens von Schneeberger.

Fall 60 Unfall im Kaufhaus

Rz. 329, 409 ff.

Student A wollte im Warenhaus XY den täglichen Einkauf erledigen. Beim eiligen Gang mit dem Einkaufswagen rutschte er auf einer Bananenschale aus, die nicht weggeräumt war und zog sich eine Schulterluxation zu.

Haftet der Eigentümer des Warenhauses? (aus *cic*?; aus ausservertraglicher Haftung?)

Hinweise zur Lösung: Es geht um Haftung nach Art. 58 OR («mangelhafte Unterhaltung»); nach h.L. keine Haftung aus *cic* (Rz. 329).

Fall 61   Tierhalterhaftung (vgl. BGE 120 II 232)

Rz. 403; vgl. auch Rz. 360 ff.

Eine Wandergruppe, der auch Herr Meier (M) und Herr Haller (H) angehörten, unternahm an einem schönen Frühlingstag im Jahr 2008 einen ausgedehnten Maibummel. An der Spitze der Gruppe gingen M und H. Der offizielle Wanderweg, dem die Gruppe auf ihrem Weg zum beliebten Ausflugsziel Bromberg folgte, führte bei einem Weiler über einen grossen landwirtschaftlichen Hof. Die Herren gingen gut gelaunt des Weges, als sie plötzlich von Bello, einem grossen Berner Sennenhund, der aus dem Scheunentor stürzte, attackiert wurden.

Obwohl Bello, der Hund des Bauern Faber (F), angekettet war, gelang es dem Tier doch, sofort die Jacke von M zu zerreissen. H wollte sich panikartig auf die Leiter eines sich in der Nähe befindlichen Silos retten, verfehlte jedoch die Sprossen und stürzte rückwärts rund einen Meter in die Tiefe. H hätte sich jedoch auch ganz einfach retten können, indem er einige Meter zurückgewichen wäre, weil die Kette von Bello nicht derart lang war.

M musste seine Jacke ersetzen lassen. Er hatte diese erst vor wenigen Tagen in einem Sportgeschäft zum Preis von Fr. 489.– erstanden. H zog sich beim Sturz von der Leiter einen einfachen Bruch des linken Unterarms zu. Als die Frau von H (FH) von seinem Sturz erfuhr, erschrak sie derart, dass sie einen Schock erlitt. Vor allem aber hat sie seither panische Angst vor Hunden. Sie möchte sich auf Kosten von F einer Therapie unterziehen, um diese Angst in den Griff zu bekommen.

Haftung des Tierhalters F?

Hinweise zur Lösung: Es liegt i.S.v. Art. 56 OR ein Mangel in der Beaufsichtigung des Hundes vor. Es darf nicht sein, dass Passanten eines öffentlichen Weges vom Hund erfasst werden können. Unproblematisch ist die Haftung des F gegen M. Die Überreaktion des H ist auch nicht geradezu inadäquat; doch ist die Haftung des F nach Art. 44 Abs. 1 OR zu reduzieren. Der Schock von FH ist hingegen angesichts der leichten Verletzung ihres Mannes nicht adäquat. Eigenes «Lebensrisiko», wenn man so reagiert!

Fall 62   Produktehaftung als Geschäftsherrenhaftung («Friteusen-Fall» [BGE 90 II 86])

Rz. 416 mit Fn. 370; Rz. 417

In einem Restaurant in Rorschach war ein Brand entstanden, weil der Thermostat des direkt beim Produzenten gekauften Fritierapparats aufgrund eines Produktefehlers, der auf einem Fehlgriff eines Angestellten des Produzenten beruhte, versagte. Der Brand war nach Ablauf von zwei Jahre nach der Anschaffung des Geräts ausgebrochen.

Haftet der Produzent?

Hinweise zur Lösung: Der Fall war (vor Erlass des PrHG) einerseits nach Kaufrecht, andererseits nach Art. 55 OR zu beurteilen. Der kaufrechtliche (gewährleistungsrechtliche) Anspruch nach Art. 208 Abs. 2 OR scheiterte an der Frist des Art. 210 Abs. 1 OR. Die konkurrierend dazu bestehende ausservertragliche Haftung nach Art. 55 OR war (gemäss Art. 60 Abs. 1 OR) noch nicht verjährt, doch konnte sich der Produzent mit dem Exzeptionsbeweis des Art. 55 OR befreien. Beachte, dass aufgrund des *Schachtrahmen*-Entscheids (BGE 110 II 456 [abgedruckt unten S. 334 ff.]) der Exzeptionsbeweis des Produzenten verschärft worden ist. Auf Basis des heute geltenden PrHG würde der Produzent wegen Art. 1 Abs. 1 lit. b nicht haften!

Fall 63 Produktehaftung (vgl. BGE 133 III 81)

Rz. 417

Frau A kaufte im März 2006 eine Kaffeemaschine der Marke Braun in einem Basler Haushaltwarengeschäft. Der Importeur I, der diese Maschine an das Haushaltwarengeschäft geliefert hatte, beschaffte im Jahr 2005 15 000 Exemplare dieser Kaffeemaschine von der X-AG in Hongkong. In der Gebrauchsanleitung der Kaffeemaschine stand unter anderem folgender Hinweis:

> «*Sicherheitsvorschriften und wichtige Hinweise*:
>
> *Kaffeemaschine nicht fallen lassen und keinen Stössen aussetzen. Kaffeekanne keinesfalls auf eine kalte oder nasse Oberfläche stellen, solange sie noch heiss ist, weil das Glas zerbrechen könnte*».

Vor dem Export der Kaffeemaschinen nach Europa hatte die spezialisierte Firma F aus Deutschland die Maschinen einer Qualitätsprüfung unterzogen und keine Bedenken gesehen.

Im Juni 2007 bereitete Frau A in ihrer Küche mit der Kaffeemaschine Kaffee zu. Frau A stellte die Kaffeekanne auf ihre kunststoffbeschichtete Anrichte und setzte den Deckel darauf, worauf die Kaffeekanne in tausend Stücke zerbarst.

Die linke Hand von Frau A, einer Linkshänderin, wurde dabei erheblich verletzt. Die Hand war während mehreren Wochen immobilisiert. Auch später litt Frau A noch wegen Schmerzen und der beeinträchtigten Funktionsfähigkeit ihrer Hand.

Frau A erhob, sich auf das PrHG berufend, gegen den Importeur Y eine Schadenersatzklage.

Besteht tatsächlich ein derartiger Anspruch von Frau A?

Hinweise zur Lösung: Liegt trotz des Warnhinweises in der Gebrauchsanleitung ein Konstruktionsfehler nach Art. 4 PrHG vor? Die Frage ist nach Auffassung des Bundesgerichts zu bejahen, weil mit dem Gebrauch, vor dem im Hinweis gewarnt worden ist, trotzdem jederzeit gerechnet werden muss. Die Haftung des Importeurs beruht auf Art. 2 Abs. 1 lit. c PrHG.

Fall 64 Eingriffskondiktion («Hamburger Parkplatzfall» [BGHZ 21, S. 319])

Rz. 116; 428, 443

Der querulantisch veranlagte A fuhr in einen öffentlichen, der Stadt Hamburg gehörenden gebührenpflichtigen Parkplatz ein. Dem bei der Einfahrt postierten Parkwächter, der die Gebühr einziehen wollte, eröffnete A, er sei als Bürger der Hansestadt berechtigt, die öffentlichen Einrichtungen der Stadt gratis zu benützen. Trotz Protestes des Parkwächters stellte A seinen PKW ab.

Ansprüche der Stadt Hamburg gegen A?

Hinweise zur Lösung: Übertrage den in Deutschland vieldiskutierten Fall auf die Schweiz (so als ob er etwa in Zürich spielte) und löse ihn nach OR!

Hat die Stadt vertragliche Ansprüche? Dies ist zu verneinen, da wegen des offensichtlichen Protestes des A (offener Dissens [Rz. 190]) kein gültiger Vertragsschluss vorlag. Auch die Annahme eines «faktischen» Vertragsverhältnisses ist abzulehnen (Rz. 116).

Zur ausservertraglichen Haftung des A (wegen widerrechtlicher Benutzung fremden Eigentums): Worin liegt hier der Schaden der Stadt? Entgangene Parkgebühr? Für diese gibt es aber eben gerade keine vertragliche Grundlage! Eine Haftung wäre höchstens zu bejahen, wenn A den letzten freien Parkplatz benutzt hätte und auf diese Weise Autofahrer, die die Parkgebühr zweifellos bezahlt hätten, abgehalten hätte! Liegt der Fall nicht so, dann Haftung des A aus ungerechtfertigter Bereicherung (Eingriffskondiktion). Es ist vom Vorliegen einer Ersparnisbereicherung auszugehen.

Fall 65   Kondiktion im Dreiecksverhältnis

Rz. 442

Der Postangestellte S, welcher der Bank G Rückzahlung eines Darlehens schuldete, hatte eine Anweisung über den geschuldeten Betrag bei seinem Postamt D aufgegeben, diese, ohne zu zahlen, abgefertigt und so die Post durch arglistige Täuschung zur Zahlung an die Bank veranlasst.

Wer kann kondizieren?

Hinweise zur Lösung: Siehe die Erläuterungen in Rz 442!

Fall 66   Verzug/Schadenersatz

Rz. 495; 501 f.

Der Landwirt F kauft Anfang Mai 1998 beim Landmaschinenhändler G einen Mähdrescher zum Preis von Fr. 41 000.–. Die Lieferung stellt G in 3–4 Wochen in Aussicht. Doch am 8. Juni 1998 steht die Lieferung des Mähdreschers immer noch aus. F erklärt am selben Tag dem G, dass er auf die Lieferung verzichte, wenn er (G) bis zum 20. Juni 1998 nicht liefern werde. Nachdem G auch am 28. Juni 1998 noch nicht geliefert hatte, kaufte F bei einer Konkurrenzfirma einen teureren Mähdrescher zu einem Preis von Fr. 55 000.–. Die Differenz von Fr. 14 000.– verlangt er von G.

Kann er dies auch rechtlich durchsetzen?

Hinweise zur Lösung: F ist nach Art. 107 Abs. 2 OR korrekt vorgegangen und kann als Erfüllungsinteresse den Differenzschaden (s. Art. 191 Abs. 2 OR) geltend machen. Der bei der Konkurrenzfirma erstandene Mähdrescher muss freilich qualitativ dem erstgekauften entsprechen. Ist er ein besseres Modell, gibt es entsprechend Abzüge!

Fall 67   Haftung für Erfüllungsgehilfen

Rz. 484

Malermeister M hat sich gegenüber H verpflichtet, die Wände in Wohnzimmer, Esszimmer und in der Bibliothek von Schloss Mon Bijou zu streichen. Dabei hilft ihm sein Lehrling L.

a) L schlägt mit einer Leiter am ersten Tag den schönen viktorianischen Spiegel ein, den der Schlossherr im Entrée hat hängen lassen.

b) L wirft in der kurzen Mittagspause seine Zigarette weg, was zu einem Brand in der Bibliothek führt.

c) L sieht sich noch in anderen Räumen des Schlosses um und zerschlägt, erbost über den dort zur Schau gestellten Reichtum, eine wertvolle Vase.

Ansprüche des H gegen M?

Hinweise zur Lösung: Haftung des M gemäss Art. 101 Abs. 1 OR in den Varianten a) und b), weil ein «funktioneller Zusammenhang» zwischen der beruflichen Verrichtung des L und seinem Fehlverhalten vorliegt. Bei Variante c) ist dieser «funktionelle Zusammenhang» nicht gegeben.

Fall 68   Gläubigerverzug

Rz. 505 ff.

Verkäufer V hat mit K vereinbart, am Montagmorgen um 9:00 Uhr 100 Thon-Sandwiches für dessen Schnell-Imbiss «Quick» zu liefern. Zum vereinbarten Zeitpunkt ist allerdings niemand vom Schnell-Imbiss da, weil Student S, der an diesem Tag Frühdienst hätte, erkrankt ist. V nimmt die Sandwiches nach einigen vergeblichen Versuchen, jemanden von «Quick» ausfindig zu machen, wieder mit. Aufgrund der grossen Hitze an diesem Tag verderben die Sandwiches rasch und sind am folgenden Tag, als «Quick» sie erneut anfordert, nicht mehr geniessbar.

Welche Ansprüche hat V? Welche K?

Hinweise zur Lösung: V ist von seiner Leistungsverbindlichkeit befreit; das Verderben der Ware erfolgte (auch ohne Hinterlegung, die in *casu* nicht möglich war) auf Gefahr des in Gläubigerverzug befindlichen Käufers, sofern anzunehmen ist, dass bei V kein Verschulden vorlag. Also Anspruch des V auf Zahlung des Kaufpreises; kein Anspruch des K!

Fall 69   Solidarschuldnerschaft

Rz. 545 ff.

K1 und K2 kaufen beim Verkäufer V einen PKW und vereinbaren, solidarisch für den Kaufpreis einstehen zu wollen. Die Kaufpreisforderung verjährt. K1 verzichtet jedoch auf die Geltendmachung der Verjährung. Anders K2.

Kann Verkäufer V von K2 den Kaufpreis fordern?

Hinweis zur Lösung: Ja! Siehe Art. 141 Abs. 2 OR!

Fall 70   Abtretung

Rz. 556

Verkäufer V hat seine Kaufpreisforderung gegen den Käufer K an D wirksam abgetreten. Wie ist die Rechtslage, wenn

a)   K nach der Abtretung an V zahlt?

b)   K eine Forderung in gleicher Höhe gegen D zusteht?

Hinweise zur Lösung: Zu Frage a) kommt es darauf an, ob K i.S.v. Art. 167 OR gutgläubig an V gezahlt hat. Wenn dies der Fall ist, ist K von seiner Schuldverbindlichkeit durch Zahlung an V befreit; V haftet dem D aus ungerechtfertigter Bereicherung. Wenn keine gutgläubige Zahlung anzunehmen ist, ist K nicht gültig befreit worden und haftet dem D! K hat aber einen Bereicherungsanspruch gegen V!

Zu Frage b) ist von der Möglichkeit der Kompensation der Forderungen (Art. 120 ff. OR) auszugehen (Rz. 513).

Wie löse ich im Privatrecht einen Rechtsfall? (Falllösungsschema)

I. Einleitung

Die Fähigkeit, konkrete Rechtsfälle (Streitfälle) zu lösen, ist für die praktische juristische Tätigkeit von herausragender Bedeutung. Es ist deshalb wichtig, dass die Studierenden sich frühzeitig anhand von *Übungsfällen* und *Bundesgerichtsentscheiden* mit (hypothetischen oder realen) Streitfällen auseinandersetzen und versuchen, diese zu lösen oder zumindest inhaltlich detailliert nachzuvollziehen. Obwohl jeder konkrete Streitfall seine Eigenheiten aufweist, lässt sich das Lösen eines Rechtsfalles bis zu einem gewissen Grade *systematisch strukturieren*. Dabei sollten sich die Studierenden bewusst sein, dass privatrechtliche Rechtsfälle anders gelagert sind als strafrechtliche oder staats- und verwaltungsrechtliche Rechtsfälle.

Bei *strafrechtlichen* Fällen geht es regelmässig um die Frage, ob ein konkretes Verhalten einer Person eine *strafbare Handlung* darstellt. Die Antwort auf diese Frage richtet sich danach, ob das zu beurteilende Verhalten die *objektiven* und *subjektiven* Tatbestandsvoraussetzungen eines gesetzlichen Straftatbestandes (z.B. Diebstahl) erfüllt und ob die Voraussetzungen der *Rechtswidrigkeit* (Fehlen von Rechtfertigungsgründen) sowie des *Verschuldens* gegeben sind. Diese vier Aspekte lassen sich schematisch relativ einfach chronologisch strukturieren und abhandeln.

Bei *staats-* und *verwaltungsrechtlichen* Fällen geht es typischerweise um die Frage, ob ein *staatlicher Akt* (Verfügung, Entscheid, Realakt) inhaltlich und verfahrensmässig *rechtskonform* ist. Dazu gilt es namentlich zu prüfen, ob der staatliche Akt über eine genügende (materiell-) *gesetzliche Grundlage* (z.B. in einer Verordnung) verfügt, ob diese Rechtsgrundlage ihrerseits mit dem übergeordneten Recht (z.B. formelles Gesetz, Verfassungskompetenz) übereinstimmt, sowie, ob ein (un)zulässiger Eingriff in verfassungsmässige Rechte des Adressaten des staatlichen Aktes vorliegt. Auch diese zu beurteilenden Aspekte lassen sich schematisch relativ einfach erfassen und als schrittweises Lösungsprozedere darstellen.

Das *Privatrecht* ist insofern *anders* gelagert, als hier nicht die Frage im Zentrum steht, ob ein bestimmtes Verhalten von Rechtssubjekten rechtskonform ist oder nicht. Aufgrund der im Privatrecht herrschenden *Dispositionsmaxime* befasst sich der Richter nur dann mit einem Streitfall, wenn er von einer Partei um Entscheidung *angerufen* wird. Dabei wird der Richter nicht einfach *Rechtsfragen* beantworten (z.B. Ist der Vertrag zwischen A. und B. wegen Irrtums anfechtbar?), sondern er wird nur über *konkrete* (umstrittene) *Ansprüche* entscheiden, die ihm in Form eines konkreten **Rechtsbegehrens** vorgelegt werden (z.B. der Verkäufer A. habe infolge einseitiger Unverbindlichkeit des Kaufvertrages dem Käufer B. den von diesem bezahlten Kaufpreis von Fr. 1000.– mit Zinsen zurückzuzahlen). Aus diesem Grund hat sich im Privatrecht die Lösung von Rechtsfällen am *geltend gemachten Anspruch* (Rechtsbegehren) zu orientieren. Im Zentrum steht dabei die Kernfrage: **WER** macht gegenüber **WEM WELCHEN** Anspruch gestützt auf **WELCHE ANSPRUCHSGRUNDLAGE** (Rechtsgrundlage) geltend? Dieses Lösungsverfahren beruht auf dem Konzept der «Anspruchsmethode» und erlaubt es im Unterricht, Streitfälle in realitätsnaher Form zu diskutieren und lösen. Das Lösungsverfahren wird im Folgenden kurz dargestellt.

II. Vorgehensweise zur Lösung privatrechtlicher Fälle

1. Erfassen des Sachverhalts

Ausgangspunkt jeder privatrechtlichen Falllösung bildet die *sorgfältige Analyse* des vorgege-
benen *Lebenssachverhalts*. Wer den Sachverhalt nicht genau kennt, läuft Gefahr, den zu lösenden Fall nicht richtig zu verstehen oder falsch einzuordnen. Der Text muss daher *genau studiert*
und *inhaltlich erfasst* werden. Dazu ist genügend Zeit aufzuwenden (insbesondere auch an
einer Prüfung!). Die Aufmerksamkeit ist primär auf die *wesentlichen* Fakten zu richten. Welche
Fakten wesentlich sind, lässt sich nicht im Voraus abschliessend sagen, sondern ergibt sich
massgeblich aus den anwendbaren Rechtsnormen, unter die der Sachverhalt zu subsumieren
ist. Immer wesentlich sind mindestens die *beteiligten Personen* (Rechtssubjekte); die (rechtlichen) *Beziehungen* zwischen diesen Personen, sowie die für den konkreten Sachverhalt *charakteristischen Ereignisse* (z.B. Auto mit übersetzter Geschwindigkeit fährt in einen Garten-
zaun) und die zeitliche Abfolge. Bei komplexeren Aufgabenstellungen empfiehlt es sich, eine
Skizze anzufertigen, in welcher die wichtigsten Informationen übersichtlich zusammengetragen
werden. Dies erleichtert den Überblick und vermeidet ein zeitraubendes mehrmaliges Suchen
derselben Grundinformationen im Sachverhalt.

2. Ermitteln der relevanten Ansprüche

Als nächster Schritt ist die *Fragestellung* am Ende des Sachverhalts zu identifizieren. Wird
nach *einzelnen* Ansprüchen einer bestimmten Person oder nach *einzelnen* Rechtsverhältnissen
zwischen bestimmten Parteien gefragt, so sollte die Lösung nicht über die vorgegebene Fragestellung hinausgehen und es braucht unter Umständen das Lösungsschema nicht systematisch durchlaufen zu werden.

Bezieht sich die Fallfrage jedoch auf die massgebliche Rechtslage des *gesamten* Sachverhalts (typische Fragestellungen: Quid iuris? Wie ist die Rechtslage?) – was in der Praxis die
Regel darstellt –, so müssen *alle* in Betracht kommenden Ansprüche *identifiziert* und *geprüft*
werden. Dabei ist bei der Ermittlung des in erster Linie zu behandelnden Anspruchs realitäts-
nah zu fragen, welche der involvierten Personen aufgrund ihrer aktuellen Situation als erste
einen Anspruch erheben wird. Behauptet z.B. der Käufer A., die ihm vom Verkäufer B. gelieferte Ware sei mangelhaft, so wird A. einen Anspruch auf Preisminderung erheben und allenfalls einklagen müssen, wenn er schon bezahlt hat; hat der Käufer A. dagegen noch nicht bezahlt, wird er mit der Bezahlung des Kaufpreises solange zuwarten, bis der Mangel vom
Verkäufer B. behoben worden ist. Falls der Verkäufer B. den Mangel bestreitet, wird dieser seinen Anspruch auf Bezahlung des Kaufpreises erheben und nötigenfalls gerichtlich durchsetzen
müssen, wenn er zu seinem Geld kommen will.

3. Ermitteln und Ordnen der Anspruchsgrundlagen

Sind die (streitigen) *Ansprüche* zwischen den Parteien ermittelt, geht es darum, für jeden
Anspruch eine – oder allenfalls mehrere – *Rechtsgrundlagen* zu finden, auf welche dieser konkrete Anspruch sich stützen lässt. Gesucht ist also eine (geschriebene oder ungeschriebene)
Rechtsnorm, welche – allenfalls in Kombination mit weiteren Rechtsnormen – den umstrittenen Anspruch (z.B. Anspruch auf Schadenersatz; Anspruch auf Übergabe der Kaufsache), der
(klagenden) Partei stützt, weil die Rechtsnorm genau diesen Anspruch als *Rechtsfolge* vorsieht. Wer also z.B. Schadenersatz von einem Dritten beansprucht, braucht als Anspruchsgrundlage eine Rechtsnorm, die als Rechtsfolge eine Schadenersatzpflicht vorsieht (z.B.
Art. 41 OR «… wird ihm zum Ersatze verpflichtet»).

Die Suche nach einer geeigneten Anspruchsgrundlage lässt sich dadurch vereinfachen, dass man sich einen groben Überblick über die wichtigsten Kategorien von Ansprüchen verschafft. Dazu ist folgende *Auflistung* [532] der wichtigsten Rechtsgrundlagen für Ansprüche nützlich:

–   **Ansprüche aus rechtsgeschäftlicher Erklärung oder Vereinbarung**: Vertrag (z.B: Erfüllungsanspruch aus Art. 184 OR; Schadenersatzanspruch aus Art. 97/107 OR);

–   **Ansprüche aus Vertrauen**: Haftung aus *culpa in contrahendo*, Vertrauenshaftung im engeren Sinne;

–   **Ansprüche aus Gesetz**: Unerlaubte Handlung (Art. 41 ff. OR), ungerechtfertigte Bereicherung (Art. 62 ff. OR); Geschäftsführung ohne Auftrag (Art. 419 ff. OR); weitere gesetzliche Schuldverhältnisse.

4. Tatbestandsvoraussetzungen der Rechtsnorm bzw. der Anspruchsgrundlage

Die Rechtsnorm, welche den zu überprüfenden Anspruch als Rechtsfolge vorsieht (Anspruchsgrundlage), enthält stets eine oder mehrere, generell-abstrakt formulierte *Tatbestandsvoraussetzungen*, die erfüllt sein müssen, damit diese Rechtsfolge eintritt. Eine zentrale Aufgabe der Falllösung besteht nun darin zu *prüfen*, ob *jede einzelne* Tatbestandsvoraussetzung der Rechtsnorm im **konkreten Fall** aufgrund des (rechtsgenügend bewiesenen) Lebenssachverhalts erfüllt ist. Falls dies zutrifft, kann durch Subsumtion gefolgert werden, dass im konkreten Fall der geltend gemachte Anspruch grundsätzlich zu bejahen ist.

5. Die Prüfung der einzelnen Ansprüche

Erfahrungsgemäss ist es zweckmässig, jeden zu beurteilenden Anspruch nach der Kurzformel: **«Wer, will was, von wem, woraus?»** *(quis, quid, a quo, qua causa?)* niederzuschreiben und anschliessend die einzelnen Tatbestandsvoraussetzungen der einschlägigen Rechtsnorm (Anspruchsgrundlage) zu prüfen. *Beispiel: X. (Verkäufer) will die Bezahlung von Fr. 100.– (Kaufpreis) von Y. (Käufer) gestützt auf Art. 184 Abs. 1 OR (Kaufvertrag).*

Gelangt man zum Schluss, dass alle Tatbestandsvoraussetzungen der Rechtsnorm (Anspruchsgrundlage) erfüllt sind, so ist der Anspruch grundsätzlich **entstanden**. Anschliessend ist zu prüfen, ob allenfalls der Anspruch seit seiner Entstehung **untergangen** ist (z.B. durch Erfüllung), ob er unter Umständen auf eine andere Person **übergegangen** ist (z.B. durch Zession) und ob er immer noch **durchsetzbar** ist. Nur wenn der entstandene Anspruch immer noch besteht und gegen den Schuldner durchsetzbar ist, hat der Berechtigte einen begründeten Anspruch.

Im Überblick lassen sich diese vier Schritte wie folgt zusammenfassen:

a)   Ist ein wirksamer Anspruch **entstanden**?

–   Sind die *Anspruchsvoraussetzungen* (= Tatbestandsvoraussetzungen der anwendbaren Rechtsnorm) erfüllt? In den meisten Fällen geht es um folgende Anspruchsgrundlagen:

---

532   Die aufgeführten Anspruchsgrundlagen sind weder vollständig (siehe z.B. sachenrechtliche Ansprüche, Ansprüche aus Gefährdungshaftung), noch ist ihre Reihenfolge strikt vorgegeben. Für den Bereich des Obligationenrechts ist die Prüfung der Anspruchsgrundlagen in der angegebenen Reihenfolge aber im Regelfall zweckmässig.

- *Vertrag*? (Prüfen, ob tatsächlicher oder normativer Konsens über alle wesentlichen Vertragspunkte vorliegt, Art. 1 OR).

- *Unerlaubte Handlung*? (Prüfen, ob die allgemeinen Voraussetzungen «Schaden», «Widerrechtlichkeit», «adäquater Kausalzusammenhang» und «Verschulden» nach Art. 41 OR oder allfällige besondere Haftungstatbestände wie Kausalhaftungen (z.b. Art. 58 OR) oder Gefährdungshaftungen (z.b. Art. 58 SVG) erfüllt sind).

- *Ungerechtfertigte Bereicherung*? (Prüfen, ob Bereicherung, Entreicherung und fehlender Rechtsgrund derselben nach Art. 62 ff. OR erfüllt sind).

– Fehlt es an *weiteren Gültigkeitsvoraussetzungen*? Gewisse Umstände verhindern, dass ein gültiger vertraglicher Anspruch entsteht, obwohl an und für sich ein Vertragsabschluss vorliegt. Zu beachten sind namentlich die Handlungsunfähigkeit (Art. 17 ZGB), Formerfordernisse (Art. 11 OR), ein widerrechtlicher oder sittenwidriger Vertragsinhalt und die anfängliche Unmöglichkeit (Art. 20 OR).

b) Ist der Anspruch *untergegangen*? Falls der Anspruch gültig entstanden ist, gilt es zu prüfen, ob er in der Zwischenzeit wieder untergegangen ist. Zu beachten sind sowohl *rechtsvernichtende Einwendungen* (z.B. Erfüllung [Art. 68 ff. OR]; Schulderlass [Art. 115 OR], Novation [Art. 116 OR], zufälliger Untergang [Art. 119 OR]; Hinterlegung [Art. 96 OR], Bedingungseintritt [Art. 151 ff. OR]) oder Verwirkung als auch *rechtsvernichtende Gestaltungsrechte*, die der Anspruchsgegner ausüben kann (z.B. die Vertragsanfechtung wegen Irrtums, Täuschung oder Drohung [Art. 23 ff. OR], die Übervorteilung [Art. 21 OR], der Vertragsrücktritt [Art. 107 OR], die Vertragskündigung [z.B. bei Dauerschuldverhältnissen], die Verrechnung [Art. 120 ff. OR] und der Widerruf [Art. 40b OR]).

c) Ist der Anspruch *übergegangen*? Besteht der gültig entstandene Anspruch immer noch, so ist zu fragen, ob er allenfalls auf eine *andere* Person übergegangen ist und daher nicht mehr gegenüber dem ursprünglichen Schuldner geltend gemacht werden kann. Zu beachten sind namentlich die Zession (Art. 164 ff. OR) und die privative externe Schuldübernahme (Art. 176 ff. OR).

d) Ist der Anspruch *durchsetzbar*? Schliesslich ist zu überprüfen, ob dem Anspruch dilatorische (vorübergehende) Einreden (z.B. Stundung, Einrede des nicht erfüllten Vertrags [Art. 82 OR], Einrede der Zahlungsunfähigkeit [Art. 83 OR]) oder peremtorische (dauernde) Einreden (Verjährung [Art. 127 ff. OR]) entgegenstehen.

6. Prüfung der Anspruchskonkurrenz

Es ist möglich, dass ein Anspruch sich auf *mehrere Rechtsnormen* (z.B. Vertragsverletzung [Art. 97 OR] und unerlaubte Handlung [Art. 41 OR]) stützen lässt. In diesem Fall ist vorerst zu prüfen, ob die Anwendung der einen Rechtsnorm die Anwendung der andern Rechtsnorm *ausschliesst* (z.B. Anfechtung des Vertrags wegen Willensmängeln [Art. 23 ff. OR] und Sachgewährleistung [Art. 197 ff. OR]). Falls dies *nicht* zutrifft und beide Rechtsnormen nebeneinander anwendbar sind, ist zu bestimmen, welche Rechtsnorm erfolgversprechender ist für die Begründung und Geltendmachung des Anspruchs, weil sie weniger hohe Anforderungen an die Entstehung des Anspruchs stellt.

7. Besonderheiten

Einzelne Rechtsfiguren können bei der Falllösung besondere Schwierigkeiten bereiten. Dies trifft u.a. auf Dreiparteienverhältnisse wie die *Stellvertretung* zu. Bei der Stellvertretung treten die Rechtswirkungen zwar beim Vertretenen ein, aber die Prüfung des Vertragsabschlusses sowie allfälliger Willensmängel ist aufgrund der zwischen dem Vertreter und dem Dritten ausgetauschten Willenserklärungen vorzunehmen.

Einen Sonderfall stellt z.B. auch die *clausula rebus sic stantibus* dar. Falls sich nach Vertragsabschluss die Umstände in unvorhersehbarer Weise ändern und daraus eine gravierende Äquivalenzstörung zwischen zu erbringender Leistung und Gegenleistung entsteht, welche für die eine Partei als unzumutbar erscheint, so rechtfertigt sich eine Abweichung vom Grundsatz *pacta sunt servanda* durch richterliche Anpassung oder Aufhebung des Vertrags[533].

---

533   Vgl. BGE 127 III 300 ff. und Rz. 293 ff. dieses Buches.

Anwendung des Falllösungsschemas auf einen konkreten Sachverhalt[534]

I. Sachverhalt

H. ist Direktor des Instituts für Erdbeben und Vulkanologie in Z. und reist als renommierter Wissenschaftler oft an Kongresse, um Vorträge zu halten. Da er kürzlich auf einer Vortragsreise seinen Laptop aus professoraler Zerstreutheit im Zug hat liegen lassen, begibt er sich in das Fachgeschäft des A., um einen passenden Ersatz zu finden. H. erklärt dem A., er benötige einen leichten und kompakten Laptop mit einer Bildschirmgrösse von maximal 15 Zoll, einer integrierten Kamera sowie Speicherplatz von mindestens 1000 GB, um umfangreiche wissenschaftlichen Daten bearbeiten und in Hörsälen präsentieren zu können. Nach kurzer Suche findet der Verkäufer A. in seinem Online-Katalog ein Modell, das den Ansprüchen von H. entspricht, aber im Geschäft momentan nicht vorrätig ist. A. versichert jedoch H., dass er den Laptop bei seinem Lieferanten kurzfristig beschaffen könne, wobei H. den Verkäufer A. ausdrücklich darauf hinweist, dass er am Abend des 6. November 2012 nach Übersee fliegen müsse, um an einer wichtigen Konferenz teilzunehmen, wozu er unbedingt den Laptop benötige, da er sonst «völlig aufgeschmissen» sei. Nach Zusicherung von A., dass dieser Termin kein Problem sei, einigen sich die beiden auf den Kauf bzw. Verkauf des Laptops «Smart» von Apple zum Preis von Fr. 2800.–. Es wird vereinbart, dass H. den Laptop im Geschäft des A. abholen und den Kaufpreis in bar bezahlen wird.

Als H. beim Verlassen des Geschäftes verschiedene Sonderangebote von Computern sieht, fällt ihm ein, dass er Anfang nächsten Jahres eine Studiengruppe aus Südamerika in seinem Institut zu Forschungszwecken empfangen wird und für diese Gäste kostengünstige Computer benötigt, um ihnen passende Arbeitsbedingungen bieten zu können. H. wendet sich mit diesem Anliegen wiederum an A., der ihm einige Modelle vorführt. Da H. jedoch keine Zeit mehr hat, um alle Modelle anzuschauen und zu vergleichen, erklärt er A., sein Assistent B. werde morgen vorbeikommen, um ein passendes Model auszuwählen und den Kauf über zehn Computer zu einem möglichst günstigen Preis zu tätigen.

Am folgenden Tag erscheint der Assistent B. im Geschäft des A. und erklärt ihm, er komme, um für H. und dessen Institut zehn Computer zu bestellen. Nach kurzer Diskussion entscheidet sich B. für das Modell «Easy» von Acer zum Stückpreis von Fr. 990.–. Wohlwissend, dass H. an einer möglichst kostengünstigen Lösung interessiert ist, schlägt A. dem B. jedoch noch das purpurrote Modell «Cheapy» von Samsung vor, da dieses Modell wegen geringer Nachfrage Fr. 100.– billiger ist. B. findet, dass die Farbe letztlich keine Rolle spiele und akzeptiert diesen günstigeren Vorschlag von A. Nachdem A. ihm zugesichert hat, er werde sich melden, sobald die bestellte Ware eingetroffen sei, verlässt B. das Geschäft.

---

[534] Obwohl der Sachverhalt Elemente aus dem Besonderen Teil des Obligationenrechts miteinbezieht, sollten sich die Studierenden davon nicht beeindrucken lassen, da die wesentlichen Rechtsprobleme den Allgemeinen Teil des Obligationenrechts betreffen. Abgesehen davon gehört das Verhältnis von OR AT und OR BT zu den klassischen Problemlagen, denen man sich im Studium frühzeitig stellen sollte (vgl. dazu: Probst, Dogmatische und praktische Probleme an der Schnittstelle zwischen Allgemeinem und Besonderem Teil des Obligationenrechts – Integration oder Desintegration des schweizerischen Privatrechts? in: Rumo-Jungo/Kafka/Riemer, Hrsg., Festschrift für Erwin Murer, 2010, S. 625–653).

Auf entsprechende Mitteilung von A. begibt sich H. am Morgen des 6. Novembers 2012 ins Fachgeschäft des A., um den bestellten Laptop «Smart» von Apple abzuholen. Bei einem kurzen Testlauf stellt er allerdings fest, dass das gelieferte Modell zwar einen 15 Zoll Bildschirm mit integrierter Kamera, aber lediglich 500 GB Speicherplatz aufweist, worauf er den A. ziemlich konsterniert und verärgert aufmerksam macht. Dieser telefoniert sogleich seinem Lieferanten, welcher eine Verwechslung bei der Lieferung konstatiert und die Lieferung des richtigen Modells innert 48 Stunden in Aussicht stellt. A. versichert daher H. frohgemut, der gewünschte Laptop sei in zwei Tagen im Geschäft abholbereit und damit das Problem «rasch und kundenfreundlich» gelöst. Nach dieser saloppen Bemerkung platzt H. der Kragen: Er ist äusserst verärgert und verlässt eiligen Schrittes das Geschäft mit der zornigen Bemerkung, A. könne den Laptop endgültig vergessen und er selber werde das Geschäft von A. nie wieder betreten.

Zwei Wochen später als H. von seiner Kongressreise nach Hause kommt, findet er in seinem Briefkasten eine Rechnung von A. (datiert am 11. November 2012) in der Höhe von Fr. 11 700.–, mit der Aufforderung, den Laptop «Smart» von Apple sowie die zehn Computer «Cheapy» von Samsung umgehend abzuholen, da die Ware seit dem 10. November 2012 in seinem Geschäft bereit liege.

Wie ist die Rechtslage?

II. Lösung des Falls

Der Sachverhalt handelt von zwei Kaufverträgen (Art. 184 ff. OR), die zweckmässigerweise getrennt zu behandeln sind.

1. Anspruch des A. gegen H. auf Bezahlung von Fr. 2800.– gestützt auf Art. 184 Abs. 1 OR?

A. hat einen Anspruch gegen H. auf Bezahlung des Kaufpreises von Fr. 2800.–, falls zwischen den Parteien ein gültiger Kaufvertrag nach Art. 184 OR entstanden ist und weiterhin besteht.

A) Entstehung des Anspruchs?

Der Anspruch des A. ist entstanden, falls ein gültiger Kaufvertrag (Art. 1 OR in Verbindung mit 184 Abs. 1 OR) vorliegt. Aus dem Sachverhalt geht hervor, dass beide Parteien sich über den Kauf eines Laptops «Smart» von Apple mit einer maximalen Bildschirmgrösse von 15 Zoll, einer integrierten Kamera sowie ausreichend Speicherplatz von mindestens 1000 GB zum Preis von Fr. 2800.– geeinigt haben. Diese Einigung bedarf nach Art. 11 OR keiner besonderen Form, weshalb mündliche, gegenseitige und übereinstimmende Willensäusserungen für das Vorliegen eines Konsenses genügen. Da dem Sachverhalt keine Angaben über mögliche Ungültigkeitsgründe (vgl. Art. 19/20, Art. 23 ff. OR) zu entnehmen sind, ist der Kaufvertrag zwischen H. und A. gültig zustande gekommen.

B) Untergang des Anspruches?

Liegt ein gültiger Kaufvertrag vor, so stellt sich die Frage, ob der entstandene Anspruch auf Zahlung des Kaufpreises immer noch besteht oder allenfalls untergegangen ist.

a)   Untergang des Anspruchs durch Vertragsrücktritt des H. infolge Schuldnerverzugs des A.?

Der Anspruch des A. könnte am 6. November 2012 dadurch untergegangen sein, dass H. nach Art. 107 Abs. 2 OR wegen Schuldnerverzugs des A. vom Vertrag rechtsgültig zurückgetreten ist. Zu prüfen ist zunächst, ob die Äusserung von H., «A. könne den Laptop vergessen und er selber werde das Geschäft von A. nie wieder betreten» als Rücktrittserklärung vom Vertrag zu verstehen ist. Ein Vertragsrücktritt setzt eine (nicht formgebundene) Willensäusserung voraus, welche der Adressat nach dem Vertrauensprinzip so verstehen darf und muss, dass der Erklärende den Vertrag nicht mehr aufrechterhalten will (Ausübung des Gestaltungsrechts). Auch konkludentes Verhalten kann eine Rücktrittserklärung darstellen. Im vorliegenden Fall brachte H. durch seine Äusserung «A. könne den Laptop vergessen ...» sowie durch das eilige und verärgerte Verlassen des Geschäfts hinreichend klar zum Ausdruck, dass er am Vertrag nicht mehr festhalten, sondern von diesem zurücktreten wollte.

Damit stellt sich die Frage, ob H. überhaupt zum Rücktritt berechtigt war, d.h. ob ein Rücktrittsgrund vorlag. Aufgrund der Faktenlage kommt ein Rücktritt des H. wegen Schuldnerverzugs des A. in Betracht, falls dieser – trotz bestehender Leistungsmöglichkeit (= keine Leistungsunmöglichkeit nach Art. 119 OR) – nicht geleistet hat. Dabei ist zwischen Schlechterfüllung und Nichterfüllung zu unterscheiden. Falls eine Schlechterfüllung vorliegt, gelangen in erster Linie die Bestimmungen über die Sachgewährleistung (Art. 197 ff. OR) sowie allenfalls Art. 97 OR zur Anwendung. Im Falle der Nichterfüllung ist dagegen ein Rücktritt nach den Verzugsregeln von Art. 102 ff. OR möglich.

aa)   Nichterfüllung oder Schlechterfüllung?

Die Beantwortung der Frage, ob eine Schlechterfüllung oder Nichterfüllung vorliegt, hängt von der Art der geschuldeten Leistung ab. Beim Gattungskauf wird der Kaufgegenstand nur seiner Gattung nach, d.h. durch abstrakte Umschreibung seiner charakteristischen Merkmale (z.B. Form, Grösse, Gewicht, Verwendungszweck) bestimmt. Beim Stückkauf bezieht sich die Einigung der Parteien dagegen auf einen individualisierten Einzelgegenstand. Im vorliegenden Fall haben die Parteien sich auf den Kauf eines Laptop «Smart» von Apple mit gewissen technischen Spezifikationen geeinigt. Es geht also nicht um ein spezifisch ausgewähltes Einzelstück, sondern um ein Exemplar aus der Gattungsware Laptop Modell «Smart» von Apple. Es handelt sich somit um einen Gattungskauf. Beim Gattungskauf liegt eine Nichterfüllung vor, wenn der Schuldner entweder überhaupt nichts oder eine andere als die geschuldete Gattungsware (= *aliud*) liefert. Das Sachmängelrecht ist in diesem Fall nicht anwendbar, da noch gar keine Erfüllung erfolgt ist und deshalb die Verzugsregeln massgeblich sind. Eine Schlechterfüllung ist dagegen gegeben, wenn zwar eine Ware geliefert wird, die zur geschuldeten Gattung gehört, aber die gelieferte Ware die vereinbarten oder gesetzlich vorgesehenen Qualitätsmerkmale nicht erfüllt. In diesem Fall spricht man von einem *pejus*, worauf das Sachmängelrecht zur Anwendung kommt. Die Abgrenzung von Schlechterfüllung und Nichterfüllung bei Gattungssachen bietet in der Praxis immer wieder Probleme. So auch im vorliegenden Fall, wo ein Laptop «Smart» von Apple mit der zusätzlichen Spezifizierung eines Speicherplatzes von mindestens 1000 GB vereinbart worden ist. Je nachdem wie eng der Begriff der Gattung gefasst wird, liegt eine Nichterfüllung (Gattung = Laptop «Smart» von Apple mit 1000 GB Speicher) oder eine Schlechterfüllung (Gattung = Laptop «Smart» von Apple) vor. Das Bundesgericht favorisiert (vgl. BGE 121 III 453, 455 ff.) den *relativen Gattungsbegriff*, welcher bei der Bestimmung der Gattung die Parteivereinbarung miteinbezieht. Folgt man dieser Betrachtungsweise, so stellt der Laptop, welchen A. dem H. am 6. November 2012 liefern wollte, ein *aliud* dar, dessen Annahme H. als nicht vertragskonform verweigern durfte. Der Verkäufer H. hat also seine Lieferpflicht bis zum vereinbarten Termin vom 6. November 2012 nicht erfüllt.

bb)   Inverzugsetzung und Nachfrist für nachträgliche Erfüllung?

Der säumige Schuldner muss grundsätzlich *gemahnt* werden, damit er in Verzug gerät, und der Gläubiger hat ihm anschliessend eine angemessen *Frist zur nachträglichen Erfüllung* anzusetzen (Art. 107 Abs. 1 OR). Für beide Erfordernisse gibt es jedoch Ausnahmen. So ist eine Mahnung entbehrlich, wenn die Parteien einen Verfalltag vereinbart haben (Art. 102 Abs. 2 OR) und der Schuldner seine Leistung an oder bis zu einem bestimmten Termin erbringen muss. Im vorliegenden Fall kann der 6. November 2012 als Verfalltag qualifiziert werden, da H. bei Vertragsschluss A. ausdrücklich darauf hingewiesen hat, dass er am Abend des 6. Novembers 2012 verreisen werde und den Laptop für dieser Reise dringend benötige. Eine Mahnung des H. war somit nicht erforderlich und A. war ab dem 7. November 2012 in Verzug. Ähnlich verhält es sich mit der Einräumung einer Nachfrist zur nachträglichen Erfüllung. Gemäss Art. 108 Abs. 3 OR entfällt das Ansetzen einer Nachfrist, wenn sich aus der Abrede der Parteien (ausdrücklich oder konkludent) ergibt, dass nach Ablauf des Termins der Schuldner (gegen den Willen des Gläubigers) nicht mehr gültig erfüllen kann. Davon ist im vorliegenden Fall auszugehen, da H. den Verkäufer A. ausdrücklich auf die grosse Bedeutung des Termins vom 6. November 2012 hingewiesen hatte und dieser nach Treu und Glauben davon ausgehen musste, dass das Geschäft mit der Einhaltung dieses Termins stehen und fallen sollte. Da der Verkäufer A. nicht in der Lage war, seine vertraglich geschuldete Leistung bis am Abend des 6. November 2012 zu erbringen, stand A. nach Art. 107 Abs. 2 OR das Recht zu, vom Vertrag zurückzutreten. Dieses Recht hat er ausgeübt, so dass dadurch der Anspruch des A. auf Zahlung des Kaufpreises untergegangen ist.

C)   Ergebnis

A. hat keinen Anspruch gegen H. auf Bezahlung von Fr. 2800.–.

2.   Anspruch des A. gegen H. auf Bezahlung von Fr. 8900.– gestützt auf Art. 184 Abs. 1 OR?

A. hat einen Anspruch gegen H. auf Bezahlung des Kaufpreises von Fr. 8900.–, falls zwischen den Parteien ein gültiger Kaufvertrag nach Art. 184 OR zustande gekommen ist und weiterhin besteht.

A)   Entstehung des Anspruchs?

Der Anspruch des A. ist entstanden, falls ein gültiger Kaufvertrag (Art. 1 OR in Verbindung mit 184 Abs. 1 OR) vorliegt. Aus dem Sachverhalt geht hervor, dass sich Assistent B. mit dem Verkäufer A. auf die Lieferung von zehn Computer «Cheapy» von Samsung zum Preis von insgesamt Fr. 8900.– geeinigt hat. Diese Einigung bedarf nach Art. 11 OR keiner besonderen Form, da mündliche, gegenseitige und übereinstimmende Willensäusserungen für das Vorliegen eines Konsenses (grundsätzlich) genügen. Aus dem Sachverhalt sind sodann auch keine Ungültigkeitsgründe (vgl. Art. 19/20, Art. 23 ff. OR) erkennbar.

Es ist nun allerdings zu beachten, dass die Einigung des Verkäufers mit dem *Assistenten B.* zustande gekommen ist und dieser nicht für sich, sondern für H. gehandelt hat. Es stellt sich deshalb die Frage, ob H. durch diese Einigung berechtigt und verpflichtet wird. Dies ist zu bejahen, wenn die Voraussetzungen der *direkten Stellvertretung* (Art. 32 ff. OR) erfüllt sind. Dazu ist erstens erforderlich, dass der Vertreter nicht in eigenem Namen, sondern *im Namen des Vertretenen* handelt. Gemäss Sachverhalt hat sich B. bei der Suche nach geeigneten Computern gegenüber dem Verkäufer A. als Assistent des H. ausgegeben und dadurch zumindest konkludent erklärt, dass er die Computer für H. (und nicht für sich selber) erwerben wolle. Zudem hatte H. dem Verkäufer A. am Vorabend ja angekündigt, sein Assistent werde vorbeikommen, um das geeignete Computermodell auszuwählen. Aufgrund der gesamten Umstände hat somit B. seine Erklärungen im Namen des H. abgegeben. Als zweite Voraussetzung muss B. von H. *ermächtigt* worden sein, als sein Vertreter zu handeln (Art. 32 Abs. 1 OR). Obwohl im Sachverhalt nicht ausdrücklich von einer Ermächtigung die Rede ist, ergibt sich aus den gesamten Umständen, dass B. von H. ermächtigt wurde, das Computermodell auszuwählen und den Kauf zu tätigen, da er ihn mit der Auswahl der Computer und dem Abschluss des Kaufgeschäfts beauftragt hatte. Da der Kaufvertrag zudem kein vertretungsfeindliches Rechtsgeschäft darstellt und die Urteilsfähigkeit von B. vermutet werden kann, sind die Voraussetzungen für eine gültige Stellvertretung erfüllt. Zwischen H. und A. ist somit ein Kaufvertrag über die Lieferung von zehn Computer «Cheapy» von Samsung zum Gesamtpreis von Fr. 8900.– zustande gekommen.

B) Untergang des Anspruchs?

Liegt ein gültiger Kaufvertrag zwischen A. und H. vor, so stellt sich die Frage, ob der Anspruch auf Zahlung des Kaufpreises fällig ist und ob der Anspruch weiterhin besteht oder allenfalls untergegangen ist.

a) Fälligkeit des Anspruchs auf Zahlung des Kaufpreises?

Unter Vorbehalt besonderer Parteivereinbarung oder Umstände werden die zu erbringenden Leistungen aus Kaufvertrag sofort fällig (Art. 75 OR) und sind Zug um Zug zu erfüllen (Art. 184 Abs. 2 OR). Vorliegend haben die Parteien vereinbart, dass A. den Käufer H. informiert, sobald die gekauften Computer bei A. eingetroffen sind. Dies hat er mit Schreiben vom 11. November 2012 getan, wonach die bestellten Computer seit dem 10. November 2012 zum Abholen bereit seien. Dadurch hat A. seine Leistung nach Art. 82 OR gehörig angeboten, weshalb er im Gegenzug den fälligen Kaufpreis einfordern kann.

b) Untergang durch Rücktritt des H.?

Es stellt sich die Frage, ob die am 6. November 2012 erfolgte Weigerung des H., den Laptop «Smart» von Apple entgegen zu nehmen sowie die in diesem Zusammenhang gegenüber A. gemachten Äusserungen auch als Rücktritt vom Kauf der zehn Computer «Cheapy» von Samsung zu betrachten sind. Dies ist nur möglich, falls zu diesem Zeitpunkt die Voraussetzungen für einen Rücktritt erfüllt waren, was im Folgenden zu prüfen ist.

aa) Rücktritt bzw. Wandelung nach OR BT?

Nach Art. 205 Abs. 1 OR besteht für den Käufer einer Sache die Möglichkeit, vom Vertrag mittels Wandelung zurückzutreten, sofern wegen *Lieferung mangelhafter Ware* ein Fall der *Sachgewährleistung* vorliegt (Art. 197 ff. OR). Diese Voraussetzung ist vorliegend nicht erfüllt, da A. die zehn Samsung-Computer von seinem eigenen Zulieferer noch gar nicht erhalten hatte, als H. am 6. November 2012 vom Kauf des Laptops «Smart» von Apple zurücktrat.

bb) Rücktritt vom Kaufvertrag nach OR AT?

Ein Rücktritt wegen *Schuldnerverzugs* nach Art. 102 ff. OR scheidet im vorliegenden Fall ebenfalls aus. Die Parteien haben keinen konkreten Liefertermin vereinbart, sondern lediglich ausgemacht, dass A. den Käufer H. sofort informieren werde, sobald die zehn Samsung-Computer im Geschäft des A. eingetroffen sind. Dies hat A. mit Schreiben vom 11. November 2012 getan. Der Sachverhalt liefert somit keine Anhaltspunkte für einen Schuldnerverzug des A., weshalb ein Rücktritt nach Art. 107 OR a priori ausscheidet.

Es liegt also kein gültiger Rücktritt vom Kaufvertrag über die zehn Computer «Cheapy» von Samsung vor und A. ist berechtigt, den Kaufpreis von Fr. 8900.– von H. – gegen gleichzeitige Übergabe der bestellten zehn Computer – einzufordern.

C) Ergebnis

A. hat einen Anspruch gegen H. auf Bezahlung von Fr. 8900.–.

Einige Leiturteile zum OR AT

BGE 105 II 23 – Urteil der I. Zivilabteilung vom 20. Februar 1979 i.S. Nussberger gegen K. (Berufung)

Regeste

Kaufvertrag, Erklärungsirrtum. Art. 1 Abs. 1 und Art. 7 Abs. 3 OR. Auslage von Waren in einem Schaukasten ausserhalb des Geschäftslokales (E. 1). Art. 24 Abs. 1 Ziff. 3 OR. Erklärungsirrtum und Vertrauensgrundsatz (E. 2). Art. 26 OR. Schadenersatzpflicht des fahrlässig Irrenden (E. 3).

Sachverhalt ab Seite 23

A. – Werner Nussberger ist Juwelier und Goldschmied in Baden. In einem Schaukasten in der Nähe seines an der Obern Gasse in Baden gelegenen Geschäftes stellte er im Herbst 1974 einen Damenring mit blauem Opal und 25 Brillanten aus. Den Preis für diesen Ring hatte er auf Fr. 13 800.– festgesetzt; aus Versehen brachte aber eine Angestellte Nussbergers, Silvia Meier, am Ring eine Preisetikette an, auf der ein Verkaufspreis von Fr. 1380.– vermerkt war. Am 15. Oktober 1974 betrat K. das Geschäft Nussbergers und wünschte den ausgestellten Ring zu kaufen. K. wurde von Jürg Jauslin bedient, der das «Garantiezertifikat» für den Ring ausstellte und alsdann K. den Ring zu dem auf der Preisanschrift aufgeführten Preise von Fr. 1380.– überliess. Am folgenden Tage entdeckte Nussberger den Fehler. Er erklärte K. gegenüber den Rücktritt vom Vertrage und forderte ihn auf, den Ring gegen Erstattung des Kaufpreises von Fr. 1380.– zurückzugeben. Eine Einigung kam nicht zustande.

B. – Im Januar 1975 erhob Nussberger gegen K. beim Bezirksgericht Baden Klage auf Rückgabe des Ringes, Zug um Zug gegen Bezahlung des Kaufpreises von Fr. 1380.–. [24] Eventuell sei der Beklagte zu verpflichten, dem Kläger Fr. 12 420.– zu zahlen. Demgegenüber beantragte der Beklagte Abweisung der Klage. In seinem «Widerklageschluss» erklärte er sich bereit, den Ring dem Kläger gegen Erstattung des Kaufpreises sowie gegen Leistung von Schadenersatz im Betrage von Fr. 2120.– sowie der Erstattung der Kosten eines von ihm eingeholten Gutachtens herauszugeben. Mit Urteil vom 29. Juni 1977 wies das Bezirksgericht Baden die Klage ab, ebenso auf Appellation des Klägers hin das Obergericht (2. Zivilabteilung) des Kantons Aargau am 29. Juni 1978.

C. – Der Kläger hat gegen das obergerichtliche Erkenntnis die Berufung erklärt, mit der er die Gutheissung seiner Klagebegehren sowie die Abweisung der Widerklage verlangt. Der Beklagte hat keine Berufungsantwort eingereicht.

Auszug aus den Erwägungen:

Das Bundesgericht zieht in Erwägung:

1. – Nach Art. 7 Abs. 3 OR gilt die Auslage von Waren mit Angabe des Preises in der Regel als Antrag. Das ist unter anderem auch dann der Fall, wenn eine Kaufsache nicht nur im Geschäftslokal, sondern, wie hier, ausserhalb von diesem in einem Schaukasten ausgestellt wird (SCHÖNENBERGER/JÄGGI, N. 28 zu Art. 7 OR). Aus dem angefochtenen Urteil ergeben sich keine Anhaltspunkte, wonach der Beklagte erkannt hat oder doch hätte erkennen müssen, dass der Kläger den Ring zu einem höheren als dem auf der Preisetikette vermerkten Preis verkaufen wollte. Der Vertrag kam somit zustande, als der Beklagte gegenüber dem Angestellten des Klägers, Jauslin, die Annahme erklärte (Art. 1 Abs. 1 OR). Dass Jauslin einen neuen Antrag gemacht hätte und dieser vom Beklagten angenommen worden wäre, stellt die Vorinstanz nicht fest. Unter diesen Umständen kann auf das Verhalten Jauslins nichts mehr ankommen. Hingegen muss sich der Kläger die von seiner Angestellten Meier als Hilfsperson erstellte falsche Preisanschrift so anrechnen lassen, wie wenn der Fehler ihm selbst unterlaufen wäre; anderseits darf er sich auf den Irrtum dieser Hilfsperson berufen.

2. – a) Der Kläger macht Irrtum geltend. Fest steht, dass er den Ring zum Preise von Fr. 13 800.– verkaufen wollte, während die Angestellte Meier den Ring – aus Versehen [25] mit nur Fr. 1380.– auszeichnete. Indem das, wie erläutert, zum Abschluss des Vertrags mit dem Beklagten führte, liess der Kläger sich eine Gegenleistung von erheblich geringerem Umfang versprechen, als es sein Wille war (vgl. VON TUHR/PETER, Allgemeiner Teil des Schweizerischen Obligationenrechts, Zürich 1979, S. 305). Darin liegt ein wesentlicher Irrtum im Sinne von Art. 24 Abs. 1 Ziff. 3 OR, so dass der Vertrag für den Kläger unverbindlich ist.

b) Die Vorinstanz verwehrt dem Kläger die Berufung auf Irrtum, weil derjenige, der sich verschrieben oder versprochen habe, nur dann Irrtum geltend machen dürfe, wenn er nachweisen könne, dass die Gegenpartei beim Vertragsschluss bösen Glauben gehabt habe. Für ihre Auffassung stützt sich die Vorinstanz auf VON BÜREN (Schweizerisches Obligationenrecht, Allgemeiner Teil, Zürich 1964, S. 235). In der Tat wird von einem Teil der Lehre die Meinung vertreten, dass der Vertrauensgrundsatz den Vertrag in jeder Hinsicht beherrsche. Dem Irrenden sei deshalb die Berufung auf Irrtum versagt, wenn nach dem Vertrauensgrundsatz der Vertrag als geschlossen betrachtet werden müsse (vgl. A. SIMONIUS, über die Bedeutung des Vertrauensprinzipes in der Vertragslehre, in: Festgabe der Basler Juristenfakultät zum Schweizerischen Juristentag, Basel 1942, S. 263 ff.; SCHÖNENBERGER/JÄGGI, N. 208 und 209 zu Art. 1 OR; VON BÜREN, a.a.O., S. 235 ff.). Ob das zutrifft oder ob auch in einem solchen Fall die Anwendung der Irrtumsregeln uneingeschränkt offen steht, ist indes eine Streitfrage, die seit langer Zeit erörtert wird, wobei besonders in der deutschen Lehre der erstgenannten Ansicht das Wort geredet wird (vgl. SCHMIDLIN, Das Vertrauensprinzip und die Irrtumslehre im deutschen und schweizerischen Recht, in: ZSR 89/1970, S. 225 ff.).

Für das schweizerische Recht hat das Bundesgericht in dieser Kontroverse bereits in BGE 34 II 531 E. 7 Stellung genommen, wo es zu Art. 19 aOR, der dem geltenden Art. 24 OR entspricht, ausführte, in Fällen, wo ein wesentlicher Irrtum vorliege, stelle das Gesetz auf den von der Erklärung abweichenden Willen ab. Es berücksichtige nämlich «entgegen den einseitigen Interessen der Verkehrssicherheit auch die Interessen des Schuldners und findet den Ausgleich nicht in einer Beschränkung der Anfechtungsmöglichkeit, sondern in der Schadenersatzpflicht» des fahrlässig Irrenden. Später prüfte das [26] Bundesgericht dann in einem Fall, in dem es das Zustandekommen des Vertrags in Anwendung des Vertrauensgrundsatzes bejaht hatte, ohne Weiteres auch die Frage, ob der Vertrag allenfalls infolge Erklärungsirrtums einseitig unverbindlich sei (BGE 64 II 11 E. 3 und 4; vgl. auch BGE 39 II 579 E. 2). Auf dieser Linie liegt schliesslich auch ein neuerer Entscheid, wo dargelegt wird, der Umstand allein, dass der Irrende den Irrtum seiner eigenen Fahrlässigkeit zuzuschreiben habe, mache die Berufung auf Irrtum nicht missbräuchlich im Sinne von Art. 25 OR; andernfalls verlöre Art. 26 OR, der den fahrlässig Irrenden zum Ersatz des aus dem Dahinfallen des Vertrags erwachsenen Schadens verpflichte, seine Bedeutung (BGE 91 II 280 E. 3).

Von der dargelegten Rechtsprechung abzugehen, besteht kein Anlass, denn die gesetzliche Ordnung ist klar und unmissverständlich: Ein Vertrag kommt zustande, wenn übereinstimmende gegenseitige Willensäusserungen vorliegen (Art. 1 Abs. 1 OR). Ob das zutrifft, ist gegebenenfalls unter Heranziehung des Vertrauensgrundsatzes zu ermitteln. Erst wenn feststeht, dass dergestalt ein Vertrag zustande gekommen ist, stellt sich die weitere Frage, ob er allenfalls wegen eines wesentlichen Irrtums für die eine Partei unverbindlich ist (Art. 23 OR). Das entscheidet sich namentlich nach den in Art. 24 OR niedergelegten Regeln und ist damit unabhängig von der Frage, ob hinsichtlich des anzufechtenden Vertrags die Willenserklärungen als übereinstimmend zu betrachten sind (vgl. OFTINGER, Bundesgerichtspraxis zum Allgemeinen Teil des Schweizerischen Obligationenrechts, 2. Auflage, Zürich 1973, S. 100; VON TUHR/PETER, Allgemeiner Teil des Schweizerischen Obligationenrechts, Band I, Zürich 1979, S. 307; GUHL/MERZ/KUMMER, Das Schweizerische Obligationenrecht, Zürich 1972, S. 142; ENGEL, Traité des obligations en droit suisse, Neuenburg 1973, S. 220).

c) Auch wenn der Beklagte die Preisanschrift im Schaukasten in guten Treuen als gültiges Angebot des Klägers verstanden hat, vermag sich letzterer somit durch Berufung auf Irrtum von seinen vertraglichen Pflichten loszusagen, da sein Irrtum erheblich im Sinne von Art. 24 Abs. 1 Ziff. 3 OR ist. Anhaltspunkte dafür, dass die vom Kläger erhobene Irrtumseinrede missbräuchlich nach Art. 25 OR sei, sind nicht ersichtlich. [27]

3. – Nach Art. 26 OR ist der Irrende, der den Vertrag nicht gegen sich gelten lassen will, zum Ersatz des aus dem Dahinfallen des Vertrags erwachsenen Schadens verpflichtet, wenn er seinen Irrtum der eigenen Fahrlässigkeit zuzuschreiben hat. Dabei ist das Verhalten des Irrenden mit einer gewissen Strenge zu beurteilen, weil Art. 26 OR ihn an sich schon günstig behandelt und ihn von jeglicher Haftung befreit, wenn ihn kein Verschulden trifft (BGE 69 II 239 E. 2).

Der Kläger, der sich das Verhalten seiner Hilfspersonen anrechnen lassen muss, hat den Irrtum der eigenen Fahrlässigkeit zuzuschreiben. Wer als Geschäftsmann in einer Auslage eine Preisanschrift anbringt, muss wissen, dass damit ein gültiger Antrag zum Abschluss eines Kaufvertrages gemacht wird. Er hat somit alles vorzukehren, um ein Versehen zu vermeiden. Gerade im vorliegenden Falle wäre für den Kläger besondere Sorgfalt angezeigt gewesen, sollte doch in der Auslage ein Ring mit einem hohen Wert zum Verkauf angeboten werden. Umstände, die ihn entlasten könnten, vermag der Kläger nicht aufzuzeigen. Das Versehen seiner Angestellten gereicht ihm somit ohne weiters zum Verschulden, so dass er gemäss Art. 26 OR für den entstandenen Schaden haftet. Der Beklagte macht denn auch mit seinem Widerklagebegehren Schadenersatz geltend. Darüber brauchte die Vorinstanz angesichts ihrer Rechtsanschauung nicht zu befinden. Im angefochtenen Urteil fehlen deshalb tatsächliche Feststellungen, die eine Beurteilung des Schadenersatzbegehrens des Beklagten erlaubten. Gestützt auf Art. 64 Abs. 1 OG ist es deshalb aufzuheben, und die Sache ist zur neuen Entscheidung an die Vorinstanz zurückzuweisen.

Demnach erkennt das Bundesgericht:

Die Berufung wird dahin gutgeheissen, dass das Urteil des Obergerichts (2. Zivilabteilung) des Kantons Aargau vom 29. Juni 1978 aufgehoben und die Sache zur neuen Entscheidung im Sinne der Erwägungen an die Vorinstanz zurückgewiesen wird.

BGE 110 II 456 – Auszug aus dem Urteil der I. Zivilabteilung vom 9. Oktober 1984 i.S. F. gegen H. AG (Berufung)

Regeste

Art. 55 OR. Haftung des Geschäftsherrn für Schäden aus Produktemängeln. 1. An den Befreiungsbeweis des Geschäftsherrn sind auch dann erhöhte Anforderungen zu stellen, wenn die Arbeit der Hilfspersonen als solche nicht gefährlich ist, Fehler bei der Herstellung des Produktes aber zu einer Gefahr für Personen, die es bestimmungsgemäss verwenden, führen können (E. 2b). 2. Die vom Geschäftsherrn gemäss Art. 55 Abs. 1 OR verlangte Sorgfalt beschränkt sich nicht auf richtige Auswahl, Überwachung und Instruktion der Hilfspersonen, sondern der Geschäftsherr hat darüber hinaus für eine zweckmässige Arbeitsorganisation und nötigenfalls für die Endkontrolle seiner Erzeugnisse zu sorgen, wenn damit eine Schädigung Dritter verhindert werden kann (E. 3a). 3. Ist eine Endkontrolle der Produkte nicht möglich oder unzumutbar, muss der Geschäftsherr eine Konstruktionsart wählen, die Fabrikationsfehler und die sich daraus ergebende Schädigungsgefahr mit hoher Wahrscheinlichkeit ausschliesst (E. 3b).

Sachverhalt ab Seite 457

Christian F., Arbeitnehmer der Baufirma Gebrüder F. & B., erlitt am 14. Oktober 1980 bei Bauarbeiten an der Allmendstrasse in Reutigen einen Unfall. F. war zusammen mit anderen Arbeitern damit beschäftigt, einen 690 kg schweren, exzentrischen Schachtrahmen aus armiertem Beton mit Hilfe eines Baggers hochzuheben und auf dem Schacht anzubringen. Dabei riss eine der beiden etwa in der Schwerelinie des Rahmens einbetonierten Aufhängeschlaufen aus, worauf der Rahmen herabfiel und den rechten Fuss von F. zerquetschte.

Nach dem Unfall befand sich F. während rund drei Monaten im Spital und war bis 25. Oktober 1981 arbeitsunfähig. Die Unfallverletzungen führten zu einer schweren Deformation des rechten Fusses. F. muss einen speziellen orthopädischen Schuh tragen und ist gehbehindert. Er arbeitet heute wieder bei der gleichen Bauunternehmung als Maschinist, ist aber für manuelle Arbeiten wie zum Beispiel Schaufeln und Pickeln nicht mehr voll einsatzfähig. Die SUVA setzte am 13. Juni 1983 die Erwerbsunfähigkeit von F. auf 30% fest und sprach ihm eine monatliche Invalidenrente von Fr. 606.– zu. Für die unfallbedingte Arbeitsunfähigkeit zahlte die SUVA ein Krankengeld von 80% des ausgefallenen Lohnes aus.

Im Februar 1983 erhob F. beim Appellationshof des Kantons Bern Klage gegen die H. AG, welche den Schachtrahmen hergestellt hatte. Er verlangte Schadenersatz von rund Fr. 69 000.– und [458] eine Genugtuung von Fr. 15 000.–. Zur Begründung der Klage machte er geltend, die Beklagte hafte aufgrund von Art. 55 OR, weil die Aufhängeschlaufe wegen eines Fehlers bei der Herstellung des Schachtrahmens ausgerissen sei.

Der Appellationshof wies die Klage am 31. August 1983 mit der Begründung ab, die Beklagte habe beweisen können, dass sie alle erforderlichen und zumutbaren Massnahmen getroffen habe, um das Ausreissen der Aufhängeschlaufe zu verhindern.

Der Kläger hat gegen dieses Urteil Berufung eingelegt, die gutgeheissen wird.

Auszug aus den Erwägungen:

Aus den Erwägungen:

1. – Die Sachverhaltsfeststellungen der Vorinstanz sind, soweit sie im folgenden wiedergegeben werden, von keiner Partei bestritten. Danach stellt die Beklagte verschiedene Arten von

Schachtrahmen seit mehr als zwanzig Jahren in Stückzahlen von heute jährlich insgesamt 200 bis 250 her. Für den Herstellungsvorgang bestehen keine schriftlichen Anweisungen. Fabriziert werden die Rahmen von zwei langjährigen und bewährten Arbeitern. Beide gelten als zuverlässig und werden nicht speziell überwacht. Das Vorgehen bei der Rahmenherstellung ist einfach. Zunächst wird in die entsprechende Form eine erste Schicht Beton eingefüllt und eine Lage Armierungseisen eingelegt. Dann werden die vorfabrizierten Aufhängeschlaufen eingesetzt, die aus acht Millimeter dickem Armierungsstahl von ca. 45 cm Länge bestehen. Die Schlaufen weisen die Form einer unten offenen Acht auf; der obere runde Teil dient als Öse, die mit den zwei unteren Enden im Beton verankert wird. Nach dem Einsetzen der Schlaufen wird eine weitere Schicht Beton eingeschaufelt, die zweite Lage Armierung eingelegt und nochmals Beton eingefüllt, der jedesmal gestampft oder vibriert wird. Dann wird mit einer Schablone eine runde Vertiefung in den Rahmen gepresst, welche für das Einsetzen des eisernen Gussdeckels bestimmt ist. Schliesslich wird der Rahmen nach Erhärtung des Betons, d.h. nach ein bis zwei Tagen, mit einem Hubstapler ins Freie gebracht und auf dem Fabrikgrundstück gelagert.

Seit 1979 oder 1980 wird der unterste Teil der Schlaufenenden in Form von Widerhaken nach oben gebogen. Zudem werden heute bei exzentrischen Schachtrahmen anstelle von zwei Aufhängeschlaufen deren drei eingesetzt. Der Rahmen, welchen die [459] Beklagte der Firma Gebrüder F. & B. am 1. September 1980 geliefert hatte, war mit zwei Schlaufen ohne Widerhaken versehen. Wann genau und von welchem Arbeiter er hergestellt wurde, ist nicht bekannt.

Dieser Rahmen war rund ein Monat vor dem Unfall von Arbeitern der Firma Gebrüder F. & B. an der Allmendstrasse auf das Schachtrohr aufgesetzt worden. Auch damals hatte ein Bagger den Rahmen an einem durch die Schlaufen gezogenen Seil hochgehoben und auf dem Schachtrohr abgesetzt. Am Tag des Unfalls wurde der Rahmen wieder abgenommen, weil das Schachtrohr verkürzt werden sollte. Für das Durchziehen des Drahtseiles war es notwendig, die Schlaufen etwas hochzubiegen. Der Rahmen wurde dann neben dem Schachtrohr abgesetzt. Nach der Verkürzung des Rohres wurde der Rahmen vom Bagger hochgezogen und über dem Schacht in die richtige Lage gebracht. Dabei stand der Kläger neben dem Rahmen, um beim Richten zu helfen, und während des Absenkens ereignete sich der Unfall.

Auch die Feststellungen des Appellationshofes über die Ursache des Ausreissens der Aufhängeschlaufe sind von beiden Parteien unbestritten. Die Vorinstanz stellte dazu auf ein Gutachten vom 17. Mai 1982, die Aussagen des Gutachters und den Augenschein bei der Beklagten ab. Nach dem Gutachten lagen drei Fabrikationsfehler vor. Erstens war die ausgerissene Schlaufe um ca. 35° verdreht eingesetzt worden, wodurch ein Schlaufenende allein den Grossteil der Last tragen musste; das heisst der Winkel zwischen Betonoberfläche und Schlaufenenden betrug nicht wie normal etwa 55°, sondern für das eine Ende ca. 20° und für das andere ca. 90°. Zweitens waren die Schlaufenenden ungleich lang. Während das eine rund 15 cm mass, wies das andere, beinahe senkrecht im Beton eingesetzte, eine Länge von rund 11 cm auf. Drittens waren die Schlaufenenden nicht vollständig vom Beton umgeben, weil die Schlaufe nicht genügend einvibriert worden war. Diese Fehler waren von aussen nicht zu erkennen. Nach den Aussagen des Gutachters hätte das kürzere Schlaufenende auch allein die Last tragen können, wenn es vollständig von Beton umgeben gewesen wäre. Der Gutachter gab an, die Schlaufe müsse nach dem Einsetzen, während des Härtens des Betons verschoben und nachher der Beton nicht mehr vibriert oder gestampft worden sein. Beim Augenschein stellte der Appellationshof fest, dass eine Schlaufe in diesem Stadium des Herstellungsvorgangs durch ein blosses Anschlagen mit der Pflasterkelle verschoben werden kann. Der [460] Gutachter hatte sich auch dazu geäussert, ob die Haftung zwischen Beton und Schlaufe durch das Niederdrücken und Wiederaufliegen der Schlaufe habe geschwächt werden können. Er bezeichnete dies als möglich, aber nicht nachweisbar. Im angefochtenen Urteil wird ausgeführt, das Gutachten enthalte insofern einen Widerspruch, als an einer Stelle eine Schwächung der

Haftbrücke zwischen Stahl und Beton grundsätzlich für möglich gehalten werde, an einer anderen Stelle aber festgehalten werde, das Um- und Wiederaufbiegen beanspruche nur den Stahl; nach den Aussagen des Gutachters bei der Befragung müsse die Schwächung jedoch für möglich gehalten werden. Im restlichen Teil des Urteils kommt der Appellationshof nicht mehr auf diese Bemerkung zurück; offenbar weil er die Frage für unerheblich hielt. Die Parteien äussern sich nicht dazu. Unter diesen Umständen muss davon ausgegangen werden, dass eine – nach Feststellung des Gutachters nicht nachweisbare – Schwächung der Haftung zwischen Beton und Schlaufe durch das Niederdrücken und Wiederaufbiegen als Ursache des Ausreissens ausser Betracht fällt.

2. – Gemäss Art. 55 Abs. 1 OR haftet der Geschäftsherr für den Schaden, den seine Arbeitnehmer oder andere Hilfspersonen in Ausübung ihrer dienstlichen oder geschäftlichen Verpflichtungen verursacht haben, wenn er nicht nachweist, dass er alle nach den Umständen gebotene Sorgfalt zur Schadenverhütung angewendet hat, oder dass der Schaden auch bei Anwendung dieser Sorgfalt eingetreten wäre. Der Appellationshof weist zutreffend darauf hin, dass es sich dabei um eine Kausalhaftung handelt, die kein Verschulden der Hilfsperson oder des Geschäftsherrn voraussetzt (BGE 97 II 223 mit Hinweisen).

In bezug auf den Befreiungsbeweis hält die Vorinstanz fest, die vom Geschäftsherrn geforderte Sorgfalt werde im allgemeinen in die Trilogie cura in eligendo, instruendo vel custodiendo gegliedert; darüber hinaus könne sich der Geschäftsherr in der Regel nicht befreien, wenn er die Arbeit in seinem Betrieb unzweckmässig organisiert habe, ungeeignetes Material oder Werkzeug zur Verfügung gestellt, die Hilfsperson überanstrengt oder zu Arbeiten angehalten habe, denen sie nicht gewachsen sei oder die schlechthin gefährlich seien, ohne dass er gleichzeitig die im Interesse Dritter erforderlichen Schutzmassnahmen getroffen habe. An den Befreiungsbeweis seien strenge Anforderungen zu stellen, und die geforderte Sorgfalt sei um so grösser, je wichtiger oder gefährlicher die Arbeit der Hilfsperson sei. Vom Geschäftsherrn dürfe aber [461] nicht Unzumutbares verlangt werden. Gegen diese Ausführungen, die mit Lehre und Rechtsprechung übereinstimmen, bringt der Kläger mit Recht nichts vor.

a) Nach Auffassung des Appellationshofes kann der Beklagten bezüglich Auswahl der Arbeiter, denen die Herstellung der Schachtrahmen übertragen war, kein Vorwurf gemacht werden. Auch die Überwachung durch den Vorarbeiter, der Stichproben gemacht habe, sei nicht ungenügend gewesen. Die seit Jahren mit dem Arbeitsvorgang vertrauten Arbeiter hätten beste Gewähr dafür geboten, die einfache und alltägliche Verrichtung ordnungsgemäss auszuführen. Es sei weltfremd zu fordern, dass während des gesamten Herstellungsvorgangs stets jemand hinter den Arbeitern hätte stehen und sie überwachen müssen. Eine Verletzung der cura in instruendo liege ebenfalls nicht vor. Die Arbeiter hätten aufgrund ihrer langen Erfahrung den Produktionsvorgang bestens gekannt. Die einfache und ihnen geläufige Arbeit habe nicht erfordert, dass ihnen stets die Weisung erteilt werde, namentlich bei der Einbetonierung der Schlaufen besondere Vorsicht walten zu lassen, denn das sei für die Arbeiter selbstverständlich gewesen.

b) Diesen Erwägungen kann insoweit ohne Bedenken beigestimmt werden, als sich die Beklagte auf ihre zuverlässigen, langjährigen Arbeiter verlassen durfte, ohne sie ständig zu ermahnen und zu überwachen. Es stellt sich aber die Frage, ob die Hilfspersonen ausreichend instruiert worden sind. Ursache für die ungenügende Haftung zwischen der ausgerissenen Schlaufe und dem Beton war nach der Aussage des Gutachters eine Unachtsamkeit bei der Herstellung: Die Schlaufe war während des Härtevorgangs versehentlich berührt und verschoben worden, und danach war der Beton nicht noch einmal gestampft oder vibriert worden. Es sind auch dann erhöhte Anforderungen an die Pflicht zur Erteilung von Anweisungen zu stellen, wenn die Arbeit der Hilfspersonen als solche nicht gefährlich ist, Fehler bei der Herstellung des Erzeugnisses aber zu einer Gefahr für Leib und Leben der Personen, die es bestimmungsgemäss verwenden, führen können (vgl. BGE 64 II 261/2). Dass das Ausreissen einer Aufhängeschlaufe während des Hochhebens des 690 kg schweren Schachtrahmens fatale Folgen haben konnte, musste der Beklagten bewusst sein. Es könnte deshalb mit guten Gründen die Auffassung vertreten werden, sie hätte ihre Arbeiter nachdrücklich darauf hinweisen müssen, dass auch ein geringfügiges Versehen beim Härtevorgang die Funktionstüchtigkeit der Schlaufen in Frage stelle. Mit der Vorinstanz [462] ist aber davon auszugehen, dass unter den gegebenen Umständen der Fabrikationsfehler durch das Erteilen derartiger Anweisungen nicht hätte verhindert werden können.

3. – Der Kläger wirft dem Appellationshof vor, er habe unzureichend geprüft, ob die Beklagte hafte, weil sie die Schachtrahmen nach der Herstellung nicht habe kontrollieren lassen. Ein kurzes abruptes Hochheben und Absenken der Rahmen an ihren Schlaufen durch einen Gabelstapler hätte zur Prüfung der Festigkeit der Schlaufen genügt. Eng mit der Kontrollpflicht hänge die zweckmässige Organisation des Betriebes zusammen. Inhalt dieser «Organisationshaftung» sei sicher einmal der korrekte Ablauf der Herstellungsphase. Weiter habe der Geschäftsherr aber schon organisatorisch eine Kontrolle der Produkte vorzusehen. Die cura in custodiendo umfasse die sorgfältige Ausführung der Kontrolle, das Gebot der zweckmässigen Organisation jedoch das Vorsehen einer Kontrolle.

Nach Ansicht des Appellationshofes hätte der Fabrikationsfehler durch eine Kontrolle der Schlaufen nicht entdeckt werden können. Die Vorinstanz leitet diese Annahme aus dem Umstand ab, dass die Schlaufen mindestens zweimal gehalten hatten. Der mangelhafte Schachtrahmen müsse als sogenannter Ausreisser betrachtet werden, dessen Fehler durch zumutbare Kontrolle nicht feststellbar gewesen sei. Im übrigen könne auch nicht behauptet werden, der Betrieb der Beklagten sei unzweckmässig organisiert gewesen.

a) In BGE 90 II 90 wurde festgehalten, der Geschäftsherr habe zur Haftungsbefreiung insbesondere nachzuweisen, dass er seinen Betrieb zweckmässig organisiert habe. Für die Beurteilung jenes Falles war diese Frage aber ohne Bedeutung. In einem früheren Entscheid zu Art. 62 alt OR wurde der Direktion eines Betriebes ein Verschulden vorgeworfen, weil sie die Arbeit der Hilfspersonen mangelhaft organisiert hatte. Der Mangel wurde darin gesehen, dass keine Personen bezeichnet worden waren, welche regelmässig eine bestimmte Arbeit auszuführen hatten und daher damit vertraut waren, sondern dass die Arbeiter vielfach wechselten und einige von ihnen dazu berufen wurden, die mit der Sache nur ganz ausnahmsweise zu tun hatten (BGE 31 II 701). Unter dem Begriff des Organisationsmangels wurde somit das Fehlen von Anweisungen darüber verstanden, wer die Arbeit regelmässig auszuführen habe. In der Literatur zur Produzentenhaftung, auf welche sich die Einwände des Klägers abstützen, wird dagegen der Begriff der [463] Organisation wesentlich weiter gefasst. Diese Autoren gehen davon aus, die Arbeitsabläufe bei der industriellen Massenproduktion seien derart kompliziert und für einen Aussenstehenden unübersichtlich, dass der Beitrag des einzelnen Arbeiters unter dem Aspekt der Haftung des Herstellers für Schäden aus mangelhaften Erzeugnissen in den Hintergrund trete. Wichtiger als die Frage, ob der Geschäftsherr den Fehler des einzelnen Arbeiters hätte verhindern können, sei deshalb, ob er den Betrieb so organisiert habe, dass keine fehlerhaften Produkte das Unternehmen verlassen. Folgerichtig wird daher verlangt, eine zweckmässige Organisation habe auch die Kontrolle der fertigen Produkte zu umfassen (BARBARA MERZ, Analyse der Haftpflichtsituation bei Schädigung durch Medikamente, Diss. ZH 1980, S. 27 ff.; HANS NATER, Die Haftpflicht des Geschäftsherrn gemäss OR 55 angesichts der wirtschaftlich-technischen Entwicklung, Diss. ZH 1970, S. 62 ff.; FRANZ BURKI, Produktehaftpflicht nach schweizerischem und deutschem Recht, Diss. BE 1976, S. 145 ff.).

Diese Überlegungen können nicht ohne Weiteres auf den vorliegenden Sachverhalt übertragen werden. Sie sind auf Produktionsverhältnisse zugeschnitten, wie sie in Grossbetrieben mit weitgehend automatisierten Arbeitsabläufen gegeben sein mögen. Zudem wird von den erwähnten Autoren, die de lege ferenda eine strenge Produzentenhaftung postulieren, im allgemeinen zu wenig beachtet, dass die Anforderungen an den Befreiungsbeweis des Geschäftsherrn gemäss Art. 55 Abs. 1 OR nach den tatsächlich gegebenen Umständen bestimmt werden müssen; es geht daher nicht an, die vom Geschäftsherrn im Einzelfall geforderte Sorgfalt an Massstäben zu messen, die auf allgemeinen Annahmen über die Arbeitsabläufe bei der Herstellung von Massenprodukten beruhen. Aus dem gleichen Grunde darf die Tatsache, dass nachträglich – das heisst aufgrund der Kenntnis über die Ursache des Produktemangels – im allgemeinen leicht festzustellen ist, durch welche Massnahme der Fehler hätte entdeckt und der Schaden verhindert werden können, nicht dazu verleiten, von vornherein unerfüllbare Anforderungen an den Befreiungsbeweis zu stellen (vgl. EMIL W. STARK, Einige Gedanken zur Produktehaftpflicht, in Festgabe für Karl Oftinger, S. 292 f.). Auf die erwähnten Lehrmeinungen kann dagegen auch im vorliegenden Fall insoweit abgestellt werden, als sie mit Recht unterstreichen, dass sich die vom Geschäftsherrn gemäss Art. 55 Abs. 1 OR verlangte Sorgfalt nicht auf richtige Auswahl, Überwachung und Instruktion der Hilfspersonen [464] beschränkt, sondern der Geschäftsherr darüber hinaus für eine zweckmässige Arbeitsorganisation und nötigenfalls für die Endkontrolle der Produkte zu sorgen hat, wenn damit eine Schädigung Dritter verhindert werden kann. Der Appellationshof hat dem zu wenig Beachtung geschenkt und zudem nicht berücksichtigt, dass der allgemeine Grundsatz des Haftpflichtrechts, wonach die Schaffung oder Unterhaltung gefährlicher Zustände zum Ergreifen von Schutzmassnahmen verpflichtet, auch für die Geschäftsherrenhaftung wegleitend sein muss (OFTINGER, Schweiz. Haftpflichtrecht, Bd. II/1, 3. Auflage, S. 154/5).

b) Wie bereits festgehalten, musste der Beklagten bewusst sein, dass Herstellungsfehler, die sich auf die Festigkeit der Aufhängeschlaufen auswirkten, zu einer Gefahr bei der Handhabung der Schachtrahmen führen konnten. Die Arbeiter, die sich vor allem beim Ausrichten des Rahmens auf dem Schachtrohr im direkten Gefahrenbereich des Rahmens befinden, müssen darauf vertrauen können, dass die Aufhängeschlaufen unter allen Umständen der Belastung standhalten. Die Beklagte war deshalb verpflichtet, alle nötigen und zumutbaren Massnahmen zu ergreifen, um Herstellungsfehler zu verhindern, oder zu verunmöglichen, dass mangelhafte Erzeugnisse verkauft wurden. Wird mit der Vorinstanz angenommen, ein Fabrikationsfehler, wie er im vorliegenden Fall unterlief, hätte selbst mit einer anderen Organisation des Herstellungsvorgangs nicht vermieden werden können, so drängte sich die Vornahme einer Endkontrolle auf.

Die Beklagte bestreitet nicht, dass sie die Festigkeit der Aufhängeschlaufen nicht prüft. Sie bringt indes vor, die Schachtrahmen würden nach der Fertigung aus der Fabrikhalle auf den Lagerplatz transportiert, indem sie an den Schlaufen angehoben und weggeführt würden. Dieser bewährte innerbetriebliche Vorgang komme einer Testanordnung nahe. Der Kläger weist demgegenüber mit Recht darauf hin, dass bei einer eigentlichen Kontrolle zu prüfen wäre, ob die Schlaufen einer höheren als der normalen Belastung standhalten. Aus diesem Grund überzeugt auch das Argument des Appellationshofes nicht, dass eine Kontrolle nichts gebracht hätte, weil die mangelhafte Schlaufe vor dem Unfall mindestens zweimal gehalten habe; denn das besagt nichts darüber, ob der Mangel auch bei höherer Belastung nicht entdeckt worden wäre. Unklar ist aber, wie eine zweckmässige, vom Aufwand her zumutbare und technisch realisierbare Endprüfung zu gestalten wäre. Der Vorschlag des Klägers scheint zwar tauglich zu sein, es fragt sich aber, [465] ob die Kontrolle auf diese Weise durchgeführt werden könnte, ohne dass gerade durch die Prüfung die Verankerung der Schlaufe im Beton – von aussen nicht erkennbar – gelockert und damit erst die Gefahr eines späteren Unfalls geschaffen würde. Ob mit anderen Untersuchungsmethoden, wie etwa Durchleuchten, eine ungenügende Haftung der Schlaufen im Beton festgestellt werden könnte, ist bisher nicht geklärt worden.

Die Frage, wie eine Nachkontrolle auszugestalten wäre, kann jedoch offen bleiben. Denn sollte es keine tauglichen und zumutbaren Möglichkeiten einer derartigen Prüfung gegeben haben, so durfte die Beklagte nicht darauf verzichten, ohne durch eine sicherere Konstruktion die Gefahr, dass eine Schlaufe ausreisst, auf ein Minimum zu reduzieren. Mit anderen Worten hätte also die Beklagte die Konstruktion der Schachtrahmen so verändern müssen, dass ein Ausreissen der Schlaufen auch dann mit an Sicherheit grenzender Wahrscheinlichkeit auszuschliessen war, wenn deren Festigkeit nicht geprüft wurde oder geprüft werden konnte. Dass eine sicherere Konstruktion ohne grossen Mehraufwand möglich ist, beweisen die Änderungen, welche die Beklagte seit 1979 oder 1980 bezüglich der Aufhängeschlaufen vorgenommen hat. Sie versieht seither die Schlaufen mit Widerhaken und setzt bei exzentrischen Rahmen statt zwei deren drei ein. Die Widerhaken vermindern die Gefahr, dass die Schlaufen bei ungenügendem Einvibrieren ausreissen, und die dritte Schlaufe bietet mehr Sicherheit für den Fall, dass eine der Schlaufen der Belastung nicht standhält.

c) Zusammenfassend ist somit festzuhalten, dass die Beklagte im Hinblick auf die Funktion der Schlaufen, ein Einsetzen der Schachtrahmen ohne Schädigung der beteiligten Arbeiter zu ermöglichen, verpflichtet war, entweder durch eine Nachkontrolle allfällige Fehler bei der Produktion aufzuspüren, oder, wenn sie eine solche Kontrolle nicht vornehmen wollte oder konnte, eine sicherere Konstruktion zu wählen. Ihre Haftung ist demnach aufgrund von Art. 55 Abs. 1 OR zu bejahen. Damit braucht die vom Appellationshof verneinte Frage, ob die Klage auch auf Art. 41 OR gestützt werden könnte, nicht entschieden zu werden.

BGE 114 II 131 – Urteil der I. Zivilabteilung vom 7. Juni 1988 i.S. A. gegen Frau X. (Berufung)

Regeste

Grundlagenirrtum des Käufers. Verjährung. 1. Art. 23 ff. und 197 ff. OR. Bei falschen Angaben oder Zusicherungen über die Kaufsache kann der Käufer grundsätzlich entweder auf Gewährleistung klagen oder den Vertrag wegen eines Willensmangels anfechten (E. 1; Bestätigung der Rechtsprechung). 2. Art. 24 Abs. 1 Ziff. 4 OR. Umstände, unter denen ein Irrtum über die Echtheit eines Kunstwerkes als wesentlich anzusehen ist (E. 2a). [132] 3. Art. 31 OR bestimmt weder ausdrücklich noch sinngemäss, dass der Irrende neben der relativen Frist von einem Jahr auch eine absolute von zehn Jahren zu beachten hat (E. 2b). 4. Art. 67 Abs. 1 OR. Wird der Vertrag nach der Bezahlung des Kaufpreises vom Käufer mit Erfolg wegen Irrtums angefochten, so ist die ungerechtfertigte Bereicherung des Verkäufers in der Leistung einer Nichtschuld zu erblicken. Die absolute Verjährung für den Rückforderungsanspruch des Käufers beginnt deshalb mit der Bezahlung des Preises zu laufen (E. 3).

Sachverhalt ab Seite 132

A. – Am 4. Oktober 1974 kaufte A. von X., einem namhaften Kunstkenner, eine Tusch-Zeichnung «Modèle et Sculpture» (19 ×12, 5 cm), die oben das Datum «juillet 46» trug und mit «Picasso» unterzeichnet war. Er bezahlte Fr. 25 000.– dafür. Mit Schreiben [133] vom gleichen Tag erklärte der Verkäufer, dass er für die Echtheit der Zeichnung die Garantie übernehme und «dieses Blatt im Nachtrag zum Picasso-Oeuvre-Katalog von Zervos» veröffentlichen lasse.

Der Käufer liess die Echtheit der Zeichnung nicht überprüfen. Als er diese 1985 einer Galerie in Auktion geben wollte, kamen darüber jedoch Zweifel auf. Die Galerie wandte sich an das «Comité Picasso», das ihr am 6. November 1985 antwortete, die Zeichnung stamme nach seiner Auffassung nicht von Picasso. A. versuchte daraufhin umsonst, den Kauf rückgängig zu machen, indem er von der Witwe des inzwischen verstorbenen Verkäufers verlangte, die Zeichnung zurückzunehmen und ihm den Preis zurückzuzahlen.

B. – Am 17. Juni 1986 klagte A. beim Bezirksgericht Bremgarten gegen Frau X. auf Zahlung von Fr. 25 000.– nebst Zins. Er berief sich in erster Linie auf Unverbindlichkeit des Kaufvertrages wegen Grundlagenirrtums (Art. 24 Abs. 1 Ziff. 4 OR), eventuell auf Schadenersatz wegen absichtlicher Täuschung (Art. 31 Abs. 3 OR). Die Beklagte hielt die Forderung jedenfalls für verjährt, weshalb die Klage schon daran scheitere.

Das Bezirksgericht und auf Appellation hin am 11. Juni 1987 auch das Obergericht des Kantons Aargau wiesen die Klage wegen Verjährung des Anspruchs ab.

C. – Der Kläger hat gegen das Urteil des Obergerichts Berufung eingelegt, mit der er an seinen Rechtsbegehren festhält.

Die Beklagte beantragt, die Berufung abzuweisen und das angefochtene Urteil zu bestätigen.

Auszug aus den Erwägungen:

Das Bundesgericht zieht in Erwägung:

1. – Der Kläger hat sich schon im kantonalen Verfahren nicht auf Gewährleistung, sondern auf einen Willensmangel berufen, obschon der Streit eine ausdrücklich zugesicherte Eigenschaft der Kaufsache betrifft; er geht davon auch vor Bundesgericht aus.

a) Erweist ein angeblich echtes Kunstwerk sich nachträglich als gefälscht, so stehen dem Käufer mehrere Rechtsbehelfe mit verschiedenen Ansprüchen zur Verfügung. Wenn der Verkäufer wie hier eine bestimmte Einzelsache verspricht und sie auch liefert, wird der Vertrag erfüllt, wenn auch vielleicht schlecht. Für eine Klage gemäss Art. 97 ff. OR auf Erfüllung oder auf Schadenersatz wegen Nichterfüllung bleibt diesfalls kein Raum [BGE 82 II 416 (134) E. 3b]. Nach der Rechtsprechung kann der Käufer den Vertrag jedoch wegen eines Willensmangels im Sinne von Art. 23 ff. OR anfechten oder gemäss Art. 197 ff. OR auf Gewährleistung oder auf Schadenersatz wegen schlechter Erfüllung klagen (BGE 109 II 322 mit Hinweisen). Der Alternativität dieser Rechtsbehelfe sind allerdings Schranken gesetzt. Eine Beschränkung ergibt sich insbesondere daraus, dass Schadenersatz- und Gewährleistungsansprüche, die der Käufer aus Mängeln der Kaufsache ableitet, in bezug auf seine Prüfungs- und Rügepflichten und die Verjährung den gleichen Vorschriften unterstehen (BGE 107 II 421 mit Hinweisen). Eine weitere besteht beim Viehkauf, wo der Käufer sich grundsätzlich nicht auf Irrtum berufen kann (BGE 110 II 70 E. 3). Im allgemeinen Kaufrecht anerkennt das Bundesgericht hingegen seit Jahrzehnten, dass der Käufer den Vertrag bei Mängeln, insbesondere bei falschen Angaben oder Zusicherungen über die Kaufsache, auch wegen eines Willensmangels anfechten kann, seine Klage in solchen Fällen folglich nicht von den besondern Voraussetzungen der Sachgewährleistung abhängig gemacht werden darf (BGE 108 II 104 E. 2a mit Hinweisen).

In einem Teil der Lehre wird demgegenüber, ebenfalls seit Jahrzehnten, die Auffassung vertreten, bei mangelhafter Erfüllung des Kaufvertrages sei ausschliesslich Gewährleistungsrecht anwendbar (so insbesondere BECKER, N. 22 zu Art. 24 OR; MERZ, in Festschrift (ES) Guhl S. 85 ff.; CAVIN, in Schweizerisches Privatrecht (SPR) VII/1 S. 117 ff.; ders. in Semjud 91/1969 S. 329 ff. und 340 ff.; VON BÜREN, OR Allg. Teil S. 203; ENGEL, Traité des obligations en droit suisse S. 229; GUHL/MERZ/KUMMER, OR 7. Aufl. S. 353). Das Bundesgericht hat diese Auffassung stets abgelehnt, sei es ausdrücklich oder sinngemäss unter Hinweis auf seine ständige Rechtsprechung, der es im Entscheid 98 II 21 in Anlehnung an OFTINGER sogar gewohnheitsrechtliche Bedeutung beigemessen hat. Die Kritik an seiner Rechtsprechung ist auch seitdem nicht verstummt (MERZ, in ZBJV 110/1974 S. 47 und 118/1982 S. 131/32; MEIER-HAYOZ, in ZBJV 123/1987 S. 73 ff. und 81); es wird dem Bundesgericht vielmehr vorgehalten, dass es die gegenteilige Meinung wiederholt bloss erwähnt oder sie verworfen habe, ohne sich sachlich damit auseinanderzusetzen (GAUCH/SCHLUEP, OR Allg. Teil I 4. Aufl. N. 608a).

Dazu ist vorweg zu bemerken, dass das Bundesgericht sich bereits 1916 für die alternative Anwendbarkeit der Bestimmungen über den Irrtum neben den Vorschriften über die Gewährleistung [135] beim Kauf ausgesprochen hat (BGE 42 II 497 E. 3). Seitdem hat es seine Auffassung nicht nur in zahlreichen Urteilen bestätigt und mehrmals überprüft, sondern auch zu davon abweichenden Lehrmeinungen Stellung genommen; dies ist besonders einlässlich in BGE 82 II 412 ff. geschehen, wo es um ein als echt verkauftes Selbstporträt des Malers van Gogh ging. Seit diesem Entscheid hat das Bundesgericht sich mit Ergänzungen oder blossen Hinweisen begnügt (84 II 517, 88 II 412, 102 II 103, 106 II 34), was aber nur heissen konnte, dass es an seiner ständigen Rechtsprechung festhielt. Es durfte dies umso mehr, als seine Auffassung inzwischen auch von einem Teil der neueren Lehre ausdrücklich gebilligt worden ist (statt vieler GIGER, N. 61 ff. der Vorbemerkungen zu Art. 197–210 OR mit Zitaten; BUCHER, OR Allg. Teil S. 180 ff.; KELLER/LÖRTSCHER, Kaufrecht, 2. Aufl. S. 102 f.).

Die in Deutschland und Frankreich vorherrschende Auffassung ist vom Bundesgericht schon im van Gogh-Entscheid kurz zusammengefasst worden (BGE 82 II 420/21 mit Zitaten). Die deutsche Rechtsprechung und eine Mehrheit der Lehre lehnen eine wahlweise Anwendbarkeit der Bestimmungen über den Irrtum nach wie vor ab (vgl. neben den Kommentaren zu 119 und 459 BGB insbesondere FLUME, Das Rechtsgeschäft, S. 484 ff.; LARENZ, Lehrbuch des

Schuldrechts, 13. Aufl. II/1 S. 73/74 sowie die Nachweise bei GIGER unter N. 63). Andere Autoren halten an der Alternativität fest, teils gestützt auf die schweizerische Rechtsprechung, die den Käufer zu Recht als den schutzwürdigeren Teil behandle und unbillige Auswirkungen vermeiden lasse (vgl. insbesondere SCHMIDT, Die Falschlieferung beim Kauf, in Neue Juristische Wochenschrift (NJW) 1962 S. 710 ff. mit weiteren Hinweisen auf Kritik unter Anm. 10). Wegen solcher Auswirkungen wird die geltende deutsche Praxis auch in der neueren Lehre als problematisch bezeichnet und eine differenziertere Beurteilung befürwortet (WESTERMANN, N. 6 vor und N. 73 ff. zu 59 BGB). Nach der französischen Rechtsprechung und Lehre wird heute die alternative Anwendung dagegen grundsätzlich als zulässig angesehen (GHESTIN, Traité de droit civil, II S. 317 ff.; CAVIN, SPR VII/1 S. 117; GIGER, N. 63). Soweit im Schrifttum an der Ausschliesslichkeit des Gewährleistungsrechts festgehalten wird, soll dieser Vorbehalt sich auf Mängel in den Gebrauchseigenschaften körperlicher Sachen beschränken (PLANIOL/RIPERT/ESMEIN, Traité pratique de droit civil français, Bd. 6 S. 221 f. N. 184). [136]

b) Sieht das Gesetz für gleiche Tatbestände mehrere Rechtsbehelfe mit unterschiedlichen Rechtsfolgen vor, so sind seine Normen vermutungsweise alternativ anwendbar, wenn ihre Auslegung nicht ergibt, dass die eine als Sonderbestimmung den andern vorgeht. Die Kritik an der bundesgerichtlichen Rechtsprechung stützt sich vorweg auf diesen Auslegungsgrundsatz, weil die Vorschriften des Kaufrechts im Verhältnis zu Art. 24 OR als lex specialis zu betrachten und deshalb ausschliesslich anwendbar seien (VON TUHR/PETER, OR Allg. Teil I S. 310 mit Zitaten unter Anm. 38a). Diese Annahme geht indes, wie bereits in BGE 82 II 421 festgehalten worden ist, zum vornherein fehl; sie verkennt, dass die hier wie dort streitigen Rechtsbehelfe auf verschiedenem Rechtsgrund beruhen, die Anfechtung wegen Irrtums einen Mangel in der Willensbildung und damit der Vertragsentstehung, der Anspruch auf Gewährleistung dagegen Mängel in der Vertragserfüllung betrifft.

Ähnlich verhält es sich mit den Einwänden, das Gewährleistungsrecht ordne die Folgen von Sachmängeln abschliessend, weshalb für eine wahlweise Anwendung der Vorschriften über den Irrtum kein Raum bleibe; das ergebe sich auch daraus, dass es die Folgen einer arglistigen Täuschung selbständig regle. Dem ist mit BGE 82 II 421/22 vorweg entgegenzuhalten, dass die Tatbestände, die von den Vorschriften über den Irrtum einerseits und vom Irrtum kein Raum bleibe; das ergebe sich auch daraus, dass es die Folgen einer arglistigen Täuschung selbständig regle. Dem ist mit BGE 82 II 421/22 vorweg entgegenzuhalten, dass die Tatbestände, die von den Vorschriften über den Irrtum einerseits und vom Gewährleistungsrecht anderseits erfasst werden, sich nicht decken, sondern einander überschneiden. Schon das spricht gegen eine abschliessende Ordnung. Dazu kommt, dass der Käufer im Gewährleistungsrecht mit der Prüfungs- und Rügepflicht und mit der kurzen Verjährung qualifizierte Erfordernisse zu beachten hat, die seiner Berufung auf Irrtum nicht entgegengehalten werden können. Das leuchtet auch der Sachen nach ein. Der Käufer wird sich vernünftigerweise erst dann auf Irrtum berufen, wenn er den besondern Erfordernissen des Gewährleistungsrechts nicht genügt und seine Ansprüche aus dem Kaufrecht deswegen verloren hat (GIGER, N. 26 ff. und 64 der Vorbemerkungen zu Art. 197/210 OR). Die Vorbehalte des Gewährleistungsrechts für Fälle absichtlicher Täuschung (Art. 198/99, 203 und 210 OR) sodann lassen sich schon deshalb nicht auf den einfachen Irrtum übertragen, weil die Rechtsfolgen der beiden Willensmängel sich deutlich voneinander unterscheiden (BGE 108 II 107 E. 2c).

Durch das Gewährleistungsrecht wird der Käufer übrigens in verschiedener Hinsicht auch begünstigt, da er insbesondere zwischen Wandelung und Minderung wählen, im einen wie [137] im andern Fall zudem Schadenersatz verlangen kann und der Verkäufer zu beweisen hat, dass der Käufer den Mangel schon zur Zeit des Vertragsschlusses gekannt habe. Die formellen

Erfordernisse sind daher bloss das Gegenstück zur materiellen Begünstigung und damit die Rechtfertigung für die von der Irrtumsanfechtung abweichende Ordnung. Auch das ist bereits in BGE 82 II 422 ff. eingehend auseinandergesetzt worden. Nicht zu übersehen ist ferner, dass der Anfechtung wegen Irrtums in Art. 25 und 26 OR ebenfalls Schranken gesetzt sind, aber auch im Rahmen dieser Bestimmungen der Interessenabwägung Rechnung getragen werden kann, die dem Gewährleistungsrecht zugrunde liegt (KELLER/LÖRTSCHER, S. 103). Dagegen geht es schon nach dem Sinn und Zweck dieser Schranken nicht an, bei Irrtum und Täuschung auf die gleiche Interessenlage zu schliessen.

Ein weiterer Vorwurf geht dahin, die bundesgerichtliche Rechtsprechung entbehre der Folgerichtigkeit, wenn sie einerseits Ansprüche aus Art. 97 ff. und aus Art. 41 ff. neben solchen aus Gewährleistung nur unter den Voraussetzungen der Art. 197 ff. OR zulasse, anderseits aber die alternative Anfechtung wegen Irrtums nicht von diesen Voraussetzungen abhängig mache (MERZ, Guhl S. 106 f.). Dass die Art. 197 ff. im Verhältnis zu den Art. 97 ff. OR als Sonderbestimmungen anzusehen sind, den allgemeinen folglich vorgehen, erhellt schon aus ihrer Einordnung. Beide betreffen aber die Vertragserfüllung und beruhen letztlich auf dem gleichen Rechtsgrund, weshalb es nahe liegt, Ansprüche aus den allgemeinen gleich zu behandeln wie solche aus den besondern. Gegen diese Beschränkung der allgemeinen Klage auf Erfüllung haben indes gerade Autoren, welche auf Sachmängel ausschliesslich Gewährleistungsrecht angewendet wissen wollen, beachtliche Gründe vorgebracht, so insbesondere CAVIN (SPR VII/1 S. 112), der sich zudem dagegen wehrt, dass konkurrierende Deliktsansprüche den formellen Schranken des Gewährleistungsrechts unterstellt werden (S. 113); ob diesfalls an der Rechtsprechung festzuhalten sei, ist in BGE 90 II 88 E. 2 übrigens offengelassen worden. Der Einwand schliesslich, dass Art. 373 Abs. 2 OR gemäss BGE 109 II 335 als Sonderregel der allgemeinen Bestimmung über den Irrtum vorgeht, ergibt entgegen F. SCHÖBI (Grundlagenirrtum neben Gewährleistung?, in recht 1984 S. 134 ff.) keinen Widerspruch; denn damit wird übersehen, dass die Sonderbestimmung nicht nur die Erfüllung, sondern wie Art. 24 OR auch [138] die Entstehung des Vertrags betrifft, insoweit Inhalt und Rechtsgrund der beiden Ordnungen folglich identisch sind.

c) Für die alternative Anwendbarkeit der Irrtumsvorschriften neben dem Gewährleistungsrecht sprechen sodann praktische Überlegungen. Zu Recht weist BUCHER (S. 181 f.) darauf hin, dass sich keine eindeutigen Kriterien ermitteln lassen, wenn Sachmängel und Sacheigenschaften voneinander zu unterscheiden sind, jene zwar Gewährleistungsansprüche begründen, nach Auffassung der Kritiker aber keine Anfechtung wegen Irrtums zulassen, und umgekehrt (vgl. auch OFTINGER, Bundesgerichtspraxis zum Allg. Teil OR, S. 104). Besondere Schwierigkeiten ergeben sich z.B. bei Sachverhalten der vorliegenden Art, weil in solchen Fällen in der Lehre auch die Auffassung vertreten wird, die fehlende Echtheit eines Gemäldes stelle überhaupt keinen Sachmangel, – sondern bloss einen Willensmangel dar (BUCHER, S. 182). Ähnlich verhält es sich bei Aktienkäufen, wenn streitig ist, ob der Mangel die Kaufsache, den wirtschaftlichen Wert der Aktien oder bloss den Bestand und Umfang der damit veräusserten Rechte betrifft (BGE 107 II 422; CAVIN, SPR VII/1 S. 118). Die Alternativität erleichtert daher auch praktikable, dem Sinn und Zweck des Gesetzes angemessene Lösungen (BGE 100 IV 255 E. 1c, 96 I 605 E. 4).

Zu bedenken ist ferner, dass Bedeutung und Funktionen des einfachen Kaufvertrages mit der technischen Entwicklung und der allgemeinen Tendenz zum Massenvertrag sich gewandelt haben, weshalb der Käufer mehr denn je als der schutzwürdigere Teil erscheint, wenn er schlecht bedient worden ist (BÜHLER, Zur sogenannten Alternative Gewährleistung – Irrtum im Kaufrecht, SJZ 74/1978 S. 1 ff.). Das spricht ebenfalls dafür, dem Käufer, der die Sache nicht rechtzeitig geprüft oder die Klagefrist gemäss Art. 210 OR verpasst hat, nicht auch noch die Berufung auf Willensmängel zu versagen. Dazu gehört auch, dass die als Begründung für die kurzen Fristen angeführten Verkehrsbedürfnisse in Wirklichkeit einseitig den Verkäufer begünstigen und die Interessen des Käufers ausser acht lassen (SCHMIDT, NJW S. 711 und 713). Schliesslich ist auch in diesem Zusammenhang zu beachten, dass die Verschiedenheit der Interessenlage und deren Ursachen nicht gegen, sondern für die wahlweise Zulassung der beiden Rechtsbehelfe sprechen.

d) Aus diesen Erwägungen ist auch nach erneuter Überprüfung an der bisherigen Rechtsprechung festzuhalten. Eine Änderung müsste sich zudem auf sachliche und ernsthafte Gründe stützen können, zumal wenn es wie hier um eine langjährige Praxis geht [139] (BGE 111 Ia 162 E. 1a und 111 II 310 E. 2 mit Hinweisen). Diese ist zwar von einem Teil der Lehre beharrlich kritisiert oder angezweifelt, von einem andern, ebenso gewichtigen Teil aber von Anfang an begrüsst und bis in die neueste Zeit ausdrücklich gebilligt worden. Das kann nur heissen, dass weder die eine noch die andere Lehrmeinung sich bisher durchzusetzen vermochte, sich vielmehr für beide gute Gründe anführen lassen. Unter diesen Umständen geht es auch aus Überlegungen der Rechtssicherheit nicht an, eine ständige Rechtsprechung leichthin aufzugeben, selbst wenn ihr angesichts der anhaltenden Kritik möglicherweise nicht gewohnheitsrechtliche Geltung zuerkannt werden kann. Wenn der Kaufvertrag sich wie hier auf eine Speziessache mit einer bestimmten Eigenschaft bezieht, die angeblich fehlt, ist es dem Käufer daher weiterhin nicht verwehrt, sich wahlweise auf die Vorschriften über den Irrtum oder auf Gewährleistungsrecht zu berufen.

2. – Ein wesentlicher Irrtum macht den Vertrag gemäss Art. 23 OR für den Irrenden unverbindlich. Als wesentlich gilt namentlich der sogenannte Grundlagenirrtum im Sinne von Art. 24 Abs. 1 Ziff. 4 OR. Auf einen solchen kann ein Vertragsschliessender sich berufen, wenn er sich über einen bestimmten Sachverhalt geirrt hat, den er als eine notwendige Grundlage des Vertrags ansah und nach Treu und Glauben im Geschäftsverkehr auch bei objektiver Betrachtungsweise als gegeben voraussetzen durfte (BGE 98 II 18 mit Hinweisen).

a) Die Echtheit eines Kunstwerkes gehört bei solcher Betrachtungsweise zur notwendigen Geschäftsgrundlage, weshalb sich eine falsche Vorstellung darüber grundsätzlich nicht als blosser Irrtum im Beweggrund ausgeben lässt (BGE 82 II 424 E. 7, 56 II 426/27, 52 II 145 ff.). Von besonderer Bedeutung ist dabei, dass die Urheberschaft namentlich dann, wenn sie einem berühmten Künstler zugeschrieben wird, auch den Wert des Werkes beeinflusst, der Käufer den danach bestimmten Preis aber nicht bezahlt hätte, wäre er von der Echtheit des Werkes nicht überzeugt gewesen (BGE 82 II 424 E. 7). Dass hier die Vorstellung, die streitige Zeichnung stamme aus der Hand von Picasso, einen solchen Faktor darstellte, ist offensichtlich.

Ob die falsche Vorstellung des Irrenden auch notwendige Vertragsgrundlage seines Partners sein und dieser zudem erkennen müsse, dass die Vorstellung für jenen eine unerlässliche Voraussetzung für den Abschluss des Vertrags gewesen sei, wird in der [140] Rechtsprechung und im Schrifttum unterschiedlich beantwortet (statt vieler BGE 113 II 29 mit Hinweisen; VON TUHR/PETER, S. 309/10; KELLER/SCHÖBI, Allgemeine Lehren des Vertragsrechts, 3. Aufl. S. 168/69; GAUCH/SCHLUEP, N. 592 f.), kann vorliegend jedoch offenbleiben; das eine wie das andere ergibt sich hier schon daraus, dass der Verkäufer die Echtheit der Zeichnung ausdrücklich zugesichert hat. Zu Recht sind daher schon die Vorinstanzen davon ausgegangen, der Kläger habe sich bei Abschluss des Vertrags in einem wesentlichen Irrtum befunden, sollte die Zeichnung sich als Fälschung erweisen. Das ist auch die Meinung der Parteien im Berufungsverfahren.

b) Gemäss Art. 31 OR hat der Irrende dem Vertragspartner innert Jahresfrist seit Entdeckung des Willensmangels zu erklären, dass er den Vertrag anfechte; andernfalls gilt dieser als genehmigt. Dass diese Frist vorliegend gewahrt wurde, ist unbestritten. Offen ist dagegen, ob die Berufung auf Irrtum einzig dieser zeitlichen Schranke unterliegt oder allenfalls auch in dem Sinne absolut begrenzt ist, dass sie nach Ablauf einer bestimmten Frist seit Vertragsschluss keine Rechtswirkungen mehr zeitigt.

Das schweizerische Recht kennt etwa im Gegensatz zum deutschen, das die Anfechtung wegen Irrtums auf 30 Jahre seit Abgabe der mangelhaften Willenserklärung begrenzt (121 Abs. 2 BGB), in dieser Richtung keine ausdrückliche zeitliche Beschränkung. Die herrschende Lehre schliesst daraus, dass der Irrende einzig die relative Jahresfrist zu beachten hat und sich grundsätzlich noch Jahrzehnte nach Abschluss des Vertrags auf den Willensmangel berufen kann, sofern sein Zuwarten Treu und Glauben nicht widerspricht (VON TUHR/PETER, S. 333 Anm. 22; GUHL/MERZ/KUMMER, S. 126; BUCHER, S. 187; GILLARD, Scriptum CO partie générale, S. 388; K. OGUZMAN, in SJZ 59/1963 S. 265 ff.). Einzelne Autoren halten dagegen die allgemeine Verjährungsfrist von zehn Jahren für anwendbar (z.B. ENGEL, S. 233) oder lassen die Frage offen (GAUCH/SCHLUEP, N. 689); dies ist auch in BGE 101 II 210 geschehen.

Die Meinung, ausser der Jahresfrist des Art. 31 OR bestehe noch eine absolute zehnjährige Verwirkungsfrist, beruft sich auf VON TUHR (ZSR NF 16/1897 S. 1 ff und 17/1898 S. 1 ff., insbesondere S. 53 und S. 62). Dass dieser Autor neben der relativen Frist, die er für zu lang bemessen hält, die analoge Anwendung einer zusätzlichen absoluten befürworte, ist den zitierten Stellen indes nicht zu entnehmen. Das folgt weder aus seiner Erörterung der deutschen [141] Regelung (S. 53 Anm. 2) noch aus seinen Ausführungen zum Rückforderungsanspruch, der nach der allgemeinen Regel in zehn Jahren verjähre (S. 62). Rückforderung und Anfechtung sind nämlich nicht das gleiche; nach dem Wortlaut des Art. 31 OR schliesst die Rückforderung lediglich die Anfechtung ein. Diese ist aber auch für sich allein denkbar, wo der Irrende noch nicht geleistet, folglich auch nichts zurückzufordern hat. Ebensowenig hat VON TUHR die Irrtumsanfechtung in der ersten Auflage seines Allgemeinen Teils des Obligationenrechts von 1924 (S. 275 Anm. 22) einer absoluten Frist unterstellen wollen.

Die klare Unterscheidung, die der Gesetzgeber in Art. 31 OR einerseits (bloss einjährige relative Frist) und in den Art. 60 und 67 anderseits (zehnjährige absolute neben der einjährigen relativen Frist) getroffen hat, lässt auf eine bewusst und gewollt abweichende Regelung schliessen. Dafür spricht auch, dass die Jahresfrist des Art. 31 OR nicht als Verjährungs-, sondern als Verwirkungsfrist zu qualifizieren ist (BGE 101 II 209; OSER/SCHÖNENBERGER, N. 22 zu Art. 31 OR; BECKER, N. 5 zu Art. 31 OR).

c) Geht die Möglichkeit des Irrenden, sich auf den Willensmangel zu berufen, aber nicht durch Zeitablauf unter, so konnte der Kläger den Vertrag auch noch im Herbst 1985, als das «Comité Picasso» ihm seine Zweifel über die Echtheit der Zeichnung bestätigte, wegen Irrtums anfechten. Eine andere Frage ist, ob sein Anspruch auf Rückerstattung des Kaufpreises damals bereits verjährt gewesen sei, was noch zu prüfen ist.

3. – Der Käufer kann den Preis nach den Bestimmungen über die ungerechtfertigte Bereicherung zurückverlangen, wenn der Vertrag sich für ihn wegen Irrtums als unverbindlich erweist (BGE 102 II 99 E. 1). Sein Anspruch verjährt gemäss Art. 67 Abs. 1 OR mit Ablauf eines Jahres seit Kenntnis davon, jedenfalls aber mit Ablauf von zehn Jahren seit seiner Entstehung, wobei für den Lauf dieser Frist nicht von Bedeutung ist, wann der Irrende von seinem Anspruch Kenntnis erhalten hat (BGE 64 II 134 E. 2).

a) Es ist unbestritten, dass der Kläger die relative Verjährungsfrist von einem Jahr rechtzeitig unterbrochen hat. Streitig ist dagegen, ob die absolute Verjährung eingetreten ist. Die Antwort hängt davon ab, ob für die Entstehung des Rückforderungsanspruchs und damit für den Beginn der zehnjährigen Verjährungsfrist der Zeitpunkt der Leistung oder der Zeitpunkt der Anfechtung massgebend ist. Dabei fragt sich, ob der Anspruch eine Nichtschuld oder eine Leistung aus nachträglich weggefallenem [142] Rechtsgrund betrifft, weil im ersten Fall die absolute Verjährungsfrist mit dem Zeitpunkt der Leistung, im zweiten aber mit dem Wegfall des Rechtsgrundes zu laufen beginnt (VON TUHR/PETER, S. 518; OSER/SCHÖNENBERGER, N. 2 zu Art. 67 OR; ENGEL, S. 407; KELLER/SCHAUFELBERGER, Ungerechtfertigte Bereicherung, S. 97).

Das Bundesgericht hat die Frage bisher nicht einheitlich beantwortet. In den Entscheiden 64 II 135 E. 2 und 92 II 179 E. 6c, wo es um Rückforderungen wegen Unverbindlichkeit von Verträgen ging vertrat es die Auffassung, es liege Bezahlung einer Nichtschuld vor. In den Entscheiden 87 II 139 E. 7 und 109 II 327 E. 4c sprach es hingegen von einer Leistung aus nachträglich weggefallenem Grund, obschon auch diesen Fällen Tatbestände von Willensmängeln zugrunde lagen. Die verjährungsrechtlichen Folgen, die sich aus dem Unterschied der beiden Bereicherungsansprüche ergeben, standen allerdings weder im einen noch im andern Fall im Vordergrund.

b) In der Lehre werden über die Wirkungen eines Vertrags, bei dessen Abschluss sich eine Partei in einem wesentlichen Irrtum befunden hat, verschiedene Auffassungen vertreten. Nach der Ungültigkeitstheorie ist der Vertrag von Anfang an ungültig, entfaltet folglich überhaupt keine Wirkungen; solche entstehen nur, wenn das Rechtsgeschäft nachträglich vom Irrenden ausdrücklich oder durch konkludentes Verhalten genehmigt wird (GAUCH/SCHLUEP, N. 673 ff. mit Hinweisen; ENGEL, S. 232/33). Der Vertrag ist somit suspensiv bedingt. Nach der Anfechtungstheorie gilt er hingegen vorerst als gültig, kann aber vom Irren den durch Berufung auf den Willensmangel aufgelöst werden, weshalb er als resolutiv bedingt erscheint. Diese Auffassung soll zur Zeit in der schweizerischen Lehre vorherrschen (GAUCH/SCHLUEP, N. 681 mit Hinweisen). Nach einer dritten Theorie schliesslich, die von einer geteilten Ungültigkeit ausgeht, ist der Vertrag für die betroffene Partei von Anfang an ungültig, für die andere dagegen gültig, für jene also suspensiv, für diese resolutiv bedingt (VON TUHR/PETER, S. 338, insbesondere unter Anm. 37a). unterschiedlich wird nach diesen Theorien auch der Bereicherungsanspruch qualifiziert, der sich ergibt, wenn der Irrende den Vertrag mit Erfolg anficht. Nach der Ungültigkeitstheorie betrifft der Anspruch eine Nichtschuld, weshalb die absolute Verjährung mit der Leistung zu laufen beginnt; nach der Anfechtungstheorie dagegen erweist er sich als Leistung aus nachträglich weggefallenem Grund mit Beginn der absoluten Verjährungsfrist im Zeitpunkt [143] der Anfechtung, während er nach der geteilten Ungültigkeitstheorie für den Irrenden als Leistung einer Nichtschuld, für den Vertragspartner aber als Leistung aus nachträglich weggefallenem Grund erscheint (GAUCH/SCHLUEP, N. 1106; OSER/SCHÖNENBERGER, N. 12 zu Art. 62 OR; BUCHER, S. 693 Anm. 162; VON TUHR/PETER, S. 338 Anm. 37a).

Den Grundgedanken und den Zielen, die sich aus der Entstehung des Gesetzes ergeben, entspricht indes nur die Ungültigkeit des Vertrags, sei diese Wirkung nun als ein- oder zweiseitig anzusehen, bevor der Irrende sich auf den Mangel beruft. Dies hat namentlich GAUCH in einer rechtshistorischen Studie (Vertrag und Parteiwille, in 100 Jahre OR S. 343 ff.) überzeugend dargetan. Der Versuch, die einseitige Unverbindlichkeit durch eine eigentliche Anfechtbarkeit «annulabilité» des Vertrags zu ersetzen, wurde in den Vorarbeiten ausdrücklich abgelehnt. Das schweizerische Recht sollte sich dadurch nicht nur klar vom deutschen unterscheiden, das auf dem Grundsatz der Anfechtbarkeit beruht, sondern Ungewissheiten einer verwirrenden Terminologie vorbeugen und die Anwendung des Gesetzes erleichtern (GAUCH/SCHLUEP, N. 682; OSER/SCHÖNENBERGER, N. 1 ff. zu Art. 31 OR; VON TUHR, ZSR NF 17/1898 S. 44 ff.). Die an diesem historischen Verständnis insbesondere von PIOTET (in ZBJV 121/1985

S. 148 ff.) geübte Kritik vermag demgegenüber nicht zu überzeugen. Ist aber von der Ungültigkeit des Vertrags auszugehen, so ist die Bereicherung in Fällen wie hier in der Bezahlung eines nicht geschuldeten Kaufpreises zu erblicken, weshalb die absolute Verjährung mit der Leistung zu laufen beginnt.

Diese verjährungsrechtliche Folge ergibt sich übrigens auch aus der Anfechtungstheorie, nehmen deren Vertreter doch an, der Vertrag werde diesfalls ex tunc aufgehoben, folglich von Anfang an unwirksam (GAUCH/SCHLUEP, N. 680; BUCHER S. 639 Anm. 162; GILLARD, S. 386). Das deutsche Recht sieht diese Rückwirkung denn auch ausdrücklich vor (§ 142 Abs. 1 BGB), und die deutsche Lehre scheint nun ebenfalls mehrheitlich der Meinung zu sein, die Bereicherung lasse sich deshalb nicht als Leistung aus nachträglich weggefallenem Grund ausgeben (STAUDINGER/LORENZ, 12. Aufl. N. 87 zu § 812 BGB mit Zitaten; SCHMIDT, NJW 1962 S. 713). Entscheidend ist somit nicht, ob von Anfang an beidseitige Ungültigkeit anzunehmen sei, sondern dass die Nichtigkeit des Rechtsgeschäftes so oder anders auf dessen Abschluss zurückzubeziehen ist, wenn der Vertrag erfolgreich wegen Irrtums [144] angefochten wird. Dem entspricht auch die positivrechtliche Regelung in § 200 BGB.

c) Bei diesem Auslegungsergebnis hat vorliegend die absolute Verjährungsfrist von zehn Jahren im Oktober 1974, als der Kläger den Kaufpreis bezahlt hat, zu laufen begonnen und ist im Oktober 1984 abgelaufen; der Bereicherungsanspruch war somit bereits verjährt, bevor der Kläger sich im Herbst 1985 auf Irrtum berufen hat. Das angefochtene Urteil ist daher zu bestätigen.

BGE 121 III 350 – Extrait de l'arrêt de la Ire Cour civile du 10 octobre 1995 dans la cause Fédération Suisse de Lutte Amateur contre Grossen (recours en réforme)

Regeste

Sportverein – Handeln nach Treu und Glauben (Art. 2 ZGB) – Haftung. Ein Sportverein handelt rechtsmissbräuchlich, wenn er kurz vor Wettkampfbeginn und ohne hinreichenden Grund einem Athleten, der bereits nach den unlängst aufgestellten Selektionskriterien qualifiziert ist, einen zusätzlichen Ausscheidungskampf auferlegt (E. 5). Ein solches Verhalten macht den Sportverein gegenüber dem zunächst selektionierten, dann ausgeschlossenen Sportler schadenersatzpflichtig (E. 6).

Sachverhalt ab Seite 351

A. – La Fédération Suisse de Lutte Amateur (ci-après: la FSLA) est une association dont les tâches consistent, en particulier, à assurer la formation des lutteurs – en styles libre ou gréco-romain – et à organiser la préparation des athlètes ainsi que la représentation de la Suisse aux compétitions internationales.

Les Championnats du monde de lutte devaient se dérouler à Martigny du 25 août au 3 septembre 1989. Chaque pays pouvait présenter un lutteur par catégorie de poids, dans les deux styles de lutte. Sur proposition de la commission technique, le comité central (ou bureau présidentiel, organe exécutif de la FSLA) a fixé les critères de sélection. Pour représenter la Suisse, le lutteur devait se classer dans les quatre premiers rangs lors des Championnats suisses 1989 et remporter le tournoi de qualification spécial; il devait ensuite prendre part à un tournoi à l'étranger et suivre un camp d'entraînement spécifique. Par ailleurs, les participants aux Jeux olympiques de Séoul en 1988 pouvaient s'inscrire au tournoi de qualification dans la catégorie de poids dans laquelle ils avaient concouru aux Jeux olympiques, même s'ils n'avaient pas participé aux Championnats suisses.

Ludwig Küng a participé aux Jeux de Séoul dans la catégorie 62 kg, style libre. Blessé, il n'a pu concourir aux Championnats suisses 1989 et a pris du poids. En mai 1989, le comité central a rejeté une demande de l'entraîneur national des lutteurs de style libre visant à autoriser Küng à participer au tournoi de qualification dans la catégorie 68 kg.

Le tournoi qualificatif a eu lieu à Moosseedorf le 8 juillet 1989. Deuxième en lutte libre dans la catégorie 68 kg aux Championnats suisses 1989, René Grossen, seul concurrent, a été déclaré vainqueur du tournoi dans cette catégorie. Du 26 au 30 juillet 1989, il a participé au tournoi international de Bratislava puis, du 7 au 20 août 1989, au camp de préparation aux Championnats de monde, à Ovronnaz. Grossen remplissait ainsi tous les critères de sélection pour représenter la Suisse à Martigny dans la catégorie 68 kg. Son nom figurait du reste sur la liste des participants publiée dans le programme officiel des Championnats du monde et dans la presse.

L'éviction de Küng a suscité des protestations. Soumis à diverses pressions, le Président central de la FSLA a décidé, à la fin juillet 1989, qu'un combat départagerait Grossen et Küng. Après avoir vainement protesté auprès de la FSLA, Grossen a déposé une requête de mesures provisionnelles tendant à faire interdire le match. Par [352] décision du 17 août 1989, le juge-instructeur des districts de Martigny et Saint-Maurice a rejeté la requête.

Peu auparavant, le 12 août 1989, le comité central avait entériné la décision de son président de procéder à un combat de qualification supplémentaire. La rencontre a eu lieu le

27 août 1989, soit quatre jours avant le début du tournoi de lutte libre des Championnats du monde; Küng a gagné et s'est trouvé seul qualifié dans la catégorie 68 kg.

B. – Par mémoire-demande du 21 juin 1990, Grossen a ouvert action contre la FSLA en paiement, d'une part, d'un montant de 10 478 fr. 55 à titre de dommages-intérêts et, d'autre part, d'une indemnité en réparation du tort moral laissée à l'appréciation du tribunal. Le demandeur, salarié, faisait valoir en particulier qu'il avait dû prendre des congés non-payés pour participer au tournoi de Bratislava et au stage d'Ovronnaz.

Par jugement du 19 décembre 1994, la IIe Cour civile du Tribunal cantonal du canton du Valais a admis l'action en dommages-intérêts à concurrence de 5033 fr. 15 et rejeté toutes autres ou plus amples conclusions.

C. – La FSLA a interjeté un recours en réforme, concluant au rejet de la demande.

Le Tribunal fédéral a rejeté le recours dans la mesure où il était recevable et a confirmé le jugement attaqué.

Auszug aus den Erwägungen:

Extrait des considérants:

5. – A ce stade, il convient d'examiner de plus près le comportement du bureau présidentiel de la défenderesse dans le cadre de la sélection des lutteurs pour les Championnats du monde 1989.

a) Conformément à la procédure de sélection mise en place pour toutes les catégories de lutteurs et vu l'absence de toute mise en garde de la part du comité central, le demandeur était assuré de prendre part aux Championnats du monde à l'issue du tournoi de qualification de Moosseedorf, le 8 juillet 1989, pour autant qu'il participe ensuite au tournoi de Bratislava et au stage d'entraînement d'Ovronnaz. A ce moment-là, sa qualification définitive ne dépendait donc plus que de lui. Or, le 12 août 1989, le comité central a décidé, uniquement pour la catégorie 68 kg, d'organiser un combat décisif entre Küng et le demandeur, le vainqueur étant qualifié pour les Championnats du monde. Ce faisant, il a adopté une attitude contradictoire que rien ne laissait présager. [353]

Le revirement du bureau présidentiel apparaît d'autant plus choquant que celui-ci connaissait de longue date le problème d'excès de poids de Küng et qu'il avait précisément interdit à ce lutteur de participer au tournoi de qualification de Moosseedorf dans la catégorie 68 kg. En outre, le comité central ne peut faire valoir aucun juste motif à l'appui de sa volte-face. La raison invoquée – donner une chance de sélection à l'un des meilleurs lutteurs du pays – existait déjà lors du tournoi qualificatif du 8 juillet 1989. Par ailleurs, il n'est allégué nulle part que le demandeur se serait blessé ou aurait connu une baisse de forme importante depuis le tournoi qualificatif. En réalité, le bureau présidentiel a cédé à des pressions, qui se sont faites encore plus insistantes après les joutes de Moosseedorf.

b) En modifiant, dans ces circonstances, le mode de sélection dans une seule catégorie de lutteurs à moins de trois semaines des Championnats du monde, le comité central de la défenderesse a-t-il enfreint les règles de la bonne foi (art. 2 CC)?

Selon la jurisprudence, la loi ne protège pas l'attitude contradictoire («venire contra factum proprium») lorsque le comportement antérieur d'une partie a inspiré chez l'autre partie une confiance légitime qui l'a déterminée à des actes qui se révèlent préjudiciables une fois que la situation a changé (ATF 116 II 700 consid. 3b p. 702, 115 II 331 consid. 5a p. 338, 110 II 494 consid. 4 p. 498, 106 II 320 consid. 3a).

En l'espèce, force est de constater que ces conditions sont remplies. En effet, après le tournoi de Moosseedorf, le demandeur n'avait aucune raison de douter de sa qualification, ce qui l'a amené à prendre des congés non-payés pour se rendre à Bratislava et à Ovronnaz. Sa confiance, digne de protection, a dès lors été trompée lorsque le comité central, pendant le camp de préparation d'Ovronnaz, a décidé du combat de qualification supplémentaire contre Küng.

Certes, ce n'est pas la décision d'organiser le duel qui a éliminé le demandeur, mais bien le résultat du match lui-même. Sur ce point, il y a lieu toutefois d'observer que le bureau présidentiel a pris intentionnellement le risque d'évincer un lutteur pourtant déjà qualifié; le risque était d'ailleurs d'autant plus important que, selon les propres dires des représentants de la défenderesse, Küng était d'un niveau supérieur au demandeur.

6. – Organisée sous forme d'association, la défenderesse a la personnalité juridique (art. 60 al. 1 CC). Le comité central est habilité à la représenter (art. 69 CC). La défenderesse est par conséquent lice par les actes du bureau présidentiel. En l'occurrence, ce dernier a [354] agi de manière contraire aux règles de la bonne foi à l'égard du demandeur, membre du club de lutte bernois TV Länggasse, qui réclame réparation du dommage subi de ce fait. La responsabilité de la défenderesse est-elle engagée pour autant? En d'autres termes, y a-t-il un fondement juridique à la prétention en dommages-intérêts exercée par le demandeur?

a) Faute d'un quelconque contrat liant les parties, une responsabilité contractuelle de la défenderesse n'entre pas en considération en l'espèce.

b) Il convient de se demander en revanche si la responsabilité de la défenderesse n'est pas engagée sur la base de l'art. 41 CO.

La jurisprudence qualifie d'illicite l'acte, voire l'omission, objectivement contraire à des ordres ou à des interdictions du droit écrit ou non écrit (ATF 120 II 331 consid. 4 et les arrêts cités).

Selon une thèse défendue en particulier par KELLER, un comportement préjudiciable contraire aux règles de la bonne foi peut être illicite s'il existe un rapport particulier de confiance entre le lésé et le responsable (KELLER/GABI, Das Schweizerische Schuldrecht, tome II, 2e éd., p. 39 ss; KELLER, ist eine Treu und Glauben verletzende Schädigung widerrechtlich? in recht 1987, p. 136 ss; cf. également REY, Rechtliche Sonderverbindungen und Rechtsfortbildung, in Festschrift Keller, 1989, p. 231 ss). Dans un arrêt publié aux ATF 108 II 305, le Tribunal fédéral a toutefois refusé, sauf cas tout à fait exceptionnels, de considérer l'art. 2 CC comme une norme de protection fondamentale dont la violation est propre à entraîner une responsabilité basée sur l'art. 41 CO; l'art. 2 CC ne fonde en effet pas une obligation indépendante, mais s'applique en rapport avec des droits et obligations déjà existants (consid. 2b p. 311).

c) Cela étant, il se dégage néanmoins de la jurisprudence des cas mettant en cause des relations de confiance dans lesquels le Tribunal fédéral reconnaît un chef de responsabilité, sans se prononcer nécessairement sur sa nature juridique.

Ainsi, la responsabilité découlant d'une «culpa in contrahendo» repose sur l'idée que, pendant les pourparlers contractuels, les parties doivent agir selon les règles de la bonne foi. En effet, l'ouverture des pourparlers crée déjà une relation juridique entre elles et leur impose des devoirs réciproques, comme par exemple de négocier sérieusement conformément à leurs véritables intentions (ATF 116 II 695 consid. 3 p. 698, 105 II 75 consid. 2a). Le Tribunal fédéral n'a pas tranché la question de savoir si cette responsabilité est de nature délictuelle ou contractuelle (ATF 108 II 419 consid. 5 p. 422), [355] estimant préférable de rechercher la disposition applicable selon le problème posé (par exemple, l'art. 60 CO pour la prescription: ATF 101 II 266 consid. 4c).

De même, celui qui, disposant de connaissances particulières dans un domaine, accepte de fournir des renseignements ou des conseils hors de tout rapport contractuel doit agir de bonne foi (ATF 111 II 471 consid. 3); commet ainsi un acte illicite engageant sa responsabilité celui qui, intentionnellement ou à la légère, donne des informations inexactes ou passe sous silence des faits dont il doit reconnaître l'importance pour l'autre partie (ATF 116 II 695 consid. 4, 111 II 471 consid. 3). L'illicite résulte du fait que le renseignement inexact ou le conseil incorrect a suscité chez l'autre partie une confiance justifiée qui se trouve trompée ultérieurement (arrêt non publié du 13 décembre 1990 dans la cause 4C.211/1989, consid. 4b/cc).

Citant la doctrine récente, le Tribunal fédéral a rattaché par la suite, dans un obiter dictum, la responsabilité pour renseignement inexact à la notion de responsabilité fondée sur la confiance («Vertrauenshaftung») (ATF 120 II 331 consid. 5a p. 337 et les références). Développée en droit allemand, cette forme juridique consiste à imputer une responsabilité déduite des règles de la bonne foi à celui qui a créé une situation de confiance à la quelle une autre personne peut se fier et s'est du reste fiée en réalité (KRAMER/SCHMIDLIN, Commentaire bernois, n. 150 ad Allgemeine Einleitung in das schweizerische OR; cf. également STAUDINGER/DILCHER, Kommentar zum BGB, 12e éd., n. 44 ss ad Vorbemerkungen ad §§ 116–144). Dans cette optique, la «culpa in contrahendo» constitue un cas particulier de la responsabilité fondée sur la confiance (KRAMER/SCHMIDLIN, op. cit., n. 151 ad Allgemeine Einleitung in das schweizerische OR).

Un autre aspect de la responsabilité fondée sur la confiance a été mis en exergue récemment dans la jurisprudence. Le Tribunal fédéral a admis, malgré l'absence d'un fondement contractuel ou délictuel, la responsabilité d'une société mère pour des déclarations publicitaires adressées aux clients de sa filiale, qui mettaient l'accent sur le lien entre les deux sociétés du groupe et cherchaient ainsi à faire bénéficier la filiale de la bonne réputation de la société mère (ATF 120 II 331). Les conditions posées par la jurisprudence pour qu'une telle responsabilité soit engagée sont strictes: il faut que, par son comportement, la société mère ait provoqué, puis déçu de manière contraire à la bonne foi. des attentes déterminées quant [356] à son rôle et à sa responsabilité dans le groupe (même arrêt, consid. 5 a p. 336).

A l'instar des responsabilités découlant de la «culpa in contrahendo» ou de renseignements inexacts, la responsabilité de la société mère suppose, entre le lésé et le responsable, une relation particulière («Sonderverbindung»), soit un rapport spécial de confiance et de fidélité (ibid.; cf. REY, op. cit., p. 234 ss; KELLER, op. cit., in recht 1987, p. 137).

d) En l'occurrence, le demandeur est membre du club de lutte TV Länggasse, qui fait lui-même partie d'une association régionale (art. 4 let. a et art. 5.2. des statuts FSLA). Pour sa part, la défenderesse est composée des associations régionales, ainsi que de membres honoraires et de membres passifs, qui constituent les seuls membres individuels (art. 4 statuts FSLA). Dans ce système, aucun lien de sociétariat direct n'existe entre les parties. Il n'en demeure pas moins que la défenderesse dispose, en particulier en matière de représentation aux compétitions internationales (art. 2.2. § 3 statuts FSLA), d'une situation de monopole qui s'exerce également à l'égard du demandeur et qui est d'ailleurs la règle en matière sportive (cf. BADDELEY, L'association sportive face au droit, thèse Genève 1994, p. 83; JOLIDON, Ordre sportif et ordre juridique, in RJB/ZBJV 127/1991, p. 232; SCHERRER, Sportrecht – Eine notwendige Sonderdisziplin? in RSJ/SJZ 84/1988, p. 2 et 5). Par ailleurs, même en l'absence de toute affiliation directe, le sportif uniquement membre d'une section a certains droits et obligations vis-à-vis de la fédération, notamment un devoir de fidélité (SATTIVA SPRING, Les fédérations à but idéal en droit suisse, thèse Lausanne 1990, p. 184).

En contre-partie, la fédération qui se trouve en position monopolistique doit se voir imposer le respect de certains principes fondamentaux à l'égard des sportifs, et spécialement la fidélité aux actes. Au même titre que dans les cas de responsabilité fondée sur la confiance décrits ci-dessus, le lien particulier qui unit le sportif individuel à sa fédération commande donc que la responsabilité de celle-ci soit engagée lorsqu'elle cause un dommage à l'athlète en agissant de manière contraire aux règles de la bonne foi.

En l'espèce, comme déjà relevé, la confiance que le demandeur pouvait légitimement placer dans le respect de la procédure de sélection instituée par la défenderesse elle-même a été trompée de manière crasse par la décision injustifiée d'imposer-un peu moins de trois semaines avant l'ouverture des Championnats du monde, style libre-un duel de qualification supplémentaire dans lequel le [357] demandeur avait tout à perdre. Comme la cour cantonale l'a admis à juste titre, cette attitude contraire aux règles de la bonne foi était propre à engager la responsabilité de la défenderesse pour le dommage causé au demandeur.

7. – a) S'agissant des autres conditions de la responsabilité, le lien de causalité naturelle est établi puisque la cour cantonale a constaté, d'une part, que Grossen n'aurait pas assumé les dépenses dont il réclame le remboursement s'il avait été conscient des risques qu'il prenait et, d'autre part, que la consultation de l'avocat bernois est intervenue en raison du revirement du comité central.

Le dommage se trouve également dans un lien de causalité adéquate avec l'acte reproché à la défenderesse. En effet, il est conforme au cours ordinaire des choses et à l'expérience générale de la vie qu'un lutteur amateur sélectionné prenne des congés non-payés pour participer aux tournoi et stage obligatoires en vue des Championnats du monde, puis cherche à connaître ses droits auprès d'un avocat de sa région de domicile lorsqu'il apprend que sa qualification est remise en cause.

b) Par ailleurs, il est vrai que le demandeur a finalement livré le combat litigieux, non sans avoir cherché, en vain, à le faire interdire par le juge. On ne saurait toutefois en déduire qu'il a consenti au dommage; à ce moment-là, s'il voulait participer aux Championnats du monde, le lutteur n'avait d'autre choix que de se plier à la nouvelle exigence du comité central.

c) Enfin, la défenderesse se plaint d'une violation de l'art. 41 CO. Elle prétend que le dommage est inexistant, car le demandeur aurait de toute manière participé au tournoi de Bratislava et au camp d'Ovronnaz.

Il s'agit là d'une critique qui se fonde sur un fait contredit par les constatations souveraines figurant dans le jugement attaqué. Ce faisant, la défenderesse remet en cause les faits d'une manière inadmissible dans un recours en réforme, ouvert pour violation du droit fédéral (art. 43, art. 55 al. 1 let. c, art. 63 al. 2 OJ). Le moyen soulevé a du reste déjà fait l'objet d'un examen dans le recours de droit public connexe. Il n'y a donc pas lieu d'entrer en matière sur ce grief.

BGE 123 III 292 – Auszug aus dem Urteil der I. Zivilabteilung vom 26. Juni 1997 i.S. Tonwerke Thayngen AG gegen Fussballclub Lohn (Berufung)

Regeste

Übervorteilung; partielle Unwirksamkeit eines wucherischen Vertrags; Ermittlung des objektiven Missverhältnisses zwischen den Austauschleistungen eines Mietvertrages (Art. 21 OR). Auch im Bereich wucherischer Verträge kann die verpönte Äquivalenzstörung geltungserhaltend behoben werden (Präzisierung der Rechtsprechung; E. 2). Der Wucherer kann sich im Fall der Bejahung eines Übervorteilungstatbestandes nicht auf die totale Unwirksamkeit des wucherischen Vertrags zufolge Irrtums berufen (E. 3). Begriff der Notlage (E. 5). Bei der Beurteilung der Frage, ob im konkreten Fall ein objektives Missverhältnis zwischen den Austauschleistungen besteht, bildet Bewertungsgegenstand das vertraglich Vereinbarte. Zu vergleichen sind Leistung und Gegenleistung nach ihrem objektiven Wert zur Zeit des Vertragsschlusses (E. 6).

Sachverhalt ab Seite 293

Die Tonwerke Thayngen AG ist Eigentümerin der Liegenschaft GB Lohn Nr. 77, einer Wiese im Halte von 12 015 m², welche sie mit Vertrag vom 17. Oktober 1974 dem Fussballclub Lohn gegen eine jährliche Entschädigung von Fr. 300.– zur Nutzung als Fussballplatz überliess. Am 1. Juni 1990 kündigte sie den Vertrag auf den 31. Dezember 1992. In nachfolgenden Verhandlungen, in welchen auch ein Bauvorhaben des Fussballclubs eine Rolle spielte, offerierte dieser am 31. Januar 1991 für eine weitere Gebrauchsüberlassung eine Entschädigung von Fr. 2000.– im Jahr. Die Grundeigentümerin unterbreitete ihm ein Gegenangebot über Fr. 3000.–, welches er mit Schreiben vom 24. Juli 1991 annahm. Auf dieser Grundlage schlossen die Parteien am 17./22. Januar 1992 einen neuen Vertrag mit Nutzungsbeginn am 1. Januar 1993. Das Entgelt für die Gebrauchsüberlassung vereinbarten sie für die ersten fünf Jahre, d.h. bis Ende 1997, mit jährlich Fr. 3000.–.

Mit Klage vom 14. August 1992 beantragte der Fussballclub dem Kantonsgericht Schaffhausen im ordentlichen Verfahren, «den angefochtenen Mietzins auf Fr. 800.– im Jahr herabzusetzen», wobei er sich auf Art. 21 OR berief.

Die Grundeigentümerin schloss auf Abweisung der Klage und Feststellung der Rechtsverbindlichkeit des vereinbarten Mietzinses, eventuell auf Feststellung der vollumfänglichen Unverbindlichkeit des Vertrags.

Mit Urteil vom 25. Januar 1994 hiess das Kantonsgericht die Klage gut und setzte den vertraglich festgesetzten Mietzins auf Fr. 800.– im Jahr herab. Gleich entschied das Obergericht des Kantons Schaffhausen mit Urteil vom 28. Juni 1996. Das Bundesgericht heisst [294] eine dagegen erhobene Berufung der Grundeigentümerin teilweise gut und weist die Streitsache zu neuer Beurteilung an das Obergericht zurück.

Auszug aus den Erwägungen:

Aus den Erwägungen:

2. – Wird ein offenbares Missverhältnis zwischen der Leistung und der Gegenleistung durch einen Vertrag begründet, dessen Abschluss von dem einen Teil durch Ausbeutung der Notlage, der Unerfahrenheit oder des Leichtsinns des andern herbeigeführt worden ist, so kann der Verletzte innerhalb Jahresfrist erklären, dass er den Vertrag nicht halte, und das schon Geleistete zurückverlangen (Art. 21 Abs. 1 OR). Der Kläger stützt sein Begehren zwar auf den Übervorteilungsschutz, beansprucht indessen keine Freistellung vom Vertrag, sondern einen gerichtlichen Eingriff in dessen Inhalt, will damit die einseitige Unverbindlichkeit nicht als gänzliche, sondern bloss als teilweise festgestellt haben. Die Beklagte macht im Gegenzug vollständige Unverbindlichkeit des Vertrags wegen Willensmängeln geltend, allerdings nur im Eventualstandpunkt für den Fall der Gutheissung der Klage. Da dem Gericht nach Art. 63 Abs. 1 OG verwehrt ist, über die Anträge der Parteien hinauszugehen, ist vorab zu prüfen, ob Art. 21 OR dem Übervorteilten überhaupt die Möglichkeit gibt, bloss eine teilweise Unverbindlichkeit des wucherischen Vertrags geltend zu machen und dessen Fortbestand mit geändertem Inhalt zu beanspruchen. Wird dies verneint, ist die Klage unbesehen darum, ob der Übervorteilungstatbestand erfüllt ist, abzuweisen, somit die Berufung der Gegenseite gutzuheissen.

a) Das Obligationenrecht vom 14. Juni 1881 enthielt den Übervorteilungstatbestand nicht. Er wurde erst mit dessen Anpassung an das Zivilgesetzbuch – auf Veranlassung von Eugen Huber – in das Gesetz eingefügt, angelehnt an § 138 Abs. 2 BGB, mit dessen ursprünglicher Fassung (vor der Revision von 1976) er im Tatbestand, nicht aber in der Rechtsfolge übereinstimmt, indem der wucherische Vertrag im Gegensatz zur deutschen Regelung nicht als nichtig, sondern bloss als einseitig unverbindlich und damit der Konvaleszenz zugänglich erklärt wird (zur Entstehungsgeschichte: KRAMER, Berner Kommentar, N. 1 zu Art. 21 OR mit Hinweisen). Die Möglichkeit richterlicher Vertragskorrektur erwähnt der Gesetzestext nicht.

b) In der Expertenkommission zur Revision des Obligationenrechts war im Jahre 1908 ein Antrag eingebracht worden, wonach [295] der Übervorteilte den Vertrag hätte anfechten oder eine angemessene Herabsetzung seiner Leistung verlangen können, doch wurde er im Laufe der Beratungen wiederum zurückgezogen. Diskutiert wurde der Vorschlag in der Kommission nicht, deren Beratungen beschränkten sich – soweit hier von Interesse – auf die Frage, ob als Rechtsfolge der Übervorteilung Nichtigkeit, Anfechtbarkeit oder Vertragsrücktritt zu normieren sei (Protokoll der Expertenkommission zur Revision des OR, erste Session 4.–9. Mai 1908, S. 5 ff. zu Art. 1036). Dies mag mit Blick darauf erstaunen, dass in der nämlichen Sitzung eine Bestimmung zur Teilnichtigkeit unmöglicher, rechts- oder sittenwidriger Verträge verabschiedet wurde, welche Art. 20 Abs. 2 OR zugrunde liegt (Protokoll, a.a.O., S. 3 ff. zu Art. 1034; dazu auch ROLAND HÜRLIMANN Teilnichtigkeit von Schuldverträgen nach Art. 20 Abs. 2 OR, Diss. Freiburg 1984, S. 14 ff.). Indessen scheint die Kommission sich der Regelungsdifferenz nicht bewusst gewesen zu sein. Jedenfalls lassen ihre Beratungen den Schluss nicht zu, der Verzicht auf eine mögliche Teilungültigkeit des Wuchergeschäfts beruhe auf einem qualifizierten Schweigen des Gesetzgebers. Zudem ist zutreffend darauf hingewiesen worden, dass die auf anderen dogmatischen Grundlagen beruhenden Materialien ohnehin keine zwingende Autorität mehr beanspruchen dürfen (SPIRO, Können übermässige Verpflichtungen oder Verfügungen in reduziertem Umfang aufrechterhalten werden?, in: ZBJV 88/1952, S. 449 ff., 517; dazu auch BGE 118 II 307 E. 3a S. 309; MEIER-HAYOZ, Berner Kommentar, N. 218 zu Art. 1 ZGB).

c) Das Bundesgericht hat in BGE 64 I 39 erwogen, das rechtzeitig angefochtene wucherische Geschäft sei wohl im ganzen Umfang unverbindlich, wenngleich auch eine blosse Teilungültigkeit gesetzgeberisch vertretbar wäre. Auf solche sei aber jedenfalls zu schliessen, wenn das Rechtsgeschäft verschiedene Verpflichtungen umfasse und eine davon als einwandfrei erscheine und eine ausgesprochene Sonderstellung einnehme (E. 4 S. 47). In BGE 84 II 107 erkannte das Gericht, der Richter dürfe nicht in Analogie zu Art. 20 Abs. 2 OR auf blosse Teilnichtigkeit schliessen, wenn der Übervorteilte die vollständige Unverbindlichkeit des Vertrags geltend mache (E. 4). In BGE 92 II 168 hat es diese Auffassung in einem obiter dictum als zutreffend bestätigt, die Frage aber ausdrücklich offengelassen (E. 6c). Seither hat sich ihm die Frage der Teilungültigkeit eines wucherischen Vertrags nicht mehr gestellt.

d) In der älteren schweizerischen Literatur wurde die Aufrechterhaltung des wucherischen Vertrags mit reduzierter Verpflichtung [296] und damit die Annahme blosser Teilungültigkeit regelmässig, wenngleich meist mit Bedauern, abgelehnt (Nachweise bei SPIRO, a.a.O., S. 514 Fn. 1 und S. 516 Fn. 5). Dies entspricht im Ergebnis der in Deutschland herrschenden Auffassung zu § 138 Abs. 2 BGB, jedenfalls mit Ausnahme der gesondert geregelten Miet- und Lohnwucher sowie der Missachtung normativ bestimmter Preise (PALANDT, Bürgerliches Gesetzbuch, 56. Aufl., N. 75 zu § 138; STAUDINGER/SACK, 13. Aufl., N. 220 zu § 138, wobei dieser Autor allerdings mit der Mindermeinung für eine geltungserhaltende Reduktion des wucherischen Vertrags eintritt). Demgegenüber vertritt die herrschende jüngere Lehre in der Schweiz entschieden die Auffassung, dass auch im Falle des Art. 21 OR eine richterliche Reduktion oder Anhebung wucherisch überhöhter oder zu niedriger Leistungen stattfinden könne, jedenfalls auf Begehren des Übervorteilten (KRAMER, Berner Kommentar, N. 49 zu Art. 21 OR mit zahlreichen Hinweisen; HUGUENIN JACOBS, in: Kommentar zum Schweizerischen Privatrecht, 2. Aufl., N. 16 zu Art. 21 OR; WEBER, Berner Kommentar, N. 160 zu Art. 73 OR; SCHRANER, Zürcher Kommentar, N. 118 zu Art. 73 OR; BUCHER, Schweizerisches Obligationenrecht, Allgemeiner Teil, 2. Aufl., S. 234 f.; GAUCH/SCHLUEP, Schweizerisches Obligationenrecht, Allgemeiner Teil, 6. Aufl., Band I, Rz. 754 f.; ALFRED KOLLER, Schweizerisches Obligationenrecht, Allgemeiner Teil, Band I, S. 297 f.; ENGEL, Traité des obligations en droit suisse, 2. Aufl., S. 305 f.; MERZ, ZBJV 95/1959, S.469 f.; JEAN-BAPTISTE ZUFFEREY-WERRO, Le contrat contraire aux bonnes moeurs, Diss. Freiburg 1988, S. 354 bei Fn. 34; wohl auch HAUSHEER, Die Allgemeinverbindlicherklärung von Kollektivverträgen als gesetzgeberisches Gestaltungsmittel, ZSR 95/1976, S. 225 ff., 275 bei Fn. 87; für eine unterschiedliche Behandlung von Dauer- und Zielverträgen: HONSELL, Die Abwicklung sittenwidriger Darlehensverträge in rechtsvergleichender Sicht, in: Freiheit und Zwang, FS Giger, Bern 1989, S. 287 ff., insb. 295 f.). Die Möglichkeit einer geltungserhaltenden Behebung der verpönten Äquivalenzstörung durch Reduktion der übersetzten oder Anhebung der untersetzten Leistung wird dogmatisch unterschiedlich begründet, sei es mit einer analogen Anwendung von Art. 20 Abs. 2 OR (namentlich GAUCH, Die Übervorteilung – Bemerkungen zu Art. 21 OR, recht 1989, S. 91 ff., 100; GAUCH/SCHLUEP, a.a.O., Rz. 754; STARK, Die Übervorteilung im Lichte der bundesgerichtlichen Rechtsprechung, in: Erhaltung und Entfaltung des Rechts in der [297] Rechtsprechung des Schweizerischen Bundesgerichts, Festgabe der schweizerischen Rechtsfakultäten zur Hundertjahrfeier des Bundesgerichts, S. 377 ff., 393 ff.; PAUL PIOTET, JT 1958 I 535 ff.), mit einer aus dem Normzweck gewonnenen teleologischen Reduktion der Rechtsfolge von Art. 21 OR unbesehen eines hypothetischen Parteiwillens (namentlich KRAMER, Berner Kommentar, N. 53 zu Art. 21 OR; HUGUENIN JACOBS, a.a.O., N. 16 zu Art. 21 OR; HONSELL, a.a.O., S. 295), mit einer über Art. 20 Abs. 2 OR hinausreichenden prinzipiell-systematischen Gesetzesauslegung (SPIRO, a.a.O., S. 519 ff.; HAUSHEER, a.a.O., S. 274 ff.) oder mit richterlicher Lückenfüllung nach Art. 1 Abs. 2 ZGB (OFTINGER, Betrachtungen über die laesio im schweizerischen Recht, in: Ausgewählte Schriften, S. 155 ff., 171). Die verschiedenen Auffassungen divergieren zwar in dogmatischer Hinsicht, gehen aber teilweise ineinander über und führen in der praktischen Anwendung kaum zu unterschiedlichen Lösungen. Dies namentlich nicht, wenn der in einem Teil der Lehre als Inhaltsmassstab für die Vertragsanpassung in Anschlag gebrachte hypothetische Parteiwille im Sinne von Art. 20 Abs. 2 OR von subjektiver Betrachtung gelöst und ausschliesslich normativ am Handeln redlicher Vertragspartner gemessen, d.h. nicht individuell-konkret, sondern normativ objektiviert ermittelt wird (GAUCH/SCHLUEP, a.a.O., Rz. 700 und 754).

e) Im Grundsatz ist jedenfalls der nunmehr herrschenden Lehre zu folgen:

aa) Die Rechtsfindung hat sich um juristische Erkenntnis zu bemühen, welche die Umsetzung der normativen Vorgaben regelfähig macht. Regelfähigkeit aber fordert nicht allein über den Einzelfall hinausgehende Wiederholbarkeit, sondern auch Widerspruchsfreiheit im Wertungssystem. Gefordert ist eine prinzipiell-systematische Rechtsfindung, die einerseits mit Ausrichtung des Entscheids auf die von der allgemeinen Rechtsüberzeugung getragenen Prinzipien Wiederholbarkeit und damit Rechtssicherheit und anderseits mit dessen Einbindung in das vorgegebene System die erforderliche Kohärenz sicherstellt (vgl. Franz Bydlinski, Über prinzipiell-systematische Rechtsfindung im Privatrecht, Berlin/New York, 1995, passim). Beruhte das Obligationenrecht des Jahres 1881 noch auf einer «rein geschäftsmässigen Auffassung des Verkehrslebens» (BBl 1905 II 14), wandte bereits die Revision von 1911 – u.a. mit der Einführung des zivilrechtlichen Wuchertatbestands – sich einem vermehrt materialen Vertragsdenken zu, und hat diese Tendenz sich [298] im sogenannt sozialen Privatrecht kontinuierlich verstärkt. Das Vertragsrecht wird zunehmend «materialisiert», die formale Vertragsfreiheit durch materielle Vertragsgerechtigkeit verdrängt, besonders deutlich etwa in den Gebieten des Miet- und Arbeitsrechts, des Konsumentenschutzes oder der Allgemeinen Geschäftsbedingungen. Die zeitgemässe Rechtsüberzeugung ist nicht mehr allein vom Schwarz-weiss-Schema der Gültigkeit oder Nichtigkeit privater Rechtsgestaltung geprägt, sondern fasst immer fester auch in der Grauzone der geltungserhaltenden Reduktion fehlerhafter Kontakte durch richterliche Inhaltskorrektur Fuss. Die Möglichkeit richterlicher Vertragsgestaltung entspricht augenfällig dem Zeitgeist. Daran kann auch die Rechtsanwendung nicht vorbeisehen. Blosse Teilnichtigkeit wucherischer Verträge entspricht damit geltungszeitlichem Grundsatzdenken. Dieses Ergebnis ist auch systemkonform. Das Gesetz selbst sieht geltungserhaltende Reduktionen verbreitet vor, etwa in Art. 20 Abs. 2 OR mit der blossen Teilnichtigkeit unmöglicher, rechts- oder sittenwidriger Verträge, in Art. 163 Abs. 3 und Art. 417 OR mit den herabsetzbaren Konventionalstrafe und Mäklerlohn, in Art. 269 ff. OR mit dem anfechtbaren Mietzins, in Art. 340a Abs. 2 OR mit dem einzuschränkenden Konkurrenzverbot im Arbeitsvertrag oder in Art. 356b Abs. 2 OR mit der richterlichen Korrekturmöglichkeit unangemessener Anschlussbedingungen an einen Gesamtarbeitsvertrag. Auf rechtspolitisch ähnlichen Überlegungen beruht Art. 25 Abs. 2 OR, wonach die Unwirksamkeit des irrtumsbehafteten Vertrags gegen den Willen des Kontrahenten nicht weitergehend beansprucht werden kann, als der Irrtum reicht. Die Rechtsprechung ihrerseits hat etwa im Anwendungsbereich von Art. 27 ZGB auf geltungserhaltende Reduktion (BGE 114 II 159 E. 2c) oder im Recht der Willensmängel auf blosse Teilungültigkeit erkannt (BGE 78 II 216 E. 5, 107 II 419 E. 3). Damit hat sie in der Lehre jedenfalls im Ergebnis Zustimmung gefunden (SCHMIDLIN, Berner Kommentar, N. 148 ff. zu Art. 23/24 OR mit weiteren Hinweisen; BUCHER, Berner Kommentar, N. 545 ff. zu Art. 27 ZGB). Leitgedanke ist dabei allemal, dass, wo blosses Übermass als unzulässig erscheint, die rechtliche Missachtung sich auf das Übermass beschränkt, mithin die Rechtsfolge der Unwirksamkeit, beruhe sie auf Nichtigkeit oder Anfechtbarkeit, in solchen Fällen nicht zwingend qualitativ, sondern vorerst quantitativ zu beachten und zu beheben ist (SPIRO, a.a.O., S. 459). Die blosse Teilunwirksamkeit des mangelhaften Rechtsgeschäfts folgt dabei aus dem jeweiligen Normzweck selbst, auf welchen [299] die Tragweite der anzuwendenden Bestimmung, reiche ihr Wortsinn auch darüber hinaus, teleologisch zu reduzieren ist (HONSELL, a.a.O., S. 288 f. und 295; BGE 121 III 219 E. 1d/aa). Die blosse Teilunwirksamkeit folgt damit unmittelbar aus der Verbotsnorm, und ein entsprechender hypothetischer Parteiwille ist dem Grundsatz der Teilnichtigkeit nicht vorausgesetzt, sondern hat allenfalls für die Bestimmung der angemessenen Rechtsfolge, d.h. den Inhalt der Ersatzordnung, Bedeutung (SPIRO, a.a.O., S. 459; KRAMER, Berner Kommentar, N. 345 ff. zu Art. 19–20 OR; HUGUENIN JACOBS, a.a.O., N. 61 zu Art. 19/20 und N. 16 zu

Art. 21 OR). Dies ist allerdings nur dort notwendig, wo nicht bloss ein Übermass rechnerisch-quantitativ zu reduzieren, sondern zusätzlich eine qualitative Vertragsgestaltung erforderlich ist. Richtig besehen ist der gegen eine Gesetzesbestimmung verstossende Vertrag nur dann – und eben auch nur insoweit – nichtig, als diese Folge sich aus Sinn und Zweck der verletzten Norm ergibt (BGE 119 II 222 E. 2; 121 IV 365 E. 9a).

bb) Art. 21 OR markiert die Nahtstelle zwischen Art. 19 und 20 OR und den dort statuierten generellen Inhaltsschranken auf der einen sowie der Regelung der Willensmängel gemäss Art. 23 ff. OR auf der andern Seite (KRAMER, Berner Kommentar, N. 5 zu Art. 21 OR). Sind aber – wie dargelegt – beide Nachbarbereiche auch bloss partieller Unverbindlichkeit zugänglich, ist nicht einzusehen, weshalb der dazwischen liegende Übervorteilungstatbestand von dieser Rechtsfolge ausgenommen sein sollte. Dies wird namentlich dort augenfällig, wo das wucherische Geschäft zugleich eine inhaltsbeschränkende Verbotsnorm verletzt (etwa im Bereich von Höchstpreis- oder Höchstzinsvorschriften; BGE 93 II 189, vgl. auch BGE 115 II 232 E. 4c; KRAMER, Berner Kommentar, N. 63 zu Art. 21 OR) und damit jedenfalls nach Art. 20 Abs. 2 OR blosser Teilunwirksamkeit zugänglich ist. Hier in Art. 21 OR hinsichtlich der möglichen Rechtsfolgen zu differenzieren, lässt sich aus der gesetzlichen Ordnung schlechthin nicht begründen.

cc) Im sozialrelevanten Bereich von Dauerschuldverhältnissen ist zudem zu beachten, dass der Übervorteilte, namentlich wenn er sich bei Abschluss des Vertrags in einer Notlage befand, auf die gegnerische Vertragsleistung in aller Regel angewiesen ist. Wäre aber auch diesfalls die Folge der Anfechtung unausweichlich die totale Unverbindlichkeit des Vertrags, stünde der Übervorteilte allein vor der Wahl, entweder durch Anfechtung die frühere Notlage wiederum herbeizuführen, oder den wucherischen Vertrag als solchen zu [300] konvaleszieren. Dies kann nicht richtig verstandener Zweck einer auf materielle Vertragsgerechtigkeit mitausgelegten Rechtsordnung sein.

f) Aus all diesen Gründen ist die Rechtsfolge der partiellen Unwirksamkeit auch im wucherischen Vertragsverhältnis zu ermöglichen. Offen bleiben kann dabei die in der Literatur streitige Frage, ob eine geltungserhaltende Reduktion bloss vom Übervorteilten oder ebenfalls vom Übervorteiler beansprucht werden kann, wenn der Anfechtende die weitergehende volle Unwirksamkeit will (verneinend etwa KRAMER, Berner Kommentar, N. 51 zu Art. 21 OR; GAUCH/SCHLUEP, a.a.O., Rz. 755; bejahend etwa BUCHER, a.a.O., S. 235; ENGEL, a.a.O., S. 305; wohl auch MERZ, ZBJV 95/1959, S. 470). Im vorliegenden Fall beruft allein der Anfechtungsberechtigte sich auf eine bloss teilweise Unwirksamkeit des Mietvertrages und steht jedenfalls ihm dieser Anspruch bei gegebenen materiellen Voraussetzungen zu. Insoweit ist das Klagebegehren zulässig.

3. – Für den Fall, dass der Übervorteilungstatbestand entgegen ihrer eigenen Auffassung erfüllt sein sollte, widersetzt die Beklagte sich – mit einem als eventuelle Widerklage zu verstehenden – Eventualbegehren einer geltungserhaltenden Reduktion und beansprucht die totale Unwirksamkeit des Mietvertrages, wobei sie sich auf Willensmängel beruft. Das Begehren ist von vornherein unbegründet. Folgt die Möglichkeit richterlicher Vertragskorrektur im Sinne einer blossen Teilunwirksamkeit unmittelbar aus dem Normzweck von Art. 21 OR, kommt dem hypothetischen Parteiwillen – wie erwähnt – höchstens noch für die Neugestaltung des Vertragsinhalts Bedeutung zu, nicht mehr aber für den Grundsatzentscheid. Es widerspräche denn auch klar dem Schutzzweck der Bestimmung, sollte der Wucherer sich unter Berufung auf einen subjektiven hypothetischen Parteiwillen der sachgerechten Anpassung des Vertrags widersetzen können (KRAMER, Berner Kommentar, N. 53 zu Art. 21 OR; HUGUENIN JACOBS, a.a.O., N. 16 zu Art. 21 OR). Im übrigen fällt das Ergebnis nicht anders aus, wenn ein hypothetischer Parteiwille auch auf Seiten des Übervorteilers berücksichtigt wird, sofern dieser Wille richtigerweise an einem normativen, an redlichen Vertragspartnern angelegten Massstab und nicht an den subjektiven Vorstellungen des Wucherers orientiert wird (GAUCH/ SCHLUEP, a.a.O., Rz. 754). Dies aber schliesst aus, dass dieser sich erfolgreich mit der Begründung auf Irrtum berufen kann, die wucherische Geschäftsgrundlage sei ihm – für den Kontrahenten erkennbar – wesentlich gewesen. Solchem Vorgehen steht bereits Art. 24 Abs. 1 OR entgegen, [301] wonach die Berufung auf Irrtum unstatthaft ist, wenn sie Treu und Glauben widerspricht. Ebensowenig kann dem notleidenden Bewucherten eine arglistige Täuschung im Sinne von Art. 28 OR angelastet werden, wenn er bereits bei Abschluss des wucherischen Vertrags dessen spätere Anfechtung in Aussicht nimmt. Auch dies liefe letztlich auf eine Missachtung des Schutzzweckes von Art. 21 OR hinaus. Arglist kann nicht darin liegen, dass ein Verhandlungspartner sich darüber ausschweigt, gesetzeskonform vorgehen zu wollen. Dem Obergericht ist daher keine Bundesrechtsverletzung vorzuwerfen, wenn es die von der Beklagten eventuell geltend gemachten Willensmängel nicht beachtete.

4. – Zu prüfen bleibt, ob das Obergericht bundesrechtskonform eine Übervorteilung bejaht und gegebenenfalls das Mass der Restwirksamkeit des Mietvertrages richtig bestimmt hat. Übervorteilung im Sinne von Art. 21 OR setzt objektiv ein offenbares Missverhältnis zwischen den Austauschleistungen und subjektiv – soweit hier von Interesse – eine Notlage der benachteiligten Vertragspartei auf der einen und ihre Ausbeutung auf der andern Seite voraus. Das Obergericht hat alle drei Voraussetzungen bejaht und den vertraglichen Mietzins ungefähr auf den Betrag gesenkt, den die Beklagte mit einer Verpachtung des Wieslandes zu landwirtschaftlichen Zwecken erzielen könnte.

5. – Eine Notlage im Sinne von Art. 21 OR liegt vor, wenn sich eine Partei bei Vertragsabschluss in starker Bedrängnis, in einer Zwangslage befindet. Die romanischen Gesetzestexte sind insoweit aussagekräftiger als der deutsche, wenn sie das Tatbestandselement mit «gêne» oder – am deutlichsten – mit «bisogni» umschreiben (GAUCH, a.a.O., S. 96). In Betracht fällt dabei nicht nur die wirtschaftliche Bedrängnis, sie kann auch persönlicher, familiärer, politischer oder anderer rechtserheblicher Natur sein (BGE 61 II 31 E. 2b, 84 II 107 E. 2; KRAMER, Berner Kommentar, N. 36 zu Art. 21 OR; HUGUENIN JACOBS, a.a.O., N. 11 zu Art. 21 OR; STARK, a.a.O., S. 383 ff.). Entscheidend ist, dass ein Verhandlungspartner den Abschluss des für ihn ungünstigen Vertrags gegenüber der Inkaufnahme drohender Nachteile als das kleinere Übel betrachtet (STARK, a.a.O., S. 384; GAUCH, a.a.O., S. 96; HUGUENIN JACOBS, a.a.O., N. 11 zu Art. 21 OR), sofern diese Güterabwägung auch in objektiver Betrachtung (Art. 2 Abs. 1 ZGB) als vertretbar erscheint. Auf eine solche Notlage kann sich ebenfalls eine juristische Person berufen (BGE 84 II 107 E. 2; KRAMER, Berner Kommentar, N. 38 zu Art. 21 OR mit Hinweisen; STARK, a.a.O., S. 383 Fn. 32). [302]

Das Obergericht hat die Notlage des Klägers mit der Begründung bejaht, der Fussballclub sei zwingend auf einen Spielplatz angewiesen, wolle er nicht seine Lizenz oder gar seine Existenzberechtigung verlieren. Mithin habe er bloss die Wahl gehabt, die Offerte der Beklagten anzunehmen oder ohne Fussballplatz dazustehen. Die Behauptung der Beklagten, der Kläger hätte den Platz des FC Thayngen benützen können, hat es als unzulässiges Novum zurückgewiesen, zusätzliche Vorbringen um die allgemeine wirtschaftliche Situation des Klägers wurden nicht näher geprüft. Wenn die Beklagte – in zum Teil neuen und daher ohnehin nicht zu hörenden Sachvorbringen (Art. 55 Abs. 1 lit. c OG) – eine Notlage des Klägers mit der Begründung in Abrede stellt, dessen wirtschaftliche Situation sei ungeklärt geblieben und erlaube offensichtlich ohne Weiteres eine Belastung der Vereinskasse mit dem vereinbarten Mietzins, verkennt sie den auszulegenden Begriff. Einerseits muss die Bedrängnis nicht wirtschaftlicher Natur sein, und anderseits ist nicht zu fragen, ob ein Vertragspartner durch Abschluss des für ihn ungünstigen Vertrags in eine Notlage geraten ist, sondern ob er sich aus einer Notlage heraus gezwungen sah, den mit diesem Inhalt nicht gewollten Vertrag abzuschliessen. In einer Notlage im Sinne von Art. 21 OR kann sich daher durchaus auch befinden, wer die Mittel zur Verfügung hat, das geforderte Übermass zu leisten. Nicht zu hören ist die Beklagte sodann mit der Behauptung, dem Kläger hätten Ausweichmöglichkeiten zur Verfügung gestanden. Da das Obergericht dieses Vorbringen als prozessual verspätet zurückgewiesen hat, gilt es im Berufungsverfahren als neu und damit als unzulässig (Art. 55 Abs. 1 lit. c OG). Im Lichte der massgebenden Kriterien wird zwar nicht leichthin davon auszugehen sein, Verträge im Freizeitbereich könnten in einer objektiv rechtserheblichen Notlage geschlossen werden, doch verhält es sich grundsätzlich anders, wenn der Vertragsgegenstand für eine Partei von existentieller Bedeutung ist, selbst wenn ihre Existenz sich allein aus dem Zweck der Freizeitgestaltung herleitet. Indem das objektive Recht dem Verein den idealen Zweck als Grundlage juristischer Existenz genügen lässt, gar als notwendig erachtet (Art. 60 ZGB), stellt es von vornherein auch ihm seinen Rechtsbehelf gegen existenzbedrohende Ausbeutung zur Verfügung. Hat das Obergericht aber für das Bundesgericht verbindlich festgestellt (Art. 63 Abs. 2 OG), bei Verlust des Spielplatzes hätte der Kläger seine Lizenz und damit wohl auch seine Existenzberechtigung verloren, hat es in dieser drohenden Gefahr zu Recht einen [303] Umstand erblickt, welcher als Notlage im Sinne von Art. 21 OR zu beachten ist. Insoweit erweist die Berufung sich als unbegründet, soweit darauf einzutreten ist.

6. – Ein objektives Missverhältnis zwischen den Austauschleistungen hat das Obergericht mit der Begründung bejaht, der Fussballplatz liege als zonenwidrige Anlage in der Landwirtschaftszone und könnte daher anderweitig nur als Landwirtschaftsland genutzt werden. Damit aber liesse sich bloss ein Jahrespachtzins von rund Fr. 480.– bis Fr. 720.– erzielen. Mit dem vereinbarten Jahresmietzins von Fr. 3000.– werde dieses Mass um mehr als 200% überschritten, was in objektiver Hinsicht den zivilrechtlichen Wuchertatbestand erfülle. Damit hat es die vermieterseitige Leistung bundesrechtswidrig bewertet.

a) Zu vergleichen sind Leistung und Gegenleistung nach ihrem objektiven Wert zur Zeit des Vertragsschlusses, der bei Sachleistungen dem damaligen Verkehrswert, der «communis aestimatio», der «valeur courante» entspricht (BGE 61 II 31 E. 2a, 92 II 168 E. 2). Auszugehen ist vom Marktpreis gleicher oder jedenfalls vergleichbarer Leistungen, bei dessen Fehlen von anerkannten Bewertungsmassstäben entsprechender Leistungen, solange eine objektive Wertbestimmung aufgrund einigermassen gesicherter Parameter noch möglich ist (KRAMER, Berner Kommentar, N. 21 ff. zu Art. 21 OR; GAUCH, a.a.O., S. 95; HUGUENIN JACOBS, a.a.O., N. 6 zu Art. 21 OR; ausserhalb des Marktpreises zurückhaltend BUCHER, a.a.O., S. 231).

b) Bewertungsgegenstand ist das vertraglich Vereinbarte (KRAMER, Berner Kommentar, N. 17 zu Art. 21 OR; GAUCH/SCHLUEP, a.a.O., Rz. 734), mithin weder abweichend davon Geleistetes noch – bei Sachnutzungen – anderweitig Mögliches. Mit andern Worten ist bei der Bewertung des Nutzungswerts einer Mietsache der marktübliche Preis für die vertragskonforme Nutzung zu ermitteln und mit dem streitigen Entgelt zu vergleichen und ist unbeachtlich, welchen Ertrag das Objekt mit einer andern Nutzung abwerfen könnte. Zu fragen ist daher im vorliegenden Fall nach der Marktmiete für einen Fussballplatz und nicht nach dem landwirtschaftlichen Ertrag einer entsprechenden Bodenfläche. Zwar ist das Obergericht zu Recht davon ausgegangen, der Fussballplatz sei an seinem Standort in der Landwirtschaftszone nicht zonenkonform, hat aber ebenso richtig festgestellt, dass er dort als altrechtliche Anlage weiterhin betrieben werden kann. Daraus verbietet sich der Schluss, marktwertbestimmend sei allein die zonenkonforme Ersatznutzung. Es ist gerichtsnotorisch, [304] dass Verkehrs- und Ertragswert einer zonenwidrig aber rechtmässig genutzten Liegenschaft sich nicht nach der zonenkonformen, sondern nach der effektiven, rechtmässigen Nutzung bemessen. Dies ist auch im Anwendungsbereich von Art. 21 OR zu beachten. Wird daher beispielsweise ein rechtmässig zonenfremd genutztes Grundstück in der Landwirtschaftszone verkauft, hat der Preisvergleich sich bei behauptetem Missverhältnis an den Kaufpreisen entsprechend genutzter Liegenschaften in vergleichbarer Lage und nicht am hypothetischen Marktwert derselben, aber landwirtschaftlich genutzten Fläche zu orientieren. Nicht anders verhält es sich bei der Überprüfung von Mietzinsen, erfolge sie nach Art. 269 ff. oder nach Art. 21 OR. Zu beachten ist in diesem Zusammenhang zusätzlich, dass landwirtschaftliche Pachtzinse keine Marktpreise, sondern behördlich kontrollierte und vorgeschriebene Preise sind, die nicht durch Angebot und Nachfrage bestimmt werden. Die Preisvorschriften aber sind allein im Interesse der landwirtschaftlichen Pächter und nicht in demjenigen von Fremdnutzern aufgestellt worden. Auch daraus verbietet sich grundsätzlich, sie als Vergleichspreise für eine nichtlandwirtschaftliche Nutzung heranzuziehen. Demzufolge hat das Obergericht den als massgebend erachteten Vergleichs- oder Marktpreis bundesrechtswidrig ermittelt. Insoweit ist die Berufung begründet und das angefochtene Urteil aufzuheben. Da im angefochtenen Entscheid tatsächliche Feststellungen zum massgebenden Marktwert der vertraglichen Nutzung fehlen, ist die Streitsache zu neuer Entscheidung an die Vorinstanz zurückzuweisen.

c) Der vereinbarte Jahresmietzins von Fr. 3000.– für eine Bodenfläche von 12 015 m^2 entspricht der Verzinsung eines Bodenwerts von rund Fr. 5.–/m^2 zu 5%. Das Obergericht wird in seinem neuen Entscheid nach Massgabe der nach Art. 66 OG und dem dort vorbehaltenen kantonalen Prozessrecht zu beachtenden Vorbringen zu prüfen haben, ob ein Entgelt in dieser Höhe von der marktüblichen Entschädigung für die Nutzung eines Fussballplatzes in vergleichbarer Lage derart abweicht, dass im Rahmen des richterlichen Ermessens (Art. 4 ZGB) von einer offenbaren Leistungsinäquivalenz im streitigen Mietverhältnis auszugehen ist (dazu KRAMER, Berner Kommentar, N. 25 ff. zu Art. 21 OR). Fehlen aussagekräftige Vergleichspreise aus einschlägigen Mietverhältnissen, wird auf andere Bewertungskriterien auszuweichen sein, vorab auf den angemessenen Landwert unter Berücksichtigung der zonenfremden [305] Nutzung und eine übliche Verzinsung nach den Marktsätzen im Zeitpunkt des Vertragsschlusses.

7. – Bei weiterhin bejahtem offenbarem Missverhältnis der Austauschleistungen wird das Obergericht zudem zu prüfen haben, ob auch unter den neuen Gegebenheiten das Tatbestandselement der Ausbeutung zu bejahen ist, d.h., ob die Beklagte die Entscheidungsschwäche des Klägers in Kenntnis der offenbaren Inäquivalenz der Leistungen «missbraucht» hat (dazu KRAMER, Berner Kommentar, N. 33 zu Art. 21 OR; HUGUENIN JACOBS, a.a.O., N. 14 zu Art. 21 OR; GAUCH, a.a.O., S. 98). Dabei bleibt allerdings entgegen der Auffassung der Beklagten unbeachtlich, dass der Kläger an den Vertragsverhandlungen aktiv mitwirkte und seinerseits einen Jahresmietzins von Fr. 2000.– anbot; Ausbeutung setzt nicht voraus, dass die Anregung zum Vertragsschluss vom Übervorteilenden ausgegangen ist (KRAMER, Berner Kommentar, N. 33 zu Art. 21 OR; GAUCH, a.a.O., S. 98).

8. – Nach dem Gesagten wird das Obergericht, sollte es den Übervorteilungstatbestand erneut bejahen, den Mietzins herabzusetzen haben, wobei es im angefochtenen Entscheid unangefochten davon ausgegangen ist, massgebend sei alsdann das marktübliche Durchschnittsentgelt und nicht der unter dem Gesichtspunkt des Wuchers gerade noch zulässige aber immer noch inäquivalente Preis. Für diese Auffassung spricht wiederum der Schutzzweck von Art. 21 OR. Danach soll der Wucherer nicht risikolos davon ausgehen dürfen, das privatrechtlich höchstzulässige Entgelt sei ihm jedenfalls und unbesehen seiner Ausbeutung garantiert (KRAMER, Berner Kommentar, N. 52 zu Art. 21 OR mit Hinweisen; HUGUENIN JACOBS, a.a.O., N. 16 zu Art. 21 OR). Dagegen liesse sich allerdings einwenden, Art. 21 OR sei keine Strafnorm und erfordere nicht mehr als die Vermeidung von Wucher. Dies würde im Einklang etwa mit der Rechtsprechung zur Verletzung von Höchstzinsvorschriften stehen, wonach ein übersetzter Zins regelmässig nicht auf das übliche Durchschnittsmass, sondern auf das gesetzliche Höchstmass, z.B. das konkordatsrechtliche von 18%, reduziert wird (BGE 93 II 189). Die Frage kann indes im vorliegenden Fall offen bleiben, da insoweit die Rechtsauffassung der Vorinstanz nicht beanstandet wurde.

Dazu die Besprechung von Peter GAUCH, Der Fussballclub und sein Mietvertrag: Ein markanter Entscheid zur Übervorteilung, recht 1998, S. 55 ff.[535] Pflichtlektüre!

I. Die Übervorteilung

1. Zu den möglichen Mängeln eines Schuldvertrages gehört auch die Übervorteilung. Der Allgemeine Teil des Obligationenrechts regelt sie in **Art. 21** OR, der wie folgt lautet: «Wird ein offenbares Missverhältnis zwischen der Leistung und der Gegenleistung durch einen Vertrag begründet, dessen Abschluss von dem einen Teil durch Ausbeutung der Notlage, der Unerfahrenheit oder des Leichtsinns des andern herbeigeführt worden ist, so kann der Verletzte innerhalb Jahresfrist erklären, dass er den Vertrag nicht halte, und das schon Geleistete zurückverlangen» (Abs. 1). «Die Jahresfrist beginnt mit dem Abschluss des Vertrags» (Abs. 2).

Die Bestimmung des Art. 21 OR war im Obligationenrecht von 1881 noch nicht enthalten, sondern wurde erst bei der Revision von 1911 in das Gesetz eingefügt. Inhaltlich befasst sie sich mit der seit Jahrhunderten diskutierten Rechtsfrage, ob das, was eine Partei im Austauschvertrag leistet, gleichwertig sein muss mit dem, was sie bekommt. Die Antwort des Art. 21 OR ist eine vermittelnde. Der blosse Umstand, dass zwischen den vereinbarten Austauschleistungen ein Missverhältnis besteht, reicht nicht aus, um die Geltung des Vertrags in Frage zu stellen, selbst wenn das Missverhältnis ein «offenbares» ist. Wird aber ein offenbares Leistungsmissverhältnis durch einen Vertrag begründet, «dessen Abschluss von dem einen Teil durch Ausbeutung der Notlage, der Unerfahrenheit oder des Leichtsinns des andern herbeigeführt worden ist», so leidet der betreffende Vertrag an einem Mangel, der ihn nach Art. 21 OR einseitig unverbindlich macht.

2. Mit der erwähnten Regel richtet sich Art. 21 OR gegen den **Missbrauch der Vertragsfreiheit**, indem er die eine Partei gegen wirtschaftliche Ausbeutung durch die andere schützt. Obwohl dieser Schutz gerechtfertigt, ja geradezu geboten ist, hat Art. 21 OR in der bisherigen Gerichtspraxis nur dürftige Spuren hinterlassen. Veröffentlichte Gerichtsurteile, die den Artikel zum Schutz des Übervorteilten anwenden, sind selten. Vor kurzem hat nun aber das Bundesgericht einen vielseitigen Entscheid publiziert, der sich eingehend mit der Übervorteilung und ihren Rechtsfolgen befasst. Der in *BGE 123 III 292 ff.* publizierte Entscheid bildet Gegenstand meiner Besprechung. Ich beginne mit dem Sachverhalt, der dem Entscheid zugrunde liegt:

II. Der Sachverhalt

1. Der Sachverhalt, den der höchstrichterliche Entscheid auf S. 293 erzählt, ist keineswegs spektakulär, sondern eher banal. Beteiligt sind **eine Aktiengesellschaft, ein Fussballclub und sein Mietvertrag**. Die Aktiengesellschaft (die Tonwerke Thayngen AG) ist Eigentümerin einer Wiese, die sie mit Vertrag vom 17. Oktober 1974 dem Fussballclub Lohn gegen eine jährliche

---

535 Die Fussnoten im Text der Besprechung werden auf S. 404 ff. nachgeführt.

Entschädigung von Fr. 300.– vermietet hatte. Am 1. Juni 1990 kündigte sie den Vertrag auf den 31. Dezember 1992, worauf es zu Vertragsverhandlungen zwischen den Parteien kam.

Im Laufe der Verhandlungen offerierte der Fussballclub Lohn, einen jährlichen Zins von Fr. 2000.– zu bezahlen, falls ihm die Wiese zum weiteren Gebrauch überlassen werde. Die Aktiengesellschaft unterbreitete ein Gegenangebot über Fr. 3000.–, das der Club mit Schreiben vom 24. Juli 1991 annahm. Auf dieser Grundlage schlössen die Parteien am 17./22. Januar 1992 einen neuen Vertrag mit Nutzungsbeginn am 1. Januar 1993. Das Entgelt für die Gebrauchsüberlassung vereinbarten sie für die ersten fünf Jahre, d.h. bis Ende 1997, mit jährlich Fr. 3000.–.

2. Der vertragliche Friede dauerte aber nicht lange. Denn schon mit Klage vom 14. August 1992 beantragte der Fussballclub dem Kantonsgericht Schaffhausen, «**den angefochtenen Mietzins auf Fr. 800.– im Jahr herabzusetzen**», wobei er sich auf Art. 21 OR berief, da seine Notlage ausgebeutet worden sei. Die Beklagte schloss auf Abweisung der Klage und Feststellung der Rechtsverbindlichkeit des vereinbarten Mietzinses, eventuell auf Feststellung der vollumfänglichen Unverbindlichkeit des Vertrags. Das angerufene Kantonsgericht gab dem klägerischen Fussballclub Recht und setzte den vertrag[56]lich festgesetzten Mietzins auf Fr. 800.– im Jahr herab. Gleich entschied das Obergericht. Da die Beklagte sich auch mit dem Urteil des Obergerichts nicht abfinden konnte, zog sie die Sache mittels Berufung an das Bundesgericht weiter.

III. Der Entscheid des Bundesgerichts

Das Bundesgericht (BGE 123 III 292 ff.) heisst die Berufung teilweise gut und weist die Streitsache zu neuer Beurteilung an das Obergericht zurück. Der sorgfältig motivierte Entscheid nimmt zu verschiedenen Fragen Stellung, auf die ich nachfolgend in der Reihenfolge des Entscheides eintrete. Sie betreffen:

1. Die Rechtsfolge der Übervorteilung. Sie besteht in der einseitigen Unverbindlichkeit des Vertrags, analog zur Folge des wesentlichen Irrtums (Art. 23 OR). Nach dem Wortlaut des Art. 21 OR «kann der Verletzte innerhalb Jahresfrist» seit Abschluss des Vertrags «erklären, dass er den Vertrag nicht halte, und das schon Geleistete zurückverlangen». Stellt man einzig auf diesen Wortlaut ab, so hat der Übervorteilte nur die Wahl, sich entweder auf die Unverbindlichkeit des *ganzen* Vertrags zu berufen oder den wucherischen Vertrag *unverändert* gelten zu lassen. Tertium non datur!

a. Diese Alternative vermag nicht zu befriedigen, da sie den Übervorteilten in vielen Fällen zwingt, zwischen zwei Übeln zu wählen. Deshalb stellt sich *die Grundsatzfrage*, ob der Übervorteilte allenfalls auch berechtigt ist, den wucherischen Vertrag mit einem veränderten Inhalt gelten zu lassen, der das offenbare Leistungsmissverhältnis in Abweichung von der getroffenen Vereinbarung beseitigt. Das Bundesgericht bejaht die Frage, namentlich für den vorliegenden Fall, in dem der Kläger sich auf die Ausbeutung einer Notlage berief. Damit «präzisiert» das Gericht seine frühere Rechtsprechung[1] (Regesten). Zugleich setzt es sich in Einklang mit der heute herrschenden Lehre, die es zwar zitiert[2], aber nicht bloss rezitiert, sondern mit einer Fülle eigener Argumente ergänzt. Die Argumentation des Bundesgerichts (S. 294–300), die bis zu den Materialien zurückgreift, ist sprachlich kurz gedrängt, wie es sich für ein gutes Urteil geziemt, inhaltlich aber so umfassend, dass, wollte man sie entfächern, dies allein schon einen prallen Aufsatz ergäbe, dem man ganze Abschnitte der neueren Vertragsgeschichte entnehmen könnte.

Nachdem ich zu den glücklichen Autoren gehöre, deren Meinung das Bundesgericht dem Grundsatz nach bestätigt, wird es kaum überraschen, dass ich den höchstrichterlichen Entscheid begrüsse.[3] Auch nach meiner Ansicht ist der Übervorteilte allenfalls berechtigt, den Vertrag mit verändertem Inhalt gelten zu lassen. «Dogmatisch» argumentiere ich mit der Bestimmung des Art. 20 Abs. 2 OR, die ich zusammen [57] mit den Regeln über die «modifizierte» Teilnichtigkeit[4] sinngemäss auf Art. 21 OR übertrage.[5] Das Bundesgericht stützt sich auf den Normzweck des Art. 21 OR, auf welchen «die Tragweite der anzuwendenden Bestimmung [...] teleologisch zu reduzieren» sei (S. 298 f.). Andere wiederum wählen einen noch anderen Ansatz.[6] Diese Vielfalt der dogmatischen Begründungen ist aber kein Grund, das Ergebnis in Frage zu stellen. Vielleicht ergibt sie sich einfach aus der Art, wie die menschlichen Gehirne (auch jene der Juristen) funktionieren.[7] Zunächst bilden wir eine Meinung, und dann finden wir die rationalen Argumente, um sie zu begründen. Das Gefühl, das schneller reagiert als der Intellekt, weist uns in die richtige Richtung, wo dann der logische Verstand seine Funktion erfüllt.[8]

Bei der Lösung einer juristischen Frage ist es vor allem das Rechtsgefühl, das in der umschriebenen Weise vorangeht, indem es gewisse Möglichkeiten ausschliesst, andere dagegen hervorhebt. «Die Möglichkeit richterlicher Vertragsgestaltung», schreibt das Bundesgericht (S. 298), «entspricht augenfällig dem Zeitgeist». «Daran kann (fährt das Gericht weiter) auch die Rechtsanwendung nicht vorbeisehen. Blosse Teilnichtigkeit wucherischer Verträge entspricht damit geltungszeitlichem Grundsatzdenken». Oder anders ausgedrückt: Sie entspricht dem heutigen Rechtsgefühl, das durch den Zeitgeist mitgeprägt ist.

b. Die schöne Harmonie, die im Grundsätzlichen besteht, könnte uns fast vergessen lassen, dass der Teufel im Detail steckt. So aber verhält es sich auch hier. Über das Grundsätzliche hinweg gibt es viele *Einzelfragen*, die auf eine Antwort warten. Einige davon möchte ich ansprechen. Sie betreffen:

– *Die Rechtsnatur der einseitigen Unverbindlichkeit.* Dazu gibt es zwei Theorien, die heutzutage im Vordergrund stehen. Nach der Anfechtungstheorie ist der einseitig unverbindliche Vertrag zwar gültig zustande kommen, kann aber vom Übervorteilten innerhalb der gesetzlichen Frist angefochten werden, wodurch die Geltung des Vertrags mit Wirkung ex tunc entfällt.[9] Gerade umgekehrt verhält es sich nach der Ungültigkeitstheorie, die ich favorisiere.[10] Danach ist der einseitig unverbindliche Vertrag zwar ungültig zustande gekommen, worauf sich jedoch nur der Verletzte berufen kann; verpasst der Übervorteilte die gesetzliche Jahresfrist, um dies zu tun, oder genehmigt er den Vertrag auf andere Weise, so gilt der Vertrag von Anfang so, wie er vereinbart wurde. Nach der ersten Theorie ist der abgeschlossene Vertrag von Anfang an gültig, jedoch unter Vorbehalt der Anfechtung; nach der zweiten Theorie ist er ungültig, jedoch unter Vorbehalt der nachträglichen Genehmigung.

Das Gesagte bedarf nun einer *Ergänzung* für den Fall, da der Übervorteilte berechtigt ist, den wucherischen Vertrag mit verändertem Inhalt aufrechtzuerhalten, statt zu erklären, dass er ihn überhaupt nicht halte. Macht er innerhalb der gesetzlichen Jahresfrist von diesem Modifikationsrecht Gebrauch, so bewirkt er, dass der Vertrag von Anfang an (also «rückwirkend») mit verändertem Inhalt gilt. Insoweit macht es keinen Unterschied, ob man von der Anfechtungs- oder von der Ungültigkeitstheorie ausgeht. «Konstruktiv» aber ist zu unterscheiden: Nach den Vorgaben der Anfechtungstheorie ändert sich der Inhalt des gültig zustandegekommenen Vertrags, weil der Übervorteilte den Vertrag nur mit diesem Inhalt gelten lässt. Nach den Vorgaben der Ungültigkeitstheorie wird der Vertrag mit verändertem Inhalt gültig, weil ihn der Übervorteilte mit diesem Inhalt genehmigt. Nach beiden Konstruktionen beruht die Veränderung der Rechtslage auf einer entsprechenden Gestaltungserklärung des Übervorteilten.

Soweit der Theorienstreit! *Welcher Theorie aber folgt das Bundesgericht?* Im Picasso-Entscheid hatte das Bundesgericht sich klar gegen die Anfechtungstheorie ausgesprochen[11], was die Literatur in Bewegung setzte[12]. Im vorliegend besprochenen Entscheid vermeidet es dagegen eine ausdrückliche Stellungnahme. Diese Zurückhaltung ist zu respektieren, auch wenn man versucht sein könnte, aus der einen oder andern Wendung, die das Ge[58]richt gebraucht, etwas für die eine oder andere Theorie abzuleiten. *Ein* Punkt allerdings bedarf der Klarstellung. Er betrifft die Wirkkraft des Modifikationsrechts:

– *Die Wirkkraft des Modifikationsrechts.* Welcher Theorie man immer folgt, – das Recht des Übervorteilten, den wucherischen Vertrag mit verändertem Inhalt gelten zu lassen, ist ein *privates Gestaltungsrecht*, also kein Gestaltungsklagerecht, das sich auf eine *gerichtliche* Umgestaltung der Rechtslage richtet.[13] Als privates Gestaltungsrecht verleiht es dem Übervorteilten die Macht, die Vertragslage unmittelbar, durch einseitige Willenserklärung, umzugestalten, ohne dass der Richter dazwischentreten muss. Nicht *der Richter* gestaltet die Vertragslage, sondern *der Übervorteilte selbst*, falls er dem Ausbeuter fristgerecht erklärt, dass er den Vertrag mit verändertem Inhalt gelten lässt. Analog verhält es sich auch im gesetzlich geregelten Fall, da der Übervorteilte erklärt, dass er den Vertrag überhaupt nicht halte (Art. 21 Abs. 1 OR). Warum es anders sein sollte, wenn der Übervorteilte es vorzieht, den Vertrag mit verändertem Inhalt aufrechtzuerhalten, ist um so weniger einzusehen, als Gestaltungsklagerechte im schweizerischen Vertragssystem ohnehin die Ausnahme bilden, private Gestaltungsrechte dagegen geläufig sind.

Trifft das Gesagte aber zu, so geht es im vorliegenden Zusammenhang weder um eine «richterliche Inhaltskorrektur» noch um die «Möglichkeit richterlicher Vertragsgestaltung». Dass das Bundesgericht die soeben zitierten Ausdrücke verwendet (S. 298), könnte man als sprachliches Versehen abtun, wenn nicht die übrigen Erwägungen wären. Aus ihnen ergibt sich, dass das Gericht sich auch materiell von der Idee einer *richterlichen* Inhaltskorrektur leiten lässt. So weist es die Vorinstanz an, «den Mietzins herabzusetzen», sofern sie bei erneuter Prüfung des aufgehobenen Entscheides den Übervorteilungstatbestand aufs neue bejahen sollte (S. 305). Überhaupt wurde der ganze Prozess unter der Prämisse der richterlichen Vertragsgestaltung geführt, hatte doch schon der Kläger in seinem Klagebegehren eine richterliche Herabsetzung des Mietzinses verlangt (S. 293), was nichts anderes als eine Gestaltungsklage ist, mit der ein «gerichtlicher Eingriff» in den Vertragsinhalt verlangt wurde (S. 294). Wie aber der Richter auf eine Gestaltungsklage reagieren muss, wenn das vom Kläger geltend gemachte Recht in Wirklichkeit ein privates Gestaltungsrecht ist, das haben die Prozessrechtler zu beurteilen. Meines Erachtens liegt es allerdings nahe, dass der Richter die betreffende Gestaltungsklage in eine Feststellungsklage umdeutet und bei gegebenem Rechtsschutzbedürfnis[14] als solche beurteilt. Wählt er diesen Weg, so darf er davon ausgehen, dass ein bestehendes Gestaltungsrecht des Klägers spätestens mit der Einreichung der Klage und ihrer Zustellung an die Gegenpartei ausgeübt wurde, weil jede Gestaltungsklage auch den Gestaltungswillen des Klägers zum Ausdruck bringt.

– *Die Bedeutung des hypothetischen Parteiwillens.* Sind wir uns darüber einig, dass der Übervorteilte allenfalls berechtigt ist, den Vertrag mit einem veränderten Inhalt aufrechtzuerhalten, so stellt sich immer noch die Frage, ob dies in jedem Fall zutrifft und worin die konkrete Inhaltsänderung besteht. Meines Erachtens ist von Fall zu Fall zu entscheiden, und zwar nach dem Grundsatz von Treu und Glauben (Art. 2 ZGB), der das ganze Vertragsrecht beherrscht. Als praktische Entscheidhilfe bietet sich die normativ verstandene Figur des «hypothetischen Parteiwillens» an[15], die auf den hypothetischen Willen vernünftig und korrekt handelnder Vertragspartner abstellt und auf diese Weise den Grundsatz von Treu und Glauben konkretisiert. In Anlehnung an Art. 20 Abs. 2 OR lässt sich daher formulieren, dass das Recht des Übervorteilten, den Vertrag mit verändertem Inhalt aufrechtzuerhalten, nur dann und nur insoweit besteht, als im Einzelfall anzunehmen ist, der betreffende Vertrag wäre von redlichen Vertragspartnern auch mit dem betreffenden Inhalt abgeschlossen worden. Nach Massgabe des «hypothetischen Parteiwillens» kann die zulässige Veränderung z.B. im schlichten Wegfall einer einzelnen Vertragsklausel (etwa einer Haftungs- oder Freizeichnungsklausel) oder darin bestehen, dass die Leistungspflicht des Übervorteilten reduziert oder jene des Ausbeuters erhöht wird. Im Vordergrund steht die Reduktion der vom Übervorteilten versprochenen Leistung.[16] In keinem Fall aber kann der Übervorteilte mehr [59] oder etwas anderes verlangen, als erforderlich ist, um das offenbare Leistungsmissverhältnis zu beseitigen.[17]

Das Bundesgericht (S. 298 f.) orientiert sich an einer anderen Denkfigur, indem es an der Idee der teleologischen Reduktion anknüpft und den Rückgriff auf den «hypothetischen Parteiwillen» nur insoweit als notwendig erachtet, als «nicht bloss ein Übermass rechnerisch-quantitativ zu reduzieren, sondern zusätzlich eine qualitative Vertragsgestaltung erforderlich ist». Die einschlägigen Erwägungen des Gerichts[18] greifen über die hier zu behandelnde Frage hinaus, indem sie sich generalisierend auf alle Fälle beziehen, in denen «die rechtliche Missachtung sich auf das Übermass beschränkt». Für solche Fälle ergebe sich, wie das Bundesgericht schreibt, «die blosse Teilunwirksamkeit des mangelhaften Rechtsgeschäfts … aus dem jeweiligen Normzweck selbst, auf welchen die Tragweite der anzuwendenden Bestimmung … teleologisch zu reduzieren» sei. «Der gegen eine Gesetzesbestimmung verstossende Vertrag» sei «nur dann – und eben auch nur insoweit – nichtig, als diese Folge sich aus Sinn und Zweck der verletzten Norm ergibt».

Diese allgemeine Explikation der Teilunwirksamkeit verdient eine umfassende Würdigung, die alle massgebenden Bestimmungen des schweizerischen Rechts (namentlich auch Art. 20 Abs. 2 OR[19]) einbezieht. Darauf muss ich in meiner Besprechung verzichten, um das Fuder nicht zu überladen. Bezogen auf den vorliegenden Kontext, in dem es einzig um die Aufrechterhaltung eines ausbeuterischen Vertrags mit verändertem Inhalt geht, erlaube ich mir jedoch die folgenden Anmerkungen: Erstens ist zu präzisieren, dass Art. 21 OR (im Unterschied zu anderen Gesetzesbestimmungen) nicht den vereinbarten Vertragsinhalt *an sich* verpönt, sondern die Art und Weise, wie es zur Vereinbarung des offenbaren Leistungsmissverhältnisses kommt, weshalb er keinen Tatbestand regelt, in dem «die rechtliche Missachtung sich auf das Übermass beschränkt». Zweitens gibt der Zweck des Art. 21 OR keine unmittelbare Antwort auf die Frage, ob der Übervorteilte *im konkreten Fall* berechtigt ist, den Vertrag mit verändertem Inhalt aufrechtzuerhalten, und worin die konkret zulässige Veränderung besteht, weshalb eine zusätzliche Orientierungshilfe in beiderlei Hinsicht erforderlich bleibt. Drittens ist zu befürchten, dass der dogmatische Input des Bundesgerichts zur falschen Annahme verleitet, der Übervorteilte, der die unveränderte Geltung des ausbeuterischen Vertrags ablehnt, könne *in jedem Fall* und *nur* die Aufrechterhaltung des Vertrags mit verändertem Inhalt verlangen, statt sich auf die Unverbindlichkeit des ganzen Vertrags zu berufen. Richtig dagegen ist, dass über den Bestand eines Modifikationsrechts von Fall zu Fall zu entscheiden ist und der Übervorteilte auch dann zum Verzicht auf den ganzen Vertrag berech[60]tigt bleibt, wenn er im konkreten Fall über ein Modifikationsrecht verfügt. Wäre das letztere anders, so würde sich die erste Frage, die ich nachfolgend behandle, gar nicht stellen.

– *Die Position des Ausbeuters.* Diesbezüglich stellen sich zwei Fragen. Die *erste Frage* betrifft den Fall, da der Übervorteilte *die Unverbindlichkeit des ganzen Vertrags* geltend macht, indem er gesetzeskonform erklärt, dass er den abgeschlossenen Vertrag nicht halte (Art. 21 OR). Die Frage geht dahin, ob der Ausbeuter den «Verlust» des ganzens Vertrags abwenden kann, indem er jetzt seinerseits verlangt, dass der abgeschlossene Vertrag mit einem veränderten Inhalt gilt, der das offenbare Missverhältnis der Austauschleistungen beseitigt. Diese Frage wird im besprochenen Urteil zwar aufgeworfen, vom Bundesgericht aber offen gelassen (S. 300). Meines Erachtens ist sie in Übereinstimmung mit der früheren Rechtsprechung zu verneinen.[20] Dem Übervorteilten kann die «Fortsetzung des Vertrags mit verändertem Inhalt nicht aufgezwungen werden» (BGE 84 II 114, 92 II 179), auch nicht dadurch, dass man dem Ausbeuter «nach gutem römischen Vorbild» gestattet, «durch Nachleistung der Wertdifferenz», das Geschäft zu retten.[21] Wer die Schwäche eines andern ausgebeutet hat, um sich durch Vereinbarung eines offenbaren Leistungsmissverhältnisses zu bereichern, verdient keine Rücksichtnahme, wenn der Ausgebeutete es vorzieht, auf den ganzen Vertrag zu verzichten. Wollte man anders entscheiden, so würde die Ausbeutung, obwohl gesetzlich verpönt, eher gefördert als bekämpft, könnte doch der Ausbeuter bei Vertragsabschluss darauf spekulieren, notfalls den Vertrag mit dem noch zulässigen Inhalt gelten zu lassen.

Die *zweite Frage* betrifft den Fall, da der Übervorteilte zu Recht verlangt, dass der ausbeuterische *Vertrag mit verändertem Inhalt* gilt. Für diesen Fall fragt sich, ob der Ausbeuter die Geltung des inhaltlich veränderten Vertrags gestützt auf die Regeln über den Irrtum (Art. 23 ff. OR) bestreiten kann. Das ist zu verneinen. Weder hat sich der Ausbeuter in einem Erklärungsirrtum befunden, noch kann er sich auf Grundlagenirrtum berufen. Der Erklärungsirrtum besteht in einer falschen oder mangelnden Vorstellung des Irrenden über die Ausdruckskraft des eigenen Erklärungsverhaltens, woran es vorliegend fehlt. Und ein (wesentlicher) Grundlagenirrtum (Art. 24 Abs. 1 Ziff. 4 OR) fällt schon deshalb ausser Betracht, weil ein allfälliger Motivirrtum des Ausbeuters, der den Vertrag mit dem jetzt geltenden Inhalt nicht abgeschlossen hätte, keinen Sachverhalt betrifft, den der Ausbeuter «nach Treu und Glauben im Geschäftsverkehr» als notwendige Grundlage des Vertrags betrachten durfte.[22] Das Recht des Übervorteilten, den ausbeuterischen Vertrag mit verändertem Inhalt gelten zu lassen, würde geradezu konterkariert, könnte der Ausbeuter entgegenhalten, dass er mit einer solchen Vertragsänderung nicht gerechnet, sie im Zeitpunkt des Vertragsabschlusses nicht bedacht oder gedanklich ausgeschlossen habe. Nach richtiger Auffassung kann der Irrtum über die Rechtsfolgen (die Rechtswirkung) eines Vertrags überhaupt nie ein Grundlagenirrtum sein.[23]

Zum gleichen Ergebnis kommt in der zweiten Frage auch das Bundesgericht (S. 300 f.), das argumentativ an seiner dogmatischen Vorgabe anknüpft.[24] Darüber hinaus hält das Ge[61]richt fest, dass «dem notleidenden Bewucherten» auch keine «arglistige Täuschung[25] im Sinne von Art. 28 OR angelastet werden» könne, selbst wenn «er bereits bei Abschluss des wucherischen Vertrags dessen spätere Anfechtung in Aussicht» genommen habe (S. 301). Etwas anderes liefe, wie das Gericht bemerkt, «auf eine Missachtung des Schutzzweckes von Art. 21 OR hinaus». Das ist in der Tat richtig[26], weshalb der Ausbeuter, der die Notlage eines andern missbraucht hat, sich nicht darauf berufen kann, er sei über dessen Absicht, den Vertrag mit nur verändertem Inhalt gelten zu lassen, bei Abschluss des Vertrags getäuscht worden. Bezieht sich der Täuschungsvorwurf auf die blosse Verschweigung der erwähnten Absicht, so fehlt es rechtlich schon an der vorgeworfenen Täuschung, da ein Übervorteilter, dessen Notlage ausgebeutet wird, weder nach Treu und Glauben noch sonstwie verpflichtet ist, den Ausbeuter über die beabsichtigte Ausübung der ihm aus der Übervorteilung zustehenden Rechte aufzuklären.[27] Wie es sich verhält, wenn nicht die Notlage, sondern die Unerfahrenheit oder der Leichtsinn des Übervorteilten ausgebeutet wird, mag dahingestellt bleiben. In aller Regel aber entfällt hier das Problem, da ein Vertragspartner, der schon bei Vertragsabschluss an die Rechtsbehelfe der Übervorteilung denkt, kaum je «unerfahren» ist oder «leichtsinnig» handelt, weshalb insofern gar keine Übervorteilung vorliegt.

2. Die Notlage des Übervorteilten. Zum Tatbestand der Übervorteilung gehört, dass eine Partei eine bestimmte Schwäche der andern ausbeutet, um den Vertrag mit dem offenbaren Leistungsmissverhältnis abzuschliessen. Art. 21 Abs. 1 OR nennt drei Schwächelagen: die Notlage, die Unerfahrenheit und den Leichtsinn. Im vorliegenden Fall machte der klagende Fussballclub geltend, dass seine *Notlage* ausgebeutet worden sei. Da die Beklagte dies bestritt, war schon von der Vorinstanz zu prüfen, ob eine Notlage im Sinne des Art. 21 OR vorgelegen hatte. Auf diese Frage, die von der Vorinstanz bejaht wurde, kommt auch das Bundesgericht zurück:

a. Zunächst definiert das Bundesgericht den gesetzlichen *Begriff der Notlage*. Dabei kreiert es keine Neuigkeit, sondern hält sich an die herrschende Lehre und Rechtsprechung, die es wie folgt zusammenfasst (S. 301): «Eine Notlage im Sinne von Art. 21 OR liegt vor, wenn sich eine Partei bei Vertragsabschluss in starker Bedrängnis, in einer Zwangslage befindet. Die romanischen Gesetzestexte sind insoweit aussagekräftiger als der deutsche, wenn sie das Tatbestandselement mit «gêne» oder – am deutlichsten – mit «bisogni» umschreiben.[28] In Betracht fällt dabei nicht nur die wirtschaftliche Bedrängnis, sie kann auch persönlicher, familiärer, politischer oder anderer rechtserheblicher Natur sein.[29] Entscheidend ist, dass ein Verhandlungspartner den Abschluss des für ihn ungünstigen Vertrags gegenüber der Inkaufnahme drohender Nachteile als das kleinere Übel betrachtet[30], sofern diese Güterabwägung auch in objektiver Betrachtung (Art. 2 Abs. 1 ZGB) als vertretbar erscheint. Auf eine solche Notlage kann sich ebenfalls eine juristische Person berufen[31]».

b. In einem *weiteren Schritt* prüft das Bundesgericht, ob der klagende Fussballclub sich bei Abschluss des Vertrags in einer Notlage befunden hat (S. 302). In tatsächlicher Hinsicht übernimmt es die für das Bundesgericht verbindliche Feststellung der Vorinstanz, dass der Fussballclub auf den gemieteten Spielplatz angewiesen war, weil er ohne den Platz seine Lizenz und damit wohl auch seine Existenzberechtigung verloren hätte. Diese Gefahr reicht für das Bundesgericht aus, um eine Notlage im definierten Sinne zu bejahen.

Demzufolge anerkennt das Bundesgericht (gleich wie die Vorinstanz), dass sich der Kläger in einer Notlage im Sinne des Art. 21 OR befand. Dass auch «Verträge im Freizeitbereich» in einer «objektiv rechtserheblichen» Notlage geschlos[62]sen werden könnten, sei zwar nicht leichthin anzunehmen. Grundsätzlich anders aber verhalte es sich, wenn der Vertragsgegenstand für eine Partei von existentieller Bedeutung sei, selbst wenn ihre Existenz sich allein aus dem Zweck der Freizeitgestaltung herleite. Indem das objektive Recht dem Verein den idealen Zweck als Grundlage juristischer Existenz genügen lasse, gar als notwendig erachte (Art. 60 ZGB), stelle es von vornherein auch ihm seinen Rechtsbehelf gegen existenzbedrohende Ausbeutung zur Verfügung. Ob das Bundesgericht mit den soeben zitierten Erwägungen auf einen Einwand der Beklagten reagiert oder ob es die Besonderheit der «Freizeitverträge» von sich aus anspricht, lässt sich den Erwägungen nicht entnehmen. Anders ist es mit dem Einwand, die wirtschaftliche Situation des Fussballclubs «erlaube offensichtlich ohne Weiteres eine Belastung der Vereinskasse mit dem vereinbarten Mietzins». Dieser Einwand der Beklagten (S. 302) wird vom Bundesgericht verworfen, weil er, wie das Gericht zu Recht festhält, den massgeblichen Begriff der Notlage verkennt. Denn: «Einerseits (so das Bundesgericht) muss die Bedrängnis nicht wirtschaftlicher Natur sein, und andererseits ist nicht zu fragen, ob ein Vertragspartner durch (den) Abschluss des für ihn ungünstigen Vertrags in eine Notlage geraten ist, sondern ob er sich aus einer Notlage heraus gezwungen sah, den mit diesem Inhalt nicht gewollten Vertrag abzuschliessen. In einer Notlage im Sinne von Art. 21 OR kann sich daher durchaus auch befinden, wer die Mittel zur Verfügung hat, das geforderte Übermass zu leisten».

c. Dass das Bundesgericht dem klagenden Fussballclub zubilligt, den für ihn ungünstigen Vertrag aus einer Notlage heraus abgeschlossen zu haben, hält einer *kritischen Würdigung* stand, was ich allerdings nicht «vorurteilslos» sage. Denn schon früher habe ich postuliert, Art. 21 OR sei möglichst weit auszulegen, auch was das Element der Notlage betrifft.[32] Zwar mag es zutreffen, dass der historische Gesetzgeber unter dem Eindruck der damaligen Verhältnisse auf eine eher geringere Tragweite der Bestimmung tendiert hat. Seit *damals* aber haben sich die sozialen Verhältnisse und mit ihnen auch das generelle Verständnis des Vertragsrechts geändert, was das Bundesgericht nicht nur theoretisch reieviert (S. 297 f.), sondern gerade auch mit der konkreten Anwendung des Notlagebegriffs in die Praxis umsetzt. Während andere, die für eine restriktive

Auslegung des Art. 21 OR plädieren, die höchstrichterliche Bejahung einer Notlage vielleicht nur mit Zurückhaltung registrieren, erachte ich den diesbezüglichen Entscheid als zeitgemäss und richtig. Legt man die Ausführungen des Gerichts auf die Goldwaage, wozu ein «Rezensent» sich fast immer berufen fühlt, so verbleiben indes zwei Einzelpunkte, die ich ansprechen möchte:

– Der erste Punkt ist untergeordneter Natur, da er nur eine beiläufige Redewendung betrifft. Nach der Formulierung des Bundesgerichts kommt es für den Entscheid des vorliegenden Falles darauf an, ob der Fussballclub «sich aus einer Notlage heraus gezwungen sah, den mit diesem Inhalt *nicht gewollten* Vertrag abzuschliessen». Der zitierte Satz (mit den von mir hervorgehobenen Worten) ist so formuliert, wie wenn der Übervorteilte, der den Vertrag mit dem für ihn ungünstigen Inhalt ab – schliesst, etwas anderes erklären würde, als was er tatsächlich will. In Wirklichkeit aber *will* der Übervorteilte den Abschluss des Vertrags mit dem betreffenden Inhalt, doch verpönt das Gesetz die ausbeuterische Art und Weise, wie es zu seiner Vertragserklärung kommt. Das gilt auch für den Fall der ausgebeuteten Notlage, in dem der Übervorteilte den Abschluss des für ihn ungünstigen Vertrags deshalb *will*, weil er «gegenüber der Inkaufnahme drohender Nachteile» den Abschluss dieses Vertrags «als das kleinere Übel betrachtet» (S. 301). Zutreffend ist freilich, dass die Notlage sich insofern auf den Willen der betroffenen Partei auswirkt, als sie die Freiheit seiner Willensbildung beeinträchtigt. Gleich verhält es sich auch, wenn eine Vertragspartei durch eine Drohung der andern Partei oder eines Dritten zum Vertragsabschluss bestimmt wird (Art. 29 f. OR).

– Beim zweiten Punkt geht es nochmals um den *Begriff der Notlage*. Aus den gerichtlichen Erwägungen könnte man ableiten, dass das Bundesgericht die rechtserhebliche Notlage in einem *objektiven Sinn* versteht, also voraussetzt, dass sich der Übervorteilte, dessen Notlage ausgebeutet wird, in einer realen Zwangslage befindet. So verlangt das Bundesgericht an einer Stelle, dass die «Güterabwägung», die der Betroffene vornimmt, um den ungünstigen Vertrag als das kleinere Übel in Kauf zu nehmen, «auch in objektiver Betrachtung (Art. 2 Abs. 1 ZGB) als vertretbar erscheint» (S. 301). Und an anderer Stelle spricht es von einer «objektiv rechtserheblichen Notlage» (S. 302). [63]

Ob die zitierten Stellen ausreichen, um das Bundesgericht auf einen objektiven Begriff der Notlage «festzulegen», mag offen bleiben. Viel wichtiger erscheint mir die grundsätzliche Frage, was gilt, wenn die Notlage nicht real, sondern nur in der Vorstellungswelt einer Partei existiert. Darauf hatte das Bundesgericht nicht zu antworten. Stellt man aber auf den Schutzzweck des Art. 21 OR ab, auf den das Bundesgericht immer wieder rekurriert, so kann es von der Rechtsfolge her keinen Unterschied machen, ob die ausgebeutete Notlage tatsächlich besteht oder ob die bloss subjektive Vorstellung einer Notlage ausgebeutet wird. Das gilt um so mehr, als der Ausbeuter sich auch im ersten Fall nicht die reale Notlage als solche, sondern die Vorstellung zunutze macht, die der Ausgebeutete von seiner Lage hat. Die Ausbeutung einer tatsächlichen Notlage wäre gar nicht möglich, ohne dass der Betroffene sich seiner Lage bewusst wäre.

Dem Gesagten zufolge gibt es keinen Grund, den Ausgebeuteten nur deshalb schlechter zu behandeln, weil die Notlage, die er sich vorstellt, tatsächlich gar nicht existiert. Auch die nur vorgestellte (imaginäre) Notlage ist für den, der in dieser Vorstellung behaftet ist, eine Wirklichkeit. Sie versetzt ihn in eine Schwächelage, gegen deren Ausbeutung er nach Massgabe des Art. 21 OR zu schützen ist. Gesetzestechnisch lässt sich dies erreichen, indem man entweder den gesetzlichen Begriff der Notlage entsprechend auslegt oder die in Art. 21 OR aufgezählten Schwächelagen («Notlage», «Unerfahrenheit», «Leichtsinn») um die Kategorie der nur vorgestellten Notlage erweitert. Auch das letztere ist möglich, da die erwähnte Aufzählung keinen abschliessenden Charakter hat[33].

3. Das offenbare Leistungsmissverhältnis. Es bildet das objektive Tatbestandselement der Übervorteilung. Durch den ausbeuterischen Vertrag, um den es in Art. 21 OR geht, wird «ein offenbares Missverhältnis zwischen der Leistung und der Gegenleistung begründet». Für den vorliegenden Fall hat *die Vorinstanz* ein derartiges Missverhältnis bejaht, und zwar mit der Begründung, «der Fussballplatz liege als zonenwidrige Anlage in der Landwirtschaftszone und könnte daher anderweitig nur als Landwirtschaftsland genutzt werden. Damit aber liesse sich bloss ein Jahrespachtzins von rund Fr. 480.– bis Fr. 720.– erzielen. Mit dem vereinbarten Jahresmietzins von Fr. 3000.– werde dieses Mass um mehr als 200 % überschritten, was in objektiver Hinsicht den zivilrechtlichen Wuchertatbestand erfülle» (S. 303).

a. Obwohl die vorstehenden Argumente auf den ersten Blick einleuchten, vermochten sie der *Nachprüfung durch das Bundesgericht* nicht standzuhalten. Vielmehr beanstandet das Bundesgericht, dass «die vermieterseitige Leistung bundesrechtswidrig bewertet» worden sei (S. 303 f.). Weshalb das?

Das Bundesgericht geht aus von dem für Art. 21 OR anerkannten Grundsatz, dass «Leistung und Gegenleistung nach ihrem objektiven Wert zur Zeit des Vertragsschlusses»[34] zu bewerten sind[35], wofür, wenn möglich, auf den «Marktpreis gleicher oder jedenfalls vergleichbarer Leistungen» abzustellen ist. Mit Blick auf den konkreten Fall fügt es dann hinzu, dass Gegenstand dieser Bewertung immer das vertraglich Vereinbarte sei[36], «mithin weder abweichend davon Geleistetes noch – bei Sachnutzungen – anderweitig Mögliches». «Mit andern Worten ist bei der Bewertung des Nutzungswerts einer Mietsache der marktübliche Preis für die vertragskonforme Nutzung zu ermitteln und mit dem streitigen Entgelt zu vergleichen und ist unbeachtlich, welchen Ertrag das Objekt mit einer andern Nutzung abwerfen könnte. Zu fragen ist daher im vorliegenden Fall nach der Marktmiete für einen Fussballplatz und nicht nach dem landwirtschaftlichen Ertrag einer entsprechenden Bodenfläche», wie die Vorinstanz es getan hat.[37]

b. Weil die Vorinstanz gegen die vorstehenden Bemessungskriterien verstossen hat, wird die Berufung teilweise gutgeheissen und die Streitsache zu neuer Entscheidung an das Obergericht zurückgewiesen (S. 304). Die Rückweisung erfolgt zusammen mit Instruktionen, wie das vorinstanzliche Obergericht [64] bei der Neuentscheidung vorgehen muss. Eine dieser Instruktionen betrifft *die Feststellung des offenbaren Leistungsmissverhältnisses*, wozu das Bundesgericht (S. 304 f.) die folgenden Gedanken entwickelt:

«Der vereinbarte Jahresmietzins von Fr. 3000.– für eine Bodenfläche von 12 015 m² entspricht der Verzinsung eines Bodenwerts von rund Fr. 5.–/m² zu 5 %. Das Obergericht wird in seinem neuen Entscheid … zu prüfen haben, ob ein Entgelt in dieser Höhe von der marktüblichen Entschädigung für die Nutzung eines Fussballplatzes in vergleichbarer Lage derart abweicht, dass im Rahmen des richterlichen Ermessens (Art. 4 ZGB) von einer offenbaren Leistungsinäquivalenz im streitigen Mietverhältnis auszugehen ist.[38] Fehlen aussagekräftige Vergleichspreise aus einschlägigen Mietverhältnissen, wird auf andere Bewertungskriterien auszuweichen sein, vorab auf den angemessenen Landwert unter Berücksichtigung der zonenfremden Nutzung und eine übliche Verzinsung nach den Marktsätzen im Zeitpunkt des Vertragsschlusses».

c. Die bundesgerichtlichen Erwägungen zeigen, mit welchen Schwierigkeiten zu rechnen ist, wenn es um *die praktische Feststellung eines offenbaren Leistungsmissverhältnisses* geht.

– Im vorliegenden Fall beginnen *die Schwierigkeiten* schon mit der objektiven Bewertung der vereinbarten Mietleistung, worüber die Vorinstanz nach der Auffassung des Bundesgerichts gestolpert ist, weil sie den Wert der Leistung nach dem landwirtschaftlichen Ertrag des in der Landwirtschaftszone liegenden Bodens bemessen hat, obwohl das Mietobjekt als Fussballplatz vermietet wurde. Der Massstab der Vorinstanz kann jedenfalls dann nicht befriedigen, wenn man hinzu nimmt, dass der vermietete Fussballplatz am zonenwidrigen Standort weiterhin betrieben werden darf, weil es sich um eine altrechtliche Anlage handelt (S. 303). So gesehen vermag die Kritik des Bundesgerichts zu überzeugen, ist doch allgemein bekannt, «dass Verkehrs- und Ertragswert einer zonenwidrig rechtmässig genutzten Liegenschaft sich nicht nach der zonenkonformen, sondern nach der effektiven, rechtmässigen Nutzung bemessen» (S. 303).

Überzeugend ist folglich auch die höchstrichterliche Instruktion, wie das offenbare Leistungsmissverhältnis im konkreten Fall festzustellen sei, was aber nicht ausschliesst, dass die praktische Umsetzung dieser Instruktion zu neuen Schwierigkeiten führt. So stellt sich schon die tatsächliche Frage, ob es überhaupt eine «marktübliche Entschädigung für die Nutzung eines Fussballplatzes» gibt oder ob sich die Vorinstanz zum vornherein gezwungen sieht, auf «andere Bewertungskriterien» auszuweichen.[39] Und in rechtlicher Hinsicht fragt sich, welche Anforderungen an das Vorliegen eines *offenbaren* Missverhältnisses zu stellen sind. Das Bundesgericht schweigt sich darüber aus. Entgegen restriktiven Lehrmeinungen, die für Art. 21 OR eine «aussergewöhnlich stossende Disparität» der Werte[40] oder ein «schlechthin unerträgliches» Missverhältnis[41] verlangen, lehne ich extreme Anforderungen schon deshalb ab, weil Art. 21 OR nicht das Missverhältnis an sich sanktioniert, sondern die rücksichtslose Art und Weise, wie die eine Partei den ungleichgewichtigen Vertrag zum Nachteil der andern abgeschlossen hat.[42]

– Während ich meine, dass das Bundesgericht die Bemessungsfrage *für den konkreten Fall* richtig entschieden hat, bin ich unsicher, ob sich die Idee, den Leistungswert einer Mietsache nach der vertragskonformen Nutzung zu bestimmen, generalisieren lässt und inwieweit sie auch auf andere Leistungen übertragbar ist. Da es zum Wesen der Unsicherheit gehört, dass der Unsichere keine sichere Antwort kennt, bleibt mir nichts anderes übrig, als die aufgeworfene Frage auf sich beruhen zu lassen. Auf *zwei Punkte* aber möchte ich dennoch hinweisen:

Erstens spricht das Bundesgericht von der *«vertragskonformen»* Nutzung, nach dem sich der Leistungswert einer Mietsache richte. Davon zu unterscheiden ist ein rein subjektiver Verwendungszweck, der nicht zum Inhalt des Vertrags gehört. Auf einen solchen (vertragsfremden) Zweck, den der Empfänger mit der vereinbarten Leistung verfolgt, könnte es nicht ankommen, um den objektiven Wert der Leistung zu bestimmen. [65]

Zweitens ist bei der Bewertung der Austauschleistungen stets auf den Gesamtinhalt des individuellen Einzelvertrages (unter Einbezug vereinbarter Fälligkeits-, Haftungs-, Freizeichnungs- oder anderer Klauseln) abzustellen und auch den besonderen Risiken Rechnung zu tragen, die sich für eine Partei aus der Abwicklung des konkreten Vertrags ergeben.[43] Dieser Gedanke wird im besprochenen Entscheid nicht explizit ausgesprochen; wohl deshalb nicht, weil das Bundesgericht nach dem Stand der Dinge keinen Anlass hatte, sich auch darüber zu äussern.

4. Das Element der Ausbeutung. Auch dieses Element gehört zum Tatbestand der Übervorteilung. Darauf bezieht sich *eine weitere Instruktion* des Bundesgerichts, die eingreifen soll, falls das Obergericht auch bei der erneuten Leistungsbewertung ein offenbares Missverhältnis der Austauschleistungen bejaht. Alsdann hat das Obergericht nach den Weisungen des Bundesgerichts (S. 305) zu prüfen, ob «unter den neuen Gegebenheiten das Tatbestandselement der Ausbeutung» ebenfalls «zu bejahen ist, d.h., ob die Beklagte die Entscheidungsschwäche des

Klägers in Kenntnis der offenbaren Inäquivalenz der Leistungen ‹missbraucht› hat«[44]. Dabei bleibt, wie das Bundesgericht weiterfährt, «unbeachtlich, dass der Kläger an den Vertragsverhandlungen aktiv mitwirkte und seinerseits einen Jahresmietzins von Fr. 2000.– anbot». Denn «Ausbeutung setzt nicht voraus, dass die Anregung zum Vertragsschluss vom Übervorteilenden ausgegangen ist«[45].

An dieser Instruktion ist nichts auszusetzen. Sie beruht auf einem richtigen Verständnis der Ausbeutung. Wer «vollständig» sein will, mag vielleicht beifügen, dass der Ausbeuter nicht nur die «offenbare Inäquivalenz der Leistungen» kennt, sondern auch die Schwächelage seines Verhandlungspartners[46], die er bewusst ausnutzt (oder «missbraucht», wie es der italienische Gesetzestext formuliert), um sich durch den Abschluss des Vertrags übermässige Vorteile auf Kosten der Gegenpartei zu verschaffen.[47] Ob er selber den Vertrag gesucht hat oder sich auf Bitten des Übervorteilten (allenfalls nur «widerstrebend») auf den Vertrag einliess, ist gleichgültig.[48] So oder anders verletzt der Ausbeuter das Gebot von Treu und Glauben, das die Parteien schon mit der Aufnahme der Vertragsverhandlungen zu gegenseitiger Rücksichtnahme verpflichtet. Sanktioniert wird sein «missbräuchliches» Verhalten durch die Regel des Art. 21 OR, die «als Auswirkung des moralischen Fundaments des Privatrechts vor uns steht«[49].[50]

IV. Hommage

1. Der besprochene Entscheid ist in mehrfacher Hinsicht bemerkenswert. Abgesehen von seiner dogmatischen Dichte, an der man künftige Entscheide des Bundesgerichtes messen wird, gibt er *ein deutliches Signal*, wie sich der bisher vernachlässigte Art. 21 OR fruktifizieren lässt. Und das ist gut so. Denn wer es mit dem «sozialen Privatrecht» (S. 298) ernst nimmt, der hat sich im Gebiete des Vertragsrechts zunächst darauf zu besinnen, welche Mittel das bereits geltende Gesetz zur Verfügung stellt, um die «materielle Vertragsgerechtigkeit» zu verwirklichen. Ein taugliches Mittel ist Art. 21 OR, dem mehr als nur «marginale Bedeutung«[51] zukommt, wenn er nur richtig verstanden und angewendet wird.

In BGE 123 III 292 ff. zeigt das Bundesgericht auf, was der Artikel zu leisten vermag. Sein Urteil liegt ganz auf der Linie, die schon der französischsprachige Berichterstatter im Nationalrat verfochten hat, als er bei der Beratung des Art. 21 OR zu bedenken gab, «que toute notre législation moderne est une legislation sociale qui tend à la protection du faible, car il n'y a ni liberté, ni égalité quand, de deux parties contractantes, l'une est formidablement armée par son intelligence, ou par sa fortune, tandis que l'autre ne peut lui opposer que sa gêne, son inexpérience ou sa légèreté».[52]

2. Dem Fussballclub Lohn sei's gedankt, dass er den Anstoss zu diesem Urteil gab. An[66] dere Fussballvereine mögen Fussballgeschichte schreiben, – der Fussballclub Lohn ist in die *Geschichte des Art. 21 OR* eingegangen, was viel mehr ist als ein Aufstieg in die nächsthöhere Liga. Es ist ein Aufstieg in die Jurisprudenz! Dort hat er jetzt seinen festen Platz.[53] Wie auch immer sein Nachspiel in der Landwirtschaftszone von Thayngen ausgeht, eines ist sicher:

Die juristischen Kommentare, die langen und die kurzen, die Lehrbücher und die Skripten werden den Namen dieses Clubs verewigen; die Dozenten werden ihn zitieren; und selbstverständlich gehört er fortan auch zum juristischen Übungs- und Examensstoff, gleich wie der liebestolle Witwer, der «in das Netz einer im gefährlichen Alter stehenden Witwe geraten» war (BGE 61 II 31 ff.). Kurz und gut: Für ganze Generationen von Juristen wird der Fussballclub Lohn zum Begriff, auch wenn sie sonst nur wenig oder überhaupt nichts von Fussball verstehen. Welcher andere Fussballclub der Schweiz hat schon *so viel* erreicht, welcher hat ein derart feines Publikum!

1 Die frühere Rechtsprechung wird im besprochenen Entscheid (S. 295) wie folgt zusammengefasst: In BGE *64* I 39 hatte das Bundesgericht noch «erwogen, das rechtzeitig angefochtene wucherische Geschäft sei wohl im ganzen Umfang unverbindlich, wenngleich auch eine blosse Teilungültigkeit gesetzgeberisch vertretbar wäre. Auf solche sei aber jedenfalls zu schliessen, wenn das Rechtsgeschäft verschiedene Verpflichtungen umfasse und eine davon als einwandfrei erscheine und eine ausgesprochene Sonderstellung einnehme (E. 4 S. 47). In BGE *84* II 107 erkannte das Gericht, der Richter dürfe nicht in Analogie zu Art. 20 Abs. 2 OR auf blosse Teilnichtigkeit schliessen, wenn der Übervorteilte die vollständige Unverbindlichkeit des Vertrags geltend mache (E. 4). In BGE *92* II 168 hat es diese Auffassung in einem obiter dictum als zutreffend bestätigt, die Frage aber ausdrücklich offengelassen (E. 6c). Seither hat sich ihm die Frage der Teilungültigkeit eines wucherischen Vertrags nicht mehr gestellt».

2 Wie das Bundesgericht auf S. 296 ausführt, «vertritt die herrschende jüngere Lehre in der Schweiz entschieden die Auffassung, dass auch im Falle des Art. 21 OR eine richterliche Reduktion oder Anhebung wucherisch überhöhter oder zu niedriger Leistungen stattfinden könne, jedenfalls auf Begehren des Übervorteilten (*Kramer*, Berner Kommentar, N 49 zu Art. 21 OR mit zahlreichen Hinweisen; *Huguenin Jacobs*, Basler Kommentar, 2. Aufl., N 16 zu Art. 21 OR; *Weber*, Berner Kommentar, N 160 zu Art. 73 OR; *Schraner*, Zürcher Kommentar, N 118 zu Art. 73 OR; *Bucher*, Schweizerisches Obligationenrecht, Allgemeiner Teil, 2. Aufl., 234 f.; *Gauch/Schluep*, Schweizerisches Obligationenrecht, Allgemeiner Teil, 6. Aufl., Band I, Nr. 754 f.; *Alfred Koller*, Schweizerisches Obligationenrecht, Allgemeiner Teil, Band I, 297 f.; *Engel*, Traite des obligations en droit suisse, 2. Aufl., 305 f.; *Merz*, ZBJV *95* (1959) 469 f.; *Jean-Baptiste Zufferey-Werro*, Le contrat contraire aux bonnes moeurs, Diss. Freiburg 1988, 354 bei Fn. 34; wohl auch *Hausheer*, Die Allgemeinverbindlicherklärung von Kollektivverträgen als gesetzgeberisches Gestaltungsmittel, ZSR 95 (1976) 225 ff. 275 bei Fn. 87; für eine unterschiedliche Behandlung von Dauer- und Zielverträgen: *Honsell*, Die Abwicklung sittenwidriger Darlehensverträge in rechtsvergleichender Sicht, in: Freiheit und Zwang, FS Giger, Bern 1989, 287 ff., insb. 295 f.)».

«Die Möglichkeit einer geltungserhaltenden Behebung der verpönten Äquivalenzstörung durch Reduktion der übersetzten oder Anhebung der untersetzten Leistung wird», wie das Bundesgericht weiter ausführt, «dogmatisch unterschiedlich begründet, sei es mit einer analogen Anwendung von Art. 20 Abs. 2 OR (namentlich *Gauch*, Die Übervorteilung – Bemerkungen zu Art. 21 OR, recht 1989 91 ff., 100; *Gauch/Schluep*, a.a.O., Nr. 754; *Stark*, Die Übervorteilung im Lichte der bundesgerichtlichen Rechtsprechung, in: Erhaltung und Entfaltung des Rechts in der Rechtsprechung des Schweizerischen Bundesgerichts, Festgabe der schweizerischen Rechtsfakultäten zur Hundertjahrfeier des Bundesgerichts, Basel 1975, 377 ff., 393 ff.; *Paul Piotet*, JT 1958 I 535 ff.), mit einer aus dem Normzweck gewonnenen teleologischen Reduktion der Rechtsfolge von Art. 21 OR unbesehen eines hypothetischen Parteiwillens (namentlich *Kramer*, Berner Kommentar, N 53 zu Art. 21 OR; *Huguenin Jacobs*, a.a.O., N 16 zu Art. 21 OR; *Honsell*, a.a.O., 295), mit einer über Art. 20 Abs. 2 OR hinausreichenden prinzipiellsystematischen Gesetzesauslegung [*Spiro*, ZBJV 88 (1952) 519 ff.; *Hausheer*, ZSR 95 (1976) 274 ff.) oder mit richterlicher Lückenfüllung nach Art. 1 Abs. 2 ZGB (*Oftinger*, Betrachtungen über die laesio im schweizerischen Recht, in: Ausgewählte Schriften, Zürich 1978, 155 ff., 171)».

3 Das *Gegenteil* wäre überraschend, da wir nun einmal so konditioniert sind, dass wir uns kaum je von einer früher geäusserten Ansicht trennen, namentlich dann nicht, wenn sie gerade höchstrichterlich bestätigt wurde.

4 Vgl. dazu *Gauch/Schluep*, Schweizerisches Obligationenrecht, Allgemeiner Teil, 6. Aufl., Zürich 1995, Nr. 703 ff.; *Hürlimann*, Teilnichtigkeit von Schuldverträgen nach Art. 20 Abs. 2 OR, Diss. Freiburg 1984, 74 ff.

5 *Gauch*, Die Übervorteilung – Bemerkungen zu Art. 21 OR, recht 1989 100. Auf eine sinngemässe Anwendung des Art. 20 Abs. 2 OR stützen sich auch andere Autoren (vgl. Fn. 2).

6 Vgl. die Zusammenfassung des Bundesgerichts in Fn. 2.

7 Vgl. dazu *Goleman*, Emotionale Intelligenz, deutsche Übersetzung, München/Wien 1996

8 Vgl. *Goleman*, a.a.O., 48.

9 Vgl. *Gauch/Schluep*. zit. in Fn. 4. Nr. 896

10 *Gauch/Schluep*, zit. in Fn. 4, Nr. 890 ff.

11 BGE 114 II 143.

12 Vgl. statt vieler: *Wiegand*, Bemerkungen zum Picasso-Entscheid, recht 1989 101 ff.

13 Zum Unterschied vgl. *Gauch/Schluep*, zit. in Fn. 4, Nr. 73 ff.

14 Zum vorausgesetzten Rechtsschutzbedürfnis vgl. z.B. 123 III 51.

15 *Gauch*, recht 1989 100.

16 Vgl. *Hürlimann*, zit. in Fn. 4, 101.

17 Das gilt auch für den Fall, da die Leistungspflicht des Übervorteilten herabgesetzt wird, was aber nicht unbestritten ist. Nach einer anderen Auffassung ist die Leistungspflicht des Übervorteilten auf das marktübliche Durchschnittsentgelt zu reduzieren, also nicht nur so weit herabzusetzen, bis das offenbare Missverhältnis entfällt (*Huguenin Jacobs*, Basler Kommentar, 2. Aufl., N 16 zu Art. 21 OR). Das Bundesgericht hält sich bedeckt, indem es ausführt (S. 305): «Für diese (andere) Auffassung spricht … der Schutzzweck von Art. 21 OR. Danach soll der Wucherer nicht risikolos davon ausgehen dürfen, das privatrechtlich höchstzulässige Entgelt sei ihm jedenfalls und unbesehen seiner Ausbeutung garantiert (*Kramer*, Berner Kommentar, N 52 zu Art. 21 OR mit Hinweisen; *Huguenin Jacobs*, Basler Kommentar, 2. Aufl., N 16 zu Art. 21 OR). Dagegen liesse sich allerdings einwenden, Art. 21 OR sei keine Strafnorm und erfordere nicht mehr als die Vermeidung von Wucher. Dies würde im Einklang etwa mit der Rechtsprechung zur Verletzung von Höchstzinsvorschriften stehen, wonach ein übersetzter Zins regelmässig nicht auf das übliche Durchschnittsmass, sondern auf das gesetzliche Höchstmass, z.B. das konkordatsrechtliche von 18%, reduziert wird (BGE 93 II 189). Die Frage kann indes im vorliegenden Fall offen bleiben, da insoweit die Rechtsauffassung der Vorinstanz nicht beanstandet wurde».

18 Im Volltext lauten sie: «Leitgedanke ist … allemal, dass, wo blosses Übermass als unzulässig erscheint, die rechtliche Missachtung sich auf das Übermass beschränkt, mithin die Rechtsfolge der Unwirksamkeit, beruhe sie auf Nichtigkeit oder Anfechtbarkeit, in solchen Fällen nicht zwingend qualitativ, sondern vorerst quantitativ zu beachten und zu beheben ist (*Spiro*, ZBJV 88 (1952) 459). Die blosse Teilunwirksamkeit des mangelhaften Rechts-

geschäfts folgt dabei aus dem jeweiligen Normzweck selbst, auf welchen die Tragweite der anzuwendenden Bestimmung, reiche ihr Wortsinn auch darüber hinaus, teleologisch zu reduzieren ist (*Honsell*, in: FS Giger, Bern 1989, 288 f. und 295; BGE 121 III 219 E. 1d/aa). Die blosse Teilunwirksamkeit folgt damit unmittelbar aus der Verbotsnorm, und ein entsprechender hypothetischer Parteiwille ist dem Grundsatz der Teilnichtigkeit nicht vorausgesetzt, sondern hat allenfalls für die Bestimmung der angemessenen Rechtsfolge, d.h. den Inhalt der Ersatzordnung, Bedeutung (*Spiro*, ZBJV *88* (1952) 459; *Kramer*, Berner Kommentar, N 345 ff. zu Art. 19–20 OR; *Huguenin Jacobs*, Basler Kommentar, N 61 zu Art. 19/20 und N 16 zu Art. 21 OR). Dies ist allerdings nur dort notwendig, wo nicht bloss ein Übermass rechnerisch-quantitativ zu reduzieren, sondern zusätzlich eine qualitative Vertragsgestaltung erforderlich ist. Richtig besehen ist der gegen eine Gesetzesbestimmung verstossende Vertrag nur dann – und eben auch nur insoweit – nichtig, als diese Folge sich aus Sinn und Zweck der verletzten Norm ergibt (BGE 119 II 222 E. 2; 121 IV 365 E. 9a)».

19 Art. 20 Abs. 2 OR enthält gewissermassen die «Paradebestimmung» zur Teilunwirksamkeit. Gerade sie aber widerspricht der generellen Analyse, wonach «die blosse Teilunwirksamkeit ... unmittelbar aus der Verbotsnorm» folgt, ohne dass «ein entsprechender hypothetischer Parteiwille ... dem Grundsatz der Teilnichtigkeit» vorausgesetzt ist (vgl. Fn. 18). Denn teilnichtig im Sinne des Art. 20 Abs. 2 OR sind Verträge nach der ausdrücklichen Anordnung des Gesetzgebers nur dann, wenn nicht «anzunehmen ist», dass der Vertrag «ohne den nichtigen Teil überhaupt nicht geschlossen worden wäre». Das massgebliche Kriterium, das in Art. 20 Abs. 2 OR über die Ganz- oder Teilnichtigkeit entscheidet, ist also der «hypothetische Parteiwille», der richtigerweise in einem normativen Sinne verstanden wird (*Gauch/Schluep*, zit. in Fn. 4, Nr. 700; so auch der besprochene Entscheid auf S. 297).

20 So schon *Gauch*, recht 1989 100; *Gauch/Schluep*, zit. in Fn. 4, Nr. 755; gleich z.B. auch *Kramer*, Berner Kommentar, N 51 zu Art. 21 OR und *Hürlimann*, zit. in Fn. 4, 101 f.; anders z.B. *Bucher*, Schweizerisches Obligationenrecht, Allgemeiner Teil, 2. Aufl., Zürich 1988, 235.

21 So aber *Bucher*, zit. in Fn. 20, 237. Entgegen der Ansicht von Bucher vermag das Römische Recht im erwähnten Punkt so wenig Vorbild zu sein wie etwa das französische Recht, da Art. 21 OR von beiden «Ordnungen» schon durch das subjektive Erfordernis der Ausbeutung abweicht.

22 Eine zusätzliche Berufung auf Art. 25 Abs. 1 OR erübrigt sich. Diese Regel betrifft nicht das Vorliegen, sondern die «Geltendmachung» (Randtitel) eines wesentlichen Irrtums, stösst also ins Leere, wenn es schon am wesentlichen Irrtum fehlt.

23 BGE 118 II 63; *Gauch/Schluep*, zit. in Fn. 4, Nr. 783; teilweise anders: *Schmidlin*, Berner Kommentar, N 339 ff. zu Art. 23/24 OR; kritisch zu BGE 118 II 63: *Kramer*, BJM 1995 20 ff.

24 Die einschlägige Passage lautet: «Für den Fall, dass der Übervorteilungstatbestand entgegen ihrer eigenen Auffassung erfüllt sein sollte, widersetzt die Beklagte sich ... einer geltungserhaltenden Reduktion und beansprucht die totale Unwirksamkeit des Mietvertrags, wobei sie sich auf Willensmängel beruft. Das Begehren ist von vornherein unbegründet. Folgt die Möglichkeit richterlicher Vertragskorrektur im Sinne einer blossen Teilunwirksamkeit unmittelbar aus dem Normzweck von Art. 21 OR, kommt dem hypothetischen Parteiwillen – wie erwähnt – höchstens noch für die Neugestaltung des Vertragsinhalts Be-

deutung zu, nicht mehr aber für den Grundsatzentscheid. Es widerspräche denn auch klar dem Schutzzweck der Bestimmung, sollte der Wucherer sich unter Berufung auf einen subjektiven hypothetischen Parteiwillen der sachgerechten Anpassung des Vertrags widersetzen können (*Kramer*, Berner Kommentar, N 53 zu Art. 21 OR; *Huguenin Jacobs*, Basler Kommentar, 2. Aufl., N 16 zu Art. 21 OR). Im übrigen fällt das Ergebnis nicht anders aus, wenn ein hypothetischer Parteiwille auch auf Seiten des Übervorteilers berücksichtigt wird, sofern dieser Wille richtigerweise an einem normativen, an redlichen Vertragspartnern angelegten Massstab und nicht an den subjektiven Vorstellungen des Wucherers orientiert wird (*Gauch/Schluep*, Schweizerisches Obligationenrecht, Allgemeiner Teil, 6. Aufl., Nr. 754). Dies aber schliesst aus, dass dieser sich erfolgreich mit der Begründung auf Irrtum berufen kann, die wucherische Geschäftsgrundlage sei ihm – für den Kontrahenten erkennbar – wesentlich gewesen. Solchem Vorgehen steht bereits Art. 24 Abs. 1 OR (gemeint wohl: Art. 25 Abs. 1 OR) entgegen, wonach die Berufung auf Irrtum unstatthaft ist, wenn sie Treu und Glauben widerspricht».

25 Das Bundesgericht spricht von *«arglistiger»* Täuschung, während Art. 28 OR eine *«absichtliche»* Täuschung genügen lässt, die keine besondere Arglist voraussetzt

26 Für sich genommen richtig ist gewiss auch die Feststellung des Bundesgerichts, «Arglist» könne «nicht darin liegen, dass ein Verhandlungspartner sich darüber ausschweigt, gesetzeskonform vorgehen zu wollen» (S. 301). Diese Feststellung hilft aber nicht weiter, da Art. 28 OR eine *absichtliche* Täuschung genügen lässt, also keine Arglist des Täuschenden voraussetzt (Fn. 25).

27 Eine absichtliche Täuschung durch Schweigen setzt stets voraus, dass der Vertragspartner des angeblich Getäuschten eine Aufklärungspflicht verletzt, die sich im Einzelfall aus Treu und Glauben oder aus einem sonstigen Grund ergibt (vgl. *Gauch/Schluep*, zit. in Fn. 4, Nr. 861 ff.).

28 Zitiert: *Gauch*, recht 1989 96.

29 Zitiert: BGE *61* II 31 E. 2b, *84* II 107 E. 2; *Kramer*, Berner Kommentar, N 36 zu Art. 21 OR; *Huguenin Jacobs*, Basler Kommentar, 2. Aufl., N 11 zu Art. 21 OR; *Stark*, in: Festgabe der schweizerischen Rechtsfakultäten zur Hundertjahrfeier des Bundesgerichts, Basel 1975, 383 ff.

30 Zitiert: *Stark*, in: Festgabe der schweizerischen Rechtsfakultäten zur Hundertjahrfeier des Bundesgerichts, Basel 1975, 384; *Gauch*, recht 1989 96; *Huguenin Jacobs*, Basler Kommentar, 2. Aufl., N 11 zu Art. 21 OR.

31 Zitiert: BGE *84* II 107 E. 2; *Kramer*, Berner Kommentar, N 38 zu Art. 21 OR mit Hinweisen; *Stark*, in: Festgabe der schweizerischen Rechtsfakultäten zur Hundertjahrfeier des Bundesgerichts, Basel 1975, 383 Fn. 32.

32 *Gauch*, recht 1989 91 ff., vgl. S. 93 und 97.

33 Vgl. *Gauch*, recht 1989 97; *Bucher*, zit. in Fn. 20, 232 f.

34 Das Abstellen auf den Zeitpunkt des Vertragsabschlusses verlangt nicht, dass die Leistungen in jedem Falle so zu bewerten sind, wie wenn sie in diesem Zeitpunkt erbracht worden wären. Denn was eine vereinbarte Vertragsleistung bei Vertragsabschluss wert ist, beurteilt sich immer auch unter Berücksichtigung der Fälligkeit und der voraussichtlichen Dauer der

Leistung. Bei aufschiebend bedingten Verträgen ist ausserdem die Ungewissheit, ob und wann eine Leistungspflicht entsteht, in die Bewertung einzubeziehen

35 Zitiert: BGE 61 II 31 E. 2a, *92* II 168 E. 2.

36 Zitiert: *Kramer*, Berner Kommentar, N 17 zu Art. 21 OR; *Gauch/Schluep*, zit. in Fn. 4, Nr. 734.

37 Im Originaltext folgen weitere Ausführungen.

38 Zitiert: *Kramer*, Berner Kommentar, N 25 ff. zu Art. 21 OR.

39 Indem das Bundesgericht die Vorinstanz anweist, mangels einer einschlägigen Marktübung auf «andere Bemessungskriterien» auszuweichen, stellt es implizite klar, dass eine Beschränkung des Art. 21 OR auf Fälle, in denen für die fragliche Leistung «wenigstens ansatzweise ein Markt besteht» (*Bucher*, zit. in Fn. 20, 231), sich weder aufdrängt noch rechtfertigt (*Gauch*, recht 1989 95).

40 *Bucher*, zit. in Fn. 20, 228.

41 *Von Büren*, Schweizerisches Obligationenrecht, Allgemeiner Teil, Zürich 1964, 227.

42 Eingehend: *Gauch*, recht 1989 95.

43 Eingehend: *Gauch*, recht 1989 96, mit weiteren Hinweisen.

44 Zitiert: *Kramer*, Berner Kommentar, N 33 zu Art. 21 OR; *Huguenin Jacobs*, Basler Kommentar, 2. Aufl., N 14 zu Art. 21 OR; *Gauch*, recht 1989 98.

45 Zitiert: *Kramer*, Berner Kommentar, N 33 zu Art. 21 OR; *Gauch*, recht 1989 98.

46 BGE 95 II 112; 54 II 190. Zu einer Präzisierung vgl. *Gauch*, recht 1989 98, Anm. 76. Danach muss der Ausbeuter die Schwächelage zur Zeit des Vertragsabschlusses insoweit kennen, dass er um die unterlegene Verhandlungsposition seines Verhandlungspartners weiss, mag er auch über die Art der Schwäche (ob z.B. «Notlage» oder «Unerfahrenheit» vorliegt) nur ungenaue oder unrichtige Vorstellungen haben.

47 Vgl. dazu *Gauch*, recht 1989 98.

48 Anders: *Bucher*, zit. in Fn. 20, 233 f.

49 *Oftinger*, Betrachtungen über die laesio im schweizerischen Recht, in: Ausgewählte Schriften, Zürich 1978, 155 ff., 164, mit Zitat.

50 Zur Frage der Schadenersatzpflicht, über die Art. 21 OR sich ausschweigt, vgl. *Gauch*, recht 1989 100.

51 *Bucher*, zit. in Fn. 20, 229.

52 *Rossel*, StenBull NatR 1909 479

53 Vgl. z.B. schon *Kramer*, Geltungserhaltende Reduktion bei Übervorteilung, AJP 12/1997, S. 1556 ff.

BGE 127 III 300 – Auszug aus dem Urteil der I. Zivilabteilung vom 24. April 2001 i.S. A. gegen Migros-Genossenschafts-Bund (Berufung)

Regeste

Anpassung eines Vertrags an veränderte Verhältnisse (clausula rebus sic stantibus). Anwendung des Grundsatzes der clausula rebus sic stantibus auf einen Baurechtsvertrag; Voraussetzungen der richterlichen Vertragsanpassung (E. 5). Vertragsanpassung im konkreten Fall (E. 6).

Sachverhalt ab Seite 301

Im Jahre 1964 ging aus einem von der Stadt Zürich und der Gemeinde Adliswil ausgeschriebenen Wettbewerb das Projekt «Jolieville» für den Bau einer Satellitenstadt im Gebiet Lebern-Moos-Letten (Gemeinde Adliswil) hervor. Zu dessen Realisierung schlossen sich im November 1964 sämtliche Grundeigentümer des betroffenen Gebiets zu einem Grundeigentümerverein zusammen. Am 23. März 1971 erliess die Gemeinde Adliswil eine Teilbauordnung für das fragliche Gebiet, um die planungs- und baurechtlichen Voraussetzungen für das Projekt zu schaffen. Diese wurde am 3. Dezember 1975 vom Regierungsrat des Kantons Zürich genehmigt. Kurz darauf trat am 1. April 1976 das neue Planungs- und Baugesetz des Kantons Zürich (PBG/ZH) in Kraft. Gestützt [301] darauf verabschiedete der Kantonsrat des Kantons Zürich am 6. Juli 1976 den Entwurf eines kantonalen Gesamtplanes (Siedlungsplan). Dieser wies die vom Projekt «Jolieville» erfasste Fläche dem Bauentwicklungsgebiet zu. Demgemäss errichtete die Direktion der öffentlichen Bauten des Kantons Zürich mit Verfügung vom 24. Februar 1977 eine Planungszone über die Gebiete Lebern-Moos-Letten und Grüt für die Dauer von fünf Jahren. Ein dagegen erhobener Rekurs wurde vom Regierungsrat am 16. Dezember 1981 abgewiesen. Bereits zuvor, am 10. Juli 1978, hatte der Kantonsrat den kantonalen Gesamtplan erlassen, welcher die hier in Frage stehenden Grundstücke entsprechend dem Entwurf vom 6. Juli 1976 dem Bauentwicklungsgebiet zuwies.

Mit Beschluss vom 11. Dezember 1985 hob der grosse Gemeinderat Adliswil die Teilbauordnung Lebern-Moos-Letten auf und wies die im vorliegenden Verfahren strittigen Grundstücke der Reservezone zu. Dagegen erhobene Rekurse wies der Regierungsrat des Kantons Zürich mit Beschluss vom 9. September 1992 letztinstanzlich ab. Heute liegen die betroffenen Grundstücke in der Reservezone gemäss § 65 PBG/ZH. Diese umfasst nach der gesetzlichen Regelung Flächen, deren Nutzung noch nicht bestimmt ist oder in denen eine bestimmte Nutzung erst später zugelassen werden soll (§ 65 Abs. 1 PBG/ZH), wobei Bauten und Anlagen nur nach Art. 24 des Bundesgesetzes vom 22. Juni 1979 über die Raumplanung (RPG; SR 700) zulässig sind (§ 65 Abs. 2 PBG/ZH). Gemäss § 65 Abs. 4 PBG/ZH haben Eigentümer von Grundstücken in Reservezonen einen Anspruch auf Überprüfung der Bauzonendimensionierung, der frühestens acht Jahre nach der Festsetzung oder Revision des Zonenplans geltend gemacht werden kann.

Im Zusammenhang mit dem Projekt «Jolieville» schlossen A. (Kläger) und der Migros-Genossenschafts-Bund (Beklagter) am 22. Dezember 1971 einen öffentlich beurkundeten Baurechtsvertrag ab. Darin räumte der Kläger dem Beklagten ab 1. Januar 1972 an 11 002 m² Bauland im Moos/Lebern, Gemeinde Adliswil ein auf hundert Jahre befristetes selbständiges und dauerndes Baurecht ein. Der Beklagte wurde vertraglich ermächtigt, alle ihm dienenden Bauten, insbesondere die Bauten für ein Einkaufszentrum, zu erstellen und zu unterhalten. Gestützt auf eine Generalvollmacht des Klägers konnte der Beklagte ausserdem alles vorkehren, was zur Aufstellung und zum Vollzug des Quartierplanes Lebern-Moos-Letten notwendig war. Zudem wurde der Beklagte verpflichtet, ein Bauprojekt auszuarbeiten und bei den Baubehörden um Bewilligung [302] desselben nachzusuchen. Der halbjährlich im Voraus zu bezahlende Baurechtszins belief sich auf Fr. 19.–/m², wobei der Vertrag u.a. vorsah, dass der Baurechtszins alle fünf Jahre der Veränderung des Landesindexes der Konsumentenpreise sowie des Hypothekarzinsfusses der Zürcher Kantonalbank anzupassen sei.

Gemäss der bei Vertragsschluss geltenden Bauordnung lagen die beiden Baurechtsgrundstücke in der Wohnzone W2. Sie waren jedoch infolge der Bundesbeschlüsse über Massnahmen zur Stabilisierung des Baumarktes vom 25. Juli 1971 (AS 1971 S. 961 ff.) und 20. Dezember 1972 (AS 1972 S. 3049) mit einem einstweiligen, bis 31. Dezember 1975 befristeten Baustopp belegt (Art. 19 BB 1972). Der Baurechtsvertrag bestimmte in Art. 10, dass der Baurechtszins während der Dauer dieses Bauverbotes auf zwei Drittel reduziert wird. Sollte sich der Baubeginn wegen des Bauverbots jedoch um mehr als 5 Jahre verzögern, so sah die vertragliche Regelung die Zahlung des vollen Baurechtszinses vom Beginn des fünften Jahres ab Eintrag des Baurechts im Grundbuch vor.

Mit Schreiben vom 15. September 1993 erklärte der Beklagte gegenüber dem Kläger, der Baurechtsvertrag vom 22. Dezember 1971 habe mit der rechtskräftigen Zuweisung der Baurechtsgrundstücke in die Reservezone gemäss Art. 65 PBG/ZH seine Grundlage verloren. Infolge Grundlagenirrtums sei der Vertrag für ihn deshalb unverbindlich; eventuell sei er als aufgelöst zu betrachten. In der Folge verlangte der Kläger vom Beklagten klageweise die Bezahlung von ausstehenden Baurechtszinsen in der Höhe von Fr. 726 070.–. Mit Urteil vom 15. Dezember 1999 hiess das Handelsgericht des Kantons Zürich die Klage im Umfang von 181 517.50 nebst Zins gut und wies sie im Mehrbetrag ab. Der Kläger führt gegen dieses Urteil eidgenössische Berufung und verlangt die vollumfängliche Gutheissung der Klage. Das Bundesgericht weist die Berufung ab.

Auszug aus den Erwägungen:

Aus den Erwägungen:

5. – Es bleibt somit zu beurteilen, ob der strittige Baurechtsvertrag aufgrund der clausula rebus sic stantibus an die veränderten Umstände anzupassen ist.

a) Zunächst stellt sich die Frage, ob der für Schuldverträge entwickelte Grundsatz der clausula rebus sic stantibus unbesehen auch auf Dienstbarkeiten als verdinglichte Rechtsinstitute, die sachenrechtlichen Gesetzmässigkeiten folgen, anwendbar sei. Diese [303] Problematik erhält namentlich dort besonderes Gewicht, wo – wie das vorliegende Baurecht – die Dienstbarkeit im Rechtsverkehr den Grundstücken gleichgestellt worden ist, mithin ein selbständiges Rechtsobjekt darstellt, das seinerseits mit beschränkten dinglichen Rechten (insbesondere Pfandrechten) belastet werden kann (vgl. Art. 655 Abs. 2 Ziff. 2 i.V.m. Art. 779 Abs. 3 ZGB).

aa) Vorab ist festzuhalten, dass das Baurecht seinen Charakter als Dienstbarkeit nicht verliert, wenn es ins Grundbuch aufgenommen und damit im Rechtsverkehr den Grundstücken gleichgestellt wird (HANS MICHAEL RIEMER, Das Baurecht [Baurechtsdienstbarkeit] des Zivilgesetzbuches und seine Behandlung im Steuerrecht, Diss. Zürich 1968, S. 32 f.; LIVER, Über die Baurechtsdienstbarkeit, in: ZBJV 94/1958 S. 379 f.). Konsequenz dieser Aufnahme ins Grundbuch ist für die hier interessierenden Fragen im Wesentlichen bloss, dass eine – vorzeitige – Löschung des Baurechts durch Verzicht des Bauberechtigten nur mit Zustimmung der daran dinglich Berechtigten möglich ist (Art. 964 ZGB; LIVER, Zürcher Kommentar, N. 43 f. zu Art. 734 ZGB; HANS-ULRICH FREIMÜLLER, Die Baurechtsdienstbarkeit im System der dinglichen Rechte, Diss. Bern 1967, S. 48 f.; HOMBERGER, Zürcher Kommentar, N. 11 zu

Art. 964 ZGB). Im vorliegenden Fall ist allerdings weder festgestellt noch geltend gemacht, dass Drittrechte am Baurecht dessen Untergang und Löschung durch Verzicht des Berechtigten entgegenstehen.

bb) Durch den Verzicht des Berechtigten erlöschen für die Parteien alle Rechte und Pflichten aus dem Dienstbarkeitsverhältnis (LIVER, Zürcher Kommentar, N. 74 zu Art. 730 und N. 87 ff. zu Art. 741 ZGB). Der Baurechtszins ist jedoch weder Akzessorium zum dinglichen Recht noch realobligatorische Verpflichtung (im Sinne von Art. 730 Abs. 2 ZGB) daraus, sondern eine rein obligatorische Verpflichtung, deren Erfüllung der ursprünglich Berechtigte aus Vertrag schuldet, und die er bei fehlender externer Schuldübernahme auch bei Veräusserung des Baurechts weiterhin zu erfüllen hat (BGE 52 II 27 E. 1 S. 37; ISLER, Der Baurechtsvertrag und seine Ausgestaltung, Diss. Zürich 1973, S. 44 ff. und 132; FREIMÜLLER, a.a.O., S. 75 f.).

Bewirken veränderte Verhältnisse eine wesentliche Äquivalenzstörung zu Lasten des Belasteten, kann dieser die Dienstbarkeit gerichtlich aufheben lassen (Art. 736 ZGB). Darin erschöpft sich für ihn der Rechtsschutz aus der clausula; sie vermag über den Anwendungsbereich von Art. 736 ZGB hinaus keine Wirkung zu entfalten (lex specialis oder erschöpfte Durchgangsfunktion von [304] Art. 2 ZGB; LIVER, Zürcher Kommentar, N. 89 zu Art. 734 und N. 36 ff. zu Art. 736 ZGB; MERZ, Berner Kommentar, N. 42 und 247 zu Art. 2 ZGB).

Der Berechtigte, welcher Nebenverpflichtungen im Sinne von Art. 730 Abs. 2 ZGB zu erfüllen hat, kann sich diesen durch Verzicht auf die Dienstbarkeit entschlagen. Darüber hinaus wird ihm aber auch die Berufung auf die clausula zugestanden. Daraus kann die Leistungspflicht reduziert oder aufgehoben werden (BGE 45 II 386 E. 5 S. 396 ff.; MERZ, Berner Kommentar, N. 247 zu Art. 2 ZGB), ohne dass deswegen die Dienstbarkeit automatisch untergeht. Allerdings kann die Aufhebung oder Änderung der Leistungpflicht im Gegenzug dem Belasteten einen Anspruch geben, seinerseits aus Art. 736 ZGB vorzugehen und die Aufhebung der Dienstbarkeit zu verlangen (LIVER, Zürcher Kommentar, N. 243 zu Art. 730, N. 89 zu Art. 734 und N. 36 ff. zu Art. 736 ZGB).

Dasselbe muss a fortiori für eine nicht akzessorische, rein obligatorische Verpflichtung aus dem Dienstbarkeitsvertrag gelten. Sind die Voraussetzungen der clausula gegeben, darf der Richter daher in den Vertrag eingreifen, um die Äquivalenzstörung zu beheben. Geht es um eine Gegenleistung für das dienstbarkeitsrechtliche Dulden oder Unterlassen, stehen ihm dabei theoretisch die Möglichkeiten einer vorzeitigen Beendigung des Vertrags oder einer Preisanpassung offen (dazu unten E. 6b). Auf den Bestand der Dienstbarkeit als dingliches Recht hat sein Urteil vorerst keinen Einfluss (a.A. HEINRICH MAYRHOFER, Abstehen vom Vertrag aus wichtigem Grund bei Dienstbarkeiten?, österreichische Juristische Blätter 1974 S. 593 ff.). Insbesondere greift Art. 82 OR nicht in dem Sinne, dass die Aufhebung oder Reduktion der Gegenleistung nur gegen vollen oder teilweisen Verzicht des Berechtigten erfolgen dürfte. Dass der Kläger die Einrede gemäss Art. 82 OR erhoben hätte, ist im Übrigen weder festgestellt noch dargetan.

Nach dem Gesagten steht einer Anwendung der clausula rebus sic stantibus auf die obligatorischen Bestimmungen des strittigen Baurechtsvertrages grundsätzlich nichts entgegen, womit sich die Frage stellt, ob die Voraussetzungen der richterlichen Vertragsanpassung gegeben sind.

b) Ein richterlicher Eingriff in einen Vertrag aufgrund veränderter Umstände setzt nach herrschender Auffassung unabhängig von der dogmatischen Grundlage (dazu GAUCH, Auslegung, Ergänzung und Anpassung schuldrechtlicher Verträge, in: Gauch/Schmid [Hrsg.], Die Rechtsentwicklung an der Schwelle zum 21. Jahrhundert, [305] S. 234; SCHWENZER, Schweizerisches Obligationenrecht, Allgemeiner Teil, 2. Aufl., S. 223, je mit Hinweisen) voraus, dass die Verhältnisänderung weder vorhersehbar noch vermeidbar war, für Fälle wie den vorliegenden eine gravierende Äquivalenzstörung zur Folge hat und der Vertrag nicht vorbehaltlos erfüllt wurde (vgl. BGE 122 III 97 E. 3a mit Hinweisen; aus der Lehre statt vieler SCHWENZER, a.a.O, S. 223; GAUCH/SCHLUEP/SCHMID, Schweizerisches Obligationenrecht Allgemeiner Teil, 7. Aufl., Rz. 1298 ff.; BAUMANN, Zürcher Kommentar, N. 455 zu Art. 2 ZGB; WIEGAND, Basler Kommentar, N. 99 ff. zu Art. 18 OR; KRAMER, Berner Kommentar, N. 337 ff. zu Art. 18 OR).

aa) Die Vorinstanz hielt in tatsächlicher Hinsicht fest, dass die Parteien im Zeitpunkt des Vertragsschlusses mit einer Zuweisung der Baurechtsgrundstücke in die Reservezone nicht rechneten. Damit ist allerdings die Rechtsfrage nicht entschieden, ob die Verhältnisänderung auch nicht vorausgesehen werden konnte (JÄGGI/GAUCH, Zürcher Kommentar, N. 666 zu Art. 18 OR).

Nach der Rechtsprechung müssen die Parteien bei langfristigen Verträgen damit rechnen, dass sich die zur Zeit des Vertragsabschlusses bestehenden Verhältnisse später ändern. Namentlich Änderungen der Gesetzeslage gelten grundsätzlich nicht als unvorhersehbar (WIEGAND, Basler Kommentar, N. 103 zu Art. 18 OR; KRAMER, Berner Kommentar, N. 339 zu Art. 18 OR). Sehen die Parteien ausdrücklich oder sinngemäss davon ab, den Einfluss solcher Änderungen auf die gegenseitigen Leistungen auszuschliessen, so entspricht es grundsätzlich dem Wesen des Vertrags, dass er so erfüllt wird, wie er abgeschlossen worden ist (BGE 107 II 343 E. 2 S. 347; 104 II 314 E. II/1a S. 315). Waren die nachträglich eingetretenen Umstände jedoch nicht vorauszusehen, so kann von einem ausdrücklichen oder sinngemässen Verzicht auf eine Vertragsanpassung nicht die Rede sein. Dabei ist die Voraussehbarkeit auch dann zu verneinen, wenn eine Verhältnisänderung wie etwa die Änderung der gesetzlichen Grundlagen als solche zwar vorhersehbar war, nicht aber deren Art, Umfang und Auswirkungen auf den Vertrag (JÄGGI/GAUCH, Zürcher Kommentar, N. 670 zu Art. 18 OR; KRAMER, Berner Kommentar, N. 340 zu Art. 18 OR).

bb) Die Vorinstanz erwog, die Baurechtsgrundstücke hätten im Zeitpunkt des Vertragsschlusses in der Bauzone gelegen. Vor dem Vertragsschluss habe die Gemeinde Adliswil eine – allerdings erst 1975 vom Regierungsrat genehmigte – Teilbauordnung für das in Frage stehende Gebiet erlassen, durch welche die planungs- und [306] baurechtlichen Voraussetzungen für das Projekt «Jolieville» hätten geschaffen werden sollen. Für eine baldige Redimensionierung der Bauzone hätten überhaupt keine Anzeichen vorgelegen. Daran vermöge auch der im Zeitpunkt des Vertragsschlusses geltende befristete Baustopp nichts zu ändern, denn dieser sei konjunkturpolitisch und nicht raumplanerisch motiviert gewesen. Weder das Raumplanungsgesetz noch das zürcherische Bau- und Planungsgesetz hätten im Zeitpunkt des Vertragsschlusses bestanden.

cc) Dem Kläger ist darin beizupflichten, dass zumal bei langfristigen Verträgen grundsätzlich mit einer Änderung der bau- und planungsrechtlichen Grundlagen gerechnet werden muss. Aus den von der Vorinstanz für das Bundesgericht verbindlich getroffenen Feststellungen lässt sich indessen nicht der Schluss ziehen, dass im Zeitpunkt des Vertragsschlusses die Auszonung der Baurechtsgrundstücke vorhersehbar war. Die laufenden Planungsmassnahmen zielten vielmehr gerade in die gegenteilige Richtung, sollten damit doch die Grundlagen für die Verwirklichung des Projektes «Jolieville» und damit den Bau einer Satellitenstadt geschaffen werden. Das Bundesgericht hat seiner Beurteilung zudem namentlich die vorinstanzliche Feststellung zugrunde zu legen, wonach bei Vertragsschluss für eine baldige Auszonung der Baurechtsgrundstücke keine Indizien bestanden hätten. Unter diesen Umständen verstösst es nicht gegen Bundesrecht, wenn die konkrete Art und der Umfang der eingetretenen Verhältnisänderung trotz deren genereller Voraussehbarkeit als unvorhersehbar beurteilt wird. Dass diese vermeidbar gewesen oder der Vertrag vorbehaltlos erfüllt worden wäre, macht der Kläger zu Recht nicht geltend.

c) Die Parteien orientierten sich bei der Festlegung des Baurechtszinses am Verkehrswert der Baurechtsgrundstücke, welche im Zeitpunkt des Vertragsschlusses in der Bauzone lagen. Die Umzonung von der Bau- in die Reservezone verminderte diesen Verkehrswert erheblich. Gemäss den Feststellungen der Vorinstanz sind die Baurechtsgrundstücke nach deren Umzonung in die Reservezone nur noch für eine landwirtschaftliche Pacht nutzbar, wobei sich ein angemessener Pachtzins auf einen Bruchteil des vereinbarten Baurechtszinses belaufen würde. Unter diesen Umständen ist davon auszugehen, dass das Gleichgewicht der auszutauschenden Leistungen durch die Umzonung der Baurechtsgrundstücke erheblich beeinträchtigt wurde, womit die Vorinstanz eine gravierende Äquivalenzstörung bundesrechtskonform bejaht hat. [307]
    Die Voraussetzungen für eine richterliche Anpassung des Vertrags an veränderte Umstände sind somit gegeben.

6. – a) Der aufgrund veränderter Umstände gebotene richterliche Eingriff in den Vertrag kollidiert mit dem Prinzip der Vertragstreue und wirkt sich unweigerlich zu Lasten einer der Parteien aus. Bei der Zuweisung des Änderungsrisikos ist dabei in erster Linie auf eine allfällige privatautonome Regelung und sodann auf die dispositiven gesetzlichen Anpassungsregeln zurückzugreifen (WIEGAND, Basler Kommentar, N. 118 zu Art. 18 OR; JÄGGI/GAUCH, Zürcher Kommentar, N. 575 ff. zu Art. 18 OR), wie dies der in den Grundzügen in Lehre und Rechtsprechung unbestrittenen Stufenordnung der Risikoverteilungsregeln entspricht (dazu BAUMANN, Zürcher Kommentar, N. 453 f. zu Art. 2 ZGB mit Hinweisen). Mangelt es an einer solchen vertraglichen oder gesetzlichen Regel, ist für die richterliche Vertragsanpassung auf den hypothetischen Parteiwillen abzustellen (SCHWENZER, a.a.O., S. 224; GAUCH/ SCHLUEP/SCHMID, a.a.O., Rz. 1289; WIEGAND, Basler Kommentar, N. 118 zu Art. 18 OR; KRAMER, Berner Kommentar, N. 326 und 358 zu Art. 18 OR; JÄGGI/GAUCH, Zürcher Kommentar, N. 651 zu Art. 18 OR). Das Gericht hat demnach zu ermitteln, was die Parteien nach dem Grundsatz von Treu und Glauben vereinbart haben würden, wenn sie den eingetretenen Verlauf der Dinge in Betracht gezogen hätten. Dabei hat es sich am Denken und Handeln vernünftiger und redlicher Vertragspartner sowie an Wesen und Zweck des konkret in Frage stehenden Vertrags zu orientieren. Das Ergebnis dieser normativen Tätigkeit überprüft das Bundesgericht im Berufungsverfahren grundsätzlich als Rechtsfrage (BGE 115 II 484 E. 4b S. 488 mit Hinweisen).

b) Als Hauptfolgen richterlicher Vertragsanpassung kommen die vorzeitige Vertragsauflösung einerseits und eine Modifikation der vertraglichen Leistungspflichten anderseits in Betracht (BGE 59 II 372 E. 2; 122 III 97 E. 3a S. 98; 100 II 345 E. 2b S. 349; 97 II 390 E. 6 S. 398; 68 II 169 E. 2 S. 173; GAUCH/SCHLUEP/SCHMID, a.a.O., Rz. 1291; WIEGAND, Basler Kommentar, N. 118 zu Art. 18 OR; KRAMER, Berner Kommentar, N. 353 zu Art. 18 OR, je mit Hinweisen). Bei der Bestimmung der im Einzelfall aufgrund des hypothetischen Parteiwillens sachgerechten Anpassungsfolge steht dem Sachgericht ein gewisser Ermessensspielraum zu (so ausdrücklich Art. 373 Abs. 2 OR; vgl. auch BGE 115 II 484 E. 4b S. 488 mit Hinweis; JÄGGI/GAUCH, Zürcher Kommentar, N. 652 zu Art. 18 OR). Nach ständiger Rechtsprechung übt das Bundesgericht [308] bei der Überprüfung derartiger Ermessensentscheide Zurückhaltung und greift nur ein, wenn die Vorinstanz grundlos von in Lehre und Rechtsprechung anerkannten Grundsätzen abgegangen ist, wenn sie Tatsachen berücksichtigt hat, die für den Entscheid im Einzelfall keine Rolle hätten spielen dürfen, oder wenn sie umgekehrt Umstände ausser Betracht gelassen hat, die hätten beachtet werden müssen. Es hebt Ermessensentscheide ausserdem auf, wenn sie sich im Ergebnis als offensichtlich unbillig, als in stossender Weise ungerecht erweisen (BGE 126 III 266 E. 2b S. 273; 123 III 246 E. 6a S. 255, je mit Hinweisen).

c) Die Vorinstanz ging bei der Bestimmung der Anpassungsfolgen davon aus, dass sich die Rechtsform des Baurechtsvertrages weder für die landwirtschaftliche Nutzung noch dafür eigne, Land in der Reservezone zu horten und darauf zu warten, dass es dereinst zu Bauland umgezont werde. Eine Überprüfung der Bauzonendimensionierung könne gemäss § 65 Abs. 4 PBG/ZH frühestens acht Jahre nach der letzten Revision des Zonenplanes beantragt werden, wobei Dauer und Resultat des Zonenerweiterungsverfahrens ungewiss seien. Angesichts der Tatsache, dass bereits mehr als ein Viertel der Vertragsdauer abgelaufen sei und der Kläger nicht behaupte, eine andere Anpassungsregel würde dem hypothetischen Willen und dem Vertragszweck besser entsprechen, komme als Anpassung an die veränderten Verhältnisse nur die Vertragsauflösung in Frage. Das Handelsgericht erachtete sodann eine Kündigungsfrist von 6 Monaten auf einen Zinstermin am naheliegendsten, weshalb der Baurechtsvertrag aufgrund des Kündigungsschreibens des Beklagten vom 15. September 1993 auf den 1. Juli 1994 aufgelöst worden sei.

Der Kläger vertritt die Auffassung, dass bereits die Voraussetzungen der clausula rebus sic stantibus nicht vorliegen. Diese Ansicht erwies sich als unzutreffend (oben E. 5). Darüber hinaus vermag er keine Umstände darzutun, welche die Ermessensausübung durch die Vorinstanz als bundesrechtswidrig erscheinen liessen. Solche sind denn auch nicht ersichtlich. Die Vorinstanz konnte bundesrechtskonform annehmen, die Parteien hätten als redlich handelnde Vertragspartner eine Kündigungsmöglichkeit auf einen Zinstermin vereinbart, wenn sie die Möglichkeit einer Umzonung der Baurechtsgrundstücke in die Reservezone bedacht hätten. Diese Lösung trägt namentlich der Tatsache Rechnung, dass der Beklagte aus einem Baurecht an einem Grundstück in der Reservezone keinen vernünftigen Nutzen ziehen kann und deshalb [309] nicht anzunehmen ist, dass die Vertragspartner das Risiko der Umzonung in guten Treuen dem Beklagten zugewiesen hätten, falls sie die nachfolgende Entwicklung bei Vertragsschluss in Betracht gezogen hätten. Die von der Vorinstanz ermittelte Kündigungsfrist von 6 Monaten, welche sich an den halbjährlichen Zinsterminen orientiert, ist ebenfalls angemessen. Ist somit das angefochtene Urteil zu bestätigen, kann offen bleiben, ob auch eine andere Anpassungsfolge als die Vertragsauflösung von den Rechtsbegehren der Parteien gedeckt gewesen wäre.

BGE 129 III 320 – Auszug aus dem Urteil der I. Zivilabteilung i.S. Stadt Zürich gegen ABZ Recycling AG (Berufung) 4C.352/2002 vom 21. Februar 2003

Regeste

Vertragsrechtliche Auswirkungen einer Beamtenbestechung. Verträge, die durch Schmiergelder bewirkt werden, haben nicht ohne Weiteres einen rechts- oder sittenwidrigen Inhalt (Bestätigung der Rechtsprechung). Der durch Bestechung eines Beamten bewirkte Vertrag fällt nur dann unter die Verbotsnormen von Art. 19 und 20 OR, wenn das strafbare Verhalten sich auf den Vertragsinhalt erstreckt (E. 5.2). Zustandekommen des Vertrags trotz Korruption (E. 6.2)? Unverbindlichkeit des Vertrags wegen absichtlicher Täuschung (E. 6.3)? Folgen der Vertragsanfechtung wegen eines Willensmangels. Grundsatz: Dahinfallen des Vertrags ex tunc (E. 7.1.1). Bei ganz oder teilweise abgewickelten Dauerschuldverhältnissen: Kündigung ex nunc (E. 7.1.2); Vorbehalt (E. 7.1.4). Unterschied zum faktischen Vertragsverhältnis (E. 7.1.3). Vergütung der erbrachten Leistungen (E. 7.2) und Schadenersatz (E. 7.3).

Sachverhalt ab Seite 321

A. – Die ABZ Recycling AG (Klägerin) befasst sich mit der Entsorgung von Klärschlamm. In einem Fünfjahresvertrag mit der Stadt Zürich (Beklagte) verpflichtete sie sich, dieser ab 1. Januar 1990 entwässerten Klärschlamm abzunehmen, nach Orange (Frankreich) zu transportieren und dort zu Kompost verarbeiten zu lassen. Die [322] Beklagte ihrerseits verpflichtete sich zur Lieferung einer jährlichen Mindestmenge von 6000 Tonnen Klärschlamm und zur Leistung eines Entgelts von Fr. 387.30 pro entsorgte Tonne (nachfolgend Klärschlammvertrag). Im Rahmen eines Strafverfahrens (so genannte «Zürcher Klärschlammaffäre») erhärtete sich der Verdacht, dass die Klägerin einem Beamten der Beklagten im Zusammenhang mit dem Klärschlammvertrag Fr. 200 000.– bis Fr. 300 000.– hatte zukommen lassen. Dies veranlasste die Beklagte im Jahre 1993 zur Anfechtung des Vertrags, worauf sie die Klägerin nicht mehr mit Klärschlamm belieferte und sich weigerte, deren Rechnungen über bereits nach Orange transportierten und dort verwerteten Klärschlamm zu begleichen.

B. – Mit Klage vom 5. Juli 1993 belangte die Klägerin die Beklagte auf rund Fr. 620 000.– nebst Zins für erbrachte Leistungen sowie entgangenen Gewinn auf der vertraglich garantierten, aber nicht gelieferten Klärschlammmenge des Jahres 1992 und behielt sich die Geltendmachung weiteren Schadens und einer Genugtuung vor. Die Beklagte widersetzte sich der Forderung und verlangte widerklageweise die Verurteilung der Klägerin zur Herausgabe von ungerechtfertigten Bereicherungen und zu Schadenersatz im Umfange von insgesamt vier Millionen Franken.

C. – Das Bezirksgericht Zürich hiess mit Urteil vom 10. September 1999 die Hauptklage im Betrage von Fr. 608 906.– und die Widerklage im Betrage von Fr. 250 052.– gut. Nach Verrechnung der beiden auf den Urteilstermin aufgezinsten Forderungen verurteilte es die Beklagte zur Bezahlung von Fr. 489 940.– nebst Zins ab Urteilsdatum.

Auf Berufung der Beklagten und Anschlussberufung der Klägerin wies das Obergericht des Kantons Zürich, II. Zivilkammer, mit Urteil vom 20. November 2001 Klage und Widerklage ab. Es verneinte die Prozessführungsbefugnis der Klägerin bezüglich der Klageforderung, weil diese teilweise verpfändet worden war und daher nach Auffassung des Gerichts nur mit Zustimmung der Pfandgläubigerinnen hätte eingeklagt werden dürfen (Art. 906 Abs. 2 ZGB). Die Widerklageforderung hielt es materiell für unbegründet.

Das Bundesgericht, II. Zivilabteilung, hiess mit Urteil vom 30. Mai 2002 eine Berufung der Klägerin teilweise gut und wies die Streitsache zur Neubeurteilung der Hauptklage an die Vorinstanz zurück. Es erkannte, die Forderung habe unbesehen ihrer Verpfändung von der Klägerin im Alleingang eingeklagt werden dürfen. Auf [323] eine gegen die Abweisung der Widerklage gerichtete Anschlussberufung der Beklagten trat das Bundesgericht nicht ein.

D. – Mit Urteil vom 17. September 2002 hiess das Obergericht die Klage im (aufgezinsten) Betrage von Fr. 740 176.70 nebst Zins ab Urteilsdatum der ersten Instanz teilweise gut.

Mit Berufung vom 31. Oktober 2002 beantragte die Beklagte dem Bundesgericht, das obergerichtliche Urteil aufzuheben und die Klage abzuweisen.

Mit Beschluss vom 24. Oktober 2002 berichtigte das Obergericht sein Urteil vom 17. September 2002 und hiess die Klage neu im Betrage von Fr. 867 536.60 nebst Zins gut.

Auch dagegen führte die Beklagte am 2. Dezember 2002 Berufung mit den Anträgen, den Beschluss des Obergerichtes aufzuheben und die Klage abzuweisen.

E. – Eine kantonale Nichtigkeitsbeschwerde gegen das obergerichtliche Urteil vom 17. September 2002 zog die Beklagte wiederum zurück.

Das Bundesgericht weist die beiden Berufungen ab, soweit darauf einzutreten ist.

Auszug aus den Erwägungen:

Aus den Erwägungen:

5. Die Beklagte macht geltend, die Vorinstanz habe bundesrechtswidrig die Nichtigkeit des Klärschlammvertrages verneint. Nach ihr trifft die herrschende Auffassung, wonach zwar das Schmiergeldversprechen, nicht aber der durch das Schmiergeld erschlichene Vertrag nichtig sei, auf den vorliegenden Fall nicht zu, weil die Schmiergeldzahlungen an einen Beamten als Verbrechen unter Strafe gestellt seien und die Strafbarkeit der Bestechung (Art. 315 f. aStGB, Art. 322ter ff. StGB) zwingend auch die Nichtigkeit des dadurch bewirkten privaten Rechtsgeschäfts zur Folge haben müsse.

5.1 Ob die Beklagte an dieser Rüge ein hinreichendes Rechtsschutzinteresse hat, erscheint fraglich. Das Obergericht hat den Klärschlammvertrag für sie zufolge Grundlagenirrtums als unverbindlich erachtet. Sollten die daraus abgeleiteten Rechtsfolgen identisch mit denjenigen der Feststellung einer anfänglichen Nichtigkeit sein, liefe die Berufung auf einen blossen Streit über Entscheidungsgründe hinaus, die für sich allein keine Beschwer bedeuten und daher die Rügen um den Grund der Invalidierung des Vertrags unzulässig machen (BGE 121 IV 94 E. 1b; 115 II 300 E. 2b; 111 II 398 E. 2b). [324]

Dass Nichtigkeit und Anfechtbarkeit von Rechtsgeschäften in alternativer Konkurrenz stehen können, ist seit langem bekannt (vgl. schon THEODOR KIPP, Über Doppelwirkungen im Recht, insbesondere über die Konkurrenz von Nichtigkeit und Anfechtbarkeit, in: Festschrift für Ferdinand von Martitz, Berlin 1911, S. 211 ff.; GAUCH/SCHLUEP/SCHMID/REY, Schweizerisches Obligationenrecht, Allgemeiner Teil, 7. Aufl., Bd. I, Rz. 717). Dass zudem die Rechtsfolgen der Nichtigkeit und der durch Anfechtung bewirkten Unverbindlichkeit eines Vertrags, namentlich beim ganz oder teilweise abgewickelten Dauerschuldverhältnis identisch sein können, entspricht verbreiteter Auffassung (PIERRE TERCIER, La corruption et le droit des contrats, in: SJ 1999 S. 225 ff., 266 ff.; KRAMER, Berner Kommentar, N. 240 ff. zu Art. 1 OR und N. 313 zu Art. 19/20 OR; derselbe, Münch Komm, 4. Aufl., N. 68 ff. der Einleitung vor § 241 BGB; SCHMIDLIN, Berner Kommentar, N. 184 zu Art. 23/24 OR und N. 102 ff. zu Art. 31 OR; GAUCH/SCHLUEP/SCHMID/REY, a.a.O., Rz. 942 ff.). Die Frage kann indessen offen bleiben, weil die Vorinstanz die Sittenwidrigkeit des Klärschlammvertrages bundesrechtskonform verneint hat.

5.2 Sittlich bedenkliche Machenschaften im Vorfeld des Vertrags, die sich nicht in dessen Inhalt niederschlagen, machen ihn nicht sittenwidrig (KRAMER, Berner Kommentar, N. 179 zu Art. 19/20 OR; GAUCH/SCHLUEP/SCHMID/REY, a.a.O., Rz. 729). Nach der Rechtsprechung des Bundesgerichts und der herrschenden Lehre haben daher Verträge, die durch Schmiergelder bewirkt werden, im Gegensatz zu den Schmiergeldversprechen als solchen keinen rechts- oder sittenwidrigen Inhalt und fallen nicht unter die Nichtigkeitsfolgen von Art. 20 OR (BGE 119 II 380 E. 4c mit Hinweisen; TERCIER, a.a.O., S. 262 f.). Auf diese Rechtsprechung zurückzukommen besteht kein Anlass.

Entgegen der Auffassung der Beklagten ist in diesem Zusammenhang nicht entscheidend, ob die vertragsbezogene Korruption unter Strafe gestellt ist. Geht es wie hier um einen Tatbestand der Bestechung (Art. 288, 315 f. aStGB, Art. 322ter ff. StGB), ist geschütztes Rechtsgut der Strafnormen das Vertrauen der Allgemeinheit in die Objektivität und Sachlichkeit amtlicher Tätigkeit, in die Unparteilichkeit der rechtsstaatlichen Amtsführung und Aufgabenerfüllung (Botschaft des Bundesrates vom 19. April 1999 zur Revision des Korruptionsstrafrechts, BBl 1999 S. 5497 ff., 5505 f. und 5523). Die Strafbarkeit beschränkt sich daher nicht auf die Vorteilsvergabe für pflichtwidriges Amtshandeln, sondern beschlägt jeden dem [325] Amtsträger nicht gebührenden Vorteil im Zusammenhang mit seiner – auch pflichtgemässen – Amtsführung (Art. 316 aStGB; Art. 322quinquies f. StGB; Botschaft, S. 5506 und 5534 ff.; CORBOZ, Les infractions en droit suisse, Bd. II, Bern 2002, S. 700 ff.). Die bestechungsbezogene Rechtswidrigkeit erfasst somit für sich allein den Inhalt der durch die Vorteilsvergabe bewirkten oder belohnten Amtshandlungen nicht. Damit fallen entsprechende Verträge wegen des strafbaren Verhaltens im Bestechungstatbestand nur dann unter die Verbotsnormen von Art. 19 und 20 OR, wenn die Strafbarkeit sich auf den Vertragsinhalt erstreckt (vgl. analog zu den wettbewerbsrechtlichen Unlauterkeiten: KRAMER, Berner Kommentar, N. 142 zu Art. 19/20 OR).

Die von der Beklagten angeführte Entscheidung der Genfer Cour de Justice Civile (publ. in: SJ 1979 S. 21 ff.) steht mit dieser Auffassung nicht in Widerspruch. Das Gericht hatte dort die Nichtigkeit eines durch Korruption bewirkten Vertrags mit der Begründung bejaht, die vertragschliessende Aktiengesellschaft und der fehlbare Beamte hätten eine wirtschaftliche Einheit gebildet, weshalb es aus dem Institut des Durchgriffs durch die juristische Person die Korruption und deren rechtsgeschäftlichen Folgen trotz formeller Dualität der Parteien als einheitliches Verhalten wertete und deshalb insgesamt Nichtigkeit annahm. Hier liegen die Verhältnisse indessen anders.

Zu beachten ist weiter, dass die Strafbarkeit von Schmiergeldversprechen sich nicht im Amtsbezug erschöpft, sondern durchaus auch in rein privatrechtlichen Verhältnissen gegeben sein kann (insbesondere als ungetreue Geschäftsbesorgung nach Art. 158 StGB; weitere mögliche Tatbestände bei TERCIER, a.a.O., S. 239 f.). Ebenfalls hier aber gilt der Grundsatz, dass die Korruption für sich allein die Gültigkeit des dadurch bewirkten Rechtsgeschäfts nicht beeinträchtigt, erfülle sie einen Straftatbestand oder nicht.

Die Vorinstanz hat damit kein Bundesrecht verletzt, wenn sie die Nichtigkeit des Klärschlammvertrages unbesehen des Bestechungsbezugs verneinte.

6. Der Vertrag mit sittenwidrigem Inhalt ist abzugrenzen vom sittenwidrigen Zustandekommen des Vertragsabschlusses (GAUCH/SCHLUEP/SCHMID/REY, a.a.O., Rz. 729; KRAMER, Berner Kommentar, N. 179 zu Art. 19/20 OR). Dieser Mangel des Vertragsschlusses beschlägt nicht dessen Inhalt, sondern die Frage des Konsenses, der Verwirklichung des Vertragstatbestands. Das Gesetz regelt den Tatbestand nicht abschliessend, im Wesentlichen [326] aber mit den Bestimmungen über die Übervorteilung und die Willensmängel.

Die Vorinstanz hat einen wesentlichen Grundlagenirrtum der Beklagten bei Abschluss des Vertrags bejaht und daraus auf dessen Unverbindlichkeit geschlossen. Insoweit ist ihr Urteil nicht angefochten und daher im Berufungsverfahren nicht zu überprüfen. Die Beklagte macht darüber hinaus geltend, zufolge der festgestellten Korruption sei der Klärschlammvertrag gar nicht zustande gekommen oder jedenfalls wegen absichtlicher Täuschung unverbindlich.

6.1 Erneut stellt sich die Frage, ob die Beklagte an diesen Rügen ein hinreichendes Rechtsschutzinteresse hat, wenn die Unverbindlichkeit des Vertrags so oder anders nicht mehr im Streite liegt (vgl. E. 5.1 hievor). Dies umso mehr, als die auf Schadenersatz gerichtete Widerklage der Beklagten unter allen Titeln rechtskräftig abgewiesen ist und umgekehrt eine Schadenersatzpflicht nach Art. 26 OR nicht im Streite liegt, mithin auch insoweit eine Besserstellung der Beklagten aus dem Täuschungstatbestand gegenüber dem wesentlichen Irrtum nicht offensichtlich ist (vgl. BGE 40 II 534 E. 4; zu möglichen unterschiedlichen Rechtsfolgen von Täuschung und Irrtum im Dauerschuldverhältnis allerdings SCHMIDLIN, Berner Kommentar, N. 102 ff. zu Art. 31 OR). Die Frage kann wiederum offen bleiben, weil die Rügen unbegründet sind.

6.2 Fehlerhafte Willensbildung verhindert den Konsens nicht, sondern gibt der davon betroffenen Partei allenfalls ein Recht, den Vertrag anzufechten. Umgekehrt setzt diese Anfechtung notwendigerweise einen Konsens voraus (BGE 105 II 23 E. 2b). Wirksamer Dissens und Willensmangel schliessen sich gegenseitig aus.

Konsens wird durch tatsächlich übereinstimmend verstandene oder nach dem Vertrauensprinzip übereinstimmend zu verstehende Willenserklärungen bewirkt. Inwiefern diese Voraussetzungen bei Abschluss des Klärschlammvertrages nicht gegeben waren, ist weder den Feststellungen der Vorinstanz noch den Darlegungen der Beklagten zu entnehmen. Die Rüge, der Vertragstatbestand habe sich nicht verwirklicht, ist unbegründet.

6.3 Tatbestandsmerkmal der absichtlichen Täuschung im Sinne von Art. 28 OR ist u.a. der Täuschungserfolg. Die Täuschung muss für den Vertragsabschluss das kausale Motiv sein, der Gegner muss den Getäuschten verleitet haben. Daran gebricht es, wenn der Getäuschte den Vertrag auch ohne Täuschung geschlossen hätte (SCHMIDLIN, Berner Kommentar, N. 83 zu Art. 28 OR; VON TUHR/PETER, [327] Allgemeiner Teil des Schweizerischen Obligationenrechts, Bd. I, Zürich 1979, S. 322 f.; GAUCH/SCHLUEP/SCHMID/REY, a.a.O., Rz. 856; BUCHER, Schweizerisches Obligationenrecht, Allgemeiner Teil, 2. Aufl., Zürich 1988, S. 220 f.; ALFRED KOLLER, Schweizerisches Obligationenrecht, Allgemeiner Teil, Bd. I, Bern 1996, S. 279 f.; ENGEL, Traité des obligations en droit suisse, 2. Aufl., Bern 1997, S. 354 f.).

Die Vorinstanz hielt für unbewiesen, dass die Zahlung der Schmiergelder einen Einfluss auf den Abschluss, die Gestaltung oder die Abwicklung des Klärschlammvertrages hatte. Darin liegt Beweiswürdigung, welche das Bundesgericht im Berufungsverfahren nicht überprüfen kann (BGE 127 III 543 E. 2c). Die Beweislast für die Kausalität der Täuschung aber trägt der Getäuschte (SCHMIDLIN, Berner Kommentar, N. 171 zu Art. 28 OR). Blieb die Kausalität unbewiesen, hat das Obergericht folglich der Beklagten die Berufung auf absichtliche Täuschung bundesrechtskonform versagt. Die insoweit abweichende Auffassung von EVELINE WYSS/HANS CASPAR VON DER CRONE (Bestechung bei Vertragsschluss, in: SZW 2003 S. 35 ff., 40) geht von anderen, von der Vorinstanz nicht festgestellten tatsächlichen Verhältnissen aus.

6.4 Dass die Beklagte den Klärschlammvertrag wegen eines wesentlichen Grundlagenirrtums rechtzeitig und rechtsgültig angefochten hat, wie die Vorinstanz darlegte, ist im Berufungsverfahren unangefochten geblieben und daher nicht zu überprüfen.

7. Zu beurteilen bleiben damit allein noch die Folgen der Vertragsanfechtung.

7.1
7.1.1 Der Vertrag ist für den Irrenden unverbindlich (Art. 23 OR). Unabhängig davon, ob der so genannten Anfechtungs- oder der so genannten Ungültigkeitstheorie gefolgt wird (BGE 114 II

131 E. 3b; SCHMIDLIN, Berner Kommentar, N. 115 ff. zu Art. 23/24 OR; SCHWENZER, Basler Kommentar, N. 8 ff. zu Art. 23 OR), ist Rechtsfolge der begründeten Geltendmachung des Willensmangels grundsätzlich das Dahinfallen des Vertrags ex tunc (SCHMIDLIN, Berner Kommentar, N. 123 zu Art. 23/24 OR und N. 14 zu Art. 31 OR; SCHWENZER, Basler Kommentar, N. 15 zu Art. 31 OR). Bereits erbrachte Leistungen sind zurückzuerstatten. Dabei sind nach herkömmlicher Ansicht die Grundsätze der Vindikation einerseits und der ungerechtfertigten Bereicherung anderseits anwendbar (BGE 114 II 131 E. 3; SCHMIDLIN, Berner Kommentar, [328] N. 86 ff. zu Art. 31 OR; SCHWENZER, Basler Kommentar, N. 15 zu Art. 31 OR).

In der Lehre wird zudem mit guten Gründen die Auffassung vertreten, nicht nur im Falle des verzugsbedingten Rücktritts vom Vertrag, sondern auch bei dessen Unverbindlichkeit wegen Willensmängeln sei von einem vertraglichen Rückabwicklungsverhältnis auszugehen, welches auf dem ursprünglichen formalen Konsens gründe (SCHMIDLIN, Berner Kommentar, N. 16 ff., 56 ff. und 97 zu Art. 31 OR; SCHWENZER, Basler Kommentar, N. 15 zu Art. 31 OR). Insoweit bleibt der Vertragsschluss trotz berechtigter Anfechtung nicht bedeutungslos. Dies zeigt sich etwa darin, dass die Rückerstattung empfangener Leistungen trotz Ungültigkeit des Vertrags in Beachtung dessen Synallagmas Zug um Zug zu erfolgen hat (BGE 111 II 195 E. 3; SCHMIDLIN, Berner Kommentar, N. 94 zu Art. 31 OR mit weiteren Hinweisen).

7.1.2 Geht es um die Anfechtung ganz oder teilweise abgewickelter Dauerschuldverhältnisse, etwa im Bereiche von Dienstleistungen, von entgeltlichen Gebrauchsüberlassungen, von Leibrenten und Verpfründungen oder von einfachen Gesellschaften, stösst eine Rückabwicklung nach reinen Vindikations- und Bereicherungsgrundsätzen in aller Regel auf erhebliche praktische Schwierigkeiten oder erweist sich gar als unmöglich.

Das Gesetz regelt diesen Tatbestand nicht allgemein, hat aber für den Arbeitsvertrag in Art. 320 Abs. 3 OR eine Sonderordnung getroffen, wonach für die gegenseitigen Ansprüche und Verpflichtungen die Gültigkeit des unverbindlichen Vertrags bis zu dessen Aufhebung fingiert wird. Dass das Gesetz diesen Grundsatz nicht ausdrücklich auf andere Dauerschuldverhältnisse ausgedehnt hat, schliesst nicht aus, ihn auf dem Wege teleologischer Auslegung zu verallgemeinern und analog anzuwenden. In der neueren Lehre wird denn überwiegend die Auffassung vertreten, die Anfechtung eines ganz oder teilweise abgewickelten Dauerschuldverhältnisses wegen eines Willensmangels wirke als Kündigung ex nunc, wobei diese Lösung im Irrtumsbereich zusätzlich auf Art. 25 Abs. 1 OR abgestützt wird (SCHMIDLIN, Berner Kommentar, N. 184 zu Art. 23/24 OR und N. 102 ff. zu Art. 31 OR; SCHWENZER, Basler Kommentar, N. 7, Vorbemerkungen zu Art. 23–31 OR; dieselbe, Schweizerisches Obligationenrecht, Allgemeiner Teil, 2. Aufl., Bern 2000, Rz. 39.25; GAUCH/SCHLUEP/SCHMID/REY, a.a.O., Rz. 942 ff.; SCHÖNENBERGER/JÄGGI, Zürcher Kommentar, N. 565 zu Art. 1 OR; KRAMER, Berner Kommentar, N. 313 zu Art. 19/20 OR; KELLER/SCHÖBI, Allgemeine [329] Lehren des Vertragsrechts, Bd. I, 3. Aufl., Basel 1988, S. 278 f. und 311; HANS MERZ, Vertrag und Vertragsschluss, 2. Aufl., Freiburg 1992, S. 9 ff.).

Diese Lösung hat sich ebenfalls in andern vergleichbaren Rechtsordnungen durchgesetzt (grundlegend bereits FRANZ GSCHNITZER, Die Kündigung nach deutschem und österreichischem Recht, in: Jherings Jahrbücher für die Dogmatik des bürgerlichen Rechts, 76/1926, S. 317 ff., 396 ff.; aus der jüngeren Literatur namentlich ERNST A. KRAMER, Der Irrtum beim Vertragsschluss: eine weltweit rechtsvergleichende Bestandsaufnahme, in: Veröffentlichungen des Schweizerischen Instituts für Rechtsvergleichung, Zürich 1998, S. 130 mit Hinweisen). Auch das Bundesgericht hat diese juristische Konstruktion bereits in Erwägung gezogen (Urteil 4C.444/1994 vom 20. Juli 1995, E. 4a).

7.1.3 Die Behandlung der Anfechtung eines ganz oder teilweise bereits abgewickelten Dauerschuldverhältnisses als ausserordentliche Kündigung ex nunc bedeutet im Grundsatz, dass sie nicht zurückwirkt und der abgewickelte Teil des Vertrags als voll gültig erachtet wird, was für die abgelaufene Vertragsdauer im Synallagma die parteiautonom begründeten Ansprüche unberührt lässt. Damit erübrigt sich die Annahme eines so genannt faktischen Vertragsverhältnisses, wie sie Rechtsprechung und Lehre verschiedentlich in Betracht gezogen haben (BGE 119 II 437 E. 3b/bb; 110 II 244 E. 2d, kritisch dazu KRAMER, Berner Kommentar, N. 313 zu Art. 19/20 OR; Urteile 4C.284/2000 vom 23. Januar 2002, E. 2c/aa und 4C.222/1998 vom 14. Januar 1999, E. 5; BUCHER, Basler Kommentar, N. 76 zu Art. 1 OR; TERCIER, a.a.O., S. 267 ff.). Dies gilt jedenfalls dort, wo – wie bei der Irrtumsanfechtung – die Invalidierung des Vertrags nicht von Amtes wegen festgestellt, sondern durch Ausübung eines Gestaltungsrechts herbeigeführt wird. Praktikabilitätsgründe wegen der Schwierigkeiten der Rückabwicklung rechtfertigen hier, dieser Willenserklärung die Bedeutung einer Kündigung beizumessen. Allerdings sind die dogmatischen Unterschiede auch nicht überzubetonen. Im Ergebnis führt die Annahme eines faktischen Vertragsverhältnisses bis zum Zeitpunkt der Irrtumsanfechtung kaum zu andern Lösungen als die Annahme einer Vertragsbeendigung durch Kündigung (KRAMER, Der Irrtum beim Vertragsschluss, a.a.O., S. 130; GAUCH/SCHLUEP/SCHMID/REY, a.a.O., Rz. 944; TERCIER, a.a.O., S. 268 f.; vgl. immerhin E. 7.3 hienach).

7.1.4 Ein Vorbehalt zur reinen Auflösung des Vertrags ex nunc ist jedoch für den Fall anzubringen, dass der Willensmangel sich im [330] Synallagma selbst auswirkte, d.h. für das Leistungsversprechen des Irrenden in quantitativer Hinsicht bestimmend war. Hier vermag die Anfechtung insoweit zurückzuwirken, als die gegenseitigen Leistungen in gerichtlicher Vertragsanpassung neu bewertet und bei gegebener Kausalität des Irrtums auf ihr Gleichgewicht nach dem Regelungsgedanken von Art. 20 Abs. 2 OR modifiziert werden (Urteil 4C.444/1994 vom 20. Juli 1995, E. 4a; TERCIER, a.a.O., S. 269; KOZIOL/WELSER, Bürgerliches Recht, Bd. I, 12. Aufl., S. 141 f.; KRAMER, MünchKomm, a.a.O.; vgl. auch BGE 107 II 419 E. 3a; 123 III 292 E. 2e/aa).

7.2 Wird die «Kündigungstheorie» übernommen, wurde der Klärschlammvertrag durch die Anfechtungserklärung der Beklagten vom 16. Februar 1993 ex nunc aufgelöst und blieb er bis zu diesem Zeitpunkt gültig. Damit ist die Beklagte auch verpflichtet, die bis dahin erbrachten Leistungen der Klägerin zu vergüten. Da nach den für das Bundesgericht verbindlichen Feststellungen der Vorinstanz die Schmiergeldzahlungen der Klägerin und der Irrtum der Beklagten darüber keinen Einfluss auf die Preisgestaltung hatten, ist der Vertragspreis zu bezahlen. Nicht anders verhielte es sich, wollte man der Theorie des faktischen Vertragsverhältnisses folgen. Die Vorinstanz hat der Klägerin daher unter diesem Titel zu Recht die im Quantitativ unbeanstandeten Fr. 319 297.85 zugesprochen.

Daran ändert der Einwand der Beklagten nichts, es sei rechtlich unhaltbar, der Klägerin auch die Gewinnmarge des vereinbarten Entgelts zu belassen, da sie diesen Gewinn nur wegen der erfolgten Bestechung und damit aufgrund einer strafbaren Handlung habe erzielen können. Abgesehen davon, dass allfällige Bereicherungs- oder Schadenersatzansprüche der Beklagten nach dem Gesagten rechtskräftig abgewiesen wurden und nicht mehr zu prüfen sind, verkennt die Beklagte, dass die pönale Sanktionsfunktion gegenüber Korruption primär dem Strafrecht und dem Recht des öffentlichen Dienstes zukommt. Das Privatrecht greift nur insoweit ein, als es die Lösung der betroffenen Partei von einem makelbehafteten Vertrag erlaubt und Anspruch auf Ausgleich rechtswidrig oder rechtlos bewirkter Vermögenseinbussen, Vermögenszugänge und Vermögensverschiebungen gibt. Diese Ansprüche aber haben eine Ausgleichs- und keine Privilegierungs- oder Diskriminierungsfunktion. Das Privatrecht gründet insoweit auf dem Prinzip der relativen zweiseitigen Rechtfertigung, was ausserhalb klarer gesetzlicher Anordnungen oder vertraglicher Regelung (z.B. Konventionalstrafe) keine privatrechtlichen Sanktionen gegenüber einer Partei zulässt, denen [331] keine Ausgleichsfunktion auf der andern Seite zukommt (FRANZ BYDLINSKI, System und Prinzipien des Privatrechts, Wien 1996, S. 92 ff.). Ist aber festgestellt, dass der Inhalt des Klärschlammvertrages durch die Schmiergelder nicht beeinflusst wurde, d.h. der Vertrag auch ohne Korruption zu denselben Bedingungen abgeschlossen worden wäre, bleibt für eine Preiskorrektur im Sinne eines Gewinnausschlusses kein Raum. Dies würde vielmehr zu einer Privilegierung der Beklagten führen, welche sich allein aus ihrem Willensmangel nicht begründen liesse. Dazu gibt das allgemeine Privatrecht keine Handhabe (a.A. EVELINE WYSS/HANS CASPAR VON DER CRONE, a.a.O., S. 42 f., welche von einem blossen Anspruch auf Verwendungsersatz aus Geschäftsführung ohne Auftrag ausgehen).

7.3 Wurde der Klärschlammvertrag mit der Anfechtungserklärung der Beklagten vom 16. Februar 1993 nach der hier vertretenen Auffassung rechtlich zufolge Kündigung ex nunc aufgelöst, hat die Vorinstanz der Klägerin bundesrechtskonform ebenfalls Schadenersatz für die Unterschreitung der vereinbarten Liefermenge durch die Beklagte zugesprochen. Die Erwägungen unter Ziff. 7.2 hiervor gelten sinngemäss. Die Höhe des entgangenen Gewinns ist dabei Tatfrage und vom Bundesgericht nicht zu überprüfen (Art. 63 Abs. 2 OG).

BGE 132 III 359 – Auszug aus dem Urteil der I. Zivilabteilung i.S. Spital Y. gegen A.X. (Berufung) vom 20. Dezember 2005

Regeste

Art. 394 ff. OR; Arztvertrag; Sterilisationsfehler; Haftung für die Unterhaltskosten des (ungeplanten) Kindes der Patientin. Stand der Lehre zum Vorliegen eines Schadens aufgrund der Belastung der Eltern mit den Unterhaltskosten des Kindes nach fehlgeschlagener Sterilisation (E. 3.3). Vorliegen einer unfreiwilligen Vermögensverminderung (E. 4.1). Unbegründetheit der gegen die Ersatzfähigkeit der Unterhaltskosten vorgebrachten Argumente (E. 4.2–4.8).

Sachverhalt ab Seite 360

Die 1966 geborene A.X. (Klägerin) und der 1955 geborene B.X. heirateten am 30. Juli 1994. Aus der Ehe gingen die Töchter C. (geboren im Dezember 1994), D. (Dezember 1996), und E. (Januar 1998) hervor. Bei allen drei Geburten musste ein Kaiserschnitt vorgenommen [360] werden. Die Eheleute X. sind im Gastgewerbe tätig. Von Dezember 1994 bis November 1996 führten sie das Restaurant H. in L., von Dezember 1996 bis April 2003 das Restaurant I. in M. und seit Dezember 2003 das Restaurant K. in M. Der Ehemann der Klägerin führte das Geschäft und war als gelernter Koch für die Küche zuständig; die Klägerin betreute die Kinder und half nebenbei im Geschäft aus. Für ihre betriebliche Mitarbeit bezog die Klägerin bis Ende 1999 keinen Lohn. Per 1. Januar 2000 schloss sie – vorab um einen Anspruch auf Kinderzulagen zu begründen – mit ihrem Ehemann einen schriftlichen Arbeitsvertrag als Teilzeitangestellte. Vereinbart wurde ein wöchentliches Arbeitspensum von 18 Stunden und ein monatlicher Bruttolohn von Fr. 2001.60.

Während der zweiten Schwangerschaft machten sich die Eheleute X. Gedanken über ihre Familienplanung. Sie kamen zum Schluss, dass sie kein weitere Kind wollten. Bei diesem Entscheid standen wirtschaftliche Überlegungen im Vordergrund. Die finanziellen Verhältnisse der Familie X. sind vor allem infolge der während der Führung des Restaurants H. entstandenen Schuldenangespannt, wobei die Mitarbeit der Klägerin im Restaurant K. aufgrund der Betriebsstruktur erforderlich ist. Anlässlich einer Kontrolluntersuchung im Oktober/November 1996 liessen sich die Klägerin und ihr Ehemann deshalb von Dr. F. im Spital Y., Verein mit Sitz in N. (Beklagter), über die Möglichkeit einer Sterilisation aufklären. Da für die bevorstehende Entbindung ein Kaiserschnitt erforderlich war, wurde vereinbart, dass gleichzeitig eine Eileiterunterbindung – die damals sicherste Unterbindungsmethode durchgeführt werden sollte. Am 17. Dezember 1996 unterzeichneten die Klägerin und ihr Ehemann anlässlich eines weiteren Besuchs bei Dr. F. im Spital des Beklagten die Operationsvollmacht und das Aufklärungsprotokoll.

Am 27. Dezember 1996 nahmen Dr. F. als Operateur und seine Assistenzärztin, Dr. G., den Kaiserschnitt im Spital Y. vor, unterliessen jedoch die geplante Eileiterunterbindung. Nach Angaben von Dr. F. war die schriftliche Vereinbarung umstandshalber untergegangen, d.h. die schriftliche Vollmacht war beim Erstellen des Operationsprogramms nicht vorgelegt worden. Diese Unterlassung blieb unbemerkt. In der Folgeverkehrten die Eheleute X. geschlechtlich ohne Verhütungsmittel. Wegen wiederholter Übelkeit suchte die Klägerin am 23. Juni 1997 Dr. F. auf. Dieser stellte fest, dass sich die Klägerin in der 7. Schwangerschaftswoche befand und die Sterilisation [361] unterlassen worden war. Die Klägerin hatte während dieser dritten Schwangerschaft etliche gesundheitliche Schwierigkeiten, so dass sie ab Anfang August 1997 bis Ende Januar 1998 arbeitsunfähig war. Im August 1997 musste sie wegen leichter Schmierblutungen für einige Tage hospitalisiert werden. Bei einer Kontrolle am 15. Dezember 1997 wurden sehr hohe Blutdruckwerte festgestellt, was eine Spitalaufnahme per 22. Dezember 1997 zur Folge hatte. Eine am 12. Januar 1998 erfolgte Kontrolle ergab wiederum erhöhte Blutdruckwerte. Am 28. Januar 1998 gebar die Klägerin ein gesundes Mädchen namens E. Am 31. Januar 1998 wurden beide aus dem Spital entlassen. Die Sterilisation wurde nachgeholt.

Mit Eingabe vom 14. November 2000 gelangte die Klägerin an das Bezirksgericht Visp. Sie beantragte, es sei der Beklagte zur Zahlung von Fr. 231 000.– samt Zins zu verurteilen. Zuvor hatte der Ehemann seine vertraglichen Ansprüche gegen den Beklagten der Klägerin abgetreten. Die eingeklagte Forderung setzte sich zusammen aus den Auslagen während und unmittelbar nach der Geburt (Fr. 3000.–), Gewinn- bzw. Verdienstausfall (Fr. 100 000.–), Genugtuung (Fr. 8000.–) und Unterhaltskosten (Fr. 120 000.–). Ihre Forderung begründete die Klägerin mit den Folgen der von den Ärzten des Beklagten vertragswidrig unterlassenen Sterilisation. Der Bezirksrichter entschied am 13. Februar 2003, er sei zur Beurteilung der Klage in erster Instanz nicht zuständig. Die Akten sandte er daraufhin zur Beurteilung an das Kantonsgericht des Kantons Wallis.

Im kantonsgerichtlichen Verfahren stellte die Klägerin das Begehren, es sei der Beklagte zur Zahlung von insgesamt Fr. 201 287.– (Fr. 8000.– als Genugtuung, Fr. 73 287.– als Schadenersatz und Fr. 120 000.– als Unterhaltsersatz) samt Zins zu verurteilen. Der Beklagte schloss auf Abweisung der Klage und wandte in verfahrensrechtlicher Hinsicht ein, die Haftung beurteile sich nach dem kantonalen Verantwortlichkeitsgesetz, weshalb die Angelegenheit an das Bezirksgericht zu überweisen sei.

Am 18. April 2005 verurteilte das Kantonsgericht den Beklagten zur Zahlung von Fr. 50 000.– samt Zins als Schadenersatz (Dispositivziffer 1 lit. a), Fr. 85 000.– als Unterhaltsersatz (Ziff. 1 lit. b) und Fr. 5000.– nebst Zins als Genugtuung (Ziff. 1 lit. c). Im Mehrbetrag wurde die Klage abgewiesen. Das Kantonsgericht erwog, der Rechtsstreit beurteile sich nicht nach dem (kantonalen) Gesetz über [362] die Verantwortlichkeit der öffentlichen Gemeinwesen und ihrer Amtsträger (GVGA), sondern nach Bundesprivatrecht. Daher sei die sachliche Zuständigkeit des Kantonsgerichts gegeben. Das Gericht kam zum Schluss, die Haftpflicht des Beklagten für die ausgewiesenen, nicht anderweitig gedeckten Kosten und Auslagen der Klägerin im Rahmen der Schwangerschaft, der Geburt sowie des Unterhalts des Kindes sei zu bejahen.

Mit eidgenössischer Berufung stellt der Beklagte folgende Rechtsbegehren:

«(…) Primärbegehren
Es wird festgestellt, dass die Vorinstanz im vorliegenden Verfahren anstelle des kantonalen Rechts im Sinne des Verantwortlichkeitsgesetzes fälschlicherweise Bundesprivatrecht angewendet hat, weshalb die Angelegenheit an die kantonal zuständigen Gerichtsbehörden zur Ausfällung des Urteils überwiesen wird.

(…) Eventualbegehren
Die Zusprechung von Schadenersatz für Unterhaltskosten durch das Urteil des Kantons Wallis in der Höhe von Fr. 85 000.00 an die Berufungsbeklagte wird aufgehoben und die Berufung in diesem Sinne gutgeheissen.

(…) Subeventualbegehren
Die Anwendung des Kapitalisierungszinsfusses in der Höhe von 2.5 % für die Berechnung der Unterhaltskosten wird aufgehoben und die Berufung in diesem Sinne subeventual gutgeheissen.

(…)»

Die Klägerin schliesst auf Abweisung der Berufung.

Auszug aus den Erwägungen:

Aus den Erwägungen:

3. Im Eventualantrag rügt der Beklagte, er sei bundesrechtswidrig zur Leistung der Kindesunterhaltskosten in Höhe von Fr. 85 000.– an die Klägerin verpflichtet worden. Er bringt vor, die Vorinstanz habe gegen Bundesrecht verstossen, indem sie die Ersatzfähigkeit der Unterhaltskosten für das dritte, nach der (vertragswidrig) unterlassenen Sterilisation geborene Kind bejaht habe.

3.1 Der Arztvertrag wird nach Rechtsprechung und Lehre als Auftrag im Sinne der Art. 394 ff. OR – mit sämtlichen daran knüpfenden Haftungsfolgen – qualifiziert (BGE 120 II 248 E. 2c mit Hinweisen; WEBER, Basler Kommentar, N. 25 ff. zu Art. 398 OR; WIEGAND, Der Arztvertrag, insbesondere die Haftung des Arztes, in: Arzt und Recht, Bern 1985, S. 84, 91; HONSELL, Schweizerisches [363] Obligationenrecht, Besonderer Teil, 7. Aufl., Bern 2003, S. 302, 315 ff.; GUHL/SCHNYDER, Das Schweizerische Obligationenrecht, 9. Aufl., Zürich 2000, § 49 N. 11 f.; HANS PETER WALTER, Abgrenzung von Verschulden und Vertragsverletzung bei Dienstleistungsobligationen, in: A. Koller [Hrsg.], Haftung aus Vertrag, St. Gallen 1998, S. 69 f.; BOLLINGER HAMMERLE, Die vertragliche Haftung des Arztes für Schäden bei der Geburt, Diss. Luzern 2004, S. 39, 59).
Der Beklagte bestreitet zu Recht nicht, dass er bei gegebenen Voraussetzungen aus Vertrag haftet. Er macht einzig geltend, dass kein Schaden im Rechtssinne vorliegt. Unbestritten ist somit, dass der Beklagte (bzw. der bei ihm angestellte Arzt) den Auftrag verletzte, indem er sorgfaltswidrig die vereinbarte Sterilisation nicht vornahm. Ebenso unbestritten ist, dass diese vertragswidrige Unterlassung die für das (ungeplante) dritte Kind der Klägerin anfallenden Unterhaltskosten in adäquat-kausaler Weise verursachte. Ein vertraglicher Schadenersatzanspruch der Klägerin ist somit nach Art. 97 Abs. 1 i.V.m. Art. 398 Abs. 1 OR gegeben, sofern die Unterhaltskosten für das Kind als Schaden im Rechtssinne zu qualifizieren sind.

3.2 Das Bundesgericht musste sich bisher nicht zur Grundsatzfrage äussern, ob die Unterhaltskosten für ein ungeplantes Kind, die durch eine (fehlgeschlagene) Sterilisation hätten vermieden werden sollen, als Schaden im Rechtssinne zu qualifizieren sind (vgl. Urteile 4C.276/1993 vom 1. Dezember 1998, E. 4c, Pra 89/2000 Nr. 28 S. 163; 1P.530/1994 vom 14. Dezember 1995, E. 4b, Pra 85/1996 Nr. 181 S. 670). Die Praxis der obersten Gerichte anderer Staaten ist uneinheitlich. Zum Beispiel anerkennen sowohl der deutsche Bundesgerichtshof als auch der Oberste Gerichtshof der Niederlande die Unterhaltskosten für ein ungeplantes Kind als ersatzfähigen Vermögensschaden (Urteil des BGH vom 18. März 1980, NJW 1980 S. 1450 ff.; Entscheid des niederländischen Hoge Raad vom 21. Februar 1997, JZ 18/1997 S. 893 ff.). Hingegen verneint etwa das Englische House of Lords einen entsprechenden Anspruch bei einem gesunden Kind (vgl. Urteil vom 16. Oktober 2003 i.S. Rees gegen Darlington Memorial Hospital NHS Trust [2003/UKHL 52], mit Verweis auf das Urteil vom 25. November 1999 i.S. MacFarlane gegen Tayside Health Board [2000/2 AC 59]). Der österreichische Oberste Gerichtshof gewährt (nur) den Eltern eines schwer behinderten, ungeplanten Kindes einen Ersatzanspruch, weil in diesem Fall [364] – anders als bei einem gesunden Kind – den Eltern eine besonders schwere Belastung aufgebürdet werde (Entscheid des OGH vom 25. Mai 1999, JBl 121/1999 S. 593 ff.).

3.3 In der Schweiz bejaht die weit überwiegende Lehre das Vorliegen eines Schadens bzw. den Ersatzanspruch der Eltern für die Belastung mit den Unterhaltskosten des Kindes nach fehlgeschlagener Sterilisation (FRANZ WERRO, Commentaire romand, Code des obligations I, Luc Thévenoz/Franz Werro [Hrsg.], Genf/Basel 2003, N. 27 f. zu Art. 41 OR; derselbe, La responsabilité civile, Bern 2005, § 1 N. 70; INGEBORG SCHWENZER, Schweizerisches Obligationenrecht, Allgemeiner Teil, Bern 2003, 3. Aufl., N. 14.04; DAVID RÜETSCHI, Haftung für fehlgeschlagene Sterilisation, AJP 1999 S. 1374 f., 1376; CHRISTA TOBLER/CAREL STOLKER, «Wrongful Birth» – Kosten für Unterhalt und Betreuung eines Kindes als Schaden, AJP 1997 S. 1151 f.; ROLF THÜR, Schadenersatz bei durchkreuzter Familienplanung unter Berücksichtigung der Rechtsprechung in Deutschland, England und den USA, Diss. Zürich 1996, S. 51, 70 ff., 90 ff.; WALTER FELLMANN, Neuere Entwicklungen im Haftpflichtrecht, AJP 1995 S. 879 f.; derselbe, Schadenersatz für den Unterhalt eines unerwünschten Kindes, ZBJV 123/1987 S. 323, 333 ff.; CARLA MAINARDI-SPEZIALI, Ärztliche Aufklärungspflichten bei der pränatalen Diagnostik, Diss. Bern 1991, S. 152 ff.; BETTINA MONOT, Parents contre leur volonté: Dommages-intérêts pour l'entretien d'un enfant non désiré dans le cas d'une stérilisation manquée, in: Recueil de travaux offert à François Gillard, Tolochenaz 1987, S. 71; WERNER E. OTT, Voraussetzungen der zivilrechtlichen Haftung des Arztes, Diss. Zürich 1978, S. 84; ROLAND SCHAER, Grundzüge des Zusammenwirkens von Schadenausgleichssystemen, Basel 1984, S. 78 f.; VITO ROBERTO, Schweizerisches Haftpflichtrecht, Zürich 2002, § 29 N. 769; vgl. auch HANS-JOACHIM HESS, Kommentar zum Produktehaftpflichtgesetz, Bern 1996, 2. Aufl., N. 48 f. zu Art. 1 PrHG; vgl. weiter ALFRED KOLLER, Die zivilrechtliche Haftung des Arztes für das unverschuldete Fehlschlagen einer Sterilisation, in: Haftpflicht- und Versicherungsrechtstagung 1997, Koller [Hrsg.], S. 8 f., N. 6 in fine; HEINZ Hausheer, Unsorgfältige ärztliche Behandlung, in: Schaden – Haftung – Versicherung, Münch/Geiser [Hrsg.], Handbücher für die Anwaltspraxis, 5. Bd., Basel 1999, § 15 N. 15.89, der die Unterhaltskosten bei fehlgeschlagener Sterilisation als selbständigen Schadensposten neben dem Erwerbsausfall aufführt; ISABELLE STEINER, Das «Kind als Schaden» – ein [365] Lösungsvorschlag, ZBJV 137/2001 S. 646 ff., 660, die aber die Leistung einer Genugtuungs- statt einer Schadenersatzsumme als «sachgerechte Kompensationsform» vorschlägt).

Ein Teil der Lehre bejaht freilich einen vollen Ersatzanspruch nur bei Vorliegen besonderer Umstände wie etwa bei schlechten finanziellen Verhältnissen der Eltern (so KARL OFTINGER/EMIL W. STARK, Schweizerisches Haftpflichtrecht, Allgemeiner Teil, 5. Aufl. 1995, Bd. I, § 2 N. 54 f.; ALFRED KELLER, Die Behandlung des Haftpflichtfalles durch die Versicherung, in: Arzt und Recht, Wolfgang Wiegand [Hrsg.], Bern 1985, S. 137; derselbe, Haftpflichtrecht im Privatrecht, Bd. II, 2. Aufl., Bern 1998, S. 117 f.); bei einer ledigen Mutter, deren Berufs- und Privatleben einschneidend verändert wird; bei der Geburt eines behinderten Kindes, das viel Aufopferung mit zusätzlichen Aufwendungen verlangt (KELLER, Behandlung des Haftpflichtfalles, a.a.O., S. 137; derselbe, Haftpflichtrecht, a.a.O., S. 117 f.; HEINRICH HONSELL, Schweizerisches Haftpflichtrecht, 4. Aufl., Zürich 2005, S. 9; THOMAS M. MANNSDORFER, Haftung für pränatale Schädigung des Kindes, ZBJV 137/2001 S. 621 f., 629 f.; derselbe, Pränatale Schädigung, Diss. Fribourg 2000, S. 343 f., 353 f.); oder schliesslich auch, wenn die Ehefrau durch die ungewollte Schwangerschaft daran gehindert wird, einer – bereits aufgenommenen oder in Aussicht stehenden – Arbeitstätigkeit nachzugehen (so KELLER, Behandlung des Haftpflichtfalles, a.a.O., S. 137; derselbe, Haftpflichtrecht, a.a.O., S. 117 f.).

Eine von zwei Autoren vertretene Minderheitsmeinung verneint den Anspruch auf Schadenersatz für Unterhaltskosten in grundsätzlicher Weise – d.h. selbst für ein (nicht geplantes) Kind, das behindert zur Welt kommt und besonderer Pflege sowie Behandlung bedarf – und erachtet einen Ersatzanspruch, solange das Kindesverhältnis besteht, nur für den Fall erwägenswert, dass sich niemand findet, der das behinderte Kind zu adoptieren bereit ist (so PETER WEIMAR, in SJZ 82/1986 S. 49; derselbe, Schadenersatz für den Unterhalt eines nicht erwünschten Kindes?, in: Festschrift Hegnauer, Bern 1986, S. 651/654; zustimmend MORITZ KUHN, Die rechtliche Beziehung zwischen Arzt und Patient, in: Heinrich Honsell (Hrsg.),

Handbuch des Arztrechts, Zürich 1994, S. 36). Diese beiden Autoren verneinen bereits das Vorliegen eines Schadens mangels Unfreiwilligkeit der Vermögenseinbusse, wogegen jener Teil der Lehre, der einen Ersatzanspruch für Unterhaltskosten nur in besonderen Konstellationen (Behinderung des Kindes, angespannte finanzielle [366] Verhältnisse der Eltern usw.) zulassen will, das Vorliegen eines Vermögensschadens mit der zitierten überwiegenden Lehre ohne Weiteres bejaht (HONSELL, Haftpflichtrecht, a.a.O., S. 9; KELLER, Behandlung des Haftpflichtfalles, a.a.O., S. 136; derselbe, Haftpflichtrecht, a.a.O., S. 117; MANNSDORFER, a.a.O., ZBJV 137/2001 S. 629; derselbe, Pränatale Schädigung, a.a.O., S. 353; vgl. auch OFTINGER/STARK, a.a.O., § 2 N. 46).

Schliesslich stützen zwei vom Beklagten in diesem Zusammenhang angeführte Lehrmeinungen seinen Standpunkt in keiner Weise. Denn der eine Autor bezieht an der vom Beklagten zitierten Stelle weder für noch gegen einen – vertraglichen – Schadenersatzanspruch Stellung (BREHM, Berner Kommentar, 2. Aufl., Bern 1998, N. 96a zu Art. 41 OR), während der andere sogar festhält, aus dogmatischer Sicht spreche nichts gegen die Zusprechung von Unterhaltskostenersatz, wenn die Eltern – wie vorliegend – auf Dauer kein Kind mehr wollten (ROBERTO, a.a.O., § 29 N. 768 f.).

4. Das schweizerische Obligationenrecht definiert den ersatzfähigen Schaden nicht. Nach konstanter Rechtsprechung entspricht der haftpflichtrechtlich relevante Schaden der Differenz zwischen dem gegenwärtigen – nach dem schädigenden Ereignis festgestellten – Vermögensstand und dem Stand, den das Vermögen ohne das schädigende Ereignis hätte (BGE 127 III 73 E. 4a mit zahlreichen Hinweisen; vgl. statt vieler BREHM, a.a.O., N. 69 ff. zu Art. 41 OR; OFTINGER/STARK, a.a.O., § 2 N. 9; SCHNYDER, Basler Kommentar, N. 3 zu Art. 41 OR). Der Schaden ist die ungewollte bzw. unfreiwillige Vermögensverminderung. Er kann in einer Vermehrung der Passiven, einer Verminderung der Aktiven oder in entgangenem Gewinn bestehen (BGE 129 III 331 E. 2.1; 128 III 22 E. 2e/aa). Die Frage, ob die Vorinstanz ihrem Urteil einen zutreffenden Rechtsbegriff des Schadens zugrunde gelegt hat, kann vom Bundesgericht im Berufungsverfahren überprüft werden (BGE 128 III 22 E. 2e).

4.1 Das schädigende Ereignis (bzw. Verhalten) besteht vorliegend in der Vertragsverletzung des Beklagten, der die Sterilisation vereinbarungswidrig nicht vornahm. Die Klägerin ist als Mutter (ebenso wie ihr Ehemann als Vater) gemäss Art. 276 Abs. 1 ZGB verpflichtet, für den Unterhalt des eigenen Kindes aufzukommen (vgl. PETER BREITSCHMID, Basler Kommentar, N. 1 f. zu Art. 276 ZGB). Die gesetzliche Unterhaltspflicht ist eine Verbindlichkeit, die das Vermögen der Klägerin schmälert. Diese Einbusse war nicht gewollt, sollte durch die zum Zweck der Familienplanung vereinbarte [367] Sterilisation doch gerade vermieden werden, für die Unterhaltskosten eines weiteren Kindes aufkommen zu müssen. Der Schutz vor dieser wirtschaftlichen Belastung war entsprechend dem Willen der Klägerin Gegenstand des unter den Parteien geschlossenen, in der Folge aber vom Beklagten nicht erfüllten Sterilisationsvertrages. Eine unfreiwillige Vermögensverminderung ist somit gegeben. Die beinahe einhellige Lehre bejaht denn auch, wie erwähnt (E. 3.3), das Vorliegen eines Schadens im Sinne der Differenztheorie. Eine Minderheitsmeinung lehnt indessen – mit unterschiedlichen Argumenten – die Zusprechung von Schadenersatz für die Unterhaltskosten eines ungeplanten Kindes ab (vgl. E. 3.3). Im Folgenden sind sowohl die vom Beklagten als auch von der Lehre ins Feld geführten Argumente einer näheren Prüfung zu unterziehen:

4.2 Gegen die Zusprechung von Unterhaltsersatz wird zunächst angeführt, aufgrund der Akzeptanz des ursprünglich ungewollten Kindes durch die Mutter bzw. die Eltern liege keine unfreiwillige Vermögensminderung und damit kein Schaden (mehr) vor (WEIMAR, SJZ 82/1986 S. 49; derselbe, a.a.O., Festschrift Hegnauer, S. 651 f.; zustimmend KUHN, a.a.O., S. 36).

Dagegen wird zutreffend vorgebracht, dass mit der Sterilisation gerade die Unterhaltskosten für ein weiteres Kind vermieden werden sollten. Das schadensstiftende Ereignis (unterlassene Sterilisation) trat gegen den Willen der Mutter bzw. der Eltern ein, was ausschliesst, die in der Folge erlittene Vermögenseinbusse (Unterhaltsverpflichtung) als gewollt anzusehen (Thür, a.a.O., S. 74; Rüetschi, a.a.O., S. 1368). Der Zweck der Familienplanung besteht insbesondere auch darin, die Familiengrösse auf die jeweiligen finanziellen Möglichkeiten abzustimmen (vgl. HESS, a.a.O., N. 48 zu Art. 1 PrHG; vgl. auch OFTINGER/STARK, a.a.O., § 2 N. 46). Die Durchkreuzung der Familienplanung stellt eine Verletzung der Entscheidungsfreiheit der Mutter bzw. der Eltern dar, die als Persönlichkeitsverletzung qualifiziert wird (STEINER, a.a.O., S. 657; ROBERTO, a.a.O., N. 486; THÜR, a.a.O., S. 77/95; vgl. auch Fellmann, a.a.O., ZBJV 123/1987, S. 325 f., 334). Die durch die vereinbarungswidrig unterlassene Sterilisation verursachte gesetzliche Unterhaltsverpflichtung nach Art. 276 Abs. 1 ZGB ist ungewollt. Die entsprechende Vermögenseinbusse ist ein Schaden im Rechtssinne.

4.3 Die Unfreiwilligkeit der mit der gesetzlichen Unterhaltsverpflichtung verbundenen Vermögenseinbusse wird teilweise auch [368] mit der Begründung verneint, es bestehe die Möglichkeit einer Freigabe des Kindes zur Adoption (so WEIMAR, SJZ 82/1986 S. 49; derselbe, a.a.O., Festschrift Hegnauer, S. 651 f.; zustimmend KUHN, a.a.O., S. 36) oder einer Abtreibung (so HONSELL, Haftpflichtrecht, a.a.O., S. 9; vgl. auch Zivilgericht Basel-Stadt, Urteil vom 20. Januar 1998, E. 3.3, BJM 1998 S. 135).

Dabei wird übersehen, dass nach Rechtsprechung und Lehre vom Geschädigten nur zumutbare schadensabwendende bzw. -mindernde Massnahmen verlangt werden können (BGE 107 Ib 155 E. 2b; 119 II 361 E. 5b; OFTINGER/STARK, a.a.O., § 6 N. 37 ff., § 7 N. 16 f.; BREHM, a.a.O., N. 50 f. zu Art. 44 OR; LUTERBACHER, Die Schadenminderungspflicht, Zürich 2005, S. 125 ff.; WEBER, Die Schadenminderungspflicht – eine metamorphe Rechtsfigur, in: Haftpflicht- und Versicherungsrechtstagung 1999, Alfred Koller [Hrsg.], S. 139 ff.; HONSELL, Haftpflichtrecht, a.a.O., S. 106; SCHWENZER, a.a.O., N. 16.15; REY, Ausservertragliches Haftpflichtrecht, 3. Aufl., Zürich 2003, N. 403 f.; GAUCH/SCHLUEP/SCHMID/REY, Schweizerisches Obligationenrecht, Allgemeiner Teil, Bd. 2, 8. Aufl., Zürich 2003, N. 2741). Nach herrschender Lehre stellen aber für die Mutter bzw. Eltern weder die Abtreibung des ungeborenen Kindes noch dessen Freigabe zur Adoption eine zumutbare Massnahme zur Verhinderung bzw. Verminderung der anfallenden Unterhaltskosten dar (WERRO, Commentaire romand, a.a.O., N. 27 zu Art. 41 OR; derselbe, La responsabilité civile, a.a.O., § 1 N. 70; FELLMANN, a.a.O., ZBJV 123/1987 S. 322; KELLER, Haftpflichtrecht, a.a.O., S. 117; WEBER, a.a.O., S. 146 Fn. 36; MANNSDORFER, Pränatale Schädigung, a.a.O., S. 359 f.; RÜETSCHI, a.a.O., S. 1371 f.; THÜR, a.a.O., S. 83 ff.; SCHWENZER, a.a.O., N. 14.04; STEINER, a.a.O., S. 654 f.; ROBERTO, a.a.O., N. 763; KOLLER, a.a.O., S. 24; TOBLER/STOLKER, a.a.O., S. 1148; so auch der deutsche Bundesgerichtshof, Urteil vom 18. März 1980, E. 6, NJW 1980 S. 1452; gegen die Adoptionsfreigabe auch OFTINGER/STARK, a.a.O., § 2 Fn. 68; vgl. ferner GAUCH, Grundbegriffe des ausservertraglichen Haftpflichtrechts, recht 14/1996 S. 239 Fn. 133).

4.3.1 Mit der Geburt des ursprünglich nicht geplanten Kindes entsteht tatsächlich und rechtlich eine neue Situation (so auch WEIMAR, a.a.O., Festschrift Hegnauer, S. 651). Nach der Geburt des Kindes stellt dessen Weggabe durch Adoption einen völlig anders gearteten Entscheid dar, als eine im Voraus beschlossene präventive (abstrakte) Planungsmassnahme. Die Eltern können sich im Allgemeinen aufgrund [369] der mittlerweile entstandenen (konkreten) emotionalen Bindung nicht mehr unbeschwert gegen das eigene Kind bzw. gegen dessen Beibehaltung entscheiden (THÜR, a.a.O., S. 76 f.; RÜETSCHI, a.a.O., S. 1372). Es ist zwischen der Verhinderung einer vorläufig noch anonymen Vergrösserung der Familie und der Ablehnung des konkreten Kindes mit seiner individuellen Identität zu unterscheiden (TOBLER/STOLKER, a.a.O., S. 152; so auch der Oberste Gerichtshof der Niederlande: Entscheid vom 21. Februar 1997, E. 3.9, JZ 18/1997 S. 894). Die Freigabe zur Adoption stellt für die leiblichen Eltern eine tiefgreifende, endgültige Massnahme dar, führen doch Schwangerschaft und Geburt insbesondere bei der betroffenen Mutter zu einer erhöhten affektiven Bindung an das Kind (EICHENBERGER, Die materiellen Voraussetzungen der Adoption Unmündiger nach neuem schweizerischem Adoptionsrecht, Diss. Fribourg 1974, S. 89; THÜR, a.a.O., S. 86 f.).

Die Adoption bedarf gemäss Art. 265a Abs. 1 ZGB der Zustimmung des Vaters und der Mutter des Kindes. Das Recht, die Zustimmung zu erteilen oder zu verweigern, ist ein höchstpersönliches Recht der Eltern (BGE 104 II 65 E. 3; EICHENBERGER, a.a.O., S. 195; HEGNAUER, Berner Kommentar, N. 15 zu Art. 265a ZGB). Im Regelfall entspricht es dem natürlichen Bedürfnis der Eltern, das Kind zu behalten und in der eigenen Familie aufzuziehen (THÜR, a.a.O., S. 87; RÜETSCHI, a.a.O., S. 1372; EICHENBERGER, a.a.O., S. 146 ff., insbes. S. 150 oben; vgl. auch Urteil des deutschen Bundesgerichtshofes vom 18. März 1980, E. 2a, NJW 1980 S. 1454). Keinesfalls kann die Rechtsordnung vom Einzelnen die Auflösung natürlicher Familienstrukturen zur Minderung eines Schadenersatzbetrages verlangen (Roberto, a.a.O., N. 763; vgl. auch EICHENBERGER, a.a.O., S. 149; THÜR, a.a.O., S. 86 f.).

Die Lehrmeinung, die unter Hinweis auf die Adoptionsmöglichkeit die Unfreiwilligkeit der Vermögenseinbusse verneint, betont zwar, es sei nicht beabsichtigt, den Eltern eine Adoptionsfreigabe nahezulegen (WEIMAR, a.a.O., Festschrift Hegnauer, S. 652; vgl. auch Zivilgericht Basel-Stadt, Urteil vom 20. Januar 1998, E. 3.3, BJM 1998 S. 135). Dies ändert jedoch nichts daran, dass ihre Auffassung die Einführung einer entsprechenden (unzulässigen) Obliegenheit mit sich bringen würde (RÜETSCHI, a.a.O., S. 1371 Fn. 103/S. 1368; kritisch auch BOMMER, Pflicht zur Abtreibung als Pflicht zur Schadensminderung?, ZBJV 137/2001 S. 667 f.; Schwenzer, a.a.O., N. 14.04; Thür, a.a.O., S. 84; WERRO, Commentaire romand, a.a.O., N. 27 zu Art. 41 OR; STEINER, a.a.O., S. 655 f.). [370]

Die Freigabe des Kindes zur Adoption ist als schadensmindernde Massnahme aus den dargelegten Gründen in keinem Fall zumutbar (OFTINGER/STARK, a.a.O., § 2 Fn. 68; KELLER, Haftpflichtrecht, a.a.O., S. 117; WEBER, a.a.O., S. 146 Fn. 36; Mannsdorfer, Pränatale Schädigung, a.a.O., S. 359; RÜETSCHI, a.a.O., S. 1371 f.; THÜR, a.a.O., S. 85 ff.; SCHWENZER, a.a.O., N. 14.04; STEINER, a.a.O., S. 654 f.; KOLLER, a.a.O., S. 24; TOBLER/STOLKER, a.a.O., S. 1148; ROBERTO, a.a.O., N. 763; WERRO, Commentaire romand, a.a.O., N. 27 zu Art. 41 OR; FELLMANN, a.a.O., ZBJV 123/1987 S. 322/334).

4.3.2 Mit der (ungewollten) Schwangerschaft verändert sich die rechtliche und tatsächliche Ausgangslage ebenfalls. Die Lehre betont zu Recht, dass eine Abtreibung ein ebenso folgenreiches wie tiefgreifendes Ereignis ist und für die Schwangere als Eingriff in ein höchstpersönliches Recht unzumutbar ist (RÜETSCHI, a.a.O., S. 1371 f.; KOLLER, a.a.O., S. 24; KELLER, Haftpflichtrecht, a.a.O., S. 117; WERRO, Commentaire romand, a.a.O., N. 27 zu Art. 41 OR).

Zwar bejahten im Jahre 1998 die Gerichte von Basel-Stadt die Zumutbarkeit einer Abtreibung (Zivilgericht Basel-Stadt, Urteil vom 20. Januar 1998, E. 3.3, BJM 1998 S. 135; bestätigt vom Appellationsgericht Basel-Stadt, Urteil vom 23. Oktober 1998, E. 3, BJM 2000 S. 309). Indessen ging es in jenem Fall nicht wie hier um eine (aus Gründen der Familienplanung vorgesehene) fehlgeschlagene Sterilisation, sondern um einen – auf dem freien Willen der Mutter beruhenden – fehlgeschlagenen Abtreibungsversuch. Die Situation einer Frau, die sich für eine Abtreibung entschieden hat, ist in Bezug auf die Zumutbarkeit eines erneuten Eingriffs zum Schwangerschaftsunterbruch nicht mit jener im vorliegenden Fall vergleichbar. Das Appellationsgericht – das die Zumutbarkeit einer zweiten Abtreibung bestätigte – betonte denn auch, dass die Klägerin und Mutter nicht wegen einer misslungenen Sterilisation schwanger geworden sei (Urteil vom 23. Oktober 1998, a.a.O., E. 4, S. 311). Damit liess das Gericht offen, ob es einen Schadenersatzanspruch bei Sterilisationsfehlern anerkennen würde (worauf MANNS-DORFER, a.a.O., ZBJV 137/2001 S. 629 Fn. 107, hinweist; zur harschen Kritik des Appellationsgerichtsurteils aus strafrechtlicher Sicht vgl. BOMMER, a.a.O., S. 664 ff.; kritisch auch STEINER, a.a.O., S. 656; sowie ROBERTO, a.a.O., N. 763).

Eine Abtreibungsobliegenheit ist im Hinblick auf den verfassungsrechtlichen Schutz der individuellen Selbstbestimmung abzulehnen, [371] der dem Einzelnen einen Anspruch verleiht, die wesentlichen Aspekte seines Lebens selber zu gestalten (Art. 10 Abs. 2 BV; JÖRG PAUL MÜLLER, Grundrechte in der Schweiz, 3. Aufl., Bern 1999, S. 42, 64 f.; vgl. auch BOMMER, a.a.O., S. 668 Fn. 18). Ein Kerngehalt dieses Rechts ist der Anspruch der Frau, selber – frei – über einen Schwangerschaftsabbruch zu entscheiden (vgl. J.P. MÜLLER, a.a.O., S. 53, 64 f.; STEINER, a.a.O., S. 655; THÜR, a.a.O., S. 84). Die Zumutbarkeit einer Abtreibung als schadensabwendende Massnahme wird von der nahezu einhelligen Lehre zu Recht abgelehnt (FELLMANN, a.a.O., ZBJV 123/1987 S. 322/334, der dies als «ruchlose Zumutung» bezeichnet; ablehnend sogar WEIMAR, a.a.O., Festschrift Hegnauer, S. 651, der von «schändlich» spricht; vgl. auch WERRO, Commentaire romand, a.a.O., N. 27 zu Art. 41 OR [«choquant»]; ebenfalls ablehnend KOLLER, a.a.O., S. 24; WEBER, a.a.O., S. 146; MANNS-DORFER, Pränatale Schädigung, a.a.O., S. 359; ROBERTO, a.a.O., N. 763; Schwenzer, a.a.O., N. 14.04; KELLER, Haftpflichtrecht, a.a.O., S. 117; RÜETSCHI, a.a.O., S. 1371 f.; STEINER, a.a.O., S. 654 f.; THÜR, a.a.O., S. 83 f.; TOBLER/STOLKER, a.a.O., S. 1148; a.M. HONSELL, Haftpflichtrecht, a.a.O., S. 9].

4.3.3 Die Vorinstanz hat bundesrechtskonform sowohl die Adoptionsfreigabe wie auch die Abtreibung als in keinem Falle zumutbare Massnahmen zur Schadensminderung bzw. -abwendung erachtet, wobei zudem im vorliegenden Fall die heutige Fristenregelung zum fraglichen Zeitpunkt noch nicht in Kraft war. Der Beklagte macht zu Recht nicht geltend, die Klägerin sei ihrer Schadensminderungspflicht nicht nachgekommen.

4.4 Gegen die Zusprechung von Schadenersatz für Unterhaltskosten wird zum Teil auch vorgebracht, die Geburt eines Kindes könne keinen Schaden darstellen (Bezirksgericht Arbon, Urteil vom 16. Oktober 1985, E. 2, in SJZ 82/1986 S. 47 f.; zustimmend WEIMAR, SJZ 82/1986 S. 48 f.; MANNSDORFER, Pränatale Schädigung, a.a.O., S. 353 f.). Jedenfalls könne die Geburt eines gesunden, ehelichen Kindes kein Schaden sein, weil dies einer der Zwecke der Ehe sei (OFTINGER, Schweizerisches Haftpflichtrecht, Bd. I, Zürich 1975, S. 62).

4.4.1 Bei dieser Argumentation wird verkannt, dass es im vorliegenden Zusammenhang um die durch die planwidrige Geburt eines Kindes ausgelöste Unterhaltsbelastung der Eltern geht, die durch die Sterilisation vermieden werden sollte. Den Schaden stellt nicht [372] das Kind selbst dar, sondern die gesetzliche Unterhaltsverpflichtung der Eltern gemäss Art. 276 Abs. 1 ZGB (THÜR, a.a.O., S. 100; STEINER, a.a.O., S. 649 f.; MAINARDI-SPEZIALI, a.a.O., S. 152 f.; RÜETSCHI, a.a.O., S. 1367; SCHAER, a.a.O., S. 78; FELLMANN, a.a.O., ZBJV 123/1987 S. 322 f.; ROBERTO, a.a.O., N. 771; vgl. auch Tobler/Stolker, a.a.O., S. 1151; Monot, a.a.O., S. 71; WERRO, a.a.O., N. 27 zu Art. 41 OR; SCHWENZER, a.a.O., N. 14.04; ebenso die Praxis des deutschen BGH: Urteil vom 18. März 1980, E. 2, NJW 1980 S. 1451; Urteil vom 16. November 1993, E. 3, NJW 1994 S. 791; sowie des Obersten Gerichtshofes der Niederlande: vgl. Entscheid vom 21. Februar 1997, E. 3.8, JZ 18/1997 S. 893). Die Wendung «Kind als Schaden» ist eine schlagwortartige und «daher juristisch untaugliche Vereinfachung» (Urteil des BGH vom 18. März 1980, E. 2a, NJW 1980 S. 1451), worauf auch die Vorinstanz zu Recht hinweist.

4.4.2 In der Lehre wird zutreffend betont, dass die Zusprechung von Schadenersatz für die (ungewollte) finanzielle Belastung der Eltern in keiner Weise ein den Grundwerten unserer Gesamtrechtsordnung widersprechendes Unwerturteil über das Kind beinhaltet und dessen Würde nicht verletzt (THÜR, a.a.O., S. 100; RÜETSCHI, a.a.O., S. 1367; STEINER, a.a.O., S. 660; ebenso der deutsche BGH: Urteil vom 16. November 1993, E. 3c, NJW 1994 S. 792; sowie der niederländische Oberste Gerichtshof: Entscheid vom 21. Februar 1997, E. 3.8, JZ 18/1977 S. 893). Das Leben und die Persönlichkeit des Kindes sind unantastbare Rechtsgüter. Dass die Geburt eines Kindes oder dessen Existenz als Mensch nicht als Schaden betrachtet werden kann, ist eine Selbstverständlichkeit (RÜETSCHI, a.a.O., S. 1366; STEINER, a.a.O., S. 649, 660; MAINARDI-SPEZIALI, a.a.O., S. 152; KELLER, Haftpflichtrecht, a.a.O., S. 117; HONSELL, Haftpflichtrecht, a.a.O., S. 9; THÜR, a.a.O., S. 71/100). Dies ändert aber nichts an der Tatsache, dass die infolge der vertragswidrig unterlassenen Sterilisation erfolgte Geburt eines Kindes Unterhaltskosten nach sich zieht und diese finanzielle Belastung nach fast einhelliger Lehre für die von Gesetzes wegen dafür aufzukommenden Eltern einen Vermögensschaden darstellt (E. 3.3). Zu Recht wird auch hervorgehoben, dass es nichts Aussergewöhnliches ist, in Arzthaftungsfällen Schadenersatz in Höhe der Unterhaltskosten zuzusprechen. Das Grossziehen eines Kindes wird auch in anderen Lebensbereichen (z.B. bei Scheidungen und Unterhaltsverfahren) in Geld berechnet und insofern kommerzialisiert (WIEGAND, [373] Der Arztvertrag, a.a.O., S. 94; vgl. auch OTT, a.a.O., S. 84; SCHWENZER, a.a.O., N. 14.04; TOBLER/ STOLKER, a.a.O., S. 1151).

Die Menschenwürde des ungeplanten Kindes steht einer schadenersatzrechtlichen Betrachtungsweise nicht entgegen. Insbesondere verletzt die Zusprechung von Unterhaltsersatz die Würde des Kindes nicht (vgl. ROBERTO, a.a.O., N. 764; ebenso der niederländische Oberste Gerichtshof: Entscheid vom 21. Februar 1997, E. 3.8, JZ 18/1977 S. 893; so auch der erkennende Erste Senat des deutschen Bundesverfassungsgerichts: Beschluss vom 12. November 1997, E. B II. 3, NJW 1998 S. 521). Die Zusprechung von Schadenersatz dient im Gegenteil dem Kindeswohl, kann doch mit der finanziellen Sicherung die möglichst optimale Entwicklung des Kindes im natürlichen Familienverband unter gleichzeitiger Entlastung der Eltern zugunsten der gesamten Familie – einschliesslich des (zusätzlichen) Kindes – sichergestellt werden (vgl. Entscheid des Obersten Gerichtshofes der Niederlande vom 21. Februar 1997, E. 3.8, JZ 18/1977 S. 893; RÜETSCHI, a.a.O., S. 1376; MONOT, a.a.O., S. 71).

Das Kindeswohl geniesst Verfassungsrang und gilt in der Schweiz als oberste Maxime des Kindesrechts in einem umfassenden Sinn (Art. 11 Abs. 1 BV; BGE 129 III 250 E. 3.4.2; vgl. auch Art. 3 Abs. 1 des Übereinkommens vom 20. November 1989 über die Rechte des Kindes [KRK; SR 0.107]; AFFOLTER, Basler Kommentar, N. 14 zu Art. 405 ZGB; HEGNAUER, Grundriss des Kindesrechts, 5. Aufl., Bern 1999, N. 26.04a; BRAUCHLI, Das Kindeswohl als Maxime des Rechts, Diss. Zürich 1982, S. 173, 190 ff., insb. S. 196, 198). Namentlich verpflichtet Art. 11 Abs. 1 BV als soziales Grundrecht der Kinder (auf besonderen Schutz und Förderung ihrer Entwicklung) die rechtsanwendenden Instanzen, bei der Anwendung von Gesetzen den besonderen Schutzbedürfnissen von Kindern Rechnung zu tragen (BGE 126 II 377 E. 5d S. 391; AUBERT/MAHON, Petit commentaire de la Constitution fédérale de la Confédération suisse, Zürich 2003, N. 4 zu Art. 11 BV; REUSSER/LÜSCHER, St. Galler Kommentar, 2002, N. 13 zu Art. 11 BV; vgl. auch BRAUCHLI, a.a.O., S. 50, 196; HEGNAUER, Grundriss des Kindesrechts, a.a.O., N. 26.04a und Art. 3 Abs. 1 KRK).

Die Vorinstanz hat im angefochtenen Urteil zu Recht die Frage aufgeworfen, ob nicht im Gegenteil die Befreiung des Beklagten von der Haftung für Unterhaltsersatz trotz der haftungsbegründenden [374] Vertragsverletzung dem Wohl des Kindes (und der Familie) zuwiderlaufen würde. Entgegen der Ansicht des Beklagten hat die Vorinstanz die gesellschaftspolitische Tragweite der Unterhaltsfrage genügend gewichtet. Sie hat einen entsprechenden Anspruch der Eltern nach Abwägung der angeführten Argumente und Gegenargumente – im Interesse des Kindeswohls – zutreffend bejaht.

4.5 Gegen die Zusprechung von Unterhaltersatz wird teilweise auch angeführt, das Kind würde früher oder später durch die Erkenntnis belastet, dass es von den Eltern nicht erwünscht war und Anlass zu einem Schadenersatzprozess gab (KELLER, Behandlung des Haftpflichtfalles, a.a.O., S. 136; MANNSDORFER, Pränatale Schädigung, a.a.O., S. 355).

Dagegen ist zunächst einzuwenden, dass die Befürchtung einer psychisch-emotionalen Schädigung des Kindes keineswegs gesicherten Erkenntnissen entspricht (Urteil des BGH vom 18. März 1980, E. 4, NJW 1980 S. 1451; RÜETSCHI, a.a.O., S. 1373). Ausserdem kann das Erleiden eines eigentlichen Jugendtraumas in der Regel ohnehin ausgeschlossen werden (vgl. MANNSDORFER, Pränatale Schädigung, a.a.O., S. 355 mit Nachweisen). Vor allem aber geht es nicht an, dass der Schädiger sich unter dem Vorwand einer Rücksichtnahme auf (mögliche) psychische Folgereaktionen des Kindes seiner Haftpflicht entzieht (vgl. Urteil des BGH vom 18. März 1980, E. 4, NJW 1980 S. 1451).

Im Wissen um das ursprüngliche Ungeplantsein leben etliche Kinder, ohne deshalb im Allgemeinen traumatisiert oder psychisch-emotional geschädigt zu sein (vgl. RÜETSCHI, a.a.O., S. 1373 mit Hinweisen). Jedes Kind, das zehn Jahre nach seinen Geschwistern zur Welt kommt, kann sich ausrechnen, dass es ursprünglich nicht geplant (bzw. gewollt) war; gleich verhält es sich bei einem zur Adoption freigegebenen Kind; ebenso wird ein Kind einer ledigen Mutter, die den Vater für Unterhaltsbeiträge gerichtlich belangen muss, annehmen, dass es dem Vater nicht willkommen war (vgl. TOBLER/STOLKER, a.a.O., S. 1151). Es wird denn auch darauf hingewiesen, dass die Welt von Kindern wimmelt, «die man nicht wollte und später um keinen Preis hergäbe» (KELLER, Behandlung des Haftpflichtfalles, a.a.O., S. 136).

Die Aufklärung des Kindes darüber, dass es (ursprünglich) ungeplant war und sein Unterhalt von einem Dritten (teil)finanziert wurde, liegt ausserdem in der Verantwortung der Eltern. Allfällige [375] spätere psychische Schwierigkeiten für das Kind bei Kenntnisnahme der Belangung des Dritten sind ein Gesichtspunkt, der nicht von der Rechtsordnung, sondern von den Eltern vor Geltendmachung des Schadenersatzanspruchs zu berücksichtigen ist (OFTINGER/STARK, a.a.O., § 2 N. 53; so auch der niederländische Oberste Gerichtshof: Entscheid vom 21. Februar 1997, E. 3.9, JZ 18/1997 S. 894; ebenso der deutsche BGH: Urteil vom 18. März 1980, E. 4, NJW 1980 S. 1451; a.M. STEINER, a.a.O., S. 652). Zu Recht wird auch darauf hingewiesen, das Kind dürfte von einem gewissen Alter an – namentlich bei finanzieller Bedrängnis der Eltern – einsichtsfähig genug sein, um zu begreifen, dass nicht seine Existenz, sondern die finanzielle Belastung der Eltern mit der Unterhaltsverpflichtung den Grund für die rechtliche Belangung des Dritten bildete (vgl. STEINER, a.a.O., S. 653; vgl. auch Entscheid des Obersten Gerichtshofs der Niederlande vom 21. Februar 1997, E. 3.9, JZ 18/1997 S. 894).

Insgesamt sprechen mindestens so gute Gründe dafür, dass die Nichtgewährung von Unterhaltersatz unter Umständen negative Auswirkungen für das Kind und seine Psyche zeitigen kann. Namentlich könnten die Eltern (und Geschwister) das Kind aufgrund der durch seine Geburt bedingten finanziellen Einengung der Familie als ungewollte Belastung empfinden, was eine positive Einstellung gegenüber dem zusätzlichen Kind erschweren und die Beziehung belasten würde (vgl. RÜETSCHI, a.a.O., S. 1372 f.; MONOT, a.a.O., S. 71). Demgegenüber liegt die Zuerkennung von Unterhaltersatz, wie dargelegt, im Interesse des Kindes sowie der gesamten Familie und kann deshalb zur gesunden psychischen Entwicklung des Kindes beitragen (vgl. auch TOBLER/STOLKER, a.a.O., S. 1150 ff.; THÜR, a.a.O., S. 101; so auch der deutsche BGH: vgl. Urteil vom 18. März 1980, E. 4, NJW 1980 S. 1451; sowie Urteil vom 16. November 1993, E. 3c, NJW 1994 S. 792; ebenso der niederländische Oberste Gerichtshof: Entscheid vom 21. Februar 1997, E. 3.8, JZ 18/1997 S. 893).

Allfällige psychische Probleme des Kindes infolge des ursprünglichen Unerwünschtseins lassen sich jedenfalls nicht mit der Verneinung eines Schadenersatzanspruchs lösen und vermögen die Verweigerung von Unterhaltsersatz nicht zu rechtfertigen (vgl. TOBLER/STOLKER, a.a.O., S. 1151; HESS, a.a.O., N. 49 zu Art. 1 PrHG; RÜETSCHI, a.a.O., S. 1372 f.; WERRO, La responsabilité civile, a.a.O., S. 23 f.; MONOT, a.a.O., S. 71). Die Vorinstanz erwog zutreffend, dass der [376] Zuerkennung von Unterhaltsersatz nichts Anrüchiges anhafte, zumal auch die öffentliche Hand ebenso wie private Arbeitgeber als Dritte in Anspruch genommen würden, um Eltern bei der Erfüllung ihrer gesetzlichen Unterhaltspflicht durch Kinderzulagen und Kinderzusatzrenten zu unterstützen.

4.6 Weiter wird gegen die Zusprechung von Unterhaltsersatz zum Teil eingewandt, die Eltern wollten eine «Elternschaft zum Nulltarif» erlangen (WEIMAR, a.a.O., Festschrift Hegnauer, S. 652). Dieser Vorwurf erweist sich ebenfalls als unbegründet. Denn die Elternschaft ist nicht auf die Erbringung finanzieller Leistungen beschränkt. Vielmehr haben die Eltern gegenüber dem Kind auch andere Verpflichtungen zu erfüllen (Erziehung, Pflege, Fürsorge, Hausarbeit usw.), die sie in zeitlicher Hinsicht beträchtlich belasten und von denen sie durch die Zusprechung von Unterhaltsersatz nicht befreit werden (TOBLER/STOLKER, a.a.O., S. 1152; RÜETSCHI, a.a.O., S. 1370; Forschungsbericht Nr. 10/98, Bundesamt für Sozialversicherung [Hrsg.], Kinder, Zeit und Geld – Eine Analyse der durch Kinder bewirkten finanziellen und zeitlichen Belastungen von Familien und der staatlichen Unterstützungsleistungen in der Schweiz Mitte der Neunziger Jahre, Bern 1998, S. VII/IX, 144/185/188).

Die Vorinstanz hat denn auch den von der Klägerin geltend gemachten Posten «Pflege und Erziehung» abgezogen, da die persönliche elterliche Fürsorge für das eigene Kind im Rahmen des Schadenersatzes nicht abzugelten sei. Die Höhe der von der Vorinstanz als Ersatz für die durch tatsächliche Ausgaben bedingten durchschnittlichen Unterhaltskosten (für das dritte Kind der Klägerin bis zum 18. Lebensjahr) wird im vorliegenden Verfahren nicht beanstandet. Es kann daher offen bleiben, nach welchen Kriterien der Schaden zu berechnen ist. Immerhin ist festzuhalten, dass gute Gründe bestehen, Unterhaltsersatz – wie im angefochtenen Urteil – nur für effektive Auslagen zu gewähren und dabei allenfalls auf den durchschnittlichen Grundunterhalt abzustellen (vgl. TOBLER/STOLKER, a.a.O., S. 1152; vgl. auch Urteil des BGH vom 18. März 1980, E. 4, NJW 1980 S. 1455 f.). Der Anspruch auf Unterhaltsersatz besteht aber bei gegebenen Haftungsvoraussetzungen in jedem Fall, d.h. unabhängig von den jeweiligen finanziellen Verhältnissen der Eltern, der Berufstätigkeit oder dem Zivilstand der Mutter (vgl. THÜR, a.a.O., S. 99; FELLMANN, a.a.O., AJP 1995 S. 880; RÜETSCHI, a.a.O., S. 1375; ROBERTO, a.a.O., N. 760). [377]

4.7 Der Beklagte bringt schliesslich vor, die Unterhaltsregelung des Zivilgesetzbuches sei abschliessend und die Unterhaltspflicht eine Folge des Kindesverhältnisses, die untrennbar mit der rechtlichen Zuordnung des Kindes zu seinen Eltern verknüpft sei (so auch WEIMAR, a.a.O., Festschrift Hegnauer, S. 646).

Mit diesem Vorbringen verkennt der Beklagte, dass sich die vorliegend in Frage stehende Arzthaftung infolge fehlgeschlagener Sterilisation, wie ausgeführt, nach Vertragsrecht beurteilt (d.h. nach Art. 398 i.V.m. Art. 97 OR). Er übersieht, dass das Bundesgesetz über das Obligationenrecht den fünften Teil des ZGB bildet und die beiden Erlasse materiell eine Einheit bilden. Die Trennung ist bloss formeller Natur; die Bestimmungen des OR und ZGB finden – sinngemäss – gegenseitig Anwendung (vgl. RIEMER, Die Einleitungsartikel des Schweizerischen Zivilgesetzbuches, 2. Aufl., Bern 2003, S. 141, 144; SCHMID, Basler Kommentar, N. 1/2 ff. zu Art. 7 ZGB; BGE 131 III 106 E. 1.2; 127 III 1 E. 3a/bb; zur Anwendung der Bestimmungen über die Geschäftsführung ohne Auftrag im Zusammenhang mit der elterlichen Unterhaltspflicht vgl. BGE 123 III 161 E. 4c; vgl. ferner BGE 101 II 47 E. 2 S. 53).

Zwar wird das interne Verhältnis zwischen Eltern und Kind durch das ZGB geregelt; indessen sollen mit dieser Regelung keineswegs Schadenersatzansprüche der Eltern gegenüber Dritten aus Vertrag oder unerlaubter Handlung ausgeschlossen werden. Sind die Tatbestandsvoraussetzungen einer Haftungsnorm des OR erfüllt, besteht auch ein entsprechender Anspruch (vgl. bereits BGE 72 II 171 E. 2 S. 174; ebenso die Praxis des BGH: Urteil vom 18. März 1980, E. 2b, NJW 1980 S. 1451; vgl. auch THÜR, a.a.O., S. 99 f.).

Wie die Vorinstanz zutreffend erwog, ist die Klägerin sowie ihr Ehemann aufgrund der gemeinsam unterzeichneten Operationsvollmacht Vertragspartei im Rahmen des dem Chefarzt als Vertreter des Beklagten erteilten Auftrags zur Durchführung der Eileiterunterbindung (vgl. FELLMANN, a.a.O., ZBJV 123/1987 S. 329; Bezirksgericht Arbon, Urteil vom 16. Oktober 1985, E. 1, in SJZ 82/1986 S. 47; MONOT, a.a.O., S. 71; KELLER, Behandlung des Haftpflichtfalles, a.a.O., S. 137). Da der Ehemann seine Ansprüche der Klägerin unbestrittenermassen abtrat, ist diese gegenüber dem Beklagten zur umfassenden Geltendmachung von Schadenersatzansprüchen aus der auftragswidrig unterlassenen Sterilisation berechtigt. Die Rüge des Beklagten ist unbegründet. [378]

4.8 Die Verneinung des Anspruchs in Fällen wie dem vorliegenden würde zu einer sachlich nicht zu rechtfertigenden Sonderregelung für Ärzte bei Sterilisationsfehlern führen. Ist ein Vertrag auf ein von der Rechtsordnung erlaubtes Ziel wie die Sterilisation gerichtet, so hat der Arzt für einen von ihm im Rahmen der Vertragserfüllung zu vertretenden Fehler, durch den das Behandlungsziel nicht erreicht wird, einzustehen (vgl. BGE 120 Ib 411 E. 4a S. 413; FELLMANN, Berner Kommentar, N. 380/387 zu Art. 398 OR). In der Lehre wird zutreffend betont, dass nicht einzusehen ist, weshalb die grundsätzliche Haftung des Arztes für fahrlässige Schädigungen gerade bei einer misslungenen Sterilisation nicht greifen sollte (OTT, a.a.O., S. 84; zustimmend RÜETSCHI, a.a.O., S. 1375; TOBLER/STOLKER, a.a.O., S. 1154; SCHWENZER, a.a.O., N. 14.04; sowie der niederländische Oberste Gerichtshof, Entscheid vom 21. Februar 1997, E. 3.7, JZ 18/1997 S. 893; vgl. auch WERRO, Commentaire romand, a.a.O., N. 27 zu Art. 41).

Die Haftung für ärztliche Behandlungsfehler mit Rücksicht auf ein dadurch bewirktes Ansteigen der Prämien der Haftpflichtversicherung der Ärzte bzw. Spitäler zu verneinen, ist ebenfalls ausgeschlossen (so aber MANNSDORFER, Pränatale Schädigung, a.a.O., S. 356; klar ablehnend hingegen ROBERTO, a.a.O., N. 764; sowie TOBLER/STOLKER, a.a.O., S. 1154). Ebenso wenig vermag aus haftpflichtrechtlicher Sicht die Argumentation des englischen House of Lords zu überzeugen, die eine Überbeanspruchung des staatlichen Gesundheitssystems Englands zu verhindern bezweckt. Im erwähnten Entscheid wurde ein Unterhaltsanspruch für ein gesundes Kind unter anderem deshalb verneint, weil dies angesichts der knappen Mittel des National Health Service die öffentliche Meinung darüber, wie öffentliche Mittel im Rahmen des staatlichen Gesundheitssystems zu verteilen sind, verletzen würde (Urteil des House of Lords vom 16. Oktober 2003 i.S. Rees gegen Darlington Memorial Hospital NHS Trust [2003/ UKHL 52]).

Abzulehnen ist auch die vom österreichischen Obersten Gerichtshof getroffene Unterscheidung zwischen behindertem und gesundem Kind. Der OGH betont, es sei zu befürchten, das behinderte Kind bekomme die mangelnde Akzeptanz noch mehr zu spüren, wenn die Eltern die finanziellen Belastungen voll zu tragen hätten und die Leistung von Schadenersatz könne diesem dienlich sein, weil dadurch die wirtschaftliche Lage seiner Eltern verbessert werde (Entscheid des OGH vom 25. Mai 1999, JBl/Wien 121/1999 S. 598). [379]

Nicht einzusehen ist, weshalb es sich bei einem gesunden Kind anders verhalten sollte. Die Differenzierung des OGH zwischen behindertem und gesundem Kind wird denn auch als aus schadenersatzrechtlicher Sicht nicht überzeugend und von einer behindertenfeindlichen «Mitleidsmoral» geprägt kritisiert (BERNAT, JBl/Wien 126/2004 S. 316 f.; vgl. auch REBHAHN, JBl/Wien 122/2000 S. 267; gegen die Unterscheidung auch THÜR, a.a.O., S. 99).

Schliesslich kann die Freude der Eltern an der Geburt des Kindes nicht im Sinne einer Vorteilsanrechnung in die Schadensberechnung einbezogen und von den Unterhaltskosten abgezogen werden, zumal die Freude als immaterieller Wert nicht quantifizierbar ist (vgl. ROBERTO, a.a.O., N. 763; SCHWENZER, a.a.O., N. 14.04; vgl. auch WERRO, La responsabilité civile, a.a.O., S. 24).

Aus dem Dargelegten folgt, dass die gegen den Ersatz der Unterhaltskosten angeführten Argumente nicht stichhaltig sind. Die Vorinstanz hat kein Bundesrecht verletzt, indem sie die Ersatzpflicht des Beklagten für die Unterhaltskosten des dritten Kindes der Klägerin bejahte. Die Rüge ist unbegründet und der Eventualantrag abzuweisen.

Register der zitierten Bundesgerichtsentscheide

Mit Verweis auf die entsprechenden Randnummern bzw. Fussnoten oder Fallnummern des vorliegenden Lehrbuchs; in Fettdruck die im Volltext abgedruckten Entscheidungen des BGE mit Hinweis auf die Seitenzahl ihres Abdrucks.

a) in der Amtlichen Sammlung veröffentlichte Entscheide

BGE 37 II 409	Fall 2	BGE 96 II 392	Fn. 403
BGE 41 II 446	Fn. 270	BGE 97 II 108	207
BGE 45 I 43	Fn. 270	BGE 99 II 185	523
BGE 48 II 336	296	BGE 100 II 105	206
BGE 55 II 302	Fn. 104	BGE 100 II 332	377
BGE 57 II 276	Fn. 302	BGE 100 II 339	527
BGE 61 II 31	Fall 39	BGE 100 II 395	529
BGE 61 II 36	Fall 39	BGE 101 Ib 252	367
BGE 61 II 95	Fall 16	BGE 101 Ib 422	Fn. 142, 149
BGE 64 II 137	382	BGE 101 II 117	543
BGE 66 II 256	434	BGE 102 II 1	434
BGE 76 II 346	Fn. 243	BGE 102 II 81	129, 280
BGE 77 II 154	235	BGE 102 II 85	367; Fall 55
BGE 79 II 272	Fn. 317	BGE 102 II 343	409
BGE 80 II 26	139b	BGE 104 II 15	Fn. 40, 445
BGE 81 II 553	483	BGE 104 II 94	329
BGE 82 II 332	Fn. 483	BGE 104 II 99	253, Fall 32
BGE 82 II 411	Fn. 316	BGE 104 II 108	213
BGE 82 II 445	241	BGE 104 II 198	502
BGE 88 II 417	409	BGE 104 II 314	293
BGE 89 II 30	Fn. 95	**BGE 105 II 23**	169, 276; Fall 33; S. 361 ff.
BGE 90 II 86	422; Fn. 457, 464; Fall 62	BGE 105 II 75	127
BGE 90 II 428	Fn. 508	BGE 106 II 75	415
BGE 92 II 15	484	BGE 106 II 201	Fn. 445
BGE 95 II 109	550	BGE 106 II 208	Fall 59
BGE 95 II 407	296	BGE 106 IV 138	Fn. 51
BGE 95 II 481	394	BGE 107 II 161	241, 375

BGE 107 II 216	200; Fall 38
BGE 107 II 426	63
BGE 107 II 465	553
BGE 108 II 422	395
BGE 108 II 434	Fn. 428
BGE 109 II 105	296
BGE 109 II 304	358
BGE 109 II 338	529
BGE 109 II 452	237; Fn. 270; Fall 41
BGE 110 II 148	506
BGE 110 II 344	Fn. 169
BGE 110 II 456	422; Fn. 439, 457; Fall 62; S. 364 ff.
BGE 111 II 463	508
BGE 111 II 471	Fn. 115
BGE 112 II 118	366, Fall 56
BGE 112 II 131	397
BGE 112 II 220	395
BGE 112 II 226	395
BGE 112 II 241	552
BGE 112 II 347	104
BGE 112 II 433	552
BGE 112 II 453	Fn. 490
BGE 113 II 86	388
BGE 113 II 163	552
BGE 113 II 402	Fn. 197
BGE 114 II 131	277, 285, 289; Fn. 83, 316; Fall 43, S. 370 ff.
BGE 114 II 144	395
BGE 114 II 152	445, 495, 497
BGE 114 II 159	213
BGE 114 II 250	163
BGE 114 II 274	488
BGE 114 II 279	204
BGE 115 II 28	436
BGE 115 II 232	Fn. 245
BGE 115 II 264	553
BGE 115 II 440	Fn. 399
BGE 115 II 464	Fn. 229
BGE 115 II 474	241, 343
BGE 116 II 480	Fn. 386
BGE 116 II 685	283
BGE 116 II 689	442
BGE 117 II 50	395
BGE 117 II 259	Fn. 197
BGE 117 II 609	415
BGE 118 II 32	Fn. 155
BGE 118 II 297	296
BGE 118 II 404	395
BGE 119 II 23	321
BGE 119 II 135	Fn. 197
BGE 119 II 337	484
BGE 119 II 411	Fn. 379
BGE 120 II 197	317, Fall 49
BGE 120 II 209	462
BGE 120 II 232	Fall 61
BGE 120 II 237	Fall 34
BGE 120 II 331	118
BGE 121 III 118	184, 195
BGE 121 III 350	118; Fall 19; S. 378 ff.
BGE 121 III 358	63
BGE 121 III 448	Fn. 445
BGE 121 III 453	471
BGE 122 III 10	535; Fn. 155
BGE 122 III 118	241
BGE 123 III 10	396
BGE 123 III 16	Fn. 501
BGE 123 III 101	210; Fn. 243
BGE 123 III 110	361; Fn. 402

BGE 123 III 292 229; Fn. 60; Fall 40; S. 383 ff.

BGE 123 III 306 409

BGE 123 IV 61 Fn. 296

BGE 124 III 155 Fn. 489

BGE 125 III 257 Fn. 16

BGE 126 III 59 286, Fn. 321

BGE 126 III 388 241, 341

BGE 126 III 521 Fn. 370

BGE 127 III 83 285a, Fn. 316

BGE 127 III 300 295, Fn. 336, 339, 533; S. 408 ff.

BGE 127 III 403 345

BGE 127 III 444 Fn. 117

BGE 127 III 488 350f

BGE 128 III 70 64

BGE 128 III 428 67, Fn. 95

BGE 129 III 35 139c

BGE 129 III 65 409

BGE 129 III 181 Fall 16

BGE 129 III 209 226

BGE 129 III 264 439, 539; Fn. 155

BGE 129 III 320 67, 189a, 204, 284; Fn. 208, 243; S. 414 ff.

BGE 129 III 331 345c; Fn. 362; Fall 51

BGE 129 III 422 444; Fn. 467

BGE 129 III 493 529

BGE 129 III 535 491

BGE 129 III 604 Fn. 86, 242

BGE 129 III 618 Fn. 233

BGE 129 III 646 428

BGE 129 III 708 561

BGE 130 III 193 349

BGE 130 III 345 Fn. 100, 134

BGE 130 III 591 361

BGE 130 III 686 241

BGE 131 III 12 388, 392

BGE 131 III 115 403

BGE 131 III 377 Fn. 135

BGE 132 II 161 Fn. 305

BGE 132 II 321 345

BGE 132 III 226 522, 522a, 523

BGE 132 III 242 Fn. 93

BGE 132 III 359 340, S. 421 ff.

BGE 132 III 379 380

BGE 132 III 389 208

BGE 132 III 455 210; Fn. 243

BGE 132 III 715 361

BGE 132 III 737 273; Fn. 318, 319, 322

BGE 133 III 6 Fn. 511

BGE 133 III 81 353, 417, 422; Fall 63

BGE 133 III 121 350a, 355

BGE 133 III 153 100, 353

BGE 133 III 167 Fn. 234

BGE 133 III 257 423

BGE 133 III 311 227; Fn. 253

BGE 133 III 323 Fn. 384

BGE 133 III 335 477; Fn. 316

BGE 133 III 356 Fn. 474

BGE 133 III 360 Fn. 96

BGE 133 III 449 Fn. 135, 136

BGE 133 III 462 344

BGE 133 III 607 241

BGE 134 II 297 170

BGE 134 III 52 Fn. 232

BGE 134 III 59 207, 344a

BGE 134 III 97 396

BGE 134 III 294 527; Fn. 508

BGE 134 III 390 329; Fn. 131

BGE 134 III 438	434; Fn. 258		BGE 138 III 157	395
BGE 134 III 489	Fn. 357		BGE 138 III 276	Fn. 412
BGE 134 III 534	Fn. 44		BGE 138 III 322	213
BGE 134 III 591	Fn. 517		BGE 138 III 337	394
BGE 135 III 1	201, 240, 244; Fn. 282		BGE 138 III 401	180b
			BGE 138 III 411	237
BGE 135 III 212	473, Fn. 483		BGE 138 III 659	Fn. 152, 218
BGE 135 III 225	237, 244		BGE 138 III 746	482a
BGE 135 III 255	Fn. 197		BGE 139 III 145	Fn. 233
BGE 135 III 295	195		BGE 140 III 86	Fn. 342
BGE 135 III 397	Fn. 400		BGE 140 III 150	543
BGE 135 III 441	227		BGE 140 III 200	127, Fn. 142, 157
BGE 135 III 537	269, 273, 283		BGE 140 III 404	246
BGE 135 III 556	Fn. 474		BGE 140 III 583	180b; Fn. 199
BGE 136 III 401	212; Fn. 242		BGE 141 III 241	99a
BGE 136 III 502	378		BGE 141 III 289	317, 318
BGE 137 III 16	524; Fn. 420, 508, 513		BGE 142 III 84	Fn. 134, Fn. 136
BGE 137 III 208	152a		BGE 142 III 321	Fn. 476
BGE 137 III 226	417		BGE 142 III 433	Fn. 403, 412
BGE 137 III 243	180, 284; Fn. 474		BGE 142 III 442	41, 43
BGE 137 III 352	Fn. 369		BGE 142 III 671	Fn. 280
BGE 137 III 393	Fn. 150		BGE 143 III 15	Fn. 191
BGE 137 III 539	102a, 373, Fn. 418		BGE 143 III 480	213, 226
BGE 138 III 29	190; Fn. 223, 253		BGE 143 III 558	220, Fn. 224
BGE 138 III 123	182			

b) In der Amtlichen Sammlung nicht veröffentlichte Bundesgerichtsentscheide

Bundesgericht vom 29.10.2001, SemJud 2002 I, 164	127
4C_276/2001 vom 26.3.2002	345
Bundesgericht vom 31.10.2003, SemJud 2004 I, 407	360, Fn. 397
4C_58/2004 vom 23.6.2004	494
Bundesgericht vom 21.3.2006, SemJud 2006 I, 433	Fn. 157
4A_7/2007 vom 18.6.2007	369
4A_404/2008/vom 18.12.2008	Fn. 256
Bundesgericht vom 11.3.2009, ZBGR 2010, 109	Fn. 243

4A_237/2009 vom 26.10.2009	241; Fn. 310
Bundesgericht vom 20.11.2009, SemJud 2010 I, 449	355
4A_66/2010 vom 27.5.2010	Fn. 433
4A_255/2010 vom 29.6.2010	Fn. 460
Bundesgericht vom 12.7.2010, ARV 2010, 258	163
4A_313/2010 vom 3.9.2010	318
4A_551/2010 vom 2.12.2010	Fn. 491
4A_615/2010 vom 14.1.2011	127
4A_641/2010 vom 13.2.2011	296
4D_75/2011 vom 9.12.2011	Fn. 202
Bundesgericht vom 3.10.2013, SemJud 2014 I, 165	350f
4A_359/2013 vom 13.1.2014	409
4A_385/2013 vom 20.2.2014	Fn. 408
Bundesgericht vom 9.4.2014, BR 2014 Nr. 630	409
Bundesgericht vom 14.4.2014, SemJud 2014 I, 369	Fn. 321
4A_619/2013 vom 20.5.2014	Fn. 149
4A_475/2013 vom 15.7.2014	237, Fn. 271
4A_115/2014 vom 20.11.2014	388
4A_551/2013 vom 15.12.2014	Fn. 374
4A_365/2014 vom 5.1.2015	Fn. 463
4F_15/2014 vom 11.11.2015	Fn. 420
Bundesgericht vom 21.7.2015, Praxis 105 (2016) Nr. 37	Fn. 484
4A_602/2017 vom 7. Mai 2018	Fn. 369

Gesetzesregister

Mit Verweis auf die entsprechenden Randnummern bzw. Fussnoten des vorliegenden Lehrbuchs. Die wichtigsten Fundorte sind kursiv gedruckt. Nach den relevantesten Gesetzen (BV, OR und ZGB) werden weitere schweizerische und anschliessend ausländische Gesetze in alphabetischer Reihenfolge aufgelistet

BV

Art.		Art.	
5	Fn. 14	27	138
7	215	35	139b
8	139b, 207	97	42, 175; Fn. 151
9	Fn. 14	109	42
10	213	119	214
15	215	122	2
17	139b	164	Fn. 32

OR

Art.		Art.	
1	5, 6, *20*, 100, 106, 111, 116, 147, 149, 189, 235, 314, 531; Fn. 9, 111	20	27, 28, 67, 180, 199, 211, 215, 216, *218*, 219, 220, 229, 242, 246, 253, 283, 350a, 469, 470; Fn. 241
2	134, 167, 190, 191, 193, 200, 221, 223, 238	21	28, 41, 127, 203, 211, 216, 224, 228-231, 257, 295
3	Fn. 174	22	131, 132
4	158	23	28, 41, 67, 106, 187, 189, 231, 259, *265*, 266, 287, 430, 438; Fn. 9
5	158, *159, 165*		
6a	151		
7	156	24	187, 189, 266-*267, 269*, 270, 272, 273a, 277, 278, 280; Fn. 329
8	106		
9	157, 160, 161		
10	164	25	*11*, 282; Fn. 316
11	142, 174, 176, 179	26	12, 13, 125, 274, 275; Fn. 147
12	177, 182	27	268, 309
13	177, 551	28	127, 203, 260-263
14	177	29	13, 127, 256-*258*, 263
16	174, 176, 181, 182	30	256, *257*
18	136, 184, 185, 190, 195, 196, 201, 241, 253, 254, 555; Fn. 214	31	64, 125, 126a, 152, 228, 257, 261, 262, 285, 285a, 288, 289, 520, 528
19	27, 40, 67, 138, 141, 204, 208, 213, 215, 220, 243, 253, 350a, 469; Fn. 241	32	299, 301-303
		33	314, 318, 321

Art.

34	12, 119, 314, 323, 324
35	324
36	12, 310, 324
37	324
38	64, 310, 312
39	13, 125, 311, 312; Fn. 141
40a	43, 51, 64, *247*, 418, 438; Fn. 292, 474
40b	43, 248
40d	247a
40e	247a
40f	247
41	*46*, 58, 74, 83, 87, 93, 100, 102a, 105, 120, 122, 126, 126a, 139b, 139c, 327, 329-332, *334*, 337, 341, 346, 347, 349, 350, 351, 366, 378, 392-394, 398, 401, 405, 407, 415, 417, 418, 427, 445, 446, 480, 491
42	380, 421, 483
43	13, 366, 374, 379, 385, 391, 473, 483, 488, 547a
44	97, 339, 350a, 369, 385-389, 392, 415, 421, 483, 488, 489, 503; Fn. 410
45	359a, 368, 381, 384; Fn. 398, 400, 410, 414
46	379, 381, 383; Fn. 370
47	391, *393-396*, 421, 483
49	391, 394-396, 421, 483
50	354b, 358, 398-400
51	400, 405; Fn. 369, 522
52	350b-350d
54	13, 370, 371, 386
55	327, 352, 355, 398, 403, 404, 405-408, 416, 421, 484; Fn. 457, 464
56	355, 403
58	329, 341, 363, 402-404, *409*; Fn. 408
60	262, 274, 327, 329, 331, 378, 378a, 519, 520; Fn. 421

Art.

62	71, 88, 96, 100, 180, 232, 310, 425, 427, 446, 463, 539
63	96, 431, 432, 436
64	12, 429, 433, 463
65	441
66	434; Fn. 265, 465
67	88, 232, 285, 290, 435, 445, 495, 519, 550; Fn. 474
68	446, *454*, 455, 513; Fn. 91
69	463, 471; Fn. 453
70	544, 545a
71	465, 476
72	466
74	458, 460, 513a
75	461, 507, 513a
76	461
77	164, 525
78	164, 461
81	19, *461*
82	98, 108, 462
84	466
88	Fn. 117
91	97, 446, 505, 508
92	97, 512
93	512
95	512
96	446, 510
97	14, 26, 63, 75, 126, 126a, 130, 219, 327, 407, 448, 461, 468, 472, 473, 476, 477, 480, 482, 482a, 485, 488, 489, 495, 518; Fn. 99, 440, 443, 497
98	455b, 492
99	102a, 224, 374, 392, 473, 481, 482, *483*; Fn. 418
100	43, 203, 224, 242, 374, 482, 484, 485
101	242, 327, 398, *407*, 408, 472, 484, 485, 492; Fn. 440
102	461, 472, 473, 476, 491, 498
103	492
104	493, 554
105	493

Art.

106	493
107	64, 108, 445, 449, 472, *494*, 495, 496, 499, 500
108	491, 494
109	64, 445, 472, 486, 495, 499
110	455a, 558
111	77, *78*; Fn. 99
112	79, 81, 82, 131, 456, 513a, 561
113	79
114	447; Fn. 503
115	178, 513b
116	113, 513c
117	513c
118	513d
119	219, 293, 448, 461, 472, *486-488*, 513e
120	64, 496, 513f
124	513f
125	513f
126	513f
127	64, 98, 222, 327, 445, 495, 515, 518, 520, 522, 523, 524, 526, 557
128	222, 518, 520, 522, 523
128a	520
129	203, 222, 523
130	518, 524
132	525
134	527, 528
135	526, 528, 547a
136	547a; Fn. 515
137	526
138	526
141	521, 522b, 547a
142	96, 516
143	357, 399, 546, 561
144	547
145	547a
146	547a
147	547a
148	516a, 545, 548
149	516a, 548, 558
150	543

Art.

151	271, 293, 531, 533; Fn. 521
152	539; Fn. 521
154	534, 540
156	541; Fn. 521
157	537
158	247
160	482a
161	482; Fn. 357
163	482a; Fn. 251
164	63, 113, 457, 549, 553
165	551
166	558
167	12, 457, 556
169	555
170	554
171	219, 557
172	467
175	63, 560
176	306, 559, 559b, 562
177	559b
178	559
181	562; Fn. 522
184	14, 58-60, 155, 446
185	460, 487
186	2, 96
189	19, 459
190	498, 499
191	498, 501, 502
197	277, 471, 476, 477
201	97, 105b, 152, 471, 477, 520; Fn. 315
205	277, 445
208	277, 327, 331, 423, 445; Fn. 464
210	477, 520, 523, 557; Fn. 315, 464
211	506
213	461
214	498, 500
215	498, 501, 502
216	43, 132, 175, 177, 253; Fn. 157
216a	64; Fn. 152
219	520

Art.

223	535
226a	7
227a	7
229	161
236	2
239	96, 115
241	106
243	43, 175, 177, 180a
248	481
253	63
256	43
258	43
259	43
261	32, 63, 89; Fn. 105
261b	89
262	19, 205, 543
265	513f
266	19, 163
266g	70
266l	179
266m	546
269d	64, 177
294	513f
305	108, 114, 184
312	184, 465
319	305
320	67
321a	32, 60, 65
323	462
323b	513f
324	489, 511
324a	Fn. 370
325	553
328	32, 215; Fn. 388
330b	179
333	51, 63
334	213
335	64, 70, 179
336	215
336a	Fn. 357
337	70, 294
337c	70; Fn. 357
340	65, 213

Art.

340a	65
357	Fn. 63
360a	Fn. 251
361	43
362	43
363	409
364	455
365	97; Fn. 166
369	105b
370	105b
371	105b, 520
373	Fn. 334, 335
374	463
394	103-105, 305, 446, 463
395	163
396	306
399	485, 543
401	306, 558
404	203
406e	43
419	100
423	100, 444
425	306
429	19
430	19
459	321
460	12
462	315
465	305
466	227, 442, 465
492	93, 561; Fn. 99
493	43, 175, 177
495	561
507	558
513	96
530	305
533	200
534	111
538	Fn. 418
544	543; Fn. 522
545	70; Fn. 88
546	213
568	278; Fn. 109

Art.			Art.	
569	561		706a	520, 528
591	520		759	547a
594	305		933	323
608	94		998	Fn. 346
629	175		1069	520
643	226		1156	7, 543
703	111			

ZGB

Art.		Art.	
1	10, *18*, 29, 30; Fn. 12, 35, 37	304	301
2	*11*, 84, 124, 125, 180b, 200, 253, 281, 282, 294, 389, 529, 539	328	96
		333	371, 403
		361	177
3	*12*	370	106
4	*13*	428	545
5	2	481	138a
6	2, 163, 177; Fn. 12	482	538
7	2, 5, 6, 106, 111, 215, 518; Fn. 12	498	106; Fn. 173
		505	177
8	*14*, 21, 46, 327, 353, 480	519	Fn. 259
12	138, 178, 258	521	528
13	41, 218	533	528
14	371	566	Fn. 9
16	218, 304, 370	598	58
18	218, 370	602	543
19	371, 531; Fn. 345, 521	603	Fn. 522
19a	Fn. 345	641	58, 71, 87-89, 138a, 180a, 232, 310, 445, 515, 517; Fn. 512
19c	350a		
27	139b, 213, 552; Fn. 247	661	67
28	100, 139b, 350a, 350e, 350f, 394	679	28, 402-404, 409; Fn. 379, 445
28a	391, 394, 396	681	Fn. 152
28g	394, 396	691	60
55	Fn. 438	727	88
91	433	728	67
101	Fn. 343	730	87
105	Fn. 38	732	Fn. 9
106	Fn. 259	779a	Fn. 9
182	Fn. 9	782	95
260	Fn. 343	900	88
264	Fn. 343	922	88, 113
276	58	923	88, 113

Art.		Art.	
926	350d	974	88
934	515		

ZGB SchlT

Art.		Art.	
55	177	55a	177

BGG

Art.		Art.	
97	21, 195	106	197
105	21, 195		

FusG

Art.	
69	562

GlG

Art.		Art.	
3	139a, 140, 264	5	139a

IPRG

Art.		Art.	
17	208	123	Fn. 184
116	138, 149; Fn. 158, 168	187	53
117	138, 194; Fn. 158		

KG

Art.		Art.	
7	139a	13	139a
12	139a		

KHG

Art.		Art.	
2	Fn. 386	11	Fn. 455

KKG

Art.		Art.	
1	144	15	203
4	177	16	43, 64
9	43	19	73
12	177	37	43, 203
14	Fn. 257		

LPG
Art.

13   Fn. 334

LugÜ
Art.		**Art.**	
5	Fn. 478	23	20

PauRG
Art.		**Art.**	
4	43	13	343
6	43		

PrHG
Art.		**Art.**	
1	417, 421; Fn. 386	6	418, 421
2	416, 417	8	419
3	409, 417	9	420, 520
4	409, 417	10	420, 520
5	416, 417	11	421

SchKG
Art.		**Art.**	
38	451	93	94
41	95	271	350d
92	94		

StGB
Art.		**Art.**	
12	372	239	346, 367
97	378	261[bis]	139a
128	Fn. 161	305[bis]	346, 347
157	216		

SVG
Art.		**Art.**	
7	415	61	Fn. 523
51	349	62	385, 392, 415
58	393; Fn. 386, 414, 415	63	415; Fn. 358
59	411, 415	65	79, 80a, 415
60	Fn. 522	83	378, 415, 520; Fn. 510 f., 515

UWG

Art.		Art.	
3	Fn. 181	8	27, 245, 246; Fn. 283
4	74, 161	10	246; Fn. 283, 284

VO zum KKG

Art.	
1	203

VVG

Art.		Art.	
3	43	72	339; Fn. 369
38	97	76	79
46	520	78	79
61	97		

ZPO

Art.		Art.	
57	14	335	Fn. 475

ABGB (Österreich)

Paragraph		Paragraph	
863	Fn. 168	1295	334; Fn. 352
871	276	1310	370
878	218	1311	Fn. 70
885	134; Fn. 156	1380	513c
915	Fn. 231	1432	180a
934	Fn. 250		

BGB (Deutschland)

Paragraph		Paragraph	
116	252; Fn. 295	179	Fn. 346
118	255	194	58
119	288	197	Fn. 512
138	228; Fn. 240, 249	199	Fn. 420
140	227	202	523
141	225	241	Fn. 86
150	165, 166	249	Fn. 422
153	160	252	338
154	134; Fn. 156	275	218, 473
166	Fn. 34	276	373
167	Fn. 348	285	487
168	Fn. 351	305	23

Paragraph

306	242
307	243
308	243, 246
309	243, 246
311a	219
313	297; Fn. 340
315	199
317	199
323	Fn. 498
324	488

Paragraph

334	80
357	Fn. 474
651f	Fn. 376
661a	106
779	282
823	334, 346-347
829	370
830	Fn. 394
844	Fn. 432
929	88

Code Civil (Frankreich)
Art.

6	207
1100-1	Fn. 118
1101	Fn. 121
1102	139
1103	138
1105	144
1112	Fn. 145, 146
1113	157
1119	Fn. 273
1120	Fn. 184
1132	278; Fn. 311
1137	Fn. 303
1171	Fn. 31

Art.

1194	Fn. 225
1195	297; Fn. 332
1196	88
1199	72
1231-3	Fn. 404
1233	361
1240	334; Fn. 387
1290	513f
1304-7	540
1347	Fn. 506
1376	88
1583	88

Codice Civile (Italien)
Art.

1236	513b
1326	157
1328	157
1337	125

Art.

1376	88
1406	550
1420	107
1428	276

Deutsches HGB
Paragraph

346	17, 163

Paragraph

354a	553

NBW (Niederländisches Bürgerliches Gesetzbuch), 6. Buch
Art.

99	Fn. 394

Art.

213	109

PECL

Art.		Art.	
2.301	125	12:201	550
3:201	320		

UN-Kaufrecht

Art.		Art.	
1	Fn. 75	21	165
6	Fn. 75	25	470, 504
8	196	28	452
9	20	29	182, Fn. 198
11	174	35	471
14	156, 173	39	520, 528
15	157, 173	45	219
16	157, 173	49	470
18	161, 162	72	Fn. 498
19	166, 167, 173, 239		

Ungarisches ZGB, 6. Buch
Paragraph

22	523

UPICC

Art.		Art.	
1.8	529	6.2	297
2.1	238	8.5	Fn. 506
3.2	291	9.1	553
4.3	195	11.1	546

Wiener Vertragsübereinkommen (WVK)
Art.

62	Fn. 330

Sachregister

Mit Verweis auf die entsprechenden Randnummern des vorliegenden Lehrbuchs.

A

Abänderungsfreiheit 143
Abbruch von Vertragsverhandlungen
  127
Abgabe
– einer Willenserklärung 152
Abschluss des Vertrags
– siehe Vertragsschluss
Abschlussfreiheit 139
Abschlusskontrolle bei AGB
– siehe Geltungskontrolle bei AGB
Abschlusspflicht
– siehe Kontrahierungszwang
Absicht
– Begriff 372
– Täuschungs~ 260
Absichtliche Täuschung 260 ff.
– Absicht 260
– Anfechtungsfrist 262, 285
– durch Dritte 263
– Einrede der ~ 262
– Kausalität 260
– und Notwehrrecht auf Lüge 126, 264
– Schadensersatzansprüche bei
  Anfechtung wegen ~ 262
– Tatbestand 260
– Täuschungshandlung 260
– und Irrtumsanfechtung 261
– Widerrechtlichkeit 264
Absolutes Recht
– Arten 76
– Begriff 349
– Widerrechtlichkeit bei Verletzung
  eines ~ 346
abstrakte Schadensberechnung 501
Abstraktheit
– der Abtretung 550
– der Vollmacht 305
– siehe auch Abstraktionsprinzip
Abstraktionsprinzip 88, 550

Abtretung 549 ff.
– Abstraktheit 550
– Abtretbarkeit 553
– Abtretungsvertrag 551
– Ausschluss 553
– als Erfüllung 457
– Begriff 549
– Doppelabtretung 550
– Form 551
– Gewährleistungspflicht des Zedenten
  557
– Globalzession 552
– Legalzession 558
– Notifikation 556
– pactum de (non) cedendo 550, 553
– Rechtswirkungen 554 ff.
– Schuldnerschutz 555 f.
– Sicherungsabtretung 550
– Übergang von Nebenrechten 555
– und Verpflichtungsgeschäft 550
– und Vertragsübernahme 550
– Verfügungsgeschäft 549
– Verhältnis Zedent-Zessionar 557 f.
– Verhältnis Zessionar-Schuldner 555 f.
– Zedierbarkeit 553
Abzug neu für alt 382
accidentalia negotii 155, 190
Adäquanztheorie 360 ff.
– allgemeines Lebensrisiko 369
– Drittschaden 365 ff.
– Reflexschaden 365 ff.
– Unterbrechung des adäquaten
  Kausalzusammenhangs 363
– Verfolgerfälle 369
– Vorteilsanrechnung 339
Affektionswert 391
aktive Stellvertretung, siehe Stell-
  vertretung
Akzept, siehe Annahme
aliud-Lieferung 471

Allgemeine Geschäftsbedingungen
23 ff., 233 ff.
– Auslegungskontrolle 27, 241 ff.
– Bedeutung 25
– Begriff 23
– Einbeziehung in den Vertrag 234 ff.
– Einbeziehungskontrolle 27, 234 ff.,
siehe auch dort
– Funktion 25 f.
– Genehmigungsfiktion 240
– Globalübernahme 234
– Gültigkeitskontrolle 27, 242
– inhaltliche Bestimmbarkeit 240
– Inhaltskontrolle 27, 243 ff., siehe
auch dort
– in kaufmännischen Bestätigungs-
schreiben 239
– Interpretationskontrolle, siehe Aus-
legungskontrolle
– Kenntnisnahmemöglichkeit 235 f.
– Kollision 238
– Konsenskontrolle 27, 234 ff.
– Kontrollinstrumente 234 ff.
– nachträgliche Abänderungen 240
– Rechtsfolgen bei Unwirksamkeit
242
– Rechtsnatur 24
– rechtspolitische Bedenklichkeit 26
– Restriktionsregel 241
– und elektronischer Geschäftsverkehr
235
– Ungewöhnlichkeitsregel 237
– Unklarheitenregel 241
– vertragsrechtliche Natur 24, 233
– Vollübernahme 234
– Vorrang der Individualabrede 241
allgemeines Lebensrisiko 369
alternative Kausalität 358
Alternativermächtigung 466
Alternativverhalten, siehe rechtmässiges
Alternativverhalten
Analogieschluss 28
Anfechtung
– Begriff der Anfechtbarkeit 228, 250
– Ausschluss bei Verstoss gegen Treu
und Glauben 282

– Teilanfechtung 283
– Wirkung 284
– Verwirkung 285
Anfechtungstheorie 288
Angebot
– als empfangsbedürftige Willens-
erklärung 156
– an die Allgemeinheit 169
– Begriff 154
– Bestimmtheit des ~ 154
– Bindungsfrist 158 ff.
– Erlöschen 160
– freibleibendes ~ 170
– Kreuzofferte 172
– mit Widerrufsvorbehalt 171
– Realofferte 151
– Verbindlichkeit 157
Anlagefälle 359a, 388
Annahme 161 ff.
– Begriff 161
– inhaltlich abweichende ~ 166 f.
– Realakzept 151
– Schweigen als ~ 162 f.
– verspätete ~ 165
– Widerruf 161
Annahmeverweigerung
– durch den Gläubiger 508
Annahmeverzug, siehe Gläubigerverzug
Anscheinsvollmacht 318 ff.
Anspruch
– Begriff 58
Anspruchskonkurrenz
– Begriff 331; Fn. 83
– bei Deliktshaftung 273
– bei Produktehaftpflicht 409, 416, 422
– bei Schlechterfüllung 331, 407, 477
– im Bereicherungsrecht 427, 444, 445
antizipierte Annahmeverweigerung 508
antizipierte Vertragsverletzung
– Entbehrlichkeit einer Nachfrist bei ~
494
Antrag ohne Verbindlichkeit 170
Antrag, siehe Angebot
Anwartschaftsrecht 539
Anweisung
– Bereicherungsausgleich bei ~ 442

Anzeige
- als Obliegenheit 97
- ~obliegenheit bei rechtzeitig abgesandter Annahme 165
- ~obliegenheiten bei Verzug 499 f.
- bei Abtretung 457, siehe auch Notifikation

Arbeitsvertrag
- absolut zwingende Bestimmungen 43
- als Dauerschuldverhältnis 67
- Gesetzesumgehung bei Kettenarbeitsverträgen 206
- und Gläubigerverzug 511
- unzulässige Fragen bei Abschluss des ~ 126, 465
- Vorleistungspflicht des Arbeitnehmers 462
- Weisungen des Arbeitgebers 64

Architektenklausel 131

Arzthaftung
- Berufung auf rechtmässiges -Alternativverhalten 355
- Nothilfepflicht 349
- Verschärfung der ~ 49

Arztvertrag
- fehlerhafte Vertragserfüllung 340 ff.
- Kontrahierungszwang 139
- siehe auch Arzthaftung

Aufforderung zur Offertstellung 170

Aufhebungsfreiheit 143

Aufhebungsvertrag
- Begriff 143, 513b
- Form 178

Aufklärungspflicht
- Grenzen der ~ 128
- im vorvertraglichen Stadium 124
- Leitsatz zur ~ in contrahendo 127

auflösende Bedingung
- Begriff 534
- Behandlung 540

aufschiebende Bedingung
- Begriff 533
- Behandlung 539
- rechtliche Qualifikation des -Schwebezustands 539

Rückabwicklungsanspruch bei erbrachten Leistungen 539
- Schutz des Gläubigers 539

Aufwendungen
- ersparte ~ 433
- frustrierte ~ 119

ausdrückliche Willenserklärung
- Begriff 148

Ausgleich, siehe Rückgriff

Aushang von AGB 235

Auskunft
- Haftung für falsche ~ 104 f.

Auslegung
- siehe Vertragsauslegung
- siehe auch Auslegungskontrolle bei AGB

Auslegungskontrolle bei AGB 27, 241 ff.

Auslobung
- als einseitiges Rechtsgeschäft 106

ausservertragliches Haftpflichtrecht
- Begriff 330
- kleine Generalklausel des ~ 409

Austauschmethode 496, 501

autonomer Nachvollzug 51, 54

B

battle of the forms 167, 238

Bauhandwerkerpfandrecht
- Übergang bei Abtretung 554

Bedingung 530 ff.
- auflösende ~ 534
- aufschiebende ~ 533
- bedingungsfeindliche Geschäfte 537
- Begriff 531
- Bindungswirkung des bedingten Rechtsgeschäfts 533
- Fiktion der Erfüllung 541
- Gestaltungswirkung des bedingten Rechtsgeschäfts 533
- kasuelle ~ 536
- potestative ~ 535
- Rechtsbedingung 536
- Rechtslage während der Schwebezeit 539 f.
- unmögliche ~ 538

Beendigung
– vertraglich begründeter Schuldverhältnisse 69
Befreiungsbeweis, siehe Exzeptionsbeweis
Befreiungsversprechen 560
befristetes Geschäft 532
Befristung 532
Begehrungsneurose 49
begrenzte Gattungsschuld
– Unmöglichkeit 472
begründete Furcht
– infolge Drohung 257
behördliche Bewilligung
– und Bereicherungsrecht 439
Bereicherung
– Begriff 428
– Formen der ~ 428
– Wegfall der ~ 433
– siehe auch ungerechtfertigte
  -Bereicherung
Bereicherungsrecht, siehe ungerechtfertigte Bereicherung
Berufung auf rechtmässiges Alternativverhalten
– siehe rechtmässiges Alternativverhalten
Beschluss 111
Bestätigungsschreiben, siehe kaufmännisches Bestätigungsschreiben
Bestimmbarkeit
– der Forderung bei Abtretung 552
Bestimmtheit
– des Angebots 154
– der Forderung bei Abtretung 552
– des Vertrags 201
– des Vorvertrages 133
bestimmungsgemässer Gebrauch
– und Produktefehler 417
– und Werkmangel 409
Betreibung 451
Beurkundung
– öffentliche ~ 175, 177
– und Scheingeschäft 253
Bevollmächtigung
– siehe Vollmacht, Erteilung der ~

Beweislast
– allgemeine Beweislastregel 14
– für natürlichen Konsens 184
– für Schaden 380
– für Verkehrssitten 21
– für Verschulden 327
Bierlieferungsvertrag
– zulässige Dauer 213
Billigkeitshaftung
– bei Drohung durch Dritte 213
– des Urteilsunfähigen 257
Bindung 153, 157 ff.
Bindungsfrist 158, 159
Bindungswille, siehe Rechtsbindungs-
  wille
Blankounterschrift 190
Botenschaft 309
– Abgrenzung zur Stellvertretung
  309
– Übermittlungsirrtum 268, 309
– Zugang bei ~ 309
Bringschuld
– Begriff 458, 460
– Geldschuld als ~ 458
Bundesgerichtsentscheid
– und Präjudizienvermutung 30
– praktische Hinweise 31
Bürgschaft
– Form 177
– Legalzession bei Befriedigung des
  Gläubigers 558
– Übergang des Bürgschaftrechts bei
  Abtretung 554

C
«Carte blanche»-Klauseln 240
causa
– Begriff 88
cessio legis, siehe Legalzession
Chance
– Verlust einer ~ als ersatzfähiger
  Schaden 344
clausula rebus sic stantibus
– siehe Vertragsanpassung bei
  Umstandsänderungen
Code unique 4

condicio-sine-qua-non-Formel 354
- Ausnahmen 356 ff.
condictio causa data causa non secuta,
  siehe condictio ob causam futuram
condictio indebiti, siehe condictio sine
  causa
condictio ob causam finitam 438
condictio ob causam futuram 439
condictio ob turpem (vel iniustam)
  causam 434, 440
condictio sine causa 437
culpa in abstracto
culpa in contrahendo 124 ff.
- Begriff 124
- bei anfänglicher objektiver Unmöglichkeit 218
- bei Irrtumsanfechtung 274 f.
- bei Nichtigkeit des Vertrags 232
- und Abschlussfreiheit 139
- und Ersatz reiner Vermögensschäden
  348
- und Haftung des falsus procurator
  311
- und Täuschungstatbestand 260
- und Treu und Glauben-Gebot 11
- und Vertrauenshaftung 117 f., 125
- und Vorfeldvereinbarung 135
- Voraussetzungen der Haftung aus ~
  130
- Qualifikation der Haftung 101, 126,
  329
- Rechtsfolgen 124
- Typologie der Pflichten im Verhandlungsstadium 127
- Verjährung 329
cura in eligendo, instruendo und
  custodiendo 406

D

damnum emergens 336
dauernde Einrede 98
Dauerschuldverhältnis 67
- Beendigung 67, 513
- Ex nunc-Wirkung bei Anfechtung
  284
- faktisches ~ 67, 116

Deckungsgeschäft
- im Rahmen der Schadensberechnung
  501
- und Schadensminderungspflicht 503
Deckungsverhältnis
- Begriff 80
- Mangel des ~ 442
deliktische Generalklausel 334 ff.
Deliktshaftung
- im Unterschied zur Vertragshaftung
  327
- Verjährung 327, 378
- Konkurrenz zur Vertragshaftung
  331
Denunziation
- siehe Notifikation
Differenzhypothese 338 ff.
- Begriff 338
- im Bereicherungsrecht 428
- problematische Fallgruppen 340 ff.
- und Vorteilsanrechnung 339
Differenzlehre, siehe Differenzmethode
Differenzmethode 496, 501
dilatorische Einrede 98
diligentia quam in suis Fn. 418
dingliche Ansprüche
- Verjährung 553
dingliche Einigung 88
dingliche Rechte
- Verletzung 87
- als absolute Rechte 349
Diskriminierungsverbot
- bei marktbeherrschender Stellung
  139
- und Notwehrrecht auf Lüge 264
- und Partnerwahlfreiheit 140
Dispositivität des Obligationenrechts
- Begriff 40
- Funktion 141
- Vertragsergänzung durch dispositives
  Recht 200
Dissens
- offener ~ 191
- versteckter ~ 192 f.
dissimuliertes Geschäft 188, 253
do ut des-Verhältnis 108

dolus directus
- siehe Vorsatz, direkter
dolus eventualis
- siehe Vorsatz, Eventualvorsatz
Doppelverkauf 75, 550
Doppelvertretung 322
Draft Common Frame of Reference
51
Dreiecksverhältnisse
- im Bereicherungsrecht 442
Dritte 51
- Drohung durch ~ 257
- Haftung für ~, siehe Geschäftsherren-
haftung
- Leistung an ~ 456
- Täuschung durch ~ 263
- Verletzung des Forderungsrechts
durch ~ 74, 351
- Verträge und ~ 77
Drittschaden 365 ff.
Drittschadensliquidation 306
Drittverschulden
- bei scharfer Kausalhaftung 363
- Unterbrechung des Kausalzusam-
menhangs durch ~ 411
Drittwirkung
- mittelbare ~ von Grundrechten 139,
215
Drohung
- durch Dritte 257
- Einrede der ~ 256
- gegründete Furcht 257
- mit der Geltendmachung eines Rechts
257
- Schadensersatzansprüche 256
- und Rückforderung 285
- Verwirkungsfrist 256, 285
- Widerrechtlichkeit 257
- siehe auch Willensmängel
Duldungsvollmacht 317

E
echter Vertrag zugunsten Dritter 79
e-commerce, siehe elektronischer
Geschäftsverkehr
Eigengeschäft des Vertreters 306

Eigentum
- Rechtswidrigkeit der Verletzung des ~
87, 349
- Übergang des ~ 88, 113
Eigentumsherausgabeanspruch
- siehe Vindikationsanspruch
Eigentumsübergang
- als kausales Geschäft 88
Eigentumsverletzung 87, 349
Eigentumsvorbehalt
- und Kaufvertrag 500
Einbeziehungskontrolle bei AGB 37,
234 ff.
- Möglichkeit zumutbarer Kenntnis-
nahme 236
- sichtbarer Hinweis auf die AGB 235
- Ungewöhnlichkeitsregel 237
einfache Kausalhaftung, siehe milde
Kausalhaftung
einfache Schriftlichkeit 177
Eingriffskondiktion 424, 443 f.
- Konstellation 443
- und Geschäftsanmassung 444
- und Haftpflicht aus unerlaubter
Handlung 445
Einheitsprivatrecht
- Begriff 54
Einleitungsartikel 10 ff.
Einrede
- Arten 98
- Begriff 98
- Beweislast 99a
- der Verjährung, siehe Verjährung,
Einrede
- des nicht erfüllten Vertrags, siehe dort
- siehe auch dilatorische Einrede
- siehe auch peremtorische Einrede
Einrede des nicht erfüllten Vertrags 98,
462
- beim Arbeitsvertrag 462
- Zug-um-Zug-Prinzip 462
einseitige Unverbindlichkeit 228 ff., 325
- rechtliche Natur der ~ 287 ff.
- teilweise 28, 229
einseitiges Rechtsgeschäft
- Begriff 106

– Grenzen der Inhaltsfreiheit 202
– und Formfreiheit 180
– und Grundrechte 216
– Willensmängel 251
Einstufentheorie 133
Einwendung
– Begriff 99
– Beweislast 99a
– des Abtretungsverbots 553, 555
– des Schuldners bei der Abtretung 555
– des Solidarschuldners 547
Einwilligung
– als Rechtfertigungsgrund 350a
– fehlende ~ des Patienten 355
– Handeln auf eigene Gefahr 387
– und Schadensbemessung 483
Einzelvollmacht 316
Elektrizität
– als Produkt 417
elektronische Signatur 177
elektronischer Geschäftsverkehr
– Internet-Angebote 170
– und AGB 235
– Willenserklärungen im ~ 148
E-Mail
– Angebot mittels einer ~ 148
– unwissentlich abgesandte ~ 259
Empfangsbote, siehe Bote
Empfangstheorie 152a, 164
Energieleiterfälle 367
entgangener Gewinn 336, 338
entgangener Urlaubsgenuss 343
Entlastungsbeweis
– bei Produktehaftpflicht 416, 417
– des Motorfahrzeughalters 415
– Misslingen des ~ 406
– siehe auch Exzeptionsbeweis
– siehe auch Sorgfaltsbeweis
Entreicherung 429, 433
Entstehung des Obligationenrechts 2
Entstehungsgründe der Schuldverhält-
   nisse 100 ff.
Erbengemeinschaft
– als Gläubigerschaft zur gesamten
   Hand 543
Erbringbarkeit, siehe Erfüllbarkeit

Erfolgsunrecht 346
Erfüllbarkeit
– Begriff 461
– bei Verrechnung 513
– und Gläubigerverzug 507
Erfüllung 446, 453 ff., 513
– inhaltliche ~ 513a
– Leistung an Erfüllungs Statt 467
– Leistung erfüllungshalber 467
– Modalitäten der ~ 453 ff.
– örtliche ~ 513a
– persönliche ~ 513a
– Teilerfüllung 463
– Unmöglichkeit der ~, siehe Unmög-
   lichkeit
– zeitliche ~ 513a
Erfüllungsanspruch 216, 449 ff.
Erfüllungsinteresse 119
Erfüllungsort 458 ff.
– Bringschuld 458, 460
– Holschuld 458
– Schickschuld 459
erga omnes Wirkung 71
Erklärungsbewusstsein
– mangelndes ~ 259
Erklärungsbote, siehe Bote
Erklärungsirrtum 267 f.
Erklärungstheorie 249
Erlöschen
– der Obligation 513
– des Angebots 160
Ermächtigung, siehe «Vollmacht,
   -Erteilung der ~»
Ermessen
– richterliches ~ 13
Ersatzvornahme 455b
Ersetzungsbefugnis 466
Erwerbsausfallschaden 383
Erzwingung sittlicher Pflichten 96
essentialia negotii 155, 178, 190, 201
Europäisierung des Obligationenrechts
   35, 51 ff.
Eventualvorsatz
– Begriff 372
– und Täuschungsabsicht 260
ewige Vertragsbindung 213

ex nunc
- Begriff 67
ex tunc
- Begriff 67
Exkulpationsbeweis
- bei Haftung für Hilfspersonen 407
- bei Unmöglichkeit 480
- bei Verzug 491, 492, 493
- siehe Entlastungsbeweis
- siehe auch Exzeptionsbeweis
externe Schuldübernahme, siehe privative Schuldübernahme
externe Vollmacht
- Begriff 314
- Gutglaubensschutz bei Widerruf 314
Exzeptionsbeweis
- bei milder Kausalhaftung 403
- des Geschäftsherrn 406
- siehe auch Entlastungsbeweis

F
facultas alternativa 466
Fahrlässigkeit 373 ff.
- leichte ~ 374, 376
- grobe ~ 374 f.
faktischer Vertrag 116
Fälligkeit
- Begriff 461
- Bestimmung der ~ 461
- und Beginn der Verjährung 507, 513
- und Schuldnerverzug 491
falsa demonstratio non nocet 184, 254
Falschlieferung 471
Falschübermittlung, siehe Übermitt-
lungsirrtum
falsus procurator 310 f.
Feriengenuss
- entgangener 343
Fixgeschäft, relatives 494
Forderung
- Begriff 58
Forderungskauf
- Gewährleistung 557
Forderungsrecht
- Deliktsschutz 74 f.
Forderungsschenkung 557

Forderungsübertragung
- siehe Abtretung
Form 174 ff.
- Formtypen 177
Formfreiheit 142, 174
- Ausnahmen 175 f.
Formvorschriften
- Arten 177
- gesetzlicher Formzwang 174, 175
- vereinbarter Formvorbehalt 174
- Verstoss gegen gesetzliche ~ 179 f.
- Verstoss gegen vertraglich vorbe-
haltene ~ 181 f.
Formzwang
- Umfang des gesetzlichen ~ 178
- Funktionen des ~ 175
Freibleibendes Angebot
- siehe Angebot
Frustrationsschaden 342
Furcht, siehe begründete Furcht

G
Garantievertrag
- siehe Vertrag auf Leistung eines
Dritten
Gattungskauf
- und Bringschuld 460
Gattungsschuld 465
- mangelhafte Erfüllung 476
- und Unmöglichkeit 472
- siehe auch Gattungskauf
Gattungsvollmacht 315
Gebrauchsentbehrung 341
Gefährdungshaftung
- Begriff 47, 410 ff.
Gefälligkeitsverhältnis 102 ff.
gefälschte Unterschrift 258
Gegenrechte des Schuldners
- siehe Einrede
- siehe Einwendung
geheimer Vorbehalt
- siehe Mentalreservation
Gehilfenversagen 327
Geldersatz 379
Geldschuld
- als Bringschuld 458

Geltung
- objektive ~ 15
- subjektive ~ 19
geltungserhaltende Reduktion
- siehe Reduktion, geltungserhaltende
Geltungserklärung 102, 186
Geltungskontrolle bei AGB
- siehe Einbeziehungskontrolle bei
  AGB
Gemäldefälle 277
Gemeines Recht 32, 55
gemeinschaftliche Gläubigerschaft 543
gemeinschaftliche Schuldnerschaft 545
Gemeinschaftskonto 543
Gemeinschaftsprivatrecht
- Begriff 54
Generalklausel
- Begriff 125
- Funktion 210
Generalvollmacht 315
Genugtuung 390 ff.
- Anspruchsvoraussetzungen 393 ff.
- Art der ~ 396
- Begriff 390
- Bemessung der ~ 396 f.
- bei schweren Hirnschäden 395
- bei Tötung 395
- wichtigste Anwendungsfälle 391
Genusschuld, siehe Gattungsschuld
Gerichtsstandsklausel 237 Fn. 270
Gesamtverweisung
- des Art. 7 ZGB auf das Obligationen-
  recht 5 f.
Geschäftsführung ohne Auftrag 100, 444
Geschäftsherrenhaftung, deliktische
  405 ff.
- Anspruchsvoraussetzungen 406
- Unterschiede zur vertraglichen ~ 407
Geschäftsherrenhaftung, vertragliche
  407
Geschäftsübernahme 562
- Singularsukzession der Aktiven 562
- Solidarhaftung 562
- Universalsukzession der Passiven 562
- Vermögensabtretung nach FusG 562
Gesetzesumgehung 206

gesetzliche Schuldübernahme 562
Gestaltungserklärung 64, 70, 106, 147,
  152a, 182, 227, 230, 288, 513f, 537
Gestaltungsfreiheit
- siehe Inhaltsfreiheit
Gestaltungsrecht 64
Gewinn
- entgangener ~ 336, 338
Gewinnabwehr
- Gedanke der ~, siehe Vorteilsaus-
  gleichung
Gewinnherausgabe bei unechter Ge-
  schäftsführung ohne Auftrag 100, 444
Gewohnheitsrecht 18 f.
Gläubigergemeinschaft bei unteilbaren
  Leistungen 544
Gläubigerschaft zur gesamten Hand
- siehe Mehrzahl von Gläubigern,
  gemeinschaftliche Gläubigerschaft
Gläubigerverzug
- gehöriges Anbieten der Leistung
  507 ff.
- Rechtsfolgen 511 f.
- Tatbestand 505 ff.
Globalakzept von AGB 234, 237
Globalzession 552
- siehe auch Abtretung
Grundlagenirrtum 272 ff.
- Verhältnis zur Sachgewährleistung
  277
Grundverhältnis 307
gute Sitten
- Verstoss des Vertragsinhalts gegen die
  ~ 209 f.
- siehe auch sittenwidriger Vertrag
guter Glauben
- gesetzliche Vermutung 12

H
Haftpflichtgesetze 414
Haftung
- aus Rat und Auskunft 104 f.
- Begriff 61, 91
- Kompensationsfunktion 47, 333
- Mehrerer 398
- ohne (eigene) Schuld 93

– Präventionsfunktion 47, 333
– Sachhaftung 95
– Vollhaftung 94
– siehe auch Schuld und Haftung 398
Haftungsfreizeichnung 43, 224, 241, 462, 482
Halter 415
Handeln auf eigene Gefahr 387
Handelsbrauch 17 ff.
Handelsgesetzbücher 4
Handlungsunrecht 346
Handlungsvollmacht 316
Hauptleistungspflicht 475
– Begriff 63
Hauptpunkte des Vertrags 155
Haushaltsschaden 345
Haustürgeschäfte
– Widerrufsrecht bei ~ 247
Heilung
– siehe Konvaleszenz
Herausgabeanspruch des Eigentümers
– siehe Vindikationsanspruch
Hilfsperson
– Begriff 406, 407
– des Schuldners 484 ff.
Hilfspersonenhaftung
– siehe Geschäftsherrenhaftung
höhere Gewalt
– Begriff 411
Holschuld 458
hypothetischer Parteiwille 200, 220

I

Identitätsaliud 471
indirekter Schaden
– siehe Reflexschaden
Individualvertrag 233
Inhaltsfreiheit 141
– Grenzen der ~ 202 ff.
– Typenfreiheit 144
Inhaltskontrolle
– siehe Vertragsinhaltskontrolle
Inhaltskontrolle von AGB 27, 242 ff.
– allgemeine ~ 242
– Konsumenten AGB 246
– offene ~ 243 ff.

– Rechtsfolgen bei Ungültigkeit 242
– verdeckte ~
Innominatverträge 144
Inspirationsquellen
– des Obligationenrechts 32 ff.
Internationales Privatrecht
– Begriff 54
Internationalisierung
– des Obligationenrechts 35, 52 ff.
interne Schuldübernahme 560
interne Vollmacht 314
Internet-Angebote 170
Interpretationskontrolle bei AGB 27
– siehe auch Auslegungskontrolle bei AGB
Intervention 455a
invitatio ad offerendum 170
Irrtum 265 ff.
– Schadensersatzpflicht 274 f.
– schuldhafter ~ 274
– über künftige Umstände 279, 296
iura novit curia 14
ius cogens 203

K

kasuelle Bedingung 536
kaufmännisches Bestätigungsschreiben 163, 239
Kausalhaftung 47
– gedankliche Grundlage 48, 402
– milde ~ 48, 403 ff.
– scharfe ~ 48, 410 ff.
Kausalität der Tradition 88
Kausalität
– alternative ~ 358
– kumulative ~ 357
– nachträgliche ~ Fn. 398
– überholende ~ 359
Kausalzusammenhang 352 ff.
– adäquater ~ 360 ff., siehe auch Adäquanztheorie
– bei Unterlassung 355
– Beweis 353
– natürlicher ~ 354 ff., siehe auch condicio-sine-qua-non-Formel

– notwendige (äquivalente) Bedingung
  354
– Unterbrechung des ~ 363
Knebelungsverträge 213
Kollektivvollmacht 316
Kollision von AGB 238
Kollusion 321
Konfusion 513d
Konkurrenzverbot 65
Konsens
– Begriff 183 ff.
– natürlicher ~ 184
– normativer ~ 189 ff., 197
Konsenskontrolle bei AGB
– siehe Einbeziehungskontrolle bei
  AGB
Konsumentenschutz
– Mittel des ~ 43 ff.
konstitutionelle Prädisposition 388
Kontrahierungpflicht, siehe Kontrahie-
  rungszwang
Kontrahierungszwang 139a
Konvaleszenz 225 f.
Konventionalstrafe 482a
Konversion 227
Kreditkauf 500
Kreuzofferte 172
kumulative Kausalität 357
Kündigung
– ausserordentliche ~ 70
– ordentliche ~ 70

L
Legalzession 455a, 548, 558
Lehrmeinungen
– als Rechtsquelle? 30
Leistung
– an Erfüllungs Statt 467
– Begriff 60
– Bestimmung des Inhalts 463
– erfüllungshalber 467
– Hauptleistung 63
– mögliche Leistungsinhalte 464
– Nebenleistungspflicht 63
– siehe auch Leistungserbringung

Leistungserbringung 454 ff.
– an Erfüllungs Statt 467
– an die richtige Person 456 f.
– am richtigen Ort 458 ff.
– durch die richtige Person 454 f.
– erfüllungshalber 467
– inhaltlich richtige Leistung 462
– zum richtigen Zeitpunkt 461 ff.
– siehe auch Unmöglichkeit
Leistungskondiktion 436 ff.
– Arten der ~ 437 ff.
Letter of Intent 136
lex specialis derogat legi generali
  Fn. 315
liberales Modell des Obligationenrechts
  38 ff.
– Korrekturen 42 ff., 47 ff.
lucrum cessans 336

M
Massenschäden 345b
Mässigungsrecht
– siehe Moderationsrecht des Gerichts
Mehrheit von Gläubigern 543 f.
– bei unteilbarer Leistung 544
– gemeinschaftliche Gläubigerschaft
  543
– Solidargläubigerschaft 543
– Teilgläubigerschaft 543
Mehrzahl von Ersatzpflichtigen
– siehe Haftung Mehrerer
Mehrzahl von Gläubigern und Schuld-
  nern 542 ff.
– siehe auch Mehrzahl von
  Gläubigern
– siehe auch Mehrzahl von
  Schuldnern
Mehrzahl von Schuldnern 545 f.
– bei unteilbarer Leistung 544
– gemeinschaftliche Schuldnerschaft
  545
– Solidarschuldnerschaft 545, 546 ff.,
  siehe auch dort
– Teilschuldnerschaft 545
Mentalreservation 252
Merkantiler Minderwert 382

milde Kausalhaftung 48, 327, 371,
   403 ff.
– Begriff 48
– Geschäftsherrenhaftung als ~ 405 ff.
– im Allgemeinen 403
– Tierhalterhaftung als ~ 403
– Werkeigentümerhaftung als ~
   409 ff.
Mitverschulden
– siehe Selbstverschulden
Moderationsrecht des Gerichts 224
Motivirrtum 270 f.
Motorfahrzeughalter
– Haftung des ~ 415

N
nachwirkende Vertragspflichten 65
Naturalersatz
– Begriff 379
Naturalobligation 96
Naturalrestitution
– siehe Naturalersatz
natürliche Verbindlichkeiten 96
Nebengesetze
– zum Obligationenrecht 9
Nebenleistungspflicht
– Begriff 63
– nicht gehörige Erfüllung 475
Nebenpflicht
– Begriff 63
– Verletzung 475
Nebenpunkte
– des Vertrags 155, 193
Neuerung, siehe Novation
Nichterfüllung 448, 468 ff.
– im engeren Sinne 471 ff.
– Schlechterfüllung 474 ff.
– Typologie 468 ff.
Nichtigkeit 220 ff., 325
– Merkmale 225
– Sekundäransprüche bei ~ 232
– siehe auch Teilnichtigkeit, Total-
   nichtigkeit
Notifikation 556
Notstand 350c
Notwehr 350b

Novation 513, 513c
Nutzung
– unberechtigte ~ 443

O
objektive Widerrechtlichkeitstheorie
   346
Obliegenheit 97
Obligation
– Begriff 57
– siehe auch Schuld
Obligationenrecht
– Entstehung 2 ff.
– Inspirationsquellen 32 ff.
– laufende Revisionen 8
– liberale Prägung 39
– Nebengesetze 9
– Ordnungsfunktion 37
Öffentliche Beurkundung
– siehe Beurkundung
Öffentliche Ordnung 207 f.
Offerte, siehe Angebot
Ordnungsfunktion
– gesellschaftliche ~ des Obligationen-
   rechts 37

P
pacta sunt servanda 41, 43, 143, 247,
   293
pactum de non cedendo 553, 555
Parteiautonomie Fn. 158
Parteiwille
– hypothetischer ~ 200 Fn. 224
– mutmasslicher ~ 200 Fn. 224
Partnerwahlfreiheit 140
peremtorische Einrede 98
Personenschaden 337
persönlichkeitsrechtswidrige Verträge
– siehe Widerrechtlichkeit des
   Vertragsinhalts
Perte d'une chance 344
Pfandrecht
– Übergang bei Abtretung 554
Positive Vertragsverletzung 474
potestative Bedingung 535
Praxisänderung 30

Präjudizienvermutung 30
Principles of European Contract Law 51
Principles of European Tort Law 51
Privatautonomie 138, 152, 201, 530
privative Schuldübernahme 559 ff., 561
Produktehaftpflicht 416 ff.
– Anspruchsvoraussetzungen 417
– Verhältnis zum OR 421 f.
Prokurist 321
Prolongation 461
Punktation 134, 136

Q
qualifizierte Schriftform 177

R
Rat
– Haftung bei falschem ~ 104 f.
Realoblation 507
Recht
– absolutes ~ 71
– relatives ~ 71
Rechtfertigungsgründe 350
– Amtspflicht 350e
– Einwilligung 350a
– Handeln auf eigene Gefahr 350a
– Notstand 350c
– Notwehr 350b
– Selbsthilfe 350d
– überwiegendes Interesse 350f
rechtmässiges Alternativverhalten 355
Rechtsbedingung 536a; Fn. 518
Rechtsbindungswille 102
Rechtsfrage
– Begriff der ~ 14
Rechtsgeschäft
– Abgrenzung zum Gefälligkeits-
verhältnis 102a ff.
– Begriff 102
– Beschluss 111
– einseitiges ~ 106
– Einteilung 114 f.
– Übersicht 114
– Verfügungsgeschäft 113
– Verpflichtungsgeschäft 113

– zweiseitiges bzw. mehrseitiges ~
107 ff.
Rechtsgrundlosigkeit der Bereicherung
430
Rechtsirrtum 278
Rechtsmissbrauch
– bei Formungültigkeit 180b
– Verbot des ~ 11
Rechtsquelle
– Begriff der ~ 15
– Richterrecht 28 ff.
– Verkehrssitten 17 ff.
– Verordnung 16
Rechtsscheinhaftung 119, 318
Rechtsscheinvollmacht
– Begriff 319
Rechtswidrigkeit
– als Haftungsvoraussetzung 346 ff.
– objektive Widerrechtlichkeitstheorie
346
Reduktion
– geltungserhaltende ~ 224, 232
Reflexschaden 365 ff.
Regress, siehe Rückgriff
Reinvermögen Fn. 361
relatives Fixgeschäft 494
relatives Recht 71
Relativität des Forderungsrechts
– siehe Relativitätsprinzip
Relativitätsprinzip 71 ff.
resolutive Bedingung
– siehe Bedingung, auflösende
Restriktionsregel bei AGB 241
Reugeld 247
Reurecht 247 f.
Revisionsprojekte 8
Richterliches Ermessen 13
Richterrecht 38 ff.
Richtigkeitsgewähr des Vertrags 41
Rückgriff
– des Versicherers 333
– des Schadensversicherers Fn. 369
– unter mehreren Schädigern 399
– unter Solidarschuldnern 548
– Verjährung Rückgriffanspruch 516a

S

Sachhaftung 403

Sachschaden 337, 382

Sachverhaltsirrtum
- Motivirrtum 270 f.
- Grundlagenirrtum 272 f.

Schaden
- abstrakter ~ Fn. 377
- Begriff 336
- Berechnung 380 ff.
- Beweislast 380
- Differenzhypothese 338
- entgangener Feriengenuss 343
- Frustrationsschaden 342
- Gebrauchsentbehrung 341
- Haushaltsschaden 345
- Nichtvermögensschaden Fn. 375, 377
- ökologischer ~ 482a
- Personenschaden 337, 383
- perte d'une chance als ersatzfähiger ~ 344
- reiner Vermögensschaden 337
- Sachschaden 337
- Versorgungsschaden 384
- Vorteilsausgleichung, siehe dort

Schadenersatz
- Arten des ~ 379
- ~bemessung 385, siehe auch dort
- Funktion des ~ 333

Schadenersatzbemessung
- Handeln auf eigene Gefahr 387
- konstitutionelle Prädisposition 388
- richterliche ~ 385 ff.
- Schadensminderungspflicht 389
- Selbstverschulden 386

Schadensminderungspflicht
- allgemeine ~ 389
- und Vorteilsausgleichung 339

Scheingeschäft 188, 253 f.

Scherzerklärung 255

Schickschuld 459

Schockschaden 366

Schriftform
- einfache 177
- öffentliche Beurkundung 177
- qualifizierte 177

Schuld
- Begriff 59, 90
- siehe auch Schuld und Haftung

Schuld und Haftung 90 ff.
- Haftung ohne Schuld 93
- Schuld ohne Haftung 92

Schuldbeitritt 561

Schulderlassvertrag 513, 513b

Schuldnermehrheit bei unteilbaren Leistungen 545

Schuldnerverzug 491 ff.
- Möglichkeiten des Gläubigers 495 ff.
- Rechtsfolgen 492 ff.
- Spezialregelungen beim Kaufvertrag 498 ff.
- Voraussetzungen 491
- Verzugszinsen 493

Schuldübernahme
- Abschluss Schuldübernahmevertrag 559b
- Befreiungsversprechen 560
- bei Geschäftsübernahme 562
- externe ~ 559
- gesetzliche ~ 562
- interne ~ 560
- kumulative ~ 561
- Nebenrechte 559
- privative ~ 559
- Verfügungsgeschäft 559a
- Verpflichtungsgeschäft 559a

Schuldverbindlichkeit
- siehe Schuld

Schuldverhältnis
- einfaches ~ 66
- gesetzliches ~ 100
- im engeren Sinn 62
- im weiteren Sinn 63
- siehe auch Dauerschuldverhältnis

Schutznorm
- Begriff 349

Schutzpflichten
- vertragliche 63, 329, 407, 475, 484

Schutzzweck der übertretenen Norm
- Theorie vom ~ 362

Schweigen 152
- auf eine Offerte 162 f.

Selbsthilfe 350

Selbstkontrahieren 322

Selbstverschulden 363, 386, 411, 415, 483

Simulation
– siehe Scheingeschäft

sittenwidrige Schädigung
– absichtliche ~ 351

sittenwidriger Vertrag
– Typologie der ~ 211
– siehe auch gute Sitten

SMS
– Angebot mittels einer ~ 148

Solidargläubigerschaft 543

Solidarschuldnerschaft 546 ff.
– Aussenverhältnis 547
– Einreden/Einwendungen 547a
– Innenverhältnis 548
– Rückgriff 548
– Wirkung der Verjährungsunterbrechung 547a
– Wirkung eines Vergleichs 547a
– Wirkung eines Verjährungsverzichts 547a

Solidarvollmacht
– siehe Kollektivvollmacht

Sorgfaltsbeweis
– des Geschäftsherrn 406
– siehe auch Entlastungsbeweis

Spezialvollmacht 315

Speziesschuld, siehe Stückschuld

Stellvertretung 298 ff.
– aktive ~ 302
– echte (direkte, unmittelbare) ~ 303 ff.
– gesetzliche ~ 301
– gewillkürte ~ 299
– Innen- und Aussenverhältnis 305
– passive ~ 302
– unechte (indirekte, mittelbare) ~ 306, 308

Stellvertretung ohne Vertretungsmacht
– siehe Vertretung ohne Vertretungsmacht

Streuschäden, siehe Massenschäden

Stückschuld 465

Stundung 461

subjektive Rechte
– Gruppierung der ~ 76

Submission 170

Subrogation 558

suspensive Bedingung
– siehe Bedingung, aufschiebende

Systematik des Obligationenrechts 3 f.

T

Tatfrage
– Begriff der ~ 14, 21, 195

Täuschung, siehe absichtliche Täuschung

Technischer Minderwert 382

Teilgläubigerschaft 543

Teilleistung 463

Teilnichtigkeit 179, 180, 190, 220 ff., 325
– als Grundsatz 220
– modifizierte ~ 222 f.
– schlichte ~ 222 f.
– Sinn der ~ 223
– siehe auch Reduktion, geltungserhaltende

Teilrevisionen im Obligationenrecht 7

Teilschuldnerschaft 545

terminisiertes Geschäft 532

Tierhalterhaftung 403

Totalnichtigkeit 221

Tradition
– Begriff 88
– Kausalität der ~ 88, 232, 445

Treu und Glauben
– Gebot von ~ 11

Typenfreiheit
– siehe Inhaltsfreiheit

Typenzwang 146

U

überholende Kausalität 359

Übermittlungsirrtum 268, 309

Übernahmeverschulden

Übervorteilung 216

Umdeutung, siehe Konversion

unberechtigte Nutzung 443

unechter Vertrag zugunsten Dritter 81

Unerlaubtheit
- siehe Rechtswidrigkeit

ungerechtfertigte Bereicherung 424 ff.
- Bereicherung 428, siehe auch dort
- Eingriffskondiktion 443 f.
- Entreicherung 429, 433
- Leistungskondiktion 436 ff.
- Rechtsgrundlosigkeit der Bereiche-
  rung 430
- Subsidiarität des Kondiktions-
  anspruchs 445

Ungewöhnlichkeitsregel bei AGB 237

Ungültigkeitstheorie 289

UNIDROIT-Principles of International
  Commercial Contracts 53, 291, 297

Unionsprivatrecht 54

UN-Kaufrecht 52, 54, 157, 165 ff., 173,
  182, 196, 452, 470

Unklarheitenregel bei AGB 241

Unmöglicher Vertragsinhalt 218 f.

Unmöglichkeit 472, 490
- anfängliche objektive ~ 218 f.
- Rechtliche ~ 218
- Rechtsfolgen bei ~ 479 ff.
- unverschuldete bzw. nicht anderweitig zu verantwortende ~ 486 ff.
- verschuldete oder zu verantwortende
  ~ 480 ff.
- wirtschaftliche Unerschwinglichkeit
  473

Unterbrechung des adäquaten Kausalzusammenhangs 363

Unterlassung
- Kausalzusammenhang 355
- rechtswidrige ~ 349

Unterschriftsfälschung 258

Unverbindlichkeit
- einseitige ~ 228 ff., 325
- rechtliche Natur der einseitigen ~
  287 ff.
- teilweise ~ 28, 229

unvollkommene Verbindlichkeiten 96

Urlaubsgenuss, entgangener 343

V

venire contra factum proprium
- siehe widersprüchliches Verhalten

Valutaverhältnis 80

Verbaloblation 507

Verbindlichkeiten
- unvollkommene 96

Verdinglichung obligatorischer Rechte
  89

Vereinigung, siehe Konfusion

Verfolgerfälle 369

Verfügungsgeschäft
- Begriff 113

Verhandlungsprotokoll 134, 136

Verhandlungsstadium
- Pflichten im ~ 127

Verhandlungsvertrag
- siehe Vorfeldvereinbarung

Verjährung 514 ff.
- Ansprüche aus unerlaubter Handlung
  378
- Beginn des Laufs 524
- Begriff 514
- Einrede der ~ 516
- Hemmung der ~ 527
- Verjährung Regressanspruch ~ 516a
- Unterbrechung der ~ 526
- verjährte Forderungen 96
- Verzicht 521–522b
- Voraussetzungen 517 ff.
- siehe auch Verjährungsfrist

Verjährungsfrist
- absolute ~ 519
- Fristberechnung 525
- ordentliche (allgemeine) ~ 518
- relative ~ 519
- Vereinbarungen über die ~ 523

Verkehrssitte 17 ff.

Vermögensschaden
- reiner ~ 327, 337, 347

Verordnung 16

Verpflichtungsgeschäft
- Begriff 88, 113

Verpflichtungsverhältnis 307

Verrechnung 513f

Verschulden 370 ff.
- Fahrlässigkeit 373, und dort
- Vorsatz 372, und dort
Verschuldensprinzip 46 ff.
- Abkehr vom ~ 47 f.
Vertrag
- Begriff 107
- einseitiger und zweiseitiger ~ 108
- faktischer ~ 116
- Struktur 110
- synallagmatischer ~ 108, 436, 494 ff.
- zulasten eines Dritten? 77
- Zustandekommen 164
Vertrag auf Leistung eines Dritten 78
Vertrag mit Schutzwirkung zugunsten
    Dritter 82 ff.
Vertrag zugunsten Dritter
- siehe echter Vertrag zugunsten Dritter
- siehe unechter Vertrag zugunsten
    Dritter
Vertrag zulasten eines Dritten 77
Vertragsanpassung bei Umstandsände-
    rungen 11, 293 ff.
- Abgrenzung von Anfechtung wegen
    Grundlagenirrtums 296
- Voraussetzungen der Berufung auf ~
    295
Vertragsauslegung 195 ff.
- normative ~ 196
- subjektive ~ 195
- Vertrauensprinzip bei ~ 196
Vertragsergänzung 199 ff.
- richterliche ~ 200 f., 294
Vertragsfreiheit 40 ff., 137 ff.
- Elemente der ~ 139 ff. 327
Vertragshaftung
- im Unterschied zur Deliktshaftung
    327
- Konkurrenz zur Deliktshaftung 331
Vertragsinhaltskontrolle 202 ff.
- siehe auch Inhaltsfreiheit, Grenzen
    der ~
Vertragsinteresse
- negatives 119
- positives 119
Vertragslücke 199

Vertragsparität
- Korrektur gestörter ~ 43 ff.
Vertragspflichten
- nachwirkende 65
Vertragsschluss 153 ff.
Vertragsübernahme 63, 550
Vertragsverbindung 145a
Vertrauenshaftung 117 ff.
- im engeren Sinn 118
- im weiteren Sinn 118
- Rechtsfolgen der ~ 119
- Qualifikation der Haftung 120, 329
- Voraussetzungen 123
- Verjährung 329
Vertrauensinteresse 119
Vertrauensprinzip 189, 196
Vertrauenstheorie 249
Vertretung ohne Vertretungsmacht 310 f.
- Genehmigung 310
- Schadensersatzanspruch bei ~ 311
Vertretungsmacht
- Beendigung der ~ 323
- Missbrauch der ~ 321
- siehe auch Vollmacht
Verwirkung 11, 513, 528 f.
Verzug
- siehe Gläubigerverzug
- siehe Schuldnerverzug
Verzugszinsen 493
Vindikationsanspruch
- Begriff 88
- und Kondiktionsanspruch 445
vis absoluta
- Begriff 258
- siehe auch Drohung
vis compulsiva
- Begriff 256
- siehe auch Drohung
Vollmacht
- Abstraktheit 305
- Anscheinsvollmacht 318 ff.
- Begriff 299 f., 313
- Duldungsvollmacht 317
- externe ~ 314
- Erteilung der ~ (Bevollmächtigung,
    Ermächtigung) 314

– handelsrechtliche Formalvollmacht
321
– interne ~ 314
– spezielle Arten der ~ 315 f.
Vorfeldvereinbarung 135
Vorrang der Individualabrede bei AGB
241
Vorsatz
– direkter ~ 372
– Eventual~ 260, 372, 377
– siehe auch Täuschungsabsicht
Vorstellungsmitteilung
Vorteilsanrechnung
– siehe Vorteilsausgleichung
Vorteilsausgleichung
– Begriff 339
– Gedanke der Gewinnabwehr 339
vorübergehende Einrede 98
Vorvertrag 131 ff.

W

Wahlobligation 466
Wechsel der am Schuldverhältnis
Beteiligten 549 ff.
Werk 409
Werkeigentümerhaftung
– Anspruchsvoraussetzungen 409
Werkmangel 409
Wertirrtum 273a
Widerrechtlichkeit
– bei Deliktshaftung, siehe Rechts-
widrigkeit
– des Vertragsinhalts 203 ff.
– persönlichkeitsrechtswidrige Verträge
212 ff.

Widerrufsrecht
– bei Haustürgeschäften 247 f.
widersprüchliches Verhalten
– Verbot 11, 282
Willenserklärung
– ausdrückliche ~ 148
– durch aktives konkludentes Handeln
151
– durch blosses Stillschweigen 151
– empfangsbedürftige ~ 152a
– gesetzlich fingierte ~ 152
– nicht zurechenbare ~ 258
Willensmängel 249 ff.
– Überblick über die ~ 251
– siehe auch Anfechtung
Willenstheorie 249
Wissenserklärung 105b
Wollensbedingung
– siehe Bedingung, potestative ~
wrongful conception, -birth, -life 340

Z

Zedent 549
Zedierbarkeit 553
Zession, siehe Abtretung
Zessionar 549
Zufallsbedingung
– siehe Bedingung, kasuelle
Zugang 156
– bei Botenschaft 309
Zug-um-Zug-Prinzip 462
Zurechenbarkeit der Willenserklärung
– mangelnde ~ 258
Zuwendungsverhältnis 80
zwingendes Schutzrecht
– Begriff 42